손에 잡히는 경제학

박병일 최용제 공저

Economics

도서출판 시대가치

머리말

오늘날 우리는 복잡한 경제 환경 속에서 살아가고 있습니다. 물가 상승, 실업, 경기 변동, 금융시장의 변화 등 경제적 현상은 우리의 일상과 떼려야 뗄 수 없는 관계를 맺고 있습니다. 하지만 이러한 변화가 왜 발생하는지, 그리고 어떻게 대응해야 하는지를 이해하는 것은 결코 쉽지 않습니다. 경제학은 이러한 문제에 대한 논리적 분석과 해법을 제공하는 학문입니다. 경제학을 공부하면 우리는 합리적인 선택을 할 수 있는 능력을 기르고, 시장과 정부의 역할을 이해하며, 개인과 사회의 경제적 의사결정을 분석하는 힘을 갖출 수 있습니다.

경제학은 단순한 학문이 아니라, 현실을 이해하는 도구이자 나침반입니다. 소비자 입장에서 더 나은 선택을 하기 위해서, 기업가로서 최적의 경영전략을 수립하기 위해서, 정책 결정자로서 사회적 문제를 해결하기 위해서 경제학적 사고는 필수적입니다. 따라서 이 책은 경제학을 처음 접하는 독자들이 보다 쉽게 핵심 개념을 익히고, 현실 경제를 분석할 수 있도록 돕는 것을 목표로 하고 있습니다.

이러한 점을 염두에 두고 저술된 본서는 다음과 같은 특징을 가지고 있습니다.

첫째, 경제학은 종종 어렵고 복잡한 수식과 개념들로 인해 부담스럽게 느껴질 수 있습니다. 하지만 이 책은 경제학을 처음 접하는 독자들도 쉽게 이해할 수 있도록 최대한 평이한 언어로 설명하고자 했습니다. 개념을 설명할 때 일상적인 사례를 활용하여 현실과 연결하려 노력했으며, 중요한 개념들은 직관적인 설명과 함께 다양한 예시를 들어 설명하였습니다.

둘째, 또한 경제학적 사고를 기를 수 있도록 다양한 토의자료와 사례 연구를 포함했습니다. 경제학을 단순히 암기하는 것이 아니라, 실제 경제 현상과 연결하여 사고할 수 있도록 구성하였습니다. 이를 통해 독자들은 경제 이론이 현실에서 어떻게 적용되는지 직접 체험하며 배울 수 있을 것입니다.

이 책은 총 2부로 구성되어 있으며, 미시경제학과 거시경제학을 균형 있게 다루고 있습니다.

제1부 미시경제학에서는 개별 경제 주체들의 의사결정과 시장의 작동 원리를 탐구합니다.

제1장 시장의 수요와 공급　제2장 소비자 선택　제3장 소비자의 효용극대화
제4장 기업과 생산비용　제5장 기업의 이윤극대화　제6장 일반균형이론

제2부 거시경제학에서는 경제 전체의 흐름을 분석하며, 경제 성장, 실업, 물가, 경기 변동 등의 거시적 문제를 다룹니다.

제7장 거시경제학의 이해　제8장 국민소득과 경제성장　제9장 경기변동
제10장 실업과 인플레이션　제11장 재정 및 통화정책　제12장 국제화와 국제거시경제

각 장에서는 경제학의 핵심 개념을 설명한 뒤, 실제 경제 사례를 통해 이론과 현실을 연결하는 방식으로 서술되었습니다. 이 책을 집필하는 과정에서, 우리는 경제학을 보다 쉽게 전달하면서도 학문적 깊이를 유지하는 균형을 찾기 위해 최선을 다했습니다. 경제학을 처음 접하는 독자들에게는 친숙한 길잡이가 되고, 경제학을 공부한 경험이 있는 독자들에게는 개념을 정리하고 확장하는 계기가 되길 바랍니다.

끝으로 이 책이 출간될 수 있도록 애써 주신 도서출판 시대가치 김광범 대표님과 편집부 관계자분들께 깊은 감사를 드립니다. 독자 여러분께도 이 책이 유익한 경제학 학습서가 되길 바라며, 앞으로 더욱 발전된 형태로 경제학 교육에 기여할 수 있기를 기대합니다.

2025년 7월
저자 일동

차례

Part I 손에 잡히는 미시경제

Part Ⅱ 손에 잡히는 거시경제

PART

I

손에 잡히는 **미시경제**

손에 잡히는 경제학

ECONOMICS

CHAPTER

01

시장의 수요와 공급

학습목표

경제학이 어떤 학문이고, 합리적 선택이란 무엇인지 이해함과 동시에, 시장이 어떤 역할을 하는지, 그리고 시장 내 수요와 공급의 개념과 균형이 의미하는 바를 살펴본다.

제 1 절 경제학이란?

제 2 절 수요와 공급

제 3 절 시장의 균형

사례 1-1 경제, 가격, 그리고 소비자 선택

행동경제학과 주류 고전경제학의 가장 큰 차이는 인간의 본성을 다르게 이해하고 있다는 점이다. 주류 고전경제학은 인간이 비용과 편익을 합리적으로 분석해 최적의 선택을 한다고 가정한다. 반면 행동경제학은 인간이 얻은 정보를 제대로 처리하지 않고 주먹구구식 결정을 내리며, 미래의 큰 편익보다 눈앞의 작은 쾌락을 좇는 등 나약하다고 본다.

이처럼 인간이 때때로 비합리적으로 결정을 내리기 때문에 이런 특성을 마케팅에 이용하면 기업은 큰 성과를 얻을 수 있다. 반면 어떤 마케팅은 소비자에게 실제로는 도움이 될지라도, 감정을 상하게 해 실패하기도 한다.

사례 1: 아마존

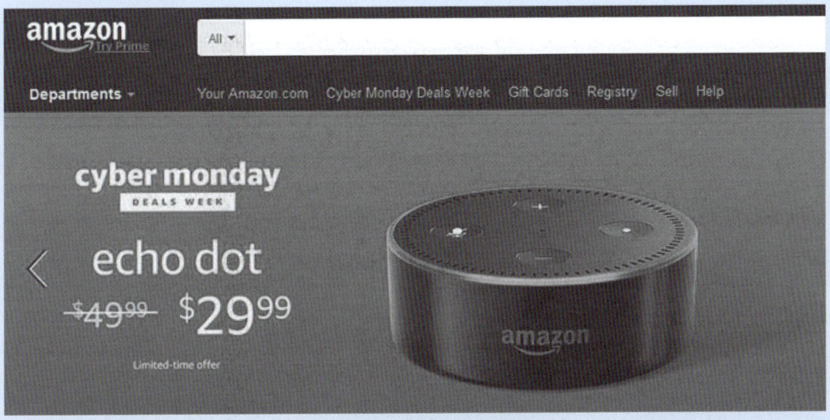

아마존 홈페이지. 정가 49.99달러(약 5만 4,500원)인 아마존의 인공지능 스마트 스피커 '에코닷'을 29.99달러(약 3만 2,500원)에 판매한다고 적혀 있다. 49.99달러에 취소선이 그어져 있다.

온라인 쇼핑몰을 구경하다 정신을 차려 보면 어느새 결제를 마치고 배송을 기다리는 자신을 볼 수 있다. 오프라인 매장과 비교해 '싸다'는 점을 생각하면 상품을 사야 한다는 생각이 저절로 든다.

세계 최대 온라인 쇼핑몰 아마존은 여느 온라인 쇼핑몰과 한 가지 다른 점이 있다. 일부 상품의 가격을 표시하는 숫자 중앙에 수평으로 한 줄을 그은 '취소선'이 있다. 일반적으로 이 취소선은 실수로 잘못 쓴 글자를 고칠 때 긋지만, 아마존에선 상품 가격이 할인되기 전의 정가를 나타내는 데 쓴다. 할인 후 가격만 제시하는 것보다 소비자가 '싸다'는 느낌을 강하게 받게 하기 위해서다.

예를 들어, 11월 30일 현재 아마존 홈페이지엔 정가 49.99달러(약 5만 4,500원)인 아마존의 인공지능 스마트 스피커 '에코닷'을 29.99달러(약 3만 2,500원)에 판매한다고 적혀 있다. 정가를 나타내는 '$49.99'에 취소선이 그어져 있다. 개인용 이동수단 '세그웨이'엔 정가 399.99달러(약 43만 6,000원)에 취소선이 있고, 249.99달러(약 27만 2,000원)에 판매한다고 적혀 있다. 또 할인행사가 끝날 때까지 '20시간 32분 3초' 남았다고 알려준다. 남은 시간은 매초 줄어든다.

아마존의 이런 전략은 행동경제학의 '프로스펙트 이론(Prospect Theory)'을 이용한 마케팅 전략이다. 이 이론에 따르면 불확실한 상황에서 인간이 느끼는 이익과 손실은 '기준선'에 의해 달라진다. 취소선이 그어진 정가가 없다면 상품이 얼마나 저렴한지 몰랐겠지만, 정가를 보여줘 소비자에게 기준을 제시하고 싸다는 점을 강조할 수 있다.

할인행사 마감까지 시간을 표시하는 것도 인간이 이익보다 손실에 대해 크게 반응한다는 프로스펙트 이론에 따른 것이다. 남은 시간이 1초씩 줄어드는 것을 보면 '지금 사지 않으면 앞으로 다시는 이 가격에 살 수 없을지도 몰라, 그러면 손해 보는 거겠지?'라는 생각을 갖게 만들고, 이는 구매로 이어진다. '싸게 사서 이익을 보고 싶다'는 생각보다 '지금 사지 않아서 손해 보고 싶지 않다'는 생각이 더 강하게 사람을 움직인다.

사례 2: 우버

일본 도쿄에서 우버 재팬 직원이 우버 앱으로 차량을 호출하는 시범을 보이고 있다. 우버는 행동경제학을 이용해 수익을 증대시키고 있다.

우버는 출퇴근 시간대나 축제가 열렸을 때, 연말 저녁과 같이 교통량이 많아 차량 통행이 많은 시간대(피크 타임)엔 할증요금(surge pricing)을 부과한다. 할증요금은 우버가 더 많은 수익을 올릴 수 있게 해 지금처럼 빠르게 성장할 수 있었던 한 요인이다.

우버는 공유 차량과 승객을 중계하고 수수료로 이익을 얻는다. 그런데 피크 타임과 같이 우버를 이용하려는 수요는 많은데 공급되는 차량이 적으면 회사는 얻을 수 있는 수수료 수익을 놓치는 셈이다. 이 시간대에 운전기사가 평소보다 요금을 더 받을 수 있게 하면 더 많은 '우버 드라이버'가도로로 나와 승객을 태울 수 있다. 우버도 더 많은 수익을 올릴 수 있다.

할증요금에 대한 소비자의 반응은 행동경제학 관점에서 볼 때 흥미롭다. 우버에서 경제연구 책임자로 재직한 키스 첸(하버드대 경제학 박사)은 지난해 5월 미국 공영 라디오 NPR과의 인터뷰에서 할증요금이 정상 가격의 2.0배일 때보다 2.1배일 때 더 많은 손님이 탑승했다고 말했다. 첸은 "단순히 '두 배'라고 하면 회사의 누군가가 그저 비가 와서 길이 혼잡하다는 이유로 가격을 적당히 올린 것처럼 보이지만, '2.1배'라고 하면 복잡한 알고리즘을 통해 산출된 수치라는 느낌을 줘 불공정해 보이지 않는다"라고 했다. 비싼 돈을 내는 게 덜 억울하다는 것이다.

또 할증요금이 정상가의 1.8배에서 1.9배로 올라갈 때 줄어드는 탑승 수요보다, 1.9배에서 2.0배로 올라갈 때 줄어드는 수요가 6배 많다. 끝자리가 '0'인 숫자에 대한 저항감이 그만큼 크다는 뜻이다. 그러다가 2.1배로 올라가면 다시 수요가 늘어난다.

이런 심리는 온라인 경매・쇼핑 회사 이베이에서 더 분명히 드러난다. 이베이엔 판매자가 상품을 올리면, 경매 형식으로 입찰하게 해 가장 높은 가격을 제시한 사람이 낙찰받는다. 그런데 연구자들은 같은 물건의 가격(경매를 시작하는 최저 가격)을 49달러로 올렸을 때보다 50달러로 올렸을 때 더 빨리 팔린다는 사실을 발견했다.

연구자들은 입찰 참가자들이 생각하기에 '50달러'로 가격을 적은 판매자가 49달러로 적은 판매자보다 더 물건을 빨리 팔고 싶어 하고, 낮은 가격에도 물건을 판매할 것이라고 생각한다고 가정했다. 끝자리가 '0'인 숫자는 '대충' 쓴 느낌이 난다는 것이다.

우버의 할증요금을 보면 이런 의문이 든다. '탑승을 원하는 손님이 많을 때는 요금을 올리면서 왜 손님이 적을 때는 요금을 내리지 않을까?' 대답도 행동경제학에서 구할 수 있다. 첸은 우버에 합류하기 전 예일대에서 이코노미스트로 있으면서 원숭이에게 돈을 사용하는 법을 가르쳤다. 연구 결과 원숭이도 사람과 똑같이 '손실 회피 성향(loss aversion)'을 갖고 있었다. 같은 돈을 얻었을 때 보인 기쁨보다 잃었을 때 보인 슬픔이 더 컸다. 만약 우버가 수요가 적다는 이유로 요금을 정상가보다 할인하면, 승객들은 좋겠지만 운전기사들이 크게 반대할 것이기 때문에 이런 정책은 실행할 수 없다.

우버는 행동경제학을 이용해 운전기사가 더 오랫동안 운행하도록 유도해 수익을 증가시키고 있다. 우버 운전기사는 우버의 중계로 자신의 차량에 승객을 태우고 우버에 수수료를 지급하는 개인사업자다. 택시 기사처럼 정해진 근무 시간이 없기 때문에 승객이 많을 때만 운행하면 적은 노동시간에 비용을 최소화하면서 돈을 벌 수 있다.

그러나 우버 회사 측면에선 운전기사가 짧은 시간 운행하면 수수료 수익을 놓치고, 평상시 우버 차량 탑승이 어려워진 소비자가 우버를 떠날 수 있다. 그래서 우버는 운전기사에게 메시지를 보내 더 오랜 시간 운행하라고 독려한다. 뉴욕타임스는 '우버는 어떤 심리학적 트릭으로 운전기사의 반응을 유도하는가'라는 제목의 기사에서 이에 대해 다뤘다. 우버 운전기사가 운행을 중지하고 '퇴근'하려고 하면, '오늘 330달러를 벌 수 있는데 아직 10달러가 부족합니다. 정말로 운행을 중단하겠습니까?'라는 메시지가 뜬다. 게다가 '운행 중단(go offline)'과 '계속 운행(keep driving)' 버튼 가운데 '계속 운행' 버튼이 색채로 강조돼 있다.

최근, 우버가 행동경제학을 이용해 운전기사의 노동을 교묘히 통제하고 있다는 비판을 받기도 했다. 마이클 아모데오 우버 대변인은 "우버는 운전기사에게 수요가 많은 지역을 보여주거나, 그들이 더 많이 운행하도록 독려한다"라면서 "하지만 모든 운전기사는 그들이 원할 때 앱상의 버튼을 누르는 것만으로 일을 그만할 수 있고, 결정권은 온전히 운전기사에게 있다"고 했다.

〈출처: 조선일보, [실행 전략 1: 기업] 아마존이 할인행사 때 정가·마감시간을 보여주는 이유, 2017년 12월 28일자〉

제 1 절 경제학이란?

1. 경제학의 정의

사람은 생물학적으로 가장 기본적인 욕구(공기와 의식주)만 충족되면 살 수는 있지만, 더 편리하고 풍요로운 생활과 더 좋은 삶의 질을 추구하면서 보다 많은 재화와 서비스를 필요로 한다. 사람들은 생산자원(자본, 노동, 토지 등)을 사용하여 그러한 재화와 서비스를 생산함으로써 욕구를 충족시키고자 하나, 이들 자원을 통해 생산할 수 있는 양은 사람들이 추구하는 욕구에 비해서 턱없이 작다. 따라서 사람들의 욕구를 모두 다 충족시킬 수 없다는 문제가 발생하고, 이로 인해 주어진 자원을 잘 관리하고 활용함으로써 사람들의 욕구를 최대한 만족시킬 수 있는 방법을 찾기 위해 시작된 학문이 경제학이다. 즉, 인간의 욕구를 충족시키기 위해 희소한 자원을 어떻게 활용하여 효용을 극대화(최적화)시킬 것인가를 연구하는 학문이 **경제학**(economics)이라고 말할 수 있다.

2. 희소성의 원리

사람들은 본인이 가지고 싶은 것을 모두 다 가질 수 없다. 보유하고 있는 예산이 한정되어 있을 뿐만 아니라, 특히 사람마다 취향과 선호도가 상이함에도, 내가 원하는 재화나 서비스를 다른 사람들도 선호하는 경우, 가격이 상승하기 때문이다. 따라서 모든 사람이 공통적으로 부딪히는 문제가 바로 희소성이다.

사람들이 무엇인가를 원하지만, 원하는 것의 수량이 사람들을 만족시키지 못할 때, 이를 희소하다고 표현한다. 재화, 서비스, 자원, 시간에서 이러한 희소성이 발생한다. 희소성은 상대적인 개념이다. 어떤 상품이 이 세상에 아무리 적게 존재한다고 하더라도 그것을 원하는 사람들이 없다면 그 상품은 희소하다고 말하지 않는 반면, 세상에 많이 존재하는 상품이라 하더라도 사람들의 욕구가 이보다 더 크다면 이는 희소하다고 할 수 있다.

자신이 원하는 것을 모두 다 가질 수 없기 때문에 사람들은 더 큰 만족을 얻을 수 있는 재화나 서비스를 선택해야 한다. 동시에 사람들은 적은 만족을 줄 것으로 생각하거나 가질 수 없는 재화나 서비스를 포기해야 한다. 이것이 희소성의 문제 때문이다. 이처럼 희소성의 원칙은 모든 경제문제의 근본 원인이자 출발점에 해당한다. 이와 관련해 경제재와 자유재라는 말이 있다. 경제재란 어떤 대가를 지불해야만 얻을 수 있는 재화인 반면, 자유재는 공기나 햇볕과 같이 그 양이 무한하여 특별한 대가를 치르지 않고도 거저 얻을 수 있는 것을 뜻한다. 이 세상의 모든 재화와 서비스가 대가를 필요로 하지 않는 자유재라면, 경제문제는 전혀 발생하지 않을 것이다. 그러나 거의 모든 재화는 경제재이기 때문에 경제문제가 늘 중요하게 부각되는 것이다.

3. 합리적 선택과 최적화

우리는 살아가면서 하고 싶은 것과 갖고 싶은 것을 선택해야 하는 문제에 항상 부딪히게 마련이다. 그러나 가지고 있는 자원과 예산이 한정되어 있기 때문에 어떤 것이 중요하고 바람직한가를 잘 따져서 선택해야 한다. 그렇다면 어떤 것을 선택하는 것이 경제원칙을 만족시키는 합리적인 선택일까?

합리적 선택은 최소비용의 원칙과 최대효과의 원칙으로 구분할 수 있다. 최소비용의 원칙은 우리가 얻고자 하거나 얻을 수 있는 효과 또는 이익이 이미 주어져 있다고 한다면, 그 효과나 이익을 얻기 위하여 우리가 지불해야 하는 대가 또는 비용은 최소로 줄여야 한다는 것을 말한다. 이에 반해 최대효과의 원칙은 우리가 지불할 수 있는 대가 또는 비용이 주어져 있다면, 그 대가 또는 비용으로 최대의 효과 또는 이익을 얻을 수 있어야 한다는 것을 의미한다. 따라서 **경제원칙**이란 최소비용으로 얻을 수 있는 최대효과(최적화; maximization)를 추구해야 한다는 원칙을 말하며, 나아가 경제문제를 해결하기 위하여 제시되는 경제원리가 반드시 지향해야만 하는 목표이자, 따라야만 하는 기본원칙 또는 대전제이기도 하다. 경제학은 이러한 합리적 선택을 따르는 소비자와 생산자를 가정하여 출발한다.

결국 합리적인 선택이란 존재하는 여러 대안들 중에서 가장 바람직한 선택을 하는 것을 의미한다. 또한 이를 약간 우회적인 방법으로 판단해보면 어떤 것을 선택했다는 것은 대안들 가운데 다른 어떤 것은 포기했다는 것을 의미하는데, 이는 선택에는 늘 대가가 따른다는 것으로 이러한 선택의 대가를 기회비용이라는 개념으로 파악할 수 있다.

4. 기회비용

무엇을 선택하려면 다른 것을 포기해야 하는데, **기회비용**(opportunity cost)이란 현재의 선택으로 인해 포기된 다른 기회의 가치를 말한다. 예를 들어, 어떤 직장인이 다니고 있던 직장에 사표를 제출하고 유학을 갔다고 가정하면, 만약 유학을 가지 않았을 때 매월 받았을 급여가 기회비용이라고 표현될 수 있다. 위와 같이 두 가지 선택지가 아니라, 만약 선택 가능한 여러 대안이 있다고 가정한다면, 사람마다 포기했을 때 가장 아쉬운 것이 다를 것이며, 따라서 이러한 기회비용은 사람마다 상이하고(상대적, 주관적 개념), 이로 인해 똑같은 선택기회에 직면했을 경우 사람마다 다른 선택을 한다고 볼 수 있다.

5. 매몰비용

일단 지출이 발생하고 난 후에는 다시 회수할 수 없는 비용을 말한다. 예를 들면, 음식점에서 주문한 음식이 나오면 다시 환불이 되지 않으므로 그 비용은 **매몰비용**(sunk cost)인 셈이다. 이에 비해 백화점에서 구입한 옷은 마음에 들지 않으면 언제든지 환불할 수 있으므로 그 지출은 매몰비용이 아니다. 이러한 매몰비용은 합리적 선택에서 고려의 대상이 아니다.

6. 고정비용과 가변비용

한 재화나 서비스를 생산하기 위해 투입되어야 하는 비용은 **고정비용**(fixed cost)과 **가변비용**(variable cost)으로 구분된다. 즉, 기업의 생산비용은 1) 매달 일정액을 반드시 지불해야 하는 임대료나 기계 설비 등을 구입하기 위해 지출하는 고정비용과 2) 원자재 혹은 생산을 늘리기 위해 직원을 추가로 고용했을 때 지급되는 임금과 같은 가변비용으로 구성된다. 다시 말해서, 고정비용은 생산을 많이 하거나 적게 하는 것과 관계없이 소요되는 일정량의 비용을 의미하는 반면, 가변비용은 재화나 서비스의 생산량 규모(산출량)에 따라 변하는 비용을 일컫는다. 이들 고정비용과 가변비용을 합한 생산비용을 **총비용**(total cost)이라고 한다.

7. 평균비용과 한계비용

평균비용(average cost)은 총비용을 산출량으로 나눈 것이고, **한계비용**(marginal cost)은 생산량을 한 단위 증가시키는 데 필요한 생산비용의 증가분을 가리킨다. 아래와 같은 표에서 10개의 재화를 생산하기 위한 평균비용은 155원(총비용 1,550원/10개)이며, 10개째 재화를 생산하기 위한 한계비용은 60원(10개째 생산을 위한 총비용 1,550원－9개째 생산했을

| 표 1-1 | 총비용, 평균비용, 한계비용 (단위: 원)

생산(개)	고정비용	가변비용	총비용	평균 고정비용	평균 가변비용	평균비용	한계비용
0	500	0	500	0	0	0	0
1	500	150	650	500	150	650	150
2	500	290	790	250	145	395	140
3	500	420	920	167	140	307	130
4	500	540	1,040	125	135	260	120
5	500	650	1,150	100	130	230	110
6	500	750	1,250	83	125	208	100
7	500	840	1,340	71	120	191	90
8	500	920	1,420	63	115	178	80
9	500	990	1,490	56	110	166	70
10	500	1,050	1,550	50	105	155	60
11	500	1,150	1,650	45	105	150	100
12	500	1,290	1,790	42	108	149	140

때의 총비용 1,490원)이 된다. 한편 지속적으로 감소하던 한계비용이 11개째 생산했을 때부터 증가 추세로 전환된 것을 볼 수 있다. 이에 대해서는 추후 별도의 논의가 이루어질 것이다.

토의자료 1-1

사랑에도 한계효용체감의 법칙이 적용될까… 새 애인의 기대효용이 더 커보이는 건 왜일까?

영화 〈우리도 사랑일까〉에서 프리랜서 작가인 마고는 다정하고 유머러스한 남편 루와 5년차 결혼생활을 이어가고 있다. 그러던 어느 날 마고는 글을 쓰러 낯선 곳으로 여행길에 오르게 된다. 마고는 그곳에서 대니얼을 만난다. 까칠하지만 묘한 매력의 대니얼. 마고와 대니얼은 서로에게 강한 끌림을 느낀다. 심지어 대니얼은 마고의 앞집에 살고 있었다.

여행에서 돌아와 마고는 루와 대니얼 사이에서 갈등한다. 루는 언제나 마고에게 애정을 쏟아붓지만 예전 같은 두근거림은 없다. 마고는 "결혼했다"며 대니얼에게 선을 긋고 오히려 공격적으로 말을 툭툭 던지지만 이런 대화마저 그녀의 설렘을 재촉한다. 마고는 스스로에게 "우리도 사랑일까"라고 묻고 또 묻는다.

마고는 두 가지 선택 사이에 놓여 있다. 대니얼에게 느끼는 강렬한 감정과 지금까지 쌓아온 루와의 관계에 대한 책임. 경제학자라면 매우 간단한 답을 내놓을지도 모른다. 경제학의 가장 기본 개념인 '한계효용'을 생각하면 말이다. 한계효용은 추가로 얻는 가치를 일컫는다. 한계효용은 경제학에서 모든 판단의 잣대다. 지금까지 해왔던 일들과는 별개로 당장의 선택에서 무엇이 나의 효용을 높이느냐가 경제학의 주요한 의사결정 논리다.

가령 도박에서 100만 원을 날린 사람이 다음 도박을 할 때 생각해야 할 것은 당장의 도박에서 승리할 확률뿐이다. 100만 원을 날린 것은 그저 '매몰비용'에 불과하다. 100만 원이라는 본전을 찾기 위해 도박의 승률이 낮음에도 계속 도전하는 것은 미련한 짓이다. 매몰비용은 현재의 선택에 아무런 판단 근거가 되지 않는다.

냉혈한이라고 욕을 먹을지언정 경제학자들은 루와 지금까지 나눴던 사랑은 매몰비용으로 치부한다. 지금 나의 만족을 더 채워주는 대니얼과의 사랑이 경제학자들의 정답에 가까울 것이다.

그렇다면 루에 대한 사랑은 왜 줄어들었을까. 사랑과 시간의 알고리즘은 극히 단순해 보이기도 한다. 시간이 지나면 사랑은 식는다. 사랑으로 느끼는 효용의 '한계'가 줄어드는 것이다. '한계효용체감의 법칙'이 이래서 성립한다.

한계효용체감의 법칙은 재화와 서비스 등 특정한 제품을 사용할수록 그 제품에서 느끼는 효용은 줄어든다고 설명한다. 며칠 굶은 사람에게 햄버거를 준다면 극에 달하는 행복을 느끼리라. 첫 번째보다는 별로겠지만 두 번째 햄버거도 그간 굶었던 시간을 따진다면 꽤 맛있을 것이다. 하지만 세 번째, 네 번째 햄버거는 이미 배부른 사람에게 큰 감동을 주지 못한다. 사람은 특정 제품을 계속 소비하다 보면 효용이 감소하기 때문이다.

마고의 루에 대한 사랑도 마찬가지다. 마고가 루를 처음 만났을 때 그에 대한 효용은 매우 컸다. 시간이 지날수록 효용은 줄어들기 마련이다. 이에 비해 대니얼에 대한 효용은 극대화돼 있다. 그래프는 이들의 한계효용을 비교해준다. D점은 마고가 현재까지 대니얼에게 느낀 효용의 총합이다. F점은 루에 대한 효용의 총합이다. 루와 함께한 시간이 많으니 총효용은 대니얼에게서 얻은 총효용보다 크다.

한계효용체감의 법칙
그래프의 기울기

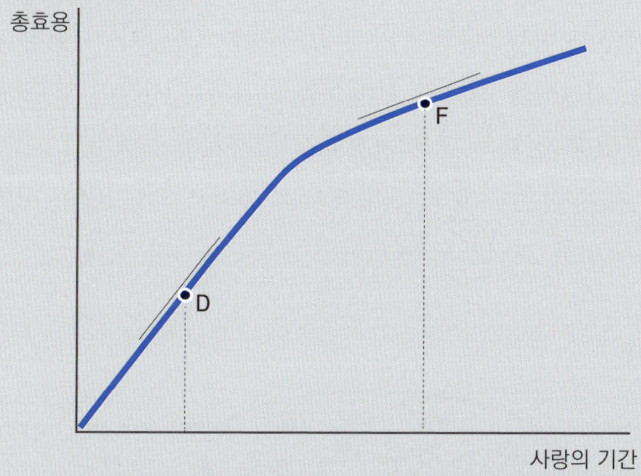

하지만 지금 당장의 '한계효용'은 다르다. 각 점을 접하는 직선들의 기울기는 해당 지점의 한계효용을 뜻한다. 기울기란 X축의 한 단위가 늘어날 때 Y축이 증가하는 양이란 점을 떠올리면 쉽게 이해할 수 있다. 사랑의 초기 지점인 대니얼의 D점에 접하는 직선의 기울기가 사랑의 후기 지점인 루의 F점에 접하는 직선의 기울기보다 월등히 크다. 대니얼에 대한 한계효용이 훨씬 크다는 것을 의미한다.

Q 질문

1. 인간이 효용을 극대화하는 방법은 한계효용이 '0'일 때까지 소비한다는 것인데 그 이상 소비하면 어떻게 될까?
2. 사랑과 우정 등 인간의 감정도 효용과 합리적 선택 이론 등 경제학으로 대부분 설명할 수 있을까?

3. 생물학, 문화인류학 등 많은 학문이 남녀 간 사랑에도 유효기간이 있다고 하지만, 결혼이라는 제도로 책임을 부여하는 이유는 왜일까?

〈출처: 한국경제신문, 2020년 10월 12일자〉

제 2 절 수요와 공급

1. 시장이란?

시장(market)이란 사고자 하는 '수요자'와 팔고자 하는 '공급자'가 이를 자유롭게 거래하는 장소를 말한다. 시장에는 재화와 서비스를 사고파는 시장이 있는 반면, 생산요소를 사고파는 시장이 있다. 전자와 같은 시장에서는 가계가 구매자가 되고, 기업이 판매자가 되는 반면, 후자와 같은 유형의 시장에서는 이와 달리 기업이 구매자가 되며, 가계는 판매자가 된다. 이를 그림으로 표현하면 [그림 1-1]과 같다.

❙그림 1-1❙ 시장경제순환

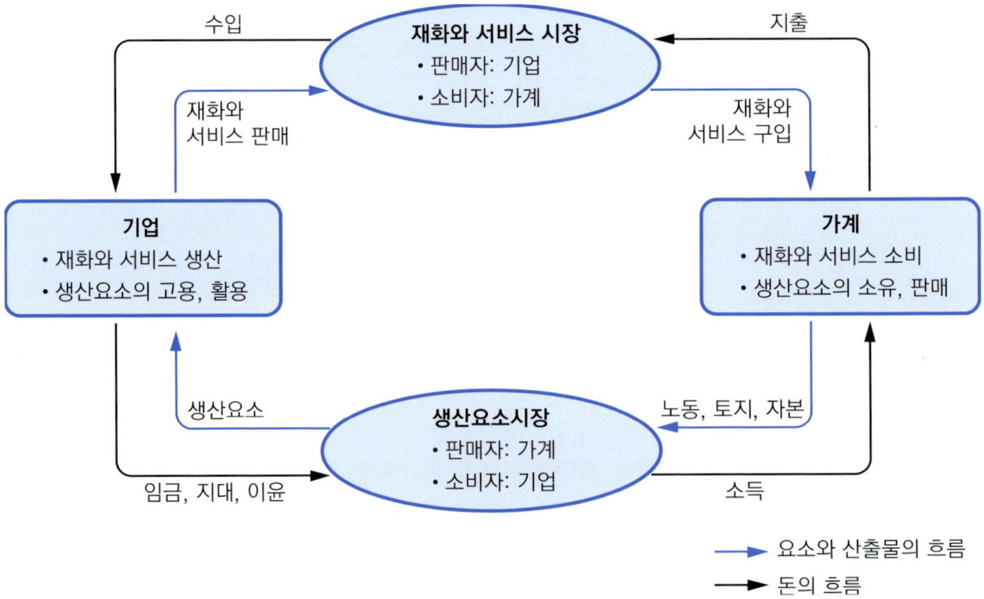

출처: 김경환, 김종석(2021), 맨큐의 경제학 번역서, p.25.

한편 시장은 독점시장(monopoly), 과점시장(oligopoly), 그리고 완전경쟁시장(perfectly competitive market)으로 구분된다. **독점시장**은 시장에 신규기업이 진입하기 매우 어려워 시장 내에 생산자가 오직 하나만 존재하는 시장을 뜻하고, **과점시장**은 소수의 생산자들에 의해 재화와 서비스의 생산이 좌우되는 시장을 말한다. 반면 **완전경쟁시장**은 시장에서 판매되는 재화와 서비스의 생산자가 매우 많아 개별 생산자가 시장가격에 영향을 미치지 못하는 시장을 의미한다.

2. 수요

2.1 수요곡선: 가격과 수요량

수요(demand)란 소비자가 특정 재화와 서비스를 시장에서 구입하고자 하는 욕구를 의미한다. 이때 재화와 서비스를 구입하고자 하는 욕구는 소비자의 소득, 기호, 특히 가격에 의해 영향을 받게 되며, 주어진 가격수준에서 소비자가 값을 치르고 구입하고자 하는 재화와 서비스의 양을 수요량이라고 한다. 가령 다른 조건이 일정할 때, 소비자는 특정 재화의 가격이 기대한 것보다 비싸면 덜 사고 싸면 더 사는 소비 행태를 보이고, 가격이 하락하면 소득이 낮은 사람도 새로이 이를 구입하게 되며, 이와 달리 가격이 상승하면 지금껏 시장에서 재화를 구입하던 소비자도 구매를 중단하게 되는데, 이를 **수요의 법칙**(law of demand)이라고 부르는바, 이러한 소비경향으로 인해 **수요곡선**(demand curve)은 우하향하는 모습을 보인다.

| 그림 1-2 | 수요곡선

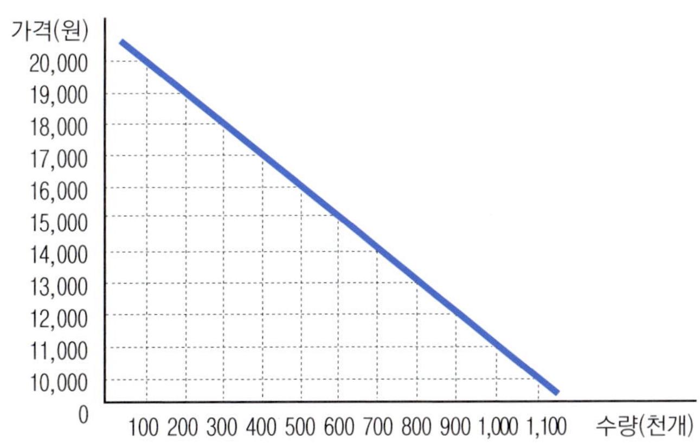

2.2 수요곡선의 이동

수요곡선은 시장가격의 변화와 무관하게 수요를 증가 혹은 감소시키는 변화에 따라 다른 위치로 움직인다(시장가격이 변화하는 경우에는 기존 수요곡선상에서 수요량이 움직인다). 예컨대, 특정 재화에 대한 소비자의 선호도가 상승하면 이는 소비자의 수요욕구를 증가시켜, 그 결과 수요곡선은 오른쪽으로 이동한다. 이와 달리 소비자의 선호도가 하락하여 수요를 감소시키는 변화는 수요곡선을 왼쪽으로 이동시킨다.

그런데 수요의 변화를 야기하는 요인에 소비자 선호만 존재하는 것은 아니다. 가령 소득이 증가하는 경우 지출할 수 있는 예산이 늘어남으로 인해 재화의 구입량도 늘어나고, 따라서 일반적으로 소득의 증가는 자연스럽게 수요량의 증가를 가져온다. 이렇듯 다른 조건이 불변일 때, 소득이 증가(감소)함에 따라 수요도 증가(감소)하는 재화를 우리는 **정상재**(normal good)라고 한다. 그런데 정상재와 달리 다른 조건이 불변일 때, 소득이 증가(감소)하면 오히려 수요량이 감소(증가)하는 재화도 있는데, 이를 **열등재**(inferior good)라고 한다. 소득이 늘면 패스트푸드점에서 값싼 햄버거를 구입해 먹기보다는 근사한 레스토랑에서 잔잔한 음악을 들으며 우아한 식사를 즐기길 선호할 것이라는 점에서, 소득의 증가와 역의 상관관계를 보이는 햄버거를 열등재의 예로 들 수 있을 것이다.

뿐만 아니라 연관재화의 가격도 수요량에 영향을 미친다. 콜라의 가격이 상승하면 수요의 법칙에 따라 소비자들은 콜라의 수요를 줄이는 대신 이와 비슷한 특성을 갖는 탄산음료인 사이다를 더 구입하여 마실 것이다. 이와 같이 한 재화의 가격이 상승(하락)

| 그림 1-3 | 수요곡선의 이동

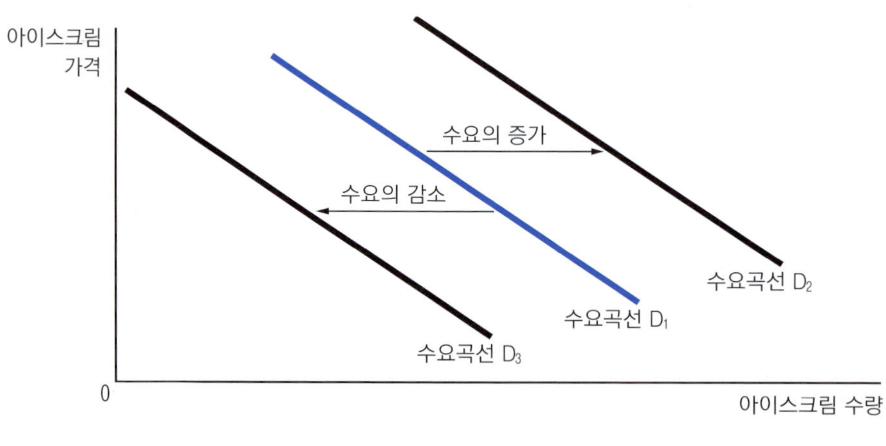

하면 소비자가 이 재화의 구입을 줄이고(늘리고) 다른 재화의 수요를 늘리는(줄이는) 경우, 두 재화를 **대체재**(substitutes)라고 한다. 그런데 한 재화의 수요가 늘어나면 다른 재화의 수요도 덩달아 함께 늘어나는 관계도 있는데, 예를 들어 안경테에 대한 수요가 증가하면 안경알에 대한 수요도 필연적으로 함께 증가하게 되는바, 이 경우 두 재화를 **보완재**(complements)라고 한다. 한편 열등재임에도 가격이 올라가면 소비가 줄어드는 것이 아니라 오히려 소비가 증가하는 재화를 **기펜재**(giffen good)라고 한다는 것도 아울러 기억하면 좋겠다. 가령, 19세기 아일랜드 대기근 당시 감자의 가격이 올라가면, 가난한 사람들은 더더욱 다른 음식을 살 수 없었기 때문에 가장 기초적인 감자만을 더 구입해 먹어야 했고, 이것은 다시금 감자 가격의 상승으로 연결되었다고 하여 기펜재의 예를 열등재인 19세기 감자에서 찾기도 하는데, 사실 이와 같은 성격을 띠는 재화를 현실에서 찾기는 힘들다.

2.3 수요의 가격탄력성

수요의 **가격탄력성**(price elasticity; ε_P)은 가격의 작은 변화에 대한 수요량의 변화율을 뜻한다. 예를 들어, 한 재화의 가격이 1%만큼 상승했을 때 수요량이 5% 감소했다면, 수요의 가격탄력성은 −5(−수요량의 변화율/가격의 변화율)가 된다. 이렇듯 가격이 상승하면 수요량은 감소하기에 수요의 가격탄력성은 항상 음(−)의 값을 가지지만, 분석이나 분류 시에는 부호와 상관없이 절댓값을 통해 가격탄력성을 논한다. 가격탄력성 값이 0인

| 그림 1-4 | 수요의 가격탄력성

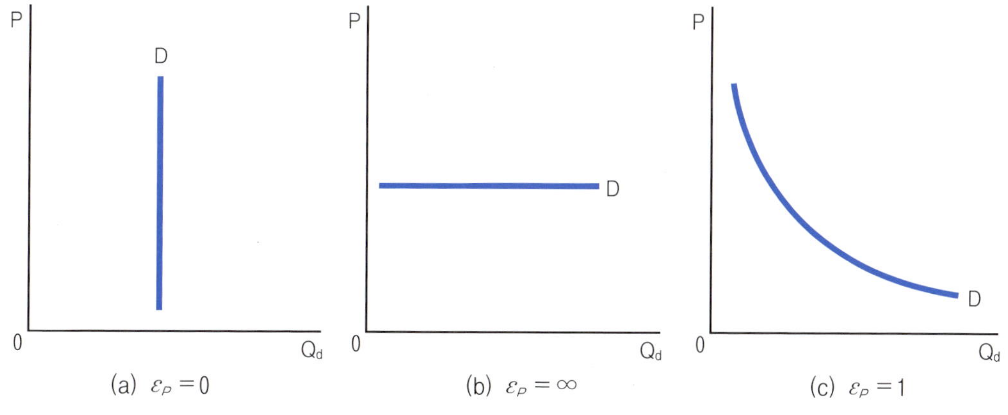

경우 완전 비탄력적이라고 하고, 값이 0보다 크고 1보다 작을 경우 비탄력적, 값이 1일 경우 단위탄력적, 값이 1보다 클 경우 탄력적, 무한대인 경우는 완전 탄력적이라고 한다. 가격의 탄력성이 클수록, 즉 가격의 변화에 대해 수요량이 민감하게 반응할수록 기울기의 절댓값이 작아진다. 한편 가격 외에 대체재의 존재 여부도 가격탄력성에 영향을 미친다. 즉, 설탕과 스테비아같이 한 재화를 대신할 대체재가 존재하는 경우 가격이 오르면 대체재를 구입할 것이기에 가격탄력성이 커진다.

반면 가격탄력성과 구분되는 개념으로, 소득 수준의 작은 변화에 대해 수요가 얼마나 민감하게 변화하는지를 나타내는 것을 수요의 **소득탄력성**(income elasticity)이라고 한다. 소득이 늘어남에 따라 수요가 크게 변화하는 재화의 대표적인 예로는 사치재가 해당된다. 반면 가격이나 소득이 상승(하락)해도 수요량이 크게 줄지(늘지) 않는 필수재(예 쌀)는 수요의 탄력성이 낮다. 이렇듯 비탄력적인 경우 곡선은 수직에 가까워지며, 탄력적인 경우 곡선은 수평에 가까워진다.

2.4 한계효용체감의 법칙

소비자가 재화나 서비스를 한 단위 더 구입함으로써 얻는 주관적인 만족을 효용(utility)이라고 한다. 그런데 재화나 서비스에 대한 구입을 한 단위씩 추가로 증가함에 따라 얻는 효용의 가치의 양은 변화하게 되는데, 이를 **한계효용**(marginal utility)이라고 한다. 예를 들어, 격렬한 운동을 한 뒤에 수돗가로 달려가서 처음 먹는 한 모금의 물은

| 그림 1-5 | 한계효용체감의 법칙을 따르는 효용그래프

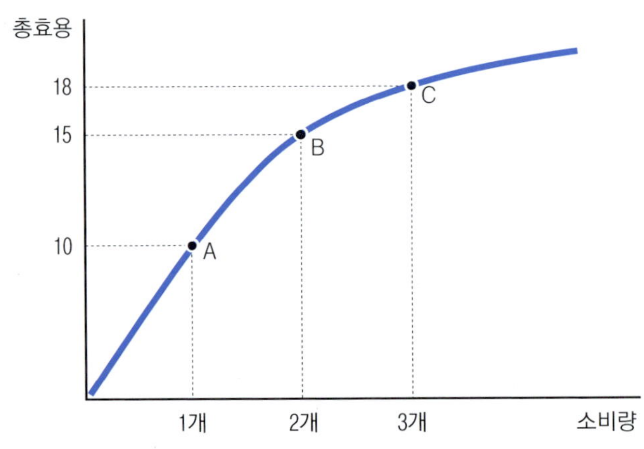

꿀과 같을 것이다. 두 모금째의 물도 여전히 시원하고 갈증을 해소시켜준다고 느끼겠지만, 처음 먹었던 물보다는 만족, 즉 효용의 가치가 덜 할 것이다. 이후 세 모금째의 물은 먹어도 그만 안 먹어도 그만인 물이었을 가능성이 크며, 네 모금째부터의 물은 갈증해소보다는 고문에 가까워질 것이다. 이렇듯 추가적으로 재화나 서비스를 한 단위 더 소비했을 때 느끼는 효용은 점점 그 크기가 소비량을 늘려감에 따라 이전에 비해 감소하게 되는데 이를 **한계효용체감의 법칙**(law of diminishing marginal utility)이라고 한다.

3. 공급

3.1 공급곡선: 가격과 공급량

공급(supply)이란 생산자가 재화와 서비스를 생산하고자 하는 욕구를 말한다. 기꺼이 공급하고자 하는 욕구는 이윤이 발생할 수 있는 상황이 되었을 때 실행에 옮기게 되며, 따라서 수요자와 마찬가지로 생산자에게 중요한 것은 재화와 서비스의 가격이다. 가격이 올라가면 재화와 서비스를 더 많이 생산하여 공급할 의사가 생길 것이고, 가격이 내려가면 덜 생산할 것이다. 이처럼 생산자가 주어진 가격에서 일정 기간 생산하고자 하는 최대수량을 공급과 구별해서 공급량이라고 한다. 재화와 서비스의 가격과 공급량 사이에는 정(+)의 상관관계를 갖는데 이를 **공급의 법칙**(law of supply)이라고 하며, 이때 가격과 공급량 사이의 관계를 그림으로 나타낸 것이 **공급곡선**이다. 앞서 언급했듯이,

| 그림 1-6 | 공급곡선

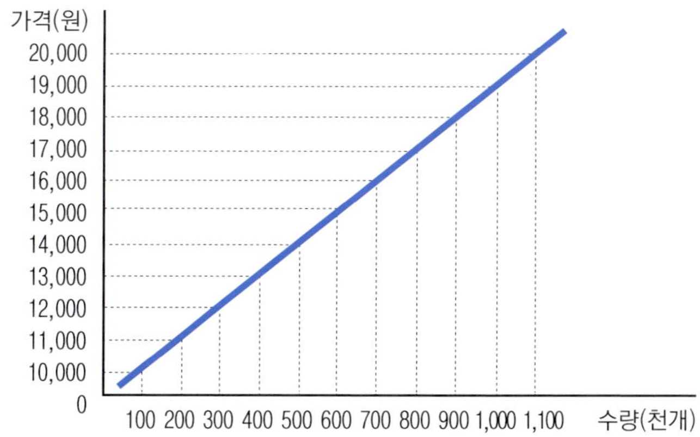

| 그림 1-7 | 공급곡선의 이동

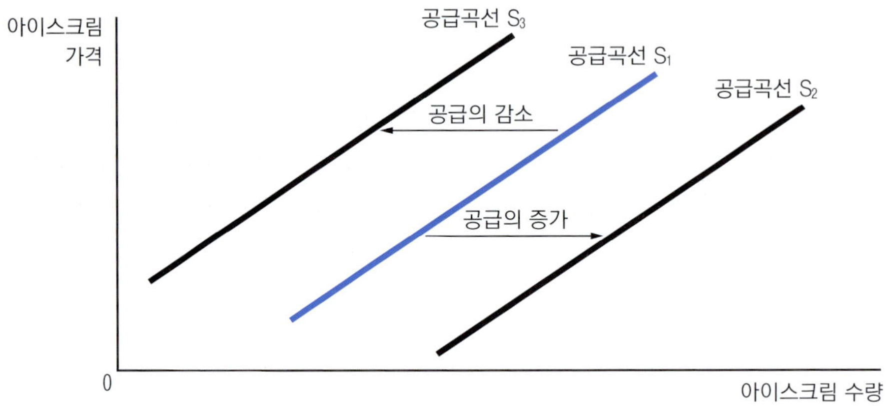

가격이 올라가면 더 많은 이윤창출을 위해 생산자는 공급을 늘리기에 공급곡선은 우상향하는 모습을 띠게 된다.

3.2 공급곡선의 이동

공급곡선은 이를 결정하는 여러 요소들 중 하나만 바뀌어도 다른 위치로 움직인다(재화의 시장가격이 변화하는 경우에는 기존 공급곡선상에서 공급량이 움직인다). 예컨대, 재화의 생산에 투입되는 생산요소의 가격이 하락한다면 이 재화의 판매를 통한 이윤이 증가할 것이고, 그 결과 공급량이 늘어나 공급곡선은 오른쪽으로 이동한다. 이와 달리 생산요소의 가격이 상승하여 공급을 감소시키는 변화는 공급곡선을 왼쪽으로 이동시킨다. 이러한 생산요소 가격의 변화 외에도 기술의 발전, 미래 경기변화에 대한 예상, 기업의 진입과 퇴출 등 다양한 이유에 의해 공급량의 변화와 공급곡선의 이동이 발생할 수 있다.

3.3 공급의 가격탄력성과 한계수입

시장에서 수요를 하는 주체인 소비자는 가격이 변하는 경우 신속하게 대응할 수 있지만, 공급을 담당하는 생산은 많은 경우 가격변화에 대응하는 데 상대적으로 긴 시간이 소요되는 일이 흔하다. 아파트를 예로 들면, 시장에서 주택가격이 상승해도 마치 빵 찍어내듯이 단기간에 아파트 공급을 증가시킬 수는 없다. 농작물의 경우에도 이미 파종을 끝냈다면 경작지의 규모가 이미 정해져 있기에 공급을 늘리고 싶어도 수확량을 갑자기 확대할 수 없다. 이러한 이유로 인해 수요의 가격탄력성 대비 공급의 가격탄력성은 경제학에서 덜 인용되는 경향이 있다. 그럼에도 공급의 가격탄력성을 정의한다면, 이는 가격의 변화에 대한 공급량의 변화율(공급량의 변화율/가격의 변화율)을 뜻한다.

한편 수요의 한계효용에 대비되는 개념으로 공급 측면에서는 한계비용(marginal cost)과 한계수입(marginal revenue)을 논한다. 이 중 **한계비용**은 앞서 평균비용을 설명하는 과정에서 이미 언급한 바 있으나, 한 번 더 이를 보충설명한다면, 생산량을 한 단위 증가시키는 데 필요한 비용의 증가분을 일컫는다. 반면 **한계수입** 또는 **한계수익**이란 생산자가 한 개의 상품을 더 팔게 될 때 얻게 되는 추가적인 수입을 말한다.

사례 1-2 경제, 가격, 그리고 소비자 선택

사례 3: 제너럴모터스(GM)

1970년대 미국에선 자동차 업체들이 매년 쌓이는 재고 차량을 판매해야 한다는 고민을 갖고 있었다. 자동차 업체는 가을에 신형 모델을 발표하고, 소비자들은 1년이 지난 모델을 구매하려 하지 않는다. 따라서 이 재고를 소진해야 하는 게 과제였다.

1975년 크라이슬러는 '리베이트 프로그램'이라는 새로운 판촉 방법을 내놓았다. 기간 한정 행사를 실시해 몇백 달러의 현금을 지급하는 것이다. 예를 들어, 1만 4,800달러의 자동차를 1만 4,500달러로 인하해 판매하는 것이 아니라, 1만 4,800달러로 계약한 뒤 300달러를 현금으로 지급(payback)하는 것이다. 결과적으로는 같지만, 소비자들은 현금을 돌려받는 것에 더 민감하게 반응한다. 그러나 이 프로그램이 보편화되자 소비자들은 흥미를 잃었다.

미국 노스캐롤라이나의 GM 대리점에 GM 쉐보레 차량이 주차돼 있다.

이런 상황에서 제너럴모터스(GM)는 강력한 대출 금리 할인행사를 발표했다. 당시 자동차 대출 이자율은 연 10%가 넘었지만, GM은 2.9%라는 파격적인 금리를 제시했다. 소비자들은 리베이트와 금리 할인 두 가지 중 하나를 고를 수 있었다. 그러자 일부 소비자들이 GM 대리점을 찾아가 다른 사람들이 차를 먼저 사지 못하도록 보닛 위에 드러누울 정도로 큰 성과를 거뒀다.

하지만 당시 월스트리트저널은 기존의 높은 금리로 리베이트를 받아 대출금을 상환하면 낮은 금리로 대출받는 것보다 돈을 더 아낄 수 있다고 분석했다. 리처드 세일러 시카고대 교수는 "리베이트 금액은 자동차 가격과 비교하면 아주 적은 것으로 느껴지지만, 행사 금리는 일반적인 수준의 3분의 1도 되지 않아 훨씬 더 좋은 조건으로 들린다"고 했다.

사례 4: 메이시 백화점

미국 최대 백화점인 메이시는 2006~2007년 이미지 변신을 시도했다. 경영진은 할인 쿠폰을 고객들이 너무 많이 써 '메이시'라는 브랜드 이미지가 한 단계 아래의 유통 업체와 비슷해지고 있다고 생각했다. 그래서 2007년 봄 시즌 쿠폰 사용량을 그 전해보다 30% 줄였다. 그러자 매출이 급격히 떨어졌다. 경영진은 여름 휴가 시즌에 쿠폰 사용량을 기존 수준으로 되돌렸다.

지난해 12월 미국 뉴욕의 메이시 백화점에서 손님들이 연말을 맞아 쇼핑하고 있다.

미국 대규모 소매 체인기업 JC페니도 비슷한 실수를 했다. 당시 최고경영자(CEO)였던 론 존슨은 정상가로 판매된 제품의 매출이 전체의 1%도 안 된다는 데 주목했다. 그는 '거짓 가격'을 없애고 투명한 가격 제도를 실시하겠다고 선언했다. 쿠폰을 활용하는 판촉 방식을 포기하고, '9.99달러'로 끝나는 가격 체계를 중단했다. JC페니 측은 소비자가 지불하는 최종 가격은 제도 변경 후에도 달라지지 않는다고 설명했지만, 역시 매출이 빠르게 떨어졌다.

메이시와 JC페니의 정책이 실패한 것은 소비자가 실제로 지불하는 가격이 종전과 같더라도 쇼핑에서 얻는 즐거움, 즉 '정가보다 싸게 샀다'는 즐거움이 사라졌기 때문이다. 불과 1센트(약 10원)지만, 가격표에 10달러가 아닌 9.99달러라고 써 있는 것은 특정 단위 이하로 물건을 살 수 있다는 즐거움을 줘 판매량이 늘게 하기 때문이다.

사례 5: 옐프

레스토랑을 평가하고 검색을 도와주는 미국 온라인 리뷰 서비스 업체 옐프(Yelp)가 직원이 15명밖에 되지 않는 작은 스타트업이었을 때의 일이다. 당시 옐프는 스타트업답게 사무실 한편의 주방에 음료수와 과자를 쌓아 뒀다. 주스 · 과일 · 감자칩 · 사탕 같은 것들이 주방 서랍에 가득했다. 스니커즈 · 트윅스 · 엠앤드엠(M&M) 같은 과자가 바닥을 알 수 없을 정도로 쌓여 있었다.

옐프 직원들은 마치 과자가게에 온 아이 같았다. 처음엔 모든 직원이 '과자가게'를 사랑했다. 점심을 먹고 두 시간쯤 뒤 출출할 때 건물 밖으로 나가지 않고도 과자를 먹을 수 있다는 것에 정말 기뻐했다.

인간이 합리적인 의사결정을 내린다고 보는 주류 고전경제에서는 주방에 과자가 쌓여 있는 것은 전혀 문제될 것이 없다. 마이클 루카 하버드 경영대학원 교수는 "합리적이고 경제학적으로 결정을 내린다면 선택지는 많으면 많을수록 좋다. 과자에 관심이 없다면 그냥 지나치면 되고, 먹고 싶으면 먹으면 된다"고 했다.

미국 캘리포니아 새크라멘토에 위치한 한 과자가게. 옐프는 사무실 주방을 과자가게처럼 과자들로 가득 채웠다가 모든 직원들이 과자의 유혹을 이기지 못하자 결국 과자를 치워버렸다.

하지만 현실은 이론과 달랐다. 제프 도나커 당시 최고운영책임자(COO)는 불과 2주 만에 매일 '과자가게' 주방에 들러 초콜릿바를 먹는 습관이 붙었다는 점을 깨달았다. 다른 사람들도 마찬가지였다. 평소에 과자를 거의 먹지 않던 사람들도 일상적으로 과자를 먹었고, 정말로 과자를 먹고 싶어 하지 않았더라도 오후의 일과처럼 주방에 들렀다. 모든 직원들은 유혹에 저항하려 했지만 실패했다. 과자를 적게 먹어야 한다는 데 동의한 직원들은 급진적인 결정을 내렸다. 주방의 과자들을 치워버렸다.

루카 교수는 "COO로 성공하려면 직원들이 선택하고 결정 내리는 환경을 고려하는 행동경제학자처럼 생각해야 한다"면서 "직원이 사람이라는 사실을 인지하고, 우리 모두가 갖고 있는 복잡성과 편견이 그들에게도 있다는 점에 신경 써야 한다"고 했다.

COO가 직원들이 더 많은 업무 성과를 내도록 하기 위해선 적절한 보상 계획과 인센티브 계획을 짜는 것뿐만 아니라, 올바른 결정을 내릴 수 있는 환경에 대해서도 고려해야 한다.

루카 교수는 과자로 서랍을 채우면 과자를 먹으면 안 된다고 생각하는 사람까지도 유혹에 시달리게 되듯이, 벽에 직원들의 성과평가표를 그려서 직원들을 압박하면 다른 부문을 희생해서라도 그 그래프 길이를 늘이는 데만 관심을 쏟을 것이라고 했다.

〈출처: 조선일보, [실행 전략 1: 기업] 아마존이 할인행사 때 정가·마감시간을 보여주는 이유, 2017년 12월 28일자〉

제3절 시장의 균형

1. 균형가격

상품시장에서의 **균형가격**(equilibrium price)은 수요곡선과 공급곡선이 서로 교차하는 점에서 형성되며, 이 가격을 통해 시장에서 거래되는 거래량을 **균형거래량**(균형수량)이라고 한다. 즉, 균형가격에서는 수요자가 재화와 서비스의 대가로 시장에서 지불하고자 하는 가격과 공급자가 생산의사를 갖게 되는 가격이 상호 일치하게 되고, 균형수량(거래량)에서 수요량과 공급량이 같아지게 된다. 따라서 아래 [그림 1-8]에서 균형가격은 수

❙그림 1-8❙ 시장의 균형가격과 균형수량 결정

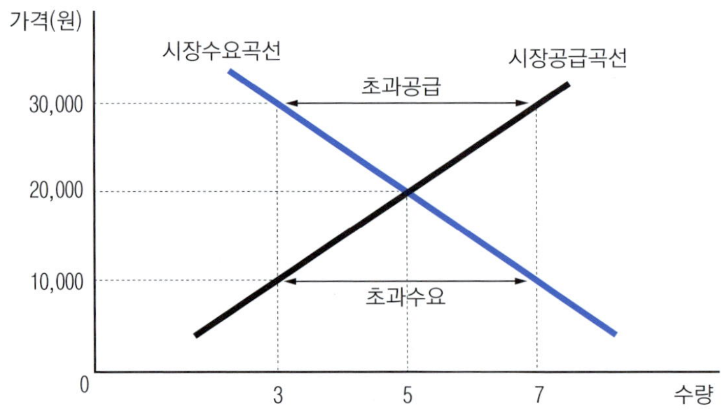

요곡선과 공급곡선이 만나는 20,000원이다. 한편 균형가격보다 과도하게 낮은 10,000원에서는 상품을 구입하고자 하는 수요가 공급을 초과하여 **초과수요**(excess demand)가 발생하며, 이로 인해 가격은 올라가게 된다. 반면 30,000원에서는 상품을 팔고자 하는 공급자가 오히려 수요자보다 더 많아져 **초과공급**(excess supply)이 일어나고, 이 때문에 가격은 균형가격 수준으로 점차 하락하게 된다.

2. 균형의 변화

시장은 균형상태가 되면 균형가격과 거래량이 유지된다. 그러나 생산기술의 진보가 이루어지든, 아니면 원자재 가격의 하락이 발생하든, 어떠한 이유에서든지 수요나 공급에 변화가 발생하면 새로운 균형점으로 이동하는 과정에서 시장가격과 거래량이 변화하게 되는데 이를 균형의 변화라고 한다. 가령 앞서 언급한 상황에서 소비자의 소득 증가로 인해 수요의 증가가 발생했다고 가정하자. 이전에도 설명했듯이 수요가 증가하면 수요곡선은 오른쪽으로 이동하며, 이로 인해 수요곡선과 공급곡선이 만나는 새로운 시장균형은 e_1에서 e_2로 변경되고, 따라서 가격은 P_1에서 P_2로 상승함과 동시에 거래량도 X_1에서 X_2로 증가한다.

그림 1-9 소득 증가와 새로운 균형

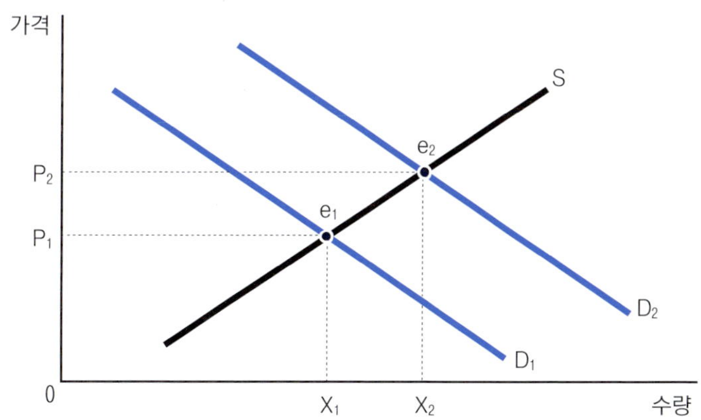

3. 소비자잉여와 생산자잉여

소비자잉여(consumer surplus)는 소비자가 시장을 통해 거래함으로써 얻게 된 이득이다. [그림 1-10]에서 소비자가 상품을 구매할 때 지불할 용의가 있는 최대 금액은 A였으나, 실제 지불한 금액은 균형가격이었으므로 A에서 균형가격을 뺀 영역이 소비자잉여에 해당한다. 이와 달리 **생산자잉여**(producer surplus)란 생산자가 어떤 상품을 판매하여 얻는 실제수입이 그 상품을 판매하여 최소한 받아야겠다고 생각하는 금액을 초과하는 부분을 뜻하는데, 따라서 시장 판매가격인 균형가격에서 C를 뺀 영역이 생산자잉여로 볼 수 있다.

| 그림 1-10 | 소비자잉여와 생산자잉여

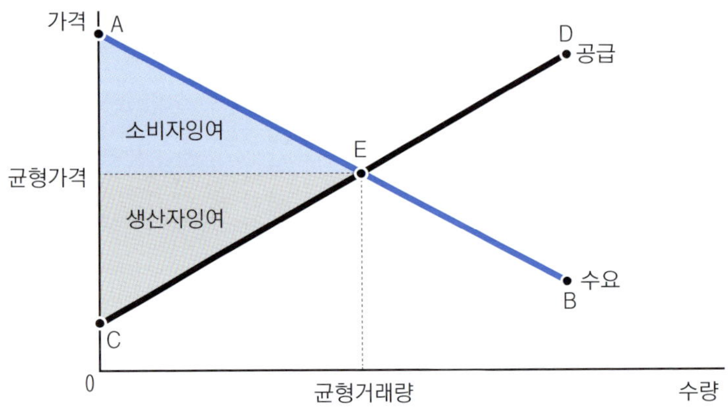

4. 균형가격과 정부의 개입

4.1 가격상한제의 효과

가격상한제(price ceiling)란 정부가 특정 재화나 서비스의 가격이 일정 수준 이상으로 오르지 못하도록 인위적으로 규제하는 것을 말한다. 이는 지나친 가격 상승으로 인한 소비자 피해를 예방하기 위해 취하는 정부의 조치라고 말할 수 있다. 만일 정부가 시장의 균형가격이 너무 높다고 판단하면, 시장가격보다 낮은 수준에서 가격의 상한선을 정해놓고 시장가격이 그 위로 올라가지 못하도록 규제를 하게 되는데, 이런 정책을 '**최고**

가격제'라고 한다. 예를 들면, 아파트의 시장가격이 너무 높다고 판단되면 정부는 흔히 아파트 거래 가격을 시장 균형가격보다 낮은 수준에서 규제하려고 할 것이다. 최고이자율을 정하는 것도 최고가격제의 사례라고 볼 수 있다. 정부가 금융기관의 최고이자를 정하게 되면 정부가 대부시장에 개입하여 상한선을 설정하는 것이다. 만약 연 20%로 최고이자를 정하면 돈의 사용료를 원금의 20% 가격으로 제한하는 것이며 그 이상의 이자를 받는 경우 불법 거래가 된다. 정부가 최고가격제를 실시하면 공급은 줄어드는 반면, 수요는 과도하게 늘어 초과수요가 발생한다. 또한 정상가격보다 인위적으로 낮은 가격이 강제됨으로 인해 공급자는 공급을 줄이게 되고, 따라서 소비자가 원하는 만큼 재화가 시장에 공급되지 못하고, 부족한 재화의 배분은 가격이 아니라 추첨이나 선착순과 같이 가격경쟁 이외의 다른 방식으로 해결되는 것이 보통이다. 더욱이 공급 부족 때문에 원하는 재화를 구입하지 못한 일부 소비자는 공급자에게 은밀히 다가가 추가 가격을 지불할 의사를 표현하는 상황도 발생함에 따라 암시장이 출현하기도 한다. 그러나 이런 거래는 최고가격제도를 어기는 불법행위가 된다.

4.2 가격하한제의 효과

가격하한제(price floor)란 어떠한 상품의 가격이 시장에서 지나치게 낮게 평가되어 있어, 고시한 가격 이하로는 서로 사고팔지 못하도록 정부가 시장에 개입해 규제하는 제도이다. 대표적인 예로 최저임금을 들 수 있는데, 노동시장에서 형성되는 임금이 너무 낮아 최저생계비에 미치지 못한다고 판단될 경우 정부는 노동의 대가로 지급하는 임금을 시장가격보다 높은 수준에서 최저임금을 정한다. 이러한 최저가격제가 실시되면, 일반적으로 공급량이 수요량을 초과하여 초과공급이 발생하게 된다. 최저가격제도에서 발생하는 초과공급 역시 가격경쟁 이외의 다른 방식을 통해 해결하게 된다. 예를 들어, 최저임금제가 실시되면 노동공급량에 비해 노동수요량이 적어진다. 따라서 노동을 제공하려는 많은 공급자 중에서 누구를 선발할 것인지 수요자가 선별적으로 선택하게 되고, 공급자 간 경쟁이 발생할 수 있다.

| 그림 1-11 | 물품세 부과의 효과

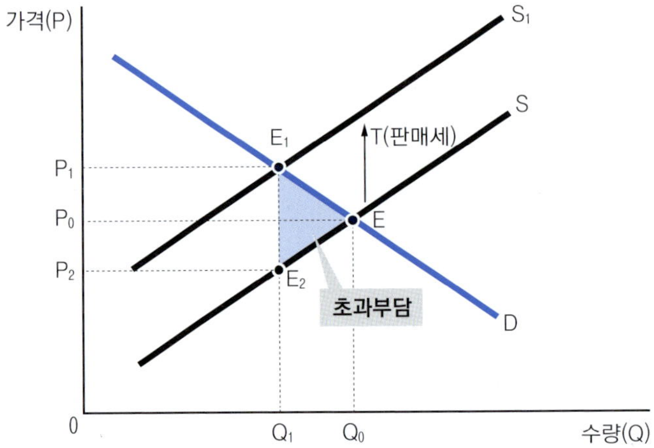

4.3 공급자에 대한 과세가 시장에 미치는 효과

[그림 1-11]처럼 공급자에게 T원의 판매세를 부과하면 공급곡선은 기존 S에서 T원만큼 위쪽으로 평행이동해 S_1으로 바뀐다. 다시 말해서 기존에는 P_0가 시장의 균형가격이었는데, 정부에 의해 판매세가 부과된 후에는 세금으로 인한 이익 감소로 인해 공급량이 감소하고 가격은 상승한다. 그런데 판매세를 부과하면 세금부담은 공급자만 갖게 되는 게 아니라 시장 내에서 공급자와 소비자가 일정 비율로 나눠 부담하게 된다. 즉, T원의 판매세를 내야 하는 공급자는 공급량을 Q_0에서 Q_1으로 줄이고, Q_1에서 기업의 생산비용은 P_2인 반면, 소비자에게 부담시키는 가격은 P_1이 된다. 결국 공급자는 실제 부과된 T원 전부를 부담하는 것이 아니라 P_2~P_0구간만큼의 세금을 부담할 뿐이고 소비자에게 P_0~P_1만큼을 전가하게 된다.

주요 용어

경제학	시장	수요	공급	균형
(균형)가격	희소성	효용	합리적 선택	최적화
기회비용	매몰비용	고정비용	가변비용	총비용
평균비용	한계비용	독점시장	과점시장	완전경쟁시장
수요의 법칙	공급의 법칙	수요곡선	공급곡선	정상재
열등재	대체재	보완재	기펜재	필수재
사치재	가격탄력성	소득탄력성	한계효용체감의 법칙	한계수입
균형거래량	초과수요	초과공급	소비자잉여	생산자잉여
가격상한제	가격하한제			

연습문제

01 영희가 고등학교를 마치고 대학으로의 진학 대신 취업을 선택했다고 가정할 때, 그녀가 지불해야 하는 기회비용에는 어떤 것들이 있는지 설명하시오. 반면 그 반대로 취업 대신 진학을 선택했을 때 지불해야 하는 기회비용에 대해서도 조명하시오.

02 어떤 재화의 가격이 10% 상승했더니 소비자의 수요량이 20% 감소했다고 가정하자. 이 경우, 이 재화의 수요는 탄력적인가, 비탄력적인가? 이유를 설명하시오.

03 수요곡선 D=16－1P이고, 공급곡선 S=－4＋1P일 때, 균형가격을 구하시오.

04 여러분이 서울지하철공사의 사장이고, 요금 가격에 대한 정부의 시장개입이 없다고 가정하자. 또한 임금 인상 등으로 인해 공사가 올해 당기순손실을 시현했다고 할 때, 여러분은 가격을 올릴 것인가? 아니면, 현재의 가격을 유지할 것인가? 아니면, 오히려 가격을 내릴 것인가? 여러분의 의사결정의 이유를 제시하시오.

05 문제 4번에서 말한 상황과 달리, 현실 속에서 정부는 소비자가 지급할 지하철 요금의 가격에 개입하여 규제한다. 그 이유는 무엇인가?

참고문헌

KDI 경제정보센터(2022), 경제개념. Available at https://eiec.kdi.re.kr/?gclid=Cj0KCQjw8amWBhCYARIsADqZJoXGocoowc_2cZfpdS1xhroKjsDBqUqAXGxd7wrYajmr3LfJkgFoeHMaAp5PEALw_wcB [접속일: 2022년 7월 11일].

김경환, 김종석(2021), 맨큐의 경제학 번역서, 서울: Cengage learning Korea.

부산일보, [테마논술] <1>경제학의 기본 원리 – 희소성과 합리적 선택, 2009년 1월 11일자.

조선일보, [실행 전략 1: 기업] 아마존이 할인행사 때 정가 · 마감시간을 보여주는 이유, 2017년 12월 28일자.

한국경제신문, [영화로 쓰는 경제학원론] 세금 물리면 '초과부담'으로 '경제 비효율' 유발, 2013년 8월 23일자.

한국경제신문, 사랑에도 한계효용체감의 법칙이 적용될까 … 새 애인의 기대효용이 더 커보이는 건 왜일까, 2020년 10월 12일자.

CHAPTER

02

소비자 선택

학습목표

소비자 의사결정에 관한 기본가정을 습득하고, 무차별곡선의 성질과 기능을 파악하며, 이들에 대한 지식을 바탕으로 한계대체율의 개념을 이해한다. 또한 소비자 선택을 위한 예산제약을 학습한다.

토의자료 2-1 당신은 소비자에게 어떤 가치를 주고 있습니까?

소비자들이 영리해졌다. 소비자는 자신에게 충분한 가치를 제공하는 브랜드나 상품을 구매한다. 브랜드가 가치를 제공하지 못하거나 제공하는 가치가 미흡하면 소비자는 그 브랜드를 외면한다. 모든 브랜드와 상품은 가치가 있어야 하며 그 가치의 효용성은 온전히 구매하고자 하는 소비자가 판단한다. 더군다나 소비자의 취향과 개성은 점점 더 다양해지고 있기 때문에 소비가치를 파악하는 것은 매우 중요하다.

소비가치란?

그렇다면 소비자가 요구하는 가치는 무엇일까? 이에 대한 질문에 해답을 알아내기 위해 수많은 학자들이 고민해왔다. 이와 관련해 많은 연구들이 진행됐는데 그중에서도 서던캘리포니아 대학교(University of Southern California)의 '젝디시 세스(Jagdish N. Sheth) 교수 외 2인'이 발표한 논문 "Why We Buy What We Buy: A Theory of Consumption Values"(Journal of Business Research 22, 159-170, 1991)의 이론이 학계에서는 널리 인용되고 있다. 이 논문에서는 소비자의 선택행동에 영향을 주는 요인을 5가지 소비가치로 분류했다. 이 5가지 소비가치는 기능적 가치(Functional Value), 사회적 가치(Social Value), 감정적 가치(Emotional Value), 진귀적 가치(Epistemic Value), 상황적 가치(Conditional Value)이다.

기능적 가치는 전통적으로 소비자의 선택을 이끌어내는 가장 중요한 가치로 기능성, 유용성, 실용성과 같은 내재적 가치와 내구성, 가격과 같은 물리적 특성을 말한다. 패션에서는 브랜드나 상품의 품질, 가격, 유용성 등이 기능적 가치가 될 수 있다.

사회적 가치는 사회적인 인정을 추구하는 가치이다. 사장님이 타기 위한 차를 기업이 구매하는 경우를 생각해보자. 회사는 중대형 세단을 선호한다. 사장님이 타는 회사차로 스포츠카를 선택하지 않는 이유는 스포츠카의 성능이 부족해서가 아니라 사장님이 대외적으로 타는 차로서 적합하지 않다고 생각하는 사람들의 사회적인 인식 때문이다.

이것은 자동차를 구매할 때 기능적인 성능보다 연상되는 이미지가 중요하게 작용한다는 사실을 보여준다. 이런 사회적 가치는 패션에서는 그 복식이 획득한 사회적 지위, 상징성, 사회적 승인과 같이 소비자가 지각하는 효용으로 인구 통계적, 사회경제적, 민족의 문화적 특성에 따라 정형화된 사회집단과 관련된 긍정적 또는 부정적인 가치를 의미한다.

복합적이면서 독립적으로 작용

감정적 가치는 감정이나 느낌을 불러일으키는 가치이다. 촛불조명이 있는 저녁식사는 로맨틱한 감정을 갖게 하고, 공포영화는 두려움을 가져오는 것처럼, 상품이나 서비스는 감정적인 반응을 발생시킨다. 담배 연구사례를 보면 흡연자들은 담배를 피우지 못할 때 불안하고 화나는 감정을 갖게 되지만 피울 때에는 안도감을 갖게 된다. 반면에 비흡연자들은 담배를 피우지 않을 때 자신감이 있고 똑똑하다고 느낀다. 이 결과는 감정적 가치가 소비행동에 큰 영향을 미친다는 것을 보여준다. 또한 감정적 가치는 미학적 가치를 포함하는 개념이기 때문에 패션에 있어서도 중요하다.

진귀적 가치는 호기심, 신기함, 지적인 욕구를 채워주는 가치로 새로운 경험이 진귀적 가치를 제공한다. 소비자가 현재의 브랜드에 만족하지 못하고 식상해서 새로운 브랜드를 찾는 것, 호기심에 새로운 장소를 방문하는 것, 다른 문화를 경험하려는 욕구 등이 그것이다. 패션에 있어서는 개성을 추구하거나 유행을 추구하는 것이 해당된다.

상황적 가치는 소비자가 마주치는 특별한 상황이나 환경의 결과로부터 얻는 가치이다. 이때 선택되는 상품의 유용성은 상황에 의존하는데, 예를 들면 크리스마스카드는 계절적 가치에 의존하며, 결혼예복은 일생에 한 번 있는 행사라는 상황에 의존하고, 영화를 볼 때는 의례적으로 팝콘을 구매한다. 이처럼 많은 상품들은 관련된 적합한 상황이 있음을 알 수 있다. 패션에서는 상품을 특정한 상황에 적합하게 착용하거나 구매하는 것이 상황적 가치에 해당되며, 상황적 가치는 기능적 또는 사회적 가치를 포함한다. 소비자의 선택행동은 소비가치들의 복합적인 작용이며, 각 소비가치들은 독립적이다.

소비자선택행동 연구에 필수

5가지 소비가치는 경영학, 심리학, 소비자행동학뿐 아니라 패션과 관련된 의류학에서도 중요하게 다뤄지고 있다. 하지만 이것만으로는 패션과 관련된 소비자의 선택행동을 설명하는 데 한계가 있기 때문에 소비가치 개념을 적용한 후속 연구가 지속적으로 이루어졌고, 다양한 소비가치 요인들을 규명하고 있다.

“의복소비가치에 따른 집단별 외모관리행동의 차이”(김인숙, 2016, 한국의류산업학회지 제18권, 제5호, pp. 606～616)에서는 “선행연구들이 규명한 대표적인 의복소비가치 요인들은 사회적 가치, 외모 매력성 가치, 심리적 가치, 기능적 가치, 진귀적 가치, 유행성 가치, 유용적 가치, 정서적 가치, 탐색적 가치, 개성추구 가치, 감정적 가치, 실용・기능적 가치, 주관・심미적 가치, 과시적 가치, 사회・동조적 가치, 브랜드 이미지 가치, 자기 표현성 가치, 코디성 가치로 나타난다. 요인을 분류하는 과정에서 사회적 가치로 명명된 요인 중에는 동조적 가치와 과시적 가치를 포함하고 있으며, 5가지 소비가치를 기초로 하여 외모 매력성 가치, 유행적 가치, 동조적 가치, 과시적 가치, 개성적 가치 등 의복상품의 표현적 가치 특성이 추가 사용되고 있음을 볼 수 있다”고 했다. 이처럼 다양한 소비가치 요인들은 패션과 관련한 소비자선택행동을 연구하는 데 이미 활용되고 있다.

| 당신의 브랜드와 상품은 어떠한가?

지금까지 소비가치에 대해 알아보았다. 앞으로도 지속적인 연구를 통해 패션 소비자의 선택행동에 영향을 미치는 요인들이 규명될 것이다. 이것은 매우 의미 있는 일이지만 이와 동시에 고민해야 할 문제가 있다. 그것은 '당신이 전개하고 있는 브랜드와 상품은 소비자가 요구하는 가치를 제공하고 있는가?'이다.

치열한 경쟁자들과 까다로운 소비자 사이에서 살아남는 브랜드가 되기 위해서는 다음 질문에 답할 수 있어야 한다.

당신의 브랜드와 상품은 소비자에게 선택받을 만한 어떤 가치를 제공하고 있는가? 그 가치는 다른 브랜드나 상품보다 더 뛰어난가? 혹시 제공하는 가치를 소비자들은 인식하지 못하거나 또는 가치가 전혀 없다고 느끼고 있는 것은 아닌가? 소비자가 인정하지 않는다면 그 가치는 당신만의 주장일 뿐이기 때문이다. 소비자의 선택행위를 결정하는 소비가치는 점차 규명되고 있다. 이제 공은 당신에게 넘어왔다. 당신의 브랜드와 상품은 소비자에게 어떤 가치를 주고 있는가?

Q 질문

1. 소비가치란 무엇이며, 소비자의 선택행동에 영향을 미치는 5가지 소비가치는 무엇인가?
2. 소비가치 중 사회적 가치와 기능적 가치의 차이는 무엇이며, 특정 브랜드나 상품이 이를 어떻게 활용할 수 있는가?
3. 진귀적 가치와 상황적 가치가 소비자의 브랜드 선택에 미치는 영향을 패션 산업의 사례를 들어 설명할 수 있는가?

〈출처: FASHION POST, 2021년 2월 22일자〉

제1절 소비자 의사결정의 기본가정

1. 선호와 효용

세 사람이 식당에 갔다고 가정하자. 이때 어느 한 사람은 스파게티를 시키고, 다른 한 사람은 리조또를 주문한 반면, 마지막 사람은 스테이크를 먹고자 원했다고 상상해보자. 이들은 왜 각각 다른 음식을 주문했을까? 그 이유는 그들이 좋아하는 음식이 각기 달랐기 때문이다. 이와 같이 좋아하고 싫어하는 것의 다름을 경제학에서는 **선호**(preference)라고 부른다. 한편 소비자는 재화나 서비스를 구입하는 행동을 함으로써 그 결과 주관적인 기쁨이나 만족감을 얻게 되는데 이를 **효용**(utility)이라고 한다. 또한 우리가 상품묶음을 만들었을 때 특정한 상품묶음이 소비자에게 주는 만족감의 정도가 있을 것인데, 이를 하나의 실수(real number)로 나타내주는 함수를 **효용함수**(utility function)라고 한다. 따라서 상품묶음을 비교해 소비자의 선호관계를 확인해볼 수 있을 것이며, 만약 A 묶음과 B 묶음 간 선호관계를 부호로 표시했을 때 A>B라면 "소비자가 상품묶음 A를 다른 상품묶음 B보다 더 선호한다"(강 선호, strong preference)라고 말할 수 있을 것이다. 이와 달리 A=B라면 "소비자가 느끼는 상품묶음 A와 상품묶음 B 간 선호의 차이는 없다"라고 설명할 수 있고, A≥B라면 "소비자가 갖는 상품묶음 A에 대한 선호도는 최소한 상품묶음 B 이상이다"(약 선호, weak preference)라고 언급할 수 있다.

2. 소비자 선택의 기본가정

위에 기술한 소비자 선호체계에는 기본이 되는 다섯 가지 가정이 존재하는데 이를 정리하면 다음과 같다.

① **완비성**(completeness) : 소비자가 선택 가능한 모든 상품묶음에 선호도를 매길 수 있다.

② **이행성**(transitivity) : A>B이고, B>C이면, A>C이다(소비자가 상품묶음 A를 상품묶음 B보다 선호하고, 상품묶음 B를 상품묶음 C보다 선호한다면, 이 소비자는 상품묶음 A를 상품묶음 C보다 더 선호할 것이다).

③ **연속성**(continuity) : 소비자의 선호가 변할 때 연속적으로 변화해가며 갑작스런 변화는 일어나지 않는다.

④ **단조성**(monotonicity) : 소비자는 한 상품묶음이 다른 상품묶음에 비해 더 많은 상품을 담고 있다면, 소비자는 언제나 더 많은 상품이 묶여진 상품묶음을 선호한다. 쉽게 말해서 다다익선을 의미한다[cf. 강 단조성(strong monotonicity): 적어도 어떤 한 재화의 소비가 증가하면 효용도 증가한다].

⑤ **볼록성**(convexity) : 무차별곡선은 원점에 대해 볼록하다.[1]

---

1) 무차별곡선에 대해서는 다음 제2절에서 설명하고자 한다.

토의자료 2-2

선택지가 너무 많으면, 소비자는 선택하지 않는 선택을 한다

현대는 소비자의 시대다. 만성적인 공급 부족을 겪던 시대와 다르게 대량생산이 완전히 자리 잡으면서 소비자의 평균적인 삶의 질이 증진되었을 뿐만 아니라 소득에 관계없이 보편적인 소비를 할 수 있게 됐다. 그 결과 이제는 한정된 소비자를 두고 다양한 상품과 서비스들이 경쟁하게 되었으며 그로 인해 소비자의 영향력 또한 늘어났다. 하지만 그만큼 소비자들의 혼란과 고민도 깊어졌다.

대형 마트의 올리브유 코너를 가보면 아마 이 말을 이해할 수 있을 것이다. 브랜드별로 수많은 올리브유들이 서로 다른 가격표를 달고 진열되어 있다. 경험에 의해 비싼 상품이 더 좋은 상품이라고 추정은 하지만 대체 얼마나 좋은지도 모르고 차이도 알기 어렵다. 쉽게 선택하지 못하는 일이 발생하는 것이다.

심리학자인 시너 세티와 마크 래퍼가 식료품점에서 수행했던 연구는 이 분야에서 유명하다. 두 사람은 시식코너에 24종류의 잼과 6종류의 잼을 진열했을 때, 소비자들의 구매 패턴을 확인했다. 그 결과 6종류의 잼을 진열했을 땐 시식한 사람들의 30%가 잼을 구매했지만 24종류일 땐 잼을 산 사람은 3%에 불과했다. 선택의 가짓수가 늘어날수록 선택이 어려워졌다는 의미다.

이러한 결정 장애는 선택지 간의 차이가 뚜렷하지 않거나 매력적인 선택지가 많을수록 더욱 두드러진다. 소비자에게 선택권이 주어지는 것은 일반적으로 소비자의 효용 증가를 의미한다. 하지만 선택지가 너무 많아질 경우엔 반대로 효용이 감소한다. 이러한 상황에서 소비자들은 '선택을 내리지 않는 선택'을 내리게 된다.

소비자 입장에선 선택의 장애에 빠질 경우 그만큼 돈을 아끼게 되니 긍정적인 부분도 있다. 하지만 '반드시 선택을 내려야 하는 상황'이라면 어떨까? 가령 집을 구해야 하는 상황이라면 반드시 결정해야 한다. 이 상황에서 이 집 저 집 둘러보는 집이 늘어나면 완전히 딱 마음에 드는 곳은 없는데 선택지만 계속 늘어나게 된다. 이 많은 후보군 중에서 어디를 선택할지 고민하는 사이 그나마 나은 집을 다른 사람이 먼저 계약해버리는 상황이 벌어질 수도 있다.

그러므로 선택을 내려야 한다면 최대한 단순화하는 것이 좋다. 선택의 기준을 단순화하고 가짓수도 크게 늘리지 않는 것이다. 선택을 내려야 하는 상황에서 선택을 보류하는 경우 대체로 손실이나 문제를 더욱 키우게 될 뿐이라는 점을 유념하자.

Q 질문

1. 그렇다면 기업의 입장에서 기업은 어떤 선택을 해야 할까?

〈출처: 조선일보, 2021년 12월 2일자〉

제2절 무차별곡선과 한계대체율

1. 무차별곡선이란?

무차별곡선(indifference curve)이란 소비자에게 동일한 크기의 효용을 주는 상품묶음의 집합을 그래프로 나타낸 것을 일컫는다. 따라서 동일한 무차별곡선상의 다른 두 점(아래 [그림 2-1]의 무차별곡선 I_1상의 A점과 B점)은 특정 소비자가 이들을 구입했을 때 똑같은 만족을 주는 상품묶음이라는 것을 의미한다. 이러한 무차별곡선은 다음과 같은 네 가지 속성을 갖는다.

첫째, 무차별곡선은 우하향한다: 무차별곡선은 소비자에게 동일한 효용을 주는 상품묶음의 점들을 연결한 것이므로, 동일한 만족을 유지하기 위해서는 상품묶음 내 한 재화의 소비를 증가시켰을 때 다른 재화의 소비를 줄여야 하고, 이런 이유로 우하향한다.

| 그림 2-1 | 무차별곡선

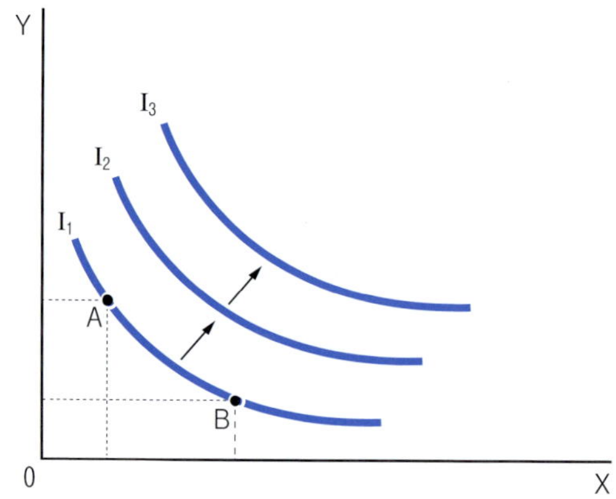

둘째, 무차별곡선은 원점에서 멀수록 더 큰 효용을 나타낸다 : 상품의 소비량이 증가할수록 총효용(소비로부터 얻게 되는 총 만족도)은 증가할 것이다. 무차별곡선이 원점에서 멀어진다는 것은 두 재화의 소비하는 양이 많아진다는 것을 뜻하기에, 따라서 무차별곡선이 원점에서 멀어질수록 총효용도 증가한다.

셋째, 두 무차별곡선은 교차하지 않는다 : 이는 앞서 제1절에서 설명한 이행성으로 인한 특징이다. 즉, 아래 [그림 2-2]에서 B점은 C점과 동일한 무차별곡선 I_1상에 있으므로 두 점에서 소비자에게 주는 만족 수준은 같다. 또한 마찬가지로 A점과 C점은 동일한 무차별곡선 I_2에 있으므로 두 점에서 소비자에게 주는 만족 수준도 같다. 그렇다면 A점과 B점에서의 만족 수준도 동일해야 할 것이나, 두 점은 상이한 무차별곡선상에 있으므로 다른 효용수준을 갖는다는 것을 의미하고, 더욱이 A점이 B점보다 원점에서 멀리 있기에 이 소비자는 A점으로부터 얻는 만족이 B점보다 크다는 것을 알 수 있다. 정리하면, 이는 A＞B이고 B＞C라면 A＞C라는 이행성의 가정과 모순되며, 따라서 무차별곡선은 교차하지 않는다.

넷째, 무차별곡선은 원점에 대해 볼록하다 : 소비자는 다른 재화를 희생하는 대가로 한 재화를 극단적으로 많이 소비하는 것을 선호하지 않으며, 두 재화를 비교적 균형 있게 구매함으로써 더 큰 만족을 얻는다. 다시 말하면, 상의 8벌과 하의 2벌(상황 1) 내지 상의 2벌과 하의 8벌(상황 2)을 소비하는 것보다는 상하의 똑같이 5벌을 구입하고자 한다. [그림 2-1]에서 그래프 좌, 우측의 기울기가 급한 반면, 가운데 부분은 완만한 기울

| 그림 2-2 | 무차별곡선의 교차

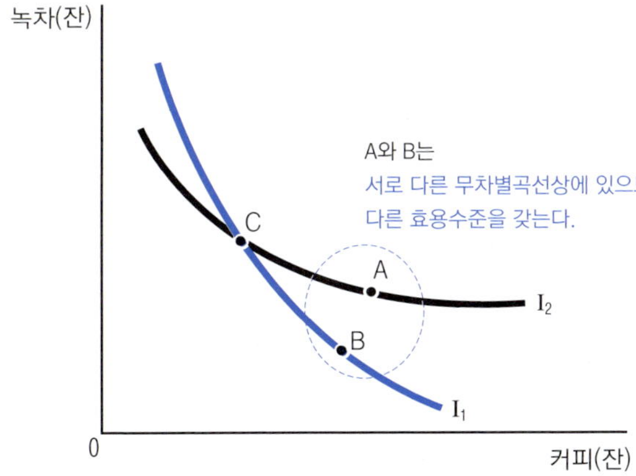

기를 띤다는 것은 상황 1에서 하의 하나를 얻기 위해 더 많은 상의를 포기할 의사가 있다는 것을, 그리고 상황 2에서는 상의 하나를 얻기 위해 여러 하의를 포기할 수 있다는 것을 보여준다. 곧 무차별곡선의 모양이 원점에 대해 볼록하다는 것은 소비자가 많이 보유한 재화일수록 더 많이 포기할 용의가 있음을 나타낸다.

2. 무차별곡선의 두 가지 극단적인 예

2.1 완전대체재의 무차별곡선

무차별곡선은 소비자에게 똑같은 크기의 효용을 주는 상품묶음의 집합을 그림으로 나타낸 것이라고 설명한 바 있다. 즉, 무차별곡선의 기울기는 소비자가 한 재화를 다른 재화로 대체할 때 교환하고자 하는 상품의 비율이라고 말할 수 있다. 이때 두 재화가 서로 쉽게 대체 가능할수록 무차별곡선은 완만하게 볼록한 반면, 두 재화가 서로 대체하기 어려울수록 경사가 급하게 원점에 대해 볼록하다. 그런데 가령 누군가에게 맥주와 막걸리가 완벽하게 동일한 효용을 주고(즉, 1 : 1의 가치를 가짐), 이로 인해 맥주와 막걸리가 완전한 대체재라고 가정하자. 이 사람이 느끼는 만족은 맥주 10잔과 막걸리 0잔, 맥주 0잔과 막걸리 10잔, 또는 맥주 5잔과 막걸리 5잔 모두에서 같을 것이다. 다시 말하면, 한 종류의 술 한 잔을 빼고 다른 술 한 잔을 추가하면 효용이 종전과 똑같은 수준에서 유지되는 것이다. 이는 이 사람에게 맥주와 막걸리가 완전대체재이고 이 경우 무차별곡선은 직선(기울기 −1)이다. 다만, 대체재라고 하더라도 기울기는 경우에 따라 달라질 수 있는데, 예를 들어 맥주 2잔이 막걸리 1잔과 완전한 대체관계에 있다면 이때 무차별곡선의 기울기는 $-\frac{1}{2}$의 값을 갖는다.

2.2 완전보완재의 무차별곡선

이번에는 신발을 구입하는 상황을 상상해보자. 만약 상품묶음에 왼쪽 신발 1짝과 오른쪽 신발 2짝이 들어 있다면, 오른쪽 신발 1짝은 쓸모없게 되며, 결국 이는 1켤레의 신발을 의미한다. 이번에는 이와 달리 만약 상품묶음에 왼쪽 신발 3짝과 오른쪽 신발 1짝이 있다고 하자. 상품묶음에 들어 있는 신발의 개수는 달라졌으나, 이 경우에도 구입

| 그림 2-3 | 완전대체재와 완전보완재의 무차별곡선

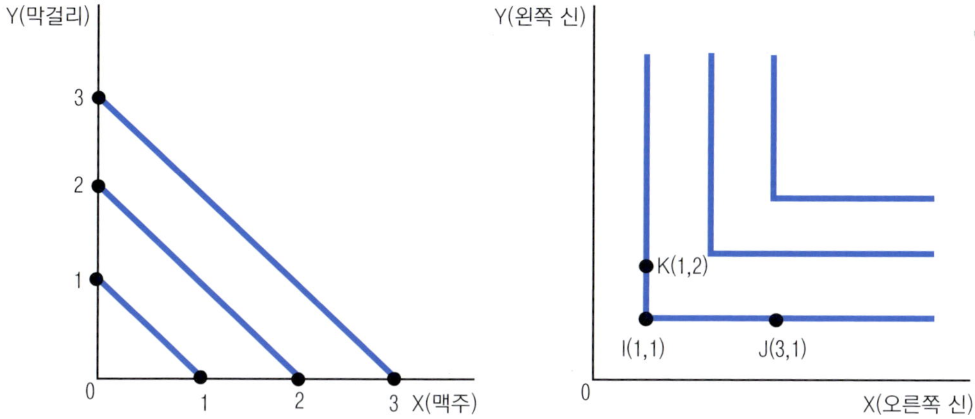

(a) 완전대체재 (b) 완전보완재

후 신발 1켤레만 사용 가능하다. 만약 왼쪽 신발 2짝마저 의미를 가지려면 추가적으로 오른쪽 신발 2짝이 더 필요하다. 이와 같이 두 재화가 완전한 보완관계에 있다면 우리는 이를 완전보완재라고 하며, 이에 대한 무차별곡선은 [그림 2-3]과 같다.

3. 한계대체율

동일한 효용을 얻고자 한다는 가정하에 소비자가 한 재화를 얻기 위해 기꺼이 포기할 수 있는 다른 재화의 양을 **한계대체율**(marginal rate of substitution; MRS)이라고 한다. 앞서 소비자가 한 재화를 다른 재화로 대체할 때 교환하고자 하는 상품의 비율을 무차별곡선의 기울기라고 설명한 바 있으며, 따라서 한계대체율은 무차별곡선의 기울기와 같다. 다만, 무차별곡선의 기울기는 우하향하는 음(−)의 값을 갖기에 다음과 같이 기울기에 음(−)의 부호를 덧붙여 전체의 값을 양(+)이 되도록 한다.

$$MRS_{xy} = -\frac{\Delta Y}{\Delta X} = -\text{무차별곡선의 기울기}$$

이제 일례를 통해 보다 정확한 이해를 도모해보자. 예컨대, 한 소비자에게 있어서 포도 2송이와 복숭아 10개를 소비할 때 느끼는 총효용과 포도 4송이와 복숭아 6개를 소비할 때의 총효용이 같다(즉, 동일한 무차별곡선상에 있다)고 하는 경우, 한계대체율을 구해보자. 이를 식으로 정리하면,

$$MRS_{xy} = -\frac{\Delta Y}{\Delta X} = \frac{4}{2} = \frac{2}{1}$$

다시 말하면, 이 소비자는 복숭아를 4개 덜 먹더라도 포도 2송이를 더 먹을 수 있다면 느끼는 만족의 총효용은 같다는 뜻이고, 즉 한계대체율이 2의 값을 갖는다는 것은 소비자가 포도 1송이에서 얻는 한계효용(MU_x)이 복숭아 1개에서 얻는 한계효용(MU_y)의 두 배에 해당한다는 것을 뜻한다. 그러므로 한계대체율은 두 상품 사이의 한계효용의 비율과 같다고 말할 수 있고, 다음과 같은 식으로 표현할 수 있다.

$$MRS_{xy} = -\frac{\Delta Y}{\Delta X} = \frac{MU_x}{MU_y}$$

그런데 앞서 무차별곡선이 원점에 대해서 볼록한 볼록성의 특징을 갖는다는 설명은, 이를 달리 서술하면 무차별곡선을 따라 오른쪽으로 움직여갈수록 절댓값이 점차 작아진다는 것을 뜻하고, 이는 곧 한계대체율이 체감한다는 것을 의미하는바, 이를 **한계대체율체감의 법칙**(law of diminishing MRS)이라고 한다.

토의자료 2-3 행동하는 소비자들, "나는 소비로 세상을 바꾼다"

요즘 소비자들은 문제 있는 제품과 브랜드에 불매운동 등 적극적인 행동으로 자신의 의견과 가치를 표출하고 있다. 제품에 대한 불만이나 기만적 할인 등에 대한 대응을 넘어 하청업체에 대한 갑질과 횡포, 가격 담합, 허위과장 광고, 이익에만 급급하고 사회적 역할을 하지 않는 기업 등에 대해서도 소비자들의 행동을 보여주고 있다. 최근에는 '공감 능력'이 부족한 기업, 고객과 동행하지 않는 기업이 소비자에게 외면받은 사례가 넘쳐나고 있다.

최근 불매운동 사례를 살펴보면, A 제약회사의 '성차별 면접 논란'으로 불매운동이 벌어진 사건이 있었다. "여자들은 군대 안 가니 남자보다 월급 적게 받는 것에 동의하냐"는 질문을 받은 여성 지원자가 회사 측에 진정성 있는 공식 사과를 촉구하는 일이 벌어졌고, 온라인에선 해당 기업의 상품들을 공유하며 불매하는 행동이 취해진 것이다.

앞서 2019년에는 당시 일본 총리인 아베 신조가 한국에 대한 수출 통제 조치를 취하면서 일본 제품 불매운동이 매우 거세게 이어졌다. 온라인상에서는 일본 기업 목록이 배포되었고, 현재까지도 '노재팬' 불매운동이 영향을 끼치고 있다. 최근에는 일본군 위안부를 매춘부로 규정한 마크 램지어 하버드대 로스쿨 교수의 직함이 '미쓰비시 일본 법률 연구 교수'라는 것이 밝혀지면서 미쓰비시에 대한 불매운동 움직임도 있었다.

역사 왜곡 드라마의 폐지도 큰 이슈였다. 지난 3월 청와대 국민청원 게시판에 드라마 '조선구마사'의 즉각 방영 중지를 요청한다는 청원이 올라왔고, 게시 이틀 만에 약 20여만 명의 동의를 얻을 만큼 반응이 뜨거웠다. 동북공정으로 소비자들의 분노가 치솟고 있는 상황에서 이 드라마 2회분 방영 내용이 문제가 됐다. 충녕대군이 서양 구마 사제를 대접하는 장면에서 월병, 피단(삭힌 오리알), 중국식 만두가 등장했고, 중국풍 의상을 입은 장면이 논란이 되었다. 태종과 양녕대군, 충녕대군에 대한 묘사도 실제 기록과 거리가 있는 역사 왜곡이라는 지적이 빗발쳤다. 소비자들은 이 드라마 관련 광고 기업 제품에 대한 불매운동을 시작하자는 움직임을 보였고, 광고주들과 지방자치단체 등도 제작 지원을 철회하자 결국 드라마는 방영 2회 만에 폐지되었다.

온라인에서 시작되는 불매운동

요즘 대부분의 불매운동은 SNS와 인터넷 커뮤니티 등 서로 소통하는 공간을 통해 시작된다. 온라인상에서 소비자들의 공분과 질타가 한데 모여 적극적이고 공격적인 불매운동을 이끌고 있다. 단순히 불매운동을 넘어 집단 손해배상 소송과 시위로까지 이어지기도 한다.

사소한 불만이 공론화를 이끌고 다소 과격한 형태로 사태가 확산되는 것이 무조건 바람직한가에 대해서는 고민해볼 필요가 있다는 지적도 존재한다. 그럼에도 소비자들이 불만을 표출하는 것은 소비자의 목소리를 반영한다는 점에서 장기적으로 기업 발전에 도움이 될 것이라는 견해가 다수다. 최근 기업들도 소비자 목소리에 적극적으로 귀 기울이고 있으며, 좀 더 나은 제품과 서비스를 제공하기 위해 자성 및 발전의 기회로 삼고 있다.

더 나아가 요즘 기업의 환경, 사회적 책임, 그리고 투명한 지배구조(ESG 경영)에 대한 관심이 높아지고 있다. 소비자들뿐만 아니라, 연금기금 같은 거대 투자자들까지 ESG 경영을 요구하는 압력을 가하고 있다. 앞으로 투자를 결정할 때 ESG를 가장 중요한 지표로 삼겠다는 것이다. 소비자들의 적극적인 행동 결과 기업은 환경이나 인권, 노동에 대한 위반 사항이 없도록 노력하고, 기업의 사회적 책임을 다해야 하는 시대가 되고 있다.

소비자들의 적극적인 시장참여 행동은 '사주기 운동'으로도 그 영향력을 과시하고 있다. 아직은 구매운동보다 불매운동이 소비자 주권을 행사하는 방식으로 주목받고 있지만, 변화의 움직임은 뚜렷하다. 환경과 사회에 미치는 영향을 고려해 상품이나 서비스를 구매하자는 운동이 주요 소비층으로 떠오른 MZ세대를 통해 확산되고 있다.

서울 홍대의 한 치킨집에서 시작된 '돈쭐(돈으로 혼쭐낸다는 뜻의 신조어, 좋은 일을 한 가게의 물건을 팔아주는 것)' 행렬이 SNS와 유튜브를 통해 연쇄적으로 확산된 바 있다. 어린 형제에게 무료로 치킨을 제공한 가게에 대한 사연이 알려지면서 가치 소비에 열광하는 소비자들이 온라인 플랫폼을 통해 선행을 공유한 것이다. '돈쭐을 내주고 싶다'며 120마리의 치킨을 사서 아동복지 시설에 전달한 소비자, 주문만 하고 치킨은 받지 않겠다는 소비자 등 몰래 선행하는 것이 미덕이던 이전과 달리, 디지털 문화에 익숙한 젊은 소비자들이 온라인 플랫폼을 통해 선행을 알리고 가치 소비에 나서고 있다. 이 외에도 코로나19 장기화로 어려움을 겪는 소상공인을 돕고자 화훼농가 살리는 '1인 1화분', 지역 내 식당에서 음식을 포장한 뒤 SNS에 인증샷을 올리는 등의 방식으로 착한 소비 릴레이를 진행하고 있다.

소비자의 행동이 기업을 바꾼다

가치 소비에 열광하는 젊은 소비자들은 차별적인 것과 공정하지 않은 것에 대해 매우 민감하다. 자신의 가치관과 맞는다고 생각하면 가격과 상관없이 소비하고, 그렇지 않으면 불매운동으로 의사 표시를 한다. 과거 집단적 사고방식이 강조되고, 소신을 밝히는 것이 조심스러웠다면 최근 젊은 층을 중심으로 하는 소비자들은 소비를 통해 자신의 가치, 정치적·사회적 신념 등을 적극적으로 표현하고 있다. 소비 활동에 가치와 의미를 부여하는 소신 소비, 가치 소비, 착한 소비가 늘어나면서 제품 생산과정의 윤리성, 제품 소비가 환경에 미치는 영향 등이 구매 선택에서 중요한 요인으로 확대되고 있다.

이제 착한 기업, 착한 소비, 기업과 사회가 상생하는 전략이 필요한 시점이다. 공익을 위해 더 높은 가격을 내는 것도 감수하는 소비자들이 늘면서 기업들도 이러한 소비자들의 행동, 소비 흐름에 대응하고 있다. 환경이나 빈곤 같은 사회 문제를 제품 판매에 연결해 수익 일부를 기부하는 마케팅 전략도 그 예다. 평소 기부를 하고 싶은 마음은 있었지만 쉽게 실천하지 못했던 소비자들이 제품을 구매하면서 자연스럽게 기부하는 방식에 호응하고 있다.

이제 소비자들은 기업이 만드는 제품이나 서비스를 단순히 소비하는 데 그치지 않고, 자신이 원하는 것들을 만들어내도록 적극적으로 의사를 표현하고 있다. 자신이 좋아하는 제품 탄생을 위해 기업의 공식 SNS나 커뮤니티를 통해 적극적으로 의견을 개진하고 설득하는 소비자도 많아졌다. 소비자의 정보력과 지식이 기업 내 전문가보다 높은 수준으로 나타나기도 한다. 정보의 비대칭이 사라지고 소비자의 힘이 막강해져 가는 것이다. 일방적인 구매에서 벗어나, 신선한 아이디어를 제공하는 동시에 의견 표출과 견제를 통해 제품과 서비스에 강력한 영향력을 행사하는 소비자들이 시장을 이끌고 있다.

가치 소비의 철학이 점점 더 소비자들에게 어필하고 있다. 소비자들이 느낀 만족과 보람이 미래

그 회사와 브랜드를 소비하는 선택으로 이어질 가능성이 높다. 기업을 격려하고 혼내주는 소비자, 소비자가 행사하는 권력, 소비자 주권(consumer sovereignty)이 더욱 중요해진 것이다.

Q 질문

1. 소비자들이 불매운동을 통해 기업의 행동을 변화시키는 사례에는 어떤 것들이 있으며, 이러한 움직임이 기업 경영에 미치는 영향은 무엇인가?
2. MZ세대를 중심으로 확산되고 있는 '가치 소비'란 무엇이며, 착한 소비, 소신 소비와 같은 개념과 어떻게 연결되는가?
3. 기업들이 변화하는 소비자의 기대에 부응하기 위해 ESG(환경 · 사회 · 지배구조) 경영을 강화하는 사례에는 어떤 것들이 있으며, 이것이 기업의 장기적인 경쟁력에 미치는 영향은 무엇인가?
4. 소비자 주권이 강화됨에 따라 기업과 소비자 간의 관계는 어떻게 변화하고 있으며, 기업들은 이에 대응하기 위해 어떤 전략을 취해야 하는가?

〈출처: 행복한 교육, 2021년 5월호〉

제 3 절 예산제약

1. 예산선

우리는 더 많은 상품을 구입할수록 우리의 만족도가 더 높아지기에 할 수만 있다면 가급적 많은 재화와 서비스를 소비하길 원한다. 예컨대, 모든 이들이 선호하는 강남에서 대형 평수 아파트에 살고 싶고, 비싼 외제차를 타고 다니고 싶으며, 명품으로 자신을 치장하고 싶은 욕구를 가지고 있다. 그럼에도 대부분은 현실과 타협해 적당한 지역의 적당한 평형의 아파트에서 거주하고, 국산차를 몰면서 본인이 감당할 수 있는 합리적인 브랜드의 의복을 구입해 입고 있을 것이다. 이상과 달리 현실과 이상이 다른 이유는 모든 소비자에게 **예산제약(budget constraint)**이 존재하기 때문이다.

이번에는 예산제약을 수식으로 표현하는 방법에 대해 알아보기로 하자. 한 소비자가 있고, 그의 한 달 소득이 M원이라고 가정하자. 그는 생활을 영위하기 위해 이 소득

❙그림 2-4❙ 예산선

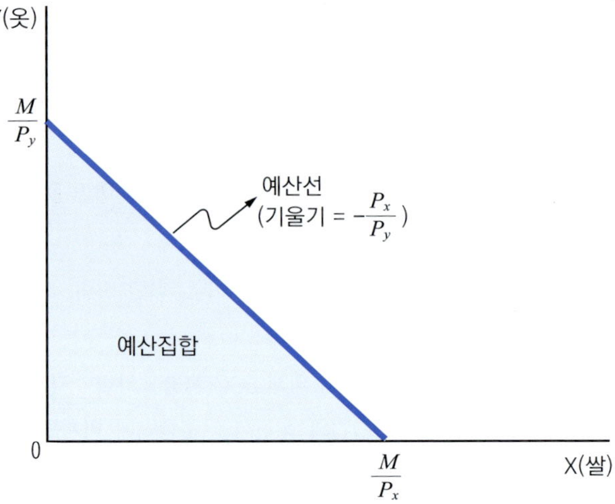

으로 쌀(x)과 옷(y)을 구입해야 할 것이다. 시장에서 쌀과 옷의 가격이 각각 P_x, P_y로 주어져 있고 그의 쌀과 옷 구입량이 각각 X, Y라고 한다면, 그가 쌀과 옷을 구입하기 위해 지출하는 금액은 (P_xX+P_yY)가 될 것이다. 따라서 우리는 그의 예산제약을 다음과 같이 기술할 수 있다.

$$P_xX+P_yY=M$$

이를 Y에 대해 풀어보면 위 식은 아래와 같이 표현할 수 있다.

$$Y=-\frac{P_x}{P_y}X+\frac{M}{P_y}$$

상기 식을 그림으로 옮기면 [그림 2-4]에서 보는 것처럼 기울기가 $-P_x/P_y$이고 절편이 M/P_y인 선분이 되는데, 이를 **예산선**(budget line)이라고 한다. 정리하면, 예산선이란 주어진 소득을 모두 사용했을 때 구입할 수 있는 상품묶음의 집합을 그래프로 나타낸 것이다. 또한 예산선 아래에 있는 예산집합은 소비자가 가지고 있는 예산하에서 구입할 수 있는 상품묶음의 집합을 가리킨다.

2. 소득과 가격의 변화와 예산선

2.1 소득의 변화

두 재화인 쌀과 옷의 가격은 고정되어 있고 소득만 M에서 M′으로 증가한 경우 예산선은 평행이동을 통해 원점에서 더욱 먼 위치로 이동하고, 새로운 예산선은 $P_xX+P_yY=M'$이 된다. 다만, 두 상품 사이의 가격비율은 이전과 동일하기에 예산선의 기울기에는 아무런 변화가 발생하지 않으며, 특정 재화만을 구입하려고 하면 최대로 구매할 수 있는 쌀과 옷의 양은 각각 M/P_x과 M/P_y에서 M'/P_x과 M'/P_y으로 바뀐다. 즉, x, y축상의 절편만 소득의 증가비율만큼 더 커진다. 반면 거꾸로 소득이 감소하면 예산선은 원점과 가까운 방향으로 평행이동하여 움직이고, 최대로 구매할 수 있는 각 재화의 양도 감소한다.

2.2 가격의 변화

최대로 소비할 수 있는 재화의 양은 소득과 가격에 의존하는데, 소득이 고정된 상태에서 특정 재화의 가격만 오르면 동일한 예산제약하에서 구매할 수 있는 이 재화의 양

| 그림 2-5 | 소득과 가격의 변화와 예산선

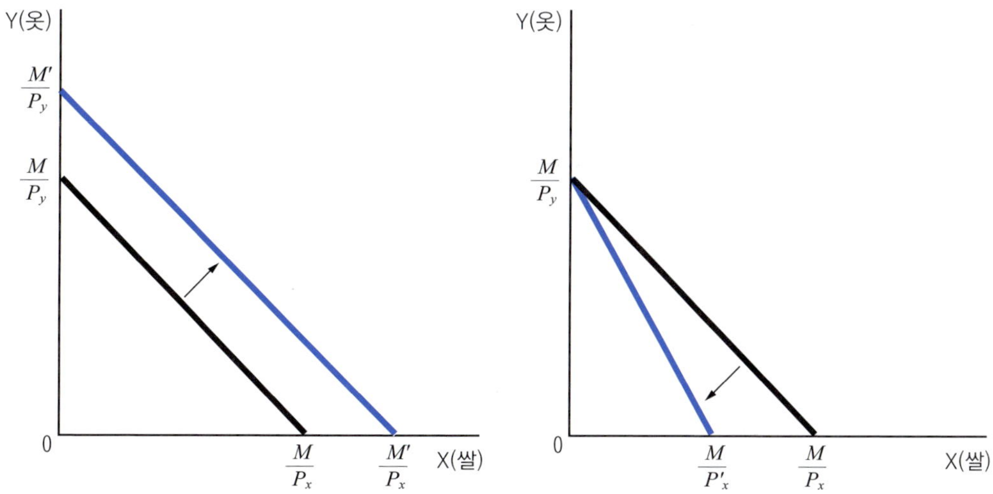

(a) 소득의 상승($M \rightarrow M'$)

(b) X재 가격의 상승($P_x \rightarrow P'_x$)

은 감소한다. 물론 반대로 특정 재화의 가격이 내리면 구입할 수 있는 이 재화의 양은 증가할 것이다. 예컨대, 소득이나 옷의 가격은 변화가 없고, 쌀 가격만 P_x에서 P'_x로 상승한 경우, y축상의 절편(옷을 구입할 수 있는 양)은 변화가 발생하지 않는 반면, 동일한 예산제약하에서 구입할 수 있는 쌀의 양만 감소하여 x축상의 절편은 M/P_x에서 M/P'_x으로 작아진다. 한편 소득이 변해 예산선이 평행이동하는 경우와 달리 어느 특정 재화의 가격만 변하면 상대가격도 변하므로 예산선의 기울기가 바뀐다(상기 예에서 쌀의 가격이 상승하면 기울기가 가팔라지고, 하락하면 기울기가 완만해진다).

3. 소비자의 최적 선택

3.1 소비자의 선택원리

[그림 2-6]에서 보는 보와 같이 예산선이 그려져 있다고 가정하자. 예산선 아래와 예산선상에 있는 점 C, D, E는 모두 구매 가능한 상품묶음을 의미한다. 그런데 단조성에 의거 소비자는 주어진 예산하에서 가급적 많은 상품을 구매했을 때 효용이 더 커지므로, 소비자는 예산선 위의 상품묶음을 선택해야 한다(즉, C점보다는 D점이나 E점을 더 선호한다).

▌그림 2-6▐ 구매 가능한 상품묶음과 소비자 선택

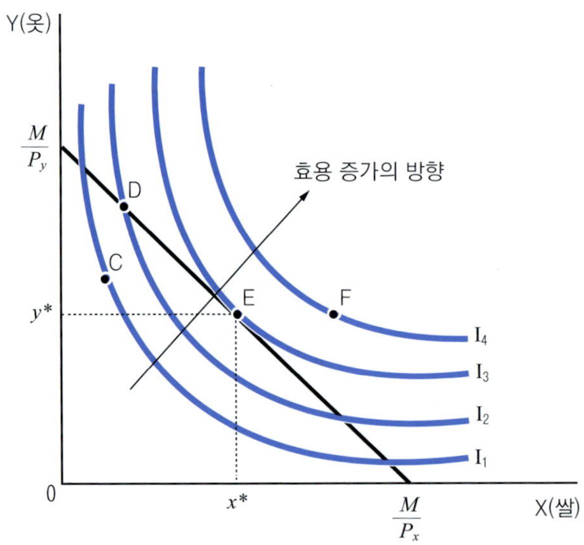

또한 원점에서 더 멀리 위치한 무차별곡선일수록 소비자가 더 선호하는 상품묶음을 가지고 있는 것이므로 소비자는 구매 가능한 원점에서 가장 멀리 위치한 무차별곡선상의 상품묶음을 선택하려고 할 것이다. 다시 말하면, E점을 선택했을 때 느끼는 효용이 D점을 선택했을 때 갖게 되는 효용보다 더 크기에, 소비자는 예산선과 무차별곡선이 접하는 E점에서 최적의 선택이 되는 것이다.

한편 F점은 E점보다 소비자에게 더 많은 효용을 안겨주는 지점이지만, 소비자의 예산선 밖의 점이므로 주어진 예산제약하에서 구매가 불가능한 선택이고, 따라서 최적의 선택이 될 수 없다. 정리하면, 예산제약하에서 소비자의 효용이 극대화되는 점은 예산선과 무차별곡선이 접하는 E가 최적점이 된다.

3.2 코너해

앞서 언급한 소비자의 선택원리를 **1계 조건**(first order condition; FOC)이라고 하며, 한계대체율체감의 법칙을 **2계 조건**(second order condition; SOC)이라고 한다. 그런데 1계 조건과 2계 조건을 모두 만족시키는 상품묶음이 존재하지 않는 경우도 있다. 이런 상황은 무차별곡선이 직선인 경우 혹은 무차별곡선이 원점을 향해 볼록하지만 그 정도가 극히 미미한 경우에 발생하는데, 그렇다고 최적 선택이 전혀 존재하지 않는 것은 아닌바,

| 그림 2-7 | 코너해

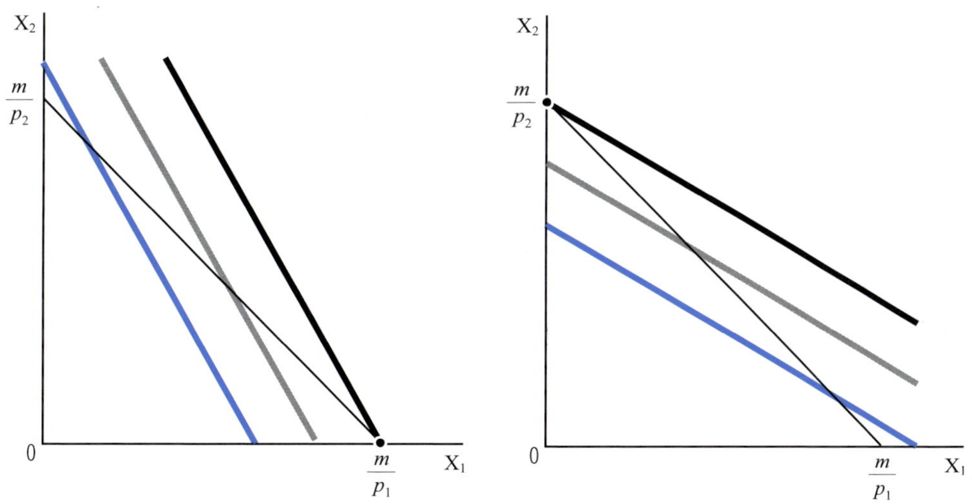

한 재화를 극단적으로 선호하는 경우가 이와 같은 상황에 해당한다. 예를 들어, [그림 2-7]의 왼쪽에서 보는 바와 같이 소비자가 X_1재화를 과도하게 좋아한다거나, 오른쪽에서 보는 것과 같이 X_2재화를 너무 선호하는 경우, 이들 소비자는 본인이 선호하는 재화만을 구입하여 효용을 극대화하려고 할 것이다. 이에 따라 효용이 최대가 되는 점은 원점에서 멀리 떨어진 무차별곡선 위에 있으면서 예산선에 접하는 코너가 될 것이고, 이를 **코너해**(혹은 모서리해, connor solution)라고 한다. 흔히 대체재인 경우 이와 같은 일이 발생하기도 한다.

주요 용어

선호	효용	효용함수	완비성	이행성
연속성	단조성	볼록성	무차별곡선	완전대체재
완전보완재	한계대체율	한계대체율체감의 법칙		예산제약
예산선	최적 선택	1계 조건	2계 조건	코너해

연습문제

01 어떤 소비자의 선호가 효용함수 $U(X, Y)=XY+Y$로 표현될 수 있다고 하자. 이 소비자의 선호는 단조성의 원칙에 부합하는가?

02 효용함수 $U(X, Y)=X^2Y^2$일 때 MU_x, MU_y, MRS_{XY}를 구하시오.

03 효용함수 $U(X, Y)=X^{1/2}Y^{1/2}$일 때 MU_x, MU_y, MRS_{XY}를 구하시오.

04 영수는 X재와 Y재가 완전 대체관계에 있다고 생각하고 있으며, X재를 Y재보다 세 배 더 좋아한다. 이때 영수의 효용함수를 수식으로 나타내고, X재 및 Y재의 한계효용을 구함은 물론, 영수의 MRS_{XY}를 구하시오.

05 철이는 월 소득이 60만 원인데 이 소득으로 단위당 4만 원인 쌀과 단위당 5만 원인 옷을 구입한다고 할 때, 그의 예산선을 그려보시오.

참고문헌

KDI 경제정보센터(2022), 경제개념. Available at https://eiec.kdi.re.kr/?gclid=Cj0KCQjw8amWBhCYARIsADqZJoXGocoowc_2cZfpdS1xhroKjsDBqUqAXGxd7wrYajmr3LfJkgFoeHMaAp5PEALw_wcB [접속일: 2022년 7월 11일].

FASHION POST, 당신은 소비자에게 어떤 가치를 주고 있습니까?, 2021년 2월 22일자.

강태훈, 조동훈, 조창익(2014), 미시경제학 번역서, 서울: McGraw Hill.

김경환, 김종석(2021), 맨큐의 경제학 번역서, 서울: Cengage learning Korea.

이준구(2019), 미시경제학, 서울: 문우사.

조선일보, 선택지가 너무 많으면, 소비자는 선택하지 않는 선택을 한다, 2021년 12월 2일자.

한국경제신문, [영화로 쓰는 경제학원론] 세금 물리면 '초과부담'으로 '경제 비효율' 유발, 2013년 8월 23일자.

CHAPTER

03

소비자의 효용극대화

학습목표

본 장에서는 소비자의 효용극대화 과정과 조건을 살펴보고, 대체효과와 소득효과에 따라 소비자의 선택이 어떻게 달라지는지 알아본다. 또한 학습한 이론적 지식을 바탕으로 소비자이론을 수학적으로 도출하여 여러 수요함수를 구해본다.

토의자료 3-1 비싸수록 잘 팔리는 명품 … 소비자 과시욕구 자극

경제학자들은 어떤 사람을 행복한 사람이라고 생각할까? 경제학에서 인간의 만족을 증가시켜주는, 즉 넓은 의미에서 행복을 주는 행동은 서비스나 재화를 소비하는 활동이다. 경제학에서 인간은 소비를 많이 할수록 행복해진다. 그래서 인간은 무한정 소비하고 싶어 한다. 그런데 현실적으로 우리가 무수히 많은 소비를 할 수 없는 이유는 물건이나 서비스를 구입하려면 생산자에게 금전적인 대가를 지불해야 하는데 대부분 사람들은 상품을 무한정 소비할 수 있는 예산, 즉 소득이 충분하지 않기 때문이다. 따라서 대다수 사람들은 주어진 소득으로 자신의 만족을 극대화하기 위해 무수히 많은 상품의 가격과 특성을 꼼꼼히 따져보고 고른다.

Q. 가격이 상승하면 물건을 적게 사는 이유는 무엇인가요?

경제학에서는 사람들이 소비할 때 각 사람의 주어진 소득에서 상품들을 구매할 때 얻는 가격 대비 효용을 재빠르게 계산해보고 최적 소비량을 결정한다.

결과적으로 이런 형태의 소비 결정 과정에서 사람들은 주어진 소득으로 자신의 만족을 극대화하기 위해 상품 가격이 변동하는 반대 방향으로 소비량을 조정할 수밖에 없는데 이것을 '수요의 법칙'이라고 한다.

물건 값이 상승하면 전보다 적게 구입하고, 물건 값이 하락하면 더 많이 구매하는 선택은 삼척동자도 다 알고 있는 사실인데 경제학자들은 이를 두고 거창하게 '법칙'이라는 표현까지 사용한다.

구체적으로 물건 가격과 수요량이 음의 상관관계를 갖는 원인은 크게 '소득효과'와 '가격효과'로 분석할 수 있다. 소득효과란 앞서 설명한 바와 같이 사람들이 소비할 때 소득의 제약을 받는데 물건 가격이 상승한다면 소비자들은 물건 값이 오른 만큼 구매력이 감소하는 현상을 의미한다.

반면 대체효과는 상품 가격이 상승하면 해당 상품을 구입하기보다는 상대적으로 저렴한 다른 재화를 구입하게 돼 가격이 상승한 재화의 수요량은 감소하는 현상을 뜻한다.

예를 들어, 사과 가격이 1,000원일 때 사과 10개를 구입하던 사람이 만일 사과 가격이 2,000원으로 상승하면 전보다는 사과 소비량을 줄인다. 사과 값이 오른 만큼 소비를 5개만 감소시키는 것이 아니라 상대적으로 저렴한 다른 과일을 대체해 실제 소비량은 3~4개로 줄어든다는 것이다.

즉, 사과 가격이 상승해 소득효과로 수요량이 5개 감소하고, 대체효과로 수요량이 1~2개 더 추가적으로 감소하게 된다. 이처럼 '수요의 법칙'은 직관적으로 쉽게 이해할 수 있는 개념이고, '주어진 예산제약하에서는 만족을 극대화하기 위해 가격변화와 반대되는 수요량을 선택할 수밖에 없다'는 탄탄한 수리적인 논거까지 가지고 있다.

그러나 모든 법칙에는 예외라는 말이 있듯이 미시경제학에서 가장 기본적인 개념인 수요의 법칙에도 예외적인 현상이 존재한다.

Q. 어떤 상품이 수요 법칙의 예외인가요?

바로 기펜재(Giffen goods)와 베블런 효과(Veblen effect)가 수요의 법칙에 예외가 되는 대표적인 현상이다. 앞서 수요의 법칙을 설명할 때 전통적인 경제학에서 소비자들은 물건을 고를 때 다른 사람의 의견들은 고려하지 않았다. 그런데 베블런 효과는 소비자를 사회적인 존재로 가정해 특정 상품을 소비할 때 그것이 주는 본질적인 효용뿐만 아니라 다른 사람의 이목을 통해 얻는 만족들이 소비에 영향을 미치는 현상을 의미한다.

즉, 상품 자체의 실제적인 쓰임새뿐만 아니라 해당 상품을 소비할 때 다른 사람에게 비칠 자신의 이미지와 다른 사람들의 평가도 소비가 주는 효용의 일부가 되는 것이다. 따라서 다른 사람들과의 관계를 중요시하는 소비자가 많은 상품 시장에서는 상품 가격이 상승함에 따라 수요량이 감소하는 것이 아니라 오히려 소비량이 증가하거나 이전 소비 상태를 그대로 유지하는 베블런 효과가 나타난다.

Q. 베블런 효과가 발생하는 이유는 무엇인가요?

베블런 효과를 처음 주창했던 학자는 소스타인 베블런(Thorstein Bunde Veblen)이다. 그는 산업화로 생산의 효율성이 증대됨에 따라 높은 소득을 누리는 사람들 가운데 유한(有閑 · leisure class) 계급이 등장하면 다른 사람들에게 과시하기 위한 소비가 나타난다고 주장했다. 문제는 이들이 자신을 과시하기 위해 소비하던 품목들은 부와 성공의 대명사가 되면서 중산층 계급까지 선호하는 재화가 돼 가격과 소비량의 비정상적인 관계는 더 강화된다는 것이다. 가격과 해당 상품이 주는 실제 효용만을 고려하던 전통 경제학과 달리 베블런 효과는 비싼 상품을 구입할 수 있는 상황과 주변의 부러워하는 시선을 즐기는 사회적 자의식이 소비의 큰 동기가 되는 현상이다.

베블런 효과는 명품 시장이나 부동산시장에서 사례를 쉽게 찾아볼 수 있는 일반적인 현상이 되었다. 특히 이와 같은 산업에서 판매량을 증가시키기 위해 원가나 비슷한 상품보다 고가의 가격을 책정하는 마케팅 전략을 프레스티지(Prestige) 마케팅이라고 부른다.

Q 질문

1. 경제학에서 소비자의 만족과 행복이 소비와 어떻게 연결되는지 설명할 수 있는가?
2. 수요의 법칙에서 가격 상승이 소비량 감소로 이어지는 이유는 무엇이며, 소득효과와 대체효과의 개념을 예를 들어 설명할 수 있는가?
3. 기펜재(Giffen goods)와 베블런 효과(Veblen effect)는 수요의 법칙의 예외로 간주되는데, 두 개

념의 차이점과 베블런 효과가 나타나는 이유는 무엇인가?

4. 프레스티지(Prestige) 마케팅 전략이 베블런 효과를 활용하는 방식은 무엇이며, 실제 명품 시장이나 부동산시장에서 어떻게 적용되고 있는가?

〈출처: 매일경제신문, 2021년 9월 3일자〉

제 1 절 효용극대화

1. 효용극대화의 조건

효용극대화를 추구하는 소비자는 가능하면 원점에서 멀리 떨어져 있는 무차별곡선 위의 한 점을 선택하고 싶어 한다. 그러나 예산제약 때문에 예산선상에 존재하는 점들이나 그 안쪽에 있는 점들만을 선택할 수 있을 뿐, 예산선을 벗어난 바깥에 있는 무차별곡선 위의 점들은 선택할 수 없다. 예를 들어, [그림 3-1]에서 보는 다섯 개의 점들(A, B, C, D, E) 중 가장 높은 효용을 주는 D점이나 E점은 예산선 밖에 위치해 있어 선택할 수 없는 상황이다. 결국 선택은 예산선 위의 점들인 A, B, C점으로 압축되는데, A점이나 C점은 예산선상에는 위치하고 있으나, 무차별곡선 I_2보다 원점에 가까운 무차별곡선 I_1 위에 있는 점이기에, 이를 선택한다면 효용이 극대화될 수 없다. 따라서 주어진 예산제약하에서 소비자의 효용은 무차별곡선이 예산선과 접하는 B점에서 가장 크게 된다. 다시 말해서, 5개의 사과와 6개의 배를 구매할 때 소비자의 효용이 극대화될 수 있다. 한편 접점의 성질에 의해 B점에서는 무차별곡선의 기울기와 예산선의 기울기가 똑같게 되는데, 이것이 소비자의 효용극대화에 필요한 조건이 된다. 이를 수식으로 표현하면 아래와 같다.

$$MRS_{XY} = \frac{MU_x}{MU_y} = \frac{P_x}{P_y}$$

앞서 본 것처럼, 무차별곡선의 기울기에서 −(음)의 부호를 떼어 구해지는 한계대체율은 두 상품 사이에 존재하는 소비자의 주관적 교환비율이라는 의미를 갖는다. 또한 예산선의 기울기에서 −(음)의 부호를 떼면 두 상품의 가격비율과 같아지며, 이를 시장에서 실현가능한 객관적 교환비율이라고 해석할 수 있다. 위의 식이 의미하는 바는 두 교환비율이 서로 같아져야만 효용이 극대화된다는 것이다. 즉, 1달러만큼 사과를 더 구입하여 증가하는 소비자의 효용$\left(즉, \frac{MU_x}{P_x}\right)$과 1달러로 추가적으로 배를 구입하는 경우 증가하는 소비자의 효용$\left(즉, \frac{MU_y}{P_y}\right)$이 같아야 효용극대화가 일어난다는 것을 시사하고, 이를 수식으로 다시 표현하면 아래와 같다.

$$\frac{MU_x}{P_x} = \frac{MU_y}{P_y}$$

만약 위의 식에서 좌, 우변의 값에 등호(=)관계가 성립하지 않고, 좌변의 값이 우변의 값보다 크다면, 이는 사과에 지출한 1달러로부터 얻을 수 있는 한계효용이 배에 지출한 1달러당 한계효용보다 더 크다는 것을 뜻한다. 이런 상황이라면 소비자는 배에 대한 지출을 줄이고, 반면 사과 구매를 더 많이 함으로써 그의 효용을 증가시키려고 할 것이며, 따라서 현재에는 효용이 극대화되지 못하고 있다는 것을 의미한다.

| 그림 3-1 | 무차별곡선과 예산선: 효용극대화

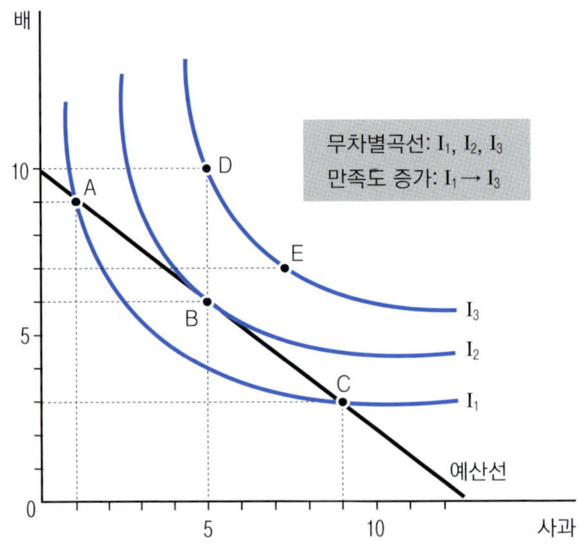

2. 소득과 소비

2.1 소득소비곡선

만약 어떤 소비자의 월 소득이 10,000원이라고 가정할 때, 그는 예산의 제약을 받고 있기에 선택하는 X, Y재화의 상품묶음은 가장 안쪽에 위치한 예산선과 무차별곡선 I_1이 접하는 점에서 소비가 이루어질 것이다. 반면 그의 소득이 10,000원에서 20,000원으로 증가한다면, 예산선이 원점에서 평행하게 바깥으로 이동하고, 그에 따라 소비자는 보다 높은 효용수준을 나타내는 무차별곡선 I_2와 새 예산선이 접하는 점에서 소비를 하게 된다. 그런데 이번에는 그의 소득이 추가적으로 더 증가하여 30,000원으로 상승한다면, 예산선은 한층 더 외곽으로 평행이동하고, 이때는 무차별곡선 I_3와 새로운 예산선이 접하는 점이 새로운 소비 선택점이 된다. 그리고 [그림 3-2]에서 각 예산선과 무차별곡선이 접하는 소비 선택점들을 연결한 곡선을 바로 **소득소비곡선**(income-consumption curve; ICC)이라고 한다.

그림 3-2 **소득소비곡선**

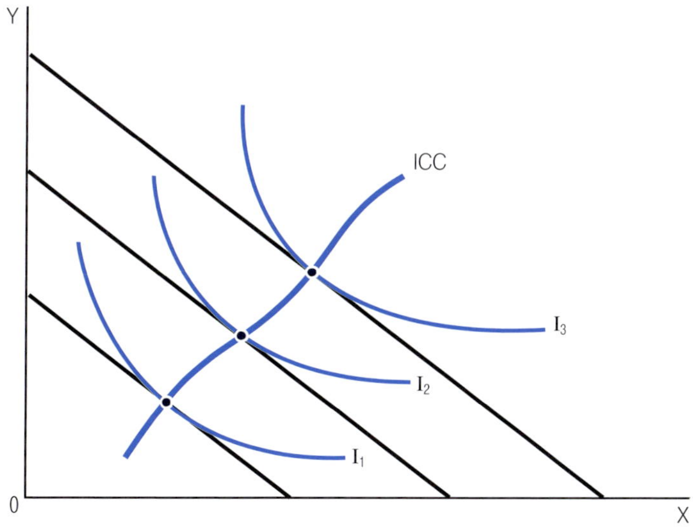

| 그림 3-3 | 열등재의 소득소비곡선

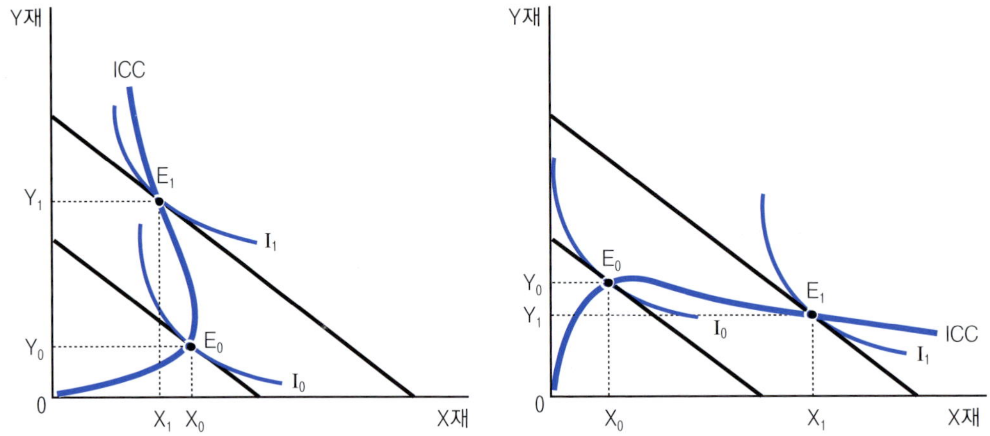

(a) X재 열등재 (b) Y재 열등재

2.2 정상재와 열등재

[그림 3-2]에서 본 바와 같이 소득이 증가할 때 소비가 증가하는 상품을 경제학에서는 **정상재**(normal goods)라고 한다. 반면 이와 달리 소득이 증가할 때 오히려 소비가 감소하는 상품은 **열등재**(inferior goods)라고 한다. 이런 현상은 소득이 늘어 부유해진 소비자들이 기존에 구입하던 싸구려 상품을 더 이상 구매하지 않고 보다 고급스런 상품을 구매하는 데서 그 예를 찾을 수 있다. 가령 가난한 대학생들이 돈이 없을 때에는 간단히 컵밥으로 끼니를 때우다가 어떠한 이유에서든지 주머니 사정이 넉넉하게 소득이 증가하면 더 이상 컵밥을 거들떠보지도 않고 먹지 않는 것이 좋은 예이다.

[그림 3-3]에서는 이를 잘 설명하고 있다. 즉, [그림 3-3]의 왼쪽은 소득이 증가하자 X재의 소비를 줄이는 소비자의 모습이, 반면 오른쪽은 소비자의 소득이 늘었음에도 Y재의 소비가 줄어들고 있는 상황을 시각적으로 보여준다. 다시 말하면, 왼쪽 그림과 오른쪽 그림은 소득이 일정 수준으로 증가하자 X재와 Y재를 각각 예전만큼 구입하지 않는 열등재의 소득소비곡선을 확인할 수 있다.

2.3 엥겔곡선

소득소비곡선은 X축을 X재의 소비량, Y축을 Y재의 소비량으로 두고, 각 소득 수준

| 그림 3-4 | 엥겔곡선

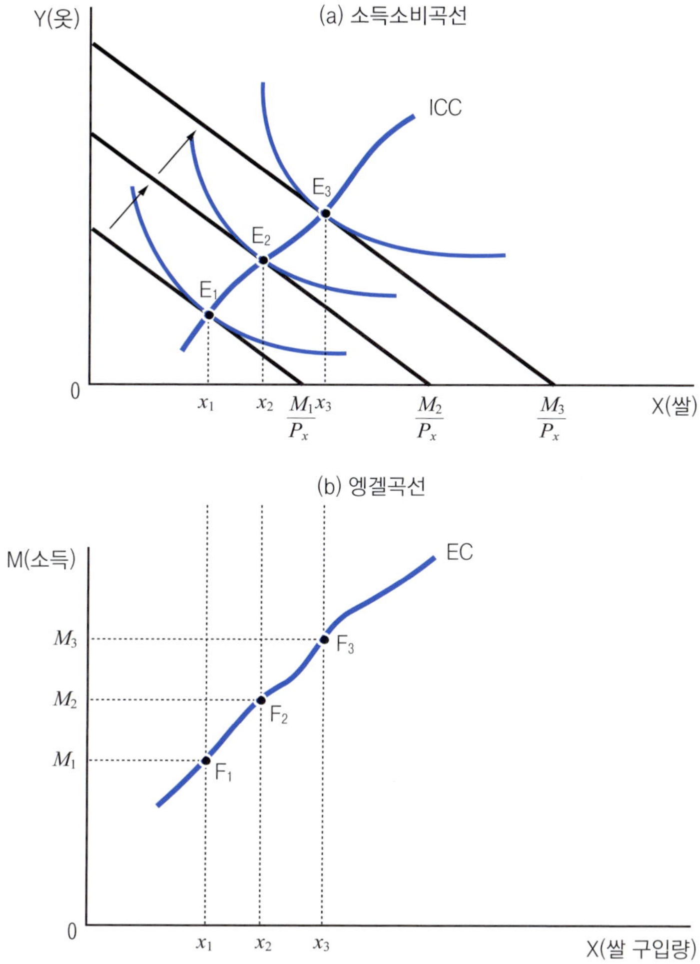

에서 예산선의 변화에 따라 X재와 Y재의 소비자 구입량이 어떻게 변화되어 가는지에 대한 정보를 포함하고 있으나, 이를 특정 재화를 기준으로 직접적으로 보여주지는 않는다. 이와 달리 소득 수준과 특정 재화를 각각의 두 축으로 하는 그림으로 옮겨 둘 사이의 관계를 보다 직접적으로 확인할 수도 있는데 이는 **엥겔곡선**(Engel curve; EC)을 통해 가능하다. 즉, 각 소득 수준에서 소비자가 쌀을 얼마만큼 구입하게 될지를 [그림 3-4]의 엥겔곡선을 통해 볼 수 있다. 또한 소득이 증가함에 따라 구입량이 점차 증가하는 모습을 통해 이 그림에서 쌀은 정상재로 표현되고 있음을 알 수 있다.

3. 가격과 소비

3.1 가격소비곡선

만약 특정 어느 한 재화의 가격, 가령 X재의 가격이 하락하면 소득을 모두 지출했을 때 그 재화를 구입할 수 있는 양이 증가하기에 x축상의 절편만 가격의 하락비율만큼 더 오른쪽으로 이동한다(원점에서 멀어진다). 더불어 소비자가 구입할 수 있었던 상품묶음은 최초 E_0였던 것이, 예산선이 점차 이동해감에 따라 E_1이 선택되는 것으로 바뀌게 되고, 다시 추가적인 가격 하락이 발생하면 상품묶음 E_2가 선택된다. 이렇게 가격의 변화에 따라 선택된 최선의 상품묶음 E_0, E_1, E_2 등을 모두 연결하면 [그림 3-5]에서 볼

| 그림 3-5 | 가격소비곡선과 수요곡선

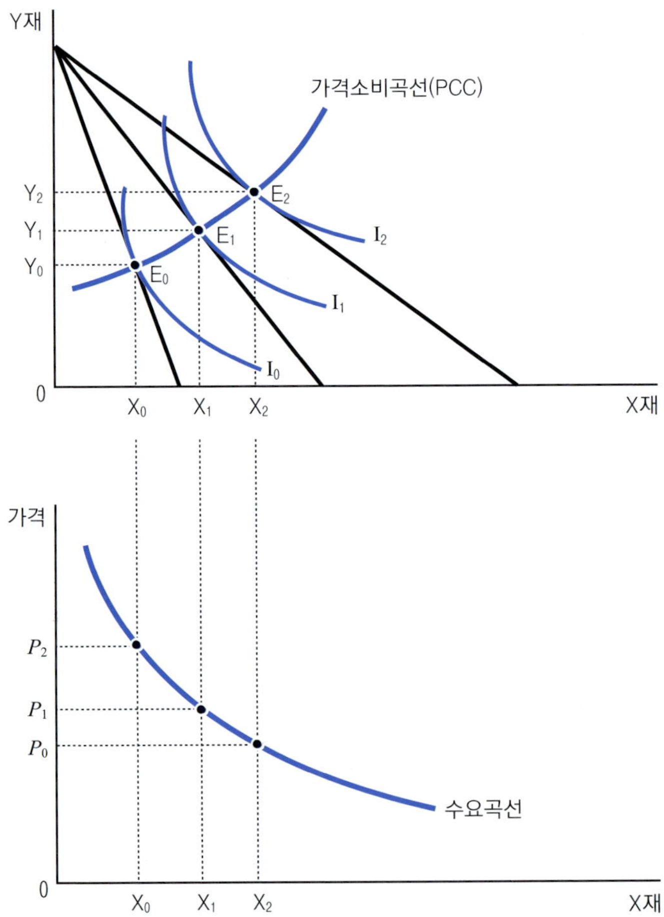

수 있는 가격소비곡선(price-consumption curve; PCC)을 도출할 수 있다.

3.2 수요곡선의 도출

앞서 소득소비곡선은 소득이 증가함에 따라 X재와 Y재의 소비량이 어떻게 달라지는지를 알 수 있다고 언급한 바 있다. 이와 달리 가격소비곡선은 예컨대 이 중 X재의 가격이 변화함에 따라 구입량이 어떻게 변화하는지에 대한 정보를 X재와 Y재를 두 축으로 하여 표현하고 있다. 또한 소득소비곡선에서 소득 수준과 특정 재화를 각각의 두 축으로 하는 그림을 그린 것이 엥겔곡선이라고 설명한 것과 달리, 가격의 변화와 이에 따른 재화 구입량의 변화(여기서는 X재의 가격변화와 구입량의 변화)를 두 축으로 하는 그림으로 옮겨 놓은 것이 수요곡선이다. 즉, X재 가격의 변화에 따른 소비자의 수요를 나타내는 곡선을 얻게 된다. [그림 3-5]의 X재는 가격이 하락할수록 수요가 점차 증가하는 모습을 보이므로 이는 정상재라고 할 수 있다.

4. 현시선호이론

소비자 선택을 알아보기 위한 방법에는 두 가지가 있다. 하나는 소비자에게 무엇을 좋아하고 무엇을 선호하지 않는지를 직접 물어보는 것이다. 기업의 마케팅부서에서 많이 시행하는 설문이 이에 해당한다. 두 번째 방법은 소비자들에게 묻지 않고 소비자 행동을 관찰하여 그들의 선호를 파악함으로써 역으로 선택을 유추해내는 방법이다. 이러한 방식을 경제학에서 현시선호이론(theory of revealed preference)이라고 하는데, 이를 다시 간단히 정리하면, 시장에서 표현된 소비자의 구체적인 구매행위에 대한 관찰을 토대로 소비자의 선택원리를 파악하는 것이다. 경제학에서는 소비자들의 성의 있고 진실된 답변 여부를 가리기 힘든 설문조사보다는 현시선호적인 접근을 더 신뢰한다. 한편 소비자가 다른 상품묶음을 선택할 수 있었음에도 불구하고 한 상품묶음을 선택했다면, 그 상품묶음이 다른 상품묶음에 대해서 현시선호(revealed preferred)되었다고 말한다.

토의자료 3-2 밭떼기 상인은 좋은 사람인가? 나쁜 사람인가?

전남 해남에서 20년 가까이 배추 농사를 지어온 60대 A씨는 지난 2010년과 2018년 집중호우와 폭염 등으로 배추 가격이 크게 오르면서 큰돈을 벌 수 있는 기회가 있었지만 별다른 재미를 보지 못했다. 농사를 짓기 전 유통상인과 이른바 밭떼기(포전거래) 계약을 맺은 A씨에게 하루가 다르게 치솟는 배춧값은 남의 나라 이야기였기 때문이다. 배춧값이 언제 어떻게 변할지 모르는 불안에 떨어야 하는 상황에서 A씨와 같은 농민들은 밭떼기 상인과의 포전거래 계약은 포기하기 힘든 유혹이다.

특히 정부가 농산물 유통에 대한 판로를 책임지지 않고 있는 상황에서 대형 유통상인들이 정부의 자리를 대신 차지하게 됐다. 올해 배춧값이 폭락하면서 A씨는 유통상인들에게 전체 금액의 20%밖에 받지 못하고 산지폐기를 결정했다. 뒤늦게 A씨는 지자체와 농협 등에서 실시하는 3~4차 산지폐기에 지원해 전체 재배면적의 30% 남짓에 대해 평당 3,000원대 보상금을 받았다.

전남 무안에서 양파를 재배하는 50대 B씨의 상황은 문제가 더 심각하다. B씨는 해마다 반복되는 산지폐기에 대비하기 위해 씨앗을 파종하기도 전에 밭떼기, 즉 포전거래 계약을 맺고 있다. 문제는 산지폐기가 반복되는 상황에서 유통상인들은 점차 계약금을 줄이는 것은 물론 제대로 된 계약서조차 쓰지 않는 경우가 늘어나고 있다는 점이다. 계약금을 더 주겠다는 유통상인이 나타나더라도 다른 계약을 맺기는 쉽지 않다. 유통상인들 사이의 네트워크가 촘촘한 상황에서 자칫하다간 유통경로가 막힐 수 있기 때문이다.

채소 농사를 짓는 농촌지역의 경제가 이처럼 왜곡된 배경에는 대규모 포전거래 계약을 맺는 유통상인 이른바 밭떼기 유통상인들이 있다. 대부분의 농민들은 포전거래 유통상인과 계약을 맺은 뒤 밑거름을 뿌리고 씨앗을 심거나 물을 대주는 최소한의 역할만 맡게 된다. 유통상인이 품종 선정부터 비료주기, 비닐 작업 등 사실상 전 과정을 주도하고 있다고 해도 과언이 아니다. 유통상인들은 농산물 가격이 폭락했을 때 발생한 피해를 간간이 찾아오는 가격 폭등의 기회를 통해 만회하지만 농민에게는 소위 대박의 기회는 주어지지 않는다.

유통상인들이 맺고 있는 이중 삼중의 피라미드 구조 역시 농촌경제를 좀먹게 한다. 상대적으로 돈이 많은 대규모 유통상인들은 수십억 원을 움직이며 큰 규모의 밭떼기 계약을 맺고 소규모 유통상인에게 다시 하청을 주고 있다. 이런 상황에서 산지폐기와 같은 극단적 상황이 발생하더라도 대규모 유통상인들은 소규모 유통상인이나 농민들만큼 큰 피해를 보지 않는 구조가 만들어진다. 언제 터질지 모르는 로또처럼 이른바 '대박'을 노리는 대형 유통상인들의 판단에 따라 채소농사를 짓는 농촌경제가 휘청일 수밖에 없는 구조에 놓였다는 의미다.

이처럼 대형 유통상인들은 농작물 생산량의 70% 이상을 장악하고 판로와 가격을 좌지우지하면서 채소 유통시장을 왜곡하고 있다. 막대한 자금력을 앞세워 채소 가격을 쥐락펴락하는 이들 유통상인들은 채소 시장을 왜곡하는 암적인 존재라고 볼 수 있다. 또 수십억을 굴리며 밭떼기로 산지물량을 싹쓸이하는 이들은 가격이 폭락하면 손쉽게 산지폐기를 선택하면서 산지폐기가 일상처럼 되풀이되는 데 일정 부분 영향을 미친다. 해남 등에서 활동하는 D 유통업체 대표는 "씨앗을 심기 전 필요한 준비과정과 물을 대주는 등의 작업을 제외하고는 유통상인들이 채소 재배의 대부분에 관여하고 있다"며 "산지폐기 여부도 사실상 유통상인의 의사가 반영되지 않으면 이뤄지기 어렵다"고 말했다.

하지만 현실적으로 유통상인들에게 농촌경제가 장악된 상황에서 포전거래 유통상인들이 갑자기 농민들과 밭떼기 계약을 맺지 않는다고 나설 경우에도 큰 혼란이 초래될 수 있다. 농산물 유통가격의 3분의 2 이상이 인건비와 운송비인 상황에서 농민들은 유통인과의 관계를 단절하기 힘들다. 주성룡 대상 영농조합법인 대표는 "정부의 근시안적인 대응이 근본적인 이유겠지만 농촌경제를 망친 주범은 유통상인이라고 생각한다"며 "낮은 이자로 유통자금을 대출받은 유통상인이 사실상 채소 시장을 쥐락펴락하는 게 현실"이라고 말했다. 전남 해남 한 농협 관계자는 "산지폐기가 발생했을 경우 유통상인들에게 가장 큰 피해가 돌아간다는 것은 사실이 아닐 가능성이 크다"며 "유통상인들이 계약금은커녕 계약서조차 작성하지 않고 농민들에게 막대한 영향력을 행사하는 상황에서 더 큰 피해를 고스란히 감당할 유통상인은 많지 않다"고 말했다.

Q 질문

1. 위의 글을 읽고, 밭떼기 상인은 좋은 사람이라고 여겨지는가? 나쁜 사람이라고 생각되는가? 좋은 사람이라면, 왜 좋은 사람인가? 혹은 나쁜 사람이라고 생각한다면, 왜 나쁜 사람인가?

〈출처: 노컷뉴스, 로또 좇는 '밭떼기' 상인에게 장악된 채소 농사, 2019년 3월 14일자〉

제2절 대체효과와 소득효과

1. 대체효과와 소득효과

앞 절에서 가격의 변화에 대한 수요량의 변화를 살펴본 바 있다. 이를 좀 더 구체적으로 알아보기 위해 소비자가 피자와 빵을 먹는다고 가정하고, 이때 피자의 가격만 하락했다고 하자. 이것이 소비자에게 주는 의미는 피자가 빵에 비해 상대적으로 가격이 더 싸졌다는 것을 뜻하며, 또 다른 의미는 피자 가격의 하락으로 인해 소비자의 잠재적 소득 혹은 **실질소득**(real income)이 과거보다 더 많아진 셈이 되었다는 것을 가리킨다.

이 경우 만약 소비자가 '피자 가격이 하락했으니 빵을 사지 않고 피자를 구입한다면 전보다 더 많은 피자를 먹을 수 있겠구나. 상대적으로 빵이 더 비싸진 셈이니 앞으로는 빵을 덜 사먹고 피자를 더 사먹어야겠다'라고 생각한다면 이것이 **대체효과**(substitution effect)이다. 반면 '피자 가격이 내려감으로써 내 소득의 구매력이 더 커졌어. 더 부자가 된 셈이니 이제부터는 피자도 빵도 전보다 더 많이 사먹어야겠어'라고 생각한다면 이를 **소득효과**(income effect)라고 한다. 그러므로 가격의 변화가 수요량에 미치는 효과, 즉 **가격효과**(price effect)는 이 대체효과와 소득효과를 합친 것과 같다.

더 부연하여 설명하자면, 대체효과는 소비자의 실질소득이 불변인 상태에서 두 상품 사이의 상대가격 비율에 변화가 생김으로써 발생하는 효과이다. 대체효과는 언제나 상대적으로 싸진 물건을 더 많이 사게 만드는 반면, 상대적으로 비싸진 물건은 덜 소비하는 방향으로 작동한다. 이와 달리 소득효과는 실질소득의 증감에 따른 소비자들의 구매력 변화에 의해 재화와 서비스에 대한 수요가 변화하는 현상을 말한다. 늘 구입하던 두 재화가 있을 때 어느 한 재화의 가격만 내린다면 소비자는 상대가격이 싸진 재화의 구입을 늘린다고 언급한 대체효과와 달리, 소득효과는 고려 대상이 되는 상품의 성격에 따라 작동하는 방향이 달라진다. 다시 말하면, 정상재의 경우에는 실질소득의 증가가 수요를 증가시키지만, 열등재라면 실질소득의 증가가 오히려 소비의 감소로 이어진다. 앞서 피자와 빵의 관계에서 만약 피자가 정상재라면 실질소득의 증가가 피자 구입을 늘리겠지만, 열등재라면 피자 구입을 감소시키는 결과로 이어진다.

2. 보통수요함수와 간접효용함수

2.1 보통수요함수

소비자이론을 이해하는 데 있어서 가장 중요한 개념 중 하나가 '효용'이다. 이미 설명한 바와 같이, 효용이란 선택한 재화나 서비스의 조합으로부터 자신이 얻는 만족도의 주관적인 크기를 의미한다. 그리고 소비하는 상품묶음의 양과 이로부터 얻게 되는 만족 정도를 함수관계로 나타낸 식을 **효용함수**(utility function)라고 한다. 또한 앞 절에서 우리는 가격의 변화에 대한 재화의 수요량의 변화를 살펴봤는데 이를 함수관계로 나타낸 것을 **수요함수**(demand function)라고 한다(소비자이론의 가장 궁극적인 목표는 각종 수요함수를 도출해내는 일이다). 한편 이 수요함수는 **보통수요함수**(ordinary demand function)와 **보상수요함수**(compensated demand function) 등으로 구분할 수 있고, 보통수요함수는 다른 말로 **마샬의 수요함수**(Marshallian demand function)라고 부르기도 하며, 보상수요함수는 **힉스적 수요함수**(Hicksian demand function)라고도 한다.

보통수요함수는 가격변화에 따른 대체효과와 소득효과를 모두 포함하는바 주어진 예산제약하에서 효용을 극대화하는 함수를 일컫는데, 우선 효용을 극대화하기 위해서는 첫째, 자신이 가진 예산을 모두 소비해야 달성 가능할 것이고, 둘째, 한계대체율(marginal rate of substitution)과 예산선(budget line)의 기울기가 같아야 한다는 전제를 갖는다. 이러한 두 가지 전제를 토대로 목적식이 콥더글라스 효용함수인 경우, 예컨대 $U(X_1, X_2)=X_1^{1/2}X_2^{1/2}$, 예산제약식 $100=3X_1+4X_2$일 때의 보통수요함수를 구해보자. 목적식 $U(X_1, X_2)=X_1^{1/2}X_2^{1/2}$는 로그를 취해주면 $U(X_1, X_2)=\frac{1}{2}\ln X_1+\frac{1}{2}\ln X_2$로 바꿀 수 있으며, 콥더글라스 효용함수는 원점에 대해서 볼록한 형태를 띠는 일반적인 효용함수이다. 참고로, 콥더글라스 효용함수와 달리, X_1재화와 X_2재화가 완전보완재일 때의 효용함수를 **레온티에프**(Leontief) **함수**라고 하고, min 기호로 나타내며, $U(X_1, X_2)=\min\{X_1, X_2\}$와 같이 표현한다. 반면 완전대체재의 효용함수는 $U(X_1, X_2)=aX_1+bX_2(a, b>0)$와 같이 기술하는 선형함수의 모습을 갖는다.

다음에 기술할 보상수요함수를 구할 때를 포함하여, 보통수요함수를 계산할 때, 통상 수학자 조제프루이 라그랑주가 도입한 **라그랑지안 승수법**(Lagrangian multiplier method) 방식으로 최적해를 구하는데 대개 기호 $\mathcal{L}$를 사용한다.

지금부터 구체적으로 이를 찾아보자.

$$\mathcal{L} = \text{목적식} + \lambda(\text{예산제약식}) = \left(\frac{1}{2}\ln X_1 + \frac{1}{2}\ln X_2\right) + \lambda(100 - 3X_1 - 4X_2)$$

$$\frac{\partial \mathcal{L}}{\partial X_1} = \frac{1}{2X_1} - 3\lambda = 0 \tag{3.1}$$

$$\frac{\partial \mathcal{L}}{\partial X_2} = \frac{1}{2X_2} - 4\lambda = 0 \tag{3.2}$$

$$\frac{\partial \mathcal{L}}{\partial \lambda} = 100 - 3X_1 - 4X_2 = 0 \tag{3.3}$$

식 (3.1)과 식 (3.2)를 X_1과 X_2로 정리하여(이를 정리하면, $X_1 = 6\lambda$, $X_2 = 8\lambda$를 각각 구할 수 있다) 이를 식 (3.3)에 대입하면, $\lambda = 2$라는 값을 얻을 수 있다. 이 λ값을 다시 식 (3.1)과 식 (3.2)에 대입하면, X_1^*는 12, X_2^*는 16이라는 최적해를 얻게 된다.

그런데 여기서 한 가지 흥미로운 사실은, 일반적으로 효용극대화 문제의 경우 목적식은 max $U(X_1, X_2)$, 예산제약식은 $P_1X_1 + P_2X_2 = M$으로 주어지고, 그러면 라그랑지 함수는 $\mathcal{L} = U(X_1, X_2) + \lambda(M - P_1X_1 - P_2X_2)$가 되며,

$$\frac{\partial \mathcal{L}}{\partial X_1} = \frac{\partial U}{\partial X_1} - \lambda(P_1) = 0 \tag{3.4}$$

$$\frac{\partial \mathcal{L}}{\partial X_2} = \frac{\partial U}{\partial X_2} - \lambda(P_2) = 0 \tag{3.5}$$

을 도출하게 된다.

식 (3.4)에서 $\frac{\partial U}{\partial X_1}$의 의미는 X_1재화를 한 단위 더 소비함으로써 얻게 되는 한계효용이기에 MU_1을 뜻하고, 식 (3.5)의 $\frac{\partial U}{\partial X_2}$의 의미는 X_2재화를 한 단위 더 소비함으로써 얻게 되는 한계효용, 즉 MU_2를 뜻한다. 이는 곧 $MU_1 = \lambda(P_1)$과 같고, 이를 다시 λ에 대해 정리하면 $\lambda = \frac{MU_1}{P_1}$임을 시사한다. 마찬가지로 $MU_2 = \lambda(P_2)$와 동일하다는 것을 의미하기에 이를 λ에 대해 정리하면 $\lambda = \frac{MU_2}{P_2}$가 된다. 이는 또한 $\lambda = \frac{MU_1}{P_1} = \frac{MU_2}{P_2}$이기에 결국 $\frac{MU_1}{P_1} = \frac{MU_2}{P_2}$라는 결과를 얻는다. 이를 다시 바꿔주면, $\frac{MU_1}{MU_2} = \frac{P_1}{P_2}$이 되고, 이는 제2장에서 학습한 MRS(한계대체율)임을 알 수 있다.

이는 다양한 해석을 가능케 하는데, 만약 MRS(즉, 소비자의 주관적 교환비율)가 3이라면 소비자가 첫 번째 재화(X_1)를 두 번째 재화(X_2)보다 3배 더 좋아한다는 것을 뜻하고, $\frac{P_1}{P_2}$(시장에서의 객관적 교환비율)이 2라면 이는 시장에서 첫 번째 재화가 두 번째 재화보다 2배 더 비싸다는 것을 의미한다. 이처럼 MRS가 더 큰 경우, 소비자는 첫 번째 재화의 소비를 늘리고, 두 번째 재화의 소비를 줄이는 방향으로 소비패턴을 수정할 것이다. 그 역의 경우(MRS가 $\frac{P_1}{P_2}$보다 작은 경우)라면 (MRS$=\frac{P_1}{P_2}$이 될 때까지) 반대로 두 번째 재화의 소비를 늘림으로써 효용을 극대화하려고 할 것임을 예상할 수 있다.

그리고 앞서 찾아낸 $\lambda=\frac{MU_1}{P_1}=\frac{MU_2}{P_2}$라는 사실은 소비자가 첫 번째 재화에 1달러를 더 지출했을 때 느끼게 될 한계효용(marginal utility per dollar)과 두 번째 재화에 1달러를 더 지출했을 때 느끼게 될 한계효용이 정확히 같아야 한다는 것을 알려준다. 만일 $\frac{MU_1}{P_1}>\frac{MU_2}{P_2}$라면 이는 두 번째 재화보다 첫 번째 재화에 돈을 지출했을 때 느끼는 만족이 더 크다는 것을 의미하는바, 소비자는 1달러 추가 지출당 한계효용이 동일해질 때까지 첫 번째 재화에 대한 소비를 늘릴 것이다.

2.2 간접효용함수

지금까지 우리는 주어진 예산제약하에서 효용극대화를 다루는 보통수요함수에 대해서 알아보았다. 한편 이를 통해 구한 X_1재화와 X_2재화의 최적해(최선의 상품조합)를 효용함수에 대입할 경우 주어진 예산선(주어진 가격과 소득)하에서 효용을 극대화하면 과연 얼마큼의 효용을 누릴 수 있는지를 나타내는 **간접효용함수**(indirect utility function)를 구할 수 있다. 즉, 간접효용함수는 달성 가능한 최대의 효용을 알려주며, $V(p, m)$으로 표시한다.

예를 들어, 효용함수가 콥더글라스 함수인 $U(X_1, X_2)=X_1^{\alpha}X_2^{(1-\alpha)}$로 주어져 있고, 보통수요함수의 최적해를 구했더니 $X_1^*(p, m)$는 $\frac{\alpha m}{p_1}$, $X_2^*(p, m)$는 $\frac{(1-\alpha)m}{p_2}$이라고 했을 때, 간접효용함수 $V(p, m)=\left(\frac{\alpha m}{p_1}\right)^{\alpha}\left(\frac{(1-\alpha)m}{p_2}\right)^{1-\alpha}$이 된다.

토의자료 3-3 '소득주도성장 설계' 홍장표 "최저임금 올렸어도, 고용에 부정적 영향 없어"

문재인 정부 초기 최저임금이 크게 올랐지만 그로 인해 고용이 감소하지는 않았다는 연구 결과가 나왔다. 문재인 정부의 '소득주도성장' 정책을 짠 홍장표 한국개발연구원(KDI) 원장의 연구 결과인데, 급격한 최저임금 인상이 '소상공인들의 부담을 키워 일자리를 감소시킬 것'이라는 비판을 반박하는 논문을 내놓은 것이다.

19일 〈한겨레〉 확인 결과, 홍 원장은 이런 내용을 담은 '2018~2019년 최저임금 인상의 고용과 소득효과' 논문을 지난 2월 한국산업노동학회 학술지 〈산업노동연구〉 28권 1호에 발표했다. 홍 원장은 최저임금 인상 이후 초반엔 일자리가 감소했지만, 최저임금 인상으로 노동자들이 더 많은 임금을 주는 일자리로 옮겨가는 효과를 고려하면 '최저임금 인상의 부정적 고용 효과'는 확인되지 않았다고 분석했다. 이 논문의 주저자는 홍 원장이고, 문영만 부경대 경제사회연구소 전임연구교수가 교신저자로 참여했다. 2018~2019년 최저임금은 각각 전년보다 각각 16.4%, 10.9% 인상됐다.

홍 원장은 먼저 한국복지패널 원시자료를 이용해 2018~2019년 최저임금 인상이 기존 취업자의 고용 유지에 미치는 효과를 분석했다. 그 결과 2년간의 최저임금 인상은 전년에 고용된 취업자가 이듬해까지 고용을 유지하는 비율(고용 유지율)을 4.1% 감소시켰고 실업자로 전환한 비율(실업 이행률)도 1.5% 증가시켰다. 재직 중이었던 노동자가 인상 이후에도 일자리를 유지했는지만 보면, 최저임금 인상이 고용에 부정적 영향을 미쳤다는 뜻이다.

하지만 홍 원장은 최저임금 인상으로 최저임금 이상을 지급하는 일자리로 이동하는 노동자들도 늘었다고 봤다. 그는 신규채용, 자발적 이직 등으로 새로이 일자리를 얻은 자(입직자)들의 데이터를 추가로 분석한 결과 2018~2019년 고용과 실업 사이에 유의미한 상관관계가 나타나지 않았다는 사실을 확인했다. 특히 2019년엔 최저임금보다 낮은 임금을 받는 일자리에선 고용이 줄고 최저임금보다 소폭 높은 임금을 받는 일자리는 고용이 늘어 전체 고용 규모가 눈에 띄게 변하지 않았다. 홍 원장은 "최저임금 미만의 임금을 받는 비공식 부문에서 최저임금 이상을 받는 공식 부문 일자리로 최저임금 인상이 이동을 유발한다는 것을 시사한다"고 연구 결과를 해석했다. 그간의 선행연구는 주로 사용자들이 일자리를 줄이는 부정적 고용 효과에 주로 주목했지만 이번 연구는 임금 상승에 따른 일자리 이동 효과도 반영한 것이다.

지난 2018~2019년 문재인 정부는 최저임금의 급격한 인상으로 취업자 증가 폭이 2017년 31만 6천 명에서 2018년 9만 7천 명으로 대폭 줄어 '고용 참사'라는 비판을 받았다. 그러나 이듬해인 2019년 취업자 수는 다시 30만 1천 명 증가해 예년 수준을 되찾은 바 있다. 최저임금을 둘러싼 국내 연구 역시 고용에 부정적 영향을 준다는 연구(김낙년, 2019 등)도 있지만 유의미한 영향을 발견할 수 없다는 연구(황선웅, 2019 등)도 만만치 않다. 임금과 고용 간 관계에 영향을 미치는 변수가 워낙 많다 보니 연구 설계에 따라 최저임금의 고용효과가 다르게 측정되는 탓이 크다.

홍 원장은 최저임금의 고용효과 평가에 대해 "전년도에 고용된 노동자만을 표본으로 분석하면 최저임금 인상의 부정적 영향이 과도하게 추정될 수 있다"며 "최저임금 인상은 비자발적 이직뿐 아니라 자발적 이직도 유발하며 신규 입직도 촉진시키기 때문에 입직 효과를 함께 고려해 판단할 필요가 있다"고 설명했다.

Q 질문

1. 이 기사에서 소개하고 있는 논문에 대한 여러분의 생각은?

〈출처: 한겨레신문, 2022년 6월 19일자〉

제 3 절 지출극소화

1. 보상수요곡선

앞에서 본 [그림 3-5]의 수요곡선은 가격변화에 의한 대체효과와 소득효과를 포함한 수요량의 변화를 보여주고 있다. 따라서 같은 수요곡선상이긴 하지만 가격 P_2와 수요량 X_0이 만나는 점에서보다 가격 P_1과 수요량 X_1이 만나는 점에서의 소비자 효용이 더 높아지게 된다. 같은 관점에서, 가격 P_0와 수요량 X_2가 만나는 점에서 효용수준이 가장 높아진다. 이는 가격이 더 하락하여 수요량을 가장 많이 늘릴 수 있는 상황이 맨 나중 후자이기 때문이다. 한편 대체효과와 소득효과를 모두 포함하는 일반적인 수요곡선과 달리, 가격의 변화에서 오는 소득효과는 제외하고 대체효과에 의해서만 형성된 수요관계를 그래프로 그릴 수도 있는데 이렇게 도출된 곡선을 **보상수요곡선**(compensated demand curve)이라고 부른다([그림 3-5]의 수요곡선을 '보통의' 수요곡선, 또는 다른 말로 마샬의(Marshallian) 수요곡선이라고도 부르는 반면, 보상수요곡선은 힉스적(Hicksian) 수요곡선이라고 언급하기도 한다).

따라서 보상수요곡선을 도출하는 과정에서 중요한 작업은 가격변화로 인해 생기는

❙그림 3-6❙ 보상수요곡선

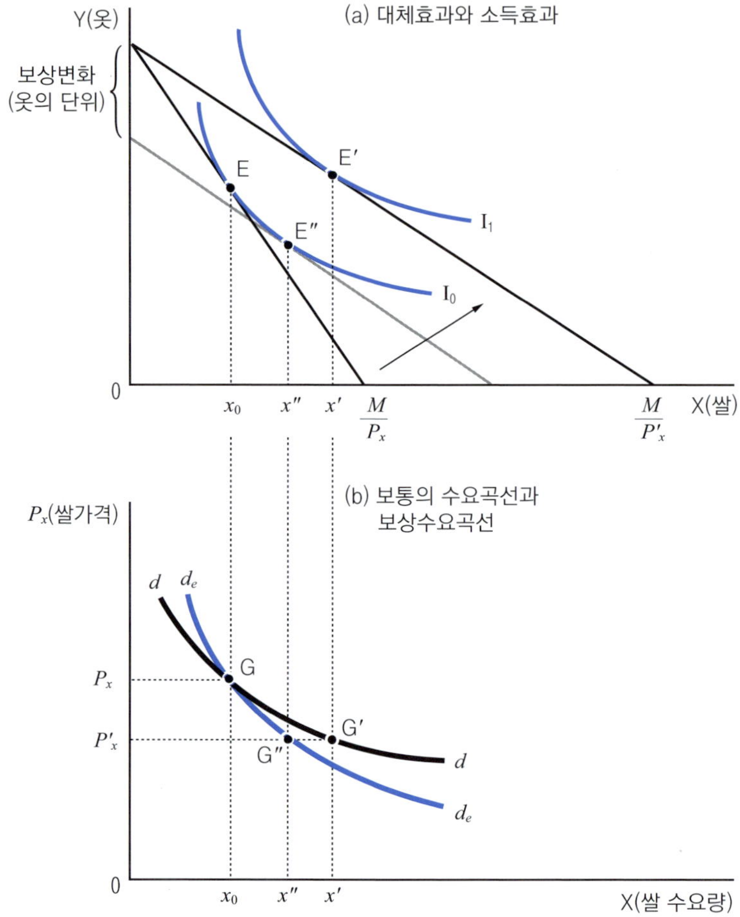

출처: 이준구(2019), 미시경제학.

실질소득의 변화를 계속 제거해 소득효과가 발생하지 않도록 만드는 것이다. 즉, 가격이 하락하는 경우에는 소득도 줄여 실질소득을 예전 수준에 머무르게 하고, 반대로 가격이 상승하는 경우에서는 소득을 늘려줘 인플레이션 효과를 상쇄하는 것이 그것이다. 다른 말로 원래의 효용수준을 누릴 수 있도록 소득을 보상해주는 것을 일컫는다. 이렇듯 실질소득이 예전 수준을 유지할 수 있도록 소득을 증감시키는 것을 가리켜 **소득의 보상변화**(compensating variation)라고 한다. 이를 그림을 통해 설명하면 [그림 3-6]과 같다.

우리는 제2절에서 대체효과와 소득효과를 이미 학습한 바 있다. 제3절에서는 이를 조금 더 구체적으로 살펴보기로 하자. [그림 3-6]에서는 쌀 가격이 P_x에서 P'_x로 하락함에 따라 예산선의 x축 절편이 M/P_x에서 M/P'_x으로 바뀌었으며, 예산선의 기울기도 변경된 것을 볼 수 있다. 이 가격변화를 상대가격의 변화와 실질소득의 변화로 구분하기 위해, 두 예산선 사이에 기존 무차별곡선(I_0)에 접하면서, 동시에 바뀐 예산선의 기울기와 평행한, 가상의 예산선을 하나 그려 넣기로 한다.

쌀 가격이 P'_x로 하락하자 소비자의 선택점이 E에서 E′으로 옮겨 간다는 것은 쌀 수요량이 X_0에서 X′으로 증가한다는 것을 의미한다. 이것이 앞서 설명한 가격효과이며, 이 효과는 대체효과와 소득효과라는 두 부분으로 분해될 수 있다. 즉, 소비자 선택점이 E에서 E″으로 변화한 것은 원래의 예산선에서 가상의 예산선 위의 점으로 이동했으나, 여전히 동일한 무차별곡선(I_0) 상에 있다는 사실로부터 실질소득이 똑같이 유지되고 있다고 해석할 수 있기에 (소득효과가 아닌) 대체효과를 가리킨다. 다시 말하면, 쌀과 옷의 상대가격에 있어서의 변화와 이로 인한 수요량의 변화(X_0에서 X″으로 변화)를 나타낸다.

그 다음 소비자 선택점이 E″에서 E′으로 변화한 것은 가상의 예산선과 새로운 예산선이 동일한 기울기를 가지면서 평행하게 이동했다는 사실에 비추어 실질소득 증가에 대한 변화, 즉 소득효과에 의한 수요량의 증가(X″에서 X′으로 변화)를 나타낸다고 해석할 수 있다.

[그림 3-6]의 아래쪽 그림에 주목하기로 하자. 수요곡선 *dd*를 보면 가격 P_x일 때의 수요량이 X_0(G점)이었으나 P'_x로 가격이 하락함에 따라 수요량이 X′(G′점)로 증가하고 있고, 이것이 가격효과[X_0에서 X″(대체효과)+X″에서 X′(소득효과)]임을 알 수 있다. 이제 가격변화가 일어나기 이전의 효용수준으로 환원하기 위해 소득을 덜어내면 하락한 가격 P'_x에서 수요량이 X″(G″점)가 되고, G점과 G″점을 이어줌으로써 결국 순전히 상대가격의 변화에서 생긴 대체효과만을 반영한 수요곡선 d_cd_c가 되는데, 이를 보상수요곡선이라고 한다.

2. 보상수요함수와 지출함수

2.1 보상수요함수

위와 같은 설명, 즉 가격의 변화에 대해서 소득효과를 배제한 채 대체효과로 인한 수요량 변화를 함수관계를 통해서도 설명 가능한데, 이것이 **보상수요함수**이다. 또한 보상수요함수는 가격이 변하더라도 똑같은 효용을 누리게 하는 지출극소화 문제를 다룬다. 이 두 문장은 다음의 설명을 통해 이해 가능할 것으로 판단된다. 앞에서 대체효과를 다루면서 만약 빵과 피자를 사먹는 소비자가 있는데 이 중 피자 가격이 하락한 경우, '피자 가격이 하락했으니 빵을 사지 않고 피자를 구입한다면 전보다 더 많은 피자를 먹을 수 있겠구나. 상대적으로 빵이 더 비싸진 셈이니 앞으로는 빵을 덜 사먹고 피자를 더 사먹어야겠다'라고 생각한다면 이를 대체효과라고 언급한 바 있다. 가령 빵과 피자가 모두 하나에 2달러씩이고, 하루에 빵을 두 개, 피자를 두 판 사먹는 소비자가 있다고 가정하자(이 경우 하루의 지출은 8달러). 그런데 이 중 피자만 한 판에 1달러로 가격이 하락하자 소비자가 상대적으로 가격이 비싸진 빵 소비를 하나 줄이고 피자 한 판의 소비를 늘린다(즉, 대체효과)고 하면, 이제 이 소비자는 이전과 동일한 효용을 누리면서도 하루 지출은 기존의 8달러에서 5달러로 줄어들 것이다. 다시 말하면 이와 같이 일정한 수준의 효용을 달성한다는 제약하에서 지출극소화 문제를 다루는 것이 보상수요함수이다. 보상수요함수를 좀 더 명확히 이해하기 위해서 U=XY라는 효용함수(즉, 제약식)를 고려하여 주어진 효용수준하에서 지출을 극소화(즉, 목적식 min P_xX+P_yY)하는 문제를 풀어보자.

$$\mathcal{L} = \text{목적식} + \lambda(\text{제약식}) = (P_xX + P_yY) + \lambda(U - XY)$$

$$\frac{\partial \mathcal{L}}{\partial X} = P_x - \lambda Y = 0 \qquad (3.6):\ \lambda = \frac{P_x}{Y}$$

$$\frac{\partial \mathcal{L}}{\partial Y} = P_y - \lambda X = 0 \qquad (3.7):\ \lambda = \frac{P_y}{X}$$

$$\frac{\partial \mathcal{L}}{\partial \lambda} = U - XY = 0 \qquad (3.8)$$

식 (3.6) = 식 (3.7)이란 결국 $\frac{P_x}{Y} = \frac{P_y}{X}$이고, 이를 다시 정리하면 $\frac{P_x}{P_y} = \frac{Y}{X}$를 의미하고, 따라서 $X = Y\frac{P_y}{P_x}$, $Y = X\frac{P_x}{P_y}$이므로 이를 식 (3.8)에 각각 대입하면,

$$U = Y^2\frac{P_y}{P_x} \Rightarrow Y^2 = U\frac{P_x}{P_y} \Rightarrow Y_c^* = \left(U\frac{P_x}{P_y}\right)^{0.5}$$

$$U = X^2\frac{P_x}{P_y} \Rightarrow X^2 = U\frac{P_y}{P_x} \Rightarrow X_c^* = \left(U\frac{P_y}{P_x}\right)^{0.5}$$

를 얻으며, X_c^*, Y_c^*가 보상수요함수 최적해가 된다.

2.2 지출함수

일정 수준의 효용을 달성하는 최소한의 예산선을 찾아내는 함수를 **지출함수**(expenditure function)라고 한다. 따라서 일정한 수준의 효용을 달성한다는 제약하에서 지출극소화 문제를 다루는 것이 보상수요함수라고 했으므로, 보상수요함수의 최적해를 예산을 나타내는 주어진 식에 대입함으로써 지출함수를 구할 수 있다. 한마디로 말해서 지출함수는 목표하는 효용수준을 성취하기 위해 필요한 최소한의 지출액을 나타내는 함수이며, e(*p*, u)로 표시한다. 지금까지 논의한 효용극대화와 지출극소화 관계가 동전의 양면과 같다고 해서 이를 **쌍대관계**(Duality)라고 일컫는다.

그럼 앞서 구한 보상수요함수를 통해 지출함수를 찾아보자. 예산을 나타내는 주어진 식 $P_xX+P_yY=M$에서 보상수요함수의 최적해를 X와 Y에 각각 대입하면,

$$\begin{aligned} M &= P_xX + P_yY \\ &= P_x \cdot \bar{U}^{0.5} \cdot \frac{P_y^{0.5}}{P_x^{0.5}} + P_y \cdot \bar{U}^{0.5} \cdot \frac{P_x^{0.5}}{P_y^{0.5}} \\ &= P_x^{0.5}\bar{U}^{0.5}P_y^{0.5} + P_y^{0.5}\bar{U}^{0.5}P_x^{0.5} \\ &= 2(\bar{U}P_xP_y)^{0.5} \Leftarrow \text{지출함수} \end{aligned}$$

참고로, 지금까지 살펴본 풀이 순서가 아니라, 간접효용함수를 M에 대해서 풀어 지출함수를 구하고, 이 지출함수를 각 재화의 가격에 관하여 미분함으로써 X와 Y의 보상수요함수를 구할 수도 있다.

3. 보상변화와 대등변화

앞서 잠시 보상수요함수를 설명하는 과정에서 보상변화의 개념을 한 차례 간단히 언급한 바 있다. 이를 좀 더 자세히 부연하면, **보상변화**란 가격이 변화한 경우 얼마큼의 소득을 조정해주면 가격변화로 인한 효용의 증감을 상쇄할 수 있는지를 일컫는다. 이로 인해 가격이 상승했을 때에는 이전의 효용과 동일한 효용을 누릴 수 있도록 해주기 위

해서는 소득을 보전해줘야 할 것이고, 반대로 가격이 하락했을 때에는 그만큼 소득을 덜어내면 된다. 이와 달리 **대등변화**(대등변화는 동등변화라고도 한다)란 가격변화 이후의 효용과 같은 만족을 누리기 위해서는 이전의 소득이 얼마였어야 하는지를 알려준다. 간단히 말하면, 보상변화는 기준이 가격변화 이전인 반면, 대등변화의 기준은 가격변화 이후에 맞춰져 있다고 할 수 있다.

예를 들어, $U=XY$, $P_x=4$, $P_y=4$이고, $M=120$일 때, X재화의 가격이 3으로 하락했다면, 이 경우의 보상변화와 대등변화를 구해보기로 하자. 먼저 보상변화를 계산하는 방법은, 목적식을 $U=XY$, 예산제약식을 $4X+4Y=120$으로 놓고, 라그랑지 함수를 사용하여 보통수요함수를 구하면, X^*는 15, Y^*는 15라는 최적해를 구할 수 있다. 그리고 이때의 효용 값은 $U=15\times15=225$이다. 한편 그 뒤 변화된 가격에서의 예산제약식을 $3X+4Y=M'$으로 놓고 원래의 효용 값 225를 만족시키려면 M'가 얼마가 되어야 하는지를 구한다(원래의 효용 값은 225이므로 $225=XY$와 $3X+4Y=M'$가 접하는 접점을 찾는다). 마찬가지로 라그랑지 함수를 사용하여 계산(목적식: $U=XY$, 예산제약식: $3X+4Y=M'$)하면 $X^*=M'/6$, $Y^*=M'/8$이므로 이를 $225=XY$에 대입하면, $M'=103.9$가 나온다. 한편 120(가격 하락 이전의 소득) − 103.9(가격 하락 이후 과거와 동일한 효용 값 225를 만족시켜주는 소득) = 16.1이므로, 이는 가격 하락 이후 16.1만큼 소득을 덜어내도 가격변화 이전의 효용을 누릴 수 있음을 의미한다.

대등변화를 계산하는 방법은, 목적식을 $U=XY$, 예산제약식을 변화된 가격 기준으로 $3X+4Y=120$으로 놓고, 라그랑지 함수를 사용하여 보통수요함수를 구하면, X^*는 20, Y^*는 15라는 최적해를 구하게 된다. 그리고 이때의 효용 값은 $U=20\times15=300$이다. 이제 원래의 가격하에서의 예산제약식 $4X+4Y=M''$으로 놓고 가격변화 이후의 효용 값 300과 일치하려면 이전의 소득이 얼마였어야 하는지를 구한다(가격변화 이후의 효용 값이 300이므로 $300=XY$와 $4X+4Y=M''$가 접하는 접점을 찾는다). 역시나 라그랑지 함수를 사용하여 계산(목적식: $U=XY$, 예산제약식: $4X+4Y=M''$)하면 $X^*=M''/8$, $Y^*=M''/8$이므로 이를 가격변화 이후의 상황인 $300=XY$에 대입하면, $M''=138.6$을 구할 수 있다. M은 120이고, M''는 138.6이므로 대등변화는 138.6 − 120 = 18.6이고, 이는 곧 가격 하락 이전 소득에 18.6만큼이 더 있었어야 가격변화 이후의 효용 값과 동일한 만족을 누릴 수 있음을 뜻한다.

주요 용어

소득소비곡선	정상재	열등재	엥겔곡선	가격소비곡선
수요곡선	현시선호이론	대체효과	소득효과	가격효과
실질소득	효용함수	수요함수	보통수요함수	마샬의 수요함수
보통의 수요곡선	보상수요함수	힉스적 수요함수	소득의 보상변화	보상수요곡선
콥더글라스 함수	레온티에프 함수	선형함수	라그랑지안 승수법	간접효용함수
지출함수	쌍대관계	보상변화	대등변화	

연습문제

01 국내소비와 해외소비 간 관계에서 환율의 하락이 가져다주는 효과를 소득효과와 대체효과로 구분하여 분석하시오.

02 지섭이의 효용함수 $U(X_1, X_2)=X_1+X_2$이고, 그의 예산이 10달러라고 가정하자. X_1재화는 2달러, X_2재화는 1달러의 가격에 각각 시장에서 거래되고 있을 때 지섭이의 보통수요함수의 최적해를 구하시오.

03 영진이의 효용함수 $U(X_1, X_2)=-\frac{1}{x_1}-\frac{1}{x_2}$이고, 보통수요함수의 최적해가 $X_1^*=\frac{M}{P_1+\sqrt{P_1P_2}}$, $X_2^*=\frac{M}{P_2+\sqrt{P_1P_2}}$일 때 간접효용함수를 구하시오.

04 명수의 효용함수 $\bar{U}(X, Y)=X^{0.5}Y^{0.5}$의 형태를 갖는 콥더글라스 함수이고, 그의 예산이 P_xX+P_yY라고 가정하자. 그의 보상수요함수의 최적해를 구하시오.

05 상기 3번 문제의 연속선상에서 영진이의 지출함수를 구하시오.

참고문헌

강태훈, 조동훈, 조창익(2014), 미시경제학 번역서, 서울: McGraw Hill.

남종오(2020), 듀얼이론 관점에서 본 미시경제학의 최적화 이론, 서울: 시그마프레스.

노컷뉴스, 로또 좇는 '밭떼기' 상인에게 장악된 채소 농사, 2019년 3월 14일자.

매일경제신문, [말랑말랑 경제학] 비쌀수록 잘 팔리는 명품… 소비자 과시욕구 자극, 2021년 9월 3일자.

이준구(2019), 미시경제학, 서울: 문우사.

한겨레신문, '소득주도성장 설계' 홍장표 "최저임금 올렸어도, 고용에 부정적 영향 없어", 2022년 6월 19일자.

CHAPTER

04

기업과 생산비용

학습목표

본 장에서는 근본적으로 기업과 비용에 대한 정확한 이해를 추구하고자 한다. 그 뒤 기업의 비용에 대한 학습을 기초로, 이를 단기와 장기로 구분하여 기업의 비용을 보다 구체적으로 파악하고, 최종적으로는 기업의 비용극소화 의사결정을 분석함과 동시에, 비용함수를 도출하는 능력을 함양한다.

토의자료 4-1 "미래는 예측하는 게 아니라 만들어가는 것··· 그 핵심은 기술"

가까운 미래에 세상은 과연 어떻게 변해 있을까? 그 답은 다가올 미래를 어떻게 맞느냐에 달려 있다. 이런 측면에서 글로벌 기업들의 움직임을 유심히 살펴볼 필요가 있다. 100년 이상의 역사를 지닌 제너럴일렉트릭(GE), 듀폰, IBM 등 거대 글로벌 기업과 구글, 테슬라 등 혁신기업, 그리고 일본 소프트뱅크와 중국 알리바바 등 아시아에서 내로라하는 기업들이 향후 5년을 내다보며 가장 고민하는 이슈들이 무엇인지 알아보는 게 중요하다는 얘기다.

세계적 경영컨설팅기업 맥킨지의 도미니크 바튼 글로벌 회장은 최근 포춘과의 인터뷰에서 글로벌 기업의 최고경영자(CEO)들이 가장 고민하는 이슈 4가지를 다음과 같이 꼽았다. 첫째, 지정학적 문제로 중국과 러시아 혹은 다른 어느 나라에서든 20년간 누려온 안정성이 사라진 불확실성의 시대를 맞고 있다는 점. 둘째, 기업 경영보다 2, 3배 정도 빠르게 발전하는 기술. 셋째, 기술과 시장의 변화에 맞춰 미래 사업 포트폴리오를 어떻게 구축하며 변신해야 할지에 대한 고민. 넷째, 신흥시장을 중심으로 한 글로벌 시장 공략에 대한 고민이다. 이 같은 이슈는 향후 15년간 22억 명의 신(新)중산층 소비자들이 생길 것으로 전망되는 아시아와 아프리카로 경제력이 빠르게 이동하는 현 상황을 반영하는 것이다.

미래는 현재를 어떻게 만드느냐에 달려 있다

미래는 변화이며 예측할 수 없는 미지의 세계이다. 특히 기술은 시장에 강력한 변화와 혁신을 불러일으켜 모든 분야에서 항상 촉각을 곤두세우게 한다. 글로벌 경제의 불확실성 속에서 성장 정체에 빠져들고 있는 우리 경제의 미래에 대한 우려감은 그 어느 때보다 커지고 있다. 국제통화기금(IMF)은 비제조업 분야 생산성이 낮고 제조업 수출을 통한 성장 의존도가 높은 한국경제 모델이 향후 성장동력을 상실할 가능성을 경고하고 있다. 미국 제조업의 부활은 물론 기술력과 엔저를 등에 업고 다시 기치를 올리는 일본기업과 상전벽해와 같이 첨단기술로 무장한 중국기업 사이에서 '넛 크래킹' 상황에 몰린 우리 기업들이 새로운 성장동력을 재구축하기 위한 골든타임은 2년도 채 남지 않았다는 우려도 쏟아진다.

단순히 원가를 절감하고 물건을 잘 만들어 파는 것만으로는 치열한 글로벌 경쟁에서 살아남기가 쉽지 않다. 한 차원 높은 단계로 뛰어오르려면 미래를 예측하는 통찰력과 이를 선점하려는 열정, 우리에게 유리한 미래상을 이끌어 낼 수 있는 '과정의 철학'이 필요하다. 그것이 신기술이 됐든 창조적 혁신전략이 됐든, 미래를 예측하고 대응하는 역량은 기업 경쟁력을 결정하는 가장 중요한 요소이기 때문이다.

글로벌 기업들은 체계적이고 장기적인 미래전략 마련에 사활을 걸고 있다. 우리 기업들도 이제 미래 전략 수립에 있어선 상당한 수준에 올라 있다. 하지만 미래는 확정되거나 구체화돼 있지 않아 정확한 미래를 예측하는 것은 불가항력이다. 그래서 미래학 분야의 석학들은 "미래는 예측하는 것이 아니라 전략과 목표를 통해 스스로 만들어가는 것"이라고 말한다. 글로벌 기업들은 미래의 흐름을 파악하는 동시에 적극적으로 미래상을 만들어내는 데 주력하고 있다. 글로벌 기업들의 생각이나 기술, 전략, 그리고 이들 상호 간의 교감과 공감대는 과거에도 그랬듯 앞으로도 산업의 미래 트렌드를 이끌어갈 중요한 동인이다.

5년 후 우리가 만날 미래가 시작되는 곳은 바로 '오늘이며 여기서부터'다. 미래에 대한 탐구는 항상 '지금'을 기반으로 미래에 대해 끊임없이 질문을 던지고 스스로 되돌아보는 과정의 철학이다. 미래는 예측하는 것이 아니라 만들어가는 것이라는 의미를 다시 한번 되새길 필요가 있다. 이는 과거부터 오늘에 이르기까지의 트렌드 흐름을 제대로 읽는 한편, 글로벌 경제를 이끌고 있는 기업들의 미래를 향한 생각과 통찰이 집약된 경영전략 및 기술이 어디로 흘러가는지 파악하는 데서부터 시작된다. 비록 이런 노력을 경주한다고 해서 다가올 미래를 정확히 예측하기가 쉽지는 않겠지만, 현실적으로 미래를 대비하는 데 가장 효과적인 접근방식이라는 점만은 분명하다.

기술은 고객이 공명할 때 현실이 된다

"앞으로 5년 내 기업에 가장 큰 영향을 미칠 외부요인은 '시장 환경'이 아니라 '기술'이다." IBM이 세계 70개국 최고경영진 4,200명을 대상으로 조사한 결과다. 이들은 불황과 침체 등 시장의 불확실성보다는 급변하는 기술을 어떤 식으로 비즈니스 전략에 적용하느냐가 미래를 좌우할 것으로 봤다. 기업의 미래는 변화를 이끌 기술 그 자체도 중요하지만, 기술을 통해 고객의 수요를 창출하는 새로운 시장을 어떻게 만드느냐에 달려 있다는 것이다.

실제 기술의 변화는 개인의 삶은 물론 사회구조마저 바꿔놓고 있다. 소셜, 모바일, 디지털 네트워크의 진화는 라이프스타일을 크게 변화시켰다. 이제 스마트폰을 넘어 웨어러블 기기가 보편화하면서 사람과 사람, 사람과 기계, 기계와 기계를 하나로 묶는 초연결 개념으로 진화하고 있다. 신기술의 발달로 다양한 정보를 갖춘 고객들은 시장에서 더 이상 대중이 아닌 개인으로서 맞춤형 서비스를 기대한다. 구글은 바로 그런 개인과 시장을 가장 잘 아는 기업이다. 개인과 개인을 연결하는 열린 네트워크 경제, 그리고 자동차와 로봇에 이르기까지 모든 사물을 하나의 네트워크로 연결해 운영하는 플랫폼 경제는 앞으로 5년 후 다양한 기술 분야에서 진화를 거듭해 갈 구글의 변함없는 미래 전략이다.

빅데이터 시대 인간이 풀 수 없는 막대한 분량의 자료를 순식간에 분석하는 IBM의 슈퍼컴퓨터 왓슨은 이미 연구소를 떠나 의료, 법률, 금융 등 서비스 현장에서 기술 진화의 새로운 미래를 만들어가고 있다. 모바일 속으로 들어온 왓슨은 고객 니즈에 맞춰 다양한 분야에 적용될 수 있는 미래 가능성을 보여주며 또 한 번의 산업혁명을 이끌 IBM의 미래 핵심 성장동력이다. 특히 뉴욕의 IBM

왓슨연구소가 연구 중인 인공지능(AI) 컴퓨터의 무한한 잠재력에는 경이로움마저 느껴진다. 그러나 잊지 말아야 할 것이 있다. 왓슨이 만드는 미래를 관리하고 활용하는 주체는 바로 인간이라는 것을.

산업용 로봇은 이미 기업 내 제조업 환경을 변화시키고 있다. 여기에 인간의 감정과 인지능력을 갖춘 소프트뱅크의 휴머노이드 로봇 '페퍼'의 등장은 가정이나 교육 등의 서비스 분야를 바꿀 또 다른 미래상이다. 일본 도쿄 하라주쿠의 소프트뱅크 모바일 오모테산도 매장에서 만난 페퍼는 만나는 사람의 눈을 바라보며 "지금 행복하냐"고 묻는다. 물론 페퍼가 인간과 함께 어우러져 생활 속의 친구로 자리잡을 수 있을지는 아직 불확실하다. 페퍼의 미래는 시장이 판단한다. 특히 왓슨의 인공지능 기술이 휴머노이드 로봇 페퍼와 결합될 21세기에는 소프트뱅크가 꿈꾸는 IT 혁명의 역사가 이뤄질 수 있을지도 모른다.

로봇공학은 자율주행 자동차의 핵심 기술로도 쓰이고 있다. 대다수 자동차 메이커들은 자율주행 자동차의 출시 시점을 가까운 미래로 점치고 있다. 메르세데스-벤츠는 사용자 경험(UX)과 사회 패러다임, 가치 욕구의 미래상에 중점을 두고 미래의 경험 원형(콘셉트카)을 만드는 데 주력해왔다. 벤츠가 미래 자동차로 꼽는 무인(無人)차는 단순한 교통수단을 넘어 미래의 개인공간 활용도를 높여 줄 뿐 아니라 자율주행 우버와 같은 공유 개념의 공간 서비스로 발전해 나갈 가능성이 높다.

위기와 기회 … 우리가 직면할 또 하나의 미래, 중국

지난해 가을 중국의 실리콘밸리로 통하는 베이징의 중관춘을 찾았다. 중국의 대표적 글로벌 기업 레노버와 우리 경제에 '차이나 쇼크'를 안겨준 샤오미 본사를 방문하기 위해서다. 중국의 '혁신(創新 창신)'정신이 꿈틀거리는 이곳에서 놀라움과 두려움을 동시에 느껴야 했다. 이름조차 생소했던 중국 토종기업들은 첨단 기술력으로 무장한 채 글로벌 시장의 새로운 강자로 떠오르고 있다. 인터넷 전자상거래업체 알리바바는 시가총액 240조 원으로 뉴욕증시에 화려하게 등장한 데 이어, 알리바바가 선보인 알리페이는 금융과 정보통신(IT)기술이 결합한 핀테크(파이낸셜 테크놀로지·금융기술)의 대표주자로 우뚝 섰다. 세계 1위 PC 제조업체인 레노버는 모토로라를 인수하며 휴대폰 분야에서도 샤오미와 더불어 삼성전자와 애플을 턱밑까지 추격했다.

이들 중국 토종기업이 추진하는 '혁신'은 다양한 형태로 진화하고 있다. 치솟는 위안화의 위력을 앞세워 인수합병(M&A)을 통해 중국식 자본주의에 걸맞은 자기화(自己化)에 주력하는 한편, 선진기업들의 혁신 성공사례들을 벤치마킹해 모방을 통한 재창조로 중국식 혁신의 새 모델을 체계화하고 있다. 이들의 빠른 성장속도를 고려할 때 글로벌 경제의 재편구도 속에서 우리 기업들이 과연 지금과 같은 입지를 지켜낼 수 있을지 걱정된다. 이들의 타깃 목표 리스트에 우리 기업 이름이 빠져 있다는 점도 간과할 수 없는 두려움이다.

중국은 세계 최대의 시장이다. 2020년 내수시장 규모는 565조 원으로 미국에 이어 세계 2위에 이미 올라 있고, 도시화가 빠르게 진척돼 중산층 규모가 전 인구의 45%(6억 3,000만 명)에 달한다. 일찍이 중국에 터전을 잡고 현지화에 성공한 폭스바겐과 유니클로는 급팽창하는 중산층 대상의 타깃 마케팅에 주력하고 있다. 폭스바겐은 전기자동차 등 친환경차를 중심으로 중국인 특색에 맞는 다양한 상품전략으로 중산층 끌어안기에 시동을 걸고 있다. 유니클로는 독특한 디자인과 개성을 중시하며 합리적인 소비를 추구하는 신중산층을 집중 공략하면서 미래 중국정부의 개발정책으로 성장궤도에 오를 서부내륙 도시까지 깊이 파고들어가 새로운 시장 창출에 나설 태세이다.

패러다임의 변화: 변신을 통한 생존의 몸부림

기업 수명이 짧아지고 있다. 1935년 미국 '스탠다드 앤드 푸어스(S&P) 500'에 포함됐던 기업의 평균 수명은 90년이었다. 그로부터 76년이 지난 2011년 S&P 500 기업의 평균 수명은 18년에 불과했다. 그렇다면 미래 기업의 평균 수명은 어느 정도일까? 국내 기업들을 돌아보면 우려감이 더 커진다. 최근 국내 제조업체 생존율은 39.6%로 개발도상국이나 선진국보다 훨씬 낮기 때문이다.

기업의 변신은 선택이 아닌 필수조건이다. 급변하는 경제환경 속에서 성장 정체기에 빠져들고 있는 기업들이 느끼는 공통점은 기존 성장동력이 제 역할을 못 하고 비즈니스 모델에 타격을 입어 변신이 불가피하다는 점이다. 100년 이상 장수한 글로벌 기업들을 보면 더욱 그렇다. 136년 역사의 첨단기술 인프라기업 GE는 1,800여 건의 인수합병(M&A)과 끊임없는 사업 다각화로 비즈니스 모델 변신에 성공한 교과서적 글로벌 기업이다.

글로벌 경제력이 '저성장 선진시장'에서 '고성장 신흥시장'으로 이동하면서 성장모델도 급변하고 있다. GE는 미래의 시장을 아프리카와 남미 등 신흥국가들의 인프라 설비시장으로 보고 현지에 맞는 '맞춤식 사업 다각화'를 추진하고 있다. 급변하는 시장 환경에 탄력적으로 대응하려면 기존과는 다른 새 조직이 필요하다. GE의 글로벌 사업을 총지휘하는 글로벌성장운영조직(GGO) 홍콩본부는 GE의 맞춤식 사업 다각화 전략을 이끄는 미래 성장엔진이다. 또 사물인터넷(IoT) 시대를 반영한 차세대 비즈니스 솔루션 '산업 인터넷'과 최첨단 제조기술 개발 등 GE가 만들어가는 제조업의 미래상은 새로운 산업혁명을 예고하는 듯하다.

기업 변신이라면 거대 화학기업 듀폰도 빼놓을 수 없다. 듀폰은 3세기에 걸쳐 3차례 변신을 거듭해온 원조 '트랜스포머' 기업이다. 처음 100년은 화약제조업체로, 또 다른 100년은 화학소재·섬유업체로, 그리고 이젠 농업·생명공학업체로 변신 중이다. 거대한 미래 흐름인 메가트렌드를 읽고 그 핵심을 짚어내는 통찰력과 종합과학기업으로 연구개발(R&D)을 통한 차원 높은 기술력, 변신을 위한 과감한 실행력은 듀폰이 만들어가는 또 다른 100년의 미래상에 대한 기대감을 갖게 한다.

변신을 위해선 무엇보다 자기철학이 있어야 하고 끊임없는 자기관리가 요구된다. 천문학적 부채로 파산보호 신청을 했던 일본항공(JAL)이 1,558일 만에 재기에 성공한 데에는 탁월한 경영 전도사 이나모리 가즈오 회장의 리더십이 있었다. 이나모리 회장은 자신의 확고한 경영철학을 3만 5,000여 명 임직원과 일관되고 긴밀하게 공유함으로써 JAL이 의식변화를 통해 자기 혁신을 이루도록 이끌었다. 파도가 일렁이는 망망대해에서 선원에게 가장 요구되는 것은 무엇일까? 언제 어떤 위기가 닥칠지 모르는 불확실성의 미래를 대비해 끊임없이 주변을 살피고 철저히 안전에 대비하는 '지속적인 자기관리'가 아닐까? 해운업계의 글로벌 1등 기업 머스크라인은 110년 전통의 핵심가치인 '지속적인 관리'를 기반으로 호황기에 불황을 대비한 선제적인 구조조정과 수익 · 효율성 중심의 조직개편을 통해 중후장대 산업의 새로운 혁신모델을 만들었다. 어떻게 보면 사양산업이라는 게 있을 수 없다. 고객의 니즈를 끊임없이 발굴하고 새로운 미래시장을 창출해가는 것이 바로 기업의 역량이며 불확실한 시대의 생존전략이기 때문이다.

파괴적 창조와 변하지 않는 창조: 혁신과 스토리텔링의 힘

MP3와 차량 내비게이션 시장은 스마트폰의 등장으로 한순간 초토화했다. 컨버전스의 대명사인 스마트폰의 진화는 이들 시장을 대체해버리는 파괴적 혁신을 통해 모바일 천하를 열었다. 이런 현상은 모바일뿐만이 아니다. 전기차의 새 역사를 쓰고 있는 테슬라는 독보적인 배터리 기술력과 5,000개가 넘는 전장부품을 하나로 결합하는 탁월한 종합 디자인력으로 '커넥티드 전기차'라는 혁신적 제품을 통해 기존 자동차 개념을 깨고 새 시장을 만들어가고 있다. 테슬라의 성공은 혁신적인 기술로 주행거리와 속도, 디자인 등 전기차의 한계를 해소함으로써 친환경 에너지제품이 라이프스타일을 바꿔놓을 미래의 대안이 될 수 있다는 점을 확인시켜줬다. 테슬라는 특히 자율주행 전기차 출시 준비에 박차를 가하고 있다. 또 한 번 파괴적 혁신을 몰고 올 테슬라의 변신이 기대되는 이유이다.

혁신적 창조력이 기존 시장을 파괴해버리는 경우는 의류 분야도 마찬가지다. 최근 몇 년간 패션업계를 휩쓸어온 제조 · 유통일괄형(SPA) 브랜드가 그 주인공. 명품 브랜드 제품은 신뢰할 수 있는 제품력을 갖췄지만 그 가치만큼 고가라는 점이 부담스럽다. 그런데 좋은 품질에다 가격마저 착하다면 소비자에겐 최적의 조건이 아닐 수 없다. '자라' 브랜드로 우리에게 익숙한 인디텍스는 소비자의 심리를 꿰뚫어 첨단 유행을 가장 빠르고, 가장 저렴하면서도 우리가 사는 도시의 가장 번화한 상점가에서 쉽게 구매할 수 있도록 상품기획과 디자인부터 제조와 유통, 물류, 판매를 일괄하는 대표 SPA 업체이다. 인디텍스는 이제 온 · 오프라인, 모바일을 하나로 연결하는 옴니채널로 SPA의 새 미래를 만들고 있다.

급변하는 디지털 시대에도 변하지 않는 가치는 고객과 긴밀하게 소통하며 새로운 관심거리를 창조해내는 진정성이 담긴 스토리텔링이다. 디즈니와 코카콜라는 창조적인 디지털 콘텐츠를 만들어 고객과 소통하며 브랜드 이미지를 공고히 다지고 있는 대표적 기업이다. 디즈니 '겨울 왕국'의 성공은 캐릭터가 만들어내는 일상의 즐거움과 감동을 주는 콘텐츠의 힘이 바로 창조적인 스토리텔링을 기반으로 하고 있음을 여실히 보여준다. 코카콜라는 누구나 참여하고 공유할 수 있는 스토리텔링 중심의 미디어 플랫폼인 디지털 매거진 '코카콜라 저니'를 통해 브랜드 저널리즘이라는 새로운 기업홍보 모델을 만들어 고객과 소통하고 있다. 앞으로 디지털 환경이 눈부시게 발전해도 즐겁고 재미있는 이야기(스토리텔링)를 원하는 인간의 욕구는 더 강렬해질 수밖에 없다. 또 이를 현실로 만드는 신기술은 그 욕구를 놀라운 방식으로 채워나갈 것이다.

Q 질문

1. 글로벌 기업들이 향후 5년을 내다보며 가장 고민하는 주요 이슈 네 가지는 무엇이며, 이들이 기업경영에 미치는 영향은 무엇인가?
2. 급변하는 기술 환경에서 기업이 지속적으로 경쟁력을 유지하기 위해 필요한 요소는 무엇인가?
3. 중국 기업들이 추진하는 '혁신'의 방식과 전략은 무엇이며, 이러한 변화가 글로벌 경제 재편 속에서 우리 기업에 미칠 영향은 무엇인가?
4. '파괴적 창조(disruptive innovation)'와 '스토리텔링의 힘'이 현대 기업 경영에서 중요한 이유는 무엇이며, 테슬라와 디즈니의 사례는 이를 어떻게 설명하는가?

〈출처: 한국일보, 2015년 2월 22일자〉

제 1 절 기업과 생산

1. 기업과 이윤추구의 이유

기업(enterprise)이란 영리를 목적으로 재화나 서비스를 생산하고 판매하는 경제주체를 의미한다. 기업의 가장 중요한 경제적 동기는 두말할 필요 없이 영리, 즉 이윤추구이다. 그런 면에서 비록 비영리단체는 교육, 종교, 사회복지 등 일부 사회서비스를 생산하는 경제주체라는 점에서 기업과 유사하지만, 이 서비스는 구성원이나 가계에 무상 또는 이익이 나지 않는 가격으로 공급되기 때문에 영리를 목적으로 하는 기업과는 구별된다. 비영리단체의 예로는 학교, 노동조합, 정당, 종교단체, 자선단체 등을 들 수 있다. 또한 재화나 서비스를 생산 및 판매한다는 점에서 가계의 자가소비를 위한 생산과는 구분된다. 예를 들어, 농부가 감자를 재배하여 시장에 파는 경우는 기업이 되고, 자신의 저녁 반찬에 올리게 되면 기업이 아닌 가계가 된다. 다른 경제주체인 가계나 정부는 이윤추구가 주된 경제적 동기가 아니다.

그렇다면 왜 기업은 이윤을 추구하는 것인가? 기업의 이윤은 수입에서 비용을 뺀 것을 의미한다(이윤=수입−비용). 기업의 비용에는 제품을 구성하는 원자재의 구입비용, 제품 생산과 판매를 위해 필요한 다양한 서비스 지출 비용 등이 있다. 또 노동력을 공급한 가계에 지불되는 인건비(가계의 입장에서는 근로소득)가 있고, 자본을 제공한 가계에 지불되는 넓은 의미의 이자 비용(가계의 입장에서는 자본소득) 등도 포함된다. 기업의 이윤이란 수입에서 이러한 모든 비용을 제외하고 남는 것이다. 그렇기에 기업은 그 기업의 경제활동에 직·간접적으로 관련되는 이해관계자들에게 지불되는 비용만큼만 수입으로 벌어들이면 아무도 불만을 갖지 않게 된다. 즉, 기업의 이윤이 0(수입=비용)이 되는 정상이윤이면 충분하고 초과하는 이윤을 추구할 필요는 없는 것이다. 그럼에도 불구하고 기업은 이윤을 추구하고 그것도 극대화하려고 한다.

기업 경제활동의 직·간접적인 참여자들에게 정당한 비용을 모두 지불하고 남는 돈, 즉 이윤을 어디에 쓰려고 하는지가 궁금해진다. 첫 번째 이유는 가계의 경제적 동기에 있다. 주주와 피고용자들은 가계이다. 앞서 제2장과 제3장에서 언급한 바와 같이, 가계는 소비로부터 얻는 효용을 극대화하려는 경제적 동기를 가진다. 그러나 예산은 제약되어 있다. 그 예산의 제약을 완화시킬 수 있는 것이 소득의 증가이다. 소득이 많아져야 가계의 구매력이 높아지고 그만큼 소비할 수 있는 여력이 높아진다. 또한 가계는 저축의 동기도 가진다. 소득이 없는 은퇴 이후의 소비를 대비하거나 자산을 물려주고 싶은 유산 상속의 동기 등이 그것이다. 가계는 소비와 저축을 위해 더 많은 소득을 원하기 때문에 자신이 참여하고 있는 기업의 이윤을 많이 내게 하려는 유인이 발생한다.

또 다른 이유, 즉 두 번째 이유는 외적인 잠재적 불확실성에 대한 대비이다. 갑자기 경기불황이 찾아와 기업의 운영이 어려워질 때를 생각해서 초과 이윤을 쌓아 놓는 것이다. 실제 많은 기업들이 경기불황이나 투자실패로 적자를 시현하는 경우가 많다. 이때 기업의 생존을 위한 비용(기업이 다른 기업에게 제공해야 하는 매출, 부채 상환, 근로자의 임금 등)을 충당하기 위해서 이윤을 쌓아 놓을 필요가 있다. 마지막으로, 기업은 진화하려는 동기를 가진다. 시간이 흘러감에 따라 제품과 서비스에 대한 시장의 선호는 변화한다(토의자료 4-1 참고 요망). 1970∼1980년대만 해도 우리 기업들이 만들어내는 의류, 신발

등 경공업 제품들이 세계시장에서 널리 팔렸다. 그러나 2000년대 이후 중국 기업들의 부상으로 우리 제품의 가격경쟁력이 크게 밀리게 되었다.

이 때문에 현재 어떤 기업들은 시장에서 사라졌고, 어떤 기업들은 품질, 디자인, 브랜드가치 향상을 통해 제품 고부가가치화에 성공하여 여전히 시장의 선도기업으로 남기도 한다. 이에 대한 또 다른 예로, 불과 최근 몇 년 사이에 핸드폰 시장에서 피처폰(feature phone)이 사라지고 스마트폰이 주력이 되었다는 사실을 꼽을 수 있다. 과거 피처폰 제품을 생산하는 기업 중 기술과 시장의 변화에 적극 대응한 기업은 살아남았고 그렇지 못한 기업은 도태되고 있다. 시간이 지남에 따라 기술혁신, 소비자 선호 수준의 상승, 새로운 경쟁기업의 진입 등이 기업의 진화를 강제하고 있다. 이는 기업이 생산하던 기존의 제품 및 서비스, 그리고 생산수단으로는 대응하기 어렵다. 새로운 기술, 제품, 생산수단에 대한 투자가 필요하다.

그런데 이에는 만만치 않은 자금이 들어간다. 자금의 일부는 자본 확충이나 외부차입에 의해서 충당될 수도 있지만 모든 투자소요를 차입에 의존할 수는 없다. 기업의 내부 자금도 필요하다. 특히 적자에 허덕이는 기업은 당장의 생존이 중요하기 때문에 미래를 생각하기 어렵다. 이윤을 낼 수 있는 기업이 미래를 대비한 투자를 할 수 있고 그런 기업만이 미래에도 살아남을 수 있는 것이다.

때로는 기업의 경제적 동기가 이윤추구에 있다는 점에서 물신주의(物神主義) 또는 배금주의(拜金主義)라 하여 기업이 비판을 받기도 한다. 그러나 기업은 경제의 최대 생산의 주체이자, 가계 소득과 정부 조세수입의 원천이다. 기업의 이윤이 있어야 가계와 정부가 성장할 수 있고, 경제가 유지되고 발전할 수 있다.

2. 기업의 생산요소

생산요소(factors of production)는 재화나 서비스를 생산하는 과정에서 투입되는 자원을 말한다. 18세기 이전에는 노동과 토지만을 생산요소로 보았으나, 산업화가 진행되면서 자본을 더해 일반적으로 노동·토지·자본을 **3대 생산요소**라고 한다. 예컨대, 주유소에서 기름을 팔려면 직원의 시간(노동), 주유소 공간(토지), 기름 저장 탱크와 주유기(자본)가 투입돼야 한다. 한편 생산요소는 생산요소 시장에서 거래되며, 생산요소를 구입하는 주체는 기업이고, 생산요소를 판매하는 쪽은 가계이다.

3대 생산요소 중 노동생산성만을 설명하자면, 노동생산성은 제품 생산과정에서 노동과 산출물 간의 관계를 나타내는 비율이다. 노동 투입 한 단위가 산출한 생산량(부가가치)이 바로 노동생산성이다. 노동생산성이 증가했다는 것은 동일한 노동 투입으로 더 많은 생산량을 얻을 수 있거나, 동일한 생산량을 보다 적은 노동 투입으로 얻는 것을 의미한다. 흔히 생산 활동이 활발해지면 노동생산성도 높아지는 비례적 관계에 있기 때문에 노동생산성 증가율은 생산 활동의 동향을 나타내는 중요 지표로 이용되고 있다.

3. 총생산, 평균생산 및 한계생산

3.1 총생산, 평균생산 및 한계생산의 정의

생산성은 총생산, 평균생산, 그리고 한계생산이라는 상이한 세 가지 개념으로 설명할 수 있다. **총생산**은 투입된 여러 가지 생산요소의 총량에 대응하는 생산물의 총량을 의미한다. 총생산은 생산요소의 투입을 증가시킴에 따라 동일한 비율로 증가하거나 체감 또는 체증하는 현상을 보이기도 한다. 여기서 총생산이 동일한 비율로 증가한다는 것은 추가되는 생산요소 X_1의 투입량에 비례해서 생산량이 동일한 비율로 증가하는 경우를 일컫는다. 반면 총생산의 증가율이 체감한다는 것은 생산요소 X_1을 추가적으로 투입할 때 얻어지는 추가적 생산물(Y)의 양이 점점 적어질 경우 생산요소 X_1의 생산성은 체감(遞減)한다고 말한다. 이와 달리 총생산의 증가율이 체증한다는 것은 생산요소 X_1의 추가적 투입에 따라 얻어지는 추가적인 생산량(Y)이 점점 커지는 경우를 지칭한다. 그런데 생산성은 일방적으로 체증하거나 체감하지 않고, 대개는 총생산의 증가율이 체증하다가 어느 단계에 이르러서는 생산요소의 투입에 대한 총생산이 체감하고, 이어서 마침내는 생산요소의 추가적인 투입에 대해 수확량의 절대량이 감소하는 것이 일반적이다. 이상 설명한 내용을 그림으로 확인하면 [그림 4-1]과 같다.

반면 **평균생산**은 생산요소의 투입단위당 산출량의 평균을 가리키는 것으로, 총생산을 투입된 생산요소의 수량으로 나누어 계산하고(즉, Y/X_1), **한계생산**(marginal product)이란 생산요소 X_1을 1단위씩 추가로 투입할 때 산출되는 추가산출량을 생산요소의 추가 투입량으로 나눈 것($\triangle Y/\triangle X_1$)을 뜻한다.

| 그림 4-1 | 생산성이 동일비율로 증가, 체감, 체증, 체증하다가 체감하는 경우

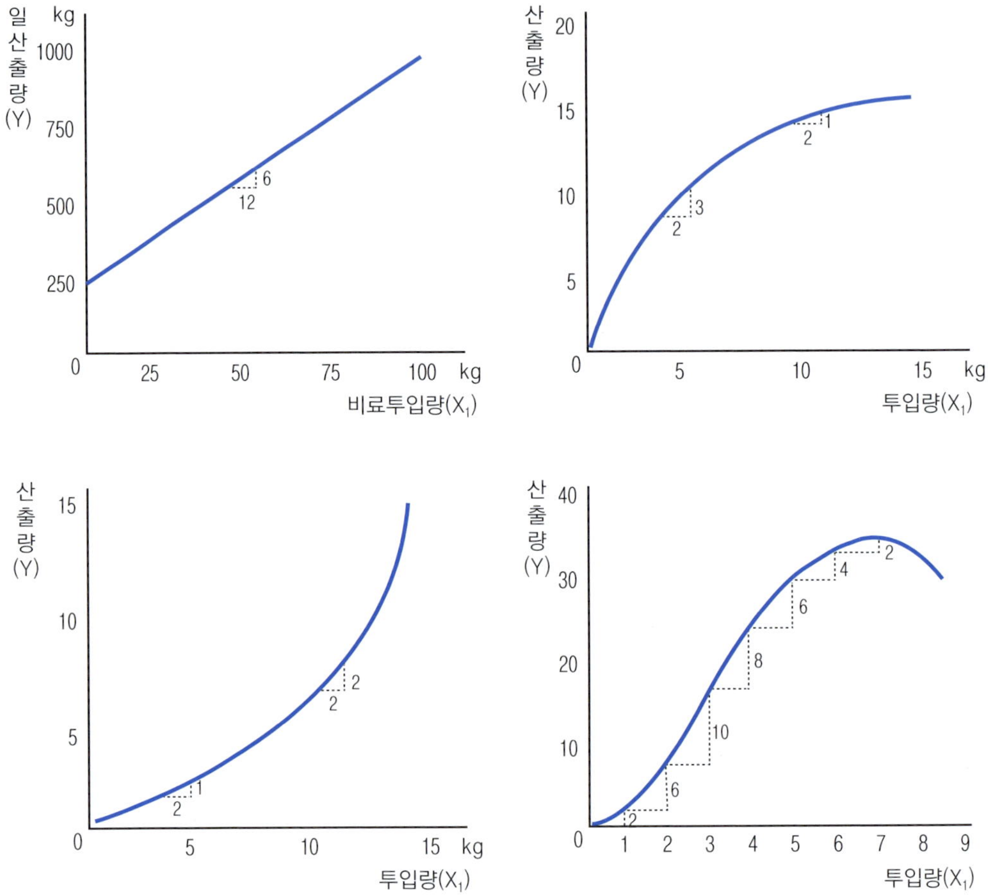

주: 생산성이 동일비율로 증가하는 경우의 그림은 좌측 상단, 체감하는 그림은 우측 상단, 체증하는 그림은 좌측 하단, 체증하다가 체감하는 경우의 그림은 우측 하단의 그림이다.

3.2 한계생산체감의 법칙

[그림 4-1]의 우측 하단에 있는 그림을 보면 X_1이라는 생산요소의 투입을 점차 늘려 나갈 때 처음에는 이 생산요소에 대한 한계생산이 점차 증가(2 → 6 → 10)하다가 어느 시점을 지나면서 감소(10 → 8 → 6 → 4 → 2)하기 시작한다. 현실의 생산과정에서 일반적으로 이와 같은 현상이 일어날 가능성이 큰데, 이를 가리켜 **한계생산체감의 법칙**(law of diminishing marginal product)이라고 부른다.

예를 들어, 혼자 일을 하면 1시간에 평균 잡초 100포기를 뽑을 수 있는 일꾼들이 있다고 가정하고, 작은 비닐하우스 안에 이들 중 한 명을 투입했다고 하자. 그럼 이 사람은 늘 그래왔듯이 1시간에 100포기의 잡초를 뽑을 것이다. 이때 한 사람이 더 투입되어 두 사람이 일을 한다면, 둘 사이에 경쟁이 붙어 220포기를 뽑을 것으로 추측된다. 그런데 만약 이 상태에서 한 사람이 또 추가로 더 들어가면 이젠 좁은 공간에서 서로 몸이 부딪히는 등 작업하는 데 불편해져 잡초 300포기에 미치지 못하는 수량, 가령 270포기밖에 못 뽑을 것이다. 심지어 여기서 한 사람이 또다시 추가되어 네 사람이 함께 일을 한다면 이젠 아예 비닐하우스 안이 너무 비좁고 더워서 400포기가 아닌 320포기만 뽑게 된다. 다시 말하면, 사람을 추가할수록 제거되는 잡초의 총량은 늘어나겠지만, 일정 시점부터 추가 투입되는 노동력 1단위당 생산성이 110 → 90 → 80으로 점차 체감하게 될 것이다.

4. 생산함수

4.1 콥더글라스 생산함수

생산함수는 주어진 시간 동안 투입된 생산요소의 양과 이를 통해 생산한 산출량 간의 관계를 나타내는 함수이다. 따라서 가령 $Q = f(L, N, K, M)$이라는 생산함수가 있다면, 이것이 의미하는 바는 생산과정에 네 가지 생산요소가 L, N, K, M만큼 투입되면 Q만큼의 상품이 생산되어 나온다는 것을 뜻한다. 같은 맥락에서 특정 재화를 생산하는 데 노동과 자본이라는 두 생산요소만 사용된다고 가정한다면 생산함수는 $Q = f(L, K)$라고 쓸 수 있다.

한편 생산함수의 한 형태로서 우리가 자주 보는 함수 중의 하나가 **콥더글라스 생산함수**이고, $Y = AL^{\alpha}K^{\beta}$와 같은 모습을 띤다. 만약 두 매개변수 α와 β의 합이 1보다 큰 경우 규모수익체증을 통한 규모의 경제가 발생하고, α와 β의 합이 1보다 작은 경우 규모에 따른 수익체감이 발생한다. 이들과 달리 α와 β의 합이 1인 경우 노동과 자본을 k배만큼 늘리면 산출량도 k배만큼 증가하여 규모수익불변의 특성을 갖게 되는데, 보통 좁은 의미의 콥더글라스 생산함수를 일컬을 때 이를 지칭하고, $Y = AL^{\alpha}K^{1-\alpha}$로 기술하는바 이 함수는 1차동차[1]의 성격을 갖게 된다.

---

1) 1차동차란 본문에도 적었듯이 생산요소를 k배만큼 늘리면 산출량도 k배만큼 증가하는 경우를 뜻한다.

4.2 레온티에프 생산함수

제3장 제2절에서 X_1재화와 X_2재화가 완전보완관계에 있을 때 이를 레온티에프 함수라고 설명한 일이 있다. 마찬가지로 생산함수를 논함에 있어서도, 투입되는 생산요소들을 반드시 일정 비율로 사용해야 생산이 가능한 경우도 있는데, 이를 완전보완관계라고 하고, 이때의 생산함수를 **레온티에프 생산함수**라고 한다. 예를 들어, 만약 자동차 1대를 생산하는 데 바퀴 4개와 바퀴 축 2개가 필요하다고 하자. 이 상황에서 바퀴는 20개 생산했으나 바퀴축을 2개밖에 생산하지 못했다면 아무리 바퀴를 20개 생산했더라도 자동차는 결국 한 대밖에 생산하지 못할 것이다. 반대로 바퀴를 4개밖에 생산하지 못했다면 바퀴축을 10개를 만들었든 20개를 만들었든 생산하는 자동차는 한 대에 불과할 것이다. 즉, 이 상황에서 자동차를 생산하는 데 있어서 바퀴와 바퀴축은 완전보완관계에 있다. 또한 이 두 생산요소는 완전보완관계에 있으므로 이들의 대체탄력성은 0이다.

4.3 선형생산함수

앞서 다룬 레온티에프 생산함수와 선형생산함수 간 가장 크게 다른 점은 후자에서는 투입되는 생산요소가 대체 가능, 그것도 완전한 대체가 가능하다는 점이다(대체탄력성 무한대). 가령 케이크를 만드는 데 생크림이 없으면 휘핑크림으로, 휘핑크림이 없으면 생크림만으로도 케이크를 생산하는 것이 가능하다는 뜻이다. 만약 케이크 한 개를 생산하는 데 생크림 네 컵과 휘핑크림 다섯 컵이 필요한 경우, 앞서 레온티에프 생산함수에서는 바퀴가 20개가 있든 40개가 있든, 바퀴축이 없으면 자동차 생산이 아예 불가능했던 것과 달리, 선형생산함수에서는 생크림이 설령 없더라도 휘핑크림 아홉 컵이 있다면 케이크를 만드는 데 아무런 문제가 없다는 의미이다.

5. 생산기술: 두 가변투입요소의 경우

5.1 등량곡선

등량곡선(isoquant)은 특정 재화의 산출량을 효율적으로 생산할 수 있는 모든 투입의 조합들을 표시한 것이다. 소비자이론에서 무차별곡선이 효용의 극대화를 달성하는 점을 찾기 위해 필요한 개념이라면, 등량곡선은 생산자이론에서 산출량의 극대화를 이루는 점을 찾기 위한 개념이라고 할 수 있다. 따라서 등량곡선이 갖는 기본적인 성격은 무차별곡선이 갖고 있는 것과 동일한 특성을 갖는다. 예를 들어, 등량곡선은 우하향하는 모양이고, 원점에서 더 멀리 있을수록 더 높은 산출량을 대표하며, 두 등량곡선은 서로 교차할 수 없다. 또한 등량곡선은 원점에 대해 볼록한 모양을 띤다. 그럼에도 등량곡선은 그 생산함수에 따라, 즉 생산함수가 콥더글라스 생산함수인지, 레온티에프 생산함수인지, 혹은 선형생산함수인지에 따라 각기 그 모습이 다르다. [그림 4-2]는 콥더글라스 생산함수의 등량곡선을, [그림 4-3]은 그 외 경우의 등량곡선을 보여주고 있다.

| 그림 4-2 | 콥더글라스 생산함수의 등량곡선과 한계기술대체율

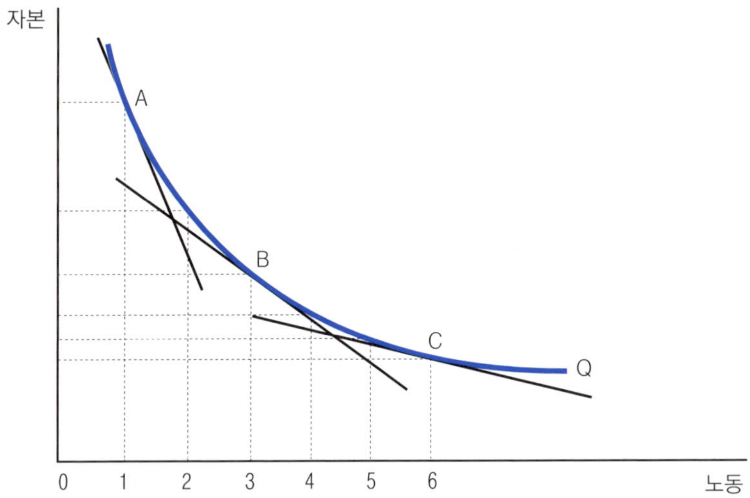

| 그림 4-3 | 특수한 경우의 등량곡선

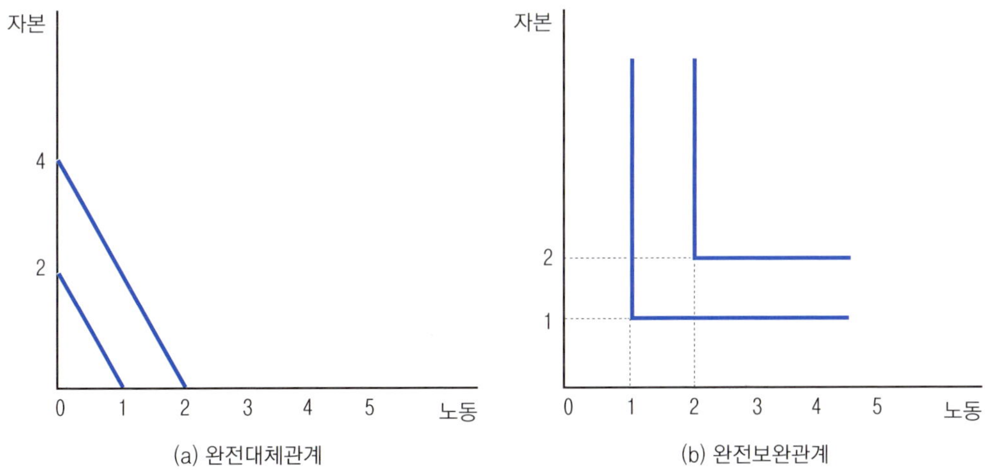

5.2 한계기술대체율

한계기술대체율(marginal rate of technical substitution; MRTS)은 한 생산요소의 투입이 증가할 때 동일한 수준의 생산성을 유지할 수 있도록 하는 다른 생산요소 투입의 감소 비율을 나타낸다. 즉, 생산량의 변화를 가져오지 않으면서 두 생산요소(노동과 자본) 간 대체할 수 있는 비율을 의미한다. 따라서 노동과 자본 사이의 한계기술대체율을 다음과 같이 표현할 수 있다.

$$MRTS_{L,K} = -\frac{\Delta K}{\Delta L} = -\text{등량곡선의 기울기}$$

예컨대, 동일한 등량곡선 위에 있고 한계기술대체율이 4라고 하면, 이는 투입된 자본 4단위를 줄이고 대신 노동 1단위를 추가로 투입해도 생산량에 변화가 없다는 것을 뜻한다. 이는 곧 노동의 한계생산이 자본의 한계생산보다 4배 더 크다는 말과 같다. [그림 4-2]의 경우, A, B, C 세 점 중에서, A에서의 노동과 자본 간 한계생산의 차이가 가장 크고, C에서 그 차이가 가장 적음을 알 수 있다. 또한 가령 자본 투입량의 변화로 인한 산출량의 변화는 자본의 한계생산에 자본 투입량 변화를 곱한 것($MP_K \times \Delta K$)으로 표현할 수 있으며, 마찬가지로 노동 투입량의 변화로 인한 산출량의 변화는 노동의 한계생산에 노동 투입량 변화를 곱한 것($MP_L \times \Delta L$)으로 나타낼 수 있다. 그런데 노동과 자본 투입량의 변화에도 불구하고 산출량에 아무 변화가 없다는 말은 $(MP_L \times \Delta L) + (MP_K \times \Delta K) = 0$이 성립한다는 것을 뜻하므로, 우리는 이로부터 다음과 같은 관계가 성립함을 알 수 있다.

$$MRTS_{L,K} = -\frac{\Delta K}{\Delta L} = \frac{MP_L}{MP_K}$$

즉, 한계기술대체율은 두 생산요소의 한계생산의 비율과 같다.

토의자료 4-2 기업의 5,700억 원 손실 vs. 하청노동자의 굽은 손가락

아래 대비되는 두 기사를 읽어보자.

벌써 5,700억 날렸다 … 하청 파업 45일, 대우조선 무슨 일이

대우조선해양 하청 노동자들의 파업이 16일로 45일째에 접어들었다. 노사는 물론 원청인 대우조선해양은 여전히 해결 실마리를 찾지 못한 채 수천억 원대 손해를 감수하고 있다.

민주노총 금속노조 거제·통영·고성 하청업체지회 노조원 150여 명은 지난달 2일부터 ▲임금 30% 인상 ▲노조 전임자 활동 보장 ▲단체교섭 인정 등을 요구하며 농성 중이다. 대우조선해양 등에 따르면 이달 5일 이후 협상은 제자리걸음이다. 하청업체 노조는 지난달 22일부터는 도크에서 건조 중인 원유운반선(VLCC)을 점거하고 있다. 이에 따라 선박을 바다에 띄우는 진수 작업이 '스톱'된 상태다.

하청 노조는 임금 30% 인상이 생존권을 지키기 위한 최소한의 요구라고 주장한다. 지난해 임금 실 수령액이 조선업 구조조정 이전인 2014년보다 31.7% 줄었다는 실태 조사가 근거다. 조선업 불황이 장기화하고, 하청-재하청 구조와 일감 부족, 상여금 삭감 등에 따라 월급봉투가 얇아졌다.

이들의 처우를 개선하려면 대우조선해양이 기성금(공사대금)을 올려줘야 한다. 노조는 그래서 원청인 대우조선과 대주주인 산업은행이 결단해야 한다고 촉구하고 있다. 대우조선은 협력업체의 노조와 교섭 의무가 없다. 대우조선 측은 "올해 기성금을 3%가량 인상했다"고 밝혔다.

협력업체 측은 노조 요구를 받아들일 수 없다는 입장이다. 대우조선 하청업체는 100여 곳, 근무 인력은 1만 1,000여 명에 이른다. 협력업체 측은 "올해 (업체마다) 4~7%가량 임금을 올렸다"며 "전체 인원 중 98% 이상은 임금 인상에 합의한 상태"라고 말한다.

이러는 사이 피해는 눈덩이처럼 커졌다. 산업자원부에 따르면 지난 15일 기준으로 파업에 따른 누적 손해액이 5,700억 원에 이른다. 이창양 산업부 장관은 최근 기자들과 만나 "현재 선박 3척의 진수·건조 작업이 중단됐다. 대우조선은 매일 259억 원의 매출 손실과 57억 원의 고정비 손실이 발생하고 있는 것으로 추산된다"고 말했다.

정부는 하청 노조에 대한 압박 수위를 높이고 있다. 한덕수 국무총리는 지난 14일 "위법한 행위가 계속된다면 법과 원칙에 따라 엄정히 대응할 수밖에 없다"고 밝혔다.

법원은 이날 대우조선 도크를 점거 중인 하청 노조 조합원의 이동통로 점거, 천막 설치 등을 업무방해라고 결정을 내렸다. 이를 철거하지 않으면 대우조선 측에 하루 300만 원씩 지급해야 한다고 명령했다. 이에 따라 공권력 투입 여부도 거론되지만, 이럴 경우 극심한 사회적 혼란이 불가피하다.

여기에다 노노(勞勞) 갈등 조짐까지 보이면서 상황이 더 꼬이고 있다. 원청 노조인 금속노조 대우조선지회 소속 노조원 일부가 상급단체인 '금속노조 탈퇴'를 안건으로 총회 소집을 요청한 상태다.

지난해 이후 '수주 고공행진' 중인 조선업계에서 왜 이런 노사, 노노 갈등이 불거진 것일까? 현장 전문가들은 지난 7년여에 걸친 조선업 구조조정의 결과물이자, 채권단 관리를 받는 적자 기업의 숙명이라고 말한다.

지난 상반기 현대중공업・대우조선해양・삼성중공업 등 한국 조선사의 글로벌 수주 점유율은 46.3%였다. 전 세계에서 발주한 선박 중 절반 가까이를 'K-조선'이 수주했다는 뜻이다. 영국 조선해운 시황분석기관 클락슨리서치에 따르면 상반기 전 세계 선박 누계 발주량은 2,148만 CGT이었다. 이 중 한국은 994만 CGT(184척)를 수주했다. 2018년 이후 4년 만에 중국을 제쳤다.

그런데 왜 이런 훈풍은 아랫목까지 이어지지 않는 것일까? 대형 조선업계 간부 A씨의 말이다. "지금 작업하는 물량은 대개 1년 반 전에 수주한 것이다. 당시엔 선가가 지금보다 30~40% 낮았다. 게다가 지난해 말 이후 원자재 가격이 대폭 인상됐다. (선박 제조에 주로 쓰이는) 후판 값이 t당 105만 원 안팎에서 지금 120만 원이 넘는다. 회사로선 기성금을 올려줄 여력이 없다. 원청업체에서도 연월차・연장근무 수당 지급이 거의 사라졌다."

그러는 사이 생활고와 일감 부족을 겪던 용접공・도장공은 하나둘 현장을 떠났다. 한국조선해양플랜트협회에 따르면 조선소 근무 인력은 2014년 말 20만 3,000여 명에서 지난 5월 기준 9만 2,000여 명으로 급감했다. 상당수는 수도권의 건설 현장으로 이동했다. 경남 통영의 중견 조선업체 출신인 B씨는 지난해 삼성전자가 반도체 공장을 짓는 경기도 평택에 새 일터를 잡았다. 그는 "월급도 비슷하고 가족과 따로 살아 불편하다"면서도 "조선소로 돌아가고 싶지는 않다"고 잘라 말했다. "(현재 하는 일이) 단순해서 안전하고, 조선소는 언제 수주 절벽이 올지 몰라 불안해서"다.

다시, 조선소 얘기다. 당장 실적이 개선된 것도 아니고, 사람 구하기는 더 어려워졌다. 중형급 조선사 임원 C씨가 전하는 말이다. "중소형 선사도 기성금을 올 초에 10~15% 올려줬다. 즉시금(일당)을 받을 때는 시급이 2만 5,000~2만 8,000원이다. 이러면 일당 20만 원이다. 용접공은 3만 2,000원까지 받는다."

대우조선은 조금 더 딱하다. C씨는 "다른 회사는 기성을 당겨서 (협력업체에) 지급하는 융통성을 발휘할 수 있다"며 "채권단 관리를 받는 대우조선은 자금관리가 엄격한 것으로 안다"고 말했다. 대우조선은 지난해 매출 4조 4,800억 원, 영업적자 1조 7,500억 원을 기록했다. 지난 1분기에도 4,700억 원의 영업적자를 냈다.

[조선소에서 일한 지 23년] 최저임금 받는 대우조선 하청노동자의 굽은 손가락

"롤러대를 잡고 계속 (페인트)칠을 하거든요. 손에 힘이 들어가니까 손이 다 변형된 거예요." 울먹이듯 말을 잇던 김화영(60 · 가명) 씨가 손가락 열 개를 펼쳤다. 23년차 도장노동자인 그의 오른손 중지와 약지 첫 번째 마디는 작은 구슬이 들어 있는 것 마냥 울퉁불퉁 튀어 나왔다. 롤러를 쥘 때 주로 힘이 들어가는 부위다. "억수로 아팠다"던 그는 병원을 찾지 않았다. 이유를 묻자 그는 "하루 벌어 하루 먹고살기도 힘든데 병원 다니면 병원에 돈 다 가져다주고, 어떻게 먹고 사느냐"고 되물었다. 대우조선해양에서만 18년째 일하고 있지만 그는 올해 4월까지 최저시급 9천160원을 받고 일했다. 노조에 가입하고 파업에 동참한 이유다.

〈매일노동뉴스〉가 18일 노조와는 거리가 멀었던 조선소 하청노동자들이 왜 금속노조 거제 · 통영 · 고성 조선하청지회에 가입하고, '불법파업'이라는 눈총을 견디며 50일 가까이 파업에 참여하는지 저마다의 이유를 들었다. 인터뷰는 지난 12일과 15일 각각 경남 거제 옥포조선소, 서울 영등포구 산업은행 앞 단식농성장에서 이뤄졌고, 전화로 추가 인터뷰가 진행됐다.

"중노동에 골병 든 하청노동자"

화영 씨를 만난 곳은 지난 12일 오후 경남 거제 대우조선해양 옥포조선소 선각삼거리 앞이었다. 그를 포함한 100여 명의 하청노동자들은 1도크 점거농성을 하는 유최안 부지회장과 조합원 6명을 지키고 응원하기 위해 한자리에 모였다. 화영 씨도 그중 하나였다. 체구가 작은 그는 2003년 옥포조선소에 들어와 18년 동안 도장노동자로 일했다. 오랜 노동의 흔적이 곳곳에 남았지만, 그는 산재를 신청할 엄두를 내지 못한다. 화영 씨는 "억수로 아픈 시기가 지나고 나면 손가락 자체가 굳는다"며 "20년 넘게 일하다 보니 생긴 관절염인데도 병원에 가면 퇴행성 관절염이라고만 나오는데 이걸 산재로 처리하고 있을 수는 없지 않느냐"고 말했다.

"그래도 산재 신청하지 왜 안 했어?" 화영 씨의 말이 끝나기 무섭게 동료의 타박이 이어졌다. 파워공으로 18년째 일한 한성빈(47 · 가명) 씨다. 5킬로그램쯤 하는 파워그라인더를 들고 철판을 매끄럽게 다듬는 일을 하는 한 씨는 자신의 손을 내밀었다. 손가락과 손바닥 사이, 손목에는 수술 흉터로 가득했다.

"벌어먹고 살려다 보니 참고, 또 참고 했는데 통증이 심해서 밤에 자다가도 서너 번씩 깨요. 저녁에 잠을 못 자니까 낮에 피곤해서 일하기 힘들고, 그래서 수술했어요." 3~4년 전쯤 손목터널 증후군으로 양손 모두를 수술했던 때를 떠올렸다. 한 씨는 통증이 심해 병원을 꾸준히 방문했던 터라 산재를 인정받을 수 있었다.

어렵게 인정받은 산재지만 한 씨는 요양에 필요한 최소 기간 3개월을 채우지 못하고 업무에 복귀했다. 그는 "요양급여가 너무 적다 보니 한 달 만에 요양급여를 포기하고 회사에 들어갔다"며

"진짜 손목이 아파 울면서 일했다"고 그때를 떠올렸다. 한 씨는 1년 전쯤 방아쇠증후군으로 또 한 차례 수술을 했다. 여기저기 고장난 몸 탓에 그는 최근 일하기가 버겁다고 했다. "손목하고 아귀에 힘을 주고 그라인더 작업을 해야 하는데, 30초 이상 하면 (손에) 힘이 쫙 풀린다"며 "투쟁(파업)이 답이 안 나오는 게 아니라, 내가 솔직히 1년을 더 벌어먹을 수 있는지 장담을 못하는 상황"이라고 한숨을 쉬었다. 그는 충분히 쉬지 못하고 일터로 나왔던 과거의 자신을 책망했다.

"최저임금 9천160원, 조선소에서는 '최고'임금"

개인마다 정도의 차이가 있지만 조선소 노동자 중 직업병 하나 없는 노동자는 없다. 그만큼 하는 일은 고되다. 그런데 급여는 최저임금 수준의 저임금이다. 이 모순적인 상황은 하청노동자가 일손을 놓게 만들었다. 18일로 파업 47일째다.

화영 씨는 "조선소는 정말 목숨 걸고 일하는 곳인데 여성노동자 같은 경우는 4월까지 9천160원을 받았다"며 "단 9천160원 받고 주 52시간 일하면 도저히 먹고살 길이 없다. 말도 안 되는 일"이라고 토로했다. 5월은 기성금 인상에 따라 시급이 140원 올랐다.

조선소 안 지원업무를 하는 정한영(42 · 가명) 씨 사정도 비슷하다. 그는 약 15년 동안 파이프를 설치(기관의장)하는 일을 했지만 뇌종양이 발병한 뒤 4개월 전부터 물류 지원업무를 수행하고 있다. 해체한 발판 재료들이 뒤죽박죽 섞인 채로 오면, 다시 설치하기 편하게 재료별로 분류하는 작업을 주로 했다. 정식 업무시작 시간은 오전 8시지만 '조기 청소'를 위해 그는 오전 7시 전에 출근했다. 두 달 전 노조에 가입하고 나서야 그는 조기 청소는 추가근무에 해당하는 노동이란 사실을 알았다.

노조에 가입한 결정적 이유는 최저시급 탓이다. 그는 "그냥 무조건 최저시급, 업체를 옮기면 또 최저시급"이라며 "우리 같은 업체에 10년 일한 형님이 있는데, 그 형님도 최저시급"이라고 전했다. 최근 정 씨가 소속된 업체 ㄷ사는 4~5년차 직원에게 시급을 올려줬는데, 그렇게 오른 시급이 최저시급보다 40원 많은 9천200원이다. 회사는 원청인 대우조선해양이 기성금 1%를 올려 줬다는데, 확인할 길이 없다.

정 씨는 "나라에서 정해 준 최저시급은 말 그대로 최저시급인데, 조선소에서 일하는 분들한테는 그게 최대(최고)시급"이라며 "시급이 9천500원 넘는 사람이 거의 없을 것"이라고 말했다. 그는 "이런 상황을 모르는 분들이 (파업하는 우리를) 나쁘게 말하는데, 정말 여름에 딱 일주일만 일하다 가면 (우리가 왜 이러는지) 느낄 수 있다"고 덧붙였다.

"위험업무 떠안고, 사고위험 감수"

하청노동자들은 조선소에서 없어선 안 될 인력이다. 한국조선해양플랜트협회에 따르면 올해 5월 기준 5만 2,138명이 중대형 조선사 11곳에서 일한다. 4만 854명인 원청 직원보다 많다. 이들은 원청 직원이 수행하기 꺼리는 온갖 위험업무를 떠안는다. 그런데 불황기에는 제일 먼저 잘려 나간다. 2014년 13만 명이 넘던 하청노동자는 조선업 불황기를 거쳐 60%가량 줄었다. '조선업 인력난' 시기에 귀한 대접을 받을 만한데 현장에서는 괄시와 차별을 받기 일쑤다. "하청노동자도 인간이다. 인간답게 살아보자"는 구호가 나온 배경이다.

탑재 노동자 최민 씨는 지난 12일 동료 2명과 함께 서울로 올라왔다. 대우조선해양의 대주주인 산업은행에 문제 해결을 요구하며 일주일째 단식 중이다. 그가 하는 일은 용접이다. 선박을 만드는 재료가 되는 블록을 설계도면에 맞게 조립하고 부착하는 일이다. 한여름에는 가만히 서 있어도 땀이 줄줄 흐르는 여름철 뙤약볕 아래 달아오른 철판을 용접하니 죽을 맛이란다. 철판은 달걀 프라이가 가능할 정도로 뜨겁다.

원청노동자와 하는 일이 같지만, 임금은 물론 노동강도도 차이가 크다. 최민 씨는 "(업무량에 따른) 투입인원도 다르다"며 "제가 혼자 할 일은 원청 직원 3~5명이 하는 식"이라고 주장했다. "하청노동자가 기일에 맞춰 작업을 끝내지 못하면 '업무 능률이 떨어진다'는 말부터 기성금 이야기까지 나오지만, 감히 원청 직원에는 못 그런다"며 옆에 있던 동료들이 맞장구를 쳤다.

빠른 작업을 위해 위험을 감수하기도 한다. 최민 씨는 "예전에는 작업 위치에서 2미터 정도 되는 곳에 에어호스나 용접기를 두는 레일을 설치한 후 작업을 시작했다면 요즘에는 그런 준비 없이 작업을 시작할 때가 많다"며 "용접을 하면 불똥이 바닥에 떨어져 큰 사고가 날 수 있어서 장비를 두면 안 되는데 회사가 빨리 하라고 '쪼니' 준비 없이 작업을 하기도 한다"고 설명했다.

지회 조합원 이광훈 씨는 "혼재작업은 위험하니 하지 못하도록 하는데 과거 도장하는 사람 옆에서 의장재 단다고 '불질'하고, 파워(공)가 그라인더하고, 그라인더 작업 끝나면 바로 들어가서 도장하는 작업까지 했다"며 "원청에서 말하는 것처럼 3년 치 수주가 터지기 시작하면 난리가 날 것"이라고 주장했다.

"협력업체 마음대로? 주먹구구식, 깜깜이 임금"

조선소의 열악한 노동환경은 어제오늘 일이 아니다. 조선소에 일하러 갔다가 하루 만에 도망쳐 나왔다는 고백은 쉽게 들을 수 있다. 그런데 왜 지금에야 이런 목소리가 터져 나오는 걸까. 흩어졌던 목소리가 '노조'란 구심점으로 모였기 때문이라고 한다.

조선소 하청노동자는 적게는 수십 곳, 많게는 100곳 넘는 하청업체에 흩어져 고용돼 있다. 공정에 따라 임금이 다른 데다 본공 시급직 · 본공 일당직 · 일용직(일당) · 물량팀까지 고용형태도 다양하다. 다단계 하청구조 속에서 사용자 책임은 옅어진다. 하청업체는 원청이 주는 기성금이 얼마인지 노동자에게 공개하지 않으면서도 "매년 기성금이 줄어든다"고 한다. 반면 원청은 "기성금은 계속 올랐다"고 주장한다. 무엇이 진실인지조차 알기 어려운 구조에 놓인 셈이다.

지난 12일 단식에 돌입한 강재봉 씨는 "같은 용접도 어디서 하는지에 따라서 (임금이) 또 다르고, 과거에는 상대적으로 더 위험한 업무에 더 많은 임금을 주기도 했는데 임금을 조정하는 과정에서 어느 순간 비슷해진 것 같다"며 "임금분포가 점점 복잡해지는 것 같다"고 말했다. 대표가 마음에 드는 직원의 시급을 조금 더 높게 쳐 주는 일이 일어날 만큼 체계가 없다. 노동자 간 임금을 공개하지 않으면 알 턱이 없는 '깜깜이' 구조다.

결국 하청노동자는 노조로 뭉쳤고, 자신의 권리를 주장하는 중이다. 지난해 파워공들은 임금 인상을 요구하며 작업을 거부했고 결국 협력업체와 2만 원 인상에 합의하기도 했다. 하지만 임금・단체협약을 체결한 것은 아니라 약속을 지키지 않는 회사도 나왔다.

결국 지회는 설립 5년 만인 올해 처음 22개 협력업체와 교섭을 시작했다. 하지만 원청이 돈 주머니를 쥔 구조에서 하청업체가 할 수 있는 일은 많지 않았다. 쟁의권을 획득한 지회가 '합법'파업을 시작한 이유다.

"생계 걸고 노조하는 하청노동자"

파업 47일차인 이날 하청노동자가 '인간답게 살기 위해' 갈 길은 여전히 아득하다. 화영 씨가 다니던 '진형'은 지난달 30일 폐업했다. '경영사정 악화'가 이유였다. 업체 노동자 120명 중 80명 넘게 노조에 가입한 터라 지회는 노조파괴를 위한 폐업이라고 보고 있다.

사장은 노동자들에게 임금도 모두 지급하지 않은 채 자취를 감췄다. 폐업 직전인 5월 시급은 최저임금에서 140원 오른 9천300원이 됐지만 6월 월급날 화영 씨 통장에 들어온 돈은 전체 임금의 20%뿐이다.

옥포조선소에서 18년 동안 일하면서 다섯 차례 넘게 업체가 변경됐지만 고용승계가 되지 않았던 적이 없었다던 화영 씨는 '고용승계'를 요구해야 하는 상황이다. 그는 "노조에 가입돼 있으니 다른 업체에서도 받아 주지 않고 있다"고 답답해했다.

안준호 지회 부지회장은 "노조가 없는 회사들은 보통 폐업하고, 노동자의 체당금 신청을 도와주는 대가로 처벌불원서를 작성하게 한다"며 "노동자는 당장 돈이 급하니까 일단 서명하게 되고, 업체는 퇴직금조로 (임금을 지불하지 않아 생긴) 돈을 챙기는 것"이라고 전했다. 진형 소속 노동자들은 대우조선해양을 상대로 진형에 지급할 기성금에 대해 가압류를 신청한 상태다. 안 부지회장은 "돈을 늦게 받는 한이 있더라도 우리 노동의 대가를 돌려받겠다"고 목소리를 높였다.

Q 질문

1. 첫 기사를 보면 불확실한 영업환경 속에서 글로벌 경쟁을 지속하고 있는 대우조선 사측의 어려움이 딱하게 다가온다. 이로 인해 당연히 기업의 생산비용을 줄여줘야 마땅하다는 생각이 든다. 반면 두 번째 기사를 읽게 되면 최저임금을 가까스로 넘긴 수준에 불과한 임금과 열악한 노동환경에서

일하고 있는 하청노동자들의 위기도 해결되어야 한다는 생각도 든다. 그렇다면 기업의 비용절감과 노동자들의 생존권 보장 사이에서 여러분들의 견해를 밝히시오.

〈출처: 중앙일보, 2022년 7월 17일자; 매일노동뉴스, 2022년 7월 19일자〉

제 2 절 생산비용

1. 등비용곡선

제1장 제1절을 통해 우리는 이미 다양한 비용의 종류와 개념에 대해 파악한 바 있으며, 이들에 대한 기억을 떠올리면서 등비용곡선을 이해하려고 한다면 도움이 될 듯하다. **등비용곡선**은 생산자가 지출할 수 있는 총생산비용(즉, 총지출한도)으로 구매 가능한 생산요소들의 모든 조합을 이은 선이며, 소비자이론의 예산선에 대응하는 개념이다. 흔히 $wL+rK=C$로 표현한다. 이를 K에 대해서 풀어주면 $K=-\frac{w}{r}L+\frac{C}{r}$가 되고, 이 식의 $-\frac{w}{r}$가 기울기가 되는바 이는 노동과 자본 간의 가격비율을 의미한다.

가령 쌀을 생산하기 위한 임의의 등비용곡선을 그려보기로 하자. 그리고 만약 생산자의 총지출한도가 6천만 원이고, 노동이 1단위당 20만 원, 자본이 1단위당 30만 원이라고 가정하자. 이 경우 6천만 원을 모두 노동을 구매하는 데에만 사용하면 투입할 수 있

| 그림 4-4 | 등비용곡선

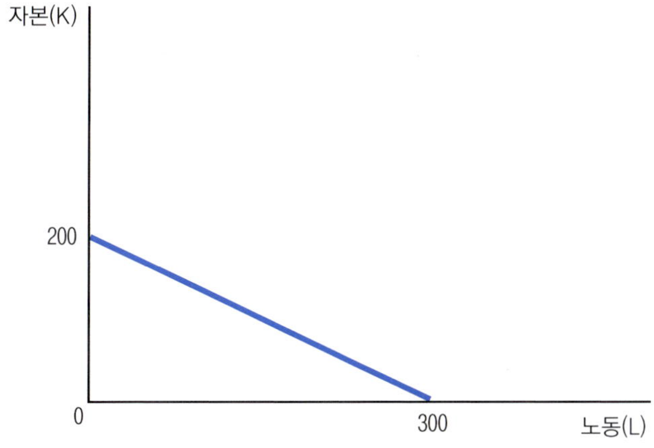

는 300단위의 노동을 구입할 수 있고, 반대로 모두 자본을 구매하는 데에만 지출하면 200단위가 투입 가능하게 되며, 이 둘은 각각 수평축과 수직축의 절편이 된다. 그리고 이 둘을 이어주면 6천만 원으로 구매할 수 있는 여러 가지 노동과 자본의 조합을 나타내는 등비용곡선을 그릴 수 있다.

이 등비용곡선 선상에 존재하는 모든 점들은 총생산비용으로 투입 가능한 생산요소 간 구매조합을 나타내는 점들이며, 따라서 이를 식으로 기술하면, 20L + 30K = 6천만 원이라고 쓸 수 있다. 다만, 총지출한도가 달라져 투입되는 비용이 바뀌면 등비용곡선이 이동함으로써 X축과 Y축의 절편도 달라진다(예산선처럼 한도가 늘어나 많은 비용이 투입되면 오른쪽으로 움직이고 반대의 경우에는 왼쪽으로 이동한다).

2. 비용극소화의 조건

비용극소화란 일정 양을 생산할 때 비용이 최소화가 되는 조건을 뜻한다. 이를 이해하기 위해 제2장과 제3장에서 배웠던 무차별곡선과 예산선의 관계를 떠올리면 비용극소화 조건을 파악하는 게 한결 수월해질 듯하며, 소비자 선호와 선택을 학습함으로써 무차별곡선과 예산선이 만나는 접점에서 효용이 극대화된다는 사실을 우리는 이미 알고 있다. 같은 관점에서 등비용곡선도 동일한 원리를 통해 비용극소화 지점을 찾으면

❙ 그림 4-5 ❙ 비용극소화

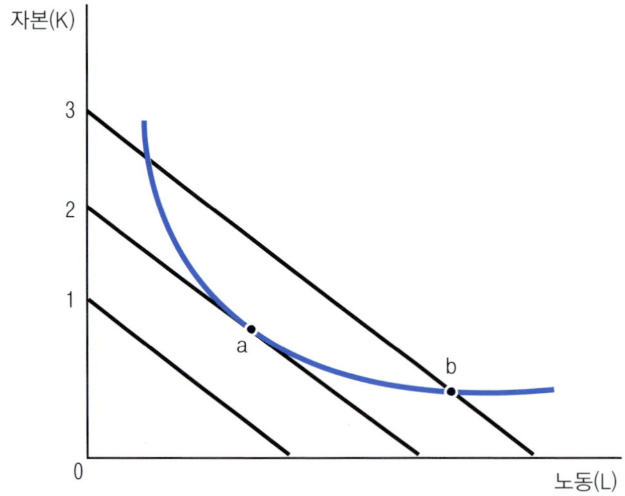

되는데, 등량곡선과 만나는 등비용곡선 중에서 어느 상태가 비용극소화 조건을 충족하는 것인지 알아보되, 이를 그래프를 통해 살펴보기 위해 [그림 4-5]에 주목하기로 하자.

위 그림의 1, 2, 3은 모두 등비용곡선을 표현하고 있는데, 원점에서 먼 것일수록 더 많은 비용이 투입된 것을 의미한다. 이 중 1번 등비용곡선은 아예 등량곡선과 만나지 않아 1번의 자본과 노동의 투입으로는 등량곡선이 나타내는 총생산을 할 수 없다는 것을 의미한다. 반면 등량곡선과 등비용곡선이 접하는 접점은 a와 b 두 점이 존재하는데 a점은 등비용곡선 2와 만나고, 이와 달리 b점은 등비용곡선 3을 지나가고 있다. 그런데 앞에서도 언급한 바와 같이, 등비용곡선이 오른쪽에 위치하고 있을수록 이는 더 많은 비용이 투입되고 있음을 시사하고 있기에, 등비용곡선 2번과 접하는 a점의 경우가 동일한 일정 양의 생산을 하면서도 더 적은 비용이 소요되는 등비용곡선임을 알 수 있다. 다시 말하면, 비용극소화의 조건은 등량곡선과 등비용곡선이 접할 때, 즉 등량곡선의 기울기(두 생산요소의 한계생산비율=한계기술대체율)가 등비용곡선의 기울기와 같아질 때이고, 다음과 같은 수식으로 표현할 수 있다.

$$\frac{MP_L}{MP_K} = \frac{w}{r}$$

$$\therefore \quad \frac{MP_L}{w} = \frac{MP_K}{r}$$

이를 종합하면 비용극소화의 조건은 '노동 구입에 지출한 1원당 한계생산이 자본 구입에 지출한 1원당 한계생산과 같다'로 최종 요약할 수 있다. 그런데 현실에서는 투입되는 생산요소가 단지 노동과 자본 두 가지만 있는 게 아니라 다양한 요소가 필요할 수 있고, 만약 이와 같은 생산요소가 n개가 있다면, 위에서 기술한 수식의 관계가 모든 생산요소 사이에서 성립해야 한다. 다시 말해 i번째 생산요소의 가격이 ω_1, 한계생산물을 MP_1이라 할 때, 비용극소화를 위해 다음과 같은 관계가 성립해야 한다.

$$\frac{MP_1}{w_1} = \frac{MP_2}{w_2} = \cdots = \frac{MP_n}{w_n}$$

그런데 기업의 비용 대비 특정 생산요소의 생산성이 현저히 낮은 경우에는 이 생산요소의 투입을 전혀 고려하지 않는 상황이 있을 수도 있다. 따라서 어떤 투입요소의 투입량이 0인 경우, 그 상태에서 비용을 최소화하는 조합이 될 경우 우리는 이를 **코너해**(혹은 모서리해, connor solution)라고 부르며, 그 반대의 상황, 즉 모든 투입요소들을 조금이라도 사용하는 투입요소의 조합을 내부선택이라고 하고, 비용 최소화를 위한 투입요소 조합이 바로 이 내부선택인 경우, 그 투입요소 조합을 **내부해**(interior solution)라고 부른다.

3. 평균비용곡선과 한계비용곡선

3.1 평균비용곡선

총비용과 평균비용의 의미를 알고 있는 우리는 총비용곡선과 평균비용곡선을 그릴 수 있다. 단기총비용(short term total cost; TC)은 총고정비용(total fixed cost; TFC)과 총가변비용(total variable cost; TVC)의 합으로 계산되며, 따라서 단기총비용곡선은 총고정비용곡선과 총가변비용곡선을 합친 것과 같다. 총고정비용은 생산량에 무관하게 일정한 상수로 나타나므로 총비용곡선의 그래프는 생산량이 0인 상태에서도 총고정비용에서 출발하고, 따라서 총가변비용이 생산량에 따라 어떻게 나타나는지를 분석하는 것이 중요하다.

고정요소인 자본이 일정한 경우 총가변비용이 변화하는 양은 노동의 투입이 증가할 때 생산량이 증가하는 모양을 반영하며, 총가변비용은 생산량이 증가함에 따라 체감적으로 증가하다가 변곡점을 지나면서 체증적으로 증가한다. 이러한 이유로 인해 총고정비용과 총가변비용이 함께 반영되는 총비용곡선은 총고정비용에서 시작하여 체감적으로 증가하다가 변곡점을 지나면서 체증적으로 증가하는 모습을 띠게 되고, [그림 4-6]의 (a)와 같은 모습을 갖는다.

여기서 총비용곡선상의 점과 원점을 연결하는 선분의 기울기는 세로축의 비용을 가로축의 산출량으로 나눈 것이기에 해당 생산량의 **평균비용**(average cost; AC)이다. 다시 말하면 상품 1단위당 얼마의 비용이 소요되었는지를 나타내며, [그림 4-6]의 (b)가 각 생산량 수준에서의 평균비용을 보여준다. 평균비용은 생산량이 증가함에 따라 처음에는 감소하는 모습을 보이지만 이후 어느 일정 수준을 넘어서면서 증가하기 시작한다. 한편 [그림 4-6]의 (b)를 보면 생산량 Q_3를 생산할 때 평균비용이 가장 낮아지는 것을

| 그림 4-6 | 총비용곡선과 평균비용곡선

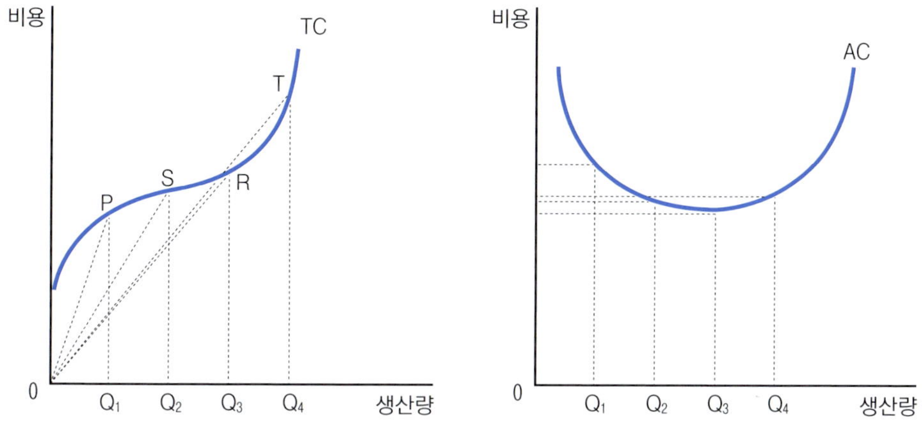

(a) 총비용 (b) 평균비용

볼 수 있다. 평균비용을 수식으로 표현하면 아래와 같다.

$$AC = \frac{TC}{Q} = \frac{TFC}{Q} + \frac{TVC}{Q} = \text{평균고정비용} + \text{평균가변비용}$$

3.2 한계비용곡선

평균비용곡선과 달리, **한계비용곡선**은 생산물 한 단위를 추가적으로 생산하기 위해서 추가적으로 소요되는 비용을 나타내고, 총비용곡선 위의 각 점에 대해 그은 접선의 기울기로 한계비용의 규모가 파악된다.

한계비용의 의미를 이해하기 쉽도록 학점의 예시를 들어 설명하면 다음과 같다. 가령 이번 학기 학점이 지금까지의 평균 학점보다 더 높다면 다음 학기의 평균 학점은 올라가고, 반대로 이번 학기의 학점이 지금까지의 평균 학점보다 낮다면 다음 학기의 평균 학점은 내려갈 것이다. 그럼 이제 이번 학기 학점을 한계비용으로, 그리고 평균 학점을 평균비용으로 생각해보자. 평균비용보다 한계비용이 낮으면 평균비용은 계속 떨어질 것이고, 그러다가 둘이 만나게 될 것이며, 만난 다음 평균비용보다 한계비용이 더 커지면 이번에는 평균비용이 증가할 것이다.

한편 지금까지 설명한 한계비용을 수식으로 표현하면 다음과 같으며, 평균비용과 한계비용의 관계를 아래에서 더 자세히 다루어보고자 한다.

$$MC = \frac{\Delta TC}{\Delta Q} = \frac{\Delta TFC}{\Delta Q} + \frac{\Delta TVC}{\Delta Q} = \text{한계고정비용} + \text{한계가변비용}$$

3.3 평균비용곡선과 한계비용곡선의 관계

[그림 4-7]은 평균비용곡선과 한계비용곡선을 함께 보여주고 있다. 그림을 통해 확인할 수 있는 바와 같이, 한계비용이 평균비용보다 낮을 때에는 평균비용곡선이 음의 기울기를 갖게 되고, 한계비용이 평균비용보다 높을 때에는 평균비용곡선이 양의 기울기를 가짐을 발견하게 된다. 이로 인해 평균비용곡선과 한계비용곡선이 교차하는 점에서 평균비용이 가장 낮아지며, 이 생산수준을 **효율적 생산규모**라고 한다. 이때보다 생산량을 조금 더 증가시키는 경우에는, 앞서 잠시 설명한 바와 같이 한계비용이 평균비용보다 높기 때문에 전체 평균비용을 증가시키고, 반대로 생산량을 감소시키는 경우에는 한계비용이 평균비용보다 낮기 때문에 효율적 생산규모에 이르지 못한다. 이를 간단히 정리하면 다음과 같다.

① 평균비용이 증가하는 구간에서는 한계비용이 평균비용보다 크며, 효율적 생산규모에 이르기 위해 생산량을 줄여야 한다.

② 평균비용이 감소하는 구간에서는 한계비용이 평균비용보다 작으며, 효율적 생산규모에 도달하기 위해 생산량을 늘려야 한다.

③ 평균비용과 한계비용이 접하는 지점에서 최적의 생산, 즉 효율적인 생산규모에 도달하게 된다.

| 그림 4-7 | 평균비용과 한계비용의 관계

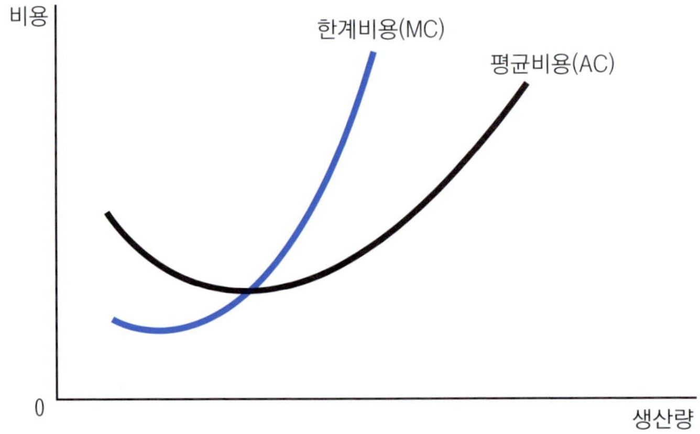

3.4 생산요소의 가격변화 효과

모든 기업은 이윤을 극대화하기 위해 생산요소 투입에 수반되는 비용을 극소화하려고 한다. 따라서 생산요소의 가격변화가 발생하는 경우, 비용을 극소화하려고 하는 기업은 상대적으로 가격이 오른 생산요소의 투입은 줄이는 반면, 상대적으로 저렴해진 생산요소의 사용은 늘리려고 할 것이다. 즉, [그림 4-8]에서 보는 바와 같이, 자본에 대한 노동의 상대가격이 $\left(\frac{w}{v}\right)_0$에서 $\left(\frac{w}{v}\right)_1$로 하락했다고 하자. 이때 기업은 상대가격이 더 싸진 노동의 투입을 늘리고 자본을 줄임으로써 기업의 비용극소화 선택점은 F_0에서 F_1으로 이동한다. 그런데 생산요소의 상대가격 변화에 대해 기업이 투입비율을 조정하여 반응하는 정도는 등량곡선의 모양에 따라 달라진다. 다시 말해서 등량곡선이 원점에 대해 매우 볼록한 모양을 가지고 있으면 상대가격이 크게 변화해도 투입비율에 있어서의 변화는 크지 않게 되는데, 이러한 생산요소 사이의 상대가격 변화에 대한 생산요소 투입비율의 반응정도를 **대체탄력성**이라고 한다. 즉, 생산요소의 특성에 따라 어떤 경우에는 가격의 변화에도 불구하고 생산요소 투입비율을 변화시키기 어려운 경우도 있을 수 있으며, 이와 달리 이러한 변화가 용이한 경우도 있을 것이다. 이때 전자가 대체탄력성이 작은 경우이며, 후자가 대체탄력성이 커 투입비율의 조정이 더 쉬운 경우에 해당한다.

| 그림 4-8 | 생산요소의 가격변화 효과

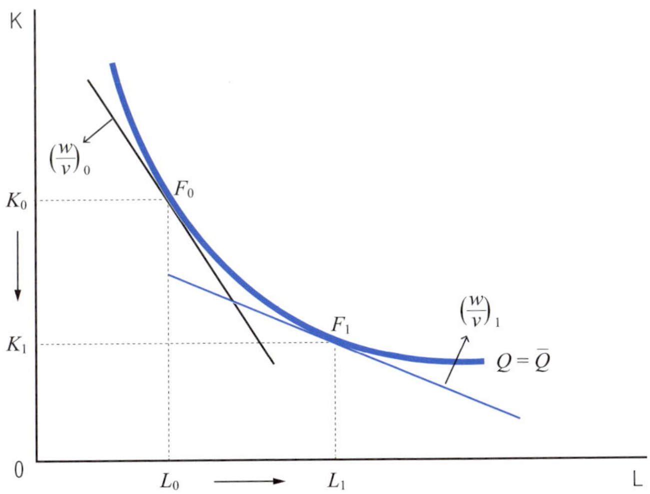

4. 단기비용과 장기비용

경제학에서의 장기와 단기는 1년, 10년과 같은 기간 단위로 정해지지 않는다, 경제학에서는 투입량을 변화시킬 수 없는 하나 이상의 고정 생산요소가 존재하는 경우 이를 단기라고 하며, 고정된 생산요소가 없이 모든 생산요소가 가변적인 경우 장기라고 한다. 따라서 **장기총비용곡선**(long term total cost curve; LTC)의 경우 생산의 유무와 관계없이 고정비용을 유발하는 생산요소가 없기에 원점에서 출발한다. 그러나 **단기총비용곡선**(short term total cost curve; STC)은 고정 생산요소가 적어도 하나 이상 존재하기 때문에 생산량에 따라 비용이 변화하는 가변비용과 고정비용의 합으로 그려지고, 따라서 생산량이 0이어도 지불해야 하는 임대료나 임금, 즉 고정비용에서 곡선이 시작한다(앞에서 설명한 총비용곡선, 평균비용곡선, 그리고 한계비용곡선은 단기를 기준으로 하고 있다). 장기에서는 생산요소들의 사용량을 조절하여 더 낮은 비용으로 생산할 수 있는 유연성이 존재하기에 단기생산비용이 장기생산비용과 접하는 점을 제외하고는 항상 전자(즉, 단기생산비용)가 후자보다 크다.

장기평균비용곡선(long term average cost curve; LAC)은 앞에서도 언급했듯이 생산에 필요한 고정비용에 대한 고려가 필요치 않으며, 고정요소를 변화시켰을 때 그려지는 수없이 많은 **단기평균비용곡선**(short term average cost curve; SAC)들을 감싸는 **포락선**(envelope curve)의 형태를 이룬다. 장기에는 기업들이 더욱 융통성을 발휘할 수 있다는 점에서 단기에서보다 장기에서 평균비용곡선이 완만하게 그려지며, 단기평균비용곡선이 장기평균비용곡선에 접하거나 그 위에 그려진다. [그림 4-9]에서 U자 모양을 하고 있는 장기평균비용곡선의 최저점 c의 왼쪽 부분은 장기평균비용이 계속해서 하락하고 있는 모습을 표현하고 있으며 이때 규모의 경제가 존재한다. 이와 달리 U자 모양을 한 장기평균비용곡선의 최저점 c의 오른쪽 부분은 장기평균비용이 상승하고 있는 모습을 보여주고 있고, 이때 규모의 불경제가 발생한다. 반면 장기평균비용곡선의 최저점인 c점과 단기평균비용곡선 SAC_B가 접하는 지점에서 달성 가능한 최소의 평균비용으로 생산할 수 있는 최적시설규모(optimum scale of plant)를 갖추게 되며, 이 경우에 시현되는 생산수준 Qc를 **장기최적생산수준**이라고 부른다.

[그림 4-10]은 [그림 4-9]에 장 · 단기 한계비용곡선을 추가한 그래프이다. 그런데 이를 자세히 보면, 장기한계비용곡선은 장기평균비용곡선의 최저점인 c점과 교차하고

| 그림 4-9 | 단기평균비용곡선과 장기평균비용곡선 사이의 관계

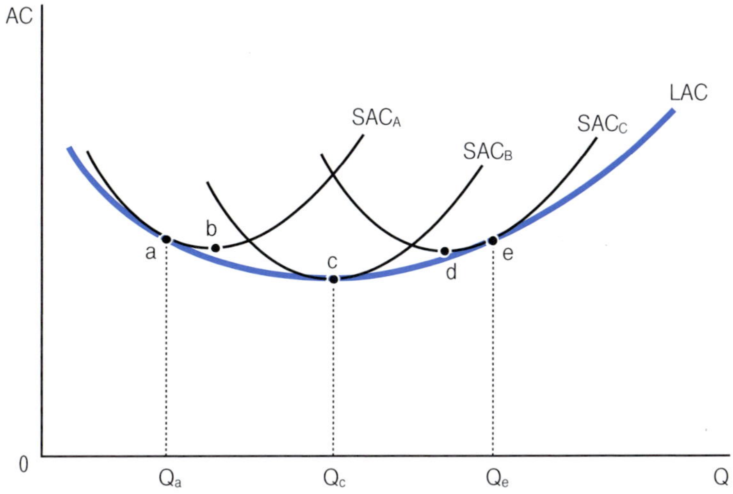

| 그림 4-10 | 장기한계곡선과 다른 비용곡선 사이의 관계

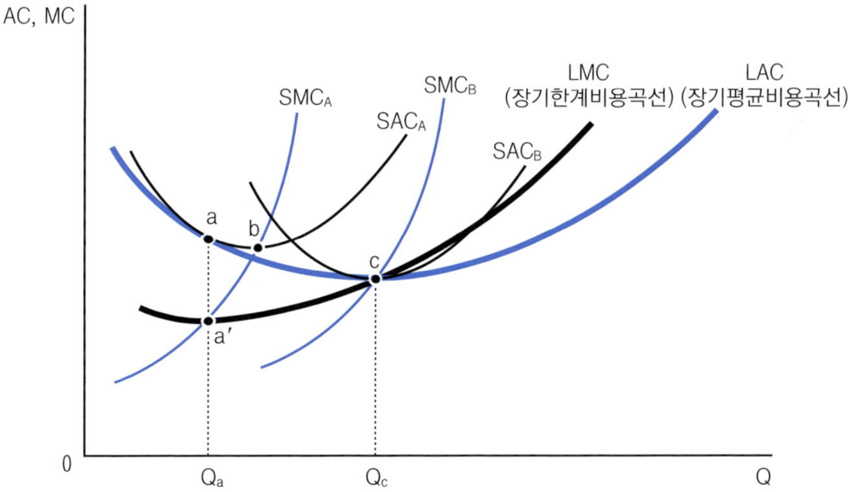

있음을 알 수 있다. 또한 이 점은 이 외에도 여러 단기비용 곡선들(즉, SAC_B와 SMC_B)이 지나고 있어 다음과 같은 관계가 성립하고 있음을 알 수 있다.

장기평균비용(LAC) = 장기한계비용(LMC) = 단기평균비용(SAC_B) = 단기한계비용(SMC_B)

토의자료 4-3 규모의 경제

규모의 경제란 쉽게 말해 생산을 많이 할수록 유리해지는 현상을 말한다. 생산을 많이 할수록 비용이 떨어지기 때문에 그렇다. 예를 들어, 당신이 커피숍 주인이라고 하자. 그런데 커피를 하루에 한 잔을 팔든 1,000잔을 팔든 똑같이 들어가는 돈이 있다. 임대료가 그렇다. 커피 한 잔을 팔든 1,000잔을 팔든 임대료는 똑같이 내야 한다. 한 잔을 판다고 임대료를 1,000분의 1만 쪼개어 낼 수는 없다(이를 '생산요소의 비분할성'이라고 한다. 이런 게 있다는 정도만 알고 넘어가자).

이런 경우엔 당연히 생산량이 늘어날수록 유리해진다. 가령 임대료가 월 1,000만 원인데 커피를 한 잔밖에 못 판다면, 커피 한 잔당 임대료 부담이 1,000만 원인 셈이다. 그러나 커피를 여러 잔 팔면 임대료를 분산할 수 있다. 즉, 커피 2잔을 팔면 한 잔당 임대료가 500만 원으로 떨어지고, 3잔을 팔면 333만 원으로 떨어진다. 100잔을 팔면 10만 원, 1,000잔을 팔면 1만 원, 1만 잔을 팔면 1,000원으로 줄어든다. 생산량이 늘수록 평균생산비용이 팍팍 줄어든다.

다시 말해, 고객이 많은 커피숍은 그렇지 않은 커피숍에 비해 원가 면에서 월등히 유리해진다. 커피값을 낮춰도 비용을 충당할 수 있으므로 옆 커피숍 고객을 빼앗아올 수 있다. 고객이 어느 한쪽으로 쏠릴수록 대량생산에 따른 비용의 우위가 더욱 커져 부익부빈익빈이 가속화한다. 이런 현상이 바로 규모의 경제다.

규모의 경제는 모든 산업에 다 존재하는 것은 아니다. 어떤 산업에 주로 존재할까? 커피숍의 임대료는 커피 한 잔을 팔든 1,000잔을 팔든 1,000만 원으로 똑같다고 했다. 이처럼 생산량과 관계없이 고정적으로 들어가는 비용을 '고정비용'이라고 한다. 이런 고정비용이 전체 비용에서 차지하는 비중이 큰 경우 우리는 생산이 자본집약적이라고 하며, 이런 산업에서 규모의 경제가 주로 존재한다.

반도체나 화학·철강 같은 산업이 바로 여기에 해당한다. 반도체를 10개를 팔든 10만 개를 팔든 일단 일정한 규모의 공장을 짓고 가동해야 한다. 이런 산업의 경우 당연히 대기업이 유리하다. 큰 공장을 지을 수 있는 돈이 있고, 시작부터 고객이 많아 생산을 대량으로 할 수 있으니 그렇다. 중소기업은 규모의 경제가 있다는 걸 알아도 활용하지 못한다. 대규모 공장을 지을 엄두를 못 내는 데다, 시작부터 적은 고객으로 출발해야 하기 때문이다.

덩치가 커져서 좋은 이유는 또 있다. 생산이 늘어날수록 원재료나 부품을 많이 구매하게 된다. 대량으로 구매할 경우 할인 혜택이 주어지므로 비용을 낮출 수 있다. 생산이 늘어날수록 광고도 저렴하게 할 수 있다. 예를 들어, 맥도날드는 미국에서 제작한 광고를 한국에서도 써먹을 수 있다. 그래서 광고를 모두 2,000만 명이 볼 수도 있다. 반면 롯데리아가 광고를 제작하면 한국에서만 써먹을 수 있고 1,000만 명밖에 못 본다. 소비자 한 명당 광고 제작비 측면에서 맥도날드가 유리할 수밖에 없다.

연구개발(R&D) 활동의 경우에도 규모의 경제가 발생한다. R&D의 성격상 연구개발 부서의 크기와 비용에는 최소한 이 정도는 돼야 한다는 규모가 있다. 따라서 생산량이 늘어날수록 유리하다.

경제가 발전할수록 연구개발이나 디자인 · 엔지니어링 활동에 필요한 고정비용이 제품 생산비용에서 점점 더 큰 비중을 차지한다. 따라서 규모의 경제가 사라지지 않는다.

경쟁에 대한 예찬에도 불구하고 많은 산업에 소수의 기업만 존재하는 이유는 바로 규모의 경제 때문이다. 그리고 정부가 과도한 독점을 규제하려는 이유도 여기에 있다.

Q 질문

1. 규모의 경제란 무엇이며, 생산량이 증가할수록 평균생산비용이 줄어드는 이유는 무엇인가?
2. 규모의 경제가 주로 발생하는 산업은 어떤 특징을 가지며, 반도체나 철강 산업에서 대기업이 중소기업보다 유리한 이유는 무엇인가?
3. 대기업이 규모의 경제를 활용하여 비용을 절감할 수 있는 방법에는 어떤 것들이 있으며, 원재료 구매, 광고, 연구개발(R&D) 측면에서의 이 점을 설명할 수 있는가?
4. 규모의 경제가 독과점시장 형성을 촉진하는 이유는 무엇이며, 정부가 독점을 규제하려는 이유는 무엇인가?

〈출처: 농민신문, 2020년 6월 25일자〉

제 3 절 비용극소화를 위한 선택

1. 조건부 요소수요함수

기업이 원하는 생산량을 $\overline{Q}$라고 정해놓고, 이를 생산하는 경우 소요되는 비용은 자본을 K만큼 투입하고, 노동을 L만큼 고용해야 할 것이다. 이를 생산함수로 표현하면, $f(L, K) = \overline{Q}$라고 쓸 수 있다. 이때 우리는 이와 같이 함수관계로 나타낸 등량곡선에서 $\overline{Q}$만큼 생산하는 데 요구되는 비용을 최소화시키는 L과 K의 조합을 찾아야 한다. 이러한 L과 K의 조합을 찾는 게 바로 비용극소화 문제이다. 즉, 주어진 생산량을 가장 적은 비용으로 생산하기 위한 생산요소의 조합을 결정해야 하는데 이를 목적식과 제약식으로 구분하여 수식으로 기술하면 다음과 같다.

$$(\text{목적식})\ \min C = wL + rK$$
$$(\text{제약식})\ f(L, K) = \overline{\mathrm{Q}}$$

한편 비용극소화 조건은 등량곡선의 기울기와 등비용곡선의 기울기(생산요소 사이의 상대가격의 비율)가 서로 같아야 하고(제2절 제2항 참고), 이는 간단히 $MRTS_{L,K} = \frac{w}{r}$로 요약할 수 있다. 한편 만약 $MRTS_{L,K} > \frac{w}{r}$라면 기업은 시장에서 자본의 요소수요량을 줄이고 노동을 더 고용하려고 할 것이다. 반대로 $MRTS_{L,K} < \frac{w}{r}$라면, 즉 자본보다 노동의 가격이 더 비싼 상황이라면, 기업은 상대적으로 더 싼 자본의 투입을 늘리려고 할 것이다. 따라서 효율적인 생산은 $MRTS_{L,K} = \frac{w}{r}$에서 이루어진다. 여기서 기업의 생산요소 선택은 생산요소의 가격과 얼마만큼의 생산을 할 것인지(즉, 생산량)에 의해 결정되고[즉, $L^C(w, r, \overline{Q})$와 $K^C(w, r, \overline{Q})$], 이를 **조건부 요소수요함수**(conditional factor demand function)를 통해 찾을 수 있다. 그런데 굳이 '조건부'라는 용어가 왜 필요한지를 설명하자면, 이 함수에서는 $\overline{Q}$만큼의 생산이 이루어져야 한다는 조건(주어진 생산량 $\overline{Q}$를 최소의 비용으로 생산하기 위해 필요한 요소를 요소가격의 함수로 표현)이 부과되기 때문이다. 이를 다음 예시를 통해 학습하기로 하자.

어떤 기업이 총 40개의 상품을 생산하고자 하고, 임금은 18달러이며, 자본의 가격은 2달러이다. 그리고 이 기업의 생산함수는 $Q = L^{0.5}K^{0.5}$일 때, 이 기업의 조건부 요소수요함수를 구하고자 한다면,

이 기업의 총비용 $C = 18L + 2K$이다.
우선 라그랑지 함수를 활용하여,

$$\mathcal{L} = \text{목적식} + \lambda(\text{제약식}) = 18L + 2K + \lambda(40 - L^{0.5}K^{0.5})$$

$$\frac{\partial \mathcal{L}}{\partial L} = 18 - 0.5\lambda L^{-0.5}K^{0.5} = 0 \tag{4.1}$$

$$\frac{\partial \mathcal{L}}{\partial K} = 2 - 0.5\lambda L^{0.5}K^{-0.5} = 0 \tag{4.2}$$

$$\frac{\partial \mathcal{L}}{\partial \lambda} = 40 - L^{0.5}K^{0.5} = 0 \tag{4.3}$$

식 (4.1)을 정리하면,

$$0.5\lambda L^{-0.5}K^{0.5} = 18$$

$$\lambda L^{-0.5}K^{0.5} = 36$$

$$\lambda \frac{K^{0.5}}{L^{0.5}} = 36$$

$$\lambda = 36\frac{L^{0.5}}{K^{0.5}}$$

같은 방법으로 식 (4.2)를 정리하면,

$$0.5\lambda L^{0.5}K^{-0.5} = 2$$

$$\lambda L^{0.5}K^{-0.5} = 4$$

$$\lambda \frac{L^{0.5}}{K^{0.5}} = 4$$

$$\lambda = 4\frac{K^{0.5}}{L^{0.5}}$$

이는 곧 $36\frac{L^{0.5}}{K^{0.5}} = 4\frac{K^{0.5}}{L^{0.5}}$ 을 의미하고, 이를 재차 정리하면,

$9\frac{L^{0.5}}{K^{0.5}} = \frac{K^{0.5}}{L^{0.5}}$ 이고

따라서 $9L = K$임을 알게 된다.

이 관계를 제약식인 $40 = L^{0.5}K^{0.5}$에 대입하면,

$$40 = (L)^{0.5}(9L)^{0.5}$$

$$40 = 3L$$

$$L = 40/3 = 13.33$$

이를 $K = 9L$에 대입하면, $K = 120$을 구할 수 있다.

즉, $L = 13.33$, 그리고 $K = 120$일 때, 이 기업의 비용극소화 달성을 가능케 하는 생산요소의 투입 선택이 된다.

그런데 랑그랑지 함수를 사용하는 방법 외에, 두 번째 접근법으로 $MRTS_{L,K}=\frac{MP_L}{MP_K}=\frac{w}{r}$을 활용해서 정답을 구할 수도 있다. 실제로 L과 K로 미분하여 $\frac{MP_L}{MP_K}$을 구해보면, $\frac{K}{L}$로 정리할 수 있음을 알게 되고, 이는 다시 말하면, $\frac{K}{L}=\frac{w}{r}$가 되어, $K=\frac{w}{r}L$로 한 번 더 요약할 수 있다. 한편 $\frac{w}{r}=\frac{18}{2}$이기에 $K=\frac{w}{r}L$은 결국 $K=9L$이 되어, 앞서 찾은 값과 동일한 해를 얻게 된다.

2. 비용함수

비용함수란 주어진 생산요소와 생산량 수준에 대해 극소화된 비용값을 나타내는 함수이다. 비용함수는 도출한 조건부 요소수요함수의 최적해를 목적식에 대입함으로써 찾을 수 있기에 아주 쉽고 간단히 구할 수 있다. 즉, 앞서 기업의 경우, $C=18L+2K$이기에 여기에 $L=13.33$, 그리고 $K=120$을 대입하면, 40개의 재화를 생산하기 위한 이 기업의 극소화된 비용은 479.94달러라는 것을 알 수 있다.

주요 용어

기업	이윤	생산요소	총생산
한계생산	평균생산	한계생산체감의 법칙	콥더글라스 생산함수
레온티에프 생산함수	선형생산함수	등량곡선	한계기술대체율
등비용곡선	코너해	내부해	평균비용곡선
한계비용곡선	단기비용	장기비용	포락선
조건부 요소수요함수	비용함수		

연습문제

01 정섭이는 빨래방을 운영하고 있는데 노동 L과 자본 K를 투입하는 생산요소로 사용하고 있다. 이 경우 정섭이의 생산함수는 $f(L, K) = \sqrt{L+K}$이다. 이 생산함수는 규모수익 불변, 체증, 체감 중 어디에 해당하는가?

02 광호는 가구를 생산하는 1인 기업을 설립하고 제품을 직접 혼자 만들기로 했다. 투입된 노동시간을 L이라고 할 때 광호의 생산함수는 $Q=f(L)=\sqrt{L}$이라고 한다. 임금은 1시간당 15달러이다. 그리고 광호는 300달러를 주고 생산설비를 빌려서 사용키로 했으며, 따라서 이는 고정비용이다. 가구 생산을 위한 단기비용함수는 무엇인가?

03 광수는 불고기를 너무 좋아해서 자신의 이름을 딴 '광수 불고기'라는 사업을 시작하기로 하였다. 매일 불고기를 만드는 데 소요되는 총비용은 $C(Q)=6Q+(Q^2/60)$이며 한계비용은 $MC=4+(Q/30)$이다. 이때 평균비용 수준은 얼마가 되는가? 만일 고정비용이 매일 300달러만큼 발생한다면 효율적인 생산규모와 최소 평균비용은 어떻게 되는가?

04 어떤 기업이 총 4개의 제품을 생산하고자 할 때, 임금이 10달러이고, 자본의 가격 역시 10달러라고 하자. 또한 이 기업의 생산함수가 $Q=(L^{0.5}+K^{0.5})^2$이라면, 이 경우 이 기업의 조건부 요소수요함수를 구하시오.

05 임금이 20달러이고, 자본이 10달러인 상태에서, 어떤 기업의 생산함수가 $Q=(L^{0.5}+K^{0.5})^2$일 때, $\frac{MP_L}{MP_K}=\frac{w}{r}$을 활용하여 이 기업의 조건부 요소수요함수와 비용함수를 구하시오.

참고문헌

강태훈, 조동훈, 조창익(2014), 미시경제학 번역서, 서울: McGraw Hill.

농민신문, [이지훈의 경제이야기](36) 규모의 경제, 2020년 6월 25일자.

매일노동뉴스, [조선소에서 일한 지 23년] 최저임금 받는 대우조선 하청노동자의 굽은 손가락, 2022년 7월 19일자.

위키백과(2022), 등량곡선. Available at https://ko.wikipedia.org/wiki/%EB%93%B1%EB%9F%89%EA%B3%A1%EC%84%A0 [접속일: 2022년 7월 29일].

이명헌(2020), [경제학] 생산비용과 이윤극대화(profit maximization). Available at https://ltvw.tistory.com/entry/%EA%B2%BD%EC%A0%9C%ED%95%99-%EC%83%9D%EC%82%B0%EB%B9%84%EC%9A%A9%EA%B3%BC-%EC%9D%B4%EC%9C%A4%EA%B7%B9%EB%8C%80%ED%99%94profit-maximization [접속일: 2022년 8월 1일].

이준구(2019), 미시경제학, 서울: 문우사.

중앙일보, [뉴스원샷] 벌써 5,700억 날렸다 … 하청 파업 45일, 대우조선 무슨 일이, 2022년 7월 17일자.

한국일보, 미래는 예측하는 게 아니라 만들어가는 것 … 그 핵심은 기술, 2015년 2월 22일자.

CHAPTER

05

기업의 이윤극대화

학습목표

본 장에서는 우선 완전경쟁시장에서의 기업의 이윤극대화 조건을 살펴보고, 이윤극대화를 위한 요소수요함수, 공급함수, 이윤함수 등을 수학적으로 도출해보고자 한다. 이후 기업의 이윤극대화를 독점시장과 과점시장으로 옮겨 독점시장에서의 장·단기 균형이윤과 담합으로 인한 기업이익을 살펴본다.

토의자료 5-1 "대기업, 착한 척 하지마!" 안티 워크(Anti-Woke) 자본주의 떴다

"기업의 사회적 책임은 이윤을 늘리는 것이다."

신자유주의 경제학자 밀턴 프리드먼이 1970년 주창한 '주주 자본주의'는 수십 년간 미국 기업 경영의 표준이나 다름없었다. 그러나 2008년 글로벌 금융위기 이후 주주의 이익만을 추구하는 주주 자본주의가 소득 양극화의 원흉으로 지목되면서 그 반작용으로 '이해관계자 자본주의'가 부상했다. 기업이 주주뿐만 아니라 고객, 공급자, 직원, 지역사회 등 모든 이해관계자의 이익을 살펴야 한다는 것이다.

여기에 ESG(환경・사회・지배구조) 투자가 가세하면서 기업의 사회적 책임은 기업 경영의 새로운 대세가 됐다. 컨설팅 기업 에델만이 지난해 실시한 조사에서 전 세계 소비자 3만 3,000명 중 86%는 'CEO가 사회문제에 대해 공개적으로 목소리를 낼 것으로 기대한다'고 답했다. 진보 진영으로부터 사회문제를 외면한다는 비판을 받아온 미국 대기업 CEO(최고경영자)들은 자의든 타의든 인종, 성소수자, 환경문제 등 각종 이슈에 대해 적극적으로 의견을 개진하기 시작했다.

그러자 이번엔 보수 진영이 반격에 나섰다. 이들은 진보적 대의를 지지하는 미국 대기업들의 경영 행태를 '워크(Woke・깨어 있는) 자본주의'로 명명하고, 대대적인 '안티 워크(anti-woke)' 운동을 벌이고 있다. 워크는 원래 '인종・성별 등 사회적 불평등 문제에 깨어 있다'는 의미로 널리 쓰였으나, 최근에는 정치적 올바름을 강요하는 사람들을 경멸하는 의미로 주로 사용된다. 파이낸셜타임스(FT)는 "워크 자본주의를 둘러싼 전쟁이 일어나고 있다"며 "(진보적) 기업에 대한 보수 진영의 반발이 주주총회와 의회, 언론 등에서 점점 더 뚜렷해지고 있다"고 했다.

멀어지는 공화당과 대기업

안티 워크 운동을 이끄는 건 미국 보수 세력의 중심인 공화당이다. 전통적으로 미국 공화당은 법인세 감면과 규제완화 등 친(親)기업 정책을 펼쳐왔다. 그러나 2020년 'BLM(Black Lives Matter・흑인 생명도 소중하다)' 운동과 대선을 거치며 공화당과 기업 사이의 거리는 급속도로 멀어졌다. 여론조사기관 갤럽 조사 결과 지난해 공화당원들의 대기업에 대한 순신뢰도('아주 신뢰한다'에서 '거의 신뢰하지 않는다'를 제외한 응답)는 −17%로 1년 전(13%)보다 30%포인트 하락했다. 갤럽이 조사를 시작한 1973년 이후 최저치다. 특히 빅테크에 대한 순신뢰도는 12%에서 −29%로 1년 만에 41%포인트 곤두박질쳤다. 갤럽은 "대형 소셜미디어 기업들이 선거와 팬데믹에 대한 특정 콘텐츠를 차단하고, 도널드 트럼프 전 대통령의 소셜미디어 계정을 폐쇄했다는 이유로 보수 진영의 질책을 받고 있다"고 분석했다.

지난해 벌어진 조지아주 선거법 개정 사태는 공화당의 안티 워크 운동에 불을 붙였다. 조지아주

의회와 정부가 공화당 주도로 부재자 투표 요건을 대폭 강화하는 선거법을 통과시키자 민주당은 "흑인과 저소득층의 투표 참여를 어렵게 만든다"며 반발했다. 코카콜라와 델타항공 등 조지아주에 본사를 둔 기업들도 여론을 의식해 선거법 개정에 반대 의사를 표명했고, 미국 프로야구 메이저리그(MLB)는 올스타전 개최지를 조지아주에서 콜로라도주로 옮기기로 결정했다.

공화당은 공격적인 수단을 동원해 강하게 반발했다. 트럼프 전 대통령을 비롯한 공화당 인사들은 대대적인 코카콜라 불매운동을 벌였다. 또 델타항공이 받았던 3,500만 달러(약 437억 원) 세금을 아낄 수 있는 감세 제도를 철회하거나, MLB가 한 세기 가까이 누려온 독점금지법 특별 면제를 폐지하려고 시도했다. 미치 매코널 공화당 상원 원내대표는 "대기업들이 깨어 있는 유사 정부처럼 행동하고 있다"며 "기업들이 헌법 질서에서 벗어나 극좌의 무기가 된다면 심각한 대가를 초래하게 될 것"이라고 했다.

최근엔 월트디즈니가 성소수자 문제로 공화당과 대립하고 있다. 디즈니월드가 위치한 플로리다주는 지난 3월 공화당 소속의 론 드샌티스 주지사 주도로 유치원과 초등학교 저학년생에게 동성애 등 성 정체성에 대한 교육을 금지시키는 '부모의 교육권법'을 제정했다. 성소수자에 대한 혐오와 차별을 강화한다는 진보 진영의 비난 여론이 들끓었지만 디즈니는 당초 이 법에 대해 특별한 입장을 내놓지 않았다. 그러나 회사의 침묵에 대해 직원들이 파업과 항의 시위에 나서자 밥 체이펙 CEO가 "기업의 영향력을 공익을 위해 행사하겠다"며 공개적으로 반대 입장을 밝혔다. 또 플로리다주에 대한 모든 정치자금 기부를 중단하기로 했다. 그러자 드샌티스 주지사는 "디즈니가 선을 넘었다"며 디즈니에 대한 혜택을 박탈하는 법안을 처리할 것을 주 의회에 요청했다. 내년 6월부터 디즈니월드의 특별지구 지위가 박탈되면서 디즈니는 수천만 달러의 재정적 손실을 입을 것으로 전망된다.

투자업계도 '안티 워크'

정치권뿐만 아니라 투자업계에서도 워크 자본주의에 반대하는 움직임이 조직적으로 일어나고 있다. 안티 워크를 표방하며 지난달 설립된 신생 자산운용사 '스트라이브(Strive)'는 기업들이 정치적 이슈에 지나치게 관여하는 것을 방지하고, 이윤을 극대화하는 데 초점을 맞춘 기업에 투자하는 것을 목표로 한다. 페이팔 공동창업자인 피터 틸, 억만장자 빌 애크먼 퍼싱스퀘어 캐피털 회장 같은 거물들이 스트라이브에 2,000만 달러(약 250억 원)를 투자했다. 스트라이브 대표 비벡 라마스와미는 혁신 바이오 기업인 로이반트를 창업하고, 지난해 워크 자본주의를 비판한 저서 '워크 주식회사(Woke Inc)'로 베스트셀러 작가가 된 인물이다. 라마스와미는 "대부분의 미국인은 기업이 정치적 이슈나 사회적 문제에 연루되지 않기를 바란다"며 "기업들이 정치적 어젠다보다 고객에게 우수한 제품과 서비스를 제공하는 데에만 집중하도록 기업 이사회에서 다른 목소리를 낼 것"이라고 했다.

지난 4월에는 주주 제안 방식으로 워크 자본주의에 제동을 거는 보수주의 투자자 연합 '보드룸 이니셔티브(Boardroom Initiative)'가 출범했다. 베스트바이 전 CEO인 브래드 앤더슨과 맥도널드 전 CEO 에드 렌시가 공동 의장을 맡았다. 렌시 의장은 "기업이 정치적 논쟁에서 특정한 진영을 편들면 주주들에게 피해를 준다"며 "수십억 명을 빈곤에서 구출하고 전 세계인의 생활수준을 향상시킬 책임이 있는 자유 시장 자본주의 시스템이 공격받고 있다"고 했다. 출범 후 첫 활동으로 보드룸 이니셔티브는 뱅크오브아메리카 주주총회에서 직원에 대한 인종 교육 강요에 반대하는 주주 제안을 제출했다.

이 연합에 참여한 비영리기구 '세컨드보트' 역시 몸집을 불리며 영향을 키우고 있다. 세컨드보트는 자산운용사 릿지라인을 통해 정치문제에 중립적이거나 보수적인 기업에만 투자하는 '미국 보수적 가치 ETF(ACVF)'를 운용하는데, 작년 5월 1,030만 달러(약 128억 원) 수준이던 ACVF의 총운용자산은 1년 만에 3,192만 달러(약 398억 원)로 늘었다. 세컨드보트는 "대부분의 펀드나 ETF가 진보적 어젠다를 지지하는 회사를 보유하고 있다"며 "ACVF는 기업의 활발한 정치 활동이 수익률에 부정적인 영향을 미친다는 신념에 기초해 투자한다"고 했다.

올해 초 '영국의 워런 버핏'으로 불리는 펀드매니저 테리 스미스는 소비재 대기업 유니레버의 워크 자본주의 행보를 공개적으로 비판했다. 290억 파운드(약 45조 원)를 운용하는 스미스의 펀드 스미스는 유니레버의 10대 주주 중 하나다. 유니레버의 아이스크림 회사 벤앤제리스는 지난해 "회사의 가치와 부합하지 않는다"며 이스라엘의 팔레스타인 점령 지역에서 아이스크림 판매를 중단하기로 결정했다. 스미스는 투자자 연례서한에서 "유니레버는 사업 펀더멘털을 희생하면서 지속가능성을 과시하는 데 집착하고 있다"며 "벤앤제리스 사건은 회사가 이윤보다 목적에 중점을 두고 있다는 명백한 사례"라고 했다.

ESG 반발도 확산

팬데믹을 계기로 경영 및 투자의 새 트렌드로 자리 잡은 ESG 역시 안티 워크 운동의 주요 공격 대상이다. 펀드평가사 모닝스타에 따르면 ESG에 초점을 맞춘 펀드와 ETF(상장지수펀드) 자산 규모는 2019년 1조 7,240억 달러(약 2,159조 원)에서 지난해 2조 7,000억 달러(약 3,380조 원)로 56% 증가했다. 안티 워크 진영은 기업과 주주의 이익이 아니라 ESG 준수 여부에 따라 투자가 결정되는 것은 부적절하다고 주장한다. 마이크 펜스 전 미국 부통령은 ESG를 중국 공산당이 국민에게 부여하는 사회 신용 점수에 비유하며 "ESG 점수가 낮은 회사는 자본 조달을 사실상 불가능하게 만드는 유해한 전략"이라고 비판했다.

평가사마다 다른 ESG 기준에 대한 논란도 이어지고 있다. 일론 머스크 테슬라 CEO는 지난달 테슬라가 S&P500 ESG 지수에서 제외되자 ESG를 '사기'라고 비난했다. S&P 측은 테슬라의 열악한 근로 환경과 인종차별 보고, 저탄소 전략 부족 등을 제외 이유로 밝혔다. 그러자 머스크는 "(석유 기업인) 엑손 모빌은 ESG 순위 10위권에 올라 있는데, (친환경 기업인) 테슬라는 이름조차 올리지 못했다"며 "ESG는 사회 정의 전사들에 의해 무기화되었고, 기업이 좌파 의제를 얼마나 준수하는지에 따라 점수가 결정된다"고 했다.

에너지 산업을 주력으로 하는 주정부들도 ESG에 반기를 들고 있다. 대형 은행과 신용평가사들이 주정부의 신용도를 평가하면서 대차대조표 외에 ESG 요소까지 활용하기로 했기 때문이다. 아이다호주(州)는 최근 S&P글로벌에 "주정부 평가에 정치적인 등급제를 채택하고 있다"며 항의 서한을 보냈다. 웨스트버지니아주(州)는 세계 최대 자산운용사 블랙록에 맡긴 돈 중 2,000만 달러(약 251억 원)를 올해 초 인출했다. 라일라 무어 웨스트버지니아주 재무장관은 "에너지는 우리 주에 수억 달러 세수를 제공하고, 모든 일자리 역시 석탄과 가스에서 나온다"며 "이를 '나쁜 산업'으로 규정하는 것은 실존적인 위협이며, 맞서 싸울 수밖에 없다"고 했다. 웨스트버지니아주와 켄터키주, 텍사스주는 금융 회사가 석유 · 가스 · 석탄 회사와의 거래를 제한하는 정책을 갖고 있는지 밝히도록 요구하는 법안을 통과시켰다. 이의를 제기하는 은행은 해당 주에서 사업 면허를 잃을 수 있다. 다른 12개 주도 유사한 조치를 고려 중이다.

안티 워크 운동의 최대 목표는 ESG 투자를 선도하는 블랙록과 뱅가드, SSGA(스테이트 스트리트 글로벌 어드바이저) 등 빅3 자산운용사들이다. 이 세 회사는 현재 미국 ETF 자산의 75% 이상을 운용하고 있다. 테드 크루즈 공화당 상원의원은 최근 CNBC에 "블랙록과 같은 워크 자본주의가들이 정치적 이익을 증대시키기 위해 시장을 남용하고 있다"고 비판했다. 보수 성향 소비자단체 컨슈머리서치는 지난해 블랙록을 비난하는 수백만 달러 규모의 TV광고 캠페인을 벌였다. 컨슈머리서치는 "블랙록은 미국 기업에 ESG 표준을 적용하는 것을 사명으로 삼고 있지만, 중국이나 러시아에는 '워크 어젠다'를 강요하지 않는다"고 주장했다. 안티 워크 진영의 공격이 이어지자 래리 핑크 블랙록 CEO는 올해 연례 서한에서 "(블랙록이 추구하는) 이해관계자 자본주의는 정치나 사회적, 이념적 의제가 아니며 '워크 자본주의'도 아니다"며 "직원과 고객, 공급업체 및 지역사회 간 상호 유익한 관계에 의해 추진되는 것"이라고 반박했다.

'정치 고아' 된 미국 기업들

안티 워크 세력의 공격이 거세지면서 미국 기업들은 정치 양극단 사이에서 아슬아슬한 줄다리기를 이어가고 있다. 최근 성소수자 이슈로 홍역을 앓았던 월트디즈니 밥 체이펙 CEO는 주주총회에서 진보 진영과 보수 진영 모두에게 공격을 받았다. 체이펙 CEO는 주주들에게 "정치적 양극화 속에서 어떤 입장을 정하는 것은 마치 바늘에 실을 꿰는 것만큼이나 어렵다"고 호소했다. 월스트리트저널은 "기업들이 점점 더 정치적 고아가 되어가고 있다"며 "공화당의 포퓰리즘이 기승을 부리고 민주당은 좌경화되면서 재계가 우군을 찾기 위해 안간힘을 쓰고 있다"고 평했다.

워크 자본주의에 대한 CEO들의 입장은 정확히 반으로 갈라져 있다. 지난해 포춘지가 포춘 500

기업 CEO를 대상으로 한 설문조사에서 'CEO는 중요한 사회 · 정치적 문제에 대해 목소리를 낼 책임이 있고 계속 그렇게 해야 한다'는 응답과 'CEO가 최근 사회 · 정치적 문제에 지나치게 관여하고 있어 물러설 필요가 있다'는 응답이 50 대 50으로 갈렸다. 빌 조지 하버드경영대학원 교수는 "CEO들은 복잡한 정치문제에 대해 공개적으로 논평해야 한다는 요구를 받고 있지만, 목소리를 내든 침묵을 지키든 비판을 받는 어려운 상황에 처해 있다"고 했다.

워크(woke) 자본주의

미국 보수 진영에서 사회문제에 적극적으로 개입해 정치적으로 진보적인 메시지를 내는 기업들의 경영 방식을 비판하면서 만든 신조어. 워크(woke)는 사전적으로 '깨어 있는'이라는 뜻이지만, 최근엔 미국 보수 진영이 진보 진영의 선민의식을 조롱하는 의미로 쓰인다.

Q 질문

1. 여러분들은 기업의 이윤창출 자체가 근본적인 사회적 기여이며 따라서 이익극대화와 주주 자본주의가 최우선이라고 생각하는가? 아니면, 이해관계자를 위한 경영과 요즘 대세로 떠오르고 있는 ESG 경영에 중점을 두는 것이 합리적이고 바람직한 기업윤리라고 판단하는가? 만약 특정한 의견을 답으로 선택했다면, 그 근거는 무엇인가?

〈출처: 조선일보, 2022년 6월 9일자〉

제 1 절 이윤극대화

1. 경쟁시장 기업의 이윤극대화

경쟁시장 기업의 이윤극대화를 이해하기 위해서는 우선 '**경쟁시장**(competitive market, 완전경쟁시장이라고도 함)'에 대한 이해부터 선행되어야 한다. 경쟁시장에서는 상품의 구매자와 판매자가 수없이 많이 존재하고, 거의 동일한 상품을 판매자가 시장에 공급하기에 이를 구매하는 소비자와 판매자는 각각 **가격 수용자**(price takers)가 된다. 즉, 독립적으로 가격에 영향을 주지 못한다. 또한 경쟁시장에서는 생산요소의 자유로운 이동이 가능하며, 경제주체들이 거래와 관련된 모든 경제적, 기술적 정보를 갖고 있는 것은 물론, 기업의 시장 진입과 퇴출에 있어 제약이 없다.

경쟁시장에 있는 기업도 다른 기업들과 마찬가지로 이윤극대화를 추구한다. 한편 주지하고 있는 바와 같이, 이윤이란 상품을 판매하여 얻은 총수입(total revenue; TR)에서 이를 생산하는 데 소요된 총비용(total cost; TC)을 제외한 나머지를 뜻한다. 그런데 기업의 총수입은 상품의 가격에 판매량을 곱한 값과 같고, 또한 판매량은 기업이 생산한 생산량 Q에 의해 좌우되며, 가격 역시 생산량에 의해 영향을 받기에, 총수입은 생산량의 함수인 TR(Q)로 표시할 수 있다. 마찬가지 관점에서 총비용에도 동일한 논리가 적용될 수 있으므로 결국 기업의 이익은 다음과 같은 식으로 표현할 수 있다.

$$\pi(Q) = TR(Q) - TC(Q)$$

2. 이윤극대화를 위한 조건

앞서 언급한 총수입, 총비용, 그리고 총이윤을 그래프로 나타내면 [그림 5-1]과 같다. 특히 [그림 5-1]의 첫 번째 그래프는 각 산출수준에서의 총수입과 총비용을 보여주고 있는데, 이들 사이의 수직 간격을 토대로 각 생산량에 있어서의 총이윤 혹은 총손실의 규모를 알 수 있기에, 이를 통해 확인할 수 있는 사실을 요약하면 다음과 같다. 첫째, 이 기업은 Q^{**}에서 손실극대 생산량이 된다. 둘째, 반면 Q^{*}에서 이윤극대화 생산량을 시현할 수 있다. 셋째, 이윤극대화 생산량은 총수입에서 총비용을 차감한 차이가 가장 클 때 이윤이 극대가 되면서, 동시에 이는 한계수입(marginal revenue; MR)과 한계비용(marginal cost; MC)이 일치하는 생산량이다(세 번째 그래프 참고). 즉, '한계'의 개념에 기초한 이윤극대화의 조건을 다음과 같이 제시할 수 있다.

$$MR = MC$$

물론 한계생산이나 한계비용 등의 개념을 이미 학습했기에 '한계'라는 용어가 갖는 의미를 충분히 이해하고 있겠지만, 한계수입이란 산출량 한 단위를 추가적으로 생산하여 얻는 수입을 의미한다. 만약 MR > MC라면, 이는 산출량 한 단위를 추가적으로 생산할 때 소요되는 비용보다 생산을 한 단위 늘려 얻게 되는 이익이 크다는 것을 의미하기에, 이 경우 이 기업은 이익극대화를 시현하고 있는 상황에 있지 못하게 된다. 예를 들어, 한 단위의 재화를 더 생산하기 위한 한계비용이 3천 원이고, 이를 통해 얻을 수 있는 한계수입이 5천 원이라면, 산출량을 한 단위 늘렸을 때 기업의 이윤은 2천 원만큼 더 증가하게 되고, 그러므로 이윤이 극대화될 수 있도록 생산량을 늘려야 한다. 만약 반대로 한계비용이 한계수입보다 크면 이 기업은 생산량을 줄여야 이익을 극대화할 수 있다.

| 그림 5-1 | 이윤극대화 생산량

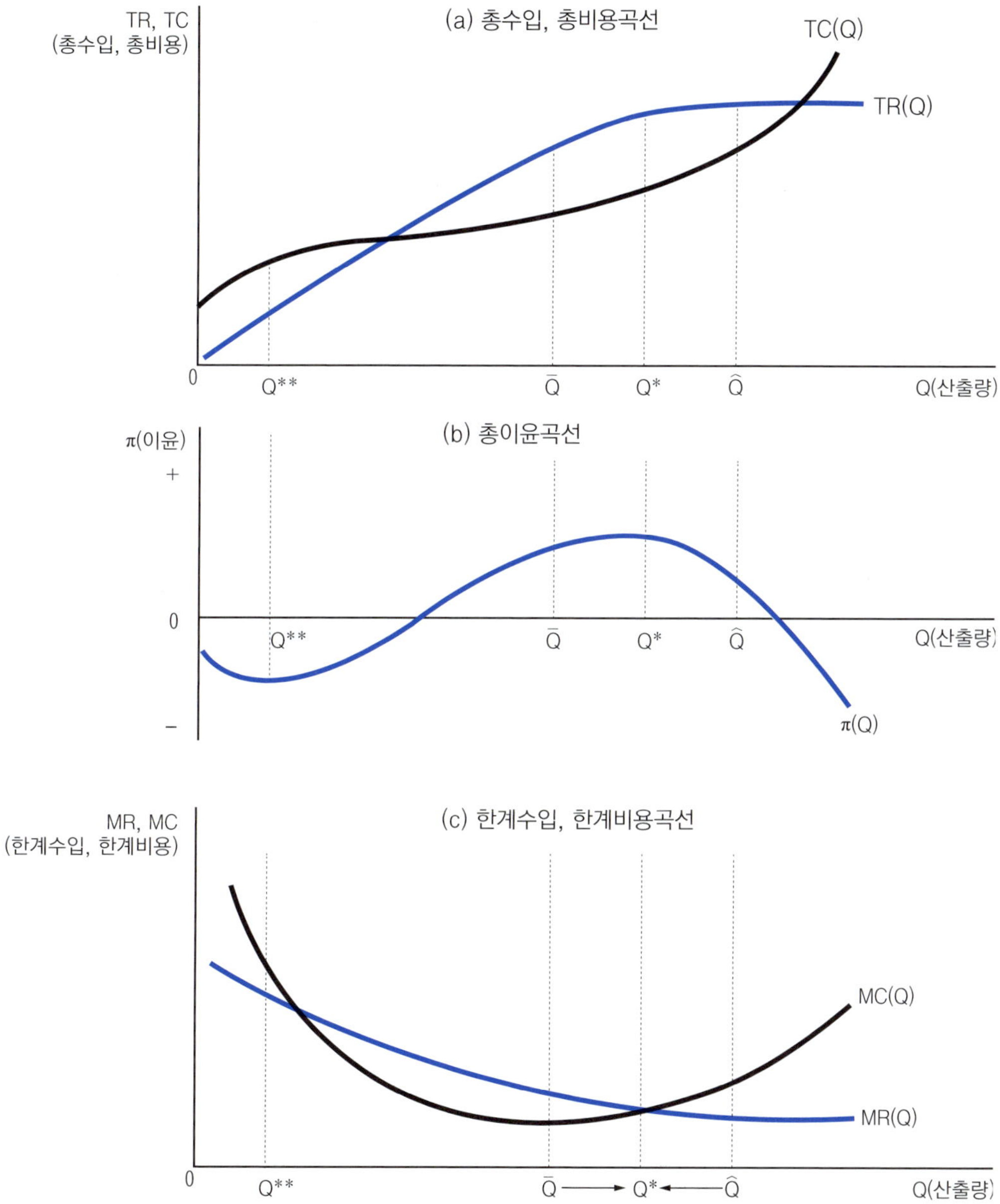

출처: 이준구(2019), 미시경제학.

3. 기업의 단기 이윤극대화

3.1 단기 조업중단 조건

지금까지 기업이 경쟁시장에서 이익을 극대화하기 위해 얼마나 생산할 것인가에 주목하여 알아봤지만, 경우에 따라서는 생산을 잠시 중단하여 손실을 최소화하는 게 오히려 이익이 될 수도 있을 것이며, 이를 **조업중단**(shutdown)이라고 한다. 한편 조업중단을 조금 더 부연하면, 이는 시장상황이 악화되어 공급자가 일시적으로 생산을 멈추는 것을 의미하고, 반면 퇴출(exit)은 공급자가 그 시장을 완전히 떠나는 장기적인 의사결정을 뜻한다. 단기적으로 기업은 고정비용을 피할 수 없지만, 장기적으로는 고정비용이 존재하지 않기에 단기적 의사결정과 장기적 의사결정은 달리 구별되어야 한다. 다시 말해 조업중단은 시장상황이 좋아지면 언제든지 다시 생산을 가동하는 것이므로 여전히 기업은 고정비용을 부담한다.

가령 어떤 기업이 특정 재화를 생산하기 위해 공장을 설립하고 그 내부에 생산설비를 들여놨는데 제품가격이 너무 낮아져서 이를 생산해 시장에 내다 판들 운영비(즉, 생산을 위한 가변비용)도 건지지 못할 듯하여 일시적으로 생산을 중단하고 있다면 공장건립이나 설비 구입 등에 소요된 비용은 고정비용이자 매몰비용이다. 그런데 아예 그 시장이 장기적으로 전망이 없다고 판단하여 공장과 설비를 모두 팔고 기업의 문을 닫는다면 고정비용은 매각하여 사라지기에 공장건립이나 설비 구입 등에 소요된 비용은 더 이상 매몰비용이 아니다. 따라서 조업중단은 고정비가 존재하는 단기 개념이고, 퇴출(exit)은 고정비용이 존재하지 않는 장기적 고려이다.

앞에서도 얘기했지만 기업이 조업을 중단하는 조건은, 쉽게 말하면 상품을 팔아 벌 수 있는 수입이 '운영비'보다도 작은 경우이다. 만약 조업을 중단하면 기업은 아무런 수입도 시현할 수 없고, 동시에 고정비용은 계속 지출해야 하지만, 가변비용(variable cost; VC)의 지출만큼은 절약할 수 있게 된다. 따라서 기업은 총수입이 가변비용보다 작을 때 단기적으로 조업을 중단한다. 따라서 기업의 조업중단 조건은 다음과 같이 표현할 수 있다.

$$TR < VC$$

이 부등식의 양변을 생산량 Q로 나누면 다음과 같다.

$$\frac{TR}{Q} < \frac{VC}{Q}$$

그런데 총수입을 생산량으로 나눈 TR/Q는 평균수입을 의미하고, 평균수입이란 상품 한 단위를 팔아 번 수입, 즉 그 상품의 가격(P)이다. 마찬가지로 가변비용을 생산량으로 나눈 것은 평균가변비용(AVC)이다. 따라서 기업의 조업중단 조건은 다시 다음과 같이 정리할 수 있다.

$$P < AVC$$

이는 곧 기업은 재화의 판매가격이 평균가변비용보다 낮으면 생산을 잠시 중단하는 것이 낫다는 것을 말하고 있고, 이를 달리 설명하면 기업이 생산 여부를 결정할 때 상품에 대해 시장에서 평균적으로 받을 수 있는 가격과 평균적으로 한 단위 생산에 소요되는 가변비용을 비교하여 가격이 평균가변비용에도 미치지 못하면 생산을 중단하는 편이 유리하다는 것을 시사한다. 이를 토대로 경쟁시장 기업의 단기 조업중단과 이익을 극대화하는 단기 공급곡선을 그래프로 나타내면 [그림 5-2]와 같다(경우에 따라서는 '단기' 그래프라는 것을 강조하기 위해 MC, ATC, AVC 등의 앞에 특별히 'S'를 붙여서 그리기도 한다).

ǀ 그림 5-2 ǀ 경쟁시장 기업의 단기 조업중단

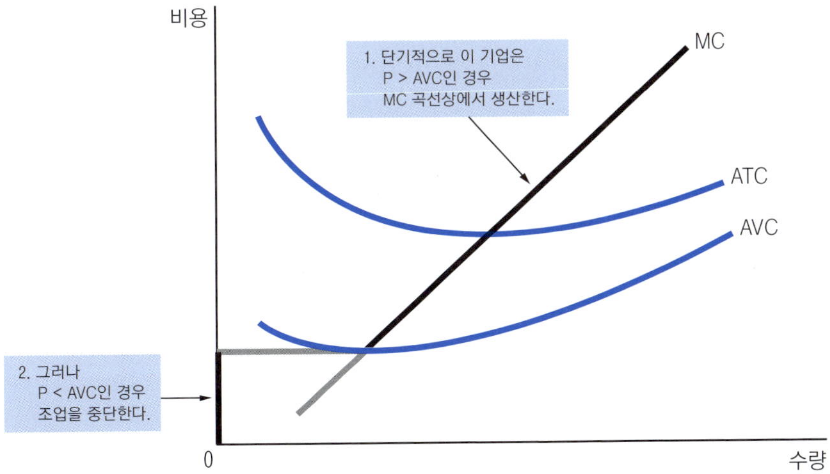

출처: 김경환, 김종석(2021), 맨큐의 경제학 번역서.

3.2 단기에서의 이윤극대화

앞에서 기업의 이윤을 극대화하는 산출량은 "한계수입(MR) = 한계비용(MC)"의 조건을 만족시키는 수준이고, 완전경쟁시장에서 개별 기업은 시장에서 형성된 가격을 주어진 것으로 그대로 받아들이는 가격수용자라고 설명한 바 있다. 이는 시장에서의 균형가격이 P^*라고 할 때, 개별 기업이 체감하는 수요곡선은 [그림 5-3]과 같이 수평선의 형태를 갖게 됨을 의미한다. 물론 산업 전체를 놓고 고려하면 수요곡선의 모습이 우리가 알고 있는 우하향하는 모양을 띠지만, 시장에서 형성된 가격을 주어진 가격으로 그대로 받아들여야 하는 개별 기업의 입장에서는 수요곡선이 P^* 높이의 수평선이 된다는 뜻이다.

한편 시장의 수요곡선이 수평선이라는 것은 아무리 많은 상품을 판매하더라도 가격이 변하지 않고 일정하다는 것을 시사하고, 따라서 상품 하나를 더 팔았을 경우 발생하는 추가 수입, 즉 한계수입도 고정된 가격과 같아 수평선이 된다. 다시 말하면, 어떤 상품을 P^*라는 일정한 가격에 팔고 있다면, 완전경쟁시장 내 개별 기업의 수요곡선은 P^*에서 수평선으로 나타나고, 그 상품의 판매로부터 얻게 되는 한계수입도 P^*로 일정하다[수요곡선(D) = 한계수입곡선(MR)]. 그러므로 단기에서의 비용곡선이 주어진 경우, 이윤이 극대화되는 생산량은 단기한계비용곡선과 한계수입이 서로 교차하는 지점인 Q^*가 된다. 이로 인해 앞서 봤던 기업의 이윤극대화 조건은 아래와 같이 약간의 수정이 필요하다.

MR = MC ⇨ 가격(P) = MC

또한 단기평균비용곡선은 기업의 단기 생산에 요구되는 단기 고정비용과 단기 가변비용을 모두 포함하고 있기에 산출량 Q^*를 기준으로 단위당 평균가격(C점)에서 단위당 평균비용(B점)을 차감하고 난 단위당 평균이윤(선분 BC)을 토대로 만들어진 사각형 P^*ABC의 면적에 해당하는 단기 이윤을 얻게 된다. 다만, 가격(P) = MC라고 해서 늘 양(+)의 이윤을 얻을 수 있는 것은 아니다. 가령, 시장가격이 단기평균비용곡선에 미치지 못하는 $\overline{P}$로 주어진 경우, 가격과 단기한계비용곡선이 만나는 지점의 $\overline{Q}$는 손실을 최소화하는 산출량이 되며, 이때의 손실은 빗금 친 사각형의 면적으로 나타난다. 한편 손실을 시현함에도 불구하고 기업이 생산을 중단하지 않고 있는 이유는 최소화된 손실이 회수할 수 없는 매몰비용보다 더 작은 상황이기 때문이다. 즉, 비록 손실이 발생하지만

┃그림 5-3┃ 기업의 단기 이윤극대화

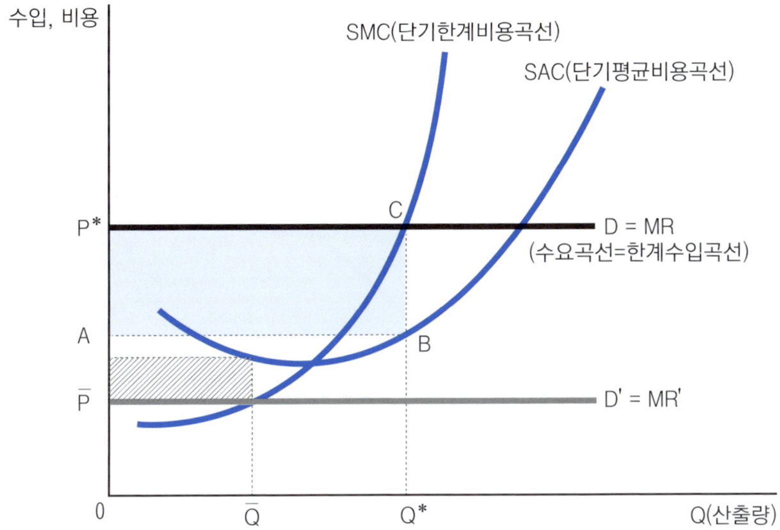

매몰비용의 일부라도 회수할 수 있는 경우라면 기업은 손실 최소화를 위해 생산을 중단하지 않을 것이고, 반면 손실이 최소화되었다 하더라도 그 손실규모가 매몰비용보다 크다면 생산을 중단함으로써 매몰비용만큼만 손해를 보려고 할 것이다.

4. 기업의 장기 이윤극대화

4.1 장기 진입 · 퇴출 조건

만약 기업이 판단할 때 장기적인 시장 전망이 불투명할 것으로 전망하여 시장에서 퇴출하는 경우라면, 기업의 수입이 사라지지만 고정비용과 가변비용도 지출하지 않는다. 따라서 기업은 총수입이 총비용보다 작으면 장기적으로 시장에서 자발적으로 퇴출한다. 그러므로 퇴출 조건은,

$$TR < TC$$

이 식의 양변을 생산량 Q로 나누면 다음과 같다.

$$\frac{TR}{Q} < \frac{TC}{Q}$$

❙그림 5-4❙ 경쟁시장 기업의 장기 공급곡선

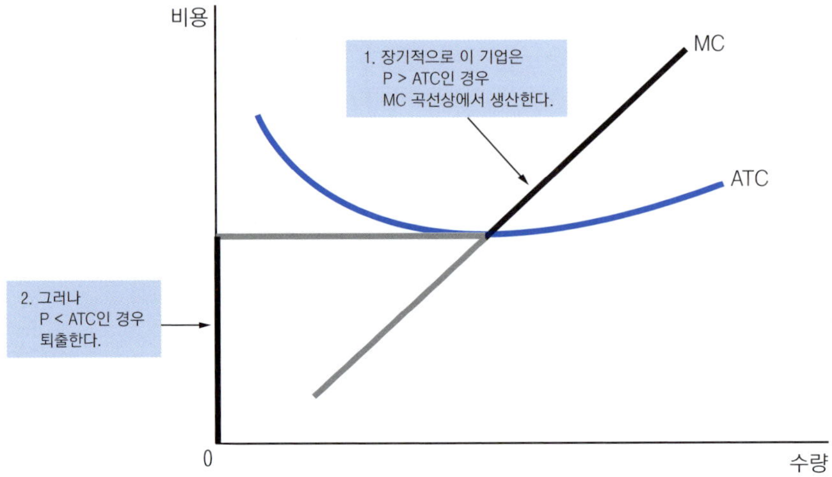

출처: 김경환, 김종석(2021), 맨큐의 경제학 번역서.

여기서 좌변은 위에서 봤던 것과 마찬가지로 평균수입이므로 가격과 같고, 우변은 평균 총비용이다. 따라서 기업의 퇴출 조건은 다음과 같이 다시 정리할 수 있다.

$$P < ATC$$

즉, 한마디로 말해서 가격이 평균 총비용보다 작으면 장기적으로 시장을 떠나는 것이 이익이다. 한편 이 말은 곧 바꿔 말하면, 가격이 평균 총비용보다 크다면 그 시장은 진입하는 것이 합리적임을 시사하고, 진입조건은 아래와 같다.

$$P > ATC$$

위 내용을 바탕으로 경쟁시장 내 기업의 이익을 극대화하는 장기 공급곡선을 그려보면 [그림 5-4]와 같다(경우에 따라서는 '장기' 그래프라는 것을 강조하기 위해 MC, ATC, AVC 등의 앞에 특별히 'L'을 붙여서 그리기도 한다).

4.2 장기에서의 이윤극대화

단기에서는 이미 지출이 정해진 고정비용하에서 어떻게 기업을 운영할 것인지에 대한 선택만이 가능했지만, 장기에서는 고정비용, 즉 시설규모를 어떤 수준에서 가동시킬

| 그림 5-5 | 기업의 장기 이윤극대화

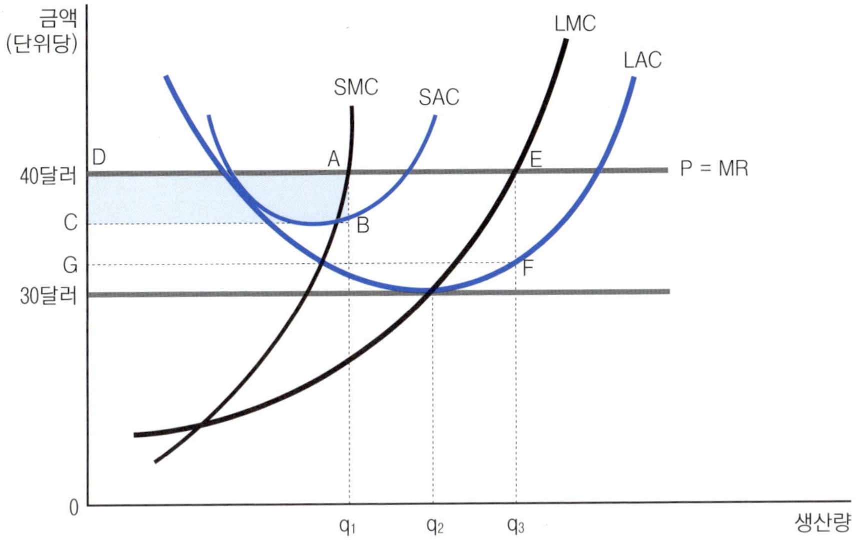

것인지도 선택할 수 있다. 가령 어떤 기업이 특정 시설규모를 가지고 있어 [그림 5-5]의 SAC 곡선으로 나타나는 단기평균비용을 지출하고 있다고 하자. 이 기업은 상품의 가격이 40달러로 주어져 있고 단기적으로 시설규모를 변경할 수 없는 상황에서 이익을 극대화하기 위해 P = MR과 SMC가 교차하는 A점의 q_1에서 생산을 할 것이다. 앞서 설명했듯이, 이때의 단기 이윤은 사각형 ABCD의 면적에 해당한다.

반면 완전경쟁시장에서 장기적으로는 P = LMC를 만족시키는 E점을 찾아 q_3에서 생산을 선택하게 될 것이고, 상품의 가격이 여전히 40달러인 경우 이윤은 사각형 DGEF의 면적이 되어 이윤의 규모가 확대된다. 한편 A점으로부터 우측에 존재하는 장기한계곡선 위의 E점을 선택했다는 것은 시설규모를 확대했다는 것을 암시한다. 다시 말해 장기에서 기업은 생산량을 증가시킴으로써 이윤을 극대화한다.

그런데 이 기업이 생산하는 시장가격이 단위당 40달러에서 30달러로 하락했다고 하자. 시장가격이 단위당 40달러일 때 우리는 이 기업이 양(+)의 이윤을 시현하고 있음을 알고 있다. 이렇듯 양(+)의 이윤을 창출할 수 있는 시장상황은 새로운 기업이 이 시장에 들어오도록 유도하게 되며(기존 기업도 이윤을 극대화하기 위해 예전보다 더 큰 규모의 공장을 선택할 것이다), 그 결과 신규 공급의 증가로 공급곡선을 오른쪽으로 이동시킬 것이고, 이로 인해 가격 하락이 야기된 상태(이 그래프에서는 단위당 30달러)에서 장기균형이 발생한다(생산량은 q_2). [그림 5-5]를 통해 확인할 수 있는 바와 같이, 이러한 장기균형에서 기업들은 0의 경제적 이윤을 시현하게 되며, 결국 새로운 기업이 이 시장에 신규로 들어오게 하거나, 기존 기업이 이 시장을 자발적으로 퇴출하게 하는 어떠한 인센티브도 존재하지 않는다.

토의자료 5-2 이준구 교수 "법인세 인하로 투자가 늘고 물가가 안정? 이론적 근거 없다"

윤석열 정부가 경제정책 방향을 발표하면서 법인세 최고세율을 25%에서 22%로 인하할 방침을 밝힌 가운데 재정학 분야의 국내 권위자인 이준구 서울대 경제학부 명예교수가 이를 뒷받침하기 위해 나온 '법인세 인하를 통해 투자가 늘고 물가가 안정된다'는 주장을 정면으로 비판하고 나섰다.

이 교수는 16일 자신의 개인 홈페이지에 공유한 글에서 "윤석열 정부 경제정책은 지금까지 나온 정보를 종합해본다면 대체로 신자유주의 정책의 아류라고 말할 수 있다"면서 "감세정책이 마치 만능의 약인 것처럼 선전하고 있다"고 비판했다.

우선 이 교수는 ①법인세율 인하로 투자가 늘어날 것이라는 주장에 근거가 없다고 지적했다. "법인세율 인하가 투자의 획기적 증가를 가져올 것이라는 연구 결과는 거의 찾아볼 수 없다"는 것이다. 그는 "시카고대학의 오스탠 굴스비 교수는 법인세상의 투자 유인 제공이 투자촉진 효과는 별로 내지 못하면서 (세수 감소 같은) 비용이 많이 드는 비효율적 정책이라는 결론을 내리고 있다"면서, 그 이유로 "기업의 투자행위에는 조세 이외의 다른 요인들이 상대적으로 더 많은 영향을 주고 있기 때문"이라고 설명했다.

이어 이 교수는 ②감세론자의 주장 중 더욱 황당한 것은 법인세율 인하가 인플레이션 억제에도 어느 정도 효과가 있을 거라는 것이라면서 "법인세율을 낮춰주면 기업 비용이 절감되어 생산과 공급이 늘어나 물가가 안정될 것이라고 주장한 것이 그 예"라고 지적했다.

이 교수는 이런 주장은 "경제학의 기본을 모르는 사람만 할 수 있는 주장"이라고 지적했다. 법인세는 수입에서 비용이 빠진 후 나타나는 이윤에 부과하는 것이기 때문에 기업의 비용과 무관하고, 기업의 가장 효율적인 생산량 수준은 법인세와 상관없이 동일하기 때문이라는 게 그의 설명이다.

그는 "이윤극대화를 추구하는 기업이 선택하는 상품 생산량은 법인세가 부과되든 부과되지 않든, 또 법인세율이 높든 낮든 간에 언제나 일정한 수준에서 변화하지 않는다"면서 "법인세율을 낮추면 생산량이 늘어날 것이라는 예측은 아무런 이론적 근거를 갖지 못하는 희망사항일 뿐"이라고 밝혔다.

이 교수는 "우리 사회에 아무 근거 없는 주장이 판을 치고, 소위 경제전문가라고 하는 사람들조차 그런 주장들을 서슴지 않고 하는 것을 볼 수 있다"면서 "만약 정책이 이런 허황된 주장에 흔들린다면 그 귀결은 구태여 말할 필요조차 없을 것"이라고 주장했다.

윤석열 정부의 대기업 법인세 최대세율 인하 정책은 정치권의 쟁점 중 하나로 비화할 것으로 보인다. 국민의힘의 '물가 및 민생안정 특별위원회' 위원장을 맡은 류성걸 의원은 17일 KBS 라디오 '최경영의 최강시사'에 출연해 "법인세율은 세계적으로 인하하는 추세"라고 주장하면서 "법인세를 낮춰주게 되면 해외로 나가고 있는 투자를 국내로 돌릴 수 있고, 고용이 창출되고, 또 세수 기반이 확보되는 선순환 구조가 된다"라고 주장했다.

반면 이용우 더불어민주당 의원은 같은 날 MBC 라디오 '김종배의 시선집중'에 출연해 "법인세 인하는 이명박 정부 때 했던 이야기와 동일하다"라면서 "법인세가 줄어든다고 투자가 반드시 늘어난다고 볼 수 없고, 나라별 상황을 봐야 한다"고 지적했다. 기업의 투자 행위에 조세보다는 다른 요인이 작용한다는 이준구 교수의 비판과 유사한 지적이다.

Q 질문

1. 기업에 대한 정부의 법인세 감면이 이루어진다면 줄어든 세금만큼 기업의 투자가 늘어날 것인가? 아니면, 세금감면과 기업투자 간에는 상관관계가 없는 것인가? 이에 대한 여러분의 의견은 무엇인가?

〈출처: 한국일보, 2022년 6월 17일자〉

제 2 절 이윤함수

1. 요소수요함수

흔히 '조건부 요소수요함수'와 '요소수요함수'의 차이를 잘 구분하지 못하는 경우가 있는 듯하여 먼저 이에 대한 이해를 돕고자 한다. 기업이 생산하고자 하는 생산량을 정해놓은 경우 비용극소화를 가능하게 하는 생산요소의 최적 조합을 찾을 수 있게끔 하는 함수를 **'조건부 요소수요함수'**라고 하며, 따라서 이는 다른 말로 산출량 제약하의 비용극소화 문제라고 정리할 수 있다. 목적식을 $\min C = wL + rK$, 제약식을 $\bar{Q} = f(L, K)$라고 놓고 1계 조건(first order condition)으로부터 조건부 요소수요함수 또는 산출량 제약하의 요소수요함수가 도출된다. 조건부 요소수요함수는 요소가격들이 같은 비율로 변할 때

수요량에는 변화가 발생하지 않으며, 생산요소인 자본과 노동이 순(純)대체관계에 있고, 생산요소가 2개일 때를 가정한다. 두 생산요소가 서로 대체관계에 있기에 한 요소가격의 변화가 다른 요소수요에 미치는 영향은 다른 요소가격의 변화가 그 요소수요에 미치는 영향과 같다. 도출한 조건부 요소수요함수의 최적해를 목적식에 대입하면 비용함수를 얻을 수 있다.

반면 이와 달리 '**요소수요함수**'는 요소가격과 생산물의 가격으로 표시되는 이윤극대화 함수이고, 이윤을 극대화하기 위해 생산량까지도 변화시킬 수 있는 상황에서의 요소수요 최적조합을 나타내며, Max $\pi(L, K) = pQ - wL - rK$를 풀어 계산한다. 한편 요소수요함수는 w, r, p에 관한 0차 동차함수(임금과 자본의 가격이 동일한 비율로 변하는 경우 요소수요에는 변화가 없다)이고, 생산물의 가격이 오를 때 각각의 생산요소에 대한 수요는 증가할 수도 감소할 수도 있다. 그러나 가격이 오를 때 두 생산요소에 대한 수요가 동시에 감소할 수는 없다. 또한 조건부 요소수요함수와 요소수요함수의 기울기는 모두 음수이다. 그럼 어떤 기업의 생산함수 $Q = 4L^{\frac{1}{4}}K^{\frac{1}{4}}$인 콥더글라스 함수일 때 요소수요함수를 구해보자.

$$\text{Max } \pi(L, K) = pQ - wL - rK$$

$$\text{즉, Max } \pi(L, K) = p4L^{\frac{1}{4}}K^{\frac{1}{4}} - wL - rK$$

$$\frac{\partial \pi}{\partial L} = pL^{-\frac{3}{4}}K^{\frac{1}{4}} - w = 0 \tag{5.1}$$

$$\frac{\partial \pi}{\partial K} = pL^{\frac{1}{4}}K^{-\frac{3}{4}} - r = 0 \tag{5.2}$$

식 (5.2)를 정리하면,

$$pL^{\frac{1}{4}}K^{-\frac{3}{4}} = r$$

$$\frac{p}{K^{\frac{3}{4}}}L^{\frac{1}{4}} = r$$

$$\frac{p}{r}L^{\frac{1}{4}} = K^{\frac{3}{4}}$$

$$K = \left(\frac{p}{r}\right)^{\frac{4}{3}} L^{\frac{1}{3}}$$

이를 식 (5.1)에 대입하여 정리하면,

$$pL^{-\frac{3}{4}} \left[\left(\frac{p}{r}\right)^{\frac{4}{3}} L^{\frac{1}{3}}\right]^{\frac{1}{4}} - w = 0$$

$$pL^{-\frac{3}{4}} \left(\frac{p}{r}\right)^{\frac{1}{3}} L^{\frac{1}{12}} = w$$

$$p\left(\frac{p}{r}\right)^{\frac{1}{3}} \frac{L^{\frac{1}{12}}}{L^{\frac{3}{4}}} = w$$

$$p\left(\frac{p}{r}\right)^{\frac{1}{3}} \frac{1}{L^{\frac{2}{3}}} = w$$

$$p\left(\frac{p}{r}\right)^{\frac{1}{3}} = wL^{\frac{2}{3}}$$

$$L^{\frac{2}{3}} = \frac{p}{w}\left(\frac{p}{r}\right)^{\frac{1}{3}}$$

$$\therefore\ L = \left(\frac{p}{w}\right)^{\frac{3}{2}} \left(\frac{p}{r}\right)^{\frac{1}{2}} = \frac{p^2}{w^{\frac{3}{2}} r^{\frac{1}{2}}}$$

이를 다시 식 (5.2) $pL^{\frac{1}{4}}K^{-\frac{3}{4}} - r = 0$에 대입하여 재차 정리하면,

$$p\left(\frac{p^2}{w^{\frac{3}{2}} r^{\frac{1}{2}}}\right)^{\frac{1}{4}} K^{-\frac{3}{4}} = r$$

$$K^{\frac{3}{4}} = \left(\frac{p^2}{w^{\frac{3}{2}} r^{\frac{1}{2}}}\right)^{\frac{1}{4}} \frac{p}{r}$$

$$K^{\frac{3}{4}} = \left(\frac{p^{\frac{1}{2}}}{w^{\frac{3}{8}} r^{\frac{1}{8}}}\right) \frac{p}{r}$$

$$K^{\frac{3}{4}}=\left(\frac{p^{\frac{3}{2}}}{w^{\frac{3}{8}}r^{\frac{9}{8}}}\right)$$

$$\therefore\ K=\left(\frac{p^{\frac{3}{2}}}{w^{\frac{3}{8}}r^{\frac{9}{8}}}\right)^{\frac{4}{3}}=\left(\frac{p^{2}}{w^{\frac{1}{2}}r^{\frac{3}{2}}}\right)$$

풀이과정을 보면서 다소 복잡하게 느낄 수도 있겠으나, 수학 자체보다는 풀이과정과 논리적 이해에 중점을 두고 살펴보았으면 한다. 이번에는 이해를 돕기 위해 조금 더 간단한 예시를 통해 요소수요함수의 도출과정을 알아보기로 하자.

이번에는 어떤 기업의 생산함수 $Q=X^{\alpha}$(단, $\alpha>0$)일 때 요소수요함수를 구해보기로 하자.

$$\text{Max}\ \ \pi(X)=pQ-wX$$

$$\text{즉, Max}\ \ \pi(X)=pX^{\alpha}-wX$$

$$\frac{\partial\pi}{\partial X}=p\,a\,X^{\alpha-1}-w=0$$

$$\text{이는}\ \ p\,a\,X^{\alpha-1}=w$$

$$X^{\alpha-1}=\frac{w}{ap}$$

$$\therefore\ X=\left(\frac{w}{ap}\right)^{\frac{1}{\alpha-1}}$$

2. 공급함수

공급함수는 쉽게 말해서 상품에 대한 공급량과 가격과의 대응관계를 함수로 표현한 것이다. 그리고 공급량과 가격의 함수관계를 그래프로 나타낸 것이 공급곡선이다. 공급함수를 구하는 방법은 아주 간단한데, 도출한 조건부 요소수요함수의 최적해를 목적식에 대입하여 비용함수를 구할 수 있듯이, 조금 전 구한 요소수요함수의 최적해를 생산함수에 대입함으로써 공급함수를 찾을 수 있다. 가령, 앞에서 본 두 번째 예시, 즉 $X=$

$\left(\frac{w}{ap}\right)^{\frac{1}{\alpha-1}}$을 생산함수 $Q=X^{\alpha}$에 대입하여 얻게 되는 $f(X(p,w))=\left(\frac{w}{ap}\right)^{\frac{\alpha}{\alpha-1}}$이 예시 속 두 번째 기업의 공급함수가 된다. 마찬가지 논리로, 다소 복잡하게 보였지만, 첫 번째 예시의 경우에도 $L=\frac{p^2}{w^{\frac{3}{2}}r^{\frac{1}{2}}}$, $K=\left(\frac{p^2}{w^{\frac{1}{2}}r^{\frac{3}{2}}}\right)$을 생산함수 $Q=4L^{\frac{1}{4}}K^{\frac{1}{4}}$에 투입하여 공급함수를 구할 수 있다.

3. 이윤함수

π = max TR − TC, 즉 이윤 = 총수입 − 총비용이라는 간단한 수식을 통해 이윤함수를 찾는다. 마찬가지로 요소수요함수를 설명하는 과정에서 두 번째 예시로 활용한 내용을 토대로 이윤함수를 구해보면, TR $=pQ$, TC $=wX$이므로, 이는 곧 $\pi=pQ-wX$이다. 한편 생산함수 $Q=X^{\alpha}$, $w=paX^{\alpha-1}$임을 우리는 이미 알고 있다. 특히 $w=paX^{\alpha-1}$을 p로 정리하면, $p=\frac{w}{aX^{\alpha-1}}=w\cdot\frac{1}{aX^{\alpha-1}}$이다. $\pi=pQ-wX$에 $p=w\cdot\frac{1}{aX^{\alpha-1}}$, $Q=X^{\alpha}$를 각각 대입하면,

$$
\begin{aligned}
\pi &= \left(w\cdot\frac{1}{aX^{\alpha-1}}\right)X^{\alpha}-wX \\
&= w\cdot\frac{X^{\alpha}}{aX^{\alpha-1}}-wX \\
&= w\cdot X^{\alpha}\cdot a^{-1}\cdot X^{1-\alpha}-wX \\
&= w\cdot X\cdot a^{-1}-wX \\
&= w\cdot\frac{X}{a}-wX \\
&= wX\left(\frac{1}{a}-1\right)
\end{aligned}
$$

여기서 우리가 알고 있는 또 하나의 정보인 $X=\left(\frac{w}{ap}\right)^{\frac{1}{\alpha-1}}$을 적용하면, 이윤함수는 $w\left(\frac{1-a}{a}\right)\left(\frac{w}{ap}\right)^{\frac{1}{\alpha-1}}$이 된다.

토의자료 5-3 "켈로그, 착한 소비문화 확산 … 사회공헌 앞장"

㈜농심켈로그가 G마켓/옥션에서 켈로그 제품 1개를 구입하면 켈로그 나눔팩 1개가 자동으로 기부되는 '바이원, 기브원(Buy One, Give One)' 착한 기부 캠페인을 성황리에 마치고, 누적된 2만여 개의 나눔팩을 푸드뱅크를 통해 도움이 필요한 곳에 기부한다고 14일(화) 밝혔다.

세계 식량의 날부터 약 보름간 진행된 이번 '바이원, 기브원' 캠페인은 고객들이 제품을 구매하는 것만으로 자동적으로 기부에 동참할 수 있도록 기획되었다. 착한 소비에 동참하려는 고객들의 적극적인 참여에 힘입어 2만여개를 모으는 의미 있는 성과를 거두었다.

실제 지난 10월 15일, 시장조사전문기업 엠브레인 트렌드모니터가 발표한 설문조사에 따르면, 소비자 10명 중 약 7명이 윤리적 경영을 실천하려는 기업의 제품이라면 조금 비싸더라도 구매할 의향이 있다고 보도된 바 있다.

켈로그는 이번 세계 식량의 날 기념 기부 캠페인을 위해 나눔팩도 특별 제작했다. 특별 제작된 나눔팩은 어려운 환경 탓에 불규칙한 식생활로 영양 불균형을 겪는 이웃들을 위해 치아씨드, 퀴노아 등 슈퍼푸드가 함유되어 맛과 영양을 강화한 스페셜K 뉴트리핏 2종으로 구성되었다. 누적된 2만여 개의 나눔팩은 푸드뱅크를 통해 도움이 필요한 곳에 전달될 예정이다.

농심켈로그 송혜경 홍보이사는 "구매만으로도 소외이웃들을 위한 기부활동에 동참할 수 있도록 준비한 기부행사에 일반 행사 대비 두 배가량 많은 수의 소비자들이 참여해 기대보다 더 좋은 성과를 얻었다"며 "소비자들에게 착한 소비를 장려하고, 나눔의 기쁨을 함께 할 수 있는 기회를 제공하게 되어 기쁘다"고 전했다.

한편, 세계 기아 근절을 위한 식품 나눔에 앞장서오고 있는 켈로그는 푸드뱅크를 통해 도움이 필요한 어려운 환경의 이웃돕기는 물론 초록우산 어린이재단과의 사회공헌 협약을 통한 양육시설 아동들 지원, 강원도 산불 피해 이재민에 시리얼 지원 등 한국에서만 올해 초부터 지금까지 총 220,828인분의 제품을 기부해 왔으며, 2013년부터 현재까지 푸드뱅크를 통해 약 73억 원에 달하는 제품을 기부해왔다.

어린이 건강식 시리얼, '설탕 범벅 덩어리'

지난 2000년대 중반 국내에 이른바 '참살이' 열풍이 불면서 자신이 먹는 음식에 대한 관심이 한층 높아졌다. 음식 칼로리양 점검으로 시작해 점차 당 함량, 소금 함량 등 세세한 부분까지 확대됐다. 흔히 먹는 채소나 과일, 육류의 생산 및 가공과정에 대한 정밀한 검증 작업이 필수가 됐고, 이를 투명하게 하기 위한 소비자 운동도 활발하게 일어났다. 지난 2008년 전국적으로 일어난 '미국산 쇠고기 수입 반대운동'은 이러한 시대적 흐름이 폭발한 결과였다. 성숙해진 식품 주권의식은 이제 거대 식품기업들이 판매하는 상품에 대한 합리적 의심으로 이어지고 있다. 최근 발간된 〈식품 사기꾼들〉은 이런 의심이 매우 정당하다는 근거와 논리를 제시해준다.

〈식품 사기꾼들〉은 식품업체들의 두 얼굴을 그렸다. 세계적인 환경운동단체 '그린피스' 사무국장을 지내고 현재는 독일 소비자보호단체 '푸드 워치'를 이끄는 틸로 보데는 식품 대기업들이 어떻게 소비자를 속이고 자신의 주머니를 불리는지, 사기 전략과 행태를 일목요연하게 밝힌다.

저자는 식품기업들이 막대한 마케팅 비용을 써가며 건강식품, 기능식품, 유기농식품이라는 이름으로 소비자를 속여왔다고 주장한다.

식품기업들은 미량의 건강 성분을 넣은 뒤 설탕 덩어리와 다름없는 제품을 건강식품으로 팔거나, 효능이 입증되지 않은 기능식품을 비싸게 판매해 폭리를 취한다. 켈로그, 네슬레, 페레로 등은 어린이 간식이나 어린이 식사용 제품을 내놓고 있지만 실체는 설탕 범벅 과자일 뿐이라는 것이다. 소비자가 꼭 알아야 할 정보는 감추고, 허위·과대 광고가 많은 것도 이들 업체의 특징이다.

예컨대, 켈로그는 지난 2008년 독일 학교에서 '아침 식사의 날' 행사를 시작했다. 어린이에게 아침 식사를 제공하는 학교에 재정을 지원하는 일종의 마케팅이다. 행사를 통해 켈로그는 "식품 제공의 전권은 학교에 있다"며 '착한 기업' 이미지를 내세웠지만, 뒤에선 "가능하면 균형을 유지해야 한다는 게 조건"이라고 단서를 달았다.

겉으로는 영양교육에 발 벗고 나선 것처럼 보이지만, 알고 보면 자사 제품을 쏟아내 어린이 소비자의 입맛을 길들이려는 의도인 셈이다. 저자는 '균형 잡힌 아침 식사', '다량의 비타민이 함유된, 바삭거리게 구운 곡물' 같은 문구를 내세우는 것은 설탕 덩어리인 시리얼을 영양식인 것처럼 포장하려는 속셈이라고 지적한다.

대다수 소비자들은 이미지 마케팅을 활용한 식품기업들의 눈속임에 속아 넘어가고 있다. 분별력이 부족한 아이들에게는 더욱 큰 피해로 다가올 수 있다는 사실 또한 명백하다.

또 다른 예로, 프랑스 기업 다논은 자사 요구르트 악티멜이 "신체 자생의 면역세포 활성화를 증가시킨다"고 주장한다. 하지만 저자는 "그 정도 효과는 소금에 절여 발효시킨 양배추처럼 일상생활에서 우리가 접하는 젖산 제품에서도 충분히 얻을 수 있다"고 반박한다. 악티멜이 감기 예방 효과까지 있다고 광고한 것을 두고도 "그렇다면 약국에서 판매해야 할 것"이라며 "슈퍼마켓 판매를 위해 설탕을 잔뜩 넣고 여러 가지 맛으로 변형시켰을 뿐"이라고 꼬집는다.

저자는 논점을 확대해 비만은 세계적인 전염병이며 이에 대한 사회적 책임은 식품기업에게도 있다는 점을 분명히 해야 한다고 강조한다. 미국 성인 가운데 3분의 2가 과체중이며, 비만 어린이 수는 비만 성인 증가 속도보다 3배나 빠르게 늘어나고 있다. 하지만 식품기업들은 학교 스포츠를 후원하는 방식으로 비만의 책임을 운동하지 않는 개인에게 돌리고 있다는 의혹에 휩싸여 있다.

'식품 성분 함량 표시'에 대한 논점은 충분히 되새겨볼 만하다. 읽기 힘든 작은 글씨로 쓰인 성분 표시나 원산지 표시 등은 개선돼야 한다는 것이다. 이 사안은 몇 해 전부터 우리나라에도 많은 문제제기가 나오고 있다. 저자는 더 나아가 영양성분 표시를 '신호등 표시제'로 할 것을 제안한다. 빨간색(높음), 노란색(중간), 초록색(낮음) 등 신호등 색깔을 통해 소비자들이 해당 가공식품에 지방, 설탕, 소금, 포화지방이 얼마나 포함돼 있는지 쉽고 빠르게 인식할 수 있도록 해야 한다는 것이다.

사실 구체적인 연구 결과는 없이 합리적 의심으로 일관하는 점은 이 책의 독자로서 마뜩잖다. 그러나 다양한 실제 사례를 근거로 제시하며 던지는, 소비자 저항운동을 통해 먹을거리 권리를 찾아야 한다는 메시지는 누구도 부정하지 못할 듯싶다.

Q 질문

1. 만약 설탕 범벅을 팔아 이익을 극대화한 돈으로 많은 기부를 한다면 이 기업은 착한 기업일까? 아니면, 나쁜 기업일까? 어쨌든 주주이익에만 집착하지 않고 사회에 기여하고자 노력했기에 착한 기업이지 않을까? 혹은 착한 기업이고자 했다면 애초 설탕 범벅을 눈속임하여 소비자에게 판매하지 말았어야 하기에, 이 기업이 어떤 행동을 하든 의미 없는 나쁜 기업으로 보는 게 타당할까? 각자의 견해를 피력해보자.

〈출처: 글로벌뉴스통신, 2017년 11월 14일자; 경남도민일보, 2013년 2월 8일자〉

제 3 절 독점과 과점시장에서의 이윤극대화

1. 독점시장에서의 이윤극대화

독점시장이란 특정 상품의 공급이 단일 기업에 의해 이루어지는 시장을 말하며, 이 단일 기업을 독점기업이라고 하고, 독점기업이 판매하는 재화나 서비스를 독점상품이라고 한다. 우리나라에서 이러한 예를 찾는다면, 전기를 독점 생산하고 공급하는 한국전력이라든지, 홀로 국내에 철도서비스를 제공하는 한국철도공사가 언급한 독점기업의 대표적인 경우라고 할 수 있다.

한편 시장에 단일 기업만 존재하기에 독점기업이 생산하고 제공하는 공급량은 시장에 행해지는 특정 상품의 총공급량과 일치하게 되며, 비록 기울기는 다르지만 독점기업의 시장수요곡선도 완전경쟁시장에서와 마찬가지로 우하향하는 모습을 띠게 된다. 다만, 완전경쟁시장과 독점시장의 가장 큰 차이는, 전자(즉, 완전경쟁시장)에서 기업은 가격수용자가 되어야 했던 것과 달리, 후자(즉, 독점시장)에서 기업은 대체재의 부재로 인해 강력한 시장지배력을 갖게 된다. 다시 말하면, 완전경쟁시장에서 기업은 주어진 가격을 받아들여야만 하는 가격순응자였던 것에 반해, 독점시장에서 기업은 시장가격을 지배하는 힘을 가짐으로써 **가격결정자**(price setter)의 지위를 갖는다. 또한 완전경쟁하에서는 무수히 많은 기업들이 동질적인 상품을 생산함에 따라 필연적으로 이들은 시장 내에서 극심한 경쟁을 피할 수 없으나, 독점시장에서는 동질적인 상품이나 대체재가 존재하지 않기 때문에 이러한 경쟁이 나타나지 않는다.

어떤 독점기업이 독점시장을 형성하고 있다는 것은 그 시장에 다른 기업들이 신규 진입하지 못하고 있다는 것을 의미하는데, 이는 시장에 여러 가지 진입장벽(entry barriers)이 존재하기 때문이며, 이러한 진입장벽은 다음과 같은 이유가 원인으로 작용한다. 첫째, 한 기업이 특정 상품의 생산에 반드시 필요한 투입요소의 전체 공급을 장악하고 있는 경우에 독점이 형성된다. 둘째, 어떤 상품을 생산할 때 규모의 경제가 있는 경우에는 한 기업이 생산량을 대폭 늘려 생산단가를 낮춤으로써 경쟁기업을 시장에서 몰아낼 수 있다. 셋째, 어떤 상품을 생산하는 데 요구되는 기술을 어느 한 기업만이 가지고 있어서 이 기술을 특허권으로 보호받고 있는 경우에도 시장에 독점이 나타난다. 넷째, 정부가 전략적으로 보호하고자 하는 유치산업이라든지, 때에 따라서는 정부 차원에서 특정 기업에게 독점영업권 혹은 전매권을 제공하는 경우도 있는데, 이러한 상황에서도 독점기업과 독점시장이 탄생할 수 있다.

이제 독점시장에서의 이윤극대화에 대해 생각해보기로 하자. 완전경쟁시장에서 한계수입(MR) = 한계비용(MC)이 되는 지점에서 기업의 이윤극대화가 이루어진다는 것을 우리는 이미 알고 있다. 그런데 이 사실은 독점시장 내 독점기업에게도 동일하게 적용된다. 만약 한계수익(MR)이 한계비용(MC)보다 높으면, 독점기업은 한 단위를 더 생산하여 얻을 수 있는 추가적인 이윤이 발생하는 비용보다 더 크기에 생산을 늘리려고 할 것이다. 반면 한계수익보다 한계비용이 높은 상태라면, 한 단위를 추가적으로 생산하여 발생하는 비용이 이익보다 더 크므로 생산을 줄여야 한다. 따라서 독점기업도 MR과 MC가 만나는 지점에서 생산량을 결정하고 이윤극대화를 달성한다.

그럼에도 경쟁시장과 독점시장 간 다른 점은, 앞에서도 지적했듯이, 완전경쟁시장에서는 생산자가 가격에 아무런 영향력을 행사할 수 없는 가격수용자였기에 개별 기업의 관점에서 수요곡선은 수평선의 모습을 띠고, 가격(P) = 수요곡선 D = MR = MC가 되었으나, 이와 달리 독점시장에서는 P가 MR보다 크다. 따라서 P = 수요곡선 D > MR = MC가 도출된다. 이를 이해하기 용이하도록 조금 더 부연 설명하면, 수평의 수요곡선에 직면하는 완전경쟁시장 기업과 달리, 독점기업은 형성된 수요량만큼 상품을 시장에 공급(독점시장이라도 가격이 상승하면 당연히 수요는 감소)하기 때문에 우하향하는 수요곡선을 갖는다. 또한 독점시장에서의 가격(P)은 독점기업의 평균수입(average revenue)과 같다. 즉, 독점기업이 1개의 상품을 시장에 공급했을 때 가격이 120원이라면 독점기업의 수입도 120원이 된다. 독점기업이 공급을 늘려 2개의 상품을 판매하면, 공급이 늘었기에 예컨대 가격이 80원으로 하락하고, 독점기업의 총수입은 160원, 평균수입은 가격과 동일한 80원이 된다. 만약 독점기업이 이번엔 공급을 3개로 늘려 상품을 판매하면, 예를 들어 가격이 64원으로 하락하고, 독점기업의 총수입은 192원, 평균수입은 64원이 되어 가격과 일치함을 확인할 수 있다.

이제 이 경우 한계수입과 가격(즉, 수요곡선)을 비교해보자. 1개의 상품만을 시장에 공급하던 독점기업이 이를 늘려 2개의 상품을 판매하는 경우, 한계수입은 40원이 되고, 가격은 80원이다. 그런데 시장공급을 추가로 1개 더 늘려 3개의 상품을 판매한다면, 한계수입은 이제 32원으로 바뀌고, 가격은 64원이 된다. 다시 말하면, 독점시장에서 P = 수요곡선은 늘 한계수입인 MR보다 높게 나타나고, 따라서 P = 수요곡선 D > MR = MC인 관계가 성립한다. 일반적으로 독점시장에서는 한계수입곡선의 기울기가 수요곡선 기울기의 2배가 된다고 알려져 있다. 이로 인해 순수 독점하의 시장상황은 [그림 5-6]과 같으며, 독점기업은 단기균형 상태에서 사각형 BCDE의 면적에 해당하는 이윤을 얻는다.

한편 완전경쟁 상태에서 기업은 장기적으로 정상이윤만 얻는데 비하여 독점기업은 시장 내에 진입장벽이 존재하므로 장기에도 여전히 초과이윤을 획득할 수 있다. 특히 완전경쟁의 장기균형에서는 기업들의 자유로운 진입과 퇴출을 통해 모든 기업의 이윤이 0이 되어야 하나, 독점기업의 경우에는 시설규모의 확대 등을 선택하여 오히려 단기에서보다 더 큰 이윤을 시현할 수 있다. 즉, 이를 다시 말하면 장기에는 시설규모를 최적수준으로 조정하는 것이 가능하므로 독점기업의 장기이윤은 단기이윤보다 큰 것이

그림 5-6 독점시장의 기업 단기균형 이윤

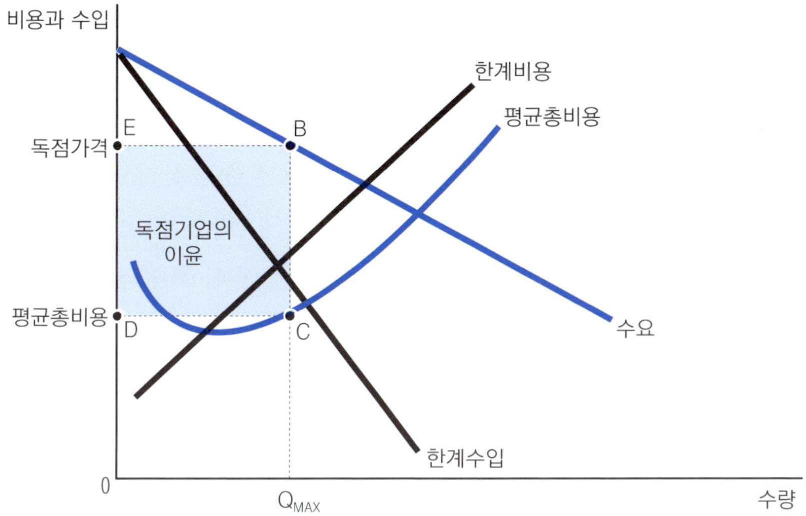

일반적이고, 장기에서 시장에 남아 있는 독점기업이라면 최소한 아무리 적어도 0 이상의 경제적 이윤을 얻고 있을 것이라고 말할 수 있다.

2. 과점시장에서의 이윤극대화

과점시장이란 완전경쟁시장과 독점시장의 중간적 형태로 소수의 기업에 의해 지배되는 시장을 말하며, 따라서 공급자가 다수인 완전경쟁시장이나, 공급자가 오직 하나만 존재하는 독점시장과는 확연히 다르다. 완전경쟁시장이나 독점시장을 실제 현실에서는 찾아보기 힘든 것과 다르게, 시장에 공급자가 둘 이상 있지만 그 수가 적은 과점시장의 형태는 내수 규모가 작은 국가 내 많은 산업에서 흔히 발견된다. 혹자들은 동네 어디에나 있는 미용실이 예컨대 완전경쟁 아니냐고 반문할지 모르겠으나, 완전경쟁시장이라면 이들에 의해 제공되는 상품의 질이 균일해야겠지만, 실제론 미용 서비스의 수준이 천차만별이라는 점에서 엄밀한 의미의 완전경쟁이라고 부르기 어렵다. 또한 독점시장의 경우에도 독점금지법을 통해 정부가 경쟁을 촉진하고 기업의 독점적 행태를 다양하게 규제하고 있다는 점에서 공사 형태의 국영 독점을 제외하고 순수 민간 기업에 의한 독점시장은 존재하지 않는다.

하지만 이들과 달리 과점시장은 우리 주변에서도 흔히 목격된다. 예를 들어, 자동차 생산, 정유, 이동통신 서비스 등이 모두 대표적인 과점 품목들이다. 이러한 과점시장은 다음과 같은 특징을 갖는데, 첫째, 시장 내 기업 간에 밀접한 의존관계가 형성된다. 둘째, 독점시장보다는 약하지만, 과점시장 역시 강력한 진입장벽을 갖는다. 진입장벽이 발생하는 이유는 독점과 유사하다. 셋째, 가격을 통한 경쟁을 하기보다는 광고에 주력한다든지 약간씩 다른 차별화된 상품을 시장에 공급하는 비가격적인 요소들을 활용하여 경쟁을 하고, 그 결과 가격은 경직적인 특성을 띤다. 넷째, 특히 과점시장 안의 기업들은 가격경쟁을 벌이면 서로의 이윤극대화에 도움이 되지 않는다는 것을 알고 있기에 **담합**이나 **카르텔**과 같은 비경쟁행위를 하고자 하는 경향을 보인다. 만약 과점시장 내 기업들이 담합을 형성하면 시장은 마치 거대한 독점기업에 의해 지배받는 것과 같은 후생감소를 겪는다.

여기서 담합이란 기업이 상호 간의 경쟁을 회피하기 위해 다른 기업과 공동으로 가격을 결정하거나 인상하고, 시장을 분할한다든지 출고를 조절하는 등의 합의된 행동을 취함으로써 부당하게 경쟁을 제한하는 행위를 일컫는다. 만약 기업들이 담합을 하는 경우 신기술과 신상품을 개발할 유인을 줄이게 되고, 소비자에게는 낮은 품질의 상품을 아무 선택권 없이 높은 가격으로 구입하도록 강제하게 되어 경제 전반과 소비자 후생에

그림 5-7 담합을 통한 이윤극대화

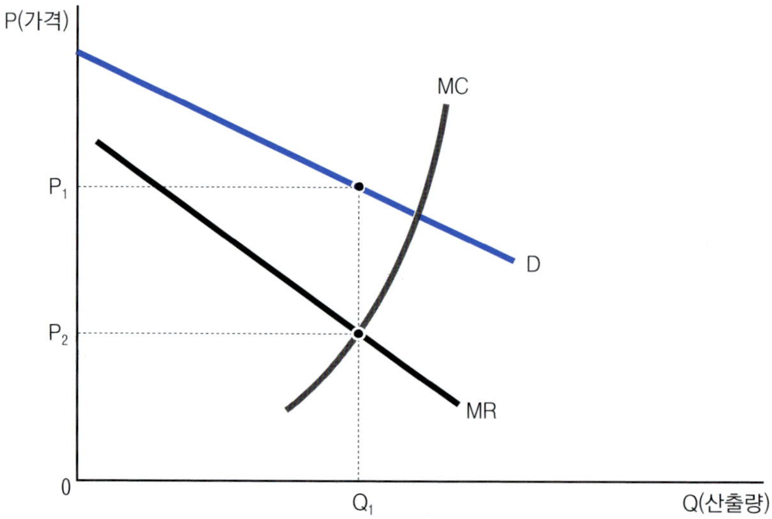

공통적으로 부정적인 영향을 주게 된다. 하지만 과점시장 내 기업의 입장에서는 독자적으로 이윤을 추구하는 것보다 담합을 하는 것이 이윤극대화에는 도움이 될 것이고, 따라서 이에 대한 유혹을 받는다. 실제로 닭고기 가격 담합이나 라면과 아이스크림 가격 담합에 대한 과징금 부과 기사를 접하게 되는 이유도 이 때문이다.

만약 과점시장 내 기업들이 담합, 즉 카르텔을 형성하면 실질적으로 독점체제를 구축하는 결과를 발생시키고, 따라서 독점기업과 거의 유사한 방법으로 카르텔 전체의 이윤극대화를 시도한다. 즉, 산업의 시장수요곡선이 [그림 5-7]과 같이 D로 주어졌다면 한계수입곡선 MR을 도출할 수 있고, 한계수입곡선과 한계비용곡선이 교차하는 생산량 Q_1에서 카르텔의 이윤이 극대화된다. 이때 담합을 시도하는 기업들은 카르텔의 전체 생산량을 Q_1에서 고정시키고 가격을 P_1에서 유지하려고 노력할 것이다. 하지만 이 생산량을 각 카르텔 내 기업들에게 어떻게 할당할 것이냐의 문제가 남으며, 따라서 가맹기업들 간 협상이라는 정치적 과정을 거친다. 가령 지금까지의 판매실적이라든지, 혹은 생산능력, 아니면 지역별로 시장을 분할하여 할당이 이루어지기도 한다.

그런데 각 개별 기업의 입장에서 보면 카르텔 전체의 이윤극대화가 반드시 자신의 이윤극대화를 의미하지는 않는다. 계획된 힘을 카르텔이 발휘하기 위해서는 담합에 참여하는 기업 간 합의된 가격과 생산량을 각 가맹기업들이 철저히 준수할 필요가 있으

| 그림 5-8 | 카르텔의 불안정성

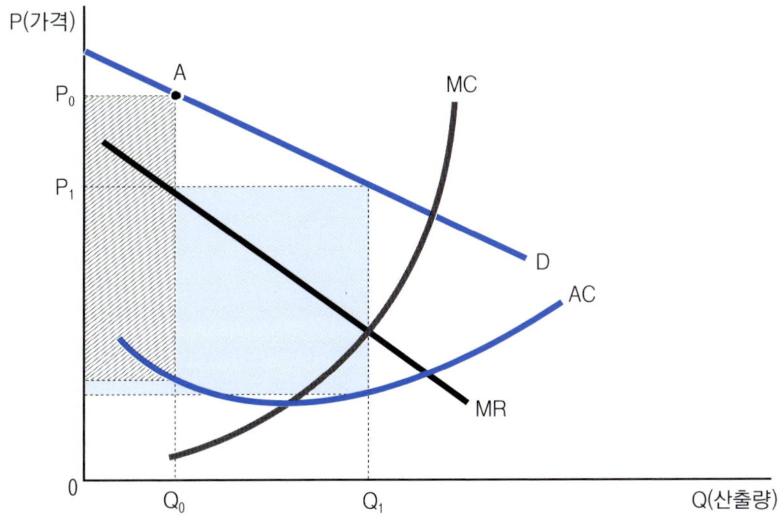

나, 만약 설령 소폭이라고 할지라도 한 기업이 자신만 가격을 낮추면 판매량을 현저히 증가시킬 수 있고, 이를 통해 이윤을 더욱 확대할 수 있다. [그림 5-8]에서 카르텔이 약속한 가격과 생산량 수준이 점 A라고 할 때, P_0의 가격보다 조금만 낮추어 P_1의 가격으로 판매하면 판매량이 크게 늘어날 수 있고, 이때 시현할 수 있는 이윤(색칠된 직사각형 면적)이 현재 얻고 있는 이윤(빗금친 면적)보다 크다는 것을 시각적으로 여실히 확인할 수 있다. 이러한 사실은 카르텔에 속해 있는 모든 기업들이 알고 있으며, 이는 필연적으로 카르텔이 내재적인 불안정성(instability)을 갖는다는 것을 의미한다. 그럼에도 불구하고 만약 이러한 담합행위가 발견된다면 우리나라에서는 이를 비윤리적인 부당공동행위로 간주하여 공정거래위원회가 무거운 과징금을 부과하고, 독점금지법을 통해 과점기업들의 명시적 담합을 금지하고 있다.

주요 용어

(완전)경쟁시장	가격 수용자	총수입	총비용	한계수입
조업중단	1계 조건	요소수요함수	공급함수	이윤함수
독점시장	과점시장	가격결정자	담합	카르텔

연습문제

01 어떤 기업 A는 경쟁시장에서 재화 X를 판매하고 있다. X재의 수요함수는 $Q=120-P$이며, 총비용함수는 $C=100+40Q$이다. 이 기업 A의 이윤극대화 생산량을 구하시오.

02 완전경쟁시장에서 한 기업의 총비용이 $TC=12{,}000+7{,}700Q-100Q^2+\frac{1}{3}Q^3$이라고 주어졌을 때, 이 기업의 조업중단가격(shutdown price)은 얼마인가?

03 총 1,000달러를 생산에 투입시킬 수 있는 어떤 기업이 생산량을 극대화하고자 한다. 이때 임금은 10달러이고, 자본의 가격은 2달러이며, 생산함수 $Q=(K^{0.5}+L^{0.5})^2$이라면 이 기업의 요소수요함수를 구하시오.

04 어떤 기업의 생산함수 $Q=L^{\alpha}$(단, $\alpha=\frac{1}{2}$)이라면 이 기업의 공급함수를 구하시오.

05 어떤 기업이 X라는 생산요소를 활용하여 q_1과 q_2라는 두 개의 상품을 생산하고 있으며, 생산관계가 $X=q_1^2+q_2^2$이라고 주어져 있고, 생산요소 X의 단위당 가격이 0.5달러라고 가정하자. 그리고 이 기업의 고정비용은 200달러이다. 또한 이 기업은 상품 q_1을 개당 80달러에 팔고 있고, 반면 상품 q_2는 개당 100달러에 판매하고 있다. 이 경우 각 상품당 이윤을 극대화하는 생산량을 제시하시오. 더불어 이 기업은 생산요소 X를 얼마나 사용하고 있는지 구하시오.

참고문헌

Varian, H. R.(1992), Microeconomc analysis, London, NY: W. W. Norton & Company, Inc.

경남도민일보, 어린이 건강식 시리얼, '설탕 범벅 덩어리', 2013년 2월 8일자.

글로벌뉴스통신, "켈로그, 착한 소비문화 확산 … 사회공헌 앞장", 2017년 11월 14일자. Available at http://www.globalnewsagency.kr/news/articleView.html?idxno=82100 [접속일: 2022년 8월 8일].

김경환, 김종석(2021), 맨큐의 경제학 번역서, 서울: Cengage learning Korea.

김만환(2002), 요소수요함수, 고시계, 95(4), 351-353.

이준구(2019), 미시경제학, 서울: 문우사.

조선일보, "대기업, 착한 척 하지마!" 안티 워크 자본주의 떴다, 2022년 6월 9일자.

한국일보, 이준구 교수 "법인세 인하로 투자가 늘고 물가가 안정? 이론적 근거 없다", 2022년 6월 17일자.

CHAPTER

06

일반균형이론

학습목표

본 장에서는 일반균형의 의미와 특성을 이해한 뒤, 재화를 상호 교환하는 단순한 순수교환경제를 분석 대상으로 삼아 효율적인 자원배분과정을 학습한다. 이를 토대로 균형이 존재하려면 어떤 조건들이 만족되어야 하는지에 대해 논의해보고, 균형의 수학적인 도출을 시도해보고자 한다.

제 1 절 순수교환경제에서의 일반균형

제 2 절 일반경쟁균형의 존재

제 3 절 균형의 수학적 도출

토의자료 6-1 4세 경영 포기한 이재용 뉴삼성…'이사회 중심' 개편 밑그림

이재용 삼성전자 부회장이 광복절 복권으로 '경영 족쇄'가 풀리게 되면서 삼성그룹 지배구조 개편에 관심이 쏠리고 있다. 이 부회장은 2020년 경영권 승계과정에서 있었던 준법의무 위반 행위와 관련해 사과하면서 '4세 경영 포기'를 공개적으로 밝혔기 때문에 개편안 마련이 필요한 상황이다. 14일 재계에 따르면 이 부회장 복권을 통해 삼성에서는 지배구조 개편 작업에 속도를 낼 것으로 알려졌다. 삼성그룹 내에서 지배구조는 기업집단의 거버넌스라는 사전적 의미와 함께 소유구조 문제도 포함하는 개념으로 받아들이고 있다.

삼성그룹 오너 일가가 삼성물산과 삼성생명을 통해 삼성전자를 지배하는 현 소유구조에 대한 개편안도 염두에 두고 있다는 얘기다. 지배구조 문제와 관련해 현재 삼성에서는 컨설팅회사인 보스턴컨설팅그룹(BCG)에 용역을 준 상황이다. BCG 용역 결과는 아직 공개되지 않았지만 삼성이 한국 재벌의 특성과 장점을 살리면서 이사회 중심으로 지배구조를 개편하는 쪽으로 의견을 정리한 것으로 알려졌다. 아울러 주요 부문별로 위원회(협의회)를 구성해 경영진이 집단지성을 발휘할 수 있도록 제안할 것으로 전해졌다.

조명현 고려대 경영학과 교수는 "이 부회장이 세습 경영을 하지 않겠다고 선언한 만큼 삼성가가 이사회에 참여해 전문경영인을 감독하는 체제로 갈 가능성이 높다"고 전망했다. 조 교수는 일가족이 재단을 통해 경영에 참여하는 사례로 스웨덴 발렌베리와 미국 포드 등을 들었다.

창업자 가족이 160여 년간 5대째 경영권을 이어가고 있는 발렌베리 가문은 '인베스터'라는 투자회사를 통해 그룹을 지배한다. 가문이 직접 기업 경영에 참여하는 것이 아니라 인베스터가 이사회 구성원으로 주요 의사결정에 참여하는 것이다. 그 대신 복수의결권 제도를 채택해서 지분보다 훨씬 많은 의결권을 행사하는 것이 특징이다. 예를 들어, 스웨덴 대표 통신회사인 에릭슨은 인베스터가 5% 지분을 갖고 있지만 의결권은 19%를 행사하고 있다.

발렌베리는 삼성이 오랜 기간 '롤모델'로 보고 있는 곳이기도 하다. 2003년에는 고 이건희 선대회장이 발렌베리 재단을 방문한 적이 있고, 발렌베리 가문 경영진도 2012년과 2019년 한국을 찾을 때마다 이 부회장과 면담을 하는 등 꾸준히 교류를 이어오고 있다.

미국 포드는 창업주 헨리 포드를 포함해 현재까지 13명이 최고경영자(CEO)를 지냈는데, 이 중 포드 가족은 3명에 그친다. 짐 팔리 현 CEO를 포함한 나머지 10명은 전문경영인이다. 현재 포드 가문인 빌 포드가 이사회 의장을 맡으며 간접적으로 경영에 참여하고 있다. 또 창업주 가족 80여 명은 복수의결권 제도를 활용해 2% 남짓한 지분으로 의결권의 40%를 행사하고 있다.

기업에 따라 알맞은 경영방식이 다른 만큼 적법하게 경영권 승계가 이뤄진다면 오너의 경영 참여를 부정적으로 봐선 안 된다는 목소리도 나온다.

상법 전문가인 김화진 서울대 법학전문대학원 교수는 저서 『소유와 경영』에서 "가족은 전문경영인보다 훨씬 장기적 관점에서 일하기 때문에 혁신과 변화에 대한 절박함과 동력이 더 크다"며 "후손들이 가장 두려워하는 것은 본인의 대에서 회사가 쇠락하는 것"이라고 밝혔다. 김 교수는 이어 "전문경영인은 회사 안팎의 이해관계집단이 행사하는 압력에 취약해 내외의 자원배분 기능 조절에 실패하기 쉽다"고 지적했다.

삼성 지배구조 논의의 다른 한 축으로는 소유구조 변화를 예상할 수 있다. 현재 삼성그룹 소유구조는 오너 일가가 31.31% 지분으로 삼성물산을 지배하고, 이어 '삼성물산 → 삼성생명 → 삼성전자'로 이어지는 형태로 돼 있다. 삼성전자 최대주주는 8.51% 지분을 가진 삼성생명이고, 삼성물산도 5.01% 지분을 갖고 있다. 오너 일가 지분은 5.45%에 그친다.

외부 공격을 막기 위해서는 오너 일가가 삼성전자 지분을 탄탄히 가져가는 것이 필요한데, 여기에 걸림돌이 되는 게 현재 야당에서 추진 중인 보험업법 개정안이다. 소위 '삼성생명법'으로 불리는 이 개정안의 핵심은 자산평가방식이다. 현재 보험업법은 보험사가 보유할 수 있는 계열사 주식 한도를 총자산의 3%로 규정하고 있다. 보험업 감독 규정에서 총자산과 자기자본에 대해서는 시가, 주식·채권 보유 금액은 취득원가로 하도록 하고 있다. 이번에 추진되는 법 개정안은 주식 또는 채권 보유 금액을 시가로 평가하자는 것이다. 지난 12일 종가 기준으로 볼 때 삼성생명이 보유한 삼성전자 지분 가치는 30조 원을 넘는다. 이 개정안대로라면 삼성생명은 자산의 3%인 9조 8,400억 원을 초과하는 20조 7,510억 원 규모의 삼성전자 지분을 시장에서 처분해야 한다.

익명을 요청한 한 지배구조 전문가는 "의결권 제한과 달리 삼성전자 지분을 대량으로 팔도록 하는 것은 비가역적인 조치"라며 "삼성전자에 대한 삼성 일가 지배력이 취약해진 상황에서 외국자본이 공격해오면 방어 수단 없이 흔들릴 수 있다"고 지적했다.

삼성생명이 논란의 핵심이 되면서 금융 계열사만 떼어 중간 금융지주사를 설립할 가능성도 제기된다. 삼성생명 최대주주가 삼성물산(19.34%)이어서 다양한 방식을 통한 지분 스왑 가능성이 거론되는 분위기다. 여기에 이 회장 사후에 삼성생명 지분 6.92%를 갖게 된 장녀 이부진 호텔신라 사장의 행보도 주목된다. 차녀 이서현 삼성복지재단 이사장은 상속세 납부를 위해 본인 지분을 절반가량 매각했지만 이부진 사장은 지분에 변동이 없는 상황이다.

지배구조 개편 과정에서 추가적인 계열사 매각 가능성도 나오고 있다. 2014년 삼성그룹이 석유화학 부문인 삼성종합화학·삼성토탈, 방산 부문인 삼성테크윈·삼성탈레스를 한화그룹에 매각한 것처럼 전자 외에 비주력사 매각이 거론되는 것이다. 대표적으로 삼성중공업은 지난 2분기까지 19개 분기 연속 적자를 내면서 합병설과 매각설이 꾸준히 불거진 바 있다.

Q 질문

1. 지배구조 개편은 기업의 과잉투자와 오너의 사사로운 자원배분을 막을 수 있을까? '있다' 혹은 '없다'는 여러분의 의견에 대한 근거를 제시하시오.

〈출처: 경향신문, 2022년 8월 14일자〉

제 1 절 순수교환경제에서의 일반균형

1. 일반균형의 의미와 특성

지금까지의 분석은 한 시장을 다른 경제와 분리시켜 독립적으로 다루는 부분균형 분석(partial equilibrium analysis)의 틀 안에서 이루어졌다. 그러나 실제로 한 시장에서 일어난 일은 다른 시장에 영향을 주며, 또한 다른 시장에서 일어난 변화가 당해 시장에 영향을 미치는 등, 여러 시장들이 상호 밀접한 연관관계를 맺고 있다. 또한 한 상품의 가격이 다른 상품의 수요에 영향을 미칠 수 있고, 혹은 한 상품의 생산이 다른 상품을 생산하는 데에 소요되는 비용에 영향을 끼칠 수 있기에 시장은 서로 연결되어 있다고 볼 수 있다. 한편 한 경제가 부분균형(단일시장에서의 경쟁균형)이 아닌 **일반균형**(general equilibrium)의 상태에 있다는 것은, 경제 내 모든 생산물 및 요소시장에서 동시에 균형을 이루고 있음을 뜻한다. 이러한 일반균형이 이루어지기 위한 조건은 다음과 같다.

① 모든 소비자가 그의 예산제약하에서 효용이 극대화되는 상품묶음을 선택한다.
② 모든 소비자가 원하는 만큼의 생산요소를 공급하고 있다.
③ 모든 기업이 주어진 여건하에서 이윤을 극대화하고 있다.
④ 주어진 가격체계하에서 모든 상품시장과 생산요소 시장에서의 수요량과 공급량이 일치하고 있다.

이러한 제반 상기 조건이 충족된 상태에서는 시장에 존재하는 모든 주체들이 현 상황에 만족하고 있을 것이기에 다른 교란요인이 발생하지 않는다면 어떠한 경제주체도 변화하는 걸 원하지 않게 된다. 각 경제주체가 느끼는 효용과 이익뿐만 아니라, 수요와 공급 측면에서도 균형을 이루고 있으므로, 가격도 현재 수준이 그대로 유지된다. 즉, 이 균형에서는 어떠한 상품도 그 가격을 올리거나 내리도록 하는 압력이 존재하지 않는다. 반대로 일반균형 상태가 아니라면, 수요가 공급을 초과할 때 가격은 올라가고 공급이 수요를 초과하면 가격은 하락할 것이다.

2. 에지워스 상자

19세기 후반 영국의 경제학자 프랜시스 이시드로 에지워스(Francis Ysidro Edgeworth)가 처음 소개한 개념인 **에지워스 상자**(Edgeworth box)는 시장에 존재하는 부존량과 두 소비자의 선택을 하나의 그림으로 표현함으로써 교환경제에서의 균형 상태를 설명한다.

이제 이 두 소비자가 A와 B이고, 이들이 쌀과 옷이라는 두 상품을 교환대상으로 하고 있다고 가정해보자. 또한 A와 B는 쌀과 옷에 대한 고유의 선호체계를 갖고 있으며, 이 상품들을 일정량만큼씩, 즉 [그림 6-1]에 의하면, 소비자 A는 (쌀 $\bar{x}_A$, 옷 $\bar{y}_A$), 소비자 B는 (쌀 $\bar{x}_B$, 옷 $\bar{y}_B$)을 I점에서 소비하고 있다고 가정하자. 이제 A와 B는 초기 부존자원하에서 각자의 효용을 극대화하기 위한 교환에 임하게 된다. A의 입장에서는 교환을 통해 점의 위치가 오른쪽과 위로 이동할수록 상품 소비량이 많아지고 효용이 증가하게 되며,

| 그림 6-1 | 에지워스 상자

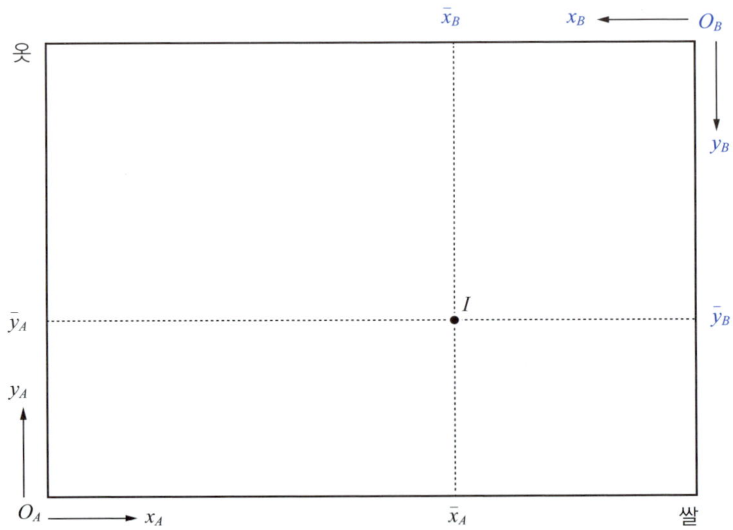

┃그림 6-2┃ 상호 이익이 되는 교환의 예

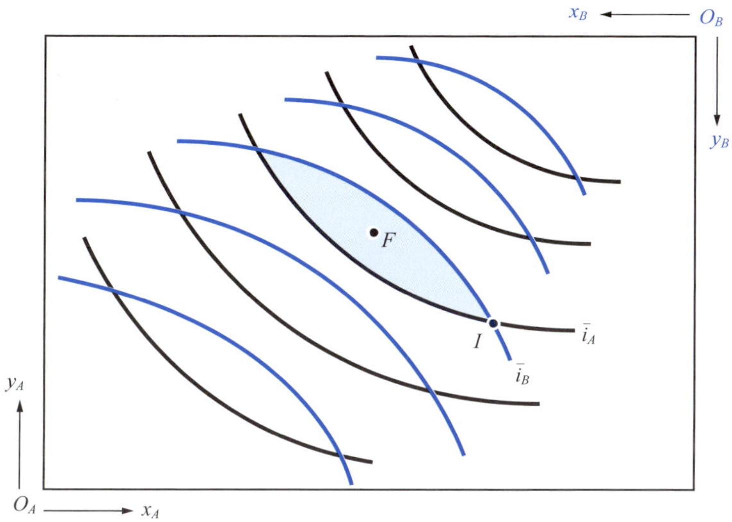

B는 그 반대가 될 것이다. 한편 고려 대상이 되는 경제의 초기 부존자원량에 의해 에지워스 상자의 크기가 결정되기에 경제의 총부존량이 바뀌면 상자의 크기도 그에 따라 커지거나 작아진다.

이제 이들 두 소비자는 I점에서 출발해서 상호 교환을 통해 서로에게 공히 이득이 될 수 있으면서도 실현 가능한 분배를 시도할 것이다. 이들의 분배가 어떻게 이루어질지를 이해하기 위해서는 소비자 선호를 나타내는 무차별곡선을 그려봐야 한다. 소비자 A의 무차별곡선은 O_A를 기준으로 하여 그릴 수 있는 반면, 소비자 B의 무차별곡선은 O_B를 기준으로 나타낼 수 있다([그림 6-2] 참고).

앞에서도 언급했듯이, 소비자 A는 O_B 방향으로 이동할수록 만족과 효용이 증가하고, 이와 달리 소비자 B는 O_A 방향으로 옮겨갈수록 만족과 효용이 확대된다. [그림 6-2]에 따르면, 이는 곧 음영의 색깔이 입혀진 구역으로 옮겨 갔을 때 소비자 A와 B 모두 공통적으로 이전보다 더 높은 효용수준에 도달한다는 것을 의미하고, 이를 F점이라고 하자. 소비자 A의 관점에서 봤을 때, F점은 이전에 소비가 이루어졌던 무차별곡선 $\bar{i}_A$상의 I점보다 바깥쪽에 위치함으로써 이전보다 효용수준이 높아졌음을 알 수 있다. 마찬가지로, 소비자 B의 관점에서 봐도 F점에서의 효용수준은 교환 이전보다 높아졌다는 것을 확인할 수 있다.

당연한 말이지만, 두 소비자가 서로 교환을 할 때, 이 교환행위로 인해 어느 한 소비자는 이익을 얻는 반면, 다른 소비자는 손해를 보게 된다면 후자는 교환에 응하지 않을 것이다. 만약 두 소비자가 어떤 상품을 교환한다는 것은 교환을 통해 두 소비자가 모두 이익을 얻는다는 것을 시사하고, 따라서 최초 I점에서 교환의 결과 다른 점으로 이동한다면 두 소비자가 모두 이익을 얻을 수 있는 구역의 어떤 점이 될 것임을 예상할 수 있다.

3. 계약곡선

두 소비자가 교환을 통해 I점으로부터 F점으로 이동했다고 해서 그 곳이 최종 기착지가 된다는 보장은 없다. 만약 F점에 비해 서로가 추가적인 이익을 누릴 수 있는 또 다른 점이 있다면 이들은 다시 F점을 떠나 그 새로운 점으로 옮겨갈 것이기 때문이다. 결국 서로에게 이익이 되는 교환이 더 이상 발생할 수 없는 자원배분 상태에 도달해서야 그들은 교환행위를 멈출 것이다. 이와 같이 어느 누구에게도 손해를 끼치지 않으면서 교환에 참여하는 모든 사람에게 이익이 되는 자원배분 상태를 **파레토 효율성**(Pareto efficiency)이라고 하고, 이와 같은 상태로의 변화를 **파레토 개선**(Pareto improvement)이라고 한다. 다시 말해서, 파레토 효율적인 배분은 모두에게 이익이 되는 변화를 더 이상 만들어낼 수 없는 상태를 뜻한다. 즉, 어떤 자원배분 상태에서 특정인에게 손해가 가지 않으면서도 추가적인 이익을 얻을 수 있는 최소 한 사람 이상이 존재한다면 이는 파레토 효율적인 상태라고 할 수 없고, 파레토 효율성은 파레토 개선이 불가능한 상태를 의미한다.

그림을 통해 이를 다시 설명하면, [그림 6-3]에서 G점을 포함, 소비자 A와 B의 무차별곡선이 서로 접하는 지점들은 모두 파레토 효율적인 자원배분이 일어나는 점들이다. G점을 예시로 들어, 소비자 A로 하여금 이보다 더 많은 효용을 얻게 하려면, 음영 처리된 구역 안의 어느 한 점으로 옮겨가야 한다. 하지만 이렇듯 G점에서 오른쪽으로 추가 이동하면 소비자 B의 입장에서는 효용수준이 종전보다 더 하락할 수밖에 없다. 이는 소비자 B의 관점에서는 음영 처리된 구역 안의 어느 점도 G점을 지나는 무차별곡선보다 더 안쪽에 위치하게 되기 때문이다. 결국 G점에서 오른쪽으로 이동하면 소비자 A에게는 이익을 안겨줄 수 있지만, 동시에 소비자 B에게 손해를 끼치지 않으면서 이를 달

| 그림 6-3 | 파레토 효율성과 계약곡선[1)]

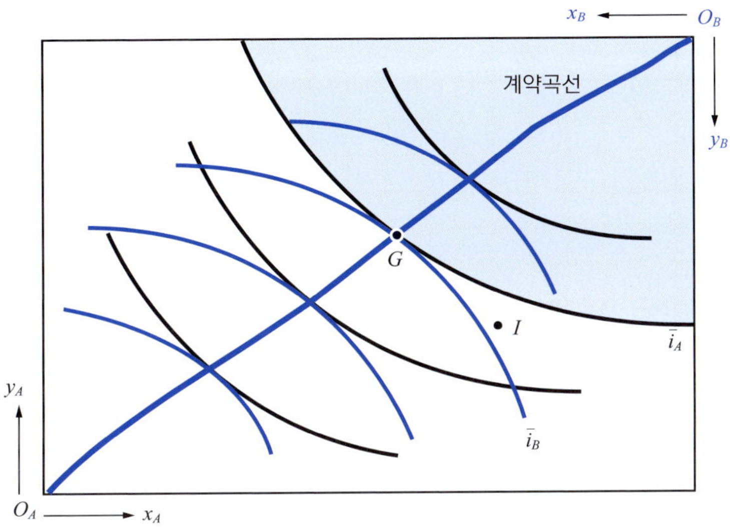

성할 수는 없다. 따라서 G점은 파레토 효율적인 자원배분이 이루어지는 상태이다.

그런데 앞 문단 서두에 설명했듯이, 순수교환경제에서 파레토 효율적인 자원배분이 일어나는 점은 에지워스 상자 안에 G점 외에도 무수히 많이 존재한다. 이는 두 소비자의 무차별곡선이 접하고 있어 두 한계대체율(MRS)이 동일한 점은 모두 파레토 효율적인 점을 대표하고, 수없이 많은 무차별곡선들이 수없이 많이 접한다는 사실에서 그러하다. 이러한 파레토 효율적인 배분을 대표하는 점들을 이은 곡선을 우리는 **계약곡선**(contract curve)이라고 하는바, 두 소비자 사이의 교환에서 최종적인 계약이 이루어지는 곳이 바로 이 곡선상의 어느 한 점일 것이라는 뜻에서 계약곡선이라는 이름이 명명되었다.

---

1) [그림 6-1]에서 [그림 6-3]까지의 출처는 '이준구(2019), 미시경제학'임.

토의자료 6-2 "대기업은 두부 팔지 말라더니"… 결국 근로자 임금만 줄었다

지난 2011년 풀무원과 CJ제일제당 등 주요 두부업체들은 정부로부터 "사업 확장을 하지 말라"는 지침을 받았다. 두부가 김(조미김), 김치, 면류, 순대, 어묵, 세탁비누, 부동액, 레미콘 등과 함께 중소기업적합업종으로 지정되면서 대기업은 사업에서 철수하거나 신규로 진입하지 못하게 됐다. 대기업의 사업을 막은 결과 중소 두부업체가 크게 성장했을까? 만 10년이 넘게 지난 현재 대부분의 업종 구조는 크게 변하지 않았다. 마트엔 여전히 풀무원과 CJ의 두부가 주로 팔린다. 대기업의 투자가 막히면서 산업의 성장은 오히려 정체됐다. 한국개발연구원(KDI)이 지난 2008년부터 2018년까지 중기적합업종 지정의 효과를 분석한 결과 중소기업의 1인당 인건비가 감소한 것 외에는 생산성 향상 등의 효과는 없었던 것으로 나타났다.

중기적합업종, 근로자 임금만 줄였다

김민호 KDI 연구위원은 3일 '중소기업적합업종제도의 경제적 효과와 정책 방향'이라는 제목의 KDI정책포럼 보고서를 통해 이 같은 분석 결과를 내놨다. 김 위원은 "중소기업적합업종제도가 도입된 이후 대기업의 생산 및 고용 활동은 위축됐지만, 중소기업의 활동은 크게 변화하지 않았다"며 "실효성이 없는 정책을 폐기할 필요가 있다"고 밝혔다.

김 위원은 2008년부터 2018년까지의 광업・제조업 조사 자료를 활용해 2011년 중기적합업종 제도 도입 이전과 이후의 해당 중소기업 생산액, 부가가치, 노동생산성, 총요소생산성, 고용, 유형자산, 1인당 인건비, 직접생산비 등을 비교하는 방식으로 분석했다.

분석결과 성과지표인 생산액, 부가가치, 노동생산성, 총요소생산성 등은 제도 도입으로 인한 변화가 없었던 것으로 나타났다. 일부 지표는 소폭 증가했지만 통계적으로는 0과 다르지 않았다.

효과가 확인된 것은 1인당 인건비가 줄었다는 점 정도였다. 두부 등 적합업종 품목을 생산하는 사업체의 1인당 인건비는 적합업종 지정 이후 약 1.3% 감소한 것으로 나타났다. 기존 근로자들의 임금인상률을 낮추거나, 신규 고용자에게 적은 임금을 줬을 가능성이 있다고 김 위원은 설명했다. 임금 수준이 높은 대기업의 진입이 막히면서 근로자들 입장에서는 더 안 좋은 근로조건을 어쩔 수 없이 받아들일 수밖에 없었던 것으로 파악된다.

중소기업의 퇴출은 상당부분 막은 것으로 나타났다. 경쟁력이 없는 기업들의 생명연장을 해준 것이다. 김 위원은 "적합업종제도는 '중소기업 보호를 통해 중소기업의 경쟁력을 확보'한다는 목적 중 사업체의 퇴출확률을 낮춰 사업을 유지하는 측면에서의 보호 역할은 했지만, 중소기업의 성과 혹은 경쟁력 제고에는 한계를 보였다"고 지적했다.

중기적합업종 중에서도 더 강력한 진입 제한을 받은 업종일수록 부정적인 효과가 컸다. 대기업이 '사업 신규 진입 제한' 정도가 아니라 '사업 이양', '사업 축소' 권고를 받은 경우엔 중소기업의 고용과 1인당 인건비가 줄었고, 퇴출을 막는 효과도 없었던 것으로 나타났다. 대기업이 빠지면서 산업 자체가 생명력을 잃은 것이다.

중기적합업종이 전체 산업에 미친 영향은 미미한 것으로 나타났다. 산업 단위의 분석 결과는 적합업종제도가 해당 품목이 속한 산업 전반의 성과에 유의한 영향을 미치지 못하는 것으로 나타났다. 오히려 중기적합업종 권고가 해제될 무렵인 2017년부터 해당 산업이 성장하는 추이를 보였다.

"기업 성장 막는데 누가 투자하겠나 … 중기적합업종 폐지해야"

김 위원은 "중기적합업종은 대기업의 확장 혹은 진입을 제한하는 강력한 수단을 통해서도 중소기업의 성과에 유의한 영향을 미치지 못했다"며 "제도 운영의 실효성이 낮다"고 진단했다. 그러면서 "어느 업종이든 시장활동에 제한을 받을 수 있는 불확실성이 존재할 경우 해당 시장에 진출해 국내 생산시설에 투자하고자 하는 기업의 유인이 떨어지게 된다"며 "기업규모만을 기준으로 특정 업종에서 생산 활동을 제한하는 제도는 경제 전반의 자원배분의 효율성을 저해한다"고 덧붙였다.

김 위원은 이 같은 결과를 바탕으로 중기적합업종을 점진적으로 폐지할 것을 제안했다. 신규 신청을 중지하고 현재 지정된 업종은 해제 시기를 예고하라는 것이다. 중소기업 보호를 위해선 특정 사업영역의 보호보다는 부정경쟁행위 방지 및 불공정행위에 대한 실효성 있는 규율을 통해 경쟁력 있는 중소기업의 성장을 효과적으로 지원하는 것을 동반성장정책의 목표로 설정할 필요가 있다고 밝혔다.

Q 질문

1. 참으로 흥미로운 기사이다. 여러분들은 기사에서 주장하는 바와 같이 중소기업적합업종을 지정하는 제도를 아예 폐지하여 대기업들에 의한 자유로운 시장진입을 허용하고 규모의 경제와 자원의 보다 효율적인 사용을 견인할 수 있도록 도와야 한다고 보는가? 아니면, 대기업은 R&D를 통한 고부가가치 상품 개발에 집중하고 골목상권은 중소기업에게 맡김으로써 상생과 동반성장을 이루도록 하는 게 합리적이라고 생각하는가? 여러분의 의견은 무엇인가?

〈출처: 한국경제, 2022년 8월 3일자〉

제2절 일반경쟁균형의 존재

1. 왈라스법칙

지금까지 우리는 모든 시장이 완전경쟁시장이라고 가정하고, 2인, 2재화 상황에서의 파레토 효율성에 대해 학습했다. 이제부터는 주어진 부존자원하에서 두 소비자가 X재와 Y재를 어떠한 비율로 소비했을 때 파레토 효율성을 만족시키는 최적의 선택이 될 것인지에 대한 논의를 확대하여, 수요와 공급이 존재하는 일반시장을 고려하면서 학습을 이어가고자 한다. 이를 위해 우선 왈라스법칙에 대한 이해가 필요하다. 왈라스법칙은 프랑스의 경제학자 레옹 발라스(Léon Walras)가 최초 제안한 개념으로, 국내 경제학 서적에서는 영어식 발음을 사용하여 흔히 '**왈라스법칙**(Walars' law)'이라고 부른다.

시장에서 어떤 한 사람이 특정 상품을 구입하려고 할 때, 그는 반드시 다른 상품, 즉 화폐를 교환 대가로 제공하게 된다. 이 설명은 곧 '모든 의도된 거래에서 각 경제주체는 자신이 수요하려고 하는 상품과 동일한 가치를 갖는 다른 상품을 공급한다'라는 말로 달리 표현할 수 있다. 이로 인해 경제 전체 내 수요의 가치의 총합은 공급의 가치를 모두 더한 값과 같아진다. 다시 말하면, 모든 거래에서 각 경제주체는 같은 가치를 갖는 상품을 상호 교환하기 때문에 경제 전체로 보면 수요 가치의 합계와 공급 가치 합계의 규모는 일치한다. 나아가 어떤 시장에서 초과수요가 존재한다면 다른 어떤 시장에서는 반드시 이를 상쇄하는 초과공급이 존재함으로써 어떠한 가격체계하에서도 경제 전체의 초과수요의 가치는 항상 0이 되며, 이로 인해 만약 n개의 시장에서 n－1개의 시장이 균형이라면 나머지 1개의 시장은 자동적으로 균형을 이루게 된다. 이 왈라스법칙은 다음에 다루게 될 왈라스 균형의 주요 배경이 된다.

2. 왈라스 균형

왈라스 균형(Walrasian equilibrium)은 상품의 초과수요와 초과공급이 발생하지 않는, 즉 균형의 상태를 가져오는 가격체계와 배분을 지칭한다. 따라서 왈라스 균형 상태에서는 상품을 공급하는 경제주체의 공급량이 이를 수요하려는 경제주체의 수요량과 정확

| 그림 6-4 | 왈라스 균형

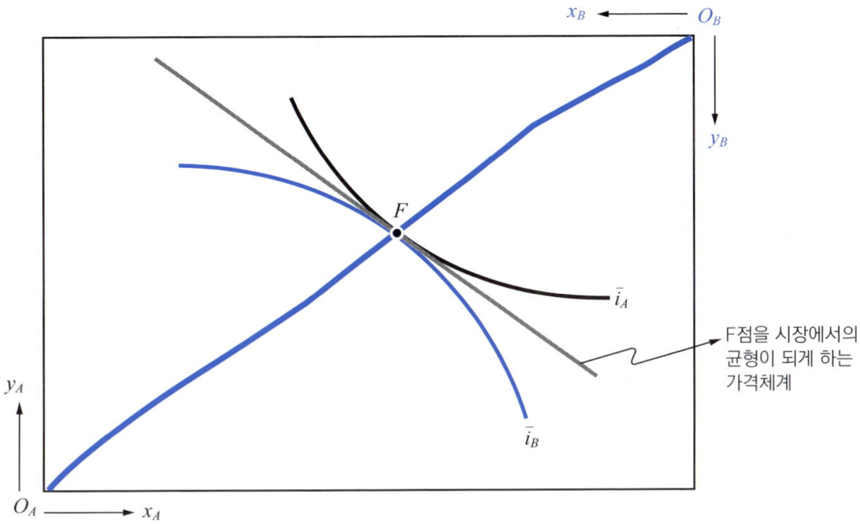

히 일치한다. 완전경쟁시장이라고 가정하고 아래의 조건들을 만족시키면 왈라스 균형이 달성된다.

첫째, 모든 소비자들은 예산제약하에 효용극대화를 이루도록 수요(재화)와 공급(생산요소)을 결정한다.

둘째, 모든 기업들은 이윤극대화를 위해 공급(재화)과 수요(생산요소)를 결정한다.

셋째, 모든 재화시장 및 생산요소시장에서 수요와 공급이 일치해 균형을 이룬다.

따라서 왈라스 균형에 이르러서는, 이미 얘기했듯이, 각 상품에 대한 수요량과 공급량이 정확히 일치할 뿐만 아니라 각 경제주체의 효용이 극대화된다는 의미에서 왈라스 균형을 일반경쟁균형(general competitive equilibrium)이라는 표현으로 바꿔 말할 수 있다. 이러한 왈라스 균형은 효율적인 자원배분이 이루어지는 상태라는 점에서 반드시 앞서 살펴본 계약곡선 위에서 나타나게 된다. 왈라스 균형을 그림으로 표현하면 [그림 6-4]와 같다.

3. 후생경제학의 기본 정리

파레토 효율성과 경쟁균형 배분의 관계에 대한 두 가지 정리를 흔히 후생경제학의 기본 정리라고 한다. 이 두 가지를 제1정리와 제2정리로 나눠 살펴보면 다음과 같다.

- **후생경제학의 제1정리**: 모든 소비자의 선호체계가 강 단조성을 갖고 경제 안에 외부성이 존재하지 않으면 일반경쟁균형의 배분은 파레토 효율적이다.
- **후생경제학의 제2정리**: 초기 부존자원이 적절하게 분배된 상태에서, 모든 사람의 선호가 (연속적이고 강 단조적인 데에 더하여) 볼록성을 가지면 파레토 효율적인 배분은 일반경쟁균형(왈라스 균형)의 결과이다.

후생경제학의 제1정리와 관련하여, 강 단조성이란 소비자들이 상품의 다다익선을 선호한다는 것을 의미하며, 외부성이란 한 경제주체가 다른 경제주체에게 의도하지 않은 이득이나 손실을 주었음에도 불구하고 이에 대한 보상이 적절히 이루어지지 않고 있는 상태를 말한다. 다시 말하면, 외부성은 시장의 가격기구 밖에서 충격이 존재한다는 것을 뜻하고, 모든 비용과 편익이 시장의 가격기구 내부로 흡수되지 않는 것을 시사하며, 적절한 보상이나 대가가 행해지지 않는다는 것은 시장 내 가격 메커니즘이 완벽히 작동하지 않는다는 사실을 가리킨다. 이 때문에 외부성이 존재하면 가격기구 안에서 이루지는 자원배분이 결코 효율적일 수 없다.

이를 달리 말하면, 소비자 선호가 강 단조성을 띠고 시장 내 외부성이 존재하지 않는 완전경쟁시장은 가격 메커니즘을 통해 파레토 효율적인 자원배분을 실현할 수 있다는 게 후생경제학의 제1정리에 대한 견해이다. 이 정리는 애덤 스미스의 '보이지 않는 손'을 자원배분 측면에서 현대적으로 재구성했다는 의미를 갖는다. 제1정리에 의하면, 개인과 기업이 분권화된 의사결정을 통해 자신의 이익을 극대화하는 행동을 할 경우 경제는 수요와 공급이 일치해 모자라거나 남는 것이 없는 균형 상태에 도달하고, 이 균형은 '파레토 효율성'을 담보한다. 결국 후생경제학의 제1정리는 시장의 힘에 대한 신뢰를 정당화하고 있는 이론이라고 말할 수 있다.

후생경제학의 제2정리에서 언급하고 있는 볼록성은 소비자가 극단적인, 다시 말해 상대적으로 한 가지 상품에 치우친 상품의 조합으로 구성된 상품묶음보다는 여러 가지 상품이 고루 섞여 있는 상품묶음을 더욱 선호한다는 의미를 갖고 있다. 따라서 이러한 선호체계에서는 제1정리의 역이 성립할 수도 있다는 것이다. 즉, 제2정리는 '사회적으로 이상적이라고 생각되는 자원배분은 시장경제의 가격 메커니즘을 통해 달성될 수 있다'고 설명한다. 논리적으로는 제1정리의 '역'에 해당하지만 제2정리의 함축적 의미는 제1정리와 많이 다르다.

우선 제2정리는 효율성을 지나치게 강조하는 것은 문제가 있다고 지적한다. 파레토 효율성의 개념을 적용하면 한 사람이 모든 것을 독점하고 있는 자원배분도 효율적이다. 일단 이 사람의 효용을 감소시키지 않고서는 다른 어떤 사람의 효용을 증가시킬 수 없기 때문이다. 제2정리는 이런 균형이 사회적으로 바람직하지 않을 수 있다는 점을 인정한다. 이 경우 초기 부존자원을 재배분하면 새로운 배분을 중심으로 시장 참여자들 간에 거래가 이뤄지고, 이 거래를 통해 또 다른 파레토 효율적인 자원배분이 달성될 수 있다는 게 제2정리의 원리다. 시장 시스템을 바꾸지 않고 초기 자원의 재분배를 통해 효율성과 형평성을 동시에 달성할 수 있다는 의미를 함축하고 있기에 재분배 정책에 대한 이론적인 근거가 되기도 한다. 재분배 정책의 목표인 공평성이 시장의 효율성을 해치지 않고도 달성할 수 있고, 오히려 가격체계에 인위적인 손질을 하면 비효율성이 유발될 수도 있음을 나타내고 있다는 점에서 제2정리는 정부 개입의 근거와 준칙을 제시하고 있다고 평가할 수 있다.

토의자료 6-3 한경연 "경제 자유도 높아지면 국민 삶의 질 향상되고 경제성장"

민간경제활동이 자유로울수록 경제가 성장하고 국민 삶의 질이 향상된다는 주장이 나왔다. 전국경제인연합회 산하 한국경제연구원(한경연)은 18일 '경제 자유도와 경제성장 · 삶의 질 국제 비교 및 시사점' 보고서를 통해 이같이 밝혔다.

한경연이 미국 헤리티지 재단과 캐나다 프레이저 연구소에서 발표하는 경제 자유도를 분석한 결과 한국의 경제 자유도는 75.4점으로 OECD(경제협력개발기구) 38개국 중 22위에 그쳤다. OECD 국가 중 경제 자유도가 높은 국가는 스위스(84.5점), 뉴질랜드(83.1점), 아일랜드(82.1점) 등의 순으로 나타났다.

경제 자유도란 각국의 제도와 정책이 경제적 자유에 얼마나 부합하는지 나타내는 지표다. 경제 자유도가 높을수록 민간경제활동을 제약하는 정부 개입이나 규제가 적다는 것을 의미한다. 한경연은 경제 자유도가 높을수록 민간의 자유로운 경제활동이 활발해지고, 자원의 효율적 배분이 이뤄져 경제성장에 긍정적 영향을 미친다고 주장했다.

한경연이 경제 자유도와 경제성장률 간 관계를 분석한 결과 경제 자유도가 1% 개선될 경우 GDP(국내총생산) 증가율은 0.1%포인트(p) 상승했다. 이를 바탕으로 한국의 경제 자유도가 OECD

10위인 핀란드 수준으로 개선되면 경제성장률이 0.5%p 높아지고, 5위인 덴마크 수준으로 개선되면 0.6%p 상승하는 것으로 나타났다.

한경연은 민간의 자유로운 경제 활동이 보장되면 인적 혁신과 기술 혁신이 제고돼 기업과 경제 전반의 생산성이 향상된다고 설명했다. 실제로 경제 자유도가 높은 국가들은 한국과 비교해 인재 경쟁력과 R&D(연구 · 개발) 성과, 총요소생산성(종합적 생산성)이 모두 높았다.

경제 자유도와 삶의 질 지수 간에도 뚜렷한 '양의 상관관계'가 있는 것으로 분석됐다. 한경연은 높은 경제 자유도가 경제성장을 촉진해 환경, 건강, 교육 등 삶의 질적인 측면도 제고하는 효과가 있다고 강조했다. OECD 경제 자유도 상위 10개국의 삶의 질 지수는 평균 7.3점이지만, 한국은 5.4점에 불과했다. 한국의 삶의 질 지수는 OECD 평균인 6.3점보다도 낮다. 한국은 특히 삶의 만족도, 일과 삶의 균형, 환경 등이 경제 자유도 상위 10개국과 비교해 크게 미흡한 것으로 나타났다. 추광호 한경연 경제정책실장은 "OECD 중하위권인 한국의 경제 자유도를 상위권으로 끌어올리기 위해 규제개혁, 노동시장 유연화, 감세 등으로 민간의 경제활력을 제고할 필요가 있다"고 말했다.

Q 질문

1. 여러분은 이 기사내용에 대해 어떤 견해를 가지고 있는가? 규제개혁, 노동시장 유연화, 감세 등 고전적 자유주의가 성장을 견인한다고 판단하는가? 아니면, 기존 정치 · 경제 · 사회체제에 정부가 적극적으로 개입함으로써 개혁을 통해 재분배 · 규제와 경제적 평등을 추구하는 게 발전을 촉진한다고 생각하는가?

〈출처: 매일경제, 2022년 8월 18일자〉

제3절 균형의 수학적 도출

1. 계약곡선의 도출

이미 설명한 바와 같이, 누구의 효용수준도 감소시키지 않으면서 새로운 분배를 시도하여 기존의 효용을 개선하는 것이 불가능한 상태를 의미하는 파레토 효율성은 소비자의 관점에서는 주어진 재화의 수량 범위 내에서 가장 효과적으로 분배가 행해짐으로써 시장에 존재하는 이들의 효용을 최대치로 올린 상황을 가리킨다. 반면 생산자의 관점에서는 주어진 생산요소를 잘 활용해서 최대한 많은 생산량을 시현하고 있다는 것을 뜻하고, 경제 전체적으로는 자원배분이 효율적으로 이루어져 생산과 소비가 파레토 효율적인 모습을 띠는 것을 의미하는바, 이러한 파레토 효율적인 배분점들을 연속적으로 이은 선이 계약곡선이다.

소비자의 관점에서 계약곡선과 관련된 예시를 풀어본다면, 시장 내 두 소비자의 무차별곡선이 접해야 하고, 무차별곡선의 기울기가 같아야 하므로, 결국 이들의 한계대체율(MRS) 또한 서로 동일해야 할 것이다(즉, $MRS_1 = MRS_2$ ①식). 또한 실현가능한 배분이 되기 위해서는 두 소비자에게 배정된 상품의 합이 그 상품의 총부존량을 초과하지 않는 배분이어야 하므로, X재(Y재)에 대한 소비자1 + X재(Y재)에 대한 소비자2 = X재(Y재)에 대한 총부존량으로 설정한 뒤, 특정 소비자를 중심으로 이를 풀고, 다시 이를 ①식에 대입하여 계약곡선을 도출할 수 있다. 구체적인 예시, 즉 어떤 한 교환경제에서 효용함수가 다음과 같을 때 두 소비자의 파레토 효율적인 계약곡선을 찾아보기로 하자.

$$\text{소비자 A}: \ U_A = X_A^{\frac{1}{2}} Y_A^{\frac{1}{2}}$$

$$\text{소비자 B}: \ U_B = X_B^{\frac{1}{2}} Y_B^{\frac{1}{2}}$$

한편 상품X의 총부존량은 100개(즉, $X_A + X_B = 100$)이고, 상품Y의 총부존량은 50개(즉, $Y_A + Y_B = 50$)라고 하자.

$$MRS = \frac{\text{상품 } X\text{의 한계효용}}{\text{상품 } Y\text{의 한계효용}}$$

$$\text{소비자 A}: \ U_A = X_A^{\frac{1}{2}} Y_A^{\frac{1}{2}}$$

$$MU_X = \frac{\partial U_A}{\partial X_A} = \frac{1}{2} X_A^{-\frac{1}{2}} Y_A^{\frac{1}{2}}$$

$$MU_Y = \frac{\partial U_A}{\partial Y_A} = \frac{1}{2} X_A^{\frac{1}{2}} Y_A^{-\frac{1}{2}}$$

$$MRS_A = \frac{\frac{1}{2} X_A^{-\frac{1}{2}} Y_A^{\frac{1}{2}}}{\frac{1}{2} X_A^{\frac{1}{2}} Y_A^{-\frac{1}{2}}} = \frac{X_A^{-\frac{1}{2}} Y_A^{\frac{1}{2}}}{X_A^{\frac{1}{2}} Y_A^{-\frac{1}{2}}} = \frac{Y_A}{X_A}$$

소비자 B 역시 소비자 A와 동일한 효용함수를 갖고 있기에,

$$MRS_B = \frac{Y_B}{X_B}$$

$$MRS_1 = MRS_2$$

$$\frac{Y_A}{X_A} = \frac{Y_B}{X_B}$$

$$Y_A X_B = Y_B X_A \tag{6.1}$$

$$X_A + X_B = 100$$

$$X_B = 100 - X_A$$

이를 식 (6.1)에 대입하면,

$$Y_A + Y_B = 50$$

$$Y_B = 50 - Y_A$$

이 또한 식 (6.1)에 대입하면,

$$Y_A(100 - X_A) = (50 - Y_A)X_A$$

$$100\,Y_A - X_A\,Y_A = 50X_A - X_A\,Y_A$$

$$100\,Y_A = 50X_A$$

$$\therefore\ X_A = 2\,Y_A$$

라는 계약곡선을 도출할 수 있다.

2. 균형가격과 왈라스 균형

수요와 공급이 일치하는 지점에서 가격이 결정된다는 기초적인 명제만 기억하고 있다면 균형가격을 쉽게 알아낼 수 있다. 예컨대, 균형가격을 찾으라는 문제가 주어졌을 때, 각 소비자의 마샬리안 수요함수와 공급함수를 구한 뒤, 균형가격은 총수요와 총공

급이 일치하는 가격이므로 앞서 구한 각각의 마샬리안 수요함수 = 공급함수로 놓고, 균형가격 P를 구한다. 또한 이렇게 하여 찾은 균형가격 P를 각각의 수요함수와 공급함수에 대입하면 수요량과 공급량 역시 용이하게 알아낼 수 있다.

가령, 교환 가능한 2개의 재화 X와 Y가 있고, 영철과 영숙이라는 두 명의 소비자가 있다고 하자. 영철의 효용함수는 U = XY이고 그의 최초 부존량(initial endowment)은 $W^{영철} = (0,4)$인 반면, 영숙의 효용함수는 lnX + lnY이며 그녀의 최초 부존량은 $W^{영숙} = (2,0)$이다. 이때 왈라스 균형가격 비율인 $\frac{P_x}{P_y}$를 구해보자.

균형가격을 찾을 때에는 두 가지 영역 모두에 대한 고려가 필요하다는 사실을 기억해야 한다. 이 두 가지 영역이란, 첫째, 소비자는 그의 예산제약하에서 효용을 극대화해야 한다. 둘째, 시장 공급은 시장 수요와 일치해야 한다. 따라서 우선 두 소비자의 보통수요함수, 즉 마샬리안 수요함수를 구해야 한다. 이때 예산제약은 항상 소득(income) = 지출(expenditure)이지만, 문제는 이 두 소비자가 부존자원만 가지고 있을 뿐 소득이 없다는 점이다. 따라서 그들이 할 수 있는 일은 교환(exchange)일 뿐이다. 그럼 그들은 어떻게 교환을 할 수 있을까? 그들이 가지고 있는 부존자원을 근간으로 재화 X와 재화 Y를 팔거나 구입함으로써 교환을 행할 수 있을 것이다. 따라서 예산제약식은 소득 $P_XW_X + P_YW_Y = XP_X + YP_Y$가 된다.

여기서 $MRS = \frac{P_x}{P_y}$이므로 영철의 경우,

$$\frac{Y}{X} = \frac{P_x}{P_y}$$

$$XP_X = YP_Y \tag{6.2}$$

이를 예산제약식에 대입하면, $W_X = 0$, $W_Y = 4$이므로 좌변은 $4P_Y$, 우변은 YP_Y가 XP_X이기에 $2XP_X$, 따라서

$$4P_Y = 2XP_X$$

좌변과 우변을 2로 나누고 X로 정리하면,

$$X = 2\frac{P_y}{P_x}$$

이것이 영철의 X재에 대한 최적의 소비가 된다. 이를 다시 식 (6.2)에 대입하면, Y=2임을 찾을 수 있고, 이것이 X재와 Y재에 대한 영철의 수요가 된다.

반면, 영숙의 경우,

$$\text{MRS} = \frac{P_x}{P_y}$$

$$\frac{\frac{1}{X}}{\frac{1}{Y}} = \frac{P_x}{P_y}$$

$$\frac{Y}{X} = \frac{P_x}{P_y}$$

$$XP_X = YP_Y \tag{6.3}$$

영철과 마찬가지로 영숙도 이를 예산제약식에 대입하면,

$$2P_X = 2XP_X$$

그러므로 X=1이다. 이를 다시 식 (6.3)에 대입하면, $Y=\frac{P_x}{P_y}$임을 발견할 수 있고, 이것이 영숙의 수요가 된다.

요약하면, X재에 대한 시장 수요$=X^{영철}+X^{영숙}=2\frac{P_y}{P_x}+1$이고, Y재에 대한 시장 수요$=Y^{영철}+Y^{영숙}=2+\frac{P_x}{P_y}$이며, 여기까지가 앞서 언급한 첫째 영역에 해당한다.

이제 두 번째 영역, 즉 '시장 공급은 반드시 시장 수요와 일치한다'를 만족시켜야 한다. 이 시장에서는 생산은 존재하지 않고, 오직 부존자원만 있을 뿐이다. 즉, X재화의 공급$=W_X{}^{영철}+W_X{}^{영숙}=0+2=2$이고, Y재화의 공급$=W_Y{}^{영철}+W_Y{}^{영숙}=4+0=4$이다. 따라서 이는 곧,

X재의 경우, $1+2\frac{P_y}{P_x}=2$이기에,

$\therefore \ \frac{P_y}{P_x}=\frac{1}{2}$이다$\left(즉, \frac{P_x}{P_y}=2\right)$.

Y재의 경우, $2+\frac{P_x}{P_y}=4$이므로,

$$\therefore \frac{P_x}{P_y} = 2\text{이다.}$$

이상의 결과가 의미하는 바는 시장 균형을 이루기 위해서는 만약 X재화의 가격이 2,000원이라면 Y재화의 가격은 1,000원이어야 하고, X재화의 가격이 10,000원이라면 Y재화의 가격은 5,000원이어야 한다는 것을 뜻한다. 한편 도출한 균형가격을 수요함수에 대입함으로써 **균형분배**(equilibrium allocation)를 찾을 수 있다.

정리하면,

$$X^{\text{영철}} = 2\frac{P_y}{P_x},\ Y^{\text{영철}} = 2,$$
$$X^{\text{영숙}} = 1,\ Y^{\text{영숙}} = \frac{P_x}{P_y}$$

이므로, 결론적으로 왈라스 균형은

$$\left[(X^{\text{영철}}, Y^{\text{영철}}), (X^{\text{영숙}}, Y^{\text{영숙}}), \frac{P_x}{P_y}\right] = [(1,2),\ (1,2),\ 2]$$

가 됨을 알 수 있다.

주요 용어

부분균형	일반균형	에지워스 상자	파레토 효율성
파레토 개선	계약곡선	왈라스법칙	왈라스 균형
후생경제학의 제1정리	후생경제학의 제2정리	균형가격	균형분배

연습문제

01 소비자1의 한계효용이 $MU_{X1}=Y_1$, $MU_{Y1}=X_1$이고, 그의 최초 부존량이 각각 $X_1=3$, $Y_1=2$라고 하자. 또한 소비자2의 한계효용이 $MU_{X2}=Y_2$, $MU_{Y2}=X_2$이며, 그의 최초 부존량은 각각 $X_2=1$, $Y_2=6$이라고 가정하자. 이 상황에서의 계약곡선을 도출해보시오.

02 영수의 효용함수가 $U=X_AY_A$, 옥순의 효용함수가 $U=X_B^{0.8}Y_B^{0.8}$일 때, 계약곡선을 계산하시오. 단, 영수는 6개의 X재와 4개의 Y재를 가지고 있고, 옥순은 4개의 X재와 6개의 Y재를 가지고 있다.

03 2번 문제의 연장선상에서, 영수는 X재를 구입하기 위해 소득의 절반을 사용하고, Y재를 소비하려고 소득의 나머지 절반을 지출한다. 한편 옥순의 지출패턴도 영수와 동일하다고 할 때, 균형가격을 구하시오.

04 소비자 A의 효용함수는 $U_A=X_AY_A$이고, 그의 최초 부존량은 $X_A=2$, $Y_A=8$이다. 이와 달리 소비자 B의 효용함수는 $U_B=X_BY_B$이고, 최초 부존량은 $X_B=8$, $Y_B=2$이다. 따라서 시장에 존재하는 X재화는 10개, Y재화도 10개이다.

1) 이 상황에서 $X_A=3$, $Y_A=8$, $X_B=7$, $Y_B=2$로 바뀐다면 파레토 개선이 이루어진 것인가?

2) 최초 부존량 대비, $X_A=4$, $Y_A=6$, $X_B=6$, $Y_B=4$로 자원배분이 변경된다면 이는 파레토 개선이 이루어진 것인가?

3) 다음의 배분은 파레토 최적(파레토 효율성)인가? : $X_A=4$, $Y_A=6$, $X_B=6$, $Y_B=4$

05 교환경제에서 소비자1의 효용함수가 $U=10\ln X_1+\ln Y_1$, 그의 최초 부존자원은 $X_1=55$, $Y_1=0$(단, 예산제약 $I_1=P_xX_1+P_yY_1$)이다. 반면 소비자2의 효용함수는 $U=\ln X_2+10\ln Y_2$, 최초 부존자원은 $X_2=0$, $Y_2=110$(단, 예산제약 $I_2=P_xX_2+P_yY_2$)이라고 하자. 이 상황에서의 균형가격을 계산하시오.

참고문헌

강태훈, 조동훈, 조창익(2014), 미시경제학 번역서, 서울: McGraw Hill.

경향신문, 4세 경영 포기한 이재용 뉴삼성…'이사회 중심' 개편 밑그림, 2022년 8월 14일자.

매경프리미엄, 브렉시트와 후생경제학 제2정리, 2016년 7월 6일자. Available at https://www.mk.co.kr/premium/special-report/view/2016/07/15389/ [접속일: 2022년 8월 25일].

매일경제, 한경연 "경제 자유도 높아지면 국민 삶의 질 향상되고 경제성장", 2022년 8월 18일자.

위키백과(2022), 후생경제학의 기본정리. Available at https://ko.wikipedia.org/wiki/%ED%9B%84%EC%83%9D%EA%B2%BD%EC%A0%9C%ED%95%99%EC%9D%98_%EA%B8%B0%EB%B3%B8_%EC%A0%95%EB%A6%AC [접속일: 2022년 8월 25일].

이준구(2019), 미시경제학, 서울: 문우사.

한국경제, "대기업은 두부 팔지 말라더니"… 결국 근로자 임금만 줄었다, 2022년 8월 3일자.

PART II

손에 잡히는 **거시경제**

손에 잡히는 경제학

ECONOMICS

CHAPTER

07

거시경제학의 이해

학습목표

거시경제학의 기본 개념을 이해하고, 거시경제 지표의 주요 개념을 파악하고 분석하며, 거시경제학 이론의 역사적 발전과정을 탐구하고자 한다. 이를 통해 경제 정책의 효과와 거시경제적 이해를 심화함은 물론, 실제 경제 사례를 통한 거시경제학적 원리를 적용해본다.

사례 7-1 [사설] 경고등 들어온 경제 … 혁신 없인 돌파구도 없다

한국개발연구원(KDI)이 어제 내놓은 '2024년 하반기 경제전망' 보고서는 우리 경제 곳곳에 경고등이 켜졌음을 보여준다. 내수, 수출, 투자 등 어느 것 하나도 기대에 미치는 지표가 없다. 민간소비 증가율은 지난해 1.8%에서 1.3%로 낮아지고, 총고정투자는 1.4%에서 -0.2%로 고꾸라질 것으로 예상됐다. 수출은 물량 기준으로 증가율이 지난해 3.6%에서 올해 7%로 올라가겠지만, 반기별로 보면 상반기 9.1%에서 하반기 5.1%로 낮아질 것으로 예측됐다.

KDI는 하반기 성장률 전망치를 2.2%에서 1.7%로 대폭 낮추면서 올해 성장률 전망치도 2.5%에서 2.2%로 하향 조정했다. 이창용 한국은행 총재가 3분기 성장률 쇼크(전 분기 대비 0.1%)가 발표된 뒤 올해 성장률을 2.4%에서 '2.2~2.3% 정도'로 낮춰 잡았는데, KDI는 그중 하단을 가리켰다. KDI는 내년엔 수출 증가율이 더 둔화할 것이라며 성장률 전망치를 2.1%에서 2.0%로 낮췄다. 우리 경제가 내년에 잠재성장률 수준에 턱걸이 하는 데 그칠 것이란 전망이다.

실물 경제가 여의치 않으면 자산 효과라도 기대할 수 있어야 하는데 증권시장 역시 여의치 않다. 지난 8월 5일 세계 증시가 갑자기 급락한 이후 코스피 지수는 지난주까지 7.8% 하락해 전쟁 중인 러시아(-19.8%), 물가상승률이 50%에 이르는 튀르키예(-17.1%)에 이어 G20 국가 중 하락률이 세 번째로 높았다. 이번 주 들어서도 속절없이 떨어져 심리적 마지노선인 2,500선마저 무너졌다. 내년 1월 미국 도널드 트럼프 2기 행정부가 들어서 무역장벽을 세우면 중국 다음으로 한국의 타격이 클 수 있다는 분석에서다. 정부가 연초부터 밸류업을 외치고 있지만 구호로만 이뤄질 수 없다는 사실을 깨우쳐주고 있다.

침체 위기에 빠진 경제를 정상궤도로 되돌려 놓을 주체는 기업일 수밖에 없다. 기업이 혁신을 통해 기술력을 높이고 생산성을 향상하면 경제가 성장하고 주가도 오른다. 이를 위한 제도 정비와 규제 혁파를 서둘러야 한다. 반도체 등 첨단 분야에서 연구개발(R&D) 인력이 주 52시간 근로제에 묶여 연구할 시간이 없다는 게 말이나 되는가. 이사의 충실 의무 대상을 회사에서 주주로까지 확대하면 의사결정이 지연되고 소송 대란이 벌어질 것이란 우려에도 귀를 기울여야 한다. 상법 개정과 밸류업은 아무런 상관관계가 없다. 미국 주요 지수가 연일 사상 최고치를 경신하는 것은 법인세를 낮추고 각종 규제를 없애겠다는 트럼프의 친(親)기업 정책 덕분이란 점을 알아야 한다. 기업도 대내외 불확실성을 타개하기 위해 총력을 쏟아야 하지만 정부와 국회도 산업 현장의 어려움을 해소하는 데 팔을 걷어붙여야 한다.

〈출처: 한국경제신문, 2024년 11월 13일자〉

제 1 절 거시경제학 개관

1. 거시경제학의 기본 개념

거시경제학은 미시경제학과 함께 경제학을 이루는 양대 학문 중 하나로, 경제의 전체적인 그림을 보는 데 중점을 둔다. 이는 개별 경제 주체들의 상호작용 결과로 나타나는 국가의 전체 경제 현상을 분석하고, 이를 통해 국민소득, 물가, 실업, 환율, 국제수지 등 실물 경제의 주요 변수를 측정할 수 있게 한다. 거시경제학은 이러한 변수들의 결정 요인과 이들 간의 상호 관계를 분석하고, 국민소득 변화의 원인을 설명하는 경제성장이론, 실업과 밀접한 연관이 있는 경기변동이론 등을 연구한다. 이러한 분석을 통해 거시경제학은 경제를 총체적이고 종합적인 관점에서 설명한다. 거시경제학의 기본 개념과 미시경제학과의 차이점을 이해하기 위해서는 다음과 같은 요소들을 고려해야 한다.

1.1 국내총생산(GDP)

국내총생산이란 일정 기간 동안 한 국가의 영토 안에서 생산된 재화와 용역의 부가가치의 합계를 말한다.

- **일정 기간** : 보통 1년을 의미하지만, 6개월 또는 3개월 단위로 측정하기도 한다.
- **국가 영토 안에서** : 외국인이 국내에서 일해 얻은 소득은 포함되지만, 자국 국민이 해외에서 일해 얻은 소득은 제외된다. 즉, GDP는 국가 영토 안에서 발생한 부가가치의 합계를 의미하며, 이는 GNP(국민총생산)와 구분되는 가장 큰 차이점이다.
- **부가가치의 합계** : 모든 생산물의 시장가치에는 원료와 중간재의 가치가 포함되어 있으므로, 중간재의 가치를 여러 번 중복 계산하지 않기 위해 각각의 생산 단계에서 중간재의 시장가치를 뺀 부가가치만을 합하여 측정한다. 결과적으로 국내총생산은 최종 생산물의 시장가치의 합계와 동일하다.

부가가치의 개념을 구체적으로 이해하기 위해 자동차 생산과정을 예로 들어보자.

광산에서는 원료를 외부에서 구입하지 않고, 노동과 자본을 투입해 50만 원어치의 철광을 생산하여 제철소에 팔았다. 제철소에서는 이 철광을 원료로 사용해 추가적인 노동과 자본을 투입하여 200만 원어치의 강철을 생산하여 자동차 공장에 공급했다. 자동차 공장은 이 강철을 사용해 500만 원의 자동차를 제조해 판매점에 공급했다. 판매점은 추가적인 유통비용과 이윤을 포함해 자동차를 최종 소비자에게 550만 원에 판매했다.

이 과정을 표로 정리하면 다음과 같다.

생산 및 유통 단계	총 생산액	중간재 투입액	부가가치
철광(광산)	50만 원	0	50만 원
강철(제철소)	200만 원	50만 원	150만 원
자동차 제조	500만 원	200만 원	300만 원
자동차 유통	550만 원	500만 원	50만 원
합계	1,300만 원	750만 원	550만 원

위 예시에서 볼 수 있듯이 국내총생산(GDP)은 각 생산 단계에서 발생한 부가가치를 합산한 금액으로, 최종 소비자가 구매한 총액과 동일하다.

1.2 국민총생산(GNP)

국민총생산(GNP)이란 일정 기간 동안 한 국가의 국민이 국내외에서 생산한 모든 재화와 용역의 부가가치의 총합을 말한다. 이는 GDP와 달리 생산 활동의 주체가 자국 국민인지 여부를 기준으로 측정되며, 한 국가의 국민 경제 활동의 총체적 가치를 나타낸다.

- 일정 기간 : 보통 1년을 기준으로 하지만, 분기별 또는 월 단위로 측정되기도 한다.
- 한 국가의 국민이 생산한 : 국내뿐만 아니라 해외에서 활동하는 국민이 벌어들인 소득도 포함되며, 반대로 외국인이 국내에서 벌어들인 소득은 제외된다. 예를 들어, 해외에서 일하는 자국 국민의 소득은 GNP에 포함되지만, 자국 내에서 일하는 외국인의 소득은 제외된다.
- 재화와 용역의 부가가치의 총합 : GDP와 마찬가지로 최종 생산물의 시장가치를 기준으로 계산되며, 중간재의 중복 계산은 제외된다.

국민총생산(GNP)의 구체적인 예시는 다음과 같다. 한 국가의 경제 활동을 다음과 같이 가정해보자.

① 국내 생산 활동

국내에서 생산된 재화와 용역의 총가치는 1,500만 원으로, 이는 GDP에 해당한다.

② 해외에서 벌어들인 국민소득

자국 국민이 해외에서 벌어들인 소득은 300만 원이다.

③ 국내에서 벌어들인 외국인소득

외국인이 자국에서 벌어들인 소득은 200만 원이다.

GNP는 아래의 공식을 사용하여 계산된다.

GNP = GDP + 해외에서 벌어들인 국민소득 − 국내에서 벌어들인 외국인소득

이를 적용하면 : GNP = 1,500 + 300 − 200 = 1,600만 원

이 계산 결과 GNP는 1,600만 원으로, 한 국가의 국민이 국내외에서 창출한 소득의 총합을 나타낸다.

GNP와 GDP의 가장 큰 차이는 소득의 산정 기준이다. GDP는 한 국가의 영토 안에서 발생한 모든 경제 활동을 포함하지만, GNP는 한 국가의 국민이 창출한 경제 활동을 포함한다. 예를 들어, 일본 기업이 한국에서 생산한 재화는 한국의 GDP에 포함되지만 일본의 GNP에 포함된다. 반대로, 한국인이 미국에서 벌어들인 소득은 한국의 GNP에 포함되지만 미국의 GDP에 포함된다.

GNP는 국민의 경제적 성과와 국제적 활동의 기여도를 평가하는 데 유용하다. 특히 해외 소득 비중이 높은 국가에서는 GNP가 국민 생활수준을 더 잘 반영할 수 있다. 예를 들어, 해외에서의 투자수익이 주요 소득원인 국가의 경우 GNP가 GDP보다 높을 가능성이 크다. 반대로, 외국인투자 의존도가 높은 경우 GNP는 GDP보다 낮아질 수 있다. GNP는 한 국가의 경제 규모를 이해하는 데 중요한 지표이지만, 몇 가지 한계를 가진다. 첫째, 비공식 경제 활동(예를 들면, 자급자족 생산, 가사노동)은 포함되지 않는다. 둘째, 소득 불평등, 환경 파괴와 같은 질적 요소를 반영하지 못한다. 셋째, 해외 소득의 변동성이 클 경우, GNP는 경제 상황을 과소평가하거나 과대평가할 가능성이 있다.

한 번 더 반복하여 설명하면, 한 국가의 국민이 해외에서 1억 원의 소득을 벌어들이고, 국내에서 외국인이 5,000만 원을 벌어들였다고 가정하자. 이 국가의 GDP가 50억 원

이라면, GNP는 다음과 같다.

$$GNP = 50억 + 1억 - 0.5억 = 50.5억\ 원$$

이를 통해 해외 소득이 국가 경제에 얼마나 기여하고 있는지, 그리고 국제 경제 활동이 국민의 소득에 어떤 영향을 미치는지를 분석할 수 있다.

1.3 총소득

총소득이란 일정 기간 동안 한 국가의 국민이 생산 활동을 통해 얻은 모든 소득의 합계를 의미한다. 이는 국민소득과 밀접한 관련이 있으며, 생산된 재화와 용역의 부가가치가 결국 누군가의 소득으로 귀결된다는 점에서 중요한 경제 지표로 활용된다.

- **일정 기간**: 보통 1년을 기준으로 하지만, 경제 분석이나 정책적 필요에 따라 분기별 또는 반기별로 측정되기도 한다.
- **국민의 소득**: 임금, 이자, 임대료, 이윤 등 모든 형태의 소득이 포함되며, 이는 각 경제 주체(가계, 기업, 정부)가 최종적으로 얻게 되는 경제적 가치를 뜻한다. 다만, 세금 및 감가상각비는 포함되지 않는다.
- **모든 소득의 합계**: 각 경제 주체가 얻은 총소득은 국민총생산(GNP)과 연결되며, 생산된 부가가치가 소득 형태로 분배된다고 볼 수 있다.

총소득의 개념을 구체적으로 이해하기 위해 자동차 생산과정과 소득 분배과정을 예로 들어보자.

① 광산 단계

광산에서는 원료를 구매하지 않고 노동자 임금 30만 원, 자본 제공자의 이윤 20만 원을 더해 총 50만 원의 철광을 생산했다.

- 노동 소득: 30만 원
- 자본 소득: 20만 원
- 합계: 50만 원

② 제철소 단계

제철소에서는 철광을 원료로 사용하고, 추가로 노동자에게 100만 원의 임금을 지급하며 자본 제공자에게 50만 원의 이윤을 배분하여 강철을 생산했다.

- 노동 소득: 100만 원
- 자본 소득: 50만 원
- 합계: 150만 원

③ 자동차 제조 단계

자동차 공장은 강철을 원료로 사용하고 노동자 임금 200만 원, 자본 제공자의 이윤 100만 원을 포함하여 총 300만 원의 부가가치를 창출했다.

- 노동 소득: 200만 원
- 자본 소득: 100만 원
- 합계: 300만 원

④ 판매점 단계

자동차 판매점은 노동자 임금 30만 원, 자본 제공자의 이윤 20만 원을 더해 최종 소비자에게 자동차를 판매했다.

- 노동 소득: 30만 원
- 자본 소득: 20만 원
- 합계: 50만 원

⑤ 총소득 계산

각 단계에서 발생한 총소득을 합산하면 다음과 같다.

생산 및 유통 단계	노동 소득	자본 소득	총소득
광산	30만 원	20만 원	50만 원
제철소	100만 원	50만 원	150만 원
자동차 제조	200만 원	100만 원	300만 원
자동차 유통	30만 원	20만 원	50만 원
합계	360만 원	190만 원	550만 원

총소득은 이처럼 노동과 자본에 의해 창출된 부가가치의 합계로, 이는 생산된 재화와 용역의 경제적 가치를 구성한다.

1.4 총수요

총수요란 일정 기간 동안 한 국가의 가계, 기업, 정부, 해외 부문이 최종적으로 구매하고자 하는 모든 재화와 용역의 총합을 의미한다. 이는 경제 활동의 전체적인 소비 및 지출 수준을 보여주는 중요한 지표이다.

- **일정 기간** : 보통 1년을 기준으로 하며, 경제 상황 분석에 따라 분기 또는 월 단위로도 측정된다.
- **구매하고자 하는 수요** : 총수요는 실제 소비된 양뿐 아니라, 소비하고자 하는 의지를 포함한다. 이는 현재 경제적 여건과 기대에 따라 달라질 수 있다.
- **구성 요소** : 총수요는 소비(C), 투자(I), 정부 지출(G), 순수출(NX = 수출 − 수입)로 구성된다.
  - 소비(C) : 가계의 재화 및 서비스 소비 지출
  - 투자(I) : 기업의 설비 투자, 주택 투자 및 재고 투자
  - 정부 지출(G) : 정부의 공공 서비스 및 사회기반시설 지출
  - 순수출(NX) : 한 나라의 수출에서 수입을 뺀 금액

총수요의 구체적 예와 관련하여, 한 국가에서 다음과 같은 경제 활동이 이루어졌다고 가정하자.

① 가계 소비(C)

가계는 500만 원어치의 식품, 의류, 주택 임대 등 재화를 소비했다.

② 기업 투자(I)

기업은 300만 원의 설비를 구매하고, 200만 원의 재고를 추가했다.

③ 정부 지출(G)

정부는 도로 건설, 교육비 지원 등으로 400만 원을 지출했다.

④ 순수출(NX)

이 나라의 수출액은 200만 원, 수입액은 100만 원으로 순수출은 100만 원이다.

이 경우 총수요는 다음과 같이 계산된다.

구성 요소	금액
소비(C)	500만 원
투자(I)	500만 원
정부 지출(G)	400만 원
순수출(NX)	100만 원
총수요	1,500만 원

총수요는 이와 같이 가계, 기업, 정부, 해외에서 발생하는 모든 지출의 합으로 구성된다.

1.5 총공급

총공급이란 일정 기간 동안 한 국가의 경제 내에서 공급된 모든 재화와 용역의 총합을 의미한다. 이는 한 국가의 생산능력을 보여주는 지표로, 경제성장과 생산성 수준을 평가하는 데 중요하다.

- **일정 기간**: 총수요와 마찬가지로 보통 1년을 기준으로 하며, 단기 및 장기로 나뉘어 분석된다.
- **단기 총공급**: 일정한 자원 가격 및 생산비 아래에서 제공되는 재화와 용역
- **장기 총공급**: 완전고용 상태에서 제공할 수 있는 최대 생산량
- **공급된 모든 재화와 용역**: 총공급은 생산량의 합으로, 경제 내 생산된 부가가치가 포함된다.

총공급의 구체적 예는 다음과 같다. 총공급은 한 국가의 주요 산업별 생산량을 합산하여 산출할 수 있으며, 아래와 같은 산업별 생산을 가정해보자.

① 제조업

제조업에서 700만 원의 재화가 생산되었다.

② 서비스업

서비스업에서 500만 원의 용역이 제공되었다.

③ 농업

농업에서 300만 원의 농산물이 생산되었다.

이 경우 총공급은 다음과 같이 계산된다.

산업	생산액
제조업	700만 원
서비스업	500만 원
농업	300만 원
총공급	1,500만 원

총수요와 총공급은 경제 균형을 이루는 데 중요한 역할을 하는데, 총수요와 총공급이 만나는 지점은 균형 GDP와 균형 물가 수준을 나타낸다. 이와 달리 총수요가 총공급을 초과하면 물가 상승(인플레이션), 총공급이 총수요를 초과하면 물가 하락(디플레이션)이 발생할 수 있다.

1.6 경제성장

경제성장은 한 국가의 일정 기간 동안 생산된 재화와 용역의 총량이 증가하는 현상을 의미하고, 이는 경제의 전반적인 규모와 국민의 생활수준이 향상되었음을 나타내는 중요한 경제 지표이다. 일반적으로 경제성장은 1년 단위를 기준으로 측정되며, 연속적인 분석을 통해 장기적인 성장 추세를 파악한다. 경제성장은 국내총생산(GDP) 또는 국민총생산(GNP)의 실질적인 증가를 기준으로 평가하는데, 인플레이션과 같은 요인을 배제한 실질 GDP를 사용하여 경제의 순수한 성장률을 산출한다.

경제성장은 단순히 생산량의 증가만을 의미하지 않는다. 이는 기술 발전, 생산성 향상, 고용 증대 등 경제 구조의 전반적인 개선을 포함하며, 국가 경제의 질적, 양적 발전을 종합적으로 반영한다. 예를 들어, 한 국가의 실질 GDP가 2022년에 1,500만 원에서 2023년에 1,650만 원으로 증가했다면, 경제성장률은 약 10%로 계산된다. 이는 공식적으로는 (금년 GDP − 전년 GDP)/전년 GDP × 100의 방식으로 측정된다.

경제성장의 주요 요인은 노동력의 증가, 자본 축적, 기술 혁신, 그리고 생산성 향상이다. 인구 증가나 노동참여율 상승은 경제에 필요한 노동력을 확대시키며, 기업의 설비 투자와 인프라 개발은 물적 자본을 증가시켜 경제성장에 기여한다. 기술 혁신은 새로운 생산방식과 자원의 효율적 사용을 가능하게 하는 반면, 노동자의 교육과 경영 혁신은 노동과 자본의 생산 효율성을 크게 높인다.

경제성장은 외연적 성장과 내연적 성장으로 나눌 수 있다. 외연적 성장은 노동력과 자본의 투입량 증가에 의존하며, 새로운 공장을 설립하거나 노동자를 더 많이 고용하는 방식으로 이루어진다. 이와 달리 내연적 성장은 기술 발전과 생산성 향상과 같은 질적 요인을 통해 이루어지는데, 이는 자동화 기술 도입이나 고급 인재 양성 등의 사례에서 잘 나타난다.

경제성장은 국민소득 증가, 고용 기회 확대, 사회적 복지 향상과 같은 긍정적인 효과를 가져온다. 생산량 증가로 개인의 소득이 상승하고 생활수준이 개선되며, 경제 활동이 활성화되면서 신규 일자리가 창출된다. 또한 정부의 재정 여력이 커지면서 교육, 의료, 교통 등 사회적 서비스와 인프라가 크게 개선된다.

하지만 경제성장은 몇 가지 한계를 가지고 있다. 경제성장 과정에서 환경이 파괴되거나 자원이 고갈될 수 있고, 일부 계층이나 산업이 경제적 이익을 독점하여 소득 불균형이 심화될 위험이 있다. 게다가 단기적인 성장에 집중할 경우, 지속가능성이 부족해져 장기적으로 경제적 불안정을 초래할 수 있다. 이러한 문제를 해결하기 위해서는 지속가능한 발전 전략과 환경보호 정책이 필요하다.

예를 들어, 자동차 산업에서 2022년 한 국가가 연간 1,000만 대의 차량을 생산하여 GDP에 5조 원을 기여했다고 가정하자. 2023년에는 기술 발전과 설비 투자를 통해 생산량이 1,200만 대로 증가하고 GDP에 6조 원을 기여하게 되었다면, 이는 자동차 산업을 통한 경제성장의 대표적인 사례로 볼 수 있다. 이러한 성장 과정은 단순한 생산 증가뿐만 아니라 기술 혁신과 자본 축적, 그리고 노동 생산성 향상의 결과이다.

경제성장은 국민의 생활수준을 높이고 국가 경쟁력을 강화함과 동시에, 사회적 안정성을 확보하는 데 중요한 역할을 한다. 특히 지속가능한 경제성장을 달성하기 위해서는 기술 혁신, 환경보호, 소득 분배 정책 등 다양한 측면에서 균형 잡힌 노력이 필요하다.

1.7 경기변동

경기변동은 한 국가의 경제가 일정 기간 동안 호황과 불황을 반복하며 변동하는 현상을 의미한다. 이는 경제 전반의 생산, 소비, 투자, 고용, 물가 등의 변동을 통해 나타나며, 경제 활동의 전체적인 수준이 주기적으로 변화하는 과정을 설명한다. 경기변동은 경제성장과 달리, 경제의 장기적인 성장 추세와는 별도로 단기적인 경제 활동의 변화를 다루는 개념이다. 한편 경기변동은 네 가지 주요 국면으로 구성된다: 호황(boom), 후퇴(recession), 불황(depression), 회복(recovery).[1] 이들 국면은 경제 활동의 수준과 속도에 따라 구분되며, 각 국면은 서로 연결되어 순환적으로 반복된다.

호황은 경제 활동이 활발하고 생산과 소비가 증가하며, 실업률이 낮아지는 시기를 말한다. 이 시기에는 기업의 투자와 가계의 소비가 증가하며, 전반적인 경제성장률이 높게 나타난다. 그러나 경제가 일정 수준 이상 과열되면 자원 부족, 물가 상승(인플레이션)과 같은 부작용이 발생할 수 있다. 후퇴는 경제성장률이 둔화되고 경제 활동이 감소하는 국면이다. 이 시기에는 기업의 생산량이 줄어들고, 실업률이 상승하며, 투자와 소비가 감소한다. 후퇴가 심화되면 경제는 불황 국면으로 진입할 수 있다.

불황은 경제 활동이 크게 위축되고 실업률이 높은 상태가 지속되는 국면이다. 이 시기에는 기업의 수익 감소, 대규모 실업, 소비와 투자 감소로 인해 경제가 정체되거나 감소한다. 불황은 경제의 가장 낮은 점을 나타내는 국면으로, 지속적으로 회복을 위한 정책적 개입이 요구된다. 회복은 경제 활동이 다시 증가하고 경제가 호황으로 전환하는 과정을 말한다. 이 시기에는 소비와 투자가 다시 활성화되며, 실업률이 점차 감소하고 경제 활동이 정상화된다. 회복 국면은 경기의 바닥을 지나 다시 성장하는 긍정적인 전환점을 의미한다.

경기변동은 다양한 요인에 의해 발생할 수 있다. 외부적 요인으로는 전쟁, 천재지변, 국제 시장의 변화 등이 있으며, 내부적 요인으로는 투자와 소비의 변화, 정부의 재정 및 통화정책, 기업의 생산 및 고용 조정 등이 있다. 예를 들어, 대규모 기술 혁신은 경제를 호황으로 이끌 수 있지만, 과잉 투자나 자원 부족은 후퇴와 불황으로 이어질 수 있다.

경기변동은 경제와 사회 전반에 중요한 영향을 미친다. 호황기에는 경제 활동이 활발해지고 국민의 소득과 생활수준이 향상되지만, 불황기에는 실업과 소득 감소로 인해 경제적 고통이 심화될 수 있다. 따라서 경기변동을 완화하거나 안정시키기 위해 정부는 재정정책(세금 인하, 정부 지출 증가)과 통화정책(금리 인하, 통화 공급 증가) 등을 활용한다. 예를 들어, 2008년 글로벌 금융위기는 세계적인 경기 후퇴와 불황을 야기했다. 당시 많

---

1) 이와 달리 다섯 가지 단계로 구분하기도 하는데, 이 경우 확장기(expansion), 정점기(peak), 수축기(contraction), 침체기(recession), 회복기(recovery)로 분류하기도 한다. 제9장에서는 이러한 다섯 가지 단계를 기준으로 경기변동을 설명할 예정이다.

은 국가들은 실업률 증가와 소비 감소로 인해 경제적 어려움을 겪었으며, 이를 극복하기 위해 각국 정부는 대규모 경기부양책과 금융지원 정책을 시행했다. 이후 경제는 점차 회복 국면으로 전환되었고, 다시 성장 궤도에 올라섰다.

경기변동은 경제 활동의 자연스러운 흐름이지만, 그 영향을 최소화하고 경제의 안정성을 유지하기 위해서는 적절한 정책 대응과 구조적 개선이 필요하다. 경기변동은 경제의 건강 상태를 보여주는 지표로, 이를 이해하고 대응하는 것은 국가 경제와 국민 생활수준의 향상을 위해 매우 중요하다.

2. 미시경제학과의 차이점

경제학은 크게 미시경제학과 거시경제학으로 나뉘며, 이 두 가지는 경제 현상을 이해하고 분석하는 데 서로 다른 초점을 가진 학문 분야이다. 미시경제학과 거시경제학은 다루는 주제와 분석 방법에서 명확한 차이를 보이며, 서로 상호 보완적인 관계를 가진다.

미시경제학은 개인, 가계, 기업 등 경제를 구성하는 개별 주체들의 의사결정 과정과 상호작용을 연구하는 학문이다. 미시경제학은 제한된 자원을 어떻게 효율적으로 배분할 것인가에 대한 문제를 다룬다. 앞서 제1부 미시경제학 파트에서 설명한 바와 같이, 구체적으로는 소비자의 소비 선택, 기업의 생산과 가격 결정, 시장에서의 수요와 공급의 상호작용, 자원의 최적 배분 등을 분석한다. 예를 들어, 특정 상품의 가격이 상승했을 때 소비자가 얼마나 구매를 줄이는지, 기업이 생산량을 어떻게 조정하는지가 미시경제학의 연구 대상이다. 미시경제학은 개별 시장에서의 균형, 효율성, 최적화와 관련된 문제를 해결하기 위해 수학적 모형과 분석 도구를 사용한다.

반면 거시경제학은 국가 또는 전체 경제를 대상으로 경제 활동의 종합적인 흐름을 연구한다. 거시경제학은 경제성장, 실업, 물가 상승(인플레이션), 국가 간 무역, 재정 및 통화정책 등 경제 전반에 걸친 문제를 다룬다. 거시경제학은 경제를 하나의 큰 시스템으로 보고, 총수요와 총공급, 실질 GDP의 변화, 경기변동, 장기적인 경제성장 등의 주제를 분석한다. 예를 들어, 한 국가의 실업률이 증가할 때 이는 경제 전반에 어떤 영향을 미치는지, 정부의 재정정책이나 중앙은행의 통화정책이 경제 안정에 어떤 역할을 하는지를 연구하는 것이 거시경제학이다.

미시경제학과 거시경제학은 분석 단위에서 큰 차이를 보인다. 미시경제학은 개별 소비자, 기업, 시장과 같은 소규모 단위에 초점을 맞추는 반면, 거시경제학은 국가 경제나 세계 경제처럼 대규모 단위를 다룬다. 가령, 미시경제학은 특정 상품의 가격과 수요 간의 관계를 분석하는 데 중점을 두는 것과 달리, 거시경제학은 전체 물가 수준의 변화를 나타내는 소비자물가지수(CPI)나 GDP 디플레이터[2]를 분석한다. 또한 두 학문은 서로 다른 질문에 답한다. 미시경제학은 "어떤 가격에서 시장이 균형을 이루는가?", "소비자는 어떻게 효용을 극대화하는가?"와 같은 질문에 집중한다. 이에 반해, 거시경제학은 "경제가 왜 경기변동을 겪는가?", "정부는 어떻게 실업률을 낮출 수 있는가?"와 같은 거시적 질문에 답한다.

미시경제학과 거시경제학은 서로 보완적인 관계에 있다. 미시경제학에서 개별 시장의 행동을 이해하는 것은 거시경제학에서 전체 경제를 분석하는 데 필요한 기초를 제공한다. 동시에 거시경제학의 통찰은 미시경제적 행동의 배경과 조건을 설명하는 데 도움을 준다. 예컨대, 중앙은행의 금리 인하라는 거시적 정책이 개별 소비자와 기업의 대출 및 소비행동에 어떤 영향을 미치는지 분석할 때, 두 학문은 긴밀히 연결된다.

즉, 미시경제학은 경제를 구성하는 개별 요소를, 거시경제학은 경제 시스템 전체를 연구하는 학문이다. 두 학문은 분석 초점과 방법론에서 차이를 가지지만, 경제를 더 깊이 이해하기 위해 서로를 보완하며 함께 활용된다. 이러한 상호작용은 경제정책 수립과 문제 해결에 필수적인 통합적인 관점을 제공한다.

3. 거시경제학의 주요 목표와 연구 분야

거시경제학은 국가 또는 세계 경제를 대상으로 경제 활동의 전반적인 흐름과 그 결과를 연구하는 학문으로, 경제의 안정적이고 지속가능한 성장을 도모하기 위해 여러 목표와 연구 분야를 다룬다. 이는 경제 전반의 문제를 분석하고 해결하기 위한 이론적 기

---

2) GDP 디플레이터(GDP Deflator)는 한 나라의 명목 GDP와 실질 GDP의 비율을 통해 산출되는 경제 지표로, 특정 연도에 생산된 재화와 서비스의 가격 수준을 반영한다. 이는 물가상승률이나 경제의 전반적인 물가 수준을 측정하는 데 사용된다. GDP 디플레이터는 다음 공식으로 계산된다.

$$\text{GDP 디플레이터} = \frac{\text{명목GDP}}{\text{실질GDP}} \times 100$$

이에 대해서는 제8장에서 다시 한번 더 설명한다.

반을 제공하며 정책적 도구로 활용된다.

거시경제학의 주요 목표는 크게 네 가지로 요약할 수 있다.

첫째, 경제성장은 장기적으로 실질 GDP의 증가를 통해 국민의 생활수준을 향상시키는 것을 목표로 한다. 이는 생산성과 기술 혁신, 투자 확대를 통해 달성되며, 한 나라의 경제력을 높이고 세계 시장에서의 경쟁력을 강화하는 데 중요한 역할을 한다.

둘째, 물가 안정은 인플레이션(물가 상승)이나 디플레이션(물가 하락)과 같은 극단적 상황을 방지하고 적정 수준의 물가 변동을 유지하는 것이다. 물가 안정은 화폐의 가치를 유지하고, 경제 주체들의 소비와 투자를 안정적으로 이끄는 데 필수적이다. 한 예로, 지나치게 높은 물가 상승은 구매력을 떨어뜨리고, 디플레이션은 경제 활동을 위축시킬 수 있다.

셋째, 완전고용은 경제 내 모든 가용 노동력이 적절히 활용되는 상태를 의미한다. 이는 실업률을 최소화하여 일자리 기회를 늘리고, 국민의 소득을 증대시켜 경제적 안정을 도모한다. 완전고용을 목표로 하되, 지나친 노동시장의 과열은 인플레이션을 유발할 수 있기 때문에 적정 수준의 실업률(자연실업률)을 유지하는 것이 중요하다.

넷째, 국제수지 균형은 한 국가가 세계 경제와 교류하는 과정에서 수출, 수입, 자본 이동이 균형을 이루는 것을 말한다. 이는 환율 안정, 무역 적자 및 흑자 관리, 외환 보유고 확보와 같은 문제를 포함하며, 국제 경제에서의 신뢰성과 안정성을 높이는 데 기여한다.

거시경제학의 연구 분야는 이러한 목표를 달성하기 위해 다양한 영역을 포괄한다. 먼저 총수요와 총공급 분석은 경제 전체의 생산과 소비 흐름을 이해하는 데 초점을 맞춘다. 총수요와 총공급의 균형은 경제 활동 수준과 물가 변동을 결정짓는 핵심 요소로, 경기변동과 경제적 충격의 원인을 분석하는 데 중요한 역할을 한다. 또한 재정정책과 통화정책은 거시경제학의 주요 연구 분야로, 정부와 중앙은행이 경제를 조절하기 위한 수단을 제공한다. 재정정책은 세금과 정부 지출을 조정하여 경제 활동을 관리하며, 통화정책은 금리와 화폐 공급을 통해 경제의 유동성을 통제한다. 이 두 정책은 경제 안정화와 성장 촉진을 위한 주요 도구로 활용된다.

경제성장이론은 장기적으로 경제의 성장 동력을 연구하는 분야이다. 이는 자본 축적, 기술 혁신, 노동력 증가와 같은 요인이 경제성장에 미치는 영향을 분석하며, 생산성 향상과 구조적 변화의 중요성을 강조한다. 이 연구는 국가 간 경제성과의 차이를 이해하고, 지속가능한 성장전략을 수립하는 데 도움을 준다. 이 외에 경기변동이론은 경제가 왜 호황과 불황을 반복하며 변동하는지에 대한 원인을 설명한다. 이는 경기 사이클의 주요 요인(소비, 투자, 외부 충격 등)을 분석하고, 정책적 대응 방안을 모색하는 데 중점을 둔다. 마지막으로, 국제경제학은 세계 경제와의 상호작용을 연구하며, 무역, 자본 이동, 환율 변동, 국제 금융시스템과 같은 주제를 다룬다. 글로벌화된 경제 환경에서 국제경제학은 국가 간 협력과 경쟁의 동학을 이해하고, 경제정책의 국제적 영향을 분석하는 데 필수적이다.

결론적으로, 거시경제학은 경제의 안정성과 성장, 그리고 국민의 삶의 질 향상을 목표로 다양한 연구 분야를 포괄하며, 국가 경제정책의 이론적 기반과 실질적인 방향성을 제시한다. 이를 통해 경제적 불확실성을 완화하고 지속가능한 발전을 도모할 수 있다.

토의자료 7-1 2024년 한국 경제 전망, 그리고 트렌드는?

2024년 내년 세계 경제가 불확실성으로 가득한 가운데, 한국 경제가 IT 수출을 통해 다양한 가능성을 타진해야 한다는 주장이 나왔다. 특히 한국 수출 스펙트럼이 급변하고 있기에 지금이라도 체질 전환에 나서야 한다는 강력한 메시지가 눈길을 끈다.

임혁 주필이 포럼에서 발언하고 있다.

"2024년 한국 경제 수출에 달려 … IT 핵심"

종합경제지 〈이코노믹리뷰〉가 15일 서울 을지로 페럼타워 3층 페럼홀에서 기업 희망포럼 '2024 경제 산업 전망 – 3고 파도를 넘어라'를 열어 한국 경제가 나아가야 할 방향성을 짚었다.

임혁 이코노믹리뷰 주필 겸 편집 담당 부사장은 "2024년은 글로벌 경제가 회복될 것으로 기대되지만, 고금리, 고환율, 고물가 등 소위 '3고'의 위협은 계속되는 상황"이라며 "이번 포럼을 통해 우리 기업들이 한국 경제의 엄중한 시기를 어떻게 극복할 것인지에 대한 심도있는 논의를 하고자 한다"고 말했다.

윤주혜 이코노믹리뷰 기자의 사회로 진행된 첫 세션에서 배병호 한국은행 조사국 경제모형실장은 '국내외 경제전망'을 통해 "세계 경제는 고금리 영향이 지속되면서 완만한 성장흐름을 이어갈 것"이라며 "상품 교역을 중심으로 점차 회복될 것으로 전망한다"고 말했다.

배 실장은 나아가 미국과 유럽연합, 중국과 일본 등 주요국 경제성장을 전망하며 "팬데믹 이후 국가별 경기회복은 차이가 있다"면서 "미국을 제외하고 유럽연합과 중국 등의 세계 경제는 다소 더딘 성장을 보일 것"이라 말했다. 나아가 중국에 대해서는 "미중 패권전쟁 등 외부의 영향을 받는 등 악재가 겹치며 제 역할을 하지 못하고 있다"고 말했으며 국제유가 전반에 대해서는 "불확실성이 높은 상황"이라 말했다.

이를 바탕으로 한국 경제성장 전망에 대해서는 "완만한 흐름을 보이는 세계 경제 전반의 흐름과 비슷할 것"이라 말했다. 그 연장선에서 수출·설비투자 회복에 힘입어 2.1% 성장할 것이라는 메시지도 나왔다.

배 실장은 나아가 "반도체 등 수출적 측면에서는 성장 모멘텀이 충분하다고 본다"면서 "2024년 중반부터는 특히 IT가 GDP 성장률을 끌고갈 것"이라 말했다. 이를 바탕으로 경상수지 흑자 규모는 2023년 300억 달러에서 2024년 490억 달러로 늘어날 것이라고 밝혔다.

한편 물가 전망에 대해서는 역시 불확실성이 크다는 전제로 "2024년 하반기 점차 낮아질 것"이라 봤으며 고용에 대해서는 서비스 부문을 중심으로 증가세가 둔화될 것으로 보이지만 그 속도는 완만한 것으로 예상했다. 취업자 수 증가 규모가 올해 34만 명에서 내년 24만 명으로 점차 둔화할 것이라는 설명이다. 그는 또 "2024년 한국 경제는 수출에서 답을 찾을 수밖에 없다"면서 "대중국 수출보다는 미국 및 유럽, 아세안 등으로 좋은 동력이 보인다"고 말했다.

마지막으로 중국 경제가 힘을 발휘하지 못하면 현지 중간재 시장 의존도가 높은 한국 경제도 어려울 것이라는 전망에 특히 집중했다. 배 실장은 "향후 중국 경제 중간재 자립과 기술경쟁력 제고에 따른 경합도 상승 등으로 중국 경제성장 파급효과는 낮아질 전망"이라며 "불확실성이 있는 상황에서 한국 경제의 전략을 다듬어야 할 것"이라 말했다.

"세계 경제 2024년 하반기 상승 후 하락 … 13대 주력산업 방향은?"

박성근 산업연구원 동향분석실장은 '산업 전망 및 기업 대응 방안'을 통해 2024년 세계 경제에 대해 "상반기는 보합세, 하반기는 일시적 상승 후 하락할 것"이라 봤으며 "국제유가는 두바이유 기준 배럴당 83달러, 원달러 환율은 다소 하락한 1,299원을 예상한다"고 말했다. 금리에 있어서는 "고금리 수준이 유지될 것"이라며 "통화 기축 기조는 장기화될 것이라 전망한다"고 말했다.

2024년 국내 경제 실질 GDP로는 성장률 2.0%를 전망했다. 박 실장은 "IT 중심의 수출 증가세가 예상되지만 고금리에 따른 소비 성장세 둔화와 건설투자 위축으로 완만한 성장세가 예상된다"면서 "불확실성은 지속될 것"이라 말했다.

그는 반도체 수출에 특히 주목했다. 박 실장은 "반도체 수출금액은 2022년 3월 최고점을 찍은 후 하락세가 이어지다 2023년 10월부터 회복세를 보이는 중"이라며 "다만, 2023년 하반기 반도체 수출금액의 증가추이는 가격요인이 아닌 물량요인에 기인했다"고 말했다. 그는 나아가 "현재는 반도체와 자동차 수출 비중이 거의 비슷하다"고 말했다. 이러한 흐름에 따라 지역별 수출 판도도 변하고 있다는 설명이다.

박성근 실장은 나아가 "2024년 통관 수출입 전망에 있어 수출은 5.6% 증가, 수입은 0.7% 감소할 것"이라며 "무역수지는 전년 대비 265억 달러 흑자로 돌아설 것으로 예상한다"고 말했다.

총수출의 79%를 차지하는 13대 주력산업(자동차산업, 조선산업, 일반기계산업, 철강산업, 정유산업, 석유화학산업, 섬유산업, 정보통신기기산업, 가전산업, 반도체산업, 디스플레이산업, 이차전지산업, 바이오헬스산업) 전망에 대해서는 "세계 경제 측면에서는 불확실성이 있으나 완만한 성장을 기대하며 해외 생산 확대가 전망된다"면서 "국내 경제 측면에서 투자 수요 회복 및 산업전환 등 긍정적 여건이 조성됨에 따라 조선 및 철강, 반도체 등에 대한 투자는 증가할 것으로 본다"고 말했다.

2024년 13대 주력산업 수출은 전년 대비 5.2% 증가할 것으로 보이며 내수는 신제품 출시 및 수출용 중간재 수요로 대다수 산업에서 일부 회복이 전망된다. 생산은 수출 및 내수 회복으로 IT산업군의 확대, 나아가 소재는 제한적 증가가 예상되며 수입은 전년 대비 5.8% 증가할 것으로 봤다.

박 실장은 마지막으로 "디지털 전환, 탄소중립, 미중 패권전쟁, 인구감소, 부채위기 등도 중장기 경제 및 산업 전망에 고려할 필요가 있다"고 말했다.

분초인간부터 돌봄경제까지

『트렌드코리아』 저자인 최지혜 박사는 '소비자 라이프스타일의 변화 및 시사점'을 통해 2024년 한국의 트렌드를 인상적으로 짚었다. 그 과정에서 '분초사회'라는 키워드가 나왔다. 최 박사는 "사람들이 항상 분초를 다투며 살아가는 중"이라며 "시간의 가성비가 극도로 중요해지며 사용 시간의 밀도가 매우 높아졌다"고 말했다. 그는 "학생들이 지나가며 '47분만 나갔다 올까?'라고 말하고 직장인들이 반의 반차, 반의 반의 반차를 쓰는 등 시간 활용 효율성이 높아지는 것"이라며 "넷플릭스 등에서 배속시청 등이 각광을 받는 것도 비슷한 맥락"이라고 말했다.

이유가 무엇일까? 최 박사는 "많은 이들이 팬데믹 당시 재택근무를 하며 시간의 재량권을 느끼고, 나아가 시간을 어떻게 효율적으로 보낼 수 있는지 고민하기 시작했다"며 "시간의 가성비에 더욱 주목해야 한다"고 말했다.

완벽한 최고의 자아를 뜻하는 '육각형인간' 트렌드도 등판했다. 다만, 그 완벽함이 자수성가를 지향하지 않는다. 최 박사는 "최근 MZ세대들이 좋아하는 아이돌은 부자집에서 자라 만능을 자랑하며 성격도 좋다"면서 "예전 무협지에서는 주인공이 고난을 겪고 성취했다면 최근 웹소설에서는 순식간에 이 세계로 가며 이야기가 시작된다. 세상이 힘들고 어려운데 굳이 고생하는 '기승전'을 건너뛰고 즐거운 이야기부터 보고 싶은 것이며, 시간을 효율적으로 아끼려는 분초사회의 연장선"이라고 말했다.

육각형인간 트렌드의 등장 기조의 좌절감에 더욱 주목해야 한다는 설명도 부연했으며, 이는 소셜미디어와 관련이 깊다. 최 박사는 "많은 사람들은 소셜미디어를 통해 완벽한 라이프스타일을 보며 스스로에 대한 압박을 키운다"면서 "육각형인간 트렌드는 곧 젊은층의 좌절과 관련이 있다. 육각형인간이 젊은이들의 활력이자 절망이며 하나의 놀이인 셈"이라고 말했다.

'요즘 남편 없던 아빠' 키워드도 있다. 육아와 집안일을 책임감으로 생각하는, 기존에 '없던 아빠'가 등장하고 있다는 설명이다. 최 박사는 "기존 세대에는 없던 문화"라며 "이를 잘 관리해야 공동체가 원만하게 유지될 수 있다"고 말했다.

'스핀오프 프로젝트'도 중요하다. 최 박사는 "최근 마켓컬리와 당근마켓이 각각 컬리와 마켓이라는 명칭을 분리한 배경에는 다양한 브랜드 스핀오프를 위한 것"이라며 "불확실성 위협에 대응하기 위해 스핀오프 프로젝트를 바탕으로 새로운 씨앗을 뿌리는 개념"이라고 말했다. 최 박사는 "특히 젊은층에서 비슷한 개념이 통용되고 있다"고 설명했다.

'리퀴드폴리탄'이라는 키워드도 중요하다. 최 박사는 "액체처럼 유연하고 서로 연결되며 다양한 변화를 보이는 것이 바로 리퀴드폴리탄"이라며 "대규모 정주인구가 핵심이 아니라 다양한 구성원들이 어우러지는 유연한 도시로 발전하는 것"이라고 말했다.

최 박사는 "강원도 양양의 경우 서핑을 즐기려 찾는 관광객이 연 20만 명"이라며 "이들은 관계인구와 생활인구가 되어 양양을 더욱 새로운 도시로 만들고 있다. 이것이 바로 리퀴드폴리탄"이라고 설명했다. 최 박사는 나아가 리퀴드폴리탄이 새로운 도시의 키워드가 될 것이라 말하며 "각각의 도시에서 느낄 수 있는 정체성이나 감성을 만드는 것이 중요하다"고 강조했다.

마지막으로 '돌봄경제'다. 최 박사는 "이제 돌봄은 복지가 아니라 새로운 패러다임의 경제적 효과를 가져올 수 있다"면서 "배려 돌봄, 정서 돌봄, 관계 돌봄이라는 세 가지 측면에서 우리 모두가 돌봄의 대상이 될 수 있음을 알아야 한다"고 말했다.

Q 질문

1. 한국 경제에서 예상되는 GDP 성장률 2.1%, 반도체 수출 회복세, 그리고 고금리에 따른 소비 둔화가 경제 전반에 미치는 영향을 논의하시오. 이러한 지표들은 정부의 경제정책에 어떤 영향을 미칠

것인가?

2. 한국의 반도체 및 자동차 산업이 경제성장에 미치는 영향을 분석하고, 디지털 전환 및 탄소중립 목표가 산업 구조에 미치는 장기적 영향을 토의하시오.
3. 글로벌 경제의 불확실성이 한국 경제에 미치는 영향과 그에 대한 대응 방안을 논의하시오. 미중 패권전쟁이 한국 경제에 미치는 영향을 평가하시오.

〈출처: 이코노믹리뷰, 2023년 12월 15일자〉

제 2 절 주요 거시경제 지표

거시경제 지표는 한 국가의 경제 상태와 흐름을 파악하는 데 사용되는 중요한 도구로, 경제정책 수립과 경제 상황 분석에 불가결하다. 이러한 지표는 경제 활동의 규모와 성과를 측정하고, 경제가 직면한 문제를 진단하며, 정책의 효과를 평가하는 데 활용된다. 주요 거시경제 지표는 실질 GDP, 실업률, 물가상승률(인플레이션), 국제수지, 환율 등을 포함하며, 이러한 지표들은 경제의 여러 측면을 종합적으로 나타낸다.

1. 실질 국내총생산(GDP)

실질 GDP는 한 국가의 일정 기간 동안 생산된 모든 재화와 용역의 총가치를 물가 변동을 제외한 실질적 기준으로 측정한 것이다. 이는 경제성장률을 계산하고, 경제의 생산성과 효율성을 평가하는 데 사용된다. 실질 GDP는 경제 규모와 국민의 생활수준을 나타내는 가장 기본적인 지표로, 경제 활동의 증가 또는 감소를 통해 경기변동의 흐름을 이해할 수 있다. 예를 들어, 실질 GDP가 증가하면 경제가 성장하고 있음을 나타내고, 감소하면 경기 침체의 징후로 간주된다. 계산하는 방법은 다음과 같다.

$$\text{실질 GDP} = \frac{\text{명목 GDP}}{\text{GDP 디플레이터}} \times 100$$

여기서 명목 GDP는 현재 시장가격으로 계산된 GDP이고, GDP 디플레이터는 앞서에서도 언급한 바와 같이, 기준 연도 대비 물가 수준을 나타내는 지표이다. 예시를 들어 살펴보면, 만약 한 나라의 명목 GDP가 1,200억 원이고 GDP 디플레이터가 120이라면 실질 GDP는 다음과 같이 계산된다.

$$\text{실질 GDP} = \frac{1,200}{120} \times 100 = 1,000\text{억 원}$$

이는 물가 상승의 영향을 제거한 실제 생산량을 의미한다.

2. 실업률

실업률은 경제활동인구 중 일자리를 찾고 있지만 고용되지 않은 사람들의 비율을 나타낸다. 이는 노동시장의 상태를 보여주는 중요한 지표로, 경제의 고용 수준과 생산성에 대한 정보를 제공한다. 낮은 실업률은 경제가 활발하게 운영되고 있음을 나타내는 반면, 높은 실업률은 경제 활동이 위축되고 노동력이 효율적으로 활용되지 못하고 있음을 의미한다. 실업률은 구조적 실업, 경기적 실업, 마찰적 실업 등 다양한 유형으로 나뉘며, 각 유형에 따라 경제정책의 방향이 달라질 수 있다.

3. 물가상승률(인플레이션)

인플레이션은 일정 기간 동안 전반적인 물가 수준이 상승하는 비율을 의미한다. 이는 소비자물가지수(CPI)나 GDP 디플레이터와 같은 지표를 통해 측정되며, 화폐 가치의 변화를 나타낸다. 적정 수준의 인플레이션은 경제성장에 긍정적일 수 있으나, 지나친 인플레이션은 구매력 감소와 경제 불안을 초래한다. 반대로, **디플레이션**(물가 하락)은 소비와 투자를 위축시키고 경제 침체를 유발할 수 있다. 따라서 물가 안정은 거시 경제 정책의 핵심 목표 중 하나로 여겨진다. 소비자물가지수(CPI)[3]나 GDP 디플레이터를 활

---

3) 소비자가 구매하는 재화와 서비스 묶음(소비자 바스켓)의 평균 가격 변동을 측정한 지표이다. CPI는 물가 상승률(인플레이션)이나 하락률(디플레이션)을 평가하는 데 사용되며, 가계의 생활비 변화를 반영한다. CPI는 $\frac{\text{조사 연도 상품 바스켓 비용}}{\text{기준 연도 상품 바스켓 비용}} \times 100$으로 계산된다.

용해 계산하는 물가상승률을 공식으로 표현하면 다음과 같다.

$$\text{인플레이션율} = \frac{\text{금년 CPI} - \text{전년 CPI}}{\text{전년 CPI}} \times 100$$

가령, 전년 CPI가 100이고 금년 CPI가 105라면, 이 나라는 5%의 물가상승률을 기록한 것이다.

$$\text{인플레이션율} = \frac{105 - 100}{100} \times 100 = 5\%$$

4. 국제수지

국제수지는 한 국가가 일정 기간 동안 다른 국가들과의 경제적 거래에서 발생한 수출, 수입, 투자 등 모든 금융 흐름을 나타낸다. 이는 경상수지(상품 및 서비스 거래), 자본수지(투자 및 자산 거래)로 구성되며, 국가 경제의 대외 관계와 외환 상황을 평가하는 데 사용된다. 경상수지가 흑자일 경우 한 국가가 다른 국가로부터 자본을 유입하고 있음을 의미하며, 적자의 경우 자본이 유출되고 있음을 나타낸다. 국제수지는 무역정책, 환율 변동, 외환 보유고 등과 밀접하게 연관되어 있다.

5. 환율

환율은 한 국가의 화폐가 다른 국가의 화폐와 교환되는 비율을 의미하고, 국제 무역과 자본 이동에 큰 영향을 미치는 지표이다. 환율이 상승(화폐 가치 하락)하면 수출 경쟁력이 강화되지만, 수입 물가가 상승하여 인플레이션을 유발할 수 있다. 반대로, 환율이 하락(화폐 가치 상승)하면 수출이 감소하고 수입이 증가하며, 무역수지에 부정적인 영향을 미칠 수 있다. 환율은 외환시장에서의 수요와 공급, 중앙은행의 외환정책, 국제 금융시장의 변화 등 다양한 요인에 따라 결정된다.

6. 기타 지표

이 외에도 산업생산지수, 소비자신뢰지수, 투자율, 정부 재정수지 등도 주요 거시경제 지표로 활용된다. 예를 들어, 산업생산지수는 제조업, 광업, 에너지 산업의 생산 수준을 측정하여 경제 활동의 현황을 파악하는 데 도움을 준다. 소비자신뢰지수는 소비자들의 경제에 대한 신뢰 수준을 나타내어 향후 소비 동향을 예측하는 데 사용된다. 이러한 지표들은 개별적으로뿐만 아니라 종합적으로 분석되어 경제정책의 방향을 설정하는 데 중요한 자료를 제공한다.

사례 7-2 반도체 · 자동차 수출 비중 31.7% 기록 … 분기 사상 첫 30% 돌파

2분기, 반도체 20.3% · 자동차 11.4%
반도체 시황 회복에 친환경차 수출 확대
"편중 우려보다는 경쟁력 증대 필요"

우리나라 수출을 쌍끌이하는 반도체와 자동차가 올 2분기 전체 수출에서 차지하는 비중이 30%를 넘겨 역대 최고를 기록한 것으로 나타났다. 인공지능(AI) 확산에 따른 반도체 수요 증가와 전기차 · 하이브리드차 등 친환경차에 대한 관심이 반도체 · 자동차 수출의 비중 확대를 이끌고 있다는 관측이 나온다.

우리 경제의 두 축, 반도체와 자동차 산업의 대표 기업인 SK하이닉스와 현대자동차. 현대차 울산 공장 수출 선적 부두(위쪽 사진)와 경기 이천 SK하이닉스 본사. /연합뉴스 · 뉴시스

11일 한국무역협회에 따르면 올 2분기 한국의 전체 수출에서 1위 품목인 반도체와 2위인 자동차가 차지하는 비중은 각각 20.3%, 11.4%로 나타났다. 두 품목이 전체 수출에서 차지하는 합산 비중은 31.7%로, 분기 기준으로 사상 최고를 기록했다.

'반도체+자동차' 수출 비중은 지난해 4분기 28.7%, 올 1분기 29.7%를 기록한데 이어 지난 2분기에 처음으로 30%를 넘어섰다. 지난해 부진했던 반도체가 작년 말부터 시황이 개선되며 수출이 증가세로 돌아섰고, 지난해 역대 최대 수출을 기록한 자동차 또한 올 들어서도 호조를 이어가면서 두 품목의 비중이 급증했다.

지난해 1분기 전체 수출에서 차지하는 비율이 13.6%까지 떨어졌던 반도체는 올 1분기 19%를 기록한데 이어 2분기 20%를 회복하며 살아나고 있다. 2분기에 기록한 20.3%는 2018년 3분기(22.3%), 2020년 2분기(21.3%) 등에 이어 역대 분기 기준 7위에 해당하는 비율이다. 반도체 수출이 연간 1,267억 달러(약 174조 원)를 기록하며 처음으로 1,000억 달러를 웃돌았던 2018년과 코로나로 반도체 수요가 급증했던 2020년, 2021년에 이은 수치다.

연간으로 따지면 반도체는 2018년 처음으로 20.9%를 기록하며 처음으로 20%를 웃돌았다. 이후 10%대 후반을 이어가다 지난해에는 15.6%로 급락했다.

반도체와 함께 '수출 효자'로 꼽히는 자동차도 2분기 수출액(195억 달러) 기준으로 분기 사상 최대 실적을 내며 선전했다. 전체 수출에서 차지하는 비중(11.4%)은 역대 분기 기준으로는 4위 수준이다. 자동차는 연간으로는 지난해 전체 수출 중 11.2%를 차지하며 가장 큰 비중을 기록했다. 다만, 올 들어서는 수출액이 늘었음에도 반도체 수출이 회복세를 보이며 전체 수출 중 비중은 다소 낮아졌다.

반도체 수출이 되살아난 가운데 해외 생산기지가 늘어나며 2010년대 들어 전체 수출에서 차지하는 비중이 10%를 밑돌았던 자동차가 전기차 등 친환경차를 중심으로 수출이 늘자 양대 품목의 쌍끌이가 강화되고 있다는 진단이 나온다. 과거 우리 수출의 한 축으로 꼽혔던 철강, 디스플레이, 무선통신기기 등의 비중이 최근 들어 감소세를 나타내는 것도 영향을 끼친 것으로 풀이된다.

일각에서 양대 품목에 대한 수출 편중을 우려하는 목소리도 나온다. 다만, 세계 시장에서 경쟁력을 갖춘 반도체·자동차에 대한 꾸준한 지원이 필요하다는 지적이다. 김우종 한국무역협회 연구위원은 "수출 품목 다변화가 필요하다는 지적이 있지만, 일본과 대만 등 주요국도 각각 자동차와 반도체에 집중하고 있기는 마찬가지"라며 "장기적인 수출 품목 및 시장 다변화는 꼭 필요한 일이지만, 지금 잘하고 성장하는 분야에서 미래 경쟁력을 확보하기 위한 지원을 소홀히 해서는 안 될 것"이라고 말했다.

〈출처: 조선일보, 2024년 8월 11일자〉

제3절 거시경제 사상의 역사적 발전

1. 고전학파(Classical School, 18세기 후반~19세기 중반)

1.1 특징

고전학파는 18세기 후반부터 19세기 중반까지 주류 경제학의 근간을 이룬 학파로, 시장경제의 자율성을 강조한다. 애덤 스미스(Adam Smith)의 '보이지 않는 손' 개념은 개인의 이기심이 시장에서 사회 전체의 이익으로 연결된다는 점을 강조하며 자유방임주의 원칙을 제시했다. 스미스는 각 개인이 자신의 이익을 추구하는 과정에서 자원이 효율적으로 배분되고, 시장은 자동적으로 균형을 이루며 번영을 가져온다고 주장했다.

데이비드 리카도(David Ricardo)는 비교우위이론을 통해 국제 무역에서 각국이 자신에게 유리한 상품 생산에 특화함으로써 전체적인 생산성과 효율성을 증대시킬 수 있다고 강변했다. 그의 『정치경제학 및 과세 원리』는 무역이 자원의 최적 분배에 어떻게 기여할 수 있는지를 논리적으로 설명한다. 또한 토머스 맬서스(Thomas Malthus)는 『인구론』을 통해 경제성장과 자원의 한계를 논의하며, 고전학파의 이론적 다양성을 확장했다. 그는 인구 증가가 식량 생산 증가를 초과할 수 있으며, 이로 인해 빈곤과 경제적 침체가 발생할 수 있음을 경고했다.

1.2 한계

고전학파는 시장이 항상 완전경쟁 상태를 유지한다고 가정하지만, 대공황과 같은 대규모 경제위기 상황에서 시장이 자율적으로 균형을 회복하지 못하는 사례를 설명하지 못했다. 또한 노동시장의 경직성이나 독점과 같은 시장실패를 다루지 못한 점이 한계로 지적된다.

2. 신고전학파(Neo-Classical School, 19세기 후반～20세기 초)

2.1 특징

신고전학파는 19세기 후반부터 20세기 초반까지 이어지며, 고전학파의 전통을 계승하면서 경제 분석에 수학적 모델과 미시적 접근을 도입한 학파다. 윌리엄 스탠리 제번스(William Stanley Jevons), 레옹 발라스(Léon Walras), 알프레드 마샬(Alfred Marshall) 등이 주요 학자로 꼽힌다. 이 학파는 경제 주체들이 합리적으로 행동하며, 이들의 선택이 시장 균형을 이루는 과정에 주목했다.

특히 제번스와 발라스는 한계효용이론을 통해 소비자와 생산자의 의사결정을 분석했다. 이들은 개별 경제 주체가 합리적인 선택을 통해 자신의 효용을 극대화한다고 보았다. 마샬은 수요와 공급의 상호작용을 통해 균형가격이 형성되고, 이를 통해 자원이 효율적으로 배분된다고 설명했다. 그의 대표 저서 『경제학 원리』는 현대 경제학의 기초를 형성한 중요한 업적으로 평가받는다. 신고전학파는 이러한 논리를 통해 시장 메커니즘이 자율적으로 작동한다고 믿었으며, 정부 개입을 최소화해야 한다고 보았다.

2.2 한계

신고전학파는 시장의 자동조정 메커니즘을 과도하게 신뢰한 나머지 경기변동, 실업, 불평등과 같은 거시적 문제를 다루는 데 한계를 보였다. 또한 현실 경제에서 나타나는 비합리적 행동을 설명하지 못했다.

3. 케인즈학파(Keynesian School, 1930～1950년대)

3.1 특징

케인즈학파는 1930년대 대공황을 배경으로 등장했다. 존 메이너드 케인즈(John Maynard Keynes)는 『고용, 이자 및 화폐의 일반이론』을 통해 시장의 자동조정 기능을 비판하며, 정부의 적극적인 역할을 강조했다. 그는 유효수요이론을 통해 경제 활동이 민간 소비와 투자 지출에 의존한다고 주장했다. 따라서 총수요가 감소하면 정부가 공공사업과 같은 재정정책을 통해 부족한 수요를 보완해야 한다고 주장했다.

케인즈는 실업이 단순히 임금 조정으로 해결될 수 없다고 보았으며, 이를 해결하기 위해서는 정부가 직접적인 고용 창출과 적자 재정을 통해 경제를 활성화해야 한다고 강변했다. 특히 대공황 시기의 뉴딜 정책은 케인즈의 이론을 실현한 대표적 사례로 평가받는다. 이러한 접근은 경제학에서 거시적 관점을 본격적으로 도입한 계기가 되었다.

3.2 한계

케인즈학파는 단기적 경기 안정화에 초점을 맞춘 나머지, 장기적으로 정부 개입이 인플레이션을 유발하거나 부채 문제를 심화시킬 수 있다는 비판을 받았다. 더불어 공급 측면의 경제 문제를 간과했다는 지적도 있다.

4. 통화주의학파(Monetarist School, 1950～1970년대)

4.1 특징

통화주의학파는 밀턴 프리드먼(Milton Friedman)을 중심으로 1950년대부터 1970년대까지 발전했다. 이 학파는 통화량이 경제 안정에 핵심적인 역할을 한다고 주장하며, "인플레이션은 항상 통화적 현상"이라는 명제를 제시했다. 프리드먼은 통화 공급 증가율을 일정하게 유지하는 통화 규칙(monetary rule)을 제안하며, 중앙은행의 역할을 강조했다.

통화주의학파는 시장의 자율성을 신뢰하며, 정부의 적극적 재정정책보다는 통화정책을 통해 경제를 안정화할 것을 권장했다. 프리드먼은 대공황의 주요 원인을 연방준비제도의 통화량 관리 실패로 분석하며, 적절한 통화정책이 경기변동을 완화할 수 있다고 주장했다. 그의 『자유를 위한 선택』은 이러한 이론을 대중에게 알리는 데 기여했다.

4.2 한계

통화주의학파는 통화정책이 단기적으로 경제를 안정화할 수 있다는 점을 과소평가했다. 또한 금융위기와 같은 극단적 상황에서는 통화정책만으로 문제를 해결하는 데 한계가 있다는 점이 드러났다.

5. 시카고학파(Chicago School, 20세기 중반~현재)

5.1 특징

시카고학파는 20세기 중반 이후 경제학에서 자유시장 원칙을 강조하며 규제 완화를 주장한 학파다. 밀턴 프리드먼, 게리 베커(Gary Becker) 등은 시장 효율성 가설(EMH)을 통해 시장이 자원을 최적화한다고 보았다. 특히 시카고학파는 공공부문보다 민간부문의 역할을 강조하며 민영화를 지지했다.

시카고학파는 실증적 접근을 강조하며, 경제 현상을 계량경제학을 통해 분석하려는 노력을 기울였다. 이들은 시장이 정보를 효율적으로 반영한다는 가설을 바탕으로 금융시장의 기능을 설명했다. 그러나 이 학파는 정부의 역할을 축소하려는 경향으로 인해 공공재나 외부효과와 같은 문제를 충분히 고려하지 않았다는 비판을 받았다.

5.2 한계

시카고학파는 시장실패를 충분히 고려하지 않았다는 비판을 받았다. 독점, 정보 비대칭, 외부효과 등 시장의 비효율성을 설명하는 데 한계가 있다.

6. 새고전학파(New Classical School, 1970~1980년대)

6.1 특징

새고전학파는 1970년대 등장하여 합리적 기대이론과 실물경기변동이론을 중심으로 발전했다. 합리적 기대이론은 경제 주체들이 미래의 정책 변화를 예측하여 행동을 조정함으로써 정부의 정책 효과가 제한될 수 있음을 강조한다. 실물경기변동이론은 경기변동의 주요 원인을 외부 충격(예 기술 혁신)으로 보며, 경제가 이러한 충격에 스스로 적응한다고 설명한다. 로버트 루카스(Robert Lucas)는 '루카스 비판'을 통해 경제정책의 효과를 분석했다. 이 학파는 기술 변화와 생산성 증가가 경기변동의 주요 원인이라고 보며, 시장이 외부 충격에 적응한다고 주장했다.

새고전학파는 시장의 효율성을 강조하며, 정부 정책이 경제 주체들의 기대에 따라 그 효과가 제한될 수 있음을 경고했다. 루카스는 경제 모델의 미시적 기초를 강화하며,

거시 경제 정책의 실효성을 비판적으로 분석했던바, 이러한 접근은 정책 입안자들에게 새로운 관점을 제공했다.

6.2 한계

새고전학파는 시장의 자율성을 과신하여, 비합리적 행동이나 금융위기와 같은 복잡한 상황을 설명하지 못했다.

7. 새케인즈학파(New Keynesian School, 1980년대~현재)

7.1 특징

새케인즈학파는 1980년대 이후 가격 경직성과 임금 경직성을 통해 시장 불완전성을 설명했다. 이 학파의 핵심 도구인 DSGE(Dynamic Stochastic General Equilibrium) 모델은 경제 주체 간 상호작용과 외부 충격을 동태적으로 분석하는 데 사용된다.[4] 이를 통해 정책 효과와 경제 변화의 복잡성을 통합적으로 이해하려는 접근법을 제공한다. 그레고리 맨큐(Gregory Mankiw), 올리비에 블랑샤르(Olivier Blanchard) 등이 주요 학자로 활동하며, DSGE 모델을 도입하여 경제정책의 효과를 분석했다. 새케인즈학파는 정부의 재정 및 통화정책이 경기 안정화에 기여할 수 있음을 주장했다.

새케인즈학파는 케인즈학파와 달리 합리적 기대이론을 수용하며, 시장의 불완전성을 분석하는 데 중점을 두었다. 이들은 신용시장의 경직성과 비대칭적 정보 문제를 해결하기 위해 정책 도구를 활용할 필요성을 강조했다. 이러한 이론은 글로벌 금융위기

---

4) 이를 이해하기 쉽게 조금 더 부연 설명하면 다음과 같다. DSGE 모델은 마치 경제를 작은 퍼즐 조각들로 나눠서 조립하는 과정과 비슷하다고 보면 된다. 가령, **퍼즐 조각 1**: 사람들(소비자)이 어떻게 돈을 쓰고 저축하는지 나타낸다. 예를 들어, "소득이 늘면 얼마나 더 소비할까?" 같은 의사결정을 반영한다. **퍼즐 조각 2**: 기업이 얼마나 생산하고 고용할지를 결정한다. 예를 들어, "임금이 오르면 고용을 줄일까?" 같은 문제를 다룬다. **퍼즐 조각 3**: 정부가 세금이나 지출, 금리를 조정하면 경제에 어떤 영향을 미칠지를 분석한다. 이 퍼즐 조각들이 모두 연결되어, 한 시장에서의 변화가 다른 시장에 어떤 파급효과를 가져올지 시뮬레이션한다. 예를 들어, 정부가 금리를 인상했다고 가정해보자. DSGE 모델은 이렇게 분석할 수 있다: 금리가 오르면, 사람들이 대출비용이 늘어나니까 소비를 줄일 가능성이 높다. 소비가 줄면, 기업도 물건을 덜 팔게 되어 생산량을 줄이고 고용을 감소시킬 수 있다. 고용이 줄면, 사람들의 소득도 줄어들어 경제가 더 위축될 수 있다. 이 모든 과정이 시간의 흐름에 따라 어떻게 전개될지 수학적으로 계산해 보여주는 것이 DSGE 모델이다.

이후 정책 논의에 큰 영향을 미쳤다.

7.2 한계

새케인즈학파는 위기 상황에서 금융시장 복잡성이나 글로벌 경제 불균형 문제를 충분히 설명하지 못했다는 비판을 받았다.

8. 행태경제학(Behavioral Economics, 2000년대~현재)

8.1 특징

행태경제학은 인간의 비합리적 행동과 심리적 요인을 경제 분석에 포함시켰다. 대니얼 카너먼(Daniel Kahneman), 리처드 탈러(Richard Thaler)는 제한된 합리성, 감정, 사회적 규범 등이 경제적 의사결정에 미치는 영향을 연구했다. 이는 정책 설계와 마케팅 전략에서 널리 응용되고 있다.

행태경제학은 전통 경제학이 가정한 합리적 경제인의 전제를 비판하며, 실제 관찰된 행동 데이터를 바탕으로 새로운 이론을 발전시켰다. 탈러의 '넛지(Nudge)' 이론은 공공정책 설계에 큰 영향을 주었다. 이 이론은 사람들이 비합리적인 선택을 하지 않도록 환경을 설계하는 방법을 제안하며, 선택의 자유를 유지하면서도 더 나은 결정을 유도한다. 예를 들어, 자동으로 연금 가입을 설정하거나 건강한 식단을 선택하도록 음식 배열을 조정하는 방식이 이에 해당한다.

8.2 한계

행태경제학은 다양한 연구 결과를 통합한 이론적 틀이 부족하다는 평가를 받았다. 또한 개인의 심리적 특성을 과도하게 강조해 거시적 분석에서는 한계가 있다.

9. 현대 거시경제학(Modern Macroeconomics, 2008년~현재)

9.1 특징

현대 거시경제학은 다양한 학파의 이론을 통합하며 발전해왔다. DSGE 모델은 거시경제적 충격과 정책 효과를 분석하는 데 활용되고 있다. 뿐만 아니라 기후변화, 불평등, 지속가능성 등 새로운 주제를 경제학에 포함시키며 연구 범위를 확장하고 있다.

현대 거시경제학은 비전통적 통화정책, 예를 들어 양적완화(quantitative easing; QE)와 같은 접근법을 통해 금융위기 이후 경제를 안정화하려는 노력을 기울였다. 또한 데이터 기반의 실증 연구를 강화하며, 정책의 효과를 실험적으로 검증하는 추세를 보이고 있다.

9.2 한계

현대 거시경제학은 지나치게 복잡한 모델에 의존해 현실 경제를 단순화할 위험이 있다는 비판을 받고 있다. 그 외에도 실증적 데이터와의 괴리 문제도 존재한다.

이상 열거한 시대별 주류 거시경제학파를 요약하면 아래 <표 7-1>과 같으며, 거시경제 학파별 상호작용을 그림으로 표현하면 [그림 7-1]로 각각 설명할 수 있다.

| 표 7-1 | 시대별 주요 학파의 특징

구분	주요 주장	시장 메커니즘	정부 개입
고전학파	시장의 자동조정 기능 강조	완전 자율적	최소화
신고전학파	한계효용과 자원의 효율적 배분 강조	자율적	필요 없음
케인즈학파	총수요 관리의 중요성 강조	불완전	적극 개입 필요
통화주의학파	통화량이 경제 안정의 핵심 요소임을 주장	제한적 자율성	최소화
시카고학파	자유시장 원칙 및 시장 효율성 강조	효율적	최소화
새고전학파	합리적 기대이론 도입 및 실물경기변동 강조	자율적	비효율적
새케인즈학파	가격 및 임금 경직성 강조, 정부 정책의 유효성 주장	불완전	적극 개입 필요
행태경제학	비합리적 행동과 심리적 요인 분석	복잡성 인정	상황에 따라 다름
현대 거시경제학	다양한 이론 통합 및 기후변화 등 새로운 주제 탐구	복합적	필요에 따라 다름

| 그림 7-1 | 거시경제 사상의 진화

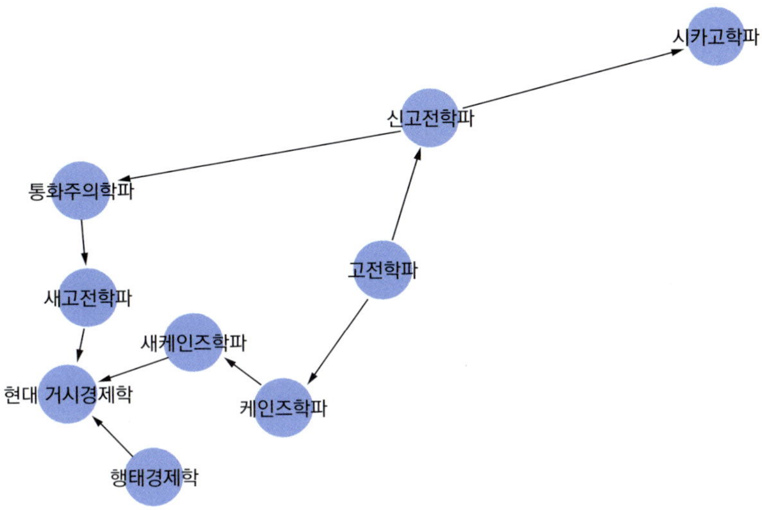

더불어 신고전학파와 새고전학파의 차이, 그리고 케인즈학파와 새케인즈학파 간 비교는 <표 7-2>와 <표 7-3>을 통해 구분 가능하다.

| 표 7-2 | 신고전학파와 새고전학파의 차이

구분	신고전학파	새고전학파
이론적 기반	고전학파와 케인즈학파의 절충적 접근	고전학파 이론의 현대적 발전
시장 메커니즘	단기적 불완전성 인정, 정부 개입 지지	시장의 자율적 적응 강조, 정부 개입 회의적
정책 효과	재정 및 통화정책의 단기적 효과 인정	합리적 기대로 인해 정책 효과 제한적
주요 이론	필립스 곡선	실질 경기변동이론

| 표 7-3 | 케인즈학파와 새케인즈학파 간 차이

구분	케인즈학파	새케인즈학파
이론적 기반	총수요 관리 강조	가격 및 임금 경직성을 통한 시장 분석
시장 메커니즘	시장 불완전성 강조	시장 불완전성 인정, 합리적 기대 통합
정부 개입	적극적인 재정정책 및 통화정책 주장	정부 정책의 필요성과 유효성 주장
주요 이론	총수요-총공급 모형	DSGE 모델

주요 용어

거시경제학	국내총생산	국민총생산	총소득	총수요
총공급	경제성장	경기변동	실업률	물가상승률(인플레이션)
국제수지	환율	산업생산지수	소비자신뢰지수	투자율
정부 재정수지	고전학파	신고전학파	케인즈학파	통화주의학파
시카고학파	새고전학파	새케인즈학파	행태경제학	현대 거시경제학

연습문제

01 어떤 나라에서 다음과 같은 경제 활동이 이루어졌다:

농부가 4만 원짜리 감자 5단위를 생산하였다. 감자는 모두 국내 식당에서 사용되었고, 이 식당에서는 감자를 사용하여 12만 원짜리 요리 10개를 판매하였다. 외국인이 이 나라에서 생산된 요리를 구매하여 3개를 해외로 반출하였다.

이 경우 GDP를 최종 생산물의 가치 합계 기준과 생산 접근법(부가가치의 합계) 기준으로 각각 계산하시오.

02 한 나라에서 다음과 같은 경제 활동이 이루어졌다:

국내 자동차 공장에서 자동차 50대를 생산하여 1대당 2천만 원에 판매하였다. 이 중 30대는 국내에 판매되었고, 20대는 수출되었다. 외국 기업이 이 나라에서 자동차 부품을 생산하여 1천만 원의 수익을 올렸고, 이 나라 국민이 해외에서 자동차 부품을 생산하여 5천만 원의 수익을 올렸다.

이때 ① GDP와 ② GNP를 각각 계산하시오.

03 다음은 한 국가의 총소득을 구성하는 자료이다:

가계가 노동을 제공하여 받은 임금은 5억 원이다. 기업의 이윤은 2억 원이다. 정부가 토지 소유자에게 지대를 지급한 금액은 1억 원이다. 기업이 은행에 지급한 이자는 1억 원이다. 외국에서 벌어들인 국민소득은 2천만 원이다.

이를 활용하여 분배 측면에서 총소득을 계산하시오.

04 한 국가의 경제 활동 자료는 다음과 같다:

- 국내총생산(GDP): 100억 원
- 소비(C): 60억 원
- 정부 지출(G): 20억 원
- 순수출(NX): 5억 원

이 상황에서 국민저축(S)을 계산하시오. (저축 공식: S = GDP − C − G)

05 한 나라에서 다음과 같은 생산 활동이 이루어졌다:

목재업자가 5만 원짜리 목재 6단위를 생산하였다. 제지 공장이 이 목재를 원료로 하여 15만 원짜리 종이 5단위를 생산하였다. 출판사가 이 종이를 사용하여 50만 원짜리 책 4권을 생산하였다.

이때 부가가치를 기준으로 GDP를 계산하시오.

참고문헌

Blanchard, O.(2017), Macroeconomics(7th ed.), Pearson.

Friedman, M.(1968), The Role of Monetary Policy, American Economic Review, 58(1), 1-17.

Lucas, R. E.(1976), Econometric Policy Evaluation: A Critique, Carnegie-Rochester Conference Series on Public Policy, 1, 19-46.

Mankiw, N. G.(2019), Macroeconomics(10th ed.), Worth Publishers.

Samuelson, P. A., & Nordhaus, W. D.(2010), Economics(19th ed.), McGraw-Hill Education.

유종권, 1991, 거시경제학의 기본 개념, 국민경제제도연구원.

이코노믹리뷰, 2024년 한국 경제 전망, 그리고 트렌드는?, 2023년 12월 15일자.

조선일보, 반도체 · 자동차 수출 비중 31.7% 기록 … 분기 사상 첫 30% 돌파, 2024년 8월 11일자.

한국경제신문, [사설] 경고등 들어온 경제 … 혁신 없인 돌파구도 없다, 2024년 11월 13일자.

CHAPTER

08

국민소득과 경제성장

학습목표

본 장에 대한 학습을 통해 GDP의 구성요소(소비, 투자, 정부 지출, 순수출)를 명확히 구분하고 설명할 수 있는 능력을 함양하고 명목 GDP와 실질 GDP의 차이를 이해하고자 한다. 또한 경제성장의 의미와 중요성을 파악함은 물론, 주요 경제성장이론을 비교해본다. 기술 발전, 자본 축적, 노동력 증가 등 경제성장에 영향을 미치는 주요 요소를 학습하며, 경제성장을 촉진하기 위한 주요 정책(예 재정정책, 통화정책, 산업정책 등)과 장·단기 효과를 분석한다.

제 1 절 GDP의 구성요소

제 2 절 경제성장이론

제 3 절 경제성장을 위한 주요 요소

제 4 절 경제성장 정책과 효과

사례 8-1 세계 속의 한국 경제 – 한강의 기적

한국은 짧은 기간에 고도성장을 이뤄냈다. 휴대전화, 반도체, 자동차, 화학, 철강 등 여러 분야에서 세계적인 경쟁력을 갖추고 있으며 최근에는 음악, 게임, 웹툰 등의 문화 콘텐츠가 한국 경제를 견인하는 중요한 산업으로 떠오르고 있다.

한국 헌법은 "모든 국민의 재산권은 보장된다"라고 명시하고 있다. 시장경제체제를 기본으로 하고, 개인과 기업의 자유로운 경제 활동을 존중하며, 그로써 얻은 개인과 기업의 이득과 재산을 모두 보장한다.

그러나 헌법은 자본주의적 시장경제를 무제한 보장하지 않는다. 헌법은 자본을 지나치게 남용해 타인에게 피해를 주면 이를 조정할 수 있도록 규정하고 있다. 이는 자유시장경제의 문제점을 보완하기 위한 최소한의 장치이다.

| 현대자동차 울산 공장 수출 선적부두 및 야적장. 자동차는 한국의 대표적 수출 품목 중 하나이다.

한국은 세계에 유례가 없을 정도로 빠르게 경제성장을 이뤘다. 자본과 자원이 거의 없는 여건에서, 더구나 1950년부터 1953년까지 3년간의 전쟁으로 산업시설이 거의 폐허가 된 상태에서 이뤄낸 경제성장을 세계는 '한강의 기적'이라고 한다.

한국은 1960년대부터 수출주도형 경제발전계획을 세워 추진했다. 처음에는 원자재나 소규모 공장에서 생산한 경공업제품을 주로 수출하다가, 1970년대부터 중화학공업시설 투자를 통한 경제발전을 추진해 중공업제품 수출의 발판을 마련했다. 지금은 반도체 및 디스플레이 분야에서 선두를 달리고 있다.

1988년 서울 올림픽 개최는 한국이 경제적으로 선진국 문턱에 진입하는 계기가 되었다. 외국 언론은 한국을 타이완, 홍콩, 싱가포르와 함께 '아시아의 네 마리 용'으로 불렸다. 1996년 12월에는 대부분 선진국으로 구성된 경제협력개발기구(OECD)에 세계 29번째로 가입했다. 아시아의 용을 넘어 '세계의 용'으로 거듭난 것이다.

수출 실적은 1960년 3,282만 달러에서 1977년 100억 달러를 돌파했으며, 2019년에는 5,422억 달러로 가파르게 늘어났다. 정부수립 무렵인 1953년 1인당 국민소득이 67달러에 불과했으나 2019년에는 32,115달러로 비약적인 증가세를 보였다.

한국은 자본과 자원이 부족한 가운데 집중적인 성장을 추구하는 과정에서 대기업 중심의 수출 주도형 경제 구조를 탄생시켰다. 즉, 대기업 집단이 생기고, 수출과 수입에 크게 의존하는 대외 경제에 민감한 경제 구조를 갖게 됐다.

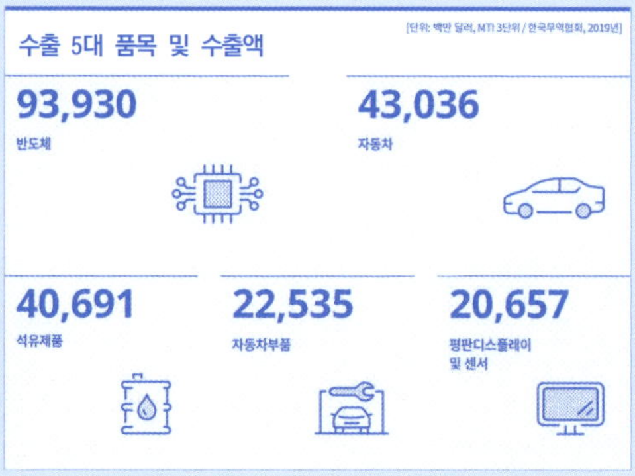

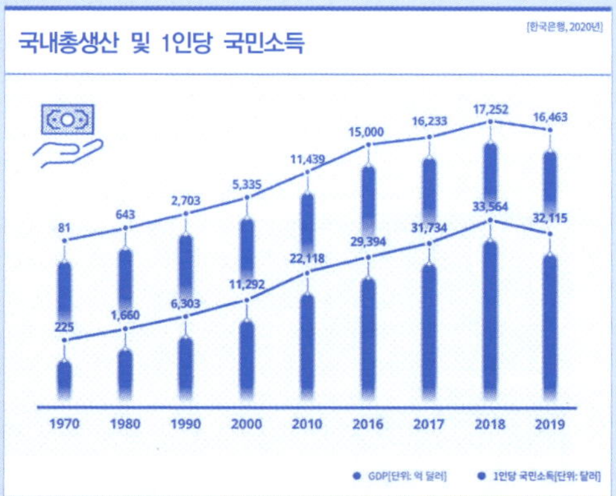

1997년 11월에는 국제통화기금(IMF)에 금융지원을 신청하는 외환위기를 맞았다. 고도 경제성장 후에 처음 닥친 시련이었다.

과감하게 부실 기업을 퇴출하고 구조조정을 시행해 2년 만에 성장률과 물가를 정상으로 돌리고, 경상수지 흑자를 이뤄냈다. 이 과정에서 IMF로부터 빌린 외환을 갚기 위해 국민 350만 명이 집에 보관하던 227t의 금을 모았다. 국민이 자발적으로 외채 갚기에 나선 일은 세계의 주목을 받았고, 국제사회에 큰 감명을 줬다.

3년 만에 외환위기를 완전히 극복하는 동안 한국은 국제화된 경제·금융제도를 도입하는 부수효과를 얻기도 했다. 한편, 구조조정 과정에서 정부의 재정 지출이 확대되고, 소득 불균형이 심화되는 부작용도 나타났다.

경제위기를 극복한 한국 경제는 건실한 성장을 계속했다. 국내총생산(GDP)은 2001년 5,046억 달러에서 2019년에는 3배가 넘는 1조 6,463억 달러로 늘어났다. 이는 세계 12위의 규모다. 경제위기 기간을 제외하고 매년 4~5%의 높은 경제성장률을 기록한 것이다. 2008년, 2009년과 세계 경제가 위기 중인 2010년에도 6.3%의 놀라운 경제성장을 이뤘다. 이러한 성장을 주요 외신들은 위기 극복의 모범 사례(Textbook Recovery)로 평가했다.

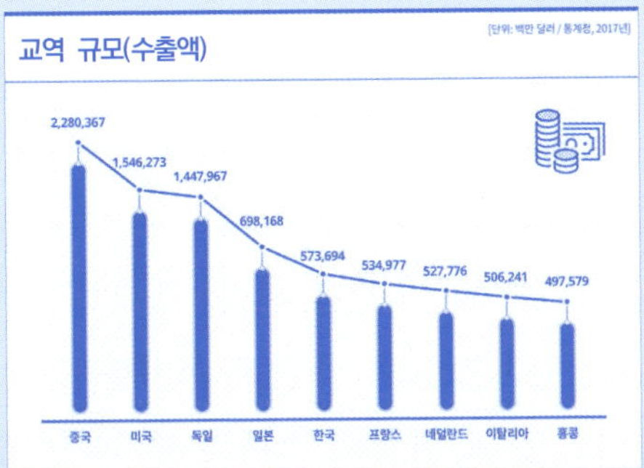

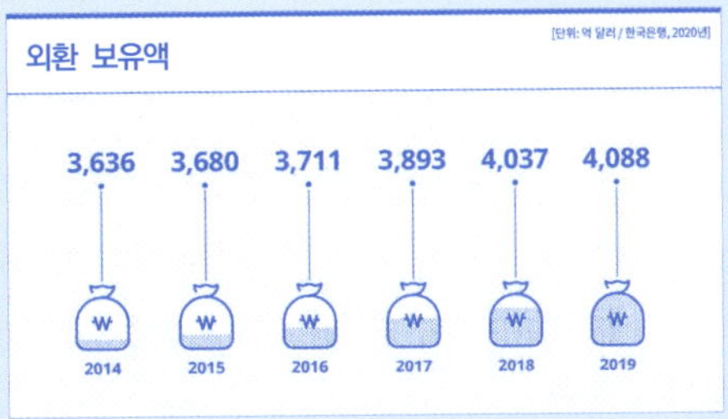

한국은 2010년 세계 7대 수출국으로 도약한 데 이어, 2011년부터 2014년까지 4년 연속 무역 1조 달러 실적을 기록했다. 2015년과 2016년에는 주춤했지만 2017년에는 1조 달러 수준을 회복했다. 2019년 4,088억 달러의 외환을 보유하고 있으며, 단기 외채 비율은 32.9%로 G20 가운데 중간 수준을 기록하고 있다. 국제사회에서도 이런 경제적 성과를 높이 평가하여 한국의 신용등급은 안정적인 수준을 유지하고 있다.

〈출처: 한국문화원, 접속일: 2025년 1월 3일〉

제 1 절 GDP의 구성요소

1. 소비

소비(consumption)는 GDP를 구성하는 가장 중요한 요소 중 하나로, 일반적으로 GDP에서 가장 큰 비중을 차지한다. 이는 가계가 재화와 서비스를 구입하는 데 사용하는 모든 지출을 포함하고, 경제 활동의 전반적인 수준을 반영하는 주요 지표로 작용한다. 소비는 가계의 소득 수준과 밀접한 연관이 있으며, 경제 상황에 따라 민감하게 변화한다. 예를 들어, 가계의 소득이 증가하면 소비가 증가하고, 반대로 경제 불황기에는 소비가 감소하는 경향이 있다.

소비는 크게 세 가지로 나눌 수 있다. 첫 번째는 내구재 소비로, 자동차, 가전제품과 같이 장기간 사용할 수 있는 물품의 구매를 포함한다. 내구재 소비는 대체로 고가의 물품이 많아 경제 상황과 금리 변화에 따라 민감하게 반응한다. 두 번째는 비내구재 소비로, 식료품, 의류 등 비교적 단기간 사용하는 재화를 구입하는 행위를 말한다. 비내구재 소비는 필수 소비재의 비중이 크기 때문에 경제 상황에 덜 민감한 경향이 있다. 마지막으로, 서비스 소비는 의료, 교육, 금융 서비스와 같은 무형의 서비스 지출을 포함하며, 점차 경제에서 차지하는 비중이 증가하고 있다.

소비는 경제의 안정성과 성장을 촉진하는 데 중요한 역할을 한다. 가계의 소비가 증가하면 기업의 매출이 늘어나고, 이는 기업의 투자와 고용 창출로 이어질 수 있다. 따라서 소비는 경제 선순환을 이루는 핵심 동력이 된다. 반대로, 소비가 줄어들면 경제 전반의 수요가 감소하여 기업의 생산과 고용이 위축될 수 있다. 이는 경기 침체로 이어질 가능성이 있어 정부는 소비 촉진을 위한 정책을 종종 사용한다.

소비를 분석할 때 중요한 개념 중 하나는 한계소비성향(marginal propensity to consume; MPC)인데, 이는 가계의 추가 소득 중 소비에 사용되는 비율을 나타낸다. MPC가 높으면 가계가 소득 증가를 소비에 더 많이 할애한다는 것을 의미하며, 이는 경제성장을 더욱 촉진할 수 있다. 이와 달리 MPC가 낮다면 가계는 소득 증가분을 저축하거나 투자하는 데 사용할 가능성이 높고, 이러한 특성은 경제정책 설계에 중요한 고려사항이 된다.

소비는 경제 상황뿐만 아니라 심리적 요인에도 영향을 받는데, 예를 들어 경제 불확실성이 높아지면 가계는 소비를 줄이고 저축을 늘리는 경향을 보인다. 이는 경제에 부정적인 영향을 미칠 수 있기에, 정부와 중앙은행은 소비를 활성화시키기 위한 목적으로, 금리를 낮추거나 소비를 장려하는 재정정책을 시행할 수 있다. 따라서 소비는 경제의 건강 상태를 가늠할 수 있는 중요한 지표로 활용된다.

2. 투자

투자(investment)는 GDP에서 소비 다음으로 중요한 요소로, 미래의 생산능력을 확장하고 경제성장을 촉진하는 기능을 한다. 투자란 기업, 정부, 또는 가계가 자산을 구매하거나 생산능력을 확장하기 위해 지출하는 것을 의미한다. 경제가 성장하는 데 있어 투자는 필수적인 역할을 하며, 특히 기술 혁신과 인프라 개발에서 그 중요성이 두드러진다.

투자는 크게 세 가지로 나눌 수 있다. 첫 번째는 고정 자본 투자로, 이는 기업이 기계, 설비, 공장 등을 구매하거나 건설하는 데 사용하는 지출이다. 이러한 투자는 생산성 향상과 장기적인 경제성장에 직접적으로 기여한다. 두 번째는 재고 투자로, 이는 기업이 보유한 상품이나 자재의 증가 또는 감소를 의미한다. 예를 들어, 재고가 증가하면 이는 향후 생산과 매출 증가의 신호일 수 있다. 세 번째는 주택 투자로, 가계가 신규 주택을 구입하거나 건설하는 데 사용하는 지출을 뜻한다. 이는 건설 산업과 부동산시장에 중요한 영향을 미친다.

투자는 경제의 순환 속에서 핵심적인 축을 담당한다. 경제 상황이 좋을 때, 기업은 매출 증가와 미래의 성장 가능성을 기대하며 투자를 늘린다. 이는 경제성장을 가속화하는 선순환을 형성한다. 반대로, 경제 불황 시에는 기업이 투자를 줄이고 재고를 축소하면서 경제의 하강 압력이 커질 수 있다. 따라서 투자는 경제의 경기변동을 이해하는 데 중요한 지표로 작용한다.

투자에 영향을 미치는 요인은 매우 다양하다. 금리는 투자 결정에 가장 큰 영향을 미치는 요소 중 하나로, 금리가 낮으면 기업의 자금 조달 비용이 줄어 투자가 촉진되는 반면, 반대로 금리가 높으면 자금 조달 비용 증가로 투자가 위축될 수 있다. 또한 경제의 미래 전망, 정부의 세제 혜택, 그리고 기술 혁신의 속도도 투자 결정에 중요한 변수가 된다. 기업은 미래의 수익 가능성이 높다고 판단되면 더 많은 투자를 단행할 가능성이 높다.

투자는 경제성장의 필수적인 요소이지만, 그 자체로 불확실성을 동반한다. 잘못된 투자 결정이나 과도한 투자로 인해 자산 버블이 형성될 수 있으며, 이는 경제위기로 이어질 수 있다. 따라서 정부와 중앙은행은 투자 촉진 정책과 더불어 과도한 투기를 억제하기 위한 정책을 병행해야 하고, 투자와 관련된 이러한 복잡성은 경제정책 설계에 본

| 그림 8-1 | 2000년 이후 한국의 국내총생산 및 경제성장률

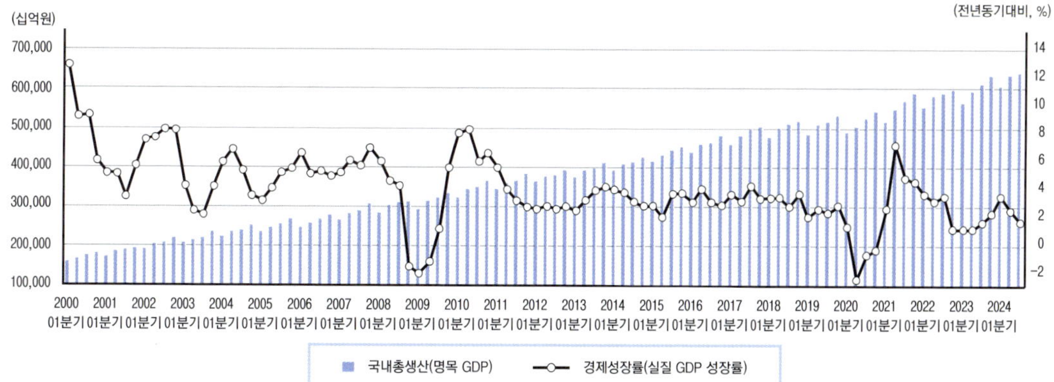

출처: 통계청.

질적인 도전과제를 제공한다.

3. 정부 지출

정부 지출(government spending)은 GDP의 중추적인 구성 요소로, 중앙 및 지방 정부가 공공 서비스와 인프라 구축을 위해 지출한 금액을 포함한다. 이는 국민경제의 안정성과 성장을 유지하는 데 핵심적인 역할을 하며, 경제 활동을 조절하는 중요한 도구로 사용된다. 정부 지출에는 공무원 급여, 국방비, 도로 및 철도와 같은 사회간접자본 구축, 치안 및 교육비 등이 포함되는바, 정부는 재정정책을 통해 경기 침체 시 지출을 늘려 경제를 자극하거나, 과열된 경제를 안정시키기 위해 지출을 줄일 수 있다.

정부 지출은 경제의 수요 측면에 직접적인 영향을 미친다. 정부가 사회간접자본에 투자하거나 공공 서비스를 확대하면, 이는 곧바로 소비와 투자 활동을 촉진하여 GDP를 증가시킨다. 예를 들어, 대규모 인프라 프로젝트는 건설업과 관련 산업에 수요를 창출하고, 이는 경제 전반에 긍정적인 파급효과를 미친다. 더 나아가, 정부의 재정 지원은 실업률을 줄이고, 사회 안정성을 강화하는 데 기여한다. 이러한 지출은 단기적으로 경제성장을 촉진하지만, 지속가능한 성장으로 이어지기 위해서는 효율적인 자원배분을 필요로 한다.

정부 지출의 효과는 경제 상황에 따라 다르게 나타난다. 경기 침체 시에는 정부의 추가 지출이 민간 소비와 투자를 보완하여 경제 회복을 가속화할 수 있다. 이를 케인즈 경제학에서는 '**승수효과**'라고 부른다. 즉, 정부 지출이 경제 전체의 총수요를 증가시키는 데 기여하며, 이는 곧 일자리 창출과 소득 증가로 이어질 수 있다. 반면, 경제가 과열 상태일 때 과도한 정부 지출은 인플레이션을 유발할 가능성이 있고, 따라서 재정정책은 경제의 상황에 맞게 신중하게 설계되어야 한다.

정부 지출에는 한계와 도전 과제도 존재하는데, 첫째, 과도한 정부 지출은 재정 적자를 초래할 수 있다. 이는 국가 부채의 증가로 이어져 장기적으로 경제에 부담을 줄 수 있다. 둘째, 정부 지출의 효율성이 낮을 경우, 이는 경제성장으로 이어지지 않고 자원의 낭비로 종료될 수 있다. 예를 들어, 부패나 비효율적인 관료 구조로 인해 공공자원이 잘못 사용되면 경제적 성과는 제한적일 수 있다. 그러므로 정부는 지출의 효율성을 높이기 위한 강력한 관리체계를 구축해야 한다.

정부 지출은 경제뿐만 아니라 사회적 안정에도 중요한 영향을 미친다. 가령, 복지 지출은 소득 불평등을 완화하고 사회적 결속을 강화하는 데 기여할 수 있고, 의료, 교육, 환경보호와 같은 분야에 대한 정부의 적극적인 투자는 국민의 삶의 질을 향상시키고 장기적인 경제성장 기반을 강화한다. 따라서 정부 지출은 단순히 경제성장을 촉진하는 도구가 아니라, 사회적 안정과 지속가능성을 동시에 고려해야 하는 필수 불가결한 정책 수단이라고 말할 수 있다.

4. 순수출

제7장에서 살펴본 바와 같이, **순수출**(net exports)은 GDP의 국제적인 구성 요소로, 한 국가의 수출(exports)에서 수입(imports)을 뺀 값으로 계산된다. 이는 한 국가의 대외 경제 활동을 나타내며, 무역을 통해 창출된 부가가치와 국제 경쟁력을 반영한다. 수출은 한 국가가 외국에 판매한 재화와 서비스의 가치를 포함하며, 수입은 외국에서 구매한 재화와 서비스의 가치를 포함한다. 순수출이 양수일 경우 이는 GDP에 긍정적인 기여를 하고, 음수일 경우 GDP를 감소시키는 요인으로 작용한다.

수출은 국내 경제성장에 중요한 역할을 하는데, 그 이유는 외국으로 재화와 서비스를 판매하는 과정에서 외화가 유입되고, 이는 국내 생산과 고용 창출로 이어지기 때문이다. 특히 수출 주도형 경제 구조를 가진 국가에서는 수출이 경제성장의 주요 동력으로 작용한다. 예를 들어, 한국과 같은 국가들은 전자제품, 자동차, 반도체와 같은 고부가가치 제품을 수출하여 경제를 발전시켰으며, 수출은 또한 기술 혁신을 촉진하고, 글로벌 시장에서의 경쟁력을 높이는 데 기여한다.

반면, 수입은 국내 소비자와 기업에게 다양한 선택지를 제공하지만, 국내 생산을 대체할 가능성이 있다. 수입이 증가하면, 이는 국내 산업에 부정적인 영향을 미칠 수 있으며, 특히 과도한 수입이 이루어질 경우 경쟁력이 약한 산업은 위축될 위험이 있다. 그러나 수입은 단순히 부정적인 요소로만 간주되지 않는데, 자본재와 같은 생산에 필요한 수입품은 국내 산업의 생산성을 높이고 경제성장에 기여할 수 있다. 따라서 수출과 수입의 균형은 경제 구조와 성과에 본질적인 영향을 미친다.

순수출은 환율, 관세, 무역협정과 같은 여러 요인에 의해 영향을 받는바, 환율 변동은 수출품과 수입품의 가격경쟁력을 변화시킬 수 있다. 한 예로, 자국 통화가 절하되면 수출품의 가격이 상대적으로 저렴해져 수출이 증가할 가능성이 높아진다. 이와 반대로, 통화 가치 상승은 수입품을 더 저렴하게 만들어 수입을 증가시키는 요인으로 작용한다. 한편 무역협정과 관세 정책은 특정 상품과 서비스의 교역 흐름을 조정하여 순수출에 영향을 미친다.

순수출은 국제적인 상호 의존성을 반영하며, 국가 간 경제적 관계를 강화하는 데 핵심적인 역할을 한다. 무역은 단순히 경제적 이익을 넘어 정치적, 사회적 연결고리를 형성하는 수단이 될 수 있다. 그러나 무역 불균형은 종종 국가 간 갈등의 원인이 되기도 하고, 지속적인 무역 적자는 외채 증가와 환율 불안정을 초래할 수 있으며, 이는 경제 안정성을 위협할 수 있다. 따라서 순수출의 지속가능한 관리는 국가 경제의 중차대한 과제 중 하나로 간주된다.

순수출은 단순히 수출과 수입의 차이를 넘어서, 국가의 생산성과 국제 경쟁력을 측정하는 중요한 척도라고 할 수 있다. 이를 통해 국가의 경제 구조를 이해하고, 글로벌 경제에서의 위치를 평가할 수 있음과 동시에, 순수출은 단기적인 경기변동뿐만 아니라 장기적인 경제성장전략에서도 중요한 축을 형성하며, 경제정책의 주요 초점이 된다. 따라서 순수출은 경제 전반의 건강 상태와 국제적 상호작용을 분석하는 데 필수적인 지표로 활용된다.

5. 명목 GDP와 실질 GDP

명목 GDP(nominal GDP)는 특정 기간 동안 생산된 재화와 서비스의 가치를 현재 시장 가격으로 측정한 것이다. 이때 "현재 시장가격"에는 해당 기간 동안의 물가 수준(인플레이션 또는 디플레이션)이 포함되어 있다. 따라서 명목 GDP는 물가 변동을 고려하지 않고 산출되기 때문에, 실질적인 생산량 변화를 측정하는 데에는 한계가 있다.

명목 GDP는 다음의 식으로 계산된다.

$$\text{명목 GDP} = \sum(\text{생산량} \times \text{현재 시장가격})$$

예를 들어, 가상의 국가에서 2025년에 생산한 주요 품목이 다음과 같다고 가정하자.

- 사과 : 5,000개, 단위 가격 $2

- 자동차: 500대, 단위 가격 $30,000
- 소프트웨어 서비스: 1,000건, 단위 가격 $1,000

$$
\begin{aligned}
\text{명목 GDP}_{2025} &= (5{,}000 \times 2) + (500 \times 30{,}000) + (1{,}000 \times 1{,}000) \\
&= 10{,}000 + 15{,}000{,}000 + 1{,}000{,}000 \\
&= 16{,}010{,}000
\end{aligned}
$$

이 값은 2025년 해당 국가의 경제 규모를 현재 시장가격으로 측정한 것이다. 이와 달리 **실질 GDP**(real GDP)는 특정 기간 동안 한 국가의 재화와 서비스 총생산량을 기준 연도 가격(불변 가격)으로 측정한 지표이다. 실질 GDP는 물가 변동을 조정하여 실제 경제성장을 측정하는 데 사용되는데, 이는 명목 GDP와 달리 시간적 비교에서 경제의 실질적 변화와 성장을 파악할 수 있는 도구이다.

실질 GDP는 다음의 식으로 계산된다.

$$\text{실질 GDP} = \sum(\text{생산량} \times \text{기준 연도 가격})$$

예를 들어, 위에서 사용한 국가가 기준 연도를 2020년으로 정했고, 2020년의 단위 가격이 다음과 같다고 가정하자.

- 사과: $1.50
- 자동차: $25,000
- 소프트웨어 서비스: $900

$$
\begin{aligned}
\text{실질 GDP}_{2025} &= (5{,}000 \times 1.5) + (500 \times 25{,}000) + (1{,}000 \times 900) \\
&= 7{,}500 + 12{,}500{,}000 + 900{,}000 \\
&= 13{,}407{,}500
\end{aligned}
$$

이와 같이 명목 GDP는 2025년 $16,010,000으로 계산된 반면, 실질 GDP는 $13,407,500로 측정된다. 이 차이는 물가 상승(인플레이션) 때문이고, 따라서 명목 GDP는 물가가 상승하면서 과대평가된 것과 달리, 실질 GDP는 이를 조정하여 생산량 변화만 반영한다.

GDP 디플레이터는 물가 변동의 정도를 측정하는 지표로, 다음과 같이 계산된다.

$$\text{GDP 디플레이터} = \left(\frac{\text{명목 GDP}}{\text{실질 GDP}}\right) \times 100$$

위에 기술한 예시를 적용하면,

$$\text{GDP 디플레이터}_{2025} = \left(\frac{16,010,000}{13,407,500}\right) \times 100 \approx 119.4$$

이 값은 기준 연도인 2020년에 비해 물가 수준이 약 19.4% 상승했음을 의미한다. 이렇듯 명목 GDP는 한 국가의 경제 규모를 나타내며, 실질 GDP는 경제성장률 분석에 주로 사용된다. 따라서 명목 GDP와 실질 GDP는 서로 다른 목적에 사용되는데, 명목 GDP는 국가의 현재 경제 규모를 측정하고 예산 책정이나 국가 간 비교에 유용한 반면, 실질 GDP는 경제성장률 분석이나 장기적인 경제성과 비교에 적합하다. 예를 들어, 한 국가의 명목 GDP가 증가했다고 해서 반드시 경제가 성장한 것은 아니며, 물가 상승에 의한 왜곡을 제거한 실질 GDP를 통해서만 경제성장 여부를 정확히 판단할 수 있다. 이 때문에 정책 입안자는 실질 GDP를 통해 경제가 성장했는지 아니면 단순히 물가 상승으로 인해 GDP가 증가한 것인지 평가하게 되고, 이와 같은 방식으로 명목 GDP와 실질 GDP는 경제 활동을 이해하고 평가하는 데 중요한 도구로 활용된다.

토의자료 8-1 [환경뉴스] 유럽 그린딜은 어떤 정책을 담고 있나?

그린 뉴딜은 1930년대 미국 대공황시기에 실행된 뉴딜 정책에서 그 이름이 유래한다. 당시 심각하게 침체된 사회와 경제를 살리고 공공일자리를 만들어내기 위해 루스벨트 미국 대통령이 추진했다.

현재 가장 문제되고 있는 전지구적 환경문제, 즉 기후 위기는 십여 년 내에 해결되지 않을 경우 자연환경과 인류에게 엄청난 피해와 비극이 될 것으로 예상된다. 빠른 시간 내에 기후 위기 문제를 해결하기 위해서는 국가와 정부기관이 개입하고 공적인 재원이 투입되어야 하기 때문에 '그린'과 '뉴딜'이라는 두 단어가 만나 '그린 뉴딜'이라는 용어가 탄생했다.

민주주의나 정의처럼 '그린 뉴딜(Green New Deal)'도 동일한 이름하에 서로 다른 것(이상, 목표, 정책 등)을 지칭하는 경우가 많다. 그래서 '그린 뉴딜'이라는 말을 누가 주장하고 표방하고 이용하려 하는가보다는 실제로 이루어지고 있거나 계획 중인 구체적인 정책과 목표로 판단하고 평가해보는 것이 논의와 토론에 도움이 될 것이다.

이번 글에서는 유럽연합에서 제기된 '그린딜(European Green Deal)'에 대해서 정리해보고자 한다. 유럽연합 집행위원회는 2019년 12월 그린딜 입법을 제정하였다. 폴란드를 제외한 26개국이 합의하였으며, 2050년까지 탄소중립을 달성하는 것이 주요한 목표이다.

탄소중립(carbon neutral)이란 이산화탄소 배출량만큼 상쇄하는 활동을 통해 순수한 이산화탄소 발생량을 0으로 만드는 것을 말한다. 경제 활동에서 발생하는 이산화탄소 양만큼 나무를 심거나 재생가능 에너지를 사용하거나 배출권 거래 등의 방법을 통해 순배출량을 없도록 하는 것이다.

유럽연합은 기후변화와 관련한 유엔기후변화협약(UNFCCC)을 통해 이루어진 교토의정서, 파리협정 등의 조약을 적극적으로 이행해오고 있다. 유럽연합은 2015년 파리협정(Paris Agreement) 이전인 2014년에 '2030 기후 · 에너지 정책 프레임워크'를 발표하고 2030년까지 1990년 대비 최소 40% 감축 목표를 제시했다.

유럽 그린딜의 목적과 주요 내용

목적

기후변화에 대한 인류의 대응이 늦어지면 오히려 비용 부담이 더 커질 것이기 때문에, 적극적인 대응책을 마련하고, 탄소중립경제로의 전환을 새로운 성장동력으로 삼는다.

주요 내용

표 8-1 기후변화에 적극적으로 대응하지 않을 경우 미래세대가 치르게 될 사회적 비용

구분	내용
대기오염	• 현재 대기오염으로 인한 조기사망자가 연간 400,000명이며, 적절한 대응을 하지 않을 경우 숫자가 급증할 것으로 예상됨.
폭염 더위	• 폭염으로 인한 연간 사망자가 90,000명 발생할 수 있을 것으로 예상됨. • 5℃ 상승 시 유럽연합 내 연간 66,000개의 추가적인 망명(asylum) 신청이 이어질 것으로 예상됨. • 4.3℃ 상승 시 16%의 생물종이 멸종 위기를 겪게 될 것으로 예상됨.
물 관리 홍수	• 매년 50만 명이 강의 범람 위험에 노출됨. • 매년 220만 명이 해안침수에 노출됨.
경제	• 지구 평균 온도가 3℃ 증가함에 따라 연간 1,900억 유로의 손실이 예상됨. • 전 세계에서 강의 범람으로 집이 유실될 위기에 처한 사람들이 연간 5,000만 명에 이를 수 있음. • 폭우 · 폭설 · 가뭄 · 지진 등의 기상이변은 2050년에 20% 식량가격 상승을 가져올 수 있음. • 폭염 관련 사망으로 인한 경제적 비용이 연간 400억 유로 이상이 될 것으로 예상됨.

출처: European Commission, "What if we do not act", December 2019.

1. 탄소중립

- 유럽연합은 2050년까지 탄소 순배출량을 '0'으로 하는 '탄소중립' 목표를 발표하였으며 지난 3월 4일 '유럽 기후 법안'을 제안했다. 세부적인 사항에 대한 입법 논의가 계속될 것으로 보인다.

2. 외교

- 유럽연합은 기후변화 대응에 국제적인 노력이 매우 중요함을 인식하고 외교와 무역, 개발협력 등을 통해 전 세계의 지속가능한 발전 확산을 위해 노력할 것을 밝혔다.
- G20국가들에게 지금까지 배출된 온실가스의 80%에 대한 책임을 촉구하고 있으며,
- 라틴아메리카와 아시아태평양 지역 국가들과 기후 위기 문제를 해결하기 위한 연대를 강화하고,
- 아프리카와의 외교에서 기후, 환경 이슈를 중심에 둘 것이다.
- 탄소국경세(carbon border tax)도 2020년 말경 도입될 것이 예상된다.

3. 공정 전환

- 기후 위기에 대응하는 경제로의 전환이 모두에게 영향을 미칠 것이며, 이러한 전환은 모두를 위한 것이고 누구도 낙오되지 않아야 한다.
- 회원국들이 화석연료에 대한 의존을 줄이는 데 필요한 비용을 지원하기 위해 유럽연합은 1,000억 유로 규모의 '공정한 전환 기금(Just Transition Fund)' 조성을 논의 중이며, 유럽투자은행 등으로부터 지원금(약 1조 유로)도 마련하기 위해 노력하고 있다.

| 표 8-2 | 2050년 탄소중립을 위한 주요 분야별 목표

분야	목표
에너지	유럽연합 온실가스 배출의 75% 이상을 차지하는 에너지 생산과 사용 분야를 탈탄소화(decarbonization)함.
건물	에너지 소비의 40%를 차지하는 건축물(buildings)을 개조하여 에너지 사용을 줄임.
교통	온실가스 배출의 25%를 차지하는 수송 분야를 더 깨끗하고, 더 싸며 더 건강한 방법으로 개선함.

출처: European Commission, "What is the European Green Deal?", December 2019.

4. 에너지

- 에너지 분야의 탈탄소화는 기후 목표를 달성하는 데 있어 가장 중요하다. 유럽연합 국가들에서 배출되는 온실가스 중 75% 이상이 에너지 생산과 사용 분야에서 발생하기 때문이다.
- 에너지 효율과 전력 생산량 중 재생가능 에너지 비율을 높이기 위해 2021년 6월까지 에너지 법규를 개정할 예정이다.

• 유럽연합 회원국들은 2023년 각국의 에너지 및 기후계획을 갱신할 때 새로운 기후 목표를 반영할 계획이다.

5. 건물

• 건물 분야는 에너지 소비 중 40%를 차지한다.
• 에너지 효율이 높은 건물로 신축 혹은 개축함으로써 건축 자재로 사용되는 모래, 자갈, 시멘트 등 자원 소비를 줄이도록 한다.
• 특히 공공지원주택(social housing), 학교, 병원 등을 개조하는 데 재정을 지원함으로써 에너지 약자들을 보호할 필요성을 강조한다.

6. 산업

• 순환경제(circular economy)에 기반한 새로운 산업정책이 필요하며, 유럽연합은 2020년 3월 녹색 전환을 위한 산업전략을 채택했다.
• 지속가능한 제품 정책 : 섬유, 건축, 전자, 플라스틱 등 자원 집약적인 분야를 중심으로 재활용 이전 단계에서 사용되는 재료의 양을 줄이고, 재사용을 강화하고, 환경에 유해한 제품이 유럽시장 내로 진입하지 못하도록 제한할 예정이다.
• 유럽연합 집행위원회는 유럽 내에서 사용되는 모든 포장을 2030년까지 재사용 또는 재활용이 가능하도록 하는 방안을 제안하고 있다.

7. 교통

• 유럽연합 국가들에서 배출되는 온실가스 중 교통분야가 차지하는 비율은 25%이며 점점 더 증가하고 있다.
• 유럽 그린딜은 2050년까지 교통분야 온실가스 배출량을 90%까지 감축할 계획이다.
• 방법 : 화석연료에 대한 보조금 폐기, 배출권 거래를 해양 분야로까지 확대, 항공부분에 대한 배출권 거래 무상 할당을 감축, 도로 이용에 대해 비용 부과
• 예상 : 2025년까지 제로배출 또는 저배출 차량이 1,300만 대로 증가할 것이며, 이에 따라 필요한 충전시설은 백만 개로 예상된다.

8. 농축산분야

• '농장에서 식탁까지의 전략(farm to fork strategy)'을 통해 기후 위기에 대응하고 생물다양성 보존에 도움되는 방식으로 친환경적인 농수축산물을 생산하고 순환경제를 촉진한다.
• 탄소중립 경제로의 전환을 공정하게 추진함으로써 농수축산물 종사자들이 소외되지 않도록 한다.

- 살충제 등 화학제품 사용을 줄이고, 친환경적인 기술 개발을 지원하고, 수입식품에 유럽 기준을 적용하도록 한다.

9. 생물다양성

- 유럽연합 집행위원회는 생물다양성 전략을 2020년 5월 제시하였다.
- 2020년 10월 유엔 생물다양성 총회에서 생물다양성 보호를 위한 지구 목표를 제안할 계획이다.
- 손상된 산림을 복원하고, 새로운 숲을 조성하기 위해 '신 유럽 산림 전략(a New EU Forest Strategy)'이 논의 중이다.

10. 환경보호

- 유럽의 생태계와 시민들을 보호하기 위해 대기, 수질, 토양 오염을 예방하기 위한 무오염 계획(zero-pollution plan)을 계획 중이다.

| 표 8-3 | 환경오염을 줄이기 위한 유럽 그린딜 정책

구분	내용
수질	호수, 강, 습지의 생물다양성을 보존하고, 과다한 영양염류를 줄이고, 미세플라스틱과 약품오염을 줄임.
대기	세계보건기구(WHO) 지침에 따라 대기질 기준을 평가하고, 깨끗한 공기질 달성을 위해 지방정부를 지원함.
화학	유해물질로부터 시민을 보호하고, 대안물질을 개발하며, 시장에 판매되는 물질의 평가에 대한 기준을 강화함.

출처: European Commission, "Eliminating pollution", December 2019.

Q 질문

1. 지속가능한 경제성장을 위해 환경, 경제, 사회적 측면 중 어느 요소에 우선순위를 두어야 할까? 그 이유는 무엇인가?
2. 유럽연합의 '유럽 그린딜'과 같은 정책이 단기적으로 경제적 부담을 초래할 수 있다는 우려에 대해 어떻게 생각하는가? 경제성장과 환경보호를 조화롭게 추진할 수 있는 방법은 무엇이라고 보는가?
3. 한국과 같은 산업화된 국가가 지속가능한 성장을 위해 어떤 정책적 방향을 설정해야 하는가? 신재생에너지, 스마트 산업, 기술 혁신 중 어느 분야에 중점을 두어야 한다고 생각하는가? 그 이유는 무엇인가?

〈출처: 황승미, 녹색아카데미, 2020년 7월 6일〉

제 2 절 경제성장이론

1. 기본 솔로우 모형

1.1 재화의 공급 및 수요

솔로우 모형은 경제성장의 동력을 설명하는 대표적인 모형으로, 생산함수는 일반적으로 다음과 같이 표현된다.

$$Y = F(K,\ L)$$

여기서 Y는 총생산, K는 자본, L은 노동을 의미한다. 생산함수는 일반적으로 규모에 대한 수익이 일정(constant returns to scale; CRS)[1]함을 가정하며, 추가로 한계수확체감(diminishing returns)[2]을 따른다. 이는 자본이나 노동이 증가할수록 추가 생산량은 점차 줄어드는 현상을 나타낸다. 따라서 재화의 공급은 자본과 노동의 수준, 그리고 이를 결합하는 기술의 효율성에 의해 결정된다. 기술 진보(이에 대해서는 추후 설명될 예정이다)는 생산함수를 향상시키는 역할을 하여, 자본과 노동의 동일한 조합으로도 더 많은 생산을 가능하게 한다.

재화의 수요는 소비와 저축으로 나뉘며, 저축률 s는 총생산 중 저축되는 비율을 나타낸다.

$$S = s \cdot Y$$

투자는 저축과 동일하며, 이는 자본의 증가에 기여한다. 반면, 자본은 감가상각률 δ에 따라 소모된다.

$$\Delta K = I - \delta K$$

따라서 자본의 변화는 투자와 감가상각 간의 차이로 설명된다.

---

1) 자본과 노동이 동일한 비율로 증가하면 생산량도 동일한 비율로 증가한다.

2) 자본이나 노동 중 하나만 증가할 때, 추가 생산량(한계생산물)은 점차 감소한다. 이는 자본과 노동의 적정한 조화가 생산성을 극대화하는 데 중요함을 보여준다.

1.2 자본량 증가와 안정상태

솔로우 모형의 핵심은 자본량이 시간이 지남에 따라 안정상태(steady state)에 도달한다는 것이다. 안정상태에서 자본량의 변화가 0이 되므로, 아래와 같은 조건을 만족한다.

$$s \cdot F(K,\ L) = \delta K$$

즉, 저축에 의한 자본 증가와 감가상각에 의한 자본 감소가 균형을 이룬다. 이 상태에서는 경제가 더 이상 성장하지 않으며, 1인당 생산량은 일정하게 유지된다.

1.3 안정상태에의 도달: 숫자를 이용한 예

예를 들어, 생산함수가 $F(K, L) = K^{0.5}L^{0.5}$, 저축률 $s = 0.3$, 감가상각률 $\delta = 0.1$로 주어진 경우를 살펴보자. 1인당 생산량을 $y = \frac{Y}{L}$, 1인당 자본량을 $k = \frac{K}{L}$로 나타내면, 생산함수는 $y = k^{0.5}$가 된다.

안정상태에서,

$$s \cdot k^{0.5} = \delta K$$
$$0.3 \cdot k^{0.5} = 0.1K$$

양변을 나누어 풀면,

$$k^{0.5} = \frac{0.1}{0.3}k$$
$$k = 9$$

따라서 안정상태에서의 1인당 자본량은 $k = 9$이며, 1인당 생산량은 $y = 9^{0.5} = 3$이 된다.

2. 자본의 황금률 수준

2.1 안정상태의 비교

황금률(golden rule) 안정상태는 경제에서 1인당 소비가 최대가 되는 자본량 수준을 의미한다. 일반적인 안정상태에서는 저축률이 높아질수록 자본량은 증가하지만, 이는 반드시 1인당 소비의 증가로 이어지지는 않는다. 왜냐하면 자본을 축적하기 위해 더 많은 생산이 저축에 사용되므로, 소비에 사용할 수 있는 생산의 몫이 줄어들 수 있기 때문이다.

이와 달리 황금률 수준에서는 자본량이 가장 효율적으로 축적되어 1인당 소비가 최대치에 도달한다. 이를 이해하기 위해 자본량이 너무 적거나 너무 많은 경우를 비교해 보면, 자본량이 너무 적으면 생산이 부족하여 소비가 제한되고, 반대로 자본량이 너무 많으면, 추가적인 자본 축적으로 인한 생산 증가보다 감가상각으로 인한 손실이 더 커질 수 있다. 이 경우 더 많은 자본이 생산에 기여하지 못하고 감가상각으로 소모되기 때문에 소비가 줄어들게 된다. 황금률 안정상태는 자본량과 생산의 조화로운 수준을 달성하여, 소비를 최대화할 수 있는 균형점이라고 할 수 있다.

2.2 황금률 안정상태: 숫자를 이용한 예

황금률 안정상태는 자본의 한계생산물(MPK)이 감가상각률(δ)과 정확히 일치할 때, 즉 MPK $=\delta$ 조건을 만족할 때 달성된다. 이를 숫자를 사용해 구체적으로 살펴보도록 하자.

예를 들어, 생산함수가 $f(k)=k^{0.5}$, 감가상각률 $\delta=0.1$, 저축률 s는 아직 조정 가능하다고 가정할 때, 안정상태에서 자본량과 소비를 최대화하려면 다음 조건을 충족해야 한다.

$$\text{MPK}=\frac{\partial f(k)}{\partial k}=\delta$$

- 1단계 : 한계생산물(MPK) 계산

한계생산물은 생산함수를 자본량 k에 대해 미분하여 계산된다.

$$\text{MPK}=\frac{\partial (k^{0.5})}{\partial k}=0.5 \cdot k^{-0.5}$$

황금률 조건 MPK = δ를 대입하면,

$$0.5 \cdot k^{-0.5} = 0.1$$

• 2단계 : 황금률 자본량(k^*) 계산

위의 식을 풀어 k^*를 구한다.

$$k^{-0.5} = \frac{0.1}{0.5} = 0.2$$

$$k = \left(\frac{1}{0.2}\right)^2 = 25$$

따라서 황금률 안정상태에서의 자본량 $k^* = 25$이다.

• 3단계 : 1인당 생산량(y^*)과 소비량(c^*) 계산

1인당 생산량은 $f(k)$에서 $k = 25$를 대입하여 계산한다.

$$y^* = f(k^*) = (25)^{0.5} = 5$$

황금률에서의 소비는 생산량에서 감가상각으로 소모되는 자본량을 뺀 값이다.

$$c^* = y^* - \delta \cdot k^*$$

$$c^* = 5 - 0.1 \cdot 25 = 5 - 2.5 = 2.5$$

정리하면, 황금률 자본량(k^*) : 25, 황금률 생산량(y^*) : 5, 황금률 소비량(c^*) : 2.5

• 4단계 : 경제적 해석

황금률 조건 MPK = δ에서 자본의 추가 축적이 감가상각의 손실을 상쇄하며, 소비가 최대화된다. 만약 자본량 k가 25보다 크면 감가상각 증가로 인해 소비가 줄어들고, k가 25보다 작으면 추가 자본 축적으로 소비를 더 늘릴 여지가 있다. 따라서 k = 25가 소비를 최대화하는 자본량이며, 이 상태가 황금률 안정상태이다. 이를 통해 경제는 최적의 자본 축적 수준을 유지하며, 1인당 소비를 극대화할 수 있다.

2.3 황금률 안정상태로의 전환

황금률에 도달하기 위해 정부는 저축률을 조정하거나, 감가상각률 및 생산성 증가를 통해 자본의 효율성을 높이는 정책을 시행할 수 있다. 예를 들어, 저축률이 현재 황금률보다 높다면, 과도한 자본 축적을 방지하기 위해 저축률을 낮추는 방향으로 조정해야 한다. 이를 구체적으로 설명하면 다음과 같다.

1) 과대자본으로 시작하는 경우

과대자본 상황은 현재 자본량이 황금률 수준을 초과하여, 경제가 자원을 비효율적으로 사용하고 있는 상태를 의미한다. 이 경우 자본의 한계생산물(MPK)이 감가상각률(δ)보다 낮다(MPK < δ). 이는 추가적인 자본 축적이 감가상각에 따른 비용을 상쇄하지 못해, 경제 전체의 소비량이 줄어드는 결과를 초래한다. 따라서 과대자본 상황에서는 자본량을 줄여 황금률 자본량으로 전환해야 한다.

과대자본 상태에서 자본량을 줄이는 방법은 저축률을 낮추는 것이다. 저축률이 낮아지면, 경제 내에서 소비에 더 많은 비중이 할당되고, 투자와 자본 축적 속도는 감소하게 된다. 이를 통해 자본량이 점진적으로 줄어들어 황금률 안정상태에 도달할 수 있다. 그러나 이 과정은 시간이 걸리며, 조정 속도는 저축률의 변화 폭과 경제 구조에 따라 달라질 수 있다.

이외에 정부는 정책적 개입을 통해 과대자본 상태를 완화할 수 있다. 예를 들어, 투자에 대한 세금 혜택을 줄이거나 소비를 장려하는 정책을 시행함으로써 자본 축적의 속도를 늦출 수 있다. 동시에 정부는 감가상각률을 증가시키는 방향으로 규제를 도입하여 기존 자본이 빨리 소모되도록 유도할 수도 있다. 이러한 정책은 자본량을 황금률 수준으로 조정하는 데 도움을 준다.

과대자본에서 황금률로 전환하는 과정은 단기적으로 소비 증가와 자본 감소를 동반한다. 이는 초기에는 경제적 충격으로 작용할 수 있으나, 장기적으로는 효율적인 자본 배분을 통해 소비와 경제성장을 최적화하는 결과를 가져온다. 따라서 과대자본 상태의 전환은 경제 전체의 효율성과 복지를 향상시키는 데 필수적이다.

2) 과소자본으로 시작하는 경우

과소자본 상황은 현재 자본량이 황금률 수준보다 낮아, 추가 자본 축적이 소비를 증가시킬 여지가 있는 상태를 의미한다. 이 경우 자본의 한계생산물(MPK)이 감가상각률(δ)보다 높다($MPK > \delta$). 이는 자본 축적이 경제에 긍정적인 영향을 미치며, 추가 자본 투자로 소비를 늘릴 수 있는 기회를 제공한다. 따라서 과소자본 상태에서는 자본량을 증가시켜 황금률 자본량으로 전환해야 한다.

앞서 설명과 반대로, 자본 축적을 촉진하기 위해서는 저축률을 높이는 것이 필요하다. 저축률이 증가하면, 경제 내에서 소비에 사용되는 비중이 줄어드는 대신 투자와 자본 축적 속도가 빨라진다. 이는 시간이 지남에 따라 자본량을 늘려 황금률 안정상태에 도달하게 만들며, 이 과정에서 단기적으로는 소비가 감소할 수 있지만, 장기적으로는 소비 증가를 보장한다.

정부는 과소자본 상태를 해결하기 위해 다양한 정책을 시행할 수 있는데, 예컨대, 투자에 대한 세금 감면, 저금리 정책, 그리고 저축을 장려하는 프로그램을 통해 자본 축적을 지원할 수 있다. 더불어 기술 혁신과 생산성 향상을 위한 투자도 자본량 증가에 기여할 수 있다. 이러한 정책들은 경제가 황금률 안정상태로 더 빠르게 전환하도록 돕는다.

과소자본 상태에서 황금률로 전환하는 과정은 초기에는 소비의 감소와 자본 축적의 증가를 동반하지만, 이는 장기적으로 1인당 생산량과 소비량을 증가시키는 결과를 가져온다. 따라서 과소자본 상태의 전환은 경제의 잠재력을 극대화하고, 지속가능한 성장 기반을 마련하는 데 중요한 단계이다. 이 과정은 자본의 효율적 축적과 경제적 균형을 달성하는 데 중요한 역할을 한다.

3. 솔로우 모형에서의 인구 증가

3.1 인구 증가를 고려한 안정상태

투자(I)는 경제에서 자본량을 증가시키는 주요 원천이다. 솔로우 모형에서는 투자와 저축이 동일하다고 가정하며, 이는 저축된 자금이 곧바로 투자로 이어진다는 것을 의미한다. 저축은 국민소득의 일정 비율로 표현되며, 저축률 s를 이용하여 다음과 같이 나타낸다.

$$I = S = s \cdot Y$$

여기서, S: 총저축
s: 저축률(0과 1 사이의 값)
Y: 총생산량 또는 국민소득

또한 총생산량 Y는 생산함수 F(K, L)에 의해 결정된다. 이 함수는 자본(K)과 노동(L)의 조합에 따라 생산량이 증가하는 관계를 나타낸다. 따라서 투자 I는 다음과 같이 표현될 수 있다.

$$I = s \cdot F(K,\ L)$$

자본 축적 방정식 ΔK = I − δK에서 투자 I를 위의 관계로 대입하면 다음과 같이 나타낼 수 있다.

$$\Delta K = s \cdot F(K,\ L) - \delta K$$

여기서, ΔK: 자본의 순변화
δK: 감가상각에 의해 감소하는 자본량
$s \cdot F(K,\ L)$: 투자(저축률과 생산량의 곱)

이 방정식은 자본 축적의 변화가 생산에서 비롯된 투자와 기존 자본의 감가상각 간의 차이에 의해 결정된다는 점을 명확히 보여준다.

이 상태에서 인구 증가율 n을 포함하면 자본 축적 방정식은 다음과 같이 확장된다.

$$\Delta k = s \cdot f(k) - (\delta + n)k$$

여기서, $k = K/L$: 1인당 자본량
$f(k) = F(K,\ L)/L$: 1인당 생산량
$\delta + n$: 감가상각과 인구 증가로 인한 자본량 감소율

이 방정식은 인구 증가가 자본량을 감소시키는 추가 요인으로 작용하며, 안정상태에서 $\Delta k = 0$이며, 투자 $s \cdot f(k)$는 감가상각과 인구 증가에 의한 자본 감소를 상쇄해야 한다. 다시 정리하면, $f(k) = k^{\alpha}$는 1인당 생산함수이고, 인구 증가율 n은 1인당 자본량을 감소시키는 방향으로 작용하며, 안정상태에서 1인당 자본량은,

$$s \cdot f(k^*) = (\delta + n)k^*$$

따라서 인구 증가율이 높아지면 k^*가 낮아지고, 결과적으로 1인당 생산량 y^*와 소비량 c^*도 줄어들게 되며, 이는 인구 증가가 경제성장에 부정적인 영향을 미칠 수 있음을 시사한다.

3.2 인구 증가에 대한 다양한 견해

고전학파 경제학자들은 인구 증가를 주로 부정적으로 보았다. 토머스 맬서스(Thomas Malthus)는 그의『인구론』에서 인구가 기하급수적으로 증가하는 반면, 식량과 같은 자원은 산술급수적으로 증가한다고 주장했다. 그는 인구 증가가 제한되지 않으면 결국 자원이 부족해지고, 빈곤과 기아로 인해 자연적으로 인구가 감소하는 "맬서스적 위기"가 발생할 것이라고 경고했다. 이러한 관점에서 인구 증가는 경제 발전에 장애물이 될 수 있다는 우려가 횡행했다.

이에 반해 솔로우 모형에서는 인구 증가가 경제성장에 두 가지 상반된 효과를 미친다고 설명한다. 한편으로는 노동력이 증가하면서 총생산이 늘어나 경제 규모를 확대할 수 있지만, 다른 한편으로는 자본의 분산 효과로 인해 1인당 자본량이 감소하여 1인당 생산량과 소비량이 줄어드는 결과를 초래할 수 있다고 지적한다. 따라서 인구 증가가 경제에 미치는 영향은 자본 축적과 기술 진보의 속도에 달려 있고, 기술 진보와 결합된 인구 증가가 장기적으로 긍정적인 성장의 원동력이 될 수 있다고 본다.

본 절의 뒷부분에서 다루게 될 내생적 성장이론의 관점에서는 인구 증가가 지식 축적과 혁신에 기여하는 긍정적인 요소로 간주된다. 특히 인구 증가가 더 많은 인적자본을 제공하고, 연구개발(R&D) 활동을 촉진함으로써 기술 진보를 가속화할 수 있다는 주장이 제기되었다. 예를 들어, 폴 로머(Paul Romer)의 모형에서는 지식이 비경합적이고 비배타적인 성격을 가지므로, 인구가 증가할수록 더 많은 사람들이 지식을 활용하고 확산시킬 수 있다고 설명함으로써 인구 증가가 경제성장에 긍정적인 영향을 미칠 수 있음을 강조한다.

이와 달리 현대 경제학에서는 단순한 인구 증가보다 인구 구조와 질적 변화에 대한 논의가 더욱 중요시되고 있다. 예를 들어, 청년층과 노년층의 비율 변화는 경제 생산성과 복지 시스템에 큰 영향을 미치고, 노동 연령 인구의 비율이 높을수록 경제성장에 긍정적인 영향을 미치지만, 고령화가 진행되면 생산성이 감소하고, 복지비용이 증가하는 문제가 발생한다고 역설한다. 따라서 인구 증가 자체보다 인구의 질적 특성과 구조를 관리하는 것이 경제성장에 더욱 중요하다는 견해가 제시되고 있다.

최근에는 인구 증가가 환경과 자원에 미치는 영향을 고려한 지속가능성 논의도 활발히 이루어지고 있다. 지속가능한 발전을 강조하는 학자들은 인구 증가가 자원 고갈과 환경 파괴를 가속화할 수 있다고 경고하며, 인구 증가를 억제하거나 자원의 효율적 사용을 촉진하는 정책이 필요하다고 주장한다. 반면, 일부 학자들은 기술 혁신과 재생 가능 자원의 활용이 인구 증가로 인한 부정적인 영향을 상쇄할 수 있다고 본다. 이러한 견해는 인구 증가가 경제적, 사회적, 환경적 맥락에서 상호작용하며 복잡한 영향을 미친다는 점을 가리킨다.

4. 솔로우 모형에서의 기술 진보

4.1 노동의 효율성

솔로우 모형에서 기술 진보는 노동의 효율성(efficiency of labor)을 통해 반영된다. 노동의 효율성을 E로 나타내면, 생산함수는 다음과 같이 수정된다.

$$Y = F(K, L \cdot E)$$

여기서 L・E는 "효율 노동"으로, 기술 진보가 노동의 생산성을 높이는 효과를 반영한다. 효율 노동 기준으로 1인당 자본량은 $k = K/(L \cdot E)$로 정의된다.

4.2 기술 진보를 고려한 안정상태

효율 노동을 고려하면 자본량 변화는 다음과 같이 표현된다.

$$\Delta k = s \cdot f(k) - (\delta + n + g)k$$

여기서 g는 기술 진보율을 나타낸다. 안정상태에서는 $\Delta k = 0$이므로,

$$s \cdot f(k^*) = (\delta + n + g)k^*$$

기술 진보 g가 높아지면 $(\delta + n + g)$가 증가하여, 같은 수준의 투자로는 더 높은 감소율을 상쇄할 수 없기에 안정상태에서의 k^*는 낮아진다. 하지만 기술 진보율이 높아지면 k^*는 줄어들더라도, 효율 노동 기준으로 1인당 생산량은 지속적으로 증가할 수 있다. 즉, 기술 진보율 g의 증가는 효율 노동의 증가 속도를 가속화하고, 효율 노동 기준에서의 자본량 감소를 초래한다. 이는 동일한 자본으로도 더 많은 생산성을 달성할 수 있는 상황을 반영하며, 경제가 기술 진보를 통해 자원을 더욱 효율적으로 활용하게 되는 결과를 보여준다. k^*의 감소는 이러한 효율성의 증가를 나타내는 자연스러운 결과이다.

4.3 기술 진보의 효과

기술 진보는 경제성장의 가장 중요한 장기적 동력으로, 생산성 향상과 효율성을 통해 자본과 노동의 기여도를 극대화한다. 솔로우 모형에서는 기술 진보가 외생적 요소[3]로 가정되며, 이를 통해 1인당 생산량과 소비량이 지속적으로 증가할 수 있음을 보여준다. 기술 진보는 노동의 효율성을 증가시키고, 자원의 활용을 극대화함으로써 경제의 전반적인 성과를 개선한다. 기술 진보는 노동의 효율성을 높이는 형태로 작용하며, 앞서 언급했듯이, 이를 '효율 노동'의 개념으로 나타낸다. 기술 진보는 생산성의 지속적인 향상을 통해 경제성장의 기반을 강화한다.

기술 진보는 안정상태에서도 경제가 성장할 수 있도록 만든다. 기술 진보가 없는 경우, 경제는 자본 축적이 한계수익 체감의 법칙에 따라 정체되지만, 기술 진보가 있는 경우 효율 노동 기준으로 1인당 생산량과 자본량이 일정한 상태에서도 실질 GDP는 기술 진보율 g만큼 지속적으로 증가한다. 이는 기술 진보가 경제의 장기 성장률을 결정하는 핵심 요인임을 보여준다.

이미 설명했지만, 기술 진보율이 높아지면 효율 노동 기준에서 안정상태 자본량(K^*)은 감소한다. 이는 기술 진보가 자본의 생산성을 향상시켜, 동일한 수준의 생산성을 유지하는 데 필요한 자본량을 줄이는 결과를 초래하기 때문이다. 결과적으로 경제는 더 적은 자원을 사용하여도 더 높은 생산성을 유지할 수 있게 된다. 이는 기술 진보가 자원

3) '외생적 요소'란, 특정 경제 모형이나 시스템에서 내부적으로 설명되거나 결정되지 않고, 외부에서 주어지는 변수를 뜻한다. 즉, 솔로우 모형에서 이 요소는 모형 안에서 이유를 설명하거나 변화시킬 수 있는 것이 아니라, 모형 바깥에서 주어지는 조건으로 간주된다.

의 효율적 사용을 촉진하는 중요한 역할을 한다는 점을 시사한다.

또한 기술 진보는 경제의 구조와 노동시장에도 긍정적인 변화를 가져온다. 새로운 기술은 기존 산업의 효율성을 향상시키고, 새로운 산업과 일자리를 창출한다. 하지만 기술 진보는 기술 혁신의 속도에 따라 노동시장의 불균형을 초래할 수도 있다. 가령, 자동화와 디지털 기술의 발전은 특정 직업의 대체를 유발할 수 있으므로, 노동력의 재교육과 새로운 기술에 적응하는 능력이 요구된다.

요약하면, 기술 진보는 자원의 효율성을 높이고, 장기적인 경제성장을 가능하게 하며, 안정상태에서도 경제를 성장시키는 역할을 한다. 기술 진보는 경제의 생산성뿐만 아니라 사회 전반에 걸쳐 긍정적인 영향을 미치며, 이를 적극적으로 활용하기 위한 정책과 제도적 지원이 중요하다. 이를 통해 기술 진보는 경제적 효율성과 사회적 포용성을 동시에 증진할 수 있는 기반을 마련할 수 있다.

5. 내생적 성장이론

5.1 기본 모형

내생적 성장이론은 솔로우 모형과 달리 기술 진보를 외생적 요소로 보지 않고, 경제 내부에서 발생하는 결과로 설명한다. 예를 들어, 인적자본(human capital)의 축적이나 지식의 확산은 생산성 증가를 유발하며, 이는 내생적 성장의 원동력으로 작용한다. 대표적인 내생적 성장 모형은 AK 모형으로, 생산함수는 다음과 같다.

$$Y = AK$$

여기서, Y: 총생산량(GDP)
A: 기술수준
K: 자본량

이 모형은 한계수확체감(diminishing returns)이 존재하지 않는다고 가정한다. 즉, 자본이 증가할수록 추가적인 자본 축적이 생산량에 계속해서 기여할 수 있다는 점이 솔로우 모형과 다르다. 이는 연구개발, 지식 축적, 기술 혁신 등의 요소가 자본의 생산성을 높여주는 방식으로 작용하기 때문이다.

자본 축적은 내생적 성장이론의 핵심이라고 할 수 있다. 자본 축적 방정식은 다음과 같이 정의된다.

$$\Delta K = sY - \delta K$$

여기서, ΔK : 자본량의 변화
s : 저축률
δ : 감가상각률

솔로우 모형에서는 한계수확체감으로 인해 $\Delta K = 0$인 안정상태(steady state)에 도달하지만, 내생적 성장 모형에서는 자본이 지속적으로 축적되며, 감가상각 이상의 생산성이 확보되는 한 성장이 멈추지 않는다. 이는 모형이 장기적 경제성장을 가능하게 만드는 구조를 가지고 있음을 보여준다.

내생적 성장이론의 또 다른 주요 특징은 지식과 기술의 역할인데, 이 이론에서 한계수확체감이 극복되는 이유는 지식(knowledge)과 기술(technology)이 자본의 생산성을 지속적으로 높이기 때문이다. 지식은 비경합적(non-rival)이고 비배타적(non-excludable)이기 때문에, 한 번 개발된 기술이나 지식은 경제 전체가 동시에 활용할 수 있다. 이는 자본 축적이 멈추지 않고, 지속가능한 성장을 가능하게 하는 기반이 된다. 예를 들어, 새로운 생산 기술이 개발되면, 이는 기존의 자본과 결합하여 더 높은 생산성을 달성할 수 있게 한다. 따라서 연구개발(R&D)이나 인적자본(human capital)에 대한 투자는 단순한 자본 축적 이상으로 경제성장을 촉진한다.

내생적 성장 모형은 정부의 역할과 정책적 개입의 중요성을 강조한다. 정부는 연구개발(R&D)을 촉진하거나 교육 시스템에 투자하여 인적자본을 강화할 수 있으며, 바로 위에도 지적했듯이, 이는 장기적인 성장률을 높이는 데 기여한다. 특히 내생적 성장이론에서는 공공재로서의 지식이나 기술에 대한 투자에 정부가 중요한 역할을 해야 한다고 주장한다. 예컨대, 기업의 R&D 활동에 대한 세제 혜택, 대학과 연구소에 대한 공공투자, 새로운 기술 확산을 위한 인프라 구축은 경제성장의 촉진제로 작용할 수 있고, 이러한 정책은 내생적 성장 모형에서 제시하는 경제성장을 지속가능하게 만드는 핵심요인으로 고려된다.

기본 내생적 성장 모형은 경제성장의 지속가능성을 설명하고, 기술 진보의 근본 원인을 모형 내부에서 분석할 수 있다는 점에서 강력한 이론적 도구를 제공하지만, 그럼에도 동시에 이 모형은 자본 축적과 기술 진보의 상호작용을 단순화한다는 비판을 받는다. 또한 모든 경제 활동이 지속적인 성장으로 이어질 수 있다는 가정은 현실적이지 않을 수도 있다.

5.2 2부문 모형

2부문 모형은 내생적 성장이론에서 경제를 생산 부문과 연구개발(R&D) 부문으로 나누어 기술 진보와 경제성장의 상호작용을 설명하는 이론으로, 이는 기본 모형보다 더 세부적으로 경제 내에서 지식의 창출과 확산이 어떻게 이루어지는지 설명하며, 기술 혁신이 경제성장에 미치는 영향을 분석한다. 2부문 모형은 기술 진보가 외생적이지 않고 경제 내부의 연구개발 활동에서 비롯된다고 가정하며, 경제성장이 지식의 축적에 달려 있음을 역설한다.

① 생산 부문

재화와 서비스를 생산하며, 자본(K)과 노동(L_Y)을 투입한다. 생산함수는 다음과 같이 표현된다.

$$Y = AK^{\alpha}L_Y^{1-\alpha}$$

여기서, Y: 총생산량
A: 기술 수준(지식)
K: 자본
L_Y: 생산 부문에 할당된 노동

② 연구개발 부문

새로운 기술과 지식을 창출하며, 노동(L_A)과 기존의 지식(A)을 투입한다. 연구개발 부문에서의 지식 축적은 다음과 같이 나타낸다.

$$\dot{A} = \varnothing AL_A$$

여기서, $\dot{A}$: 지식의 증가율
$\varnothing$: 연구개발 효율성을 나타내는 계수
L_A: 연구개발 부문에 할당된 노동
A: 기존 지식 수준

경제 전체의 노동(L)은 두 부문 간에 배분된다.

$$L = L_Y + L_A$$

즉, 노동은 생산 부문과 연구개발 부문 중 하나에 할당되며, 생산 부문에 더 많은 노동이 배정되면 단기적으로는 재화의 생산이 증가하지만, 연구개발 부문에 노동을 더 많이 배치하면 장기적으로는 기술 진보와 생산성 향상을 통해 경제성장을 가속화할 수 있다. 이는 연구개발 활동이 경제성장의 장기적인 동력을 제공한다는 점을 강조한다.

연구개발 부문에서 기술 진보는 기존 지식의 축적과 노동 투입량에 비례하여 이루어진다. 기존 지식(A)이 많을수록, 즉 더 많은 기초 지식이 축적될수록 새로운 기술을 개발하기가 더 쉬워지는데, 이는 지식의 특성(비경합적이고 비배타적)에 기인한다. 따라서 연구개발 부문에서의 활동은 장기적으로 경제성장률을 결정짓는 핵심 요소가 된다. 장기적인 균형 성장 경로에서는 기술 진보율($\dot{A}/A$)이 일정해지며, 경제의 성장률은 다음과 같이 결정된다.

$$g = \varnothing L_A$$

여기서 g는 장기 성장률을 나타낸다. 이는 연구개발 부문에 할당된 노동의 양(L_A)과 연구개발의 효율성($\varnothing$)에 따라 결정된다.

2부문 모형은 경제성장이 연구개발 활동에 크게 의존한다는 점에서 민간뿐만 아니라 정부 부문의 역할을 중요시한다. 예를 들어, 정부는 기업이 R&D 활동에 투자하도록 인센티브를 제공한다든지, 대학과 연구소에 대한 지원을 통해 기초 연구를 강화하고, 연구개발 활동의 경제적 보상을 보장하여 민간의 참여를 유도하는 방식으로 연구개발 부문을 지원해야 한다고 지적한다. 또한 노동시장 정책을 통해 고숙련 노동력을 연구개발 부문으로 유도함으로써 지식 축적과 경제성장의 속도를 높일 수 있다.

2부문 모형의 가장 큰 장점은 기술 진보를 모형 내부에서 설명할 수 있다는 점이다. 연구개발 활동과 지식 축적이 경제성장에 미치는 영향을 구체적으로 분석함으로써, 기술 진보의 원천과 그 과정에 대한 이해를 높인다. 특히 지식의 비경합성과 비배타성 특성을 통해 공공재로서의 지식의 중요성을 강조한다. 그러나 이 모형은 연구개발의 효율성($\varnothing$)이 시간에 따라 어떻게 변화하는지 설명하지 못한다든가, 모형이 가정하는 노동

배분(L_Y과 L_A)이 고정적이지 않은 현실 경제의 복잡성을 충분히 반영하지 못하는 문제, 그리고 연구개발의 성과가 반드시 새로운 기술로 이어지지 않을 수 있는 불확실성을 간과한다는 한계를 갖고 있다.

5.3 연구개발의 경제학

R&D는 경제 전반에 걸쳐 다음과 같은 다양한 긍정적인 외부효과를 유발한다. 첫째, 새로운 기술은 생산성과 효율성을 향상시켜 기업의 경쟁력을 강화한다. 둘째, 기술 혁신은 새로운 산업과 일자리를 창출하여 경제성장을 촉진한다. 셋째, R&D 활동은 기술 확산을 통해 다른 기업과 산업의 발전을 돕는 파급효과를 가진다. 이러한 이유로 정부는 R&D에 대해 세제 혜택, 연구비 지원, 공공 연구소 설립 등을 통해 이를 간접적으로 지원한다.

반복해서 말하지만, 내생적 성장이론에 따르면 경제성장률은 R&D 투자율에 의해 크게 좌우된다. 기업이 R&D에 많은 자원을 투입하면, 새로운 기술이 더 빠르게 개발되고 경제의 전반적인 성장률이 높아질 가능성이 커진다. 예를 들어, 폴 로머(Paul Romer)의 내생적 성장 모형에서는 기술 진보가 경제 내부의 연구개발 활동에 의해 생성된다고 설명하며, 이는 지속적인 성장을 가능하게 한다고 본다.

하지만 R&D의 경제적 잠재력에도 불구하고, 시장실패와 불확실성은 R&D 투자에 제약을 가할 수도 있다. 첫째, R&D는 높은 비용과 긴 개발 기간이 요구되며, 성공 가능성이 불확실하다는 문제가 있다. 둘째, 연구개발로 생성된 지식의 외부효과로 인해 민간부문이 적정 수준 이하로 투자할 가능성도 상존한다. 이를 해결하기 위해 정부는 연구개발에 대한 직접 지원과 세제 혜택을 제공하고, 국제 협력을 통해 기술 개발을 촉진하는 정책을 추진해야 한다.

5.4 창조적 파괴 과정

창조적 파괴(creative destruction)는 조셉 슘페터(Joseph Schumpeter)가 경제 혁신의 과정을 설명하기 위해 제시한 개념으로, 새로운 기술과 혁신이 기존의 기술과 산업을 대체하는 과정을 의미한다. 이는 경제성장과 구조적 변화를 동시에 설명하는 핵심 개념으로, 특히 내생적 성장이론과 연결되며 기술 진보와 경제성장을 이해하는 데 유용한 틀을 제공한다. 창조적 파괴는 단순히 혁신의 긍정적 효과뿐만 아니라 기존 산업과 직업이 파괴되는 부정적 효과를 포함하는 이중적인 개념이다.

창조적 파괴는 기술 혁신이 기존의 생산방식과 산업 구조를 근본적으로 변화시키는 방식으로 작용한다. 예를 들어, 산업혁명 당시 증기기관의 발명은 기존의 농업 중심 경제를 제조업 중심 경제로 바꾸며, 새로운 산업과 일자리를 창출했다. 현대에는 디지털 기술과 자동화가 기존 제조업과 서비스 산업의 구조를 재편하고 있으며, 이는 새로운 비즈니스 모델과 고부가가치 산업을 탄생시키는 데 기여하고 있다.

따라서 창조적 파괴는 장기적으로 경제성장을 가속화하는 긍정적인 효과를 가져온다. 새로운 기술은 생산성과 효율성을 높이고, 더 나은 제품과 서비스를 제공하며, 소비자 후생을 증가시킨다. 그리고 혁신은 경쟁을 촉진하여 시장 효율성을 강화하고, 기업들이 지속적으로 기술 개발에 투자하도록 유도한다. 이는 경제가 정체되지 않고 지속적으로 성장하는 동력으로 작용한다.

그러나 창조적 파괴는 단기적으로 경제와 사회에 부정적인 영향을 미칠 수도 있다. 기존 기술과 산업의 대체는 노동시장에서 특정 직업의 소멸과 실업을 초래할 수 있는바, 특정 지역 경제에 부정적인 영향을 가져올 수 있다. 가령, 전통 제조업이 쇠퇴하면서 일부 지역이 경제적 쇠퇴를 경험하는 걸 우리는 흔히 목격한다. 따라서 창조적 파괴가 경제 전반에 긍정적인 영향을 미치려면 노동자들이 새로운 기술에 적응할 수 있도록 교육과 재훈련이 반드시 수반되어야 한다.

사례 8-2 세계가 주목한다, 한국형 기본소득

[Cover Story] 한국형 기본소득 어디까지 왔나
양극화 심화·산업구조 변화 … 해결책으로 떠오른 '기본소득'

"한국은 '기본소득(Basic Income)'에서 세계적 모범 사례가 됐고, 앞으로도 모범 사례를 제시할 것이다."

지난 4월 28~30일 경기 일산 킨텍스에서 열린 '2021 대한민국 기본소득 박람회'. 2001년 노벨경제학상 수상자이자 박람회의 기조연설을 맡은 조셉 스티글리츠 미국 컬럼비아대 교수는 '한국형 기본소득'에 대해 이같이 평했다. 스티글리츠 교수는 특히 경기도에서 진행 중인 청년 기본소득

프로그램을 좋은 사례로 들었다. 다른 나라에서는 수천 명 규모의 기본소득 실험이 이뤄지고 있지만, 경기도에서는 만 24세 청년 17만 명을 대상으로 실험이 이뤄지고 있다는 점에 주목했다. 기본소득은 모두에게 지급되는 보편성이 핵심인 만큼 대규모 실험을 통해 타당성을 확보하는 게 중요하기 때문이다.

	김세연 전 국민의힘 의원	김웅 국민의힘 의원	오세훈 서울시장	용혜인 기본소득당 의원
지급 대상	전 국민	20~29세 청년	서울시 거주 중위소득 100% 이하 가구	전 국민
지급 규모	매월 30만 원으로 시작, 점진적으로 지급액을 늘리는 방향	매월 50만 원 지급	미정	매월 60만 원 지급
증세 여부	○	X	X	○

※이름가나다순

	윤희숙 국민의힘 의원	이재명 경기도지사	조은희 서초구청장	조정훈 시대전환 의원
지급 대상	빈곤층 600만 명	전 국민	24~29세 청년 300명	전 국민
지급 규모	중위소득의 50% 보장하는 수준	연간 50만 원으로 시작해 장기적으로 연 600만 원까지 확대	2년간 매월 52만 원 지급	매월 30만 원으로 시작해 2029년까지 50만 원으로 확대
증세 여부	X	○	X	○

한국의 기본소득 실험에 해외 연구자들의 관심이 집중되고 있다. 기본소득제는 1960년대부터 서구 국가들을 중심으로 논의된 정책 의제다. 학계에 따르면 ▲무심사 지급을 통한 '무조건성' ▲집단 모두에게 지급되는 '보편성' ▲지속적으로 지급되는 '정기성' ▲가구가 아닌 개인에게 지급되는 '개별성' ▲현금으로 지급되는 '현금성' 등이 기본소득의 5대 원칙이다. 한마디로 전 국민에게 무조건 지급하는 현금성 소득을 뜻한다. 한국에서 기본소득 논의가 본격화된 건 10년도 되지 않았지만, 국내 상황에 맞게 적절히 도입되고 연구되면서 세계적으로 의제를 선도하고 있다는 게 전문가들의 설명이다.

기본소득에 관한 연구를 꾸준히 진행 중인 민간독립연구소 LAB2050이 발표한 자료에 따르면, 지난해 3월 전국 성인 남녀 1,000명을 대상으로 실시한 조사에서 기본소득제에 대한 찬성 의견은 61.8%로 집계됐다. 전년 5월의 57.4%에 비해 4.4%p 늘어난 수치다. 여론이 좋아지면서 정치권에서도 여야(與野)를 막론하고 기본소득 정책에 공을 들이는 분위기다. '기본소득 전도사'로 불리는 이재명 경기도지사가 이슈를 선점하면서 초반에는 진보 진영의 정책으로 눈길을 끌었지만, 김종인 전 국민의힘 비상대책위원장이 지난해 위원장직을 맡으며 국민의힘 '10대 정책' 1번으로 기본소득을 올리면서 보수 진영이 본격적으로 합류했다. 기본소득이 내년 대선까지 정책 의제로 주요하게 다뤄질 것이라는 게 전문가들의 의견이다.

서구에서는 보수 정당이 이끌어

우리나라와 달리 서구에서는 보수 정당을 중심으로 기본소득 논의가 이뤄졌다. 미국의 대표적 보수학자로 불리는 밀턴 프리드먼이 지난 1962년 '부의 소득세(negative income tax)'를 꺼내들면서 기본소득 논의가 시작됐다. 프리드먼은 기존의 사회복지제도를 모두 철폐하고 부의 소득세를 도입해야 한다고 주장했다. 시장 질서 유지와 국가 운영의 효율성을 이유로 들었다. 프리드먼의 주장은 1970년대 전후 유럽으로 전파됐다. 다만, 당시 유럽은 이미 복지국가의 형태를 갖추고 있었기에 기본소득에 대한 논의가 활발하게 이뤄지지는 않았다. 높은 수준의 사회안전망을 갖추고 있어서 기본소득 도입 필요성을 느끼지 못했다는 게 학자들의 설명이다. 이후 1979년 영국에 '대처 체제'가 들어서면서 신자유주의 깃발을 들어 올리게 되고, 보수 진영에서 프리드먼의 주장을 이어받아 기본소득 논의를 이어갔다.

전 세계에서 기본소득을 맨 처음 도입한 곳은 미국의 알래스카이다. 풍부한 석유 자원을 가진 알래스카는 석유를 팔아서 벌어들인 수입으로 영구 기금을 설립했다. 1982년부터 이 기금으로 6개월 이상 거주한 모든 주민에게 기본소득을 지급하고 있다. 학계가 내세우는 기본소득 5대 원칙을 모두 만족시키는 형태다. 알래스카의 기본소득 도입 이후 전 세계 각지에서도 실험이 이어지고 있다. 2008~2009년 아프리카 나미비아 일부 지역, 2011~2012년 인도 마디아프라데시에서 기본소득 실험이 진행되기도 했다.

핀란드는 2017년부터 2018년까지 정부 차원에서 기본소득 실험을 진행했다. 25세부터 58세까지 전국에서 임의로 선정한 실업자 2,000명에게 매월 560유로(약 72만 원)를 2년간 지급하고 효과를 검증하는 방식이었다. 핀란드 사회보건부가 지난해 5월 발행한 기본소득 실험 최종 보고서에 따르면 ▲고용 촉진 ▲행복감 고취 ▲타인에 대한 신용과 신뢰 향상 등에서 효과가 있었던 것으로 나타났다.

최근에는 캐나다에서 기본소득 실험이 진행 중이다. 지난해 6월 앵거스 레이드(Angus Reid) 연구소가 캐나다인 1,500명을 대상으로 실시한 조사에 따르면, 59%의 캐나다 국민이 기본소득을 찬성했다. 이곳에서는 진보 성향의 신민주당이 지속적으로 기본소득 도입을 촉구하는 가운데 보수 성향의 자유당도 화답하는 모습이다. 캐나다 CBC에 따르면, 자유당 대의원들은 지난 4월 진행된 정책 총회에서 기본소득을 지지하는 결의안을 냈다. 캐나다 의회 예산담당관은 "기본소득 도입으로 캐나다의 빈곤율을 1년 만에 절반으로 줄일 수 있다"고 설명했다.

한국형 기본소득, 진보가 만들고 보수가 가세

우리나라의 기본소득 정책 논의도 캐나다와 비슷하게 진행되고 있다. 진보 진영이 문을 열고 보수 진영이 가세해 판을 키우는 형태다. 진보 진영은 기존의 복지정책을 유지 혹은 확대하면서 기본소득 도입이 가능하다는 입장이고, 보수 진영은 기존의 현금성 복지정책을 통폐합해 기본소득으로 지급하자는 주장이다. 전자는 '증세'가 기반이다. 후자는 증세 없는 기본소득을 목표로 한다.

기본소득이 국내에서 주요 정책 의제로 등장한 것은 2015년이다. 당시 성남시장이던 이재명 지사는 시에 3년 이상 거주한 19~24세 청년들을 대상으로 연 100만 원의 지역화폐를 지급했다. 청년 모두에게 무조건적으로 지급했기 때문에 '수당'이 아닌 '배당'이라는 단어를 사용했다. 사실상 한국의 첫 기본소득 실험이었다는 게 전문가들의 평가다. 경기도지사가 된 이후에는 '청년 기본소득'을 도입, 증세 없이 도내 24세 청년 17만 명에게 연간 100만 원의 청년 기본소득을 지급하고 있다. 이 지사가 구상하는 기본소득은 국민 모두에게 1인당 연간 600만 원을 지급하자는 것이다. 다만, 증세가 필요한 만큼 장기적인 관점에서 접근하자는 설명이다. ▲일반예산을 절감해 증세 없이 1인당 연 50만 원 지급 ▲조세 감면을 축소해 연 100만 원 지급 ▲증세를 통해 연 600만 원 지급 등의 과정을 단계적으로 거치자고 제안했다. 장기적으로는 연 300조 원이 소요되는 그림이다.

지난해 '기본소득 1호 법안'을 대표 발의한 조정훈 시대전환 의원도 진보 진영의 대표적인 기수다. 법안의 핵심 내용은 2022년부터 매월 30만 원의 기본소득을 지급하고, 2029년에는 매월 50만 원 정도를 지급하자는 것이다. 30만 원을 지급할 때는 증세 없이 가능하지만, 50만 원을 지급하려면 증세가 불가피하다는 주장이다. 조 의원은 이를 위해 연 311조 원의 예산이 필요할 것으로 예상하고 있다.

지난 4월 28일 경기 고양 킨텍스에서 열린 '2021 대한민국 기본소득 박람회'의 참석 연사들이 대담을 나누고 있다. /경기도 제공

전 국민 60만 원 기본소득 지급을 위해 만들어진 기본소득당의 용혜인 의원은 목적세(기본소득 토지세 · 탄소세)를 도입해 고소득자 중심으로 세금을 더 받아 예산을 마련하겠다고 설명한다. 용 의원의 계산대로라면 연 380조 원의 예산이 필요하다.

보수 진영에 기본소득의 불씨를 당긴 김종인 전 위원장은 더불어민주당 소속이던 2016년부터 기본소득에 관심을 가졌다. 당시 그는 민주당 비대위 대표로 국회 교섭단체 대표연설에 나서 "불평등과 격차를 해소하는 방법의 하나로 기본소득에 대한 논의가 시작됐다는 것을 주목해야 한다"고 강조하기도 했다. 김종인 전 위원장을 필두로 김세연 전 국민의힘 의원, 윤희숙 · 김웅 국민의힘 의원 등이 기본소득 정책을 내놓고 있다.

김세연 전 의원은 김종인 전 위원장과 마찬가지로 2016년부터 기본소득에 관심을 가져왔다. 20대 국회 당시 초당적 연구 모임 '어젠다 2050'을 이끌며 기본소득에 대해 공부했다. 김세연 전 의원은 '3단계 시나리오'를 주장한다. 1단계는 월 30만 원 지급이다. 재원은 연간 약 180조 원이 소요된다. 제도 도입 10년 이후인 2단계에 접어들면 기존의 공적부조 가운데 기본소득 취지와 부합하는 일부 제도를 흡수 통합하고 재원을 추가 투입함으로써, 기본소득과 잔존 복지제도를 포함해 전 국민이 최소 중위소득의 50% 수준을 보장받도록 한다. 마지막 3단계에서는 증세를 통해 기본소득만으로 중위소득의 50%를 전 국민에게 지급하는 것이 목표이며, 이 단계에는 연간 약 500조 원이 소요된다.

윤희숙 의원은 지난해 8월 경제혁신위원장을 맡으며 '국민의힘표 기본소득'을 설계했다. 윤희숙 의원은 기존 현금 복지제도를 통폐합해 마련한 재원으로 중위소득의 50% 이하 가구에 기본소득을 주자고 제안했다. 필요한 예산은 21조 원. 최근 국민의힘 당대표 선거에 나섰던 김웅 의원은 20세에서 29세의 청년들에게 매달 50만 원씩 기본소득을 주자는 공약을 내걸었다. 연 40조 원의 예산이 필요하지만 증세 없이 '저출산 예산'을 활용하면 된다는 입장이다.

이 밖에 오세훈 서울시장은 기본소득의 대항마로 '안심소득'을 선언했다. 연 소득이 일정액에 미달하는 가구에 미달 소득의 일정 비율을 현금 지원하겠다는 내용이다. 조은희 서초구청장은 '서초형 청년기본소득'을 구상 중이다. 서초구에 거주하는 24~29세 청년 300명을 대상으로 1인당 매월 52만 원을 지급하겠다고 지난해 선언했지만, 현재 구의회에서 조례가 통과되고 있지 않아 지연되고 있다.

완전 기본소득? 한국 GDP 기준 1인당 월 80만 원

전문가들은 60년 전 탄생한 기본소득이 한국뿐 아니라 전 세계적으로 다시 주목받고 있다고 설명한다. 미국 정치계도 기본소득에 눈을 돌리고 있다. 대표 주자는 앤드루 양(Andrew Yang)이다. 기본소득과 비슷한 성격의 '자유배당금'을 내세우며 지난해 미국 민주당 대선 경선에 나섰던 앤드루 양은 현재 강력한 차기 뉴욕시장 후보로 거론되고 있다. 김시호 연세대 글로벌융합공학부 교수는 기본소득이 주목받는 이유로 산업구조의 변화와 양극화의 심화를 꼽았다.

김 교수는 "4차 산업혁명과 이로 인한 노동시장의 급격한 변화는 신규로 사회에 진출하는 청년층과 신기술에 취약한 노년 계층에게 심각한 실업 사태를 가져오고 있다"면서 "이로 인한 청년과 노인 빈곤이 사회문제가 되고 있다"고 말했다. 기본소득이 국민에게 기본 생존권을 보장하고 경제성장에 따른 부의 재분배를 통해 사회를 건전하게 유지하는 역할을 할 수 있다는 것이 그의 설명이다.

대선을 앞두고 한국의 기본소득 논의는 더 거세질 전망이다. 신율 명지대 정치외교학과 교수는 "핵심 쟁점은 기본소득을 지급하면서 복지를 축소하느냐, 기존 복지체계를 그대로 두면서 기본소득을 도입하느냐"라고 했다. 학자들이 설명하는 기본소득의 '5대 원칙'에 최대한 가깝게 정책 설계를 하는 게 중요하다는 의견도 나온다. 증세를 피하려다 보면 무조건성이나 보편성 등의 원칙에 어긋나게 설계되는 경우가 생기기 때문이다. 백승호 가톨릭대 사회복지학과 교수는 "특정 계층에게만 지급되는 기본소득을 '범주형 기본소득'이라고 하는데, 이를 기본소득이 아닌 단순한 '사회수당'으로 봐야 한다는 사람들도 있다"고 말했다.

진보 진영에서 제안하는 기본소득 안은 대체로 학계가 제시한 5대 원칙에 부합한다. 반면 김세연 전 의원 안을 제외한 보수 진영의 안들은 대부분 증세 없이 특정 세대와 계층에게 기본소득을 지급하자는 내용이다. 이상이 복지국가소사이어티 정책위원장(제주대 의학전문대학원 교수)은 "기존의 현금성 복지제도를 통폐합해 기본소득을 주자고 한 김세연 전 의원의 안은 설계가 잘된 편이지만, 지급 금액 자체가 적어 '완전 기본소득'이 아닌 '부분 기본소득'에 해당한다"고 말했다.

전문가들은 5대 원칙 이외에 '지급 금액'도 기본소득의 중요한 요건이라고 설명한다. 기본소득지구네트워크 명예공동의장인 필리프 판 파레이스 벨기에 루뱅가톨릭대 교수에 따르면, 국내총생산(GDP) 25% 수준의 금액이 지급돼야 '완전 기본소득'으로 볼 수 있다고 주장한다. 우리나라 기준으로는 1인당 매월 80만 원 정도를 받아야 완전 기본소득에 해당한다.

김시호 교수는 "기본소득이 양극화와 불평등 해소의 대안으로 떠오른 정책이라면 최소한의 안정된 삶을 유지할 수 있을 정도의 금액이 지급돼야 한다"면서 "앞으로 우리나라의 기본소득 정책 논의에서 반드시 짚고 넘어가야 할 부분"이라고 말했다.

〈출처: 조선일보, 2021년 6월 1일자〉

제 3 절 경제성장을 위한 주요 요소

1. 자본축적

자본축적은 경제성장의 핵심 요소로, 물적 자본과 인적자본의 양적 및 질적 확대를 의미한다. 물적 자본은 공장, 기계, 도로, 전력시설 등 생산과정에 사용되는 물리적 자산을 포함하며, 인적자본은 교육과 훈련을 통해 축적된 노동력의 지식과 기술을 말한다. 자본은 생산성을 높이고, 새로운 기술을 도입하며, 경제 활동의 효율성을 개선함으로써 경제성장을 촉진하는 주요 기반을 제공한다. 이러한 자본축적 과정은 장기적인 경제발전에서 매우 중요한 역할을 한다.

특히 자본축적은 생산성을 높이는 데 있어 중요한 역할을 하는데, 노동자가 더 나은 기계와 기술을 활용할 수 있는 환경에서는 단위 시간당 생산량이 증가한다. 예를 들어, 농업 분야에서 경운기와 같은 기계화된 도구를 도입하면 전통적인 노동 중심의 작업보다 훨씬 더 많은 생산량을 달성할 수 있다. 이는 생산과정에서 자본 투입이 노동 투입을 보완하거나 대체하면서 발생하는 효과로, 경제 전반의 생산성을 크게 향상시킨다.

자본축적은 기술 발전과 상호 보완적인 관계를 형성한다. 기술 발전을 통해 새로운 형태의 자본재가 개발되고, 이는 다시 생산성을 높이는 데 사용된다. 동시에 자본축적은 기술 개발에 필요한 연구 및 개발(R&D)에 투자할 수 있는 자원을 제공한다. 가령, 반도체 제조 장비와 같은 첨단 기술 기반의 자본재는 지속적인 기술 혁신과 함께 발전하며, 이는 제조업뿐만 아니라 서비스업과 같은 다른 산업에도 혁신을 확산시킨다.

뿐만 아니라 자본축적은 고용 창출에도 긍정적인 영향을 미친다. 새로운 공장 건설이나 대규모 인프라 프로젝트와 같은 자본 투자 활동은 직접적으로 일자리를 창출하며,

이러한 활동에 필요한 간접적인 서비스 수요도 증가시킨다. 또한 자본축적이 진행됨에 따라 경제의 구조가 고도화되면서 고부가가치 산업의 발전이 이루어지고, 이를 통해 더 높은 기술 수준과 교육을 요구하는 일자리도 늘어나게 된다.

따라서 자본축적은 경제성장을 지속가능하게 만드는 중요한 원동력으로 작용한다고 말할 수 있다. 적절한 투자와 자본 관리를 통해 자본의 낭비를 최소화하고, 지속적인 자본 형성을 가능하게 하면 경제는 외부 충격에 더 강한 내성을 가지게 된다. 더불어 자본축적은 사회적 자본과 결합하여 사회 전반의 생활수준을 향상시키고, 교육과 보건 서비스 등 공공재에 대한 투자도 촉진한다. 이를 통해 단순히 경제적 성장 외에 경제 전반의 지속가능성과 복지 수준도 함께 향상될 수 있다.

2. 기술발전

기술발전은 새로운 지식과 아이디어를 바탕으로 생산 방법, 제품, 서비스 등을 혁신하여 자원을 더 효율적으로 활용하거나 새로운 가치를 창출하는 과정을 말한다. 기술발전은 경제성장의 가장 중요한 동력 중 하나로, 노동과 자본의 생산성을 높이고, 새로운 산업과 시장을 창출함으로써 경제 구조를 변화시킨다. 더욱이 기술발전은 경제 성숙 단계에서 기존 자본과 노동의 한계를 극복하는 데 필수적이며, 장기적인 성장 잠재력을 확대한다.

앞서 언급했듯이, 기술발전은 생산성을 비약적으로 향상시키고, 생산비용을 절감시킴으로써 경제성장을 가능하게 한다. 예컨대, 자동화 기술과 인공지능(AI)의 도입은 제조업에서의 노동 효율성을 극대화하고, 고급 소프트웨어와 데이터 분석 기술은 서비스업에서 운영비용을 줄이며 의사결정에 이르는 시간을 단축시킨다. 이러한 생산성 증대 효과는 더 낮은 단가로 더 많은 상품과 서비스를 제공할 수 있게 하여 기업의 경쟁력을 강화하고 소비자 후생을 확대한다.

기술발전은 기존 산업의 경계를 확장하고, 전혀 새로운 신산업을 창출하는 기능도 한다. 한 예로, 정보통신기술(ICT)의 발전은 전자상거래, 핀테크, 디지털 콘텐츠 산업 등 다양한 분야를 활성화시켰다는 것은 주지의 사실이다. 이러한 신산업은 경제에 새로운 성장 동력을 제공하며, 새로운 유형의 일자리를 창출한다. 동시에 기술발전은 전통적인 일자리를 대체할 수 있는 잠재력을 생성하기도 하지만, 장기적으로는 고숙련 노동에 대한 수요를 증가시켜 노동력의 질적 발전을 촉진한다.

기술발전은 국가 간 경쟁력을 강화하고 무역을 확대하는 데에 있어서도 긴요한 역할을 한다. 혁신적인 기술을 보유한 국가와 기업은 글로벌 시장에서 더 높은 부가가치를 창출할 수 있는 바, 독일의 첨단 제조업 기술과 한국의 반도체 기술은 두 나라가 세계 시장에서 강력한 경쟁력을 유지하는 원동력으로 작용하고 있다. 기술발전은 또한 국제 무역의 효율성을 높이고, 글로벌 공급망에서의 협력과 연계를 강화하여 경제성장을 촉진함은 물론, 지속가능한 경제성장을 이루는 데 핵심적인 임무를 수행한다. 특히 에너지 효율성 향상 기술, 재생에너지 개발, 탄소 배출 감축 기술 등은 환경과 경제의 조화를 이루는 데 기여한다. 예를 들어, 태양광 및 풍력 기술의 발전은 기존의 화석연료 의존도를 낮추고, 장기적으로 에너지 비용을 절감하여 경제적 이익과 환경적 혜택을 동시에 제공하며, 이러한 지속가능성을 기반으로 한 기술발전은 현재와 미래 세대 모두에게 경제적 번영을 보장한다.

3. 인구 증가

인구 증가는 경제성장에 중요한 영향을 미치는 또 하나의 요인 중 하나로, 특히 노동력 공급과 시장 규모 확대라는 두 가지 측면에서 경제적 혜택을 제공한다. 인구가 증가하면 노동시장에 진입할 수 있는 인구가 늘어나고, 이는 생산 활동에 필요한 인적자원을 풍부하게 한다. 조금 더 구체적으로 말하면, 인구 증가는 노동력 공급을 증가시키고 경제 활동을 활성화한다. 생산 활동에 필요한 노동력을 풍부하게 확보할 수 있으면 기업은 더 많은 제품과 서비스를 생산할 수 있게 되고, 특히 젊고 생산적인 연령층이 많은 경우, 노동시장의 역동성이 커지며 기술 도입과 혁신에도 긍정적인 영향을 미친다. 그 예를 미국과 일본에서 찾을 수 있는데, 20세기 중반 미국과 일본의 경제성장은 베이비붐 세대의 노동력 공급 확대와 밀접하게 연관되어 있다.

동시에 인구 증가는 소비자 규모의 확대를 가져와 상품과 서비스에 대한 수요가 증가되고, 이는 기업의 생산과 투자 활동을 촉진하는 선순환 구조를 형성한다. 즉, 소비자 수가 많아지면 상품과 서비스에 대한 총수요가 증가하고, 이는 기업의 생산 및 투자 활동을 자극한다. 특히 중산층이 증가할 경우, 다양한 소비재와 고부가가치 상품에 대한 수요가 늘어나 경제 전반에 긍정적인 영향을 가져온다. 비근한 예로, 중국은 인구 증가와 중산층 확대로 인해 내수 시장이 크게 확대되었고, 이는 중국 경제성장의 중요한 원동력이 되었다.

더불어 인구 증가는 경제 구조 변화와 혁신을 촉진할 수 있는 잠재력을 제공한다. 대규모 인구는 다양한 기술과 산업의 개발 및 채택을 가능하게 하며, 도시화와 같은 사회적 변화도 동반된다. 인구가 도시로 집중되면 규모의 경제와 네트워크 효과가 발생하여 생산성과 효율성이 향상되는바, 인구가 많을수록 다양한 아이디어와 창의성이 결합되어 새로운 산업과 기술 혁신의 기반이 마련될 가능성이 커진다.

이렇듯 인구 증가는 경제성장에 긍정적인 영향을 미치지만, 지속가능한 성장을 위해서는 적절한 관리가 필요한 것도 사실이다. 급격한 인구 증가는 인프라 부족, 자원 고갈, 환경 문제 등을 초래할 수 있기에, 인구 증가가 경제성장으로 이어지기 위해서는 교육, 의료, 주거 등 사회적 기반시설에 대한 투자와 정책적 지원이 요망된다. 예를 들어, 인도는 인구 증가를 활용하여 경제성장을 이루는 동시에, 이를 뒷받침하기 위한 기술 교육과 인프라 확충에 힘쓰고 있다. 적절한 정책적 대응은 인구 증가가 경제성장에 긍정적으로 작용하도록 보장하는 핵심 요인이라고 할 수 있다.

4. 교육 및 인적자본

교육과 인적자본은 경제성장을 위한 본질적인 요소로, 노동력의 질적 향상을 통해 생산성과 경쟁력을 강화하는 데 주요한 역할을 한다. 인적자본은 교육, 훈련, 경험을 통해 축적된 지식과 기술을 의미하며, 이는 노동자가 더 높은 부가가치를 창출할 수 있도록 돕는다. 교육은 단순한 문해력을 넘어 비판적 사고와 문제 해결 능력을 배양하며, 경제가 복잡하고 기술집약적으로 변모하는 현대 사회에서 더욱 중요한 요인으로 고려된다. 고등교육과 직업훈련을 받은 노동자는 더 복잡한 기술을 다룰 수 있으며, 이를 통해 생산과정에서의 효율성이 증대된다. 예를 들어, 기술 혁신이 이루어진 산업에서 고숙련 노동자의 비중이 높을수록 새로운 기술을 빠르게 수용하고 적용할 수 있고, 이러한 생산성 증대는 기업의 경쟁력을 강화할 뿐만 아니라, 경제 전반의 부가가치를 높이는 데 기여한다.

교육과 인적자본은 신산업의 창출과 경제 구조의 변화를 이끄는 중요한 요인이기도 하다. 높은 교육 수준을 갖춘 노동력은 창의성과 혁신을 통해 새로운 아이디어와 사업 모델을 개발하며, 이는 새로운 산업의 발전으로 이어진다. 잘 아는 바와 같이, IT와 바이오 기술 분야는 고급 교육을 받은 인적자본에 의해 주도되었으며, 이러한 신산업은 경제성장의 새로운 원동력이 되고 있다.

이 외에도 교육은 개인의 소득 수준을 높이고, 경제 전반의 소비를 확대한다. 교육을 받은 사람은 더 높은 임금을 받을 가능성이 크며, 이는 가계의 소비력을 증대시킨다. 그리고 교육 수준이 높은 소비자는 고급 제품과 서비스를 선호하는 경향이 있어 고부가가치 산업의 성장을 촉진한다. 결과적으로 교육은 개인의 경제적 안정성을 높이는 동시에 경제 전반의 순환을 활성화한다.

5. 제도적 요인과 금융시스템

제도적 요인은 경제 활동의 규칙과 질서를 결정하는 법률, 정책, 관습 등을 포함하며, 경제성장을 위한 필수적인 기반을 제공한다. 효율적인 제도적 환경은 재산권 보호, 계약 이행 보장, 공정한 경쟁 등을 통해 경제 활동의 안정성과 신뢰성을 높인다. 이러한 제도는 투자와 혁신을 촉진하고, 자원의 효율적 배분을 가능하게 하여 경제성장의 핵심적인 요인으로 작용한다. 반면, 부패와 비효율적인 제도는 경제개발을 저해할 수 있어, 성장을 위해서는 제도의 질적 개선이 반드시 요망된다.

제도적 요인 중 재산권 보호는 경제성장에 매우 중요한 역할을 하는데, 개인과 기업이 자신들의 자산과 이익을 보호받는 환경에서는 장기적인 투자 결정을 내리기가 쉬워지기 때문이다. 가령, 재산권이 확립된 국가에서는 기업이 연구개발(R&D)이나 자본설비에 대한 투자를 적극적으로 진행하며, 이는 생산성 증대와 혁신을 가져온다. 반대로, 재산권 보호가 부족한 환경에서는 불확실성이 커져 필연적으로 투자와 경제 활동이 위축된다.

효율적인 금융시스템 역시 경제성장의 중추적인 요인이다. 금융시장은 자본을 생산적으로 활용할 수 있는 기업과 개인에게 자금을 배분하는 역할을 하는바, 은행, 주식시장, 벤처 캐피탈 등 다양한 금융기관은 기업이 필요한 자금을 확보하여 생산을 확대하고 혁신을 추진할 수 있도록 돕는다. 제도적 측면에서 미국의 발전된 금융시스템은 스타트업과 신기술 기업이 빠르게 성장할 수 있는 기반을 제공했으며, 이는 경제 전체의 성장으로 이어졌다.

금융시스템은 신용 접근성을 높여 경제 활동을 활성화한다. 기업과 개인이 금융기관을 통해 대출을 받을 수 있으면, 생산 확대와 소비 증가가 가능해진다. 특히 중소기업과 창업 기업은 금융지원을 통해 초기 자금을 확보하고, 경제성장에 기여하는 역할을 하게 된다. 예를 들어, 미세금융(microfinance)은 개발도상국의 소규모 사업가들에게 신용을 제공함으로써 지역 경제의 성장을 촉진하고 빈곤을 완화하는 데 기여하고 있다.

이와 같이 제도적 요인과 금융시스템은 지속가능한 경제성장의 토대가 된다. 정치적 안정성과 투명한 거버넌스는 외국인직접투자(FDI)와 같은 국제 자본의 유입을 활성화하며, 이는 국내 경제 발전을 증진시킨다. 그리고 금융시스템은 환경, 사회적 책임, 지속가능성 등을 고려한 투자(ESG 투자)를 증대시킴으로써 경제 활동이 장기적으로 환경과 사회에 미치는 부정적 영향을 줄이는 데 도움을 준다. 이러한 제도적 안정과 금융시스템의 발전은 경제성장뿐만 아니라 경제 전반의 복원력과 지속가능성을 강화하는 데 긍정적인 역할을 한다.

6. 인프라와 무역 개방성

인프라는 도로, 철도, 항만, 전력, 통신망 등 생산과 유통을 지원하는 물리적 기반시설을 의미한다. 잘 구축된 인프라는 생산비용을 줄이고, 지역 간 자원의 이동을 용이하게 하며, 경제 활동의 효율성을 극대화한다. 인프라는 생산성과 연결되며, 특히 개발도상국에서 경제 활동의 물리적 제약을 제거하고 경제성장을 가속화하는 데 중요한 역할을 한다. 인프라 개선은 기업들의 물류비용 절감, 에너지 안정성, 통신의 효율성을 가져오고, 이를 통해 생산 활동을 최적화할 수 있다. 또한 현대적인 도로와 항만 시설은 제품과 원자재의 이동 시간을 단축시키고 비용을 절감하여 기업의 글로벌 경쟁력을 강화한다. 더불어 인프라 투자는 새로운 일자리 창출과 경제성장을 동시에 촉진하는 긍정적인 효과를 가져온다.

무역 개방성은 국가 간 상품, 서비스, 자본의 자유로운 이동을 장려하는 정책을 의미한다. 무역 개방을 통해 국가는 비교우위에 따라 자원을 효율적으로 배분하고, 국제시장에 접근하여 더 큰 경제적 기회를 창출할 수 있다. 중국의 예만 봐도, 중국은 1980년대 무역 개방 정책을 통해 세계 무역 시스템에 통합되었으며, 이는 중국 경제의 고속성장에 크게 기여하였다. 무역 개방성은 기술과 자원의 교환을 촉진하여 경제성장을 가속화하는데, 개방된 경제에서는 선진국의 기술이 개발도상국으로 이전되고, 개발도상국의 자원이 선진국으로 공급됨으로써 상호 이익이 발생한다. 이러한 교환은 새로운 산업의 형성과 기술 혁신을 지원하며, 국내 기업이 글로벌 표준에 적응하도록 유도한다. 예를 들어, 동남아시아 국가들은 글로벌 공급망에 통합되면서 선진국의 기술을 받아들여 제조업의 고도화를 이뤄냈다.

인프라와 무역 개방성은 지속가능한 경제성장과 글로벌 경제통합을 촉진한다. 현대적인 인프라는 재생에너지와 지속가능한 자원 관리를 가능하게 하여 환경에 미치는 부정적인 영향을 줄이는 데 일조한다. 동시에 무역 개방은 국가 간 상호 의존성을 강화하여 국제 경제의 안정성과 복원력을 높이는 역할을 한다. 이처럼 인프라와 무역 개방성은 단기적인 경제성장을 넘어 장기적으로 경제 전반의 지속가능성을 강화하는 중요한 요인으로 고려된다.

7. 외부 충격과 기타 요인

외부 충격은 자연재해, 전쟁, 국제 경제 변화, 기술 혁신과 같은 예기치 못한 사건이나 변화로, 경제성장에 긍정적 또는 부정적 영향을 미칠 수 있다. 긍정적인 외부 충격은 새로운 기회를 창출하거나 경제 구조를 재편하는 계기가 되는바, 위에 언급한 기술 혁신은 산업 구조의 변화를 가져오고 새로운 시장을 열어 경제성장의 원동력이 된다. 따라서 적절한 대응과 제도적 뒷받침이 있다면 외부 충격은 경제를 활성화하고 지속가능한 성장으로 이끄는 계기로 작용할 수 있다.

기타 요인 중 하나로, 문화적 요인은 경제 활동의 기본적인 태도와 행동을 형성한다고 말할 수 있다. 특히나 개인주의나 집단주의, 시간에 대한 관점, 기업가 정신, 혁신에 대한 태도 등이 경제성장의 속도와 방향을 결정짓는 데 영향을 미친다. 가령, 창의성과 혁신을 장려하는 문화는 새로운 비즈니스 모델과 기술 개발을 가능케 하여 경제성장을 가속화한다. 스칸디나비아 국가들의 높은 신뢰와 협력 문화는 복지와 경제성장을 동시에 달성하는 데 핵심적인 역할을 한 사례로 평가받고 있다.

천연자원의 풍부함, 기후 조건, 생태적 다양성과 같은 환경적 요인은 경제성장에 직접적인 영향을 미친다. 자원이 풍부한 국가는 초기 경제성장에서 유리한 위치를 점할 수 있지만, '자원의 저주(resource curse)'를 피하기 위해 효과적인 자원 관리가 필수적이다. 반면, 환경보존과 재생에너지 개발에 집중하면 지속가능한 성장의 기반을 마련할 수 있다. 덴마크의 경우, 풍력 에너지를 활용해 경제적 번영과 환경보존을 동시에 달성하였으며, 국제적인 모범 사례로 평가받고 있다.

외부 충격은 단기적으로 경제에 부정적 영향을 미칠 수 있지만, 회복력(resilience)이 강한 경제는 이를 극복하고 더 강해질 수 있다. 우리는 2008년 글로벌 금융위기 이후 많은 국가들이 금융시스템을 개혁하고 신기술 산업에 투자하면서 더 강한 경제 기반을 구축했음을 목도했으며, 자연재해로 인해 파괴된 인프라와 주택을 재건하는 과정에서 새로운 기술과 자원을 도입하면 경제가 더 지속가능하고 혁신적으로 변화할 수 있다.

외부 충격, 문화적 요인, 환경적 요인은 개별적으로 경제성장에 영향을 미칠 뿐만 아니라, 상호작용을 통해 복합적인 영향을 미친다. 예를 들어, 기후변화와 같은 환경적 외부 충격은 문화적 태도 변화(환경보호에 대한 인식 증가)와 정책적 대응(녹색기술 개발)으로 이어져 경제 구조의 전환을 촉진할 수 있다. 따라서 이들 요인을 종합적으로 고려한 정책 설계와 대응 전략이 필요하며, 이를 통해 경제성장은 단순히 양적 팽창을 넘어 질적 발전을 이루는 방향으로 나아갈 수 있다.

제4절 경제성장 정책과 효과

경제성장은 국가의 부와 국민의 삶의 질을 향상시키는 핵심 목표로, 이를 달성하기 위해 다양한 정책이 설계되고 시행된다. 정부는 경제성장의 기반을 다지고 잠재력을 극대화하기 위해 재정 및 통화정책, 그리고 구조적, 제도적 정책 등을 활용하는데, 이러한 정책들은 생산성, 투자, 고용을 촉진하며, 궁극적으로 지속가능한 성장을 가능하게 한다.

재정정책은 정부의 지출과 세금을 통해 경제 활동을 조정하는 주요 도구로 작용한다. 정부 지출을 늘려 인프라와 공공서비스에 투자하면 생산성과 경제 활동이 활성화되고, 세제 개혁을 통해 기업과 개인의 경제적 유인을 높이면 소비와 투자가 증가한다. 우리가 잘 아는 미국의 뉴딜 정책은 대규모 인프라 투자와 고용 창출로 경제 회복과 성장을 동시에 달성한 우수 사례이다.

중앙은행의 금리 정책과 통화 공급 조절은 경제성장을 유도하는 중요한 수단이라고 할 수 있다. 금리를 낮추면 기업의 대출비용이 줄어들고, 이는 투자와 고용을 촉진한다. 동시에 개인의 소비 여력이 증가하여 총수요가 확대된다. 예를 들어, 2008년 글로벌 금융위기 이후 주요 국가들은 저금리와 양적완화 정책을 통해 경제를 빠르게 회복하였다.

경제성장의 지속가능성을 위해 구조적 정책이 중요하다. 산업 다각화는 특정 산업 의존도를 줄이고 경제의 안정성을 강화하며, 기술 혁신을 지원하는 정책은 신산업 창출과 고부가가치 생산을 유도한다. 독일 정부가 추진한 "산업 4.0(Industry 4.0)" 전략은 제조업과 디지털 기술의 융합을 통해 생산성과 경쟁력을 높인 바 있다.

정부는 교육과 훈련에 투자하여 노동력의 질을 향상시키고, 이는 경제성장의 핵심 동력이 된다. 고등교육과 직업훈련 프로그램은 고숙련 노동자를 양성하며, 혁신과 기술 채택을 촉진한다는 점에서, 북유럽에 소재한 핀란드를 예로 들면, 이 국가는 교육 시스템에 대한 집중 투자로 노동 생산성과 경제 경쟁력을 크게 향상시켰다.

무역 자유화 정책은 국제 시장 접근성을 높이고 국가 간 자원과 기술 교류를 증진한다. 수출입 관세를 줄이고 무역장벽을 완화하면 기업의 경쟁력이 강화되고 경제가 성장한다. 이러한 이유로 동남아시아국가연합(ASEAN)의 자유무역협정은 회원국들의 경제성장을 가속화하는 데 중요한 역할을 하였다.

인프라 개발 정책은 경제성장을 위해 필수불가결하다. 도로, 철도, 항만, 전력, 통신망과 같은 물리적 인프라는 생산과 유통의 효율성을 높이고 지역 간 경제적 격차를 완화한다. 우리나라의 KTX 건설은 지역 경제를 연결하고 국가 전체의 생산성을 향상시키는 데 크게 이바지하였다.

효율적인 금융시스템 구축은 기업과 개인이 필요한 자본을 확보할 수 있도록 지원한다. 은행과 자본시장의 안정성과 투명성을 강화하는 정책은 투자와 경제 활동을 촉진하는데, 가령 한국은 1997년 외환위기 이후 금융 개혁을 통해 경제성장을 회복하고 지속가능한 성장을 이끌었다.

환경친화적 정책은 장기적인 경제성장과 지속가능성을 동시에 달성하는 데 필수적인 역할을 수행한다. 재생에너지 투자, 탄소 배출 규제, 친환경 기술 지원은 새로운 산업을 창출하고 환경과 경제 간 균형을 유지한다. 덴마크는 풍력 에너지와 녹색기술에 대한 투자로 경제성장과 환경보호를 동시에 이루는 모범 사례를 보여주고 있다.

경제성장을 촉진하기 위해서는 단일한 정책보다는 재정 및 통화정책, 그리고 구조적, 제도적 정책의 조화로운 결합이 필요하다. 따라서 정책 간 상호작용을 고려하여 장기적인 성장 잠재력을 극대화하는 전략이 중요하다. 교육 투자와 기술 혁신, 금융시스템 개선이 결합되면 노동 생산성 향상, 신산업 창출, 투자 증가라는 긍정적인 결과가 나타나고, 이러한 통합적 접근은 단기적인 성장뿐만 아니라 장기적인 번영과 안정성을 보장한다.

주요 용어

국민소득	경제성장	국내총생산	소비	투자
정부 지출	순수출	명목 GDP	실질 GDP	GDP 디플레이터
솔로우 모형	황금률	내생적 성장이론	자본축적	기술발전(기술 진보)
인구 증가	인적자본	제도적 요인	금융시스템	인프라
무역 개방성	외부 충격	문화적 요인	환경적 요인	창조적 파괴

연습문제

01 어떤 국가의 2022년과 2023년의 경제 데이터를 아래와 같이 가정하자.

연도	재화 A의 수량	재화 A의 가격	재화 B의 수량	재화 B의 가격
2022	500	20	300	50
2023	550	25	350	60

1) 이 국가의 2022년과 2023년의 명목 GDP를 계산하시오.
2) 2023년의 실질 GDP를 2022년의 가격(기준 연도 가격)을 사용하여 계산하시오.
3) 2023년의 GDP 디플레이터를 구하시오.
4) 2022년에서 2023년 사이의 실질 GDP 성장률을 계산하시오.

02 다음은 가상 국가의 2019년, 2020년, 2021년의 상품 A, 상품 B, 서비스 C에 대한 가격과 생산량 자료이다.

연도	상품/서비스	가격(원)	생산량
2019	상 품 A	5,000	1,000
	상 품 B	10,000	500
	서비스 C	15,000	200
2020	상 품 A	5,500	1,100
	상 품 B	11,000	550
	서비스 C	16,000	220
2021	상 품 A	6,000	1,150
	상 품 B	12,000	600
	서비스 C	17,000	240

1) 2019년부터 2021년까지 각 연도의 명목 GDP를 계산하시오.
2) 2019년을 기준 연도로 하여, 2019년부터 2021년까지 각 연도의 실질 GDP를 계산하시오.
3) 각 연도의 GDP 디플레이터를 계산하시오.
4) 2019년부터 2021년까지의 실질 GDP 성장률을 계산하시오.
5) 2019년부터 2021년까지의 물가상승률(인플레이션율)을 계산하시오.

03 가상의 경제에서 생산함수는 다음과 같다.

$$Y = K^{0.5}L^{0.5}$$

여기서 K는 자본, L은 노동, Y는 산출량이다.

- 저축률(s) : 20%
- 감가상각률(δ) : 10%
- 노동 증가율(n) : 2%
- 기술 진보율(g) : 1%

균제 상태의 1인당 자본량(k^*)을 구하시오. k는 1인당 자본량으로 k=K/L이다.

04 위 문제의 가정을 유지하고, 균제 상태의 1인당 산출량(y^*)과 경제의 장기 성장률을 구하시오.

05 내생적 성장이론에서 기술의 축적은 아래 식으로 표현된다.

$$\Delta A = \varnothing H_A A$$

여기서 A는 기술 수준, H_A는 R&D에 할당된 노동량, ∅는 기술 진보의 효율성을 나타낸다. 그리고 다음을 가정하자.

- $A_0 = 100$ (초기 기술 수준)
- $H_A = 50$
- $\varnothing = 0.02$
- 기간은 5년

1) 5년 후의 기술 수준(A_5)을 구하시오.
2) 연평균 기술 증가율을 계산하시오.

참고문헌

이병락(2023), N. Gregory Mankiw의 거시경제학 번역서, 서울: 시그마프레스.

이혜경(2020), “유럽그린딜(European Green Deal) 논의 동향과 시사점”, 국회입법조사처 ‘외국입법 동향과 분석’ 제25호.

조선일보, 세계가 주목한다, 한국형 기본소득, 2021년 6월 1일자.

통계청(2025), 국내총생산 및 경제성장률(GDP). Available at https://www.index.go.kr/unity/potal/main/EachDtlPageDetail.do?idx_cd=2736 [접속일: 2025년 1월 3일].

한국문화원, 세계 속의 한국 경제－한강의 기적. Available at https://kccuk.org.uk/ko/about-korea/economy/the-korean-economy-the-miracle-on-the-hangang-river/ [접속일: 2025년 1월 3일].

황승미(2020), [환경뉴스] 유럽 그린딜은 어떤 정책을 담고 있나? Available at https://greenacademy.re.kr/archives/6518 [접속일: 2025년 1월 3일].

CHAPTER

09

경기변동

학습목표

경제 활동 수준이 일정한 주기를 가지고 상승과 하강을 반복하는 현상을 이해하고, 주요 경기변동이론의 특징을 학습한다. 또한 재정 및 통화정책이 경기변동의 특정 단계에 어떻게 적용되는지 파악한다.

제 1 절 **경기변동의 단계**

제 2 절 **주요 경기변동이론**

제 3 절 **안정화 정책**

사례 9-1 [전문기자 칼럼] 경기변동 수수께끼

많은 사람들은 평균적으로 하루에 8시간 정도 일하고 8시간은 쉰다. 그런데 이 사람이 16시간 연속 일을 한다면 어떻게 될까. 뭔가 이상하게 생각하고 원인을 꼼꼼히 파악해보는 것이 상식적이다.

사람이 일하고 쉬는 것처럼 경제도 경기순환이라는 루틴이 있다. 경기는 상승기와 하강기를 반복한다. 경제 활동이 왕성해지면서 과열 조짐이 보일 때를 상승기, 이어 경제 활동이 둔화되는 시기가 하강기다. 경기는 상승기를 거쳐 경기 정점을 형성하고 이후에는 하강한 다음 저점을 거친 후부터 다시 상승한다. 경기 정점에서부터 하강기와 상승기를 거쳐 다음 정점까지 오는 기간이 순환 주기다. 이는 자본주의 경제의 가장 근본적인 지표다. 경기순환 주기에 맞춰 개인은 소비 계획을, 기업은 투자 계획을 세운다. 경기순환은 정부 정책의 기준점도 된다. 호황 때 금리를 올려 과열을 막고 침체 땐 금리를 내리는 식이다.

경기순환 과정이 한번 꼬이면 민간은 소비·투자 계획을 세우기 어렵고 정부도 정책 방향을 잡기가 힘들어진다. 역설적이지만 현재 우리나라가 그렇다. 정부와 통계청은 우리나라의 경기순환 주기를 발표한다. 1972년부터 우리나라는 50여 년간 11차례의 사이클을 반복해왔다. 평균적으로 30개월 정도의 확장기와 20개월가량의 수축기를 거쳤다. 이를 합하면 49개월 정도가 경기순환 주기다. 통계청은 경기 판단에 대한 오류를 막기 위해 2년 이상 충분히 경제 상황을 파악한 후 정점과 저점 여부를 판단한다.

이런 통계청이 2013년 3월부터 2017년 9월까지 우리 경제가 54개월간 상승 국면을 기록했다고 2019년 9월에 발표했다. 우리 경제의 평균 확장기보다 약 2배 많은 기간 경기가 상승했다는 얘기다. 이후 우리 경제는 코로나19 쇼크가 닥친 2020년 5월에 경기 저점을 통과한 것으로 관측돼 하강기도 32개월에 달한다. 이를 감안하면 우리 경제의 순환 주기는 총 86개월로 과거 평균 주기 49개월의 2배에 이른다. 사람으로 따지면 8시간 일하고 8시간 쉬던 사람이 16시간 일하고 16시간 쉬는 식으로 루틴이 바뀌는 것처럼 큰 변화다.

하지만 속을 들여다보면 이해하기 어려운 점이 곳곳에서 발견된다. 경기 판단의 가장 기본인 경기동행지수 순환변동치는 통계청이 저점이라고 밝힌 2013년 3월에는 99.7이었지만 2014년 11월과 2015년 7월에는 99.4로 더 떨어진다. 이 지수가 떨어진다는 것은 경기가 하강했다는 얘기다. 경기가 하강하는 것을 목격하고도 그 시기를 상승 국면이라고 정의한 셈이다.

경기 판단의 참고 자료인 실질 국내총생산(GDP)도 2013년 1분기에는 전년 동기 대비 2.3% 성장했으나 2015년 2분기에는 성장률이 2%에 그쳤다. 동행지수도 하락하고 GDP 증가율도 떨어졌는데 경기는 계속 상승 국면이었다는 해석이 어떻게 가능한지 의문이다. 사람들이 2013년부터 2017년까지 우리 경제가 역사상 최장기간 상승 국면에 있었던 것으로 체감하는 경우도 거의 없다.

경제학자들은 당시 우리나라 경기순환 주기가 짧아지고 있다는 보고서를 내놓던 시기였다.

통계청은 조만간 경기 상황에 대해 발표한다. 이번에 현재 경기 상황에 대한 판단과 함께 과거 우리 경기순환 주기를 평가할 때 오류가 없었는지, 또 정치적 고려 때문에 경기 해석이 왜곡된 측면은 없었는지도 점검해줄 것을 촉구한다.

〈출처: 매일경제신문, 2023년 1월 8일자〉

제 1 절 경기변동의 단계

경기변동은 경제 활동의 변화를 다섯 가지 주요 단계로 구분할 수 있으며, 각각의 단계는 상이한 특징과 양상을 보인다. 경기 확장기(expansion)는 생산과 고용이 증가하며 경제 활동이 활발해지는 시기로, 경제의 성장세가 두드러지는 단계다. 확장기 이후 경기 정점기(peak)에서는 경제 활동이 최고조에 도달하며 생산과 소비, 투자, 고용이 모두 정점에 이르고 과열 조짐이 나타난다. 그 다음 경기 수축기(contraction)는 경제 활동이 둔화되고 성장률이 하락하는 국면으로, 소비와 투자가 위축되고 실업률이 상승하기 시작한다. 이어지는 경기 침체기(recession)는 경제성장률이 음(−)의 영역에 머물며, 실업이 급격히 증가하고 생산과 소비가 큰 폭으로 감소하는 단계다. 마지막으로, 경기 회복기(recovery)는 경제가 바닥을 치고 다시 상승세로 전환하며, 고용과 생산이 증가하고 경제 활동이 활력을 되찾는 시기이다. 이 다섯 가지 단계는 경제의 순환적 특성을 반영하며, 각 단계는 서로 긴밀히 연결되어 있다. 아래는 각 단계의 특징을 구체적으로 설명한 내용이다.[1)]

1. 경기 확장기

경기 확장기는 경제가 활발히 성장하며 생산, 소비, 투자, 고용이 모두 증가하는 시기이다. 이 단계에서 기업들은 수요 증가에 대응하기 위해 생산을 확대하고, 이에 따라

1) 한편 이들과 관련된 안정화 정책은 제3절에서 논의될 예정이다.

고용 기회가 늘어난다. 신규 고용 창출은 실업률을 감소시키며 가계 소득을 증가시키는 주요 요인이 된다.

확장기 동안 가계는 경제 상황에 대한 신뢰가 높아져 소비를 확대한다. 무엇보다도 이 시기에는 내구재와 비필수 소비재의 지출이 증가하는데, 이는 다시 기업 매출을 더욱 상승시킨다. 소비자들은 미래에 대한 긍정적인 기대를 바탕으로 대출을 통해 소비를 늘리는 경향도 보인다. 기업들은 이러한 소비 증가에 부응하기 위해 설비 투자와 연구개발(R&D)에 적극적으로 나서고, 이는 기술 혁신을 촉진하며, 생산성을 향상시키는 데 기여한다. 대표적으로, IT 및 제조업과 같은 분야에서 새로운 기술과 생산 공정이 도입되면서 산업 전반의 경쟁력이 강화된다. 금융시장에서도 활기가 돋보인다. 투자자들은 경제성장이 지속될 것이라는 기대 속에서 주식, 부동산 등 위험 자산에 더 많은 자금을 투입한다. 이로 인해 자산 가격이 상승하고, 이는 다시 소비와 투자 심리를 자극하는 선순환 구조를 형성한다. 은행 대출 수요도 증가하며, 금융기관은 가계와 기업에 더 많은 자금을 공급한다.

확장기 후반부에 접어들면 과잉 생산과 과잉 투자 문제가 나타날 수 있는데, 이때 기업들은 미래 수요를 과대평가하여 재고를 늘리거나 불필요한 설비 확장을 시도하기도 한다. 이러한 행동은 정점기로 전환될 때 경제적 불균형을 초래할 위험이 있다.[2] 중앙은행은 확장기 동안 인플레이션을 억제하기 위해 긴축적 통화정책을 시행할 가능성이 큰바, 금리 인상이나 유동성 공급 축소와 같은 조치는 경제 과열을 방지하기 위한 노력의 일환으로 고려된다. 하지만 이러한 정책은 경제성장 속도를 둔화시키는 부작용을 동반할 수 있다. 한편 확장기의 말미에는 경제 활동의 과열 조짐이 더욱 뚜렷해진다. 기업들은 자본 비용 증가와 원자재 가격 상승으로 인해 생산 효율성이 점차 저하되며, 소비자들은 생활비 상승으로 인해 조금씩 지출을 줄이는 신호를 보이기 시작한다. 이러한 변화는 정점기로 전환될 준비 단계로 간주된다.

확장기의 주요 특징은 전반적인 낙관주의이다. 가계와 기업 모두 미래에 대한 긍정

---

2) 경기 확장기의 후반부에서는 기업들이 미래 수요를 과대평가하여 과잉 생산과 과잉 투자를 하는 경향이 있고, 금융시장과 노동시장에서도 불균형이 누적되기 시작한다. 정점기에 도달하면 이러한 과잉이 조정되는 과정에서 경제적 불균형이 드러나고, 이는 경기 후퇴(recession)로 이어질 위험을 높이는 요인이 된다. 즉, 경기 정점기에서는 단순한 '활황'이 아니라 과열로 인한 불균형과 구조적 문제들이 누적되는 단계이며, 이후 경기 후퇴가 시작될 가능성이 커지는 국면이라고 볼 수 있다.

적인 기대를 가지고 적극적으로 경제 활동에 참여한다. 하지만 이러한 낙관론이 지나치게 팽배할 경우, 정점기 이후의 조정이 더욱 급격해질 가능성이 있다. 이 시기의 정책적 시사점은 과열을 방지하면서도 경제성장을 안정적으로 유지하는 것이다. 이는 경제의 장기적 지속가능성을 확보하기 위해 필수적인 요소라 할 수 있다.

2. 경기 정점기

경기 정점기는 경제 활동이 최고조에 달하는 단계이다. 생산, 소비, 투자, 고용 등 모든 주요 경제 지표가 최고 수준에 도달하며, 경제는 확장기의 상승세를 끝내고 둔화 국면으로 접어든다. 정점기는 경제 과열이 가장 두드러지게 나타나는 시기로 고려되는데, 이 단계에서 기업들은 생산을 최대치로 늘리지만, 수요와 공급 간의 균형이 깨지기 시작한다. 이로 인해 소비자들의 구매 여력이 점차 줄어들면서 기업의 재고가 누적되는 문제가 발생한다. 이는 경제가 성장세를 멈추고 수축기로 전환될 조짐을 보이는 주요 신호 중 하나로 보면 된다.

인플레이션 압력이 극대화되는 것도 정점기의 특징이다. 수요가 공급을 초과하면서 재화와 서비스의 가격이 급격히 상승하며 생활비가 증가한다. 기업들은 원자재와 인건비 상승으로 인해 수익성이 악화되는 상황에 직면한다. 그리고 금융시장에서는 자산 가격 거품이 절정에 달한다. 주식과 부동산 가격이 비정상적으로 높아지고, 투자자들은 추가적인 상승 가능성을 기대하며 자산을 구매한다. 하지만 이 시점의 자산시장은 실물경제와 괴리를 보이는 경우가 많으며, 이후 급격한 조정 가능성이 높아진다. 중앙은행은 이 시기에 경제 과열을 완화하기 위해 긴축적 통화정책을 더욱 강화한다. 금리 인상은 대출비용을 증가시키고, 이는 소비와 투자를 둔화시키는 역할을 한다. 정부도 재정정책을 통해 소비와 투자를 조정하려고 시도한다.

정점기에서는 소비자와 기업의 심리가 점차적으로 변화한다. 소비자들은 높은 물가와 대출 이자 부담으로 인해 지출을 줄이기 시작하고, 기업들은 매출 둔화와 비용 증가로 인해 투자 계획을 축소한다. 이러한 변화는 수축기로 전환되는 중요한 신호로, 정점기에서는 경제적 불균형이 심화될 가능성이 크며, 더욱이 과잉 투자와 자산 거품은 이후 수축기로의 전환 시 경제적 충격을 가중시킬 수 있다. 따라서 정책 입안자들은 이 시기에 경제 안정성을 유지하기 위한 적절한 조치를 시행해야 한다.

정점기는 전환점으로서 중요한 의미를 가진다. 경제 활동이 최고조에 달한 후에는 성장 동력이 점차 약화되며, 경제 참여자들은 위험 관리와 안정화 전략을 준비해야 한다. 이러한 준비는 이후 수축기의 충격을 완화하는 데 불가결하다.

3. 경기 수축기

경기 수축기는 경제 활동이 하강 국면에 접어들며 성장률이 둔화되는 단계이다. 이 시기에는 기업들이 매출 감소와 재고 증가로 인해 생산을 줄이고, 이에 따라 고용 기회가 줄어든다. 이 때문에 실업률은 상승하며 가계의 소비 여력이 감소하는 것이 수축기의 전형적인 특징이다.

이 시기 소비자 심리는 불안정해지고 위축된다. 경제적 불확실성이 증가하면서 소비자들은 필수품 이외의 지출을 가급적 줄이고 저축을 늘리는 경향을 보인다. 이는 기업의 매출 감소를 더욱 가속화시키며, 경제 전반의 위축을 초래한다. 기업들은 비용 절감을 위해 신규 투자 계획을 보류하거나 취소하며 기존 인력을 감축하는데, 특히 중소기업은 자금 부족과 낮은 수익성으로 인해 도산할 가능성이 커진다. 이러한 상황은 고용시장에 큰 타격을 주며 경제의 하강 국면을 심화시킨다. 금융시장에서는 자산 가격 하락과 신용 경색 현상이 두드러져서 은행들은 대출을 제한하며, 이는 가계와 기업의 자금 조달을 어렵게 만든다. 무엇보다도 자산 가격 하락은 가계와 기업의 순자산을 감소시키고, 소비와 투자 여력을 더욱 약화시킨다.

디플레이션 위험도 수축기에서 나타날 수 있다. 수요 감소로 인해 상품과 서비스의 가격이 하락하면 기업들은 추가적인 생산 감축과 고용 축소를 단행할 수밖에 없다. 이러한 악순환은 경제 회복을 더 어렵게 만드는 주요 요인으로 작용한다. 정부와 중앙은행은 수축기에 경제를 안정화하기 위해 확장적 재정정책과 통화정책을 시행한다. 금리 인하와 대규모 공공투자, 세금 감면 등은 소비와 투자를 촉진하려는 노력의 일환이지만, 정책 효과는 단기적일 수도 있으며 경제 회복이 지연될 가능성도 존재한다.

수축기의 사회적 영향은 실업률 증가와 소득 감소로 인해 더욱 심각해질 수 있다. 이는 정치적 불안과 사회적 갈등을 초래하며, 경제적 안정 외에도 사회적 안전망의 강화가 필수적이다. 수축기는 경제 구조를 변화시키는 시기로, 비효율적인 기업과 산업은 축소되거나 사라지고, 새로운 기술과 산업이 경제 회복기의 기틀을 마련하는 경우가 많다. 이러한 변화는 장기적인 경제성장을 위한 기반이 될 수 있다.

수축기의 주요 교훈은 경제 안정성을 유지하기 위한 리스크 관리의 중요성이다. 기업과 가계는 수축기의 경험을 바탕으로 더 신중한 의사결정을 내리며, 이는 다음 확장기에 더 큰 안정성을 제공할 수 있다.

4. 경기 침체기

경기 침체기는 경제 활동이 가장 극심하게 위축되는 단계로 경제성장률이 음(−)의 영역에 머무는 시기이다. 기업의 생산량은 크게 감소하고, 이에 따라 고용시장에서도 대규모의 구조조정이 발생한다. 이때 실업률이 급격히 증가하며, 이는 가계의 소비 능력을 크게 제한한다. 소비자들은 불확실한 경제 상황에서 비필수 소비를 최대한 줄이고 필수 소비에만 집중하게 된다.

침체기 동안 기업들은 매출 감소와 재무적 어려움에 직면하는데, 그중에서도 중소기업은 대규모 자본을 보유하지 못한 탓에 생존 압박이 더욱 커진다. 심지어 대기업조차도 비용 절감을 위해 프로젝트를 취소하거나 설비를 축소하며, 이는 경제 전반의 투자 활동을 심각하게 위축시킨다. 이로 인해 이 시기에는 많은 기업이 도산 위기를 겪으며, 금융시장에서도 불안정성이 심화되어, 금융시장에서는 신용 경색 현상이 나타난다. 은행들은 불확실한 경제 환경에서 대출을 제한하고, 이는 기업과 가계의 자금 조달 능력을 저해한다. 침체기에 자산 가격은 하락하며, 무엇보다도 주식시장과 부동산시장이 큰 타격을 입는다. 이러한 자산 가격 하락은 가계와 기업의 순자산 감소로 이어져 경제 회복을 더욱 어렵게 만든다.

침체기는 사회적 불안을 증폭시키는 시기이기도 하다. 실업률 증가로 인해 소득 불균형과 사회적 갈등이 심화될 수 있는바, 이는 소비심리를 더욱 위축시키고 경제 회복을 지연시키는 악순환을 초래한다. 특히 사회적 안전망이 부족한 국가에서는 경제적 불황이 심각한 사회적 문제로 이어지기도 한다. 정부와 중앙은행은 침체기에서 사회적 불안정을 해소하고, 경제를 안정화하기 위한 적극적인 개입을 시도한다. 이를 위한 방편으로 확장적 재정정책과 통화정책이 주로 활용되며, 대규모 공공사업, 세금 감면, 금리 인하 등이 이에 포함된다. 이러한 정책은 단기적으로 소비와 투자를 촉진하는 데 기여하지만, 효과가 나타나기까지 시간이 걸릴 수 있다.

그리고 침체기 동안 디플레이션이 발생할 위험도 높아진다. 수요 감소로 인해 재화와 서비스의 가격이 하락하면 기업의 수익성은 더욱 악화되고, 이는 기업이 추가적으로 고용을 줄이고 생산을 축소하게 만드는 악순환을 야기할 수 있다. 따라서 디플레이션은 경기 회복을 더 어렵게 만드는 주요 장애 요인 중 하나가 된다. 더불어 역설적으로 침체기에 경제 구조가 변화하는 계기가 마련되기도 하는데, 과거의 비효율적인 산업이나 기업은 도산하거나 축소되며, 새로운 기술과 산업이 경제를 주도하기 위한 기반을 다지게 된다. 이러한 변화는 경기 회복기에 더 큰 성장을 가능하게 하는 동력으로 작용할 수 있다.

침체기는 국제 경제 관계에도 영향을 미친다. 글로벌 경제의 침체로 인해 무역량이 감소하고, 개별 국가들은 보호무역주의를 강화하는 경향을 보인다. 이러한 변화는 세계 경제의 회복 속도를 늦추는 요인이 될 수 있기에, 반드시 국제 협력과 조정이 필요하다.

침체기의 가장 큰 교훈은 경제 안정성을 유지하는 시스템의 중요성이다. 정책 입안자들은 향후 침체를 완화하기 위해 경제 구조를 개선하고, 사회적 안전망을 강화하며, 장기적인 성장 동력을 구축하려고 노력한다. 이러한 노력이 경기 회복을 위한 기반이 된다.

5. 경기 회복기

경기 회복기는 경제가 최저점을 지나 다시 상승세로 돌아서는 시기에 해당한다. 침체기 동안 위축되었던 생산과 소비가 점차 회복되면서, 기업과 가계는 경제 상황의 개선 신호를 감지한다. 이는 고용 증가와 소득 증대로 이어져 소비를 촉진하는 선순환 구조를 형성한다.

회복기의 초기에는 정부와 중앙은행의 정책적 개입이 주요한 역할을 한다. 확장적 재정정책과 통화정책이 경제 활동의 촉매제로 기능하여, 공공사업 확대나 금리 인하가 비로소 기업의 투자와 가계의 소비를 자극하기 시작한다. 이러한 정책은 경제의 신뢰를 회복시키고, 침체기의 악순환을 끊어내는 데 기여하며, 고용시장에서도 긍정적인 변화가 감지되어 나타난다. 기업들은 증가하는 수요를 충족하기 위해 생산을 확대하고, 이에 따라 신규 고용이 창출된다. 이는 가계 소득의 증가로 이어져 경제 전반의 소비 여력을 확대한다. 특히 실업률이 점진적으로 하락하면서 고용 안정성이 회복된다.

회복기에는 소비자 신뢰가 다시 상승하는바, 경제 상황이 개선된다는 신호를 통해 소비자들은 지출을 늘리기 시작하며, 이는 경제 활동을 더욱 활성화시킨다. 이 과정에서 비필수 소비재와 내구재의 수요가 크게 증가하고, 이러한 소비 패턴 변화는 기업들에게 새로운 기회를 제공한다. 금융시장도 점진적으로 안정된다. 침체기 동안 하락했던 자산 가격이 회복되기 시작하며, 투자자들은 경제성장을 기대하여 시장에 다시 참여한다. 눈에 띄는 점은, 주식시장과 부동산시장이 다시 상승세를 보이면서, 이는 경제 신뢰를 상징적으로 나타내는 지표로 작용한다.

회복기는 기술 혁신과 산업 변화가 활발히 이루어지는 시기이다. 기업들은 새로운 기술을 도입하고 신사업을 확장하며, 이는 생산성과 경제성장을 촉진한다. 예를 들어, IT와 같은 첨단 산업은 경제 회복기에 중추적인 역할을 하며, 새로운 고용 기회를 창출한다. 국제 무역도 회복기에 다시 활기를 띤다. 침체기 동안 감소했던 수출과 수입이 증가하면서 글로벌 경제는 다시 상호 의존적인 성장 패턴으로 돌아간다. 하지만 회복 초기에는 무역 불균형이 발생할 가능성도 있으며, 이는 장기적으로 경제적 과제로 남을 수 있다.

회복기는 새로운 경제정책의 시험대가 되는 시기이기도 하다. 정책 입안자들은 회복을 가속화하면서도 과열을 방지하기 위해 균형을 유지해야 한다. 지나치게 느슨한 정책은 새로운 거품을 초래할 위험이 있으며, 지나치게 긴축적인 정책은 회복 속도를 둔화시킬 수 있다. 마지막으로, 경기 회복기는 경제 참여자들에게 희망과 자신감을 제공하는 시기이다. 침체기의 어려움을 겪은 이후, 가계와 기업은 회복기를 통해 새로운 기회를 모색하며 경제의 장기적인 성장 기반을 강화한다. 이러한 선순환은 다음 확장기로 이어지는 발판이 된다.

토의자료 9-1 **[경제학 원론 산책] 경기변동 줄여야 물가 급등·실업 막을 수 있어**

불황과 호황이 반복되는 경기변동이 지속적으로 발생하는 현상은 자본주의 경제가 가진 가장 큰 문제라고 할 수 있다. 경기변동이 발생해도 큰 폭의 변동이 나타나지 않는다거나 큰 폭으로 발생한다고 해도 규칙성을 띤다면 이를 대비할 수 있어 큰 문제가 되지 않을 것이다. 하지만 경기변동은 진폭이나 주기를 예측할 수 없는 불규칙한 모습으로 발생하기 때문에 불황과 호황이 나타나는 시기나 정도를 미리 알 수가 없다.

불황에서는 앞서 배운 경기침체 갭이 발생하고, 호황에서는 인플레이션 갭이 발생한다. 불황에서는 완전고용 수준보다 생산이 감소하게 되므로 일자리가 줄어 실업이 발생하게 된다. 실업은 생산에 필요한 자원 중에서도 가장 중요한 자원이라고 할 수 있는 노동 자원을 비효율적으로 사용하는 상태를 말한다.

경제는 희소한 자원을 효율적으로 배분해 생산량을 증가시키는 과정이다. 그런데 노동 자원은 희소한 자원 중에서도 생산량을 증가시키는 것과 직접적인 관련이 있는 가장 중요한 자원이다. 노동 자원을 최대한 이용하지 않는 것은 경제발전을 가로막는 좋지 않은 행위다.

대개 호황인 상황을 좋은 현상이라고 생각할 수도 있지만, 경제학에서 말하는 호황은 자원을 과도하게 남용해 현재 생산 가능한 수준보다 더 많이 생산하는 상황을 말한다. 약간의 호황은 괜찮을 수 있지만 지나친 호황은 자원을 남용해 노동 자원을 혹사하거나 환경을 파괴하는 일이 발생할 뿐 아니라 결국 자원이 부족한 상황을 초래해 자원의 가격이 급격히 상승하게 된다. 이에 따라 생산비가 오르면서 인플레이션을 불러오기도 해 지나치게 호황인 경우 경제 상황이 좋다고 말할 수 없다.

국가 경제가 경기변동을 통해 완전고용 상태와 안정적인 물가 수준을 이탈하면 임금 조정을 통해 완전고용 상태와 안정적 물가 수준으로 회귀하는 자동조정 기능(self-correcting mechanism)이 작동한다. 자동조정 기능은 임금 조정을 통해 발생하므로 임금이 경직적인 단기가 아닌 장기에서만 나타난다. 이 기능이 잘 작동하면 국가 경제는 장기에서 언제나 완전고용 상태와 안정적 물가 수준을 달성하게 된다.

그러나 케인즈학파는 현실 경제에서 이 기능이 얼마나 효과적으로 발휘될 수 있는지에 의문을 제기한다. 장기에서 임금이 신축적으로 조정된다고는 하지만 장기라는 기간이 얼마나 긴 시간을 의미하는지가 명확하지 않다는 것이다. 따라서 장기에 자동조정 기능이 작동해 불황과 호황이 없어지므로 아무런 정책을 하지 않고 가만히 기다리고 있는 것이 최선의 방법은 아니라는 주장이다.

케인즈학파는 자본주의 경제가 국가의 경제 개입을 최소로 하고, 시장의 자율적 기능을 중요하게 여기는 경제지만 경기변동이 크게 나타나서 호황과 불황이 지나치게 크고 오래 지속된다면 국가가 경제에 개입해 경제 안정화 정책을 실시해야 한다고 주장하고 있다.

경기변동으로 인해 실업자가 많이 발생하거나 인플레이션이 크게 나타나는 상황에서 언제 작동할지 모르는 자동조정 기능만 믿고 기다릴 수는 없다는 것이다. 실제로 자동조정 기능이 작동한다고 해도 장기라는 시간이 필요하므로 그동안 국민들이 실업과 인플레이션의 고통을 겪게 될 것이다. 이 때문에 경기변동을 감소시키기 위해 국가가 빨리 개입해야 한다고 주장한다.

하지만 케인즈학파의 이런 주장에 대해 고전학파는 장기라는 기간은 그리 길지 않고, 경기변동을 줄이고자 하는 정책이 오히려 경기변동을 더 심화할 수도 있으므로 국가의 개입보다 자동조정 기능을 믿고 기다려야 한다고 강조한다. 고전학파의 경우 경기변동은 존재하긴 하지만 자동조정 기능으로 인해 금방 사라지는 현상이므로 경제 안정화 정책이 필요 없고, 거시 경제 정책에는 오직 경제성장 정책만 있다고 여긴다.

Q 질문

1. 경기변동의 예측이 어려운 이유는 무엇이며, 이러한 불확실성에 대비하기 위한 경제 주체들의 전략은 무엇일까?
2. 정부의 확장적 재정정책과 중앙은행의 통화정책이 경기변동에 어떤 영향을 미치며, 그 한계는 무엇인가?
3. 경기변동을 완화하기 위한 정책 수단 중 가장 효과적인 방법은 무엇이라고 생각하며, 그 이유는 무엇인가?

〈출처: 한국경제신문, 2024년 5월 27일자〉

제 2 절 주요 경기변동이론

경기변동은 경제 활동이 시간의 흐름에 따라 확장과 수축을 반복하는 현상으로, 경제학의 중심 주제 중 하나이다. 이러한 변동은 생산, 고용, 소비, 투자와 같은 주요 경제 지표에 영향을 미치며, 경제정책 수립과 기업 의사결정에 중요한 시사점을 제공한다. 역사적으로 경제학자들은 경기변동의 원인과 조정 과정을 이해하기 위해 다양한 이론을 발전시켜 왔다.

고전파 이론은 시장의 자율 조정 능력을 강조하며, 경기변동을 외부 충격에 대한 자연스러운 반응으로 간주한다. 반면, 케인즈 경제학은 시장실패를 지적하며, 정부의 적극적인 개입이 필요하다고 주장한다. 보다 최근에 이르러서는 기술 혁신과 생산성 변화에 초점을 둔 실물경기변동이론과 통화 공급의 역할을 강조하는 통화주의가 등장하며, 이론적 논의가 확장되었다. 이 외에도 과잉투자이론, 심리적 요인 기반 이론, 그리고 외부적 충격 이론은 각각 경기변동을 다각적으로 분석하는 틀을 제공한다. 본 절에서는 이러한 주요 이론들을 살펴보면서, 경기변동의 복잡성과 다면성을 탐구하고 정책적 함의를 도출하고자 한다.

1. 고전파 이론

고전파 이론(Classical Theory)은 경기변동을 시장의 자연스러운 조정 과정으로 간주하며, 정부 개입 없이도 경제가 스스로 균형 상태를 회복할 수 있다고 주장한다. 이 이론은 아담 스미스의 '보이지 않는 손' 개념을 기반으로 하며, 수요와 공급의 상호작용을 통해 자원배분이 최적화된다고 본다. 예를 들어, 실업이 발생하면 임금이 자연스럽게 하락하고, 이는 기업이 더 많은 노동자를 고용하도록 유도하여 고용시장의 균형을 회복시킨다고 역설한다. 따라서 경기변동은 외부 충격에 대한 시장의 일시적인 반응으로 간주되고, 장기적으로는 안정상태로 돌아온다는 믿음을 가진다.

경기변동에 대한 고전파 이론의 설명은 외부 충격이나 시장 구조의 변화에 초점을 맞췄는데, 가령 새로운 자원의 발견이나 기술 혁신은 경기 확장을 유도하며, 천연자원의 고갈이나 규제 강화는 경기 후퇴를 초래할 수 있다. 하지만 이러한 변동은 가격, 임금, 금리의 조정을 통해 자연스럽게 해결될 수 있다고 이해한다. 고전파 이론은 시장의 자율성과 효율성을 강조하여, 정부의 개입은 오히려 경제적 불균형을 초래하거나 조정을 지연시킬 수 있다고 주장한다.

이와 같은 고전파 이론은 시장 조정의 속도가 느릴 수 있다는 점에서 한계를 가진다. 예를 들어, 대공황과 같은 대규모 경제위기에서 임금과 가격의 경직성은 시장 조정을 방해하며, 장기적인 실업과 생산 감소를 초래할 수 있다. 그리고 총수요 부족과 같은 수요 측 요인을 무시하는 경향이 있어 경기 침체를 설명하는 데 어려움을 겪는다. 이러한 한계는 케인즈 경제학이 등장하게 된 주요 계기가 되었다.

그럼에도 불구하고, 고전파 이론은 장기 경제성장과 자원배분 문제를 이해하는 데 중요한 틀을 제공한다. 현대 경제학은 고전파 이론의 원칙을 기반으로 하되, 시장실패를 보완하기 위한 정부 개입을 포함하여 균형적인 접근을 추구하고 있다. 이러한 발전은 경기변동에 대한 보다 정교한 이해를 가능하게 한다.

2. 케인즈 경제학

케인즈 경제학(Keynesian Economics)은 경기변동의 주요 원인을 총수요의 변화로 설명하며, 경제가 자동적으로 균형 상태에 도달하지 않을 수 있다고 주장한다. 존 메이너드 케인즈는 대공황 시기의 심각한 경기 침체를 분석하며, 시장의 자동 조정 메커니즘이 실패할 수 있음을 지적했다. 그는 소비, 투자, 정부 지출로 구성된 총수요가 부족할 경우 경제는 장기적으로 침체 상태에 머물 수 있다고 보았다. 이러한 상황에서 정부가 공공 지출을 확대하거나 중앙은행이 금리를 인하하여 총수요를 증가시키면 경제가 회복될 수 있다고 강변했던바, 케인즈의 이론은 시장실패를 보완하기 위한 정책적 접근의 필요성을 강조하고, 경제학의 패러다임 전환을 이끌었다.

케인즈 경제학은 경기 침체기와 확장기에서 정부와 중앙은행의 역할을 중점적으로 설명한다. 경기 침체기에는 소비와 투자가 감소하여 총수요가 부족해지고, 이는 생산과 고용의 급격한 축소로 이어진다. 이 경우 정부는 공공사업에 투자하거나 세금을 감면하여 가계와 기업의 소비와 투자를 유도할 수 있다. 반대로, 경기 확장기에는 과도한 총수요로 인해 인플레이션 압력이 증가할 수 있다. 이때 정부는 지출을 축소하거나 세율을 인상하여 경제 과열을 완화할 수 있다. 이러한 접근은 경기변동을 조절하기 위해 재정정책과 통화정책을 조합하는 현대 경제정책의 기반이 되었다.

심리적 요인도 케인즈 경제학에서 중요한 역할을 한다. 그는 "동물적 영혼(animal spirits)"이라는 개념을 통해 소비자와 기업의 신뢰가 경제 활동에 미치는 영향을 강조했다. 경기 확장기에는 낙관적인 신뢰가 소비와 투자를 확대하며 경제성장을 가속화한다. 반면, 경기 침체기에는 비관적인 심리가 확산되면서 경제 활동이 위축된다. 이러한 심리적 변동은 경제정책의 중요한 고려 요소로 작용하며, 정부가 적극적으로 신뢰를 회복시키기 위한 조치를 취해야 한다는 점을 시사한다.

케인즈 경제학은 현대 경제학의 중요한 기반으로, 단기 경기변동과 정책적 대응을 설명하는 데 있어 강력한 토대를 제공한다. 그러나 과도한 정부 개입이 장기적으로 공공 부채를 증가시키고, 시장의 자율성을 저해할 수 있다는 비판도 존재한다. 이러한 한계를 보완하기 위해 **신케인즈학파**(혹은 **새케인즈학파**라고 불리기도 한다)는 가격 경직성과 정책 효과를 더욱 정교하게 분석하며, 현대 경제정책에 실질적인 시사점을 제공하고 있다.

3. 과잉투자이론

과잉투자이론(Overinvestment Theory)은 경제의 경기변동이 주로 기업의 과도한 투자로 인해 발생한다고 설명한다. 초기의 경제 확장기에서는 기술 혁신, 낙관적인 경제 전망, 그리고 금융시장의 풍부한 유동성이 기업의 투자를 촉진한다. 기업들은 수요 증가와 미래 성장 가능성에 대한 긍정적인 기대를 바탕으로 대규모 설비 투자에 나선다. 이러한 투자는 생산능력을 확장하고 경제성장을 가속화하지만, 동시에 생산 과잉의 위험을 내포한다. 즉, 과도한 설비 확장은 단기적으로는 생산성을 증가시키지만, 장기적으로는 수익성이 낮아지고 자원 낭비를 초래할 수 있다. 이러한 과정에서 투자와 수요 간의 불균형이 점차 심화되고, 경제는 점진적으로 불안정성을 띠기 시작한다.

경기 정점기에 접어들면서 과잉투자는 경제적 불균형의 주요 원인으로 작용한다. 기업들이 기대했던 수요가 실현되지 않으면, 재고가 누적되고 설비가 활용되지 않는 상황이 발생한다. 이로 인해 기업들은 투자 계획을 축소하고 생산 활동을 줄이며, 이는 고용 감소와 소비 축소로 이어진다. 과잉투자이론은 무엇보다도 이러한 투자와 소비 간의 악순환이 경기 후퇴를 심화시키는 데 중요한 역할을 한다고 본다. 자산시장에서는 과잉투자와 관련된 거품이 붕괴되며, 이는 기업의 자본 가치를 하락시키고 금융시스템에 추가적인 압박을 가한다. 예를 들어, 2000년대 초반의 닷컴 버블과 2008년 금융위기는 과잉투자가 어떻게 심각한 경기 침체를 유발할 수 있는지를 보여주는 사례라 할 수 있다.

이 이론은 심리적 요인과 금융시장의 역할을 중요하게 다룬다. 기업들은 경기 확장기 동안 낙관적인 전망과 기대를 기반으로 대규모 투자를 감행하지만, 경제 환경이 변화하거나 수익성이 감소하기 시작하면 투자 심리가 급격히 비관적으로 변한다. 이러한 심리적 전환은 기업들이 갑작스럽게 투자를 중단하거나 축소하게 만들어 경제 전반의 활동을 위축시킨다. 특히 금융시장에서의 대출비용 증가와 자금 조달 제한은 기업들이 신규 투자를 단행하기 어렵게 만들며, 이는 경기 침체를 더욱 악화시킨다. 따라서 과잉투자이론은 투자자의 심리와 금융시스템의 상호작용이 경기변동의 폭과 지속 기간에 큰 영향을 미친다고 고려한다.

과잉투자이론은 정책적 시사점도 제시한다. 경제 호황기에는 과도한 투자를 억제하기 위해 금리를 인상하거나 대출 기준을 강화하는 정책이 필요하다. 이러한 조치는 경제의 과열을 방지하고, 자산시장의 거품 형성을 억제하는 데 기여할 수 있다. 이와 달리 경기 침체기에는 기업들이 투자를 재개하도록 유도하기 위해 확장적 통화정책과 재정 정책을 시행해야 한다. 예를 들어, 금리 인하와 공공투자 확대는 기업들에게 안정적인 자금 조달 환경을 제공하며 경제 회복을 촉진한다. 그러나 이러한 정책은 시기의 적절성과 효과를 고려하여 신중히 설계되어야 한다. 과잉투자이론은 경기변동의 구조적 원인을 이해하고, 이를 예방하거나 완화하기 위한 정책적 대응을 제시한다.

4. 실물경기변동이론

실물경기변동이론(Real Business Cycle Theory; RBC)은 경기변동의 주요 원인으로 외부 충격, 그중에서도 기술 혁신이나 생산성 변화와 같은 공급 측 요인을 강조한다. 이 이론은 경제가 효율적으로 작동하며, 시장 참여자들이 합리적으로 행동한다고 가정한다. 따라서 경기변동은 경제 시스템의 오류가 아니라 생산성 변화와 같은 외부 요인에 대한 시장의 자연스러운 반응으로 본다. 예컨대, 새로운 기술의 도입은 생산성을 증가시키고 경제를 확장 국면으로 이끄는 반면, 자연재해나 자원 고갈은 생산성을 감소시켜 경기 후퇴를 야기할 수 있다. 이 이론은 공급 측 요인을 중심으로 설명하기 때문에 케인즈적인 수요 측 이론과 구별된다.

RBC 이론은 경기 확장과 수축을 공급 측 변화의 결과로 설명한다. 기술 혁신이나 생산성 증가는 노동과 자본에 대한 수요를 확대시키며, 이는 고용 증가와 소비 확대를 유발한다. 이러한 상황에서는 경제 전반의 생산 활동이 활성화되고, GDP가 증가하며, 경제는 확장 국면에 진입한다. 한편, 생산성이 감소하면 기업들은 투자와 고용을 축소하게 되고, 이는 소비와 경제 활동의 위축으로 이어진다. 이 과정에서 경제는 수축 국면으로 전환되는데, 이는 시장이 새로운 균형 상태로 돌아가는 자연스러운 과정으로 간주된다. 따라서 RBC 이론은 경기변동을 자원 재배치와 같은 효율적 조정의 결과로 본다.

이 이론은 또한 합리적 기대 가설을 통해 경기변동을 설명한다. 시장 참여자들은 경제 상황을 예측하고 이에 맞춰 행동을 조정한다고 가정된다. 가령, 기술 혁신이 예상되면 노동자들은 노동 공급을 증가시키고, 기업들은 투자를 확대하며, 이는 경제의 확장을 가속화한다. 그러나 부정적인 충격이 발생할 경우, 노동자와 기업 모두 경제 활동을 축소하며, 이는 경기 침체로 이어진다. 이러한 과정은 시장 참여자들이 합리적 의사결정을 통해 경제의 변동성을 조정한다고 보는 RBC 이론의 핵심 가정을 반영한다.

그러나 RBC 이론은 현실적인 경제 상황을 설명하는 데 있어 한계를 드러낸다. 예를 들어, 대공황과 같은 심각한 경제위기는 단순한 생산성 감소로는 설명하기 어렵다. 수요 부족, 금융위기, 심리적 요인과 같은 다른 요인들이 경기변동에 도화선 역할을 한다는 점을 간과하기 때문이다. 그리고 시장 참여자들이 항상 합리적으로 행동한다고 가정하는 것은 비현실적이라는 비판을 받는다. 이러한 한계에도 불구하고 RBC 이론은 장기 경제성장과 변동을 이해하는 데 유용하며, 기술 변화와 생산성의 역할을 강조하는 점에서 현대 경제학에 큰 영향을 미쳤다.

5. 통화주의

통화주의(Monetarism)는 경기변동의 주요 원인을 통화 공급의 변화에서 찾으며, 중앙은행의 역할과 통화정책의 중요성을 강조한다. 밀턴 프리드먼을 중심으로 발전된 이 이론은 "통화가 모든 것"이라는 명제로 요약되며, 통화 공급이 경제의 생산, 고용, 물가에 큰 영향을 미친다고 주장한다. 예를 들어, 통화 공급이 증가하면 소비와 투자가 늘어나면서 경제가 확장 국면에 들어서는 반면, 통화 공급이 감소하면 총수요가 축소되고, 이는 경기 침체로 이어질 수 있다. 이러한 관점에서 통화주의는 경기변동을 통화 공급 변화와 이에 따른 경제적 반응으로 설명한다.

통화주의는 특히 경기 확장기와 침체기에서 통화정책의 중요성을 역설한다. 경기 확장기에는 과도한 통화 공급이 인플레이션을 초래할 수 있으므로, 중앙은행이 이를 관리해야 한다고 본다. 반대로, 경기 침체기에는 통화 공급이 부족하여 소비와 투자가 위축되며 경제 활동이 둔화된다. 이 경우 중앙은행이 금리를 낮추거나 유동성을 공급하여 경제를 안정화할 수 있다. 한 예로, 1980년대 미국 연방준비제도는 통화 공급 관리를 통해 인플레이션을 억제하고 경제를 안정화시켰다.

이 이론은 정부의 과도한 개입을 비판하면서 시장의 자율성을 존중해야 한다고 주장한다. 특히 무엇보다도, 재정정책보다는 통화정책이 경기변동을 조절하는 데 효과적이라는 점에 주안점을 둔다. 프리드먼은 "통화 공급을 안정적으로 유지하는 것이 경제 안정의 핵심"이라고 주장하며, 중앙은행의 독립성을 강조했다. 이러한 관점은 현대 중앙은행의 정책 설계에 큰 영향을 미쳤으나, 그럼에도 대규모 경제위기(예 2008년 금융위기)에서 통화정책만으로 문제를 해결하기 어렵다는 비판을 받는다.

통화주의는 오늘날에도 주요 경제정책의 기반으로 사용되며, 대표적으로 인플레이션 관리와 경기 안정화를 위한 정책 도구로 활용된다. 그러나 이 이론은 통화정책의 한계와 재정정책의 보완적 역할을 충분히 고려하지 못했다는 점에서 한계가 있다. 이러한 비판에도 불구하고 통화주의는 현대 경제정책에서 여전히 중요한 영향을 갖는다.

6. 신케인즈학파

신케인즈학파(New Keynesian Economics)[3]는 경기변동의 주요 원인을 가격과 임금의 경직성, 그리고 시장의 비효율성에서 찾는다. 이 이론은 케인즈 경제학의 기본 원리를 유지하면서, 이를 현대 경제학의 도구와 결합하여 더욱 정교하게 발전시켰다. 동태적 일반 균형 모델(Dynamic Stochastic General Equilibrium; DSGE)을 활용하여 경기변동을 분석하며, 시장이 항상 자율적으로 조정되지 않는다는 점을 강조한다. 예를 들어, 경기 침체기에는 임금과 가격이 신속하게 조정되지 않아 실업과 생산 감소가 장기화될 수 있다. 신케인즈학파는 이러한 문제를 해결하기 위해 정부와 중앙은행의 적극적인 개입이 필요하다고 생각한다.

이 이론은 특히 경기 침체기와 확장기에 정책적 대응의 효과를 분석하는 데 중점을 둔다. 경기 침체기에는 정부의 재정 지출 확대와 중앙은행의 금리 인하가 경제를 회복시키는 데 중요하고, 반대로 경기 확장기에는 인플레이션 압력을 억제하기 위해 금리를 인상하거나 정부 지출을 줄이는 긴축 정책이 필요할 수 있다. 신케인즈학파는 이러한 정책이 경제의 가격 경직성을 완화하고 시장의 비효율성을 보완하는 데 기여한다고 주장한다.

더불어 이 이론은 민간부문의 행동과 기대가 경기변동에 중요한 영향을 미친다고 본다. 가령, 소비자와 기업의 미래 경제에 대한 기대는 소비와 투자 결정에 직접적인 영향을 준다. 따라서 신케인즈학파는 정책 결정 과정에서 기대 관리를 중요한 요소로 간주한다. 이 외에도, 이 이론은 중앙은행의 신뢰성과 투명성이 경제 안정화에 필수적

3) 영어 표현인 'New Keynesian School'을 한글로 번역할 때, '새케인즈학파'와 '신케인즈학파'라는 두 가지 표현이 사용되지만 의미는 같다. 따라서 New Keynesian School을 제7장에서는 새케인즈학파라고 번역한 바 있다.

이라는 점을 역설했던바, 이는 현대 중앙은행의 정책 운영에 큰 영향을 주었다.

신케인즈학파는 현대 경제학에서 중요한 위치를 차지하며, 경기변동을 분석하고 정책을 설계하는 데 있어서의 기여가 크다. 그러나 이 이론은 지나치게 수학적이고 복잡하다는 비판을 받으며, 실제 경제 상황에 대한 단순한 설명을 제공하지 못한다는 한계도 있다. 이러한 점에도 불구하고, 신케인즈학파는 경제정책의 설계와 실행에 있어 강력한 지침을 제공하고 있다.

7. 심리적 요인 기반 이론

심리적 요인 기반 이론(Psychological Theories)은 경기변동의 주요 원인으로 경제 주체들의 심리적 요인과 행동을 지목한다. 이 이론은 소비자와 기업의 기대와 감정이 경제활동에 큰 영향을 주고, 비합리적 행동이 경기변동의 폭을 확대한다고 바라본다. 예컨대, 경제 호황기에는 낙관적인 기대가 소비와 투자를 증가시켜 경제를 과열 상태로 만들 수 있다. 반대로, 경기 침체기에는 비관적인 심리가 소비와 투자를 급격히 축소하며 경제를 더욱 악화시킨다. 이러한 심리적 요인은 과잉투자와 금융위기와 같은 현상과도 밀접하게 연결된다.

이 이론은 특히 금융시장에서의 과잉 반응과 거품 형성을 설명하는 데 유용하다. 투자자들이 비합리적으로 낙관적일 경우, 자산 가격은 실제 가치보다 높게 평가되고, 이는 금융시장의 거품으로 이어진다. 이러한 거품이 붕괴되면 투자자들은 급격히 비관적으로 변하며, 이는 자산 가격의 급락과 경제 위축을 초래한다. 2008년 글로벌 금융위기는 심리적 요인이 경기변동에 어떻게 작용하는지를 잘 보여주는 사례라고 할 수 있다.

심리적 요인 기반 이론은 정책적 시사점도 제공한다. 정부와 중앙은행은 경제 주체들의 신뢰를 회복하기 위해 적절한 신호를 제공해야 한다. 한편 중앙은행의 금리 정책이나 정부의 경기부양책은 경제적 신뢰를 회복시키는 데 중요한 역할을 할 수 있으나, 심리적 요인은 예측하기 어렵고, 정책의 효과도 불확실하다는 점에서 한계가 있다.

이 이론은 비합리적 행동과 심리가 경기변동에 미치는 영향을 강조하며, 과잉투자 이론과 보완적으로 작용할 수 있다. 특히 시장 심리가 경제정책과 상호작용하는 방식을 이해하는 데 있어서 이 이론은 유용하게 사용된다.

8. 기타 이론(외부적 충격 이론 포함)

기타 이론은 경기변동의 원인을 자연재해, 전쟁, 팬데믹과 같은 외부적 요인에서 찾는다. **외부적 충격 이론**은 이러한 사건들이 공급망, 생산성, 소비에 미치는 영향을 분석하며, 경기변동의 보완적 설명을 제공한다. 역사적으로 봐도 1970년대 오일 쇼크는 전 세계적으로 생산비용을 상승시키고 경기 침체를 초래한 대표적인 외부 충격이었다. 이와 유사하게, 2020년 COVID-19 팬데믹은 글로벌 공급망을 붕괴시키고 소비를 급격히 축소시키며, 경제에 심각한 충격을 준 사례로 꼽힌다.

이 이론은 경제 시스템 내부 요인만으로 경기변동을 설명하기 어려운 경우에 주로 유용하다. 외부 충격은 종종 경제적 불균형을 심화시키며, 정부와 중앙은행의 신속한 대응을 필요로 한다. 가령, 팬데믹 시기에는 대규모 재정 지원과 통화 완화 정책이 경제 회복을 촉진하는 데 중요한 역할을 했던 걸 우리는 기억한다.

외부적 충격 이론은 정부 간 협력과 국제적 조정의 필요성을 강조한다. 전 세계적으로 영향을 미치는 외부 충격은 개별 국가의 정책만으로 해결하기 어려운 경우가 많고, 따라서 국제기구와의 협력이 중요하며, 이는 경제 안정성을 유지하는 데 핵심적인 요소로 작용한다.

이 이론은 경기변동의 원인을 분석하는 데 있어 귀중한 보완적 관점을 제공하지만, 경제 시스템 내부의 구조적 문제를 충분히 설명하지 못한다는 한계가 있다. 그럼에도 불구하고, 외부적 충격 이론은 현대 경제학에서 여전히 중요한 위치를 차지하며, 복잡한 경제 환경을 이해하는 데 필수적이라고 할 수 있다.

사례 9-2 한국경제는 왜 안정적인 맛이 없을까?

24일 한국은행이 발표한 '2024년 3분기 연간 실질 국내총생산(GDP)' 속보치에 따르면 우리나라의 3분기 실질 GDP는 전기 대비 0.1% 증가했다. 이날 오전 부산 남구 신선대(사진 하단) 및 감만(상단) 부두 야적장에 컨테이너가 가득 쌓여 있다.

한국은행이 최근 발표한 '2024년 3분기 실질 국내총생산(GDP)' 통계는 매우 실망스러웠다. 올해 7~9월 우리 경제가 전 분기에 비해 0.1% 성장에 그쳤기 때문이다. 1분기 1.3% 성장하며 호경기에 대한 기대감을 높였지만, 2분기 0.2% 역성장(마이너스 성장)을 기록한 후 3분기에도 의미 있는 반등을 이끌어내지 못했다. 반면 미국 경제는 지난 4분기 동안 1.1%, 0.8%, 0.4%, 0.7% 성장해 항공모함 같은 안락함을 보였다. 대체 왜 한국 경제는 안정적인 맛이 없을까?

1. 높은 수출 의존도

아래 시각물의 파란 선은 경제성장률, 검정 선은 수출증가율을 나타낸다. 한눈에 알 수 있듯, 한국 경제는 수출 변화에 따라 성장률이 춤추는 것을 발견할 수 있다. 물론 예외가 없는 것은 아니어서, 2001년과 2016년에는 수출이 크게 감소했음에도 높은 경제성장률을 기록했다. 참고로 2001년에는 이른바 카드 버블이 발생했고, 2016년에는 1,007만 명이 넘는 외국인 관광객의 입국이 내수경기의 호황을 이끌었다. 그러나 이런 예외를 제외하면 한국 경제는 '수출 = 성장률'의 등식이 일반적이다.

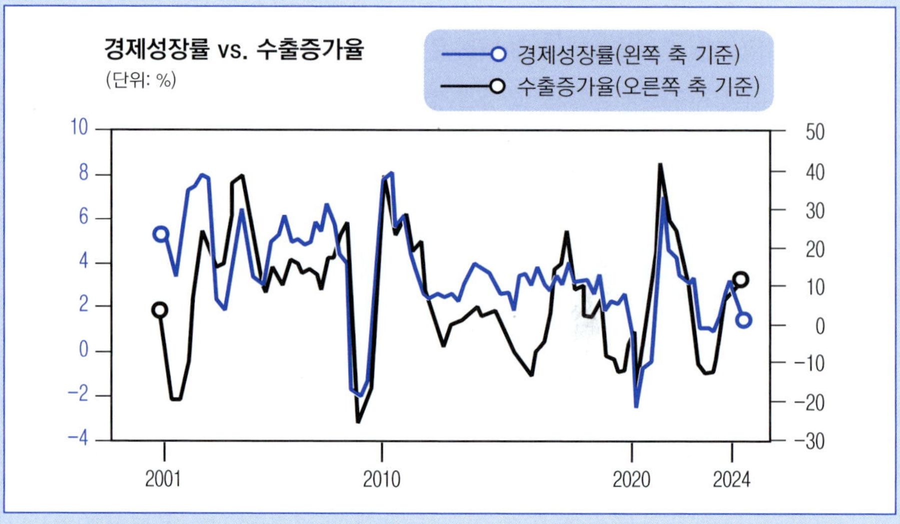

수출과 수입이 국내총생산에서 차지하는 비중, 즉 대외 의존도가 2024년 6월 말 기준 90.6%에 이를 정도로 높다 보니 내수경기가 웬만큼 좋지 않고서는 수출경기변동의 충격을 벗어나기 힘든 셈이다. 특히 2022년부터 부동산 프로젝트 파이낸싱(PF) 부실화 문제가 부각되며, 건설투자가 지속적으로 감소하는 만큼 수출에 대한 의존도가 더욱 높아질 수밖에 없는 것 같다.

물론 우리 정부가 내수 부진 문제를 해결할 목적으로 여러 정책을 사용했던 것을 무시하려는 의도는 없다. 다만, 1997년 외환위기 이후 27년이 넘는 세월 동안 한국 경제의 대외 의존도가 더욱 높아졌다는 현실을 인정하자는 얘기다. 특히 부동산 경기가 나빠질 때마다 GDP에서 민간소비가 차지하는 비중이 급격히 줄어드는 현상이 반복된다는 것도 잊지 말자.

2. 한국 수출의 변동성이 큰 이유는? 높은 내구재 비중 탓

그런데 내수경기의 만성적인 부진보다 더 큰 문제는 한국 수출의 변동성이 대단히 크다는 점이다. 예를 들어, 2021년 2분기 한국 수출은 전년 같은 기간에 비해 42.0% 늘어났지만 불과 1년여가 지난 2022년 4분기에는 10.0%의 감소를 기록했다.

한국 수출이 급등락하는 가장 직접적인 이유는 한국 주력 수출 품목의 대부분이 매우 경기변동이 큰 내구재 위주로 구성돼 있기 때문이다. 여기서 내구재란, 한번 구입하면 적어도 6개월 이상 사용하는 품목을 뜻하는데 냉장고와 텔레비전, 스마트폰, 그리고 자동차가 여기에 포함된다.

따라서 2000년 정보통신 거품의 붕괴 혹은 2008년 글로벌 금융위기처럼, 실업자가 대거 늘어나는 불황이 닥칠 때 새로운 자동차나 스마트폰에 대한 수요는 급격히 위축된다. 경제에 찬바람이 불 때, 깨진 스마트폰 액정에 테이프를 붙인 사람들이 급격히 늘어나는 것을 금방 확인할 수 있다.

반대로 2020년처럼, 정부가 강력한 재정정책을 사용할 때에는 손때 묻은 가전제품이나 가구를 새 것으로 교체할 가능성이 높아질 것이다.

2023년 기준으로 한국의 수출 상위 10대 품목을 살펴보면, 자동차(2위)와 자동차부품(4위), 그리고 무선통신기기(10위)의 이름을 발견할 수 있다. 더 나아가 반도체(1위)와 평판디스플레이(8위) 등 관련 부품까지 포함하면, 한국 수출 품목 대부분이 내구재와 연관을 맺고 있는 셈이다. 상황이 이러하다 보니, 한국은 미국 등 선진국의 소비가 아주 조금만 줄어도 큰 타격을 받는다.

아래 시각물은 미국의 내구재 소비와 한국 수출의 관계를 보여주는데, 대단히 밀접한 연관성을 발견할 수 있다. 이 대목에서 한 가지 의문이 제기된다. 미국 경제는 세계 전체에서 차지하는 비중이 26.5%에 불과한데, 미국 내구재 수요 변화에 한국 수출이 이렇게 요동치는 이유는 어디에 있을까?

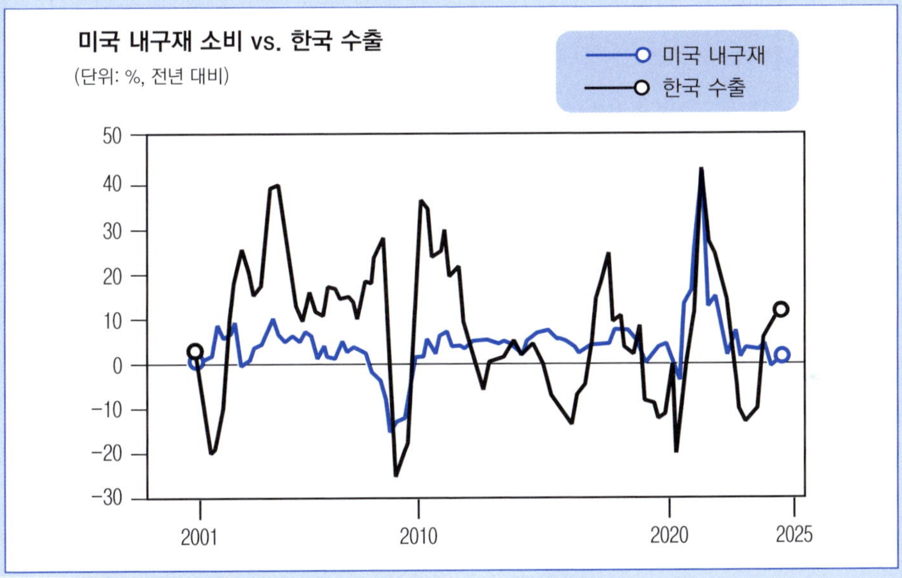

3. 소비시장의 규모를 보면

이 의문을 풀기 위해 세계의 소비시장 규모 변화를 측정했더니, 아래와 같은 시각물을 얻을 수 있었다. 미국은 1970년대에도 세계 소비시장의 30%를 차지했는데, 이 비중은 2022년에도 비슷하게 유지되고 있다. 이에 반해 유로 지역, 즉 유로화가 유통되는 지역의 비중은 같은 시기 대비 거의 절반 수준으로 줄어들었다. 2010년 시작된 유럽 재정위기, 그리고 2022년의 우크라이나 전쟁이 유럽 경제에 큰 타격을 입힌 탓이다. 그러나 이 두 지역만으로도 세계 소비시장의 절반을 차지한다.

줄어든 유로 지역의 몫을 채운 것이 중국이었다. 1970년 세계 소비시장에서 단 2.5%에 불과하던 것이 2021년에는 13.7%까지 상승했기 때문이다. 그러나 중국 소비시장은 미국이나 유로 시장에 비해 크게 두 가지의 결함을 지니고 있다.

세계 주요국 소비 비중

(단위: %)

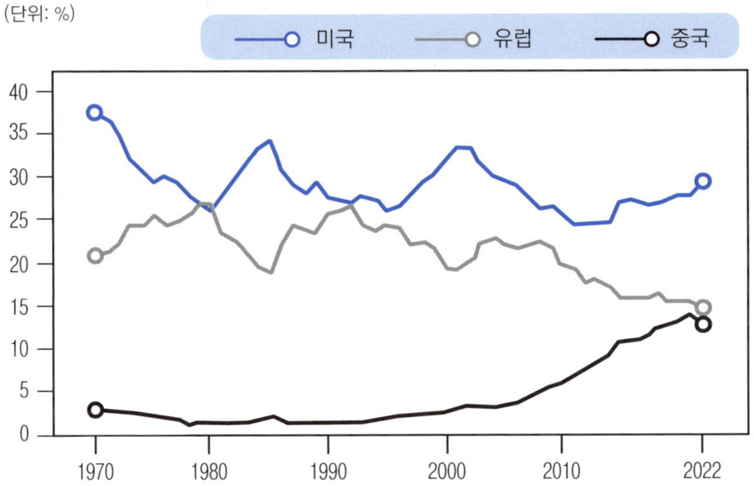

자료: 한국은행, 프리즘 투자자문 작성

첫 번째 결함은 개방성이다. 2017년 한국산 제품과 서비스를 향해 내려진 제재조치, 한한령(限韓令)이 잘 보여주는 것처럼 수시로 각국의 상품을 대상으로 강력한 불매운동이 단행된다. 2012년에는 센카쿠 열도 분쟁을 계기로 일본 자동차들이 성난 군중에 의해 불탔고, 2021년에는 신장위구르 자치구산 면화 사용 거부를 이유로 스웨덴의 패션브랜드 H&M에 대한 불매운동이 시작된 것이 좋은 사례가 될 것이다.

이보다 더 큰 문제는 디플레이션(경기 침체 속 물가 하락)이다. 2010년을 전후해 중국 소비시장의 점유율이 둔화되기 시작했으며, 심지어 2022년에 감소세로 돌아선 것은 심각성을 잘 보여준다. 2021년 공동부유(共同富裕) 정책 시행, 2022년 초의 코로나 관련 봉쇄 정책 시행 등을 계기로 상하이를 비롯한 동해안의 주요 도시 주택가격이 폭락세로 돌아선 것이 소비불황으로 이어지는 것이다. 한국과 마찬가지로, 중국 가계 자산의 대부분은 부동산이 차지하고 있기에 부동산 가격의 하락 흐름이 멈추지 않는 한 중국의 소비가 회복되기는 쉽지 않을 전망이다.

최근 중국 정부가 금리를 인하하는 등 강력한 경기부양 정책을 펼치고 있기에, 미리 희망을 버릴 필요는 없다고 본다. 다만, 1990년대 일본 사례가 잘 보여주듯 주택가격이 3년 이상 급락한 뒤에는 연쇄적인 악순환이 촉발된다는 사실을 잊지 말아야 할 것 같다. 아직까지는 금융기관의 부실화 징후가 드러나지 않지만, 주택가격 하락으로 담보가치가 떨어지고 내수경기의 부진이 심화되는 시기에는 은행의 부실채권 문제가 부각될 수 있음에 유의해야 할 것이다.

4. 미국 소비에 일희일비하는 신세는 앞으로도 이어진다

이상의 내용을 간단하게 정리하면 다음과 같다. 한국 경제는 수출 비중이 워낙 높다 보니, 경제의 안정성이 떨어지는 문제를 지니고 있다. 특히 한국 수출 품목의 대부분이 내구재에 치중돼 있다는 점에서, 미국 등 선진국 소비의 일시적인 변동에도 큰 영향을 받는 구조를 가지고 있다. 2010년대 중반까지는 중국이 새로운 소비시장이 될 것이라는 기대가 높았지만, 한한령과 국내 대기업 진출을 어렵게 하는 공동부유 정책 등으로 가장 문턱이 높은 시장이 되고 말았다. 따라서 앞으로도 상당한 기간 우리 경제는 미국 등 선진국 소비시장의 변화에 영향을 받는 신세를 벗어나기는 힘들 전망이다.

당장 일본 중앙은행의 금리 인상 및 미국 노동시장 침체 공포가 유발한 올해 8월 초의 주식시장 붕괴 사태만 보더라도, 대외 의존도가 높은 우리 경제의 취약성을 보여준다. 이런 점을 감안해 금융시장의 참가자들은 국내지표보다는 해외지표, 특히 소비자신뢰지수나 소매판매처럼 미국 소비의 흐름을 신속하게 보여주는 경제통계에 대한 관심의 끈을 놓지 말아야 할 것이다.

〈출처: 한국일보, 2024년 10월 29일자〉

제 3 절 안정화 정책

경기변동은 경제 활동 수준의 주기적인 변화를 의미하며, 앞서 제1절에서도 설명했듯이 이는 확장, 정점, 수축, 침체, 회복의 다섯 가지 단계로 나뉜다. 이러한 변동은 경제 내의 내생적 요인(예 투자와 소비의 변화)뿐만 아니라 외생적 요인(예 자연재해, 금융위기)으로 인해 발생한다. **안정화 정책**은 이러한 경기변동에 대응하여 경제를 안정시키고자 하는 정부와 중앙은행의 노력으로, **재정정책**과 **통화정책**으로 나눌 수 있다. 특히 재정 및 통화정책의 적절한 조합과 시기적 적합성은 경제 안정화의 핵심 요소로 간주된다. 이 절에서는 경기변동의 특징과 각 단계에서 안정화 정책이 어떻게 적용될 수 있는지 구체적으로 분석한다.

경기 확장기는 경제가 빠르게 성장하고 실업률이 감소하며 소비와 투자가 활성화되는 시기이다. 그러나 과도한 성장은 자산 가격의 거품 형성과 물가 상승이라는 부작용을 초래할 수 있다. 따라서 이 시기에는 긴축적 통화정책이 부작용 해소를 위한 중요한 수단으로 작용한다. 즉, 중앙은행은 금리를 인상하고 유동성을 축소하여 신용 팽창을 억제하고 과열을 방지한다. 재정정책 역시 중요한 도구로 사용되며, 정부는 지출을 억제하고 세율을 인상하여 소비와 투자의 속도를 조정한다. 이와 같은 조치는 인플레이션 압력을 완화하고 경제의 지속가능한 성장을 지원한다. 다만, 긴축적 정책이 과도하게 적용될 경우 경제성장 동력이 약화될 위험이 있으므로 신중한 조율이 필요하다.

정점기는 경제가 최대 생산 수준에 도달하는 시기로, 대체로 높은 물가 수준과 낮은 실업률이 특징적이다. 이 단계에서는 이미 경제가 과열되었을 가능성이 크기 때문에, 추가적인 긴축적 통화정책이 무엇보다 필요하다. 따라서 중앙은행은 공개시장 조작을 통해 시중 유동성을 축소하고, 금리를 추가로 인상하여 투자와 소비를 억제한다. 재정정책 측면에서는 정부 지출을 최소화하고 흑자 재정을 유지하려는 노력이 중요하다. 이는 향후 경기 수축기에 대비하여 재정 여력을 확보하는 데 기여한다. 정점기에서 정책 실패는 경제를 급격한 수축기로 몰아넣을 수 있으므로, 정책의 강도와 적용 시점을 면밀히 고려해야 한다.

경기 수축기는 경제 활동이 둔화되고 실업률이 증가하며 소비와 투자가 감소하는 시기이다. 이 단계에서는 확장적 재정정책과 완화적 통화정책이 필요한데, 중앙은행은 금리를 인하하고 유동성을 확대하여 기업과 가계의 금융 접근성을 높인다. 또한 정부는 사회간접자본 투자와 같은 대규모 재정 지출을 통해 일자리를 창출하고 소비심리를 회복시키는 데 주력한다. 세율 인하와 같은 조치도 가계의 가처분소득을 증대시켜 소비를 촉진하는 역할을 한다. 이러한 정책 조합은 경제의 하강 속도를 늦추고, 점진적인 회복을 유도하는 데 핵심적인 기능을 한다. 그러나 과도한 재정 적자와 통화 팽창은 장기적으로 경제에 부정적인 영향을 미칠 수 있으므로 적절한 균형이 요구된다.

침체기는 경제 활동이 최저점에 도달하는 단계로, 높은 실업률과 소비 위축이 특징이다. 이 시기에는 전통적인 정책만으로는 충분한 효과를 발휘하기 어렵기 때문에 비전통적 도구의 활용이 중요하다. 중앙은행은 양적완화(Quantitative Easing; QE)와 같은 비전통적 통화정책을 통해 장기 금리를 낮추고 금융시장의 안정성을 확보한다. 재정정책에서는 대규모 경기부양책을 통해 정부가 직접 경제에 개입하여 수요를 창출한다. 예를 들어, 인프라 투자 확대와 함께 고용 창출 프로그램을 운영함으로써 침체의 부작용을 완화할 수 있다. 이러한 정책은 단기적으로 경제에 긍정적인 영향을 미칠 수 있지만, 장기적으로는 국가 부채의 증가와 같은 부작용을 초래할 수 있으므로 면밀한 계획이 필요하다.

회복기는 경제가 침체에서 벗어나 점차 정상화되는 단계로, 기업과 가계의 신뢰가 회복되며 소비와 투자가 증가하기 시작한다. 이 단계에서는 확장적 정책을 점진적으로 축소하며 긴축적 정책으로 전환하는 것이 중요하다. 중앙은행은 금리를 점진적으로 인상하여 금융시장의 과잉 유동성을 통제한다. 재정정책 측면에서는 정부 지출을 줄이고 재정 건전성을 회복하려는 노력이 필요하다. 이러한 조치는 경제가 과열되지 않도록 예방하는 동시에, 장기적인 경제 안정성을 확보하는 데 기여한다. 회복기 정책의 성공 여부는 향후 경기변동의 주기를 완화하고, 지속가능한 경제성장을 지원하는 데 결정적인 영향을 미친다.

재정정책과 통화정책은 경기변동에 대응하는 과정에서 상호 보완적인 역할을 한다. 예를 들어, 경기 침체기에는 재정정책이 수요를 창출하는 데 중점을 두는 한편, 통화정책은 금융시장의 안정성을 강화한다. 이처럼 두 정책이 조화롭게 작동할 때 경제 안정화 효과는 극대화된다. 그러나 정책 조율이 실패할 경우, 서로 상충하는 결과를 초래할 수 있다. 특히 재정정책의 과도한 확대와 통화정책의 완화가 장기적으로 인플레이션 압력을 가중시킬 가능성이 있다. 따라서 정책 입안자는 단기적 목표와 장기적 지속가능성 간의 균형을 유지해야 한다.

안정화 정책의 효과는 그 적용 시점에 크게 의존한다. 가령, 경기 침체 초기에 재정 지출이 확대되면 경제 회복을 촉진할 수 있지만, 이미 회복이 시작된 이후에 동일한 조치를 취하면 과잉 지출로 이어질 수 있다. 통화정책도 마찬가지로, 금리 인하가 적절한 시기에 이루어지지 않으면 경제 활성화 효과를 잃을 수 있다. 따라서 정책의 타이밍은 경기변동의 속도와 강도를 정확히 평가하는 경제 분석 능력에 달려 있다. 시기적 적합성을 확보하기 위해 정책 결정자는 경제 데이터를 면밀히 관찰하고 민첩하게 대응해야 한다.

세계화된 경제 환경에서 안정화 정책은 국제적 요인도 고려해야 한다. 그러한 관점에서, 무엇보다도 주요 교역국의 경제 상황이나 국제 자본 흐름은 국내 정책의 효과에 영향을 미칠 수 있다. 예를 들어, 글로벌 금융위기와 같은 외부 충격은 국내 정책만으로는 해결하기 어려운 문제를 야기한다. 이러한 상황에서는 국제 협력과 다자간 정책 조율이 중요해진다. 국제통화기금(IMF)이나 주요 20개국(G20)과 같은 기구는 글로벌 안정화를 위한 공동 대응 방안을 제시한다. 따라서 안정화 정책의 성공은 국내 요인뿐만 아니라 국제적 요인의 조화로운 결합에 달려 있다.

안정화 정책은 단기적 경기 조정에 효과적이지만, 구조적 문제를 해결하는 데는 한계가 있다. 예컨대, 생산성 저하나 노동시장의 비효율성은 정책으로 단기간에 해결하기 어렵다. 이러한 구조적 문제는 장기적 경제성장을 저해하며, 안정화 정책의 효과를 약화시킬 수 있다. 그러므로 정책 입안자는 단기적 안정화 노력과 더불어, 경제 구조 개선을 위한 중장기적 전략을 병행해야 한다. 이러한 접근은 경제의 지속가능성을 확보하는 데 필수적이다.

위의 설명을 종합하면, 경기변동의 각 단계에서 적절한 안정화 정책을 적용하는 것은 경제 안정화를 위한 필수 조건이다. 정책의 시기와 강도를 조율하는 것은 단기적 경기 조정뿐만 아니라 장기적 경제성장에도 영향을 미친다. 특히나 재정 및 통화정책의 상호 보완적 활용은 경제 안정화의 효과를 극대화하는 데 중요하다. 그러나 이러한 정책은 각각의 한계와 부작용을 수반하기 때문에, 경제 상황에 대한 정확한 진단과 신중한 접근이 요구된다. 미래 경제 환경의 불확실성이 증가하는 상황에서, 유연하고 효율적인 정책 설계는 경제 안정화를 위한 핵심 과제로 남을 것이다.

주요 용어

경기변동	경기변동이론	안정화 정책	경기 확장기
경기 정점기	경기 수축기	경기 침체기	경기 회복기
고전파 이론	케인즈 경제학	과잉투자이론	실물경기변동이론
통화주의	신케인즈학파	심리적 요인 기반 이론	외부적 충격 이론
재정정책	통화정책	양적완화	긴축적 정책

연습문제

01 경기변동의 다섯 가지 주요 단계를 설명하고, 각 단계에서 경제 활동 수준과 주요 특징을 기술하시오.

02 경기 수축기와 경기 침체기의 차이점을 주요 경제 지표(예 실업률, GDP 성장률, 소비)에 기반하여 설명하시오.

03 실물경기변동이론(Real Business Cycle Theory; RBC)의 주요 가정을 설명하고, 이 이론이 경기변동을 어떻게 설명하는지 서술하시오.

04 케인즈학파와 신케인즈학파의 경기변동이론에서 가격 경직성의 역할을 비교하여 설명하시오.

05 경기 침체기에서 효과적인 재정정책과 통화정책을 각각 제시하고, 그 작동 원리를 설명하시오. 또한 경기 정점기에서 통화정책이 경기 안정화에 기여할 수 있는 방법을 논하시오.

참고문헌

이병락(2023), N. Gregory Mankiw의 거시경제학 번역서, 서울: 시그마프레스.

매일경제신문, [전문기자 칼럼] 경기변동 수수께끼, 2023년 1월 8일자.

조장옥, 이철인(2020), 거시경제학, 서울: 홍문사.

한국경제신문, [경제학 원론 산책] 경기변동 줄여야 물가 급등 · 실업 막을 수 있어, 2024년 5월 27일자.

한국일보, [홍춘욱의 경제 지평선] 한국경제는 왜 안정적인 맛이 없을까?, 2024년 10월 29일자.

CHAPTER

10

실업과 인플레이션

학습목표

무엇이 실업률을 결정하고, 실업의 유형에는 어떠한 것이 있는지를 살펴봄으로써 실업에 대한 논의를 시작한다. 또한 인플레이션의 원인과 그 경제적 영향을 분석한다. 그리고 실업률과 인플레이션 간의 관계를 설명하는 필립스 곡선을 다룬다.

사례 10-1 물가는 역대급, 실업률은 뚝… 웃어야 할지 울어야 할지

인플레이션으로 고통받는 경제가 빠르고 큰 폭의 통화긴축 정책 수단으로 물가를 잡으려 할 때 그 대가로 실업률이 상승한다. 인플레이션과 실업률이 명목(혹은 실질) 임금상승률을 매개로 상충하는 관계에 있는, 두 마리 토끼를 한꺼번에 다 잡을 수 없다는 '필립스 곡선'(1958년 발표)의 가르침이다. 영국의 경험적 실증자료(1861~1957년)를 분석해 도출한 이 곡선은 케인즈 경제학을 뒷받침하는 하나의 '법칙'으로 여겨졌으나, 유효성을 둘러싸고 경제분석가와 정책담당자들 사이에 지금도 논쟁이 간혹 일어난다.

단기에만 유효하고 장기에는 무기력하다거나, 경제·산업 구조가 크게 바뀐 새로운 환경에서는 작동하지 않는다는 주장도 제기된다. 경제 전반에 걸친 생산성 변동이 곡선 자체를 이동시키고, 우하향하는 전통적 곡선이 이제는 누워버렸다는 분석도 있다. 팬데믹 이전에 선진국 중앙은행들은 필립스 곡선이 당최 통하지 않는 '저물가 위험'으로 골치를 썩였다. 거의 완전고용 상황인데도 물가가 인플레이션 목표치(중장기 시계로 평균 2%)까지 좀처럼 오르지 않는, 필립스 곡선의 설명과는 사뭇 다른 미스터리가 계속됐다.

그런데 지금은 '높은 인플레이션과 낮은 실업률(완전고용)'이라는 전통 필립스 곡선이 '뜻밖에도' 잘 작동하는 계절이다. 인플레이션이 각국 경제를 휩쓰는 요즘 미국·한국 모두 물가가 크게 높아졌는데도 실업률은 오히려 사상 최저 수준이다. 2022년 7월 미국 실업률(3.5%)은 53년 만의 최저치고, 한국 실업률(2.9%)도 7월 기준으로 역대 가장 낮다.

취업자로 보더라도 두 경제는 '고용 서프라이즈'를 지속 중이다. 미국은 7월 비농업부문 신규취업자가 시장 예상치보다 2배나 많은 52만 8천 명을 기록했고, 상반기 전체로 일자리가 270만 개 증가했다. 한국도 1~7월에 월간 취업자가 83만~100만 명씩 늘고, 7월 기준으로 22년 만의 최대 증가 폭을 보였다. 중앙은행의 고강도 통화긴축 행렬로 미국 경제가 경기순환 주기상 '침체 국면'에 접어들었다는 진단까지 무색하게 하는 견조한 고용 활황세로, 이는 퍼즐(수수께끼)에 가깝다. 요컨대 '이상하고 희귀하게도' 필립스 곡선이 작동하는 셈이다.

예전에 경험하지 못한 이 기이한 현상에 '고용이 팽창하는 침체(Jobful Recession)'라는 낯선 이름이 붙여지고 여러 진단과 분석이 분분하다. 그 까닭으로 인플레이션이 지목되기도 한다. 경기둔화와 실질구매력 감퇴에 따른 소비 위축으로 제품이 덜 팔리더라도 각국 기업은 높은 물가로 매출액이 증가하고 실질임금도 감소하는 터라 고용을 오히려 확대하면서도 수익을 창출하는 좋은 여건을 누리고 있다는 얘기다. 팬데믹에 따른 거대한 퇴직 물결과 국제적인 노동자 이동의 제약, 또 인구구조에서 저출산·고령화와 생산인력 감소에 따른 '경제회복 속의 노동력 결핍' 현상이 사상 최저 실업률의 배경이라는 주장도 나온다.

수십 년 만에 다시 찾아온 인플레이션 시대는 기존의 익숙한 것들을 갑자기 붕괴시키면서 전통 이론으로 설명하기 어려운 경제 현상을 낳고 있다. '인플레이션 속 고용 활황'이라는, 좋은 소식과 나쁜 소식을 거의 분간하기 어려워진 고뇌와 혼돈의 계절이다. 경제학자 정운찬은 20년 전에 "인플레이션으로 이미 고용된 기득권 노동자들은 실질임금이 하락하겠지만, 물가 상승으로 고용이 늘어 그동안 실업 고통을 당하고 있던 노동시장 취약자들의 이익이 커질 수 있다면 그것이 사회적으로 더 바람직할 수 있다"고 말했다.

〈출처: 한겨레신문, 2022년 9월 5일자〉

제 1 절 실업 및 노동시장

1. 실직, 구직, 자연실업률

실직은 단순히 직업을 잃은 상태를 넘어 개인과 사회 모두에 영향을 미치는 중요한 경제적 문제이다. 개인에게 실직은 소득 상실과 생활수준의 하락을 의미하지만, 사회적으로는 생산 가능한 노동력이 제대로 활용되지 못한다는 점에서 경제적 손실로 이어진다. 이러한 실직의 정도를 측정하기 위해 사용하는 핵심 지표가 바로 **실업률**이다. 실업률은 특정 시점에서 일자리를 찾고 있는 사람들이 노동력에서 차지하는 비율로 계산되며, 이를 수식으로 표현하면 다음과 같다.

$$u = \frac{U}{L} \times 100$$

여기서 u는 실업률, U는 실업자의 수, L은 노동력, 즉 고용자와 실업자를 합한 수를 의미한다. 쉽게 말해, 실업률은 전체 일할 수 있는 사람 중에서 실제로 일자리를 갖지 못한 사람의 비율을 나타낸다. 예를 들어, 만약 한 경제에서 노동력이 100명이고 그중 10명이 실업 상태라면, 실업률은 $\frac{10}{100} \times 100 = 10\%$가 된다. 이러한 실업률은 노동시장의 전반적인 건강 상태를 평가하는 데 핵심적이다. 하지만 실업률이 보여주는 수치는 단순히 숫자에 그치지 않으며, 이는 실직자들이 얼마나 빠르게 직업을 찾을 수 있는지, 그리고 경제가 얼마나 효율적으로 노동력을 활용하고 있는지를 반영하는 중요한 지표이다.

실직 상태에 있는 사람들은 새로운 일자리를 찾기 위해 다양한 활동을 한다. 이를 구직이라 부르며, 구직은 단순히 일자리를 찾는 행위에 그치지 않고, 어떤 직업이 자신의 기술이나 목표에 부합하는지 탐색하는 과정까지 포함한다. 하지만 구직 활동은 쉽지 않다. 정보 부족, 기술 요구와 자신의 역량 간의 불일치, 지역적 제약 등 다양한 요인이 구직을 어렵게 만든다. 더욱이 노동시장에서 정보가 완벽하게 공유되지 않는 상황에서는 구직 과정에 시간과 비용이 많이 소요되며, 그 결과 모든 사람이 빠르게 직업을 찾는 것은 불가능하다. 이로 인해 경제학자들은 실업률이 항상 0이 될 수 없다는 점을 발견했고, 이를 설명하기 위해 자연실업률이라는 개념을 도입했다. **자연실업률**은 경제가 장기적으로 균형 상태에 있을 때 존재하는 실업률로, 경기적 요인과 무관하게 발생하는 실업을 포함한다. 자연실업률은 다음과 같은 방식으로 구성된다.

$$U^* = U_f + U_s$$

여기서 U^*는 자연실업률, U_f는 마찰적 실업률, U_s는 구조적 실업률을 나타낸다. **마찰적 실업**은 노동자가 새로운 직업을 찾는 과정에서 발생하며, **구조적 실업**은 산업 구조 변화나 기술 발전으로 인해 특정 기술이나 지역에서 노동 수요와 공급이 일치하지 않을 때 발생한다. 이처럼 자연실업률은 노동시장의 작동 원리를 이해하는 데 있어 중요한 역할을 한다.

자연실업률은 단순한 경제적 개념을 넘어 정책 설계의 핵심 기준으로 활용된다. 예를 들어, 자연실업률이 높다면 이는 구조적 문제를 시사하며, 기술 훈련 프로그램이나 산업 재구조화와 같은 장기적인 해결책이 필요함을 의미한다. 반대로, 자연실업률이 낮다면 노동시장의 유연성이 높고, 경제가 효율적으로 작동하고 있음을 나타낼 수 있다. 이러한 맥락에서 실직과 구직, 그리고 자연실업률은 단순히 노동시장의 상태를 나타내는 지표가 아니라, 경제의 전반적인 역동성을 이해하는 데 필수적인 개념이다.

2. 구직과 마찰적 실업

구직은 실직자가 새로운 일자리를 찾기 위해 진행하는 모든 과정을 포괄하는 개념으로, 노동시장의 활력을 보여주는 유용한 지표다. 구직 과정은 단순히 직업 공고를 확인하고 지원서를 제출하는 것에서 그치지 않는다. 이 과정에는 자신의 기술과 목표를 평가하고, 적합한 직업과 고용 조건을 탐색하며, 최종적으로 고용주와 협상하는 단계가 포함된다. 그러나 이 과정이 언제나 원활히 이루어지는 것은 아니며, 다양한 요인으로 인해 구직에 시간이 소요될 수 있다. 이러한 시간적 지연으로 인해 발생하는 실업을 경제학에서는 마찰적 실업이라고 한다.

마찰적 실업은 노동자가 새로운 직업을 찾는 과정에서 정보의 부족이나 매칭의 어려움으로 인해 발생한다. 노동시장에서 노동자와 고용주 간의 정보 비대칭성은 마찰적 실업의 주요 원인 중 하나이다. 예를 들어, 최근 졸업한 대학생이 첫 직업을 찾으려 할 때, 자신에게 적합한 직장을 바로 찾기 어려워 실업 상태가 길어질 수 있다. 그리고 기존 직장에서 더 나은 조건의 직업을 찾기 위해 이직을 고려하는 노동자도 일정 기간 동안 실업 상태에 놓일 수 있다. 이러한 현상은 노동시장에서 일자리가 부족해서가 아니라, 정보의 탐색과 시간적 지연 때문이라는 점에서 특징적이다.

마찰적 실업의 크기는 경제 환경에 따라 달라질 수 있다. 예를 들어, 경기 호황기에는 고용 기회가 많아지고 구직 과정이 단축되며 마찰적 실업률이 감소할 수 있다. 반면, 경제 침체기에는 고용 기회가 줄어들고 구직 과정이 더 길어지며 마찰적 실업률이 증가할 가능성이 높다. 마찰적 실업은 노동시장의 정상적인 기능 과정에서 발생하기 때문에 경제가 아무리 건강한 상태에 있더라도 일정 수준에서 완전히 제거되기는 어렵다.

마찰적 실업을 줄이기 위해 정부나 기업은 노동시장에서 정보 제공 시스템을 강화하거나, 고용 매칭 서비스를 개선하는 등의 노력을 기울일 수 있다. 예컨대, 구직자와 고용주 간의 연결을 돕는 디지털 플랫폼의 활성화는 마찰적 실업률을 감소시키는 데 효과적이다. 이들 설명을 요약하면, 구직과 마찰적 실업은 노동시장의 효율성을 이해하고 개선하기 위해 반드시 분석해야 할 주제이다. 이는 단순히 노동자의 문제로 그치지 않고, 노동시장의 정보 흐름과 동태적 구조를 파악하는 데 중요한 개념으로 자리 잡고 있다.

3. 실질임금 경직성과 구조적 실업

실질임금 경직성은 노동시장에서 임금이 하락해야 할 상황에서도 쉽게 조정되지 않는 현상을 의미한다. 이는 구조적 실업의 중요한 원인 중 하나로, 노동시장의 비효율성을 초래한다. 노동경제학에서 임금은 노동 수요와 공급을 조정하는 중요한 메커니즘이지만, 실질임금이 하락하지 않으면 초과공급 상태가 지속되면서 실업이 발생할 수 있다. 실질임금 경직성은 노동자의 기대, 노동시장 규제, 기업의 내부 정책 등 다양한 요인에서 비롯된다. 예를 들어, 노동자들은 자신이 받고 있는 임금이 감소하면 경제적 안정성이 흔들릴 것을 우려하며, 이에 따라 낮은 임금을 수용하지 않으려는 경향이 있다. 또한 기업 역시 기존 노동자의 사기를 유지하고 높은 이직률을 방지하기 위해 임금 삭감을 꺼리는 경우가 많다.

이러한 임금 경직성은 실업이 특정 산업이나 지역에서 고착화되는 구조적 실업 문제로 이어질 수 있다. 구조적 실업은 노동시장에서 특정 기술이나 직무에 대한 수요와 공급이 불일치할 때 발생한다. 이 불일치는 기술 혁신, 산업 구조 변화, 또는 국제 무역과 같은 경제적 요인으로 인해 심화될 수 있다. 가령, 제조업에서 자동화 기술이 도입되면 전통적인 기술을 가진 노동자들이 대체되거나, 기술적 변화에 적응하지 못한 노동자들이 실업 상태에 놓일 수 있다. 이러한 상황에서 실질임금이 조정되지 않으면 새로운 일자리를 찾기가 더 어려워진다.

경제학적으로 구조적 실업은 노동시장의 수급 불일치를 다음과 같이 설명할 수 있다. 노동시장에서의 균형은 노동 수요와 공급이 일치할 때 이루어지지만, 구조적 요인으로 인해 특정 임금 수준에서 노동 수요와 공급이 불일치하면 초과공급, 즉 실업이 발생한다. 이를 공식으로 나타내면,

$$L_d(W_r) < L_s(W_r)$$

여기서 L_d는 특정 실질임금 W_r에서의 노동 수요, L_s는 해당 임금 수준에서의 노동 공급을 의미한다. 실질임금 경직성이 존재할 경우, 시장에서 임금 조정을 통해 수급 불일치를 해소하기 어렵고, 이로 인해 초과공급 상태인 실업이 지속된다.

구조적 실업의 또 다른 원인은 노동시장의 지역적 또는 기술적 격차이다. 지역적 격차는 특정 지역에서 고용 기회가 부족하지만, 다른 지역에서는 노동 수요가 존재하는 상황을 말한다. 예를 들어, 도시 지역에서는 첨단 기술 인력을 요구하는 반면, 농촌 지역에서는 전통적인 일자리가 감소할 수 있다. 기술적 격차는 노동자의 기술이 새로운 산업 요구에 부합하지 않을 때 발생한다. 이러한 격차는 노동시장에서의 불일치를 더욱 심화시키며, 노동자들에게는 추가적인 직업훈련과 교육이 필요할 수 있다.

구조적 실업은 장기적으로 경제에 심각한 영향을 미친다. 실업이 장기화되면 노동자의 기술이 더 이상 시장에서 유효하지 않게 되는 기술 퇴화(skill atrophy) 현상이 발생할 수 있으며, 이는 실업의 악순환을 초래할 수 있다. 뿐만 아니라 장기적인 실업은 소비 감소와 사회적 불평등의 심화로 이어질 수 있다. 따라서 구조적 실업 문제를 해결하기 위해서는 산업 재구성, 기술 훈련 프로그램, 고용 이동성 제고 등 다각적인 접근이 필요하다.

4. 노동시장의 유연성과 경직성: 지역별 비교

노동시장의 유연성과 경직성은 각 지역의 경제적 환경, 규제 체계, 노동 관행에 따라 상이하게 나타나는 중요한 특징이다. **노동시장의 유연성**은 노동시장이 외부 충격에 신속하게 적응하고, 고용 및 임금 조정이 자유롭게 이루어질 수 있는 정도를 의미한다. 이와 달리 **노동시장의 경직성**은 고용 및 임금 조정이 어려운 상태를 말하며, 이는 노동법, 사회적 관행, 혹은 노동조합의 힘 등 다양한 요인에 의해 발생할 수 있다. 이러한 유연성과 경직성의 차이는 각 지역의 경제 성과와 실업률 수준에 큰 영향을 미친다.

노동시장의 유연성을 잘 보여주는 사례로 미국을 들 수 있다. 미국 노동시장은 상대적으로 유연한 구조를 가지고 있다. 고용계약이 비교적 간단하고 해고 비용이 낮아, 기업은 경제 상황에 따라 인력을 신속히 조정할 수 있다. 이러한 유연성은 경기 침체 시 기업들이 고용을 줄이고, 경제 회복 시 다시 인력을 충원할 수 있게 해준다. 그러나 이러한 유연성에는 치명적인 단점도 존재한다. 해고가 쉬운 구조는 노동자들에게 심각한 불안정을 초래할 수 있으며, 무엇보다도 사회적 안전망이 부족한 경우에는 실직자들이 상당한 경제적 어려움에 처할 위험이 커진다.

미국과는 대조적으로, 유럽의 많은 국가는 노동시장이 경직적인 특징을 가지고 있다. 대표적으로 독일, 프랑스와 같은 국가는 노동법과 규제가 매우 강력하며, 노동자를 해고하는 데 높은 비용과 복잡한 절차가 수반된다. 이러한 경직성은 고용 안정성을 제공하고, 노동자들에게 강한 보호막을 형성한다. 그러나 고용주의 관점에서는 이러한 경직성이 새로운 인력을 채용하거나, 사업 구조를 유연하게 조정하는 데 걸림돌이 될 수 있다. 특히 경제 충격이 발생했을 때 기업들이 적응하기 어려워 실업률이 상승하거나 노동시장의 비효율성이 커질 가능성이 있다.[1)]

노동시장의 유연성과 경직성을 분석하는 데 있어, 경제학자들은 **고용보호지수**(employment protection index; EPI)와 같은 정량적 지표를 활용한다. 이 지표는 각국의 해고 규제, 계약 형태, 해고 비용 등을 수치화하여 노동시장의 유연성과 경직성을 비교하는 데 사용된다. 예를 들어, 미국은 고용보호지수가 낮은 반면, 프랑스는 높은 값을 가진다. 이를 통해 각국의 노동시장이 얼마나 유연하거나 경직적인지를 직관적으로 이해할 수 있다.

$$EPI = f(R, C, F)$$

여기서 R은 해고 규제의 강도, C는 고용계약의 유연성, F는 해고 비용을 나타낸다. 높은 EPI 값은 경직성을, 낮은 EPI 값은 유연성을 의미한다. 이 공식은 노동시장의 유연성과 경직성을 정량적으로 평가하는 데 유용하다.

지역별 비교에서 또 다른 중요한 요소는 노동시장 정책의 목적과 우선순위이다. 예컨대, 미국은 고용 창출과 경제성장을 최우선으로 두어 노동시장의 유연성을 극대화한다. 반대로, 유럽은 고용 안정성과 노동자의 권리 보호를 우선시한다. 이러한 정책적 차이는 노동시장의 유연성과 경직성에 반영되며, 그 결과 각 지역의 경제적 성과에도 영향을 미친다.

아시아 지역의 노동시장은 유럽과 미국의 중간 정도로 평가될 수 있다. 가령, 한국과 일본은 전통적으로 경직적인 노동시장 구조를 가지고 있었으나, 최근 들어 유연성을 강화하려는 노력이 진행되고 있다. 대표적으로, 한국에서는 정규직과 비정규직 간의 격차 문제와 노동시장 이중화를 해결하기 위해 정책적인 개혁이 논의되고 있다. 이러한

---

1) 노동시장이 경직적일 경우, 경제 충격이 발생하더라도 고용주가 법적, 재정적 제약 때문에 노동자를 해고하지 못할 수 있다. 예를 들어, 많은 유럽 국가에서는 강력한 해고 보호법이 적용되기 때문에 기업들이 단기적인 경기 침체 속에서도 인력을 유지하는 경향이 있고, 이로 인해 단기적으로 실업률 상승이 억제되는 효과가 나타날 수 있다. 이는 경직성의 장점으로 간주될 수 있으며, 노동자들에게 안정감을 제공하고 사회적 불안을 줄이는 데 크게 기여한다. 그러나 이러한 경직성은 장기적으로 경제 비효율성을 초래할 가능성이 크고, 경제 충격으로 인해 기업의 수익성 악화와 비용 부담이 증가해도 해고가 어려운 경우, 기업은 신규 고용을 줄이거나 사업 확장을 포기하게 될 수 있다. 더불어 생산성이 낮은 노동자를 유지해야 하는 상황은 기업의 경쟁력을 약화시킬 수 있다. 이러한 상황에서 장기적으로는 구조적 실업이 증가하거나 노동시장이 경직된 국가에서의 고용 창출이 둔화될 가능성이 높아진다. 따라서 "경직성이 높으면 실업률이 상승하지 않는다"는 주장은 단기적으로는 타당할 수 있으나, 장기적으로는 경직성이 노동시장 효율성을 저하시킬 가능성이 크며, 이는 실업률이 억제된 상황에서도 노동시장의 왜곡과 고용 창출 둔화로 이어질 수 있다.

노력은 노동시장의 유연성을 높이는 데 기여할 수 있지만, 동시에 노동자의 권리 보호를 약화시키는 부작용도 초래할 수 있다.

토의자료 10-1 [다산 칼럼] 불황·인플레 닥친 경제, 韓銀 역할은

코로나19로 인해 촉발된 불황이 벌써 2년을 넘어서고 있다. 확진자 수가 정점을 찍고 터널의 끝이 보이는 듯했으나 급격한 물가 상승으로 인플레이션이라는 또 다른 복병을 만났다. 전통적인 경제 이론에 따르면 예상치 못한 물가 상승(실제 인플레이션율－기대 인플레이션율)과 실업률은 음(－)의 상관관계를 보인다고 알려져 있다. 인플레이션이 예상했던 수준보다 높을 때 실업률은 낮게 형성되고, 인플레이션율이 예상했던 수준보다 낮으면 실업률은 높았다.

이 같은 인플레이션과 실업률 사이의 음의 상관관계를, 처음 발견한 영국의 통계학자 이름을 따서 '필립스 곡선'이라 부른다. 필립스 곡선이 마이너스의 기울기를 보이는 이유로 "예상보다 높은 물가 상승은 실질임금을 낮춰 고용을 증가시킨다"는 논리에 따라 1930년대 경제 대공황 기간 확장적 재정정책을 옹호했던 존 메이너드 케인즈의 주장이 종종 인용된다.

우하향하는 필립스 곡선은 실업률과 인플레이션율이라는 두 마리 토끼를 동시에 잡긴 어렵다는 것으로 해석된다. 낮은 실업률을 얻으려면 다소 높은 인플레이션을 감수해야 한다. 즉, 실업률을 낮추는 정책(대개 확장적 재정 및 통화정책)은 궁극적으로 인플레이션을 유발할 가능성이 높다. 반대로 인플레이션을 억제하려면 어느 정도 실업의 고통을 감수해야 하는 것으로 이해된다.

그런데 2000년대 들어 필립스 곡선의 기울기가 양(＋)으로 바뀌었다. 이같이 우상향하는 필립스 곡선의 등장은 2007년 금융위기로 촉발된 불황을 겪으며 실업률의 심한 등락에도 불구하고 인플레이션율은 비교적 안정적인 모습을 보인 데 기인한다. 우상향하는 필립스 곡선의 등장으로, 낮은 실업률과 낮은 인플레이션의 동시 달성이 가능하니 정부가 돈을 많이 풀고 지출을 늘려도 물가가 오르지 않을 것이라는 다소 황당한 주장을 하는 현대화폐이론(modern monetary theory; MMT)까지 출현했다.

그러나 우상향하는 필립스 곡선은 양날의 검이다. 일견 낮은 실업률과 낮은 인플레이션율을 동시에 달성할 수 있을 듯 보이지만, 흔히 스태그플레이션(경제 불황 속 물가 상승)이라 불리는 높은 실업률과 높은 인플레이션의 상태로 이어질 가능성도 내포한다. 코로나 불황을 타개하기 위해 늘어난 유동성 완화정책의 후유증으로 자산 가격이 급등했고, 여기에 글로벌 공급망 교란이 이어지며 물가가 빠르게 상승했다. 이는 우상향하는 필립스 곡선의 나쁜 시나리오, 즉 스태그플레이션이 현실화할 가능성이 켜졌음을 의미한다.

물가와 고용의 관계는 경제가 처한 시대와 상황에 따라 다양한 형태를 보인다. 지난 수십 년간 인플레이션을 겪지 않았지만, 최근 그 위험성이 현실화하고 있다. 불황의 요인이 민간소비 및 투자 위축 같은 수요 측 충격일 경우 인플레이션과 고용은 상충관계를 보여 전통적 금리 정책을 통해 고용 - 물가 중 하나를 달성하는 것이 가능해 보일 수 있다. 그러나 유가 상승 등 나쁜 충격이 공급 측에서 발생할 경우, 인플레이션과 실업이 동시에 악화되는 상황이 발생할 수 있다. 어쩌면 고용과 인플레이션 중 하나를 선택하도록 강요받는 상황에 직면하게 될지 모른다.

더구나 1990년 이후 생산과 고용의 동조성이 약화하는 '고용 없는 경기 회복' 또는 '고용 없는 성장'이 관측되고 있다. 대개 생산과 고용은 함께 움직이기 마련인데, 최근에는 두 변수 사이의 동조성이 많이 약화돼 생산이 늘어도 고용은 늘지 않는 경우가 자주 관측된다. 고용 없는 경기 회복의 원인을 규명하기 위한 다양한 연구가 진행 중이지만, 인공지능(AI)을 필두로 한 4차 산업혁명으로 자동화 기술이 노동을 대신하기 때문이라는 주장이 상당한 설득력을 얻고 있다.

즉, 최근 보이는 고용 부진은 기술 및 산업 변화로 인한 구조적 요인이 크기 때문에 단기적 확장 재정 및 통화정책으로 해결하기 어려운 측면이 있다고 본다. 이는 불황에 대처하는 각국 정부를 곤혹스럽게 하고 있다. 금리 인하 같은 전통적 수단으로 일자리를 창출하는 데 한계가 있는 만큼 중앙은행은 효과가 불확실한 고용보다 인플레이션에 정책 우선순위를 두는 것이 현실적 접근이 아닐까 싶다.

Q 질문

1. 위의 토의자료에서도 언급되었듯이, 필립스 곡선은 실업률과 인플레이션 간의 역관계를 나타내지만, 현대 경제에서는 이 관계가 항상 성립하지 않을 수도 있다. 예를 들어, 1970년대의 스태그플레이션이나 최근의 경제 상황에서는 필립스 곡선이 설명하기 어려운 현상들이 나타났다. 그렇다면 필립스 곡선이 현대 경제에서 적용되기 어려운 이유는 무엇인가?
2. 스태그플레이션과 같은 예외적 현상을 설명하기 위해 필립스 곡선을 어떻게 수정하거나 보완할 수 있을까?
3. 인플레이션과 실업률 간의 관계를 이해하는 데 있어 필립스 곡선 외에 고려해야 할 다른 요인들은 무엇이 있을까?

〈출처: 한국경제신문, 2022년 3월 8일자〉

제 2 절 인플레이션

1. 화폐수량이론

화폐수량이론(The Quantity Theory of Money)은 경제 내 통화량 변화가 물가와 경제 활동에 미치는 영향을 분석하는 중요한 이론으로, 이를 설명하기 위한 기초 방정식이 바로 MV=PY이다. 여기서 M은 통화량, V는 화폐 유통 속도, P는 물가 수준, Y는 실질 국내총생산(GDP)을 의미한다. 이 방정식은 한 경제에서 발생하는 총 거래액이 통화량과 유통 속도의 곱과 동일하다는 가정에서 출발하며, 통화량의 변화가 물가나 경제 활동에 미치는 영향을 직관적으로 설명한다. 예를 들어, 화폐 유통 속도와 실질 GDP가 일정하다고 가정하면 통화량의 변화는 물가 수준의 변화로 이어진다. 이는 경제 내 통화량 증가가 물가 상승으로 직결될 수 있음을 보여주며, 이러한 관계는 중앙은행의 통화 공급 조절이 물가 안정에 중요한 역할을 한다는 점을 강조한다. 그러나 실제 경제에서는 화폐 유통 속도 V가 경제 상황에 따라 변동할 수 있고, 실질 GDP Y가 완전고용 수준에서 항상 일정하지 않을 수 있기 때문에, 이 방정식은 단순화된 가정임을 인지할 필요가 있다.

화폐수량이론은 고대부터 현대까지 지속적으로 발전해왔다. 18세기 데이비드 흄은 화폐 공급의 증가가 물가 상승을 초래한다고 주장하며, 화폐와 물가 간의 관계를 체계적으로 논의했던바, 그의 연구는 화폐수량이론의 초기 기틀을 다지는 데 기여했다. 이후 어빙 피셔는 20세기 초에 이를 수학적으로 체계화하여 현대적 화폐수량방정식을 확립했다. 피셔는 『화폐의 구매력』이라는 저서를 통해 화폐와 물가 간의 관계를 명확히 설명하여 경제학계에서 큰 영향을 미쳤다. 이 이론은 학술적 기여뿐만 아니라 정책적으로도 중요한 역할을 했다. 예컨대, 20세기 초 금본위제하에서 화폐수량이론은 통화정책의 기초로 사용되었고, 현대 경제에서도 물가 안정을 위한 정책 설계에 활용되고 있다. 그러나 경제 환경이 변화함에 따라 화폐수량이론의 가정과 적용 가능성에 대한 논쟁은 지속되고 있다.

화폐수량이론은 장기적으로 통화량 증가가 물가 상승으로 이어진다는 점을 역설한다. 화폐 유통 속도와 실질 GDP가 일정하다고 가정하면, 통화량의 증가는 물가 수준의 증가를 의미한다. 이는 고전학파가 주장한 화폐중립성 원칙과 일치하는바, 화폐중립성이란 화폐 공급의 변화가 장기적으로는 실질 경제 변수(예 GDP, 고용률)에 영향을 미치지 않고, 물가와 같은 명목 변수에만 영향을 준다는 이론이다. 이 가정은 물가 안정과 통화정책 간의 연관성을 명확히 증명한다. 하지만 현실 경제에서는 이러한 단순화된 가정이 항상 적용되지 않는다. 예를 들어, 금융 혁신이나 기술 발전은 화폐 유통 속도에 변화를 일으킬 수 있으며, 경제위기나 팬데믹과 같은 예외적인 상황은 실질 GDP에 영향을 미칠 수 있다. 따라서 화폐수량이론을 적용할 때는 현실적 제약을 충분히 고려해야 한다.

화폐수량이론의 타당성은 다양한 국가의 사례를 통해 실증적으로 확인되었다. 고인플레이션을 경험한 국가들, 예컨대 짐바브웨와 베네수엘라에서는 통화량의 급격한 증가가 물가 폭등으로 이어졌다. 이러한 사례들은 화폐수량방정식이 경제적 현실을 반영할 수 있음을 나타낸다. 반면, 선진국에서는 통화량 증가와 물가 상승 간의 관계가 더 복잡하게 나타날 수 있다. 미국과 유럽연합의 경우, 중앙은행의 통화정책과 금융시스템의 안정성 덕분에 통화량 증가에도 불구하고 물가상승률은 낮은 수준에서 유지되었다. 이러한 차이는 국가별 경제 구조와 정책적 환경의 차이에서 비롯된다. 따라서 화폐수량이론의 적용은 국가별 특수성과 맥락을 고려해야 한다.

이러한 이유로 화폐수량이론의 단순화된 가정은 현실 경제의 복잡성을 충분히 반영하지 못한다는 비판을 받아왔다. 대표적으로, 화폐 유통 속도와 실질 GDP가 항상 일정하다는 가정은 현실적이지 않다. 경제 발전과 함께 금융 혁신, 디지털 결제 시스템의 도입, 기술 발전 등은 화폐 유통 속도의 변동성을 증가시켰다. 더불어 경제위기나 글로벌 팬데믹과 같은 상황은 화폐수량방정식의 단순성을 위협한다. 이러한 한계를 극복하기 위해 다양한 현대적 수정이 이루어졌는데, 가령 새고전학파는 합리적 기대이론을 통해 화폐수량이론을 보완하려 했으며, 새케인즈학파는 가격 경직성과 명목 변수의 조정을 통해 이론을 확장했다. 이러한 발전은 화폐수량이론이 단순한 방정식을 넘어 경제적 현실을 반영할 수 있도록 발전했음을 나타낸다.

2. 화폐주조세: 화폐발행에 따른 수입

화폐주조세(seigniorage)는 정부가 화폐를 발행함으로써 얻게 되는 경제적 수익을 의미한다. 화폐 발행에 따른 이익은 화폐의 명목가치와 발행 비용 간의 차이에서 발생한다. 예를 들어, 중앙은행이 10,000원의 지폐를 발행하는 데 드는 비용이 500원이라면, 나머지 9,500원이 화폐주조세로 간주된다. 이 개념은 역사적으로 귀금속 기반 화폐 체제에서도 적용되었는데, 화폐를 주조하는 과정에서 사용된 금이나 은의 가치보다 화폐의 명목가치가 높을 경우, 그 차익은 주조세로서 정부나 군주에게 귀속되었다. 이러한 화폐주조세는 초기 국가 경제에서 중요한 재정 수단으로 활용되었으며, 무엇보다도 전쟁과 같은 긴급한 상황에서 군사비용 조달의 주요 원천이었다. 역사적 사례로는 17세기 프랑스에서 루이 14세 정부가 재정 적자를 메우기 위해 화폐주조세를 과도하게 활용한 경우가 있다. 그 결과 금속 화폐의 가치가 급락하며 사회적 혼란과 경제적 불안정을 초래했다. 현대에 들어서도 화폐주조세는 여전히 정부 재정의 일부를 차지하고 있으며, 특히 화폐 발행 비용이 상대적으로 낮은 법정화폐(fiat money) 체제에서 중요한 의미를 가진다.

그리고 화폐주조세는 재정 적자 해결의 한 수단으로 사용될 수 있다. 정부가 세수 부족이나 차입 여건 악화로 인해 재정 적자가 심화될 경우, 중앙은행을 통해 추가적으로 화폐를 발행하여 이를 메우는 방식이 종종 채택된다. 이러한 화폐 발행은 단기적으로는 정부의 재정 문제를 완화할 수 있지만, 장기적으로는 인플레이션을 초래할 가능성이 높다. 이때 화폐주조세는 사실상 “인플레이션 세금”으로 작용한다. 화폐 공급의 증가는 통화 가치의 하락으로 이어지며, 이는 국민의 실질 구매력을 감소시키는 효과를 낳는다. 따라서 국민은 추가로 발생한 물가 상승에 따른 부담을 세금처럼 떠안게 된다. 예를 들어, 20세기 초 독일의 바이마르 공화국은 1차 세계대전 이후 전쟁 배상금을 충당하기 위해 대량의 화폐를 발행했다. 그 결과 급격한 인플레이션이 발생하며 화폐 가치가 급락했고, 경제가 붕괴 직전까지 치달았다. 이러한 사례는 정부의 무분별한 화폐 발행이 경제에 미칠 수 있는 심각한 영향을 보여준다.

화폐주조세와 인플레이션 간에는 밀접한 상관관계가 존재한다. 기본적으로 통화량이 증가하면 총수요가 단기적으로 상승하여 경제 활동이 활발해질 수 있지만, 공급이 제한된 상태에서는 물가 상승으로 이어진다. 이 관계를 수학적으로 표현하면, 앞서 설명한 화폐수량방정식 MV=PY를 통해 이해할 수 있다. 여기서 M(통화량)의 급격한 증가는 P(물가 수준)의 상승으로 이어진다. 화폐주조세와 인플레이션 간의 관계는 다음의 비례식으로 나타낼 수 있다.

$$\text{화폐주조세} = \frac{\Delta M}{M} \times \frac{1}{\text{인플레이션율}}$$

이 식은 정부가 재정을 충당하기 위해 화폐 발행을 늘리면, 인플레이션율이 일정 수준 이상으로 급등할 가능성이 크다는 점을 시사한다. 또한 인플레이션이 일정 수준을 초과하면 화폐의 실질 구매력이 빠르게 하락하며 경제의 신뢰도를 약화시킬 수 있다.

고인플레이션과 초인플레이션 상황에서는 화폐주조세가 경제를 악화시키는 주요 원인이 되는바, 짐바브웨와 베네수엘라의 사례는 이 점을 명확히 보여준다. 짐바브웨는 2000년대 초반에 정부가 대규모 화폐를 발행하며 물가상승률이 연간 수백만 퍼센트에 달하는 초인플레이션을 경험했다. 이러한 상황에서 화폐의 실질 가치는 거의 제로에 수렴했으며, 국민들은 더 이상 자국 화폐를 신뢰하지 않고 바터(barter) 경제로 전환하거나 외화로 거래를 진행했다. 베네수엘라 역시 유사한 과정을 거쳤으며, 극심한 인플레이션과 경제적 혼란을 겪었다.

화폐주조세는 정부 재정 확보의 한 방법이지만, 그 외에도 세금 인상, 공공 지출 삭감, 국채 발행과 같은 대안이 존재한다. 이 중 세금 인상은 국민의 실질적 부담을 가중시키는 반면, 국채 발행은 미래 세대에게 부채를 전가하는 단점이 있다. 따라서 정부는 화폐주조세의 활용을 최소화하고, 장기적으로 지속가능한 재정정책을 설계해야 한다. 화폐주조세의 과도한 사용을 억제하기 위해서는 중앙은행의 독립성이 강조된다. 중앙은행이 정부의 정치적 압력으로부터 자유로울 때, 무분별한 화폐 발행을 방지할 수 있다. 또한 투명한 통화정책과 명확한 재정 계획이 마련될 때, 화폐주조세로 인한 경제적 혼란을 예방할 수 있다.

현대 경제에서 디지털 화폐와 중앙은행 디지털 통화(CBDC)는 화폐주조세의 새로운 역할을 제안한다. 디지털 화폐는 발행 및 유통 비용이 기존 화폐보다 낮으며, 정부의 재정 수입 확보와 통화정책 집행을 더욱 효율적으로 만드는 잠재력을 가진다. 그러나 CBDC는 프라이버시와 데이터 보호 문제, 그리고 기존 금융시스템의 구조적 변화를 초래할 수 있다는 점에서 신중한 설계가 필요하다. 이처럼 화폐주조세는 역사적 사례와 현대적 맥락 모두에서 중요한 경제적 개념이며, 정부의 재정정책과 통화정책이 균형을 이루어야 경제 안정과 지속가능한 성장이 가능하다는 점을 시사한다.

3. 인플레이션과 이자율

이자율과 인플레이션 간의 관계를 이해하는 데 있어 가장 중요한 이론 중 하나는 **피셔 방정식**(Fisher Equation)이다. 피셔 방정식은 명목 이자율(i)이 실질 이자율(r)과 예상 인플레이션율(π^e)의 합으로 결정된다는 점을 수학적으로 나타낸다. 이를 방정식으로 표현하면 $i = r + \pi^e$가 된다. 이 이론은 경제 주체들이 대출과 차입을 결정할 때 명목 이자율[2)]뿐만 아니라 실질 구매력 변화까지 고려한다는 점을 설명한다. 예를 들어, 차입자는 실질 이자율[3)]이 낮을수록 빚을 갚는 부담이 줄어든다고 판단하며, 대출자는 예상 인플레이션 상승으로 인해 실질 수익이 감소할 가능성을 고려해 명목 이자율을 높이려 한다. 이러한 관계는 통화정책 설계와 시장 참여자의 기대 형성에서 지대한 역할을 한다. 피셔 방정식은 특히 인플레이션 기대가 명목 이자율에 미치는 영향을 강조하며, 중앙은행이 인플레이션 목표제를 통해 경제 안정을 추구하는 이유를 명확히 설명한다. 그러나 현실에서는 예상 인플레이션율을 정확히 측정하거나 예측하는 데 한계가 있기 때문에, 피셔 방정식의 적용이 단순히 이론적 논의에 머물지 않고 실질적인 정책 결정에 어떻게 활용될 수 있는지가 중요한 연구 주제가 된다.

인플레이션 기대는 명목 이자율뿐만 아니라 실질 이자율에도 중대한 영향을 미친다. 피셔 방정식에 따르면, 예상 인플레이션이 상승하면 명목 이자율도 이에 따라 상승해야 실질 이자율을 일정하게 유지할 수 있다. 하지만 실질 이자율은 경제의 장기적인 구조적 요인에 의해 결정되는 경향이 있기 때문에, 단기적으로 명목 이자율의 변동이 더 크다. 예를 들어, 경제 주체들이 미래에 높은 인플레이션이 발생할 것으로 예상한다면, 은행은 명목 금리를 조정해 인플레이션 위험을 반영한다. 이와 달리 예상 인플레이션이 낮다면

---

2) 명목 이자율은 인플레이션을 고려하지 않은 상태에서 화폐 단위로 표시되는 이자율을 의미한다. 이는 대출자와 차입자 간의 계약에서 명시되는 금리로, 대출자가 차입자로부터 받는 이자액의 비율을 나타낸다.

3) 명목 이자율과 달리, 실질 이자율은 명목 이자율에서 인플레이션율을 차감하여 화폐의 구매력을 반영한 이자율을 의미한다. 이는 인플레이션이 차입자와 대출자 모두의 구매력에 미치는 영향을 고려한 이자율로, 대출자가 실질적으로 얻는 수익률 또는 차입자가 실질적으로 부담하는 비용을 나타낸다.

명목 금리는 이를 반영하여 낮아질 것이다. 이러한 상호작용은 경제에서 자본의 흐름, 소비자 지출, 그리고 기업 투자와 같은 중요한 변수에 직접적으로 영향을 미친다. 그러나 예상 인플레이션이 실제로 실현되지 않을 경우, 명목 이자율의 변동은 경제적 왜곡을 초래할 수 있다. 예컨대, 예상 인플레이션이 과대평가될 경우 대출 금리가 과도하게 높아져 소비와 투자가 위축될 수 있으며, 반대로 인플레이션이 과소평가될 경우 대출자가 예상보다 낮은 비용으로 차입하여 과도한 부채를 쌓는 결과를 초래할 수 있다. 따라서 인플레이션 기대를 안정적으로 관리하는 것은 중앙은행의 중요한 과제가 된다.

단기적으로 인플레이션과 이자율의 관계는 예상 인플레이션의 변화에 민감하게 반응하며, 중앙은행의 정책 대응 속도에 의해 크게 영향을 받는다. 가령, 경제가 갑작스러운 수요 충격으로 인해 과열되고, 예상 인플레이션이 상승하면 중앙은행은 기준금리를 인상하여 경제를 냉각시키려 한다. 이러한 정책은 단기적으로 명목 이자율을 증가시키고, 이를 통해 소비와 투자를 억제하는 효과를 발휘한다. 반면, 장기적으로는 피셔 방정식이 강조하는 실질 이자율의 안정성이 주요한 역할을 한다. 실질 이자율은 주로 경제성장률, 기술 발전, 인구 증가와 같은 구조적 요인에 의해 결정되며, 이는 명목 이자율의 장기적 평균 수준을 결정하는 데 핵심 요소로 작용한다. 그러나 인플레이션 기대가 지속적으로 불안정하면 장기적 안정성이 흔들릴 수 있다. 예를 들어, 높은 인플레이션 기대가 만성화된 경우, 경제 주체들은 실질 이자율을 정확히 예측하지 못하고, 이는 자본 축적과 생산성 향상에 부정적인 영향을 미칠 수 있다. 이러한 점에서 단기와 장기에서의 인플레이션과 이자율 관계를 이해하는 것은 통화정책의 설계와 평가에 필수적이다.

중앙은행이 이자율을 조정하는 속도와 인플레이션 목표제는 경제 안정성 유지에 중요한 기능을 한다. 인플레이션 목표제는 경제 주체들에게 중앙은행의 정책 의도를 명확히 전달하여 인플레이션 기대를 관리하려는 도구이다. 이를 예를 들어 설명하면, 가령 목표 인플레이션이 연 2%로 설정되었을 때, 경제 주체들은 중앙은행이 명목 이자율을 조정하여 이를 달성하려 노력할 것이라고 기대한다. 이때 이자율 조정의 속도는 경제 안정에 결정적인 영향을 미친다. 지나치게 빠른 이자율 조정은 금융시장의 변동성을 증가시키고, 경제 주체들에게 혼란을 줄 수 있다. 반대로 조정 속도가 너무 느리면 예상 인플레이션이 목표 수준을 초과하거나, 경제가 불필요한 경기 침체를 겪게 될 위험이 있다. 따라서 중앙은행은 실시간 데이터를 바탕으로 적절한 조정 속도를 선택해야 하며, 이는 통화정책의 신뢰성을 유지하는 데 필수적이다. 예컨대, 1990년대 뉴질랜드와 영국은 인플레이션 목표제를 성공적으로 도입하여 명목 이자율 변동성을 줄이고, 경제 주체들의 신뢰를 강화한 사례로 평가받는다. 그러나 인플레이션 목표제를 실행하는 과정에서 중앙은행은 외부 충격, 정치적 압력, 그리고 정보의 한계와 같은 현실적 제약에 직면한다.

피셔 방정식과 인플레이션 기대의 관계는 주요 경제권의 데이터를 통해 실증적으로 검증되어 왔다. 미국의 경우, 1980년대 이후 연방준비제도(Fed)는 통화정책의 신뢰도를 강화하며 예상 인플레이션과 실제 인플레이션 간의 격차를 효과적으로 관리했다. 이에 따라 미국은 명목 이자율의 변동성을 최소화하며 경제성장을 유지할 수 있었다. 미국의 경우와 달리, 일본은 1990년대 잃어버린 10년을 겪으며 디플레이션과 낮은 명목 이자율로 인해 피셔 방정식의 실질적 적용이 제한되는 문제를 경험했다. 유럽의 경우 유럽중앙은행(ECB)은 단일 통화권 내에서 각국의 경제 상황이 다르다는 점 때문에 통화정책을 실행하는 데 어려움을 겪었으며, 이는 인플레이션 목표제의 효과를 제한하는 요인으로 작용했다. 이러한 실증적 사례는 인플레이션과 이자율의 관계가 단순히 이론적 분석을 넘어 정책적 설계와 실행에서 다양한 변수를 고려해야 함을 증명하고 있다.

4. 명목 이자율과 통화수요

명목 이자율과 통화수요의 관계는 통화정책과 경제 활동 분석에 있어 간과할 수 없는 주제이다. 명목 이자율은 현금을 보유하는 데 따른 기회비용을 결정하는 주요 요인으로 작용한다. 즉, 높은 명목 이자율은 현금을 보유하지 않고 이자를 제공하는 금융자산을 선호하도록 유도하며, 이는 통화수요를 감소시킨다. 반면, 낮은 명목 이자율은 현금을 보유하는 비용을 줄여 통화수요를 증가시킨다.

이러한 관계는 고전적 통화수요이론과 케인즈의 유동성 선호이론에서 각각 다르게 설명된다. 고전적 통화수요이론은 화폐의 주된 역할이 거래의 용이성에 있다고 보고, 명목 이자율이 통화수요에 미치는 영향은 제한적이라고 본다. 그러나 케인즈의 유동성 선호이론은 명목 이자율이 통화수요의 변동을 설명하는 중요한 변수임을 강조하며, 특히 투기적 동기가 명목 이자율에 민감하게 반응한다고 설명한다. 예를 들어, 명목 이자율이 상승하면 경제 주체들은 현금을 보유하는 대신 채권과 같은 금융자산을 선호하게 된다. 이로 인해 투기적 동기로 인한 통화수요가 감소하며, 이는 중앙은행이 금리 정책을 통해 통화수요를 조정하는 근거가 된다. 명목 이자율과 통화수요의 관계는 단순히 이론적 분석에 머물지 않고, 실제 경제에서 자본의 흐름, 소비와 투자, 그리고 금융시장의 안정성을 이해하는 데 활용된다.

통화수요는 명목 이자율뿐만 아니라 인플레이션과도 밀접하게 연관되어 있다. 통화수요함수는 일반적으로 명목 이자율, 소득, 그리고 인플레이션율의 함수로 나타나며, 인플레이션율의 상승은 화폐의 실질 구매력을 감소시켜 통화수요를 줄이는 경향이 있다. 가령, 인플레이션이 지속적으로 상승하면 경제 주체들은 화폐를 보유하기보다 실질자산으로 전환하려는 경향을 보인다. 이러한 전환은 통화수요의 감소를 초래하며, 물가상승과 함께 경제 불안을 가중시킬 수 있다. 통화수요함수는 경제학자들에게 인플레이션이 통화수요에 미치는 동태적 영향을 분석하는 도구로 활용된다. 또한 중앙은행이 인플레이션 목표제를 운영할 때, 통화수요의 변화를 예측하는 것은 효과적인 정책 설계를 위해 필수적이다. 인플레이션이 통화수요에 미치는 영향을 파악하지 못하면, 통화정책의 효과가 왜곡될 가능성이 크다. 따라서 통화수요함수는 명목 이자율과 인플레이션 사이의 상호작용을 이해하는 데 핵심적이다. 이론적으로 명목 이자율과 인플레이션율의 상승은 통화수요를 감소시키는 방향으로 작용하지만, 정책적 신뢰도와 경제 환경에 따라 그 효과는 크게 달라질 수 있다.

더불어 기술 발전과 금융 혁신은 통화수요의 구조적 변화를 이끌어 왔다. 과거에는 통화수요가 주로 거래 동기에 의해 결정되었으나, 온라인 뱅킹, 전자결제 시스템, 그리고 핀테크 기술의 발달로 화폐 보유의 필요성이 감소했다. 예를 들어, 전자결제 시스템은 물리적 화폐 대신 디지털 결제를 가능하게 해 거래 동기로 인한 통화수요를 크게 줄였다. 이와 함께 금융 혁신은 통화 보유 대신 금융자산을 선호하도록 유도하며, 이는 명목 이자율이 통화수요에 미치는 영향을 더욱 복잡하게 만들었다. 핀테크 기술의 확산은 통화와 금융자산 간의 경계를 모호하게 하고, 경제 주체들이 통화 대신 즉시 유동화할 수 있는 자산을 보유하도록 변화시켰다. 무엇보다도 디지털 화폐와 중앙은행 디지털 통화(CBDC)의 도입 가능성은 기존 통화수요이론을 재해석하도록 만들었다. 디지털 화폐는 전통적 화폐보다 낮은 보유 비용과 더 큰 편리성을 제공하므로, 명목 이자율과 통화수요의 관계를 근본적으로 재구성할 가능성이 있다. 이러한 변화는 통화정책의 설계와 실행에 있어 새로운 도전을 제기하며, 중앙은행은 이러한 기술적 변화를 예측하고 대응해야 한다.

그 외에 금융위기는 통화수요의 변동성을 심화시키며, 명목 이자율과의 관계를 일시적으로 왜곡시킬 수 있다. 글로벌 금융위기 당시, 경제 주체들은 금융자산의 위험성을 회피하고 현금을 보유하려는 경향을 보였다. 이는 명목 이자율이 낮아진 상황에서도 통화수요가 증가하는 비정상적 현상을 초래했다. 예를 들어, 2008년 금융위기 당시 미국과 유럽에서는 은행시스템에 대한 신뢰 하락으로 인해 대중들이 현금 보유를 선호하며 통화수요가 급격히 증가했다. 이는 명목 이자율이 통화수요를 설명하는 주요 변수가 아닐 수 있음을 보여주는 사례로 평가된다. 이러한 상황에서 중앙은행은 양적완화와 같은 비전통적 정책 수단을 사용하여 시장의 유동성을 보장하려 노력했다. 금융위기 동안 통화수요의 변동성은 통화정책의 예측 가능성을 약화시켰는데, 이는 중앙은행이 위기 상황에서의 통화수요를 정교하게 분석해야 함을 시사한다. 그리고 위기 이후의 경제 회복 과정에서 통화수요의 변화는 경제 주체들의 신뢰 회복과 금융시장 안정에 따라 점진적으로 조정되는 경향을 보인다.

통화수요는 국가별 경제 구조와 금융시스템의 발전 수준에 따라 상이한 양상을 보인다. 선진국에서는 금융시장이 발달함에 따라 명목 이자율이 통화수요에 미치는 영향이 상대적으로 크다. 예컨대, 미국과 유럽에서는 명목 이자율의 변화가 통화수요의 변동성을 상당 부분 설명한다. 이들과는 상반되게, 개발도상국에서는 금융 인프라의 부족으로 인해 통화수요가 명목 이자율보다 거래 동기에 의해 더 크게 영향을 받는 경향이 있다. 특히 많은 개발도상국에서는 현금을 주요 거래 수단으로 사용하는 비율이 높으며, 이는 금융자산에 대한 접근성이 제한적이기 때문이다. 이러한 차이는 중앙은행이 통화정책을 설계할 때 고려해야 할 불가결한 요소로 간주된다. 선진국에서는 이자율 정책을 통해 통화수요를 효과적으로 조정할 수 있지만, 개발도상국에서는 금융 인프라 확충과 같은 구조적 접근이 필요하다. 국가별 통화수요의 특성을 이해하는 것은 글로벌 경제 환경에서 통화정책의 효과성을 평가하는 데 중요한 시사점을 제공한다.

5. 인플레이션의 사회적 비용

예상된 인플레이션은 경제 주체들이 이를 예측하고 대응할 수 있지만, 그 과정에서 일정한 비용이 발생한다. 대표적인 예로 **메뉴 비용**(menu costs)과 **구두창 비용**(shoe leather costs)이 자주 인용된다. **메뉴 비용**은 기업이 인플레이션으로 인해 가격을 자주 조정하는 과정에서 발생하는 비용을 말한다. 예를 들어, 레스토랑이 물가 상승에 따라 메뉴판의 가격을 변경할 경우, 이로 인한 비용이 메뉴 비용으로 간주된다. **구두창 비용**은 높은 인플레이션율로 인해 사람들이 현금을 보유하지 않으려 하고, 대신 금융자산으로 이동하는 과정에서 발생하는 시간적, 물리적 비용이다. 이 용어는 "은행을 오가면서 구두창이 닳는다"는 비유에서 유래했으며, 이는 현금 보유의 기회비용이 증가하는 환경에서 경제 주체들이 자산을 최적화하기 위해 노력하는 결과로 발생한다. 이러한 비용은 개별 경제 주체들에게는 부담이 되며, 경제 전반적으로는 비효율성을 초래한다. 특히나 인플레이션율이 높을수록 이러한 비용은 증가하고, 이는 경제 자원의 비생산적 활용으로 이어진다. 이러한 예상된 인플레이션의 비용은 단기적으로는 견딜 수 있을지라도, 장기적으로는 경제적 효율성과 생산성을 저하시킬 수 있다. 결과적으로 예상된 인플레이션도 경제적 부담을 야기하며, 이를 완화하기 위한 정책적 대응이 필요하다.

예상치 못한 인플레이션은 사회적 비용을 훨씬 더 심화시킬 수 있다. 가장 대표적인 영향은 소득과 자산의 재분배이다. 고정금리 대출을 보유한 채권자(돈을 빌려준 사람)는 예상보다 높은 인플레이션으로 인해 실질 수익이 감소하는 반면, 차입자(돈을 빌린 사람)는 실질 부채 부담이 줄어드는 혜택을 받는다. 이러한 재분배는 금융시장의 신뢰를 저하시킬 뿐만 아니라, 소득 격차를 확대하여 사회적 불평등을 심화시킬 수 있다. 그리고 예상치 못한 인플레이션은 경제적 불확실성을 증가시켜 기업과 가계의 의사결정을 어렵게 만든다. 즉, 기업은 미래의 비용 구조를 정확히 예측할 수 없어 투자 결정을 보류할 가능성이 높아지고, 이는 경제성장의 동력을 약화시킨다. 가계의 경우 인플레이션으로 인해 실질소득이 감소하고, 이는 소비를 위축시키는 결과를 초래한다. 이와 함께 계약 및 법적 합의가 인플레이션의 영향을 받을 경우, 경제 활동 전반에서 신뢰가 약화되며, 이는 장기적인 경제 관계를 불안정하게 만든다. 예상치 못한 인플레이션은 단순히 경제적 문제를 넘어 사회적 불안을 야기하는바, 정치적 안정성에도 부정적인 영향을 미칠 수 있다.

반면 인플레이션이 극단적인 수준에 이르러 화폐의 가치가 거의 소멸하는 상황을 의미하는 초인플레이션(hyperinflation)은 경제적 혼란뿐만 아니라 사회적 붕괴를 초래할 수 있다. 역사적 사례로, 1920년대 독일의 바이마르 공화국은 전쟁 배상금과 재정 적자를 메우기 위해 대량의 화폐를 발행했으며, 그 결과 물가가 폭등하고 경제가 붕괴 직전까지 치달았다. 라틴아메리카 국가들에서도 20세기 후반 초인플레이션이 빈번히 발생하며 사회적, 경제적 불안정을 야기했다. 초인플레이션은 화폐의 실질 가치를 급격히 하락시켜 국민들이 화폐를 신뢰하지 않게 만들고, 앞서 설명했듯이, 대신 바터(barter) 거래나 외국 통화를 사용하는 현상을 초래한다. 이는 경제의 기본적인 거래 구조를 파괴하는 것은 물론, 사회적 갈등과 정치적 불안을 가중시킨다. 초인플레이션 상황에서는 경제적 불안이 정치적 극단주의와 연결되는 경우가 많으며, 이는 정부의 정당성과 정책적 효율성을 약화시키는 결과를 낳는다. 이러한 사례들은 초인플레이션이 단순한 경제적 문제가 아니라 사회와 정치 전반에 걸친 위기로 이어질 수 있음을 보여준다.

또한 인플레이션은 사회적 불평등을 심화시키는 주요 요인으로 작용할 수 있다. 낮은 소득층은 현금을 주요 자산으로 보유하는 경향이 있어 인플레이션으로 인한 실질 구매력 감소의 영향을 직접적으로 받는다. 이와 상반되게, 고소득층은 부동산, 주식 등 인플레이션에 덜 민감한 자산을 보유하거나, 인플레이션 환경에서 이익을 얻는 투자 전략을 활용하기도 한다. 이러한 차이는 소득 격차를 확대시켜, 장기적으로는 교육, 의료, 주거 등 사회적 자본에 대한 접근성을 악화시킨다. 무엇보다도 인플레이션이 장기화되면 낮은 소득층은 생활비 부담 증가로 인해 빈곤 상태에 빠질 위험이 높아진다. 한편, 기업의 경우 인플레이션이 실질임금을 감소시키는 효과를 유발해 노동자들의 실질소득이 줄어들게 된다. 이는 노동시장의 불안정을 초래하며, 노사 갈등과 같은 사회적 긴장을 유발할 수 있다. 결과적으로 인플레이션은 단순히 경제적 문제를 넘어 사회적 불평등을 심화시키는 구조적 요인으로 작용한다.

이 때문에 인플레이션의 사회적 비용을 완화하기 위해 다양한 정책적 대응이 이루어져 왔다. 성공적인 대응 사례로는 1980년대 미국 연방준비제도(Fed)의 폴 볼커 의장이 주도한 금리 인상 정책이 있다. 당시 미국은 두 자릿수의 높은 인플레이션을 겪었으나, 금리를 급격히 인상하여 인플레이션을 통제하고 경제를 안정화시켰다. 반면, 정책 실패의 사례로는 앞에서도 언급했던 2000년대 초반 짐바브웨의 초인플레이션을 들 수 있다. 짐바브웨 정부는 재정 적자를 메우기 위해 과도한 화폐 발행에 의존했는데, 그 결과 경제가 붕괴하고 대중의 신뢰가 상실되었다. 정책 실패는 인플레이션을 통제하지 못하는 것뿐만 아니라, 불필요한 사회적 비용을 증가시키는 결과를 야기한다. 따라서 정책 설계와 실행에서 인플레이션의 사회적 비용을 정확히 이해하고, 이를 반영한 장기적이고 지속가능한 대책이 필요하다. 특히 중앙은행의 독립성과 정책 신뢰도는 인플레이션 억제 정책의 성공 여부를 결정하는 핵심 요인으로 작용한다.

사례 10-2 미국의 인플레이션과 실업률(1980~2023년)

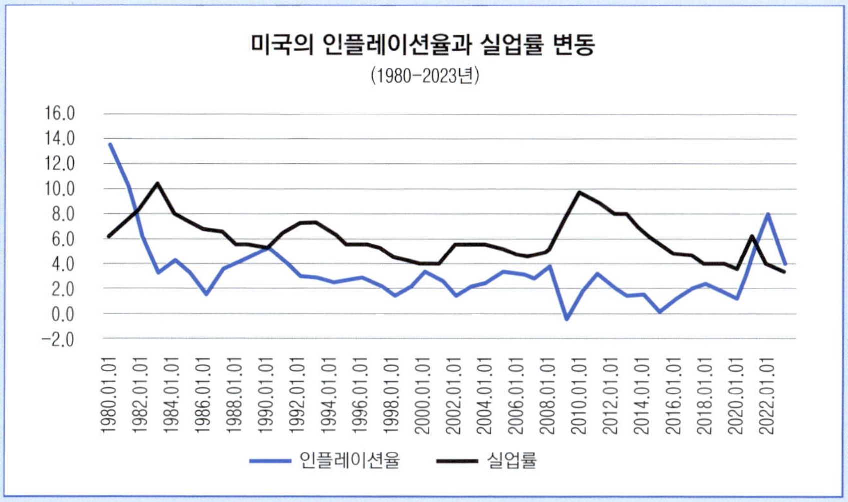

출처: FRED, Federal Reserve Economic Data(접속일: 2025년 1월 19일)

1980년대 : 스태그플레이션과 긴축 정책

1980년대 미국의 인플레이션율과 실업률은 경제적 도전과 정책적 대응의 변화를 극명하게 보여준다. 1980년 초 미국은 1970년대 후반의 스태그플레이션(경제성장 둔화와 높은 물가 상승) 문제를 이어받아, 근원 인플레이션율이 두 자릿수(13.5%)를 기록하며 극심한 인플레이션 압력에 직면했다. 스태그플레이션의 주요 원인은 석유 위기로 인한 공급 충격과 이전에 시행된 과도한 통화공급 정책이 복합적으로 작용한 결과였다. 이에 대응하여 폴 볼커(Paul Volcker)가 이끄는 연방준비제도는 강력한 긴축 통화정책을 시행했다.

1981년부터 연방준비제도는 금리를 대폭 인상해 인플레이션을 억제하려 했으나, 이는 단기적으로 경제에 심각한 침체를 초래했다. 1982년 미국의 실업률은 대공황 이후 최고 수준인 10.8%까지 상승하며 고용시장이 악화되었다. 그러나 이러한 강력한 긴축 정책의 결과로, 인플레이션율은 1983년 이후 한 자릿수대로 하락해 안정세를 보였다. 1980년대 후반에는 인플레이션율이 약 3~4%로 유지되었으며, 실업률도 점진적으로 감소해 경제는 점차 회복세에 접어들었다. 이러한 경험은 인플레이션과 실업률 간의 상충 관계를 나타내는 필립스 곡선의 변동성을 보여주는 중요한 사례로 남아 있다.

1990년대 : 경제 안정과 그레이트 모더레이션

1990년대 초반 미국은 1990~1991년 경기 침체로 인해 실업률이 일시적으로 상승했으나, 이후 기술 혁신과 경제 구조 조정을 통해 안정적인 성장세를 보였다. 연방준비제도의 효과적인 금리 정책과 함께 기술 산업의 확장(특히 정보기술 발전)이 생산성 향상과 고용 창출에 기여했다. 1990년대 중반부터 실업률은 지속적으로 하락해 1999년 약 4%에 도달했으며, 이는 "완전고용"에 가까운 수준으로 평가된다. 인플레이션율은 대부분 2~3%로 안정되었으며, 이는 중앙은행의 통화정책 신뢰도를 강화한 시기로 평가받는다.

2000년대 : 버블 붕괴와 글로벌 금융위기

2000년대는 닷컴 버블 붕괴와 2008~2009년 글로벌 금융위기라는 두 차례의 경제적 위기를 겪은 시기이다. 닷컴 버블 붕괴 후 실업률은 2002년 6%를 초과하며 상승했으나, 이후 점차 회복되었다. 그러나 2007년부터 시작된 금융위기는 대규모 금융시스템 붕괴와 기업 파산으로 이어졌으며, 2009년 실업률은 10%에 달해 또 한 번의 고용 위기를 맞았다. 이 시기 인플레이션율은 대체로 2~3%를 유지했으나, 금융위기 동안 경제의 극심한 불확실성과 수요 감소로 인해 하락하는 경향을 보였다. 연방준비제도는 금리를 0%에 가깝게 낮추고 양적완화(Quantitative Easing)를 통해 경제 회복을 도모했다.

2010년대 : 금융위기 이후의 회복

2010년대는 금융위기 이후 미국 경제가 점진적으로 회복된 시기로, 실업률은 꾸준히 하락하며 2019년 약 3.7%로 50년 만에 최저 수준을 기록했다. 인플레이션율은 대부분 2% 이하로 유지되며 연방준비제도의 목표 범위 내에서 안정적인 수준을 유지했다. 이 시기는 낮은 인플레이션과 낮은 실업률이 동시에 나타난 특이한 사례로, 경제적 안정성과 완만한 성장세를 특징으로 한다.

사례 10-3 월가 "美 경제, 1970년대식 스태그플레이션 시나리오 우려"

뉴욕 월스트리트

월스트리트에서 미국 경제가 1970년대식 스태그플레이션으로 향할 수 있다는 우려의 목소리가 커지고 있다고 6일(현지시간) 폭스비즈니스가 보도했다.

전략가들은 특히 지난해 12월과 올해 1월의 소비자물가지수(CPI)가 연달아 예상치를 상회하면서 높은 인플레이션을 극복하기가 이전보다 더 어려워질 수 있다고 경고했다. JP모건의 마르코 콜라노빅 수석 시장 전략가는 지난달 말 보고서에서 "시장의 내러티브가 골디락스에서 1970년대 스태그플레이션과 같은 상황으로 돌아갈 위험이 있다"[4]며 "이는 자산 배분에 중대한 영향을 미칠 수 있다"고 말했다.

스태그플레이션은 경기 침체와 높은 인플레이션이 결합된 것으로, 소비자 물가 상승과 높은 실업률이 특징이다. 이 현상은 1970년대와 1980년대 초 미국 경제를 망친 주범으로 지목된다. 유가 급등, 실업률 상승, 완화적 통화정책으로 1980년 CPI가 14.8%까지 치솟자 연방준비제도(Fed · 연준)의 정책 입안자들은 그해 금리를 거의 20%까지 인상해야 했다.

콜라노빅 전략가는 이에 대해 "현재와 비슷한 점이 많다"며 "우리는 이미 한 차례 인플레이션을 겪었고, 정책과 지정학적 발전이 이대로 간다면 두 번째 (스태그플레이션) 물결을 피할 수 있을지에 대한 의문이 생기기 시작했다"고 덧붙이기도 했다.

스테이트스트리트의 마이클 아론 수석 투자 전략가도 "인플레이션의 부활 위협은 투자자들이 잠재적인 스태그플레이션을 두려워해야 하는 주요 이유"라며 "과도한 정부 지출, 노동 및 주택 시장의 구조적 수요와 공급 불균형, 탈세계화 등이 인플레이션 압력에 기여하고 있다"고 지적했다. 실제로 몇몇 연준 관계자들은 금리 전망을 논의하면서 2% 인플레이션에 이르는 경로를 "평탄치 않다(bumpy)"고 언급한 바 있다. 연준은 올해 말 금리 인하 옵션을 테이블에 남겨두었지만, 미국 경제가 여전히 강세를 나타내고 있는 데다 인플레이션 재점화 위험을 고려할 때 인하가 시급하지 않다고 강조했다.

---

4) 현재의 시장 내러티브가 "우리는 안정적인 골디락스 경제를 유지할 수 있다"는 낙관적인 전망을 유지하고 있지만, 특정 요인(예 에너지 위기, 공급망 문제, 중앙은행 정책 실패)으로 인해 1970년대처럼 스태그플레이션과 비슷한 경제 상황이 재발할 위험이 있다는 경고의 의미를 담은 문장임.

앞서 투자자들은 올해 일련의 공격적인 금리 인하에 베팅했으나 예상보다 높은 물가 지표와 연준 관리들의 신중한 메시지에 따라 이러한 기대치를 낮추고 있다. 아론 전략가는 연준이 궁극적으로 'H4L(Higher for Longer · 더 높은 금리를 더 오래)' 기조를 더 지속할 가능성도 있다고 내다봤다. 그는 "물가상승률이 목표치인 2%에 근접했다고 확신하기 전까지 연준이 금리 인하를 꺼릴 경우 통화정책이 제약적으로 유지돼 잠재적으로 경제성장률을 둔화시킬 수 있다"며 "노동시장이 회복세를 보이고 있지만 경기 둔화와 함께 실업률이 증가하면 스태그플레이션의 위험이 높아질 수 있다"고 덧붙였다.

매체는 금리가 인상되면 소비자 및 기업 대출 금리가 상승하는 경향이 있으며, 이는 고용주들이 지출을 줄이게 해 경제를 둔화시킨다고 지적했다. 주택담보 신용한도, 자동차 대출, 신용카드 등 모든 대출비용도 급등할 수 있다. 모기지은행협회(MBA)에 따르면 미국의 30년 기준 평균 모기지 금리는 수년 만에 다시 7%를 넘어선 것으로 나타났다.

〈출처: 연합인포맥스, 2024년 3월 7일자〉

제 3 절 필립스 곡선

필립스 곡선은 인플레이션율과 실업률 간의 상충(trade-off) 관계를 설명하는 경제학의 핵심 개념이다. 이 이론은 뉴질랜드 경제학자 A. W. 필립스(A. W. Phillips)가 1958년에 영국의 1861년부터 1957년까지의 데이터를 분석하며 처음 제안했던바, 필립스는 실업률이 낮을수록 임금상승률이 높아진다는 관계를 발견했고, 이후 이는 일반 물가 수준(인플레이션)과 실업률 간의 관계로 확장되었다. 초기 필립스 곡선은 단기적으로 낮은 실업률이 높은 인플레이션으로 이어지고, 높은 실업률이 낮은 인플레이션 또는 디플레이션으로 이어진다는 상충 관계를 나타냈다. 이를 통해 정책 입안자들은 통화정책과 재정정책을 통해 실업률과 인플레이션의 균형을 조정할 수 있는 가능성을 탐구하기 시작했다.

이 곡선은 단기적으로 실업률과 인플레이션 사이에 음의 상관관계가 있다는 점을 강조한다. 예를 들어, 경기 확장기에 노동 수요가 증가하면 실업률이 하락하고, 이는 노동자들의 협상력을 높여 임금 상승을 유발한다. 임금 상승은 기업의 생산비 증가로 이어져 결국 물가 상승(인플레이션)을 초래한다. 반대로 경기 침체기에는 노동 수요가 줄어들어 실업률이 상승하고 임금 상승 압력이 감소하며, 물가상승률도 낮아지게 된다. 이러한 메커니즘은 필립스 곡선이 통화정책이나 재정정책의 결과를 예측하는 데 유용하다는 점을 보여준다. 중앙은행은 이를 바탕으로 실업률과 인플레이션 간의 적절한 균형을 설정하려 했다.

그러나 1970년대 스태그플레이션(높은 실업률과 높은 인플레이션의 공존)은 필립스 곡선의 단순화된 관계에 큰 도전을 제기했다. 기존 필립스 곡선은 실업률과 인플레이션이 상충 관계에 있다고 가정했으나, 석유 가격 충격과 같은 공급 측 요인이 등장하면서 동시에 높은 실업률과 높은 인플레이션이 발생할 수 있음이 확인되었다. 이로 인해 기존 필립스 곡선은 비판받았으며, 새고전학파와 새케인즈학파가 각각 이 개념을 수정하여 발전시켰다. 새고전학파는 기대가 포함된 필립스 곡선을 제안하면서, 예상 인플레이션이 경제 주체의 행동에 큰 영향을 미친다고 주장했다. 이들은 경제 주체들이 합리적 기대를 가지고 행동한다고 가정하여, 단기적으로만 필립스 곡선이 성립할 수 있고, 장기적으로는 실업률과 인플레이션 간에 상충 관계가 없다고 주장했다.

새케인즈학파는 명목 임금과 가격의 경직성을 고려한 수정된 필립스 곡선을 제안했다. 이 수정된 필립스 곡선은 기대 인플레이션뿐만 아니라 수요와 공급의 동태적 변화를 반영하여 경제의 실제 인플레이션율을 설명하였다. 여기서 중요한 개념은 자연실업률 가설로, 장기적으로 실업률은 자연실업률로 수렴하며, 인플레이션율과 실업률 간의 상충 관계는 단기적으로만 존재한다는 점이다. 즉, 중앙은행이 실업률을 인위적으로 낮추려는 시도는 일시적으로만 효과적일 수 있고, 장기적으로는 인플레이션 기대치 상승과 같은 부작용을 초래할 수 있다고 강변하였다.

새케인즈학파의 주장을 조금 더 부연 설명하면, 경기부양 정책(예 금리 인하)은 단기적으로 실업률을 낮추고 인플레이션을 높일 수 있다. 즉, 명목 (임금과 가격의) 경직성으로 인해 경제가 완전히 조정되기까지 시간이 걸리므로, 정부와 중앙은행의 정책이 효과를 발휘할 수 있다. 하지만 장기에는 경제 주체들이 중앙은행의 정책을 예상하며 행동한다(합리적 기대). 예를 들어, 중앙은행이 계속해서 실업률을 낮추려 금리를 낮춘다면, 경제 주체들은 인플레이션이 상승할 것으로 예상하고 이에 따라 행동(높은 임금 요구 등)하여 인플레이션이 더 높아진다. 결국 실업률은 다시 자연실업률로 복귀하고, 인플레이션만 지속적으로 상승한다. 이 가설은 장기적으로 중앙은행이 실업률을 인위적으로 낮추는 데 성공할 수 없음을 의미한다.

그렇지만 현대 경제학에서 필립스 곡선은 통화정책과 재정정책의 효과를 분석하는 중요한 도구로 여전히 활용된다. 더욱이 중앙은행의 인플레이션 목표제 하에서 필립스 곡선은 정책의 효과를 예측하고 경제적 안정성을 유지하는 데 중요한 역할을 한다. 그러나 필립스 곡선은 여전히 논란의 여지가 있는 개념인바, 최근의 저인플레이션과 저실업률 환경에서는 필립스 곡선이 약화되었다는 주장이 제기되고 있다. 이러한 현상은 기술 혁신, 글로벌화, 노동시장 구조 변화와 같은 요인에 의해 발생한 것으로 보이며, 이는 필립스 곡선의 유효성을 다시 평가할 필요성을 제기한다.

주요 용어

실업	실업률	인플레이션	디플레이션	물가
구직	자연실업률	마찰적 실업	실질임금	노동시장
경직성	구조적 실업	유연성	화폐수량이론	통화량
화폐주조세	화폐 발행	이자율	명목 이자율	실질 이자율
통화수요	사회적 비용	메뉴 비용	구두창 비용	필립스 곡선
새고전학파	새케인즈학파			

연습문제

01 한 경제에서 노동력의 총 규모는 10,000명이고, 그중 실업자는 800명이다. 실업률을 계산하시오.

02 어느 국가의 마찰적 실업률(U_f)은 2%, 구조적 실업률(U_s)은 3%이다. 이 국가의 자연실업률(U^*)을 계산하시오.

03 한 경제에서 명목 이자율이 6%이고 예상 인플레이션율이 4%일 때, 실질 이자율은 얼마인가? 피셔 방정식을 사용하여 계산하시오(피셔 방정식 : $r=i-\pi^e$). 여기서, r : 실질 이자율, i : 명목 이자율, π^e : 예상 인플레이션율.

04 채권자와 채무자 간의 소득 재분배 효과를 분석해보자. 영수는 고정금리 5%로 100,000원을 영희에게 대출해주었다. 당시 예상 인플레이션율은 3%였지만, 실제 인플레이션율은 6%로 상승했다. 이 경우 실질 이자율은 얼마이며, 채권자(영수)와 채무자(영희) 중 누가 이익을 보고 손해를 보았는지 설명하시오.

05 한 경제에서 단기 필립스 곡선이 다음과 같이 주어졌다.

$$\pi_t = \pi_{t-1} - \alpha(u_t - u^*)$$

여기서, π_t : 현재 인플레이션율, π_{t-1} : 이전 기간의 인플레이션율, u_t : 현재 실업률,

u^*: 자연실업률(6%), α : 민감도 계수(0.8)

1) 현재 실업률(u_t)이 4%이고, 이전 기간의 인플레이션율(π_{t-1})이 2%라면 현재 인플레이션율(π_t)은 얼마인가?

2) 정부가 경기부양 정책으로 실업률을 3%로 낮추려 한다면, 인플레이션율은 어떻게 변하겠는가?

참고문헌

Federal Reserve Bank of St. Louis(2024), "Unemployment Rate(UNRATE)." FRED, Federal Reserve Bank of St. Louis. Available at: https://fred.stlouisfed.org/series/UNRATE#0 [접속일: 2025년 1월 19일].

Federal Reserve Bank of St. Louis(2024), "Inflation, consumer prices for the United States" FRED, Federal Reserve Bank of St. Louis. Available at: https://fred.stlouisfed.org/series/FPCPITOTLZGUSA [접속일: 2025년 1월 19일].

김지운(2024), 우리나라 노동시장 상황과 인플레이션 간의 관계 변화, KDI Journal of Economic Policy, 46(4), 93-125.

연합인포맥스, 월가 "美 경제, 1970년대식 스태그플레이션 시나리오 우려", 2024년 3월 7일자.

이병락(2023), N. Gregory Mankiw의 거시경제학 번역서, 서울: 시그마프레스.

이춘권(1991), 우리나라 인플레이션의 원인과 대책에 관한 연구, 한국경제연구원. KERI Insights.

최희갑(2023), Oliver Blanchard의 거시경제학 번역서, 서울: 시그마프레스.

한겨레신문, 물가는 역대급, 실업률은 뚝… 웃어야 할지 울어야 할지, 2022년 9월 5일자.

한국경제신문, [다산 칼럼] 불황·인플레 닥친 경제, 韓銀 역할은, 2022년 3월 8일자.

CHAPTER

11

재정 및 통화정책

학습목표

정부의 재정정책, 조세 정책 및 지출정책을 알아보고자 한다. 또한 중앙은행의 역할, 통화정책의 도구 및 목표를 학습하고, 정부정책(재정정책과 통화정책)의 효과를 IS-LM 모형을 통해 분석한다. 더불어 재정 및 통화정책의 효과성에 대한 논쟁과 사례를 살펴본다.

제 1 절 **재정정책**

제 2 절 **통화정책**

제 3 절 **정책의 상호작용과 효과성 논쟁**

사례 11-1 "정부, 경기 침체 대응 위해 확장 재정정책 펼쳐야"

경기 안정화와 저출산 · 기후 위기 · 불평등 해소 등에 대응하기 위해 정부가 확장 재정을 펼쳐야 한다는 주장이 제기됐다. 이강국 리쓰메이칸대 경제학부 교수는 11일 온라인으로 개최된 '폭풍 속의 경제위기 – 정세 전망과 대응 모색' 신년좌담회에서 "세계 각국은 인플레이션에 대응해 긴축 통화정책과 아울러 확장 · 포용적 재정정책을 병행하고 있다"며 "우리나라의 경우, 긴축적 재정정책으로 심각한 경기 둔화 · 침체가 올 것으로 우려된다"고 지적했다.

이강국 교수는 "코로나19 회복 이후 2021년 하반기부터 인플레이션이 굉장히 높아졌다"며 "이후 인플레이션은 진정세 신호가 나타나고 있지만 올해부터는 심각한 경기 둔화 · 침체가 우려되는 상황"이라고 짚었다. 그는 "주요 선진국들은 인플레이션에 대응해 금리 인상 기조를 지속하고 있다"며 "코로나19, 우크라이나전쟁 등으로 인해 발생하는 물가 인상은 금리 인상으로 통제하기 어렵다는 비판도 나오고 있다"고 설명했다. 이어 그는 "또 주요국들은 경기침체뿐 아니라 소득격차 · 저출산 · 기후 위기 등을 해결하기 위해 공공투자를 확대하는 정책을 펼치고 있다"고 강조했다.

이 교수에 따르면 미국은 지난해 '인플레이션 감축법'을 통과시켜 법인세 인상 등 증세를 추진하면서 반도체 등 산업 촉진 · 자국화와 아울러 청정에너지 등 그린뉴딜에 대한 공공투자 확대를 장기적으로 추진하기로 했다.

유럽 각국은 에너지기업 등을 대상으로 소위 '횡재세'를 도입해 증세하고 저소득층 중심으로 에너지 보조금 · 교통비를 지원하는 등 다양한 형태의 공공 지출을 하고 있다. 독일은 세 차례에 걸쳐 에너지 보조금을 도입했고 추가적으로 2천억 유로 규모로 가계 · 기업 지원을 실시하겠다고 발표했다. 프랑스도 사회보장수당 인상 등을 통해 물가 상승이 저소득층에 미치는 악영향에 대해 지원하는 정책을 시행하고 있다.

EU는 2021년부터 2027년까지 869억 유로 규모의 이른바 '넥스트 제너레이션 EU' 펀드를 조성해 유럽형 그린뉴딜, 디지털 공동마켓, 경제적 불평등을 줄이는 포용적인 공공투자를 지속하겠다는 계획을 밝힌 바 있다.

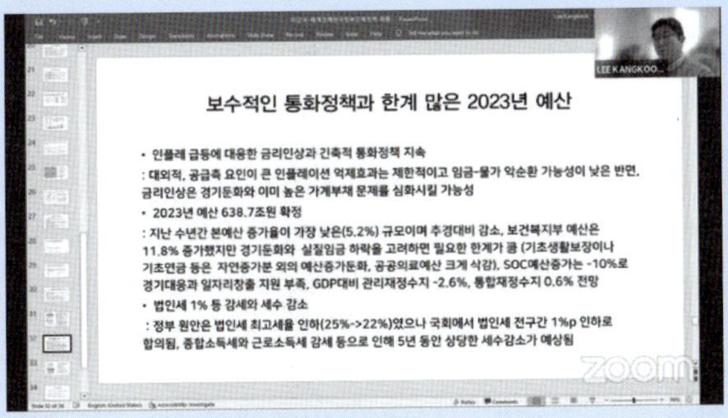

이강국 리쓰메이칸대 경제학부 교수는 11일 온라인으로 개최된 '폭풍 속의 경제위기 – 정세 전망과 대응 모색' 신년좌담회에서 발제를 하고 있다. 자료 = 유튜브 캡쳐

이강국 교수는 "거시경제 차원에서 보면 1980년대부터 사실상 '큰 정부'와 재정정책에 대한 논의가 힘을 잃었지만 코로나19 이후부터 재정정책의 역할이 다시 확대되고 있다"며 "불황으로 인해 생산성 향상과 성장을 정체시킬 수 있으며 불평등이 심화되면 지속가능한 성장이 오히려 악화될 것이라는 합의가 확산됐기 때문"이라고 강조했다.

이강국 교수는 "지난해 12월 국회를 통과한 2023년 예산안 638조 7천억 원은 지난해 본예산(607조 7천억 원) 대비 5.2% 늘어나 가장 낮은 증가율을 나타냈다"며 "추경 대비해서는 감소한 수준"이라고 지적했다. 그는 "보건복지부 예산은 12% 증가했지만 기초생활수급비 · 기초연금 등 급여가 확대되면서 늘어난 예산을 제외하면 앞으로 닥칠 경제적 충격을 보완하기에는 한계가 큰 예산으로 평가되고 있다"며 "SOC 예산은 경기 대응 · 경제 안정화 정책으로 효과적일 수 있는데 오히려 10%나 감액됐다"고 짚었다.

이어 "특히 법인세 전 구간 1%p(포인트) 인하와 종합소득세 · 근로소득세의 구간 변경을 통한 감세로 인해 5년 동안 상당한 세수 감소가 예상된다"며 "정부는 5년 동안 세수감소가 13조 원 규모일 것이라고 발표했지만 한 전문기관에서는 50조 원 이상으로 추산하기도 했다"고 설명했다.

이강국 교수는 "주요 선진국들은 긴축 통화정책과 아울러 확장 재정정책을 펼치고 있는데 반해 우리나라는 긴축 재정정책을 추진해 경기 대응이 굉장히 소극적"이라며 "정부는 투자 촉진을 위한 주요 정책으로 감세와 규제 완화를 내세우고 있지만 이러한 정책이 경기 둔화기에 실효성이 있을지 의문"이라고 지적했다. 이 교수는 "정부는 공공투자를 확대해 소득격차 · 기후 위기 · 저출산 등 다양한 문제에 대응하기 위한 적극적인 노력을 펼쳐야 할 것"이라고 강조했다.

〈출처: 시사경제신문, 2023년 1월 12일자〉

제 1 절 재정정책

1. 재정정책의 기본 개념

재정정책은 정부 지출과 세금을 조정하여 경제 활동에 영향을 미치는 정책을 의미하며, 경제성장, 완전고용, 물가 안정과 같은 거시경제적 목표를 달성하는 데 중요한 도구이다. 이러한 정책은 경기 침체, 인플레이션 또는 구조적 불균형과 같은 경제 문제를 해결하기 위해 설계되었는데, 예를 들어 경제가 불황에 빠졌을 때 정부는 재정정책을 통해 총수요를 확대하여 경제를 활성화할 수 있다. 반대로 인플레이션이 과도할 경우,

정부는 총수요를 억제하기 위해 재정 지출을 줄이고 세율을 인상할 수도 있다. 재정정책은 기본적으로 확장적 정책과 긴축적 정책으로 구분되는바, **확장적 재정정책**은 경기 침체기에 정부 지출을 늘리거나 세금을 줄임으로써 경제를 부양하려는 것을 목표로 한다. 반면, **긴축적 재정정책**은 인플레이션 압력을 줄이기 위해 정부 지출을 줄이고 세금을 늘리는 정책을 일컫는다.

재정정책은 경제 안정화를 위한 핵심 수단으로 작동한다. 정부는 이를 통해 경제 전반의 불확실성을 줄이고, 장기적인 경제성장을 지원한다. 특히나 경제의 자연스러운 회복 과정을 기대하기 어려운 위기 상황에서, 재정정책은 총수요를 직접적으로 조정하여 경제가 성장 궤도에 복귀할 수 있도록 돕는다. 또한 재정정책은 공공 인프라, 교육, 보건 등 장기적으로 생산성을 높이는 분야에 자금을 투입하여 경제 전반의 효율성을 개선한다. 이러한 정책 목표를 달성하기 위해 재정정책은 주기적으로 조정되며, 각국의 경제 구조와 상황에 따라 그 효과는 다양하게 나타날 수 있다. 재정정책의 성공 여부는 정책의 규모, 실행 속도, 그리고 경제 주체들의 기대 반응에 따라 크게 좌우된다.

재정정책은 크게 정부 지출과 세금이라는 두 가지 주요 메커니즘을 통해 수행된다. 정부 지출은 총수요에 직접적으로 영향을 미치는데, 예를 들어 정부가 인프라 프로젝트를 위해 지출을 증가시키면, 해당 프로젝트에 투입된 자본과 노동은 생산을 증가시키고, 이에 따라 경제 전체의 산출량과 고용이 증가한다. 정부 지출은 공공재와 사회적 안전망을 제공함으로써 경제 안정에 기여하며, 동시에 소비와 투자를 촉진하는 역할을 한다. 이와 달리 세금은 총수요에 간접적인 영향을 미친다. 세율이 낮아지면 가계의 가처분소득이 증가하여 소비와 저축이 동시에 늘어날 수 있고, 이는 민간부문의 소비 및 투자 활동을 활성화하는 데 기여한다.

재정정책의 각 구성 요소는 한계소비성향(MPC)과 같은 경제적 변수에 따라 그 효과가 달라진다. 가령, 한계소비성향이 높을수록 가계는 추가적인 소득 중 더 많은 부분을 소비에 사용하며, 이는 정부 지출 또는 세금 감면의 승수효과를 증대시킨다. 그리고 경기 침체기에는 경제의 유휴자원이 충분히 존재하므로, 정부 지출이 민간부문의 경제 활동을 대체하기보다는 보완하는 역할을 할 가능성이 높다. 반면, 완전고용에 가까운 경제에서는 정부 지출 증가가 민간부문의 자원 활용을 제한하여 **구축 효과**(crowding-out effect)를 초래할 수 있다. 따라서 재정정책의 설계와 실행은 경제의 현재 상태와 구조적 특성을 고려해야 하며, 각 구성 요소의 효과를 극대화하기 위한 전략이 필요하다.

2. IS 곡선의 유도: 재정정책과의 연결

재화시장의 균형은 경제의 생산물 시장에서 총공급과 총수요가 일치하는 지점을 나타낸다. 이를 수식으로 표현하면 다음과 같다.

$$Y = C + I + G$$

여기서, Y는 국민소득, C는 소비, I는 투자, G는 정부 지출을 의미한다. 소비는 가계의 가처분소득에 따라 달라지며, $C = C_0 + c(Y - T)$로 나타낼 수 있다. 한편 C_0는 자율소비를, c는 한계소비성향을 나타내고, T는 세금을 의미한다. 투자의 결정은 $I = I_0 - b \cdot i$로 표현되며, 이는 자율 투자 I_0와 이자율 변화에 대한 투자 민감도 b에 따라 달라진다(i는 이자율).

이 균형 방정식을 통해 재정정책이 경제에 미치는 영향을 분석할 수 있다. 예를 들어, 정부 지출이 증가하면 G가 상승하여 총수요가 증가하고, 결과적으로 Y가 상승한다. 대조적으로, 세율이 인상되면 T가 증가하여 가처분소득과 소비가 감소하고, 이는 총수요를 축소시켜 Y를 감소시킨다. 이러한 메커니즘을 통해 정부의 재정정책이 경제 전반의 균형에 미치는 영향을 이해할 수 있다. 이러한 과정은 단순히 방정식의 변화를 넘어 경제 주체들의 행태 변화와 상호작용을 포함한다. 따라서 재화시장의 균형 조건은 재정정책의 작동 원리를 설명하는 출발점으로 매우 중요하다.

소비와 투자는 재정정책의 효과를 분석하는 핵심 요소라 할 수 있다. 소비는 국민소득에서 차지하는 비중이 크기 때문에, 가계의 소비 행태 변화는 경제 전반에 큰 영향을 준다. 특히 세금 변화가 소비를 조정하는 방식은 재정정책의 주요 메커니즘 중 하나인바, 예컨대 세율 인하로 인해 가처분소득이 증가하면 소비가 늘어나고, 이는 총수요를 확대하여 경제성장을 촉진한다. 반면, 투자 결정은 기업의 기대수익률과 이자율에 따라 좌우된다. 이자율이 하락하면 차입 비용이 감소하여 기업 투자가 촉진되고, 이는 총수요를 증가시키는 데 기여한다.

이처럼 소비와 투자 모두 재정정책의 효과를 증폭시키거나 약화시킬 수 있는 주요 변수로 작용한다. 소비는 단기적인 총수요 변화를 주도하는 데 반해, 투자는 장기적인 경제성장과 생산성 향상에 지대한 역할을 한다. 그러므로 재정정책이 효과적으로 작동하려면 소비와 투자 간의 상호작용과 각 요소의 민감도를 고려해야 한다. 이를 통해 정부는 경제 상황에 맞는 최적의 재정정책을 설계할 수 있다.

한편 IS 곡선[1]은 재화시장(즉, 실물시장)의 균형 조건을 기반으로 이자율과 산출량 간의 관계를 나타낸 곡선이다. 이는 특정 이자율에서 재화시장의 균형이 이루어지는 산출량 수준을 보여준다. IS 곡선의 모양과 관련하여, 이 곡선은 일반적으로 우하향하는 형태를 가지는바, 그 이유는 이자율이 상승할수록 투자가 감소하여 산출량이 줄어들기 때문이다. 그리고 IS 곡선의 기울기는 투자 민감도와 한계소비성향에 의해 결정되는데, 예를 들어 투자 민감도가 높거나 한계소비성향이 클수록 IS 곡선은 완만해진다.[2] 이러한 특성은 재정정책의 효과를 분석하는 데 유용한 정보를 제공한다.

IS 곡선은 단순히 수식의 결과물이 아니라, 경제 주체들의 의사결정 과정을 반영한 거시경제적 관계를 나타낸다. 이를 활용하면 정부의 재정정책이 이자율과 산출량에 미치는 영향을 정량적으로 분석할 수 있다. 또한 IS 곡선의 이동은 경제정책이 총수요에

▎그림 11-1 ▎IS 곡선의 이동[3]

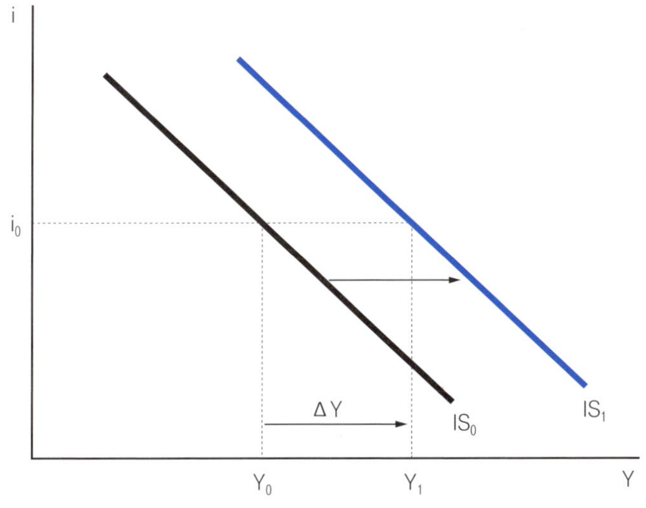

1) Investment-Saving의 약자.

2) 이에 대한 구체적인 설명은 '5. IS 곡선의 기울기에 따른 재정정책 효과'에 제공하였다. 일단 여기서는 '투자 민감도가 높으면 IS 곡선이 완만해진다'고 이해해 두자.

3) 그림 속 i는 명목 이자율을 의미한다.

미치는 영향을 설명하는 도구로 사용된다. 가령, 정부 지출 증가로 인해 IS 곡선이 우측으로 이동하면, 이는 동일한 이자율에서 더 높은 산출량 수준이 균형을 이루게 됨을 의미한다. 이러한 분석은 재정정책의 설계와 실행을 뒷받침하는 근거로 활용된다.

3. 재정정책의 작동 메커니즘

정부 지출 증가는 경제에서 총수요를 직접적으로 확대하는 가장 강력한 재정정책 도구 중 하나이다. 정부가 인프라, 국방, 교육 등 다양한 공공사업에 대한 지출을 늘리면, 해당 산업에 투입되는 자본과 노동이 증가하여 경제의 생산량과 고용이 동반 상승한다. 예를 들어, 정부가 도로 건설 프로젝트에 100억 원을 추가 투입한다면, 건설업종에 직접적으로 수요가 발생하고, 이로 인해 노동자들의 소득이 증가하며 소비도 늘어난다. 이 과정에서 승수효과가 작용하여 총수요는 초기 정부 지출보다 훨씬 큰 폭으로 증가하게 된다.

승수효과는 한계소비성향(MPC)에 의해 결정되며, 다음과 같이 계산된다.

$$\text{승수} = \frac{1}{1 - MPC}$$

따라서 한계소비성향이 0.8이라면 승수는 5가 되며, 100억 원의 정부 지출은 경제 전체에서 500억 원의 산출량 증가를 유발할 수 있다. 이 과정은 정부 지출이 총수요를 단순히 증가시키는 데 그치지 않고, 소비와 투자라는 주요 변수에까지 영향을 미친다는 점에서 중요하다. 더불어 승수효과는 자원의 활용도가 낮은 경기 침체 시기에 더욱 강력하게 작용한다. 예컨대, 2008년 글로벌 금융위기 당시 대규모 정부 지출은 민간부문의 부족한 수요를 보완하며 경제 회복을 촉진했다.

이러한 지출 증가가 IS 곡선에 미치는 영향을 그래프로 나타내면, [그림 11-1]과 같이 IS 곡선은 우측으로 이동한다. 이는 동일한 이자율에서 더 높은 산출량 수준이 균형을 이루게 됨을 의미한다. 그러나 이자율 상승에 따른 민간 투자 감소(crowding-out effect)는 정부 지출 증가의 효과를 상쇄시킬 수 있는 잠재적 요인으로 작용할 수 있다. 그러므로 정부는 정책 실행 시 민간부문과의 상호작용을 면밀히 분석해야 한다.

세율의 변화는 소비와 총수요에 간접적으로 영향을 미치는 재정정책 도구이다. 세율이 인하되면 가계의 가처분소득이 증가하여 소비 여력이 확대되는데, 이는 총수요를 증가시키고 경제 활성화에 기여한다. 가령, 가계에 대한 소득세를 10% 인하하면, 대부분의 가계는 추가로 얻은 소득을 소비에 사용하여 경제 전반의 수요를 높인다. 반면, 세율 인상은 반대의 효과를 가져오며, 소비 감소와 총수요 축소로 이어질 수 있다.

조세 변화의 효과를 정량적으로 분석하기 위해 조세 승수를 사용할 수 있는데, 조세 승수는 다음과 같이 계산된다.

$$\text{조세 승수} = -\frac{MPC}{1-MPC}$$

따라서 한계소비성향이 0.8인 경우, 조세 승수는 −4가 되고, 50억 원의 세금 감면은 200억 원의 산출량 증가를 유발할 수 있다. 이는 조세 정책이 총수요를 조정하는 데 효과적이지만, 정부 지출에 비해 승수효과가 상대적으로 작다는 점을 보여준다.

정부 지출과 조세 변화의 효과를 비교하면, 직접적인 지출 증가는 소비와 투자를 모두 촉진하기 때문에 더 강력한 영향을 미친다. 그러나 세율 조정은 시장 참여자들에게 더 많은 선택의 자유를 제공한다는 점에서 간접적이지만 장기적인 효과를 수반할 수 있다. 이를 통해 정부는 단기적 경기부양과 장기적 성장 사이에서 균형을 유지할 수 있다.

4. IS 곡선 이동의 결과: 이자율과 국민소득

IS 곡선의 이동은 경제 전반에 걸쳐 중요한 영향을 준다. 재정정책이 총수요를 변화시키면, 이 변화는 곧바로 재화시장 균형에 반영된다. 즉, 정부 지출 증가로 인해 IS 곡선이 우측으로 이동하면, 동일한 이자율에서 더 높은 수준의 산출량이 균형을 이루게 되어, 이는 국민소득이 증가하고 경제 활동이 활성화되는 결과를 가져온다. 하지만 이러한 변화는 이자율에도 영향을 미치게 되는데, IS 곡선의 이동으로 자금 수요가 증가하면, 이자율이 상승하는 결과를 낳는다. 이러한 이자율 상승은 민간부문의 투자를 감소시키는 구축 효과(crowding-out effect)를 야기할 수 있다. 따라서 IS 곡선 이동이 긍정적인 영향을 미치더라도, 그 효과는 이자율과 민간 투자 감소의 상쇄 작용에 의해 제한될 수 있다.

▌그림 11-2▐ IS-LM 곡선

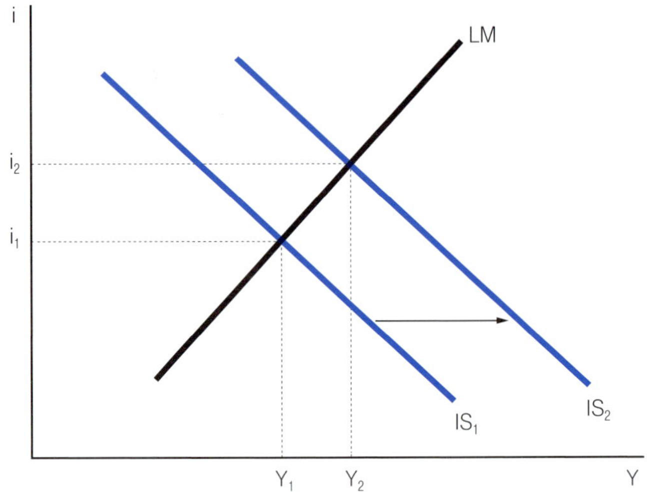

재정정책이 단기적으로는 총수요를 증가시키며 국민소득을 높이는 데 성공할 수 있지만, 장기적으로는 잠재적인 한계에 직면할 수 있다. 주목할 만한 사실은, 경제가 완전고용 상태에 가까울수록 자원의 제약으로 인해 추가적인 정부 지출이 생산성을 제고하지 못할 가능성이 크다. 더욱이 이자율 상승으로 인해 민간 투자가 감소하면, 총수요 증대 효과가 약화될 수 있다. 따라서 재정정책의 효과는 단기적 성과와 장기적 결과 간의 균형을 고려해야 한다.

한편 다음 절에서 다시 설명하겠지만, LM 곡선은 화폐시장에서의 균형을 나타내며, 이자율과 산출량 간의 관계를 설명한다.[4] LM 곡선의 기울기는 화폐 수요의 이자율 민감도와 화폐 공급의 크기에 따라 결정된다. IS 곡선이 이동할 때, 새로운 균형은 이동한 IS 곡선과 기존의 LM 곡선이 만나는 지점에서 형성된다. 이 새로운 균형은 변경된 재정정책이 국민소득과 이자율에 미치는 영향을 나타낸다.

예를 들어, 정부 지출 증가로 IS 곡선이 우측으로 이동하면, 이 이동은 LM 곡선과의 교차 지점을 통해 이자율과 산출량의 새로운 균형을 형성한다. 반복해서 지적하지만,

---

4) LM은 Liquidity Preference(유동성 선호)와 Money Supply(화폐 공급)의 약자. IS 곡선은 주어진 이자율에 실물시장이 어떻게 반응하는가를 담은 곡선인 것과 달리, LM 곡선은 주어진 이자율에 금융시장이 어떻게 반응하는가를 보여준다.

이 과정에서 이자율 상승은 민간부문의 차입 비용을 증가시켜 투자 감소로 이어질 수 있다. 그러나 만약 LM 곡선이 완만하다면 이자율 상승폭이 적어져 재정정책의 효과가 상대적으로 크게 나타날 수 있다. 반대로 LM 곡선이 가파르다면, 이자율 상승이 커져 재정정책의 효과는 제한될 수 있다. 따라서 LM 곡선과의 상호작용은 재정정책 효과를 평가하는 데 중요한 역할을 한다.

IS－LM 모형은 재정정책이 경제에 미치는 영향을 종합적으로 분석하는 데 유용한 틀을 제공한다. 예를 들어, 경기 침체기에 정부가 확장적 재정정책을 시행하면, 이는 IS 곡선을 우측으로 이동시켜 국민소득 증가와 경제 회복을 촉진할 수 있지만, 이 과정에서 이자율이 상승하면 민간 투자가 억제될 수 있다는 점을 고려해야 한다.

재정정책의 효과는 경제 상황에 따라 달라진다. 만약 경제가 유동성 함정에 빠져 있다면, LM 곡선은 매우 완만하거나 수평에 가까워진다(이는 통화 공급을 늘려도 이자율이 거의 변하지 않음을 의미). 이 경우 재정정책은 이자율을 거의 변화시키지 않고 산출량을 크게 증가시킬 수 있는 반면, 인플레이션 압력이 높은 상황에서는 이자율 상승이 빠르게 나타나며, 이는 총수요 증가 효과를 제한할 수 있다. 그러므로 정책 설계자는 이러한 조건을 신중히 평가해야 한다.

실질 사례로, 2008년 글로벌 금융위기 이후 미국의 경기부양책은 IS 곡선을 우측으로 이동시켜 경제 회복에 기여했다. 대규모의 정부 지출과 세금 감면 정책은 단기적으로 국민소득 증가와 실업률 감소를 이끌어냈다. 그러나 이자율 상승으로 인해 일부 민간 투자가 감소하는 부작용도 관찰되었다. 이 사례는 IS－LM 모형이 재정정책의 단기적 효과와 장기적 한계를 설명하는 데 유용한 도구임을 보여준다.

5. IS 곡선의 기울기에 따른 재정정책 효과

앞에서 잠시 얘기하긴 했지만 조금 더 부연 설명이 필요할 듯하다. 투자 민감도가 높은 경제 환경에서는 기업들이 이자율 변동에 민감하게 반응하여 투자 결정을 조정한다. 그 결과 IS 곡선은 완만해진다. 즉, 투자 민감도가 높은 시장에서는 금리가 조금만 하락해도 투자가 크게 증가하고, 반대로 금리가 약간만 상승해도 투자가 크게 위축된다. 이러한 특성은 재정정책의 효과가 얼마나 큰 영향을 야기하는지를 결정하는 중요한 조건이 된다. 정부가 지출을 늘리면 총수요가 증가하고, 이에 따라 IS 곡선이 오른쪽으로 이동하게 되지만, IS 곡선이 완만한 경우 총수요 증가에 따른 이자율 상승 폭이 크지 않으므로, 이자율 상승에 민감한 투자 활동이 크게 위축되지 않는다. 따라서 구축 효과(crowding-out effect)가 줄어들면서 정부의 재정지출이 경제 전체의 생산과 고용을 더욱 효과적으로 증가시키는 결과를 낳는다. 예를 들어, 정부가 대규모 인프라 프로젝트에 자금을 투입하여 총수요를 증가시키는 경우, IS 곡선이 완만하면 이자율 상승이 미미하게 나타나고, 이는 민간부문의 투자 감소를 최소화하는 효과를 가져온다. 이러한 환경에서는 정부 지출 증가가 총산출량을 크게 확대하며, 경제 회복에 주는 긍정적인 영향을 증대시킨다.

이 경우의 승수효과는 한계소비성향(MPC)에 의해 더욱 증폭된다. 소비가 늘어나면 민간부문의 추가적인 경제 활동이 유발되고, 이는 재정정책의 효과를 지속적으로 확대한다. 가령, 앞에서도 언급했던 예시인 2008년 글로벌 금융위기 당시 미국의 경기부양책은 낮은 이자율 환경에서 시행되었으며, 이로 인해 정부 지출이 민간부문의 투자 감소를 유발하지 않고도 경제성장률을 높일 수 있었다. 이처럼 완만한 IS 곡선은 재정정책이 효과적으로 작동할 수 있는 환경을 제공한다.

완만한 IS 곡선은 또한 금융시장이 개방적이고 자금 흐름이 원활할 때 나타난다. 이러한 상황에서는 이자율의 상승이 글로벌 자본 유입을 촉진하여 투자 감소를 상쇄할 수 있다. 따라서 정책 설계자는 IS 곡선의 기울기가 완만할 때 재정정책을 적극적으로 활용하여 경제를 활성화시킬 필요가 있다.

반면, IS 곡선이 가파른 경우에는 투자 민감도가 낮아 이자율 변화에 대한 총수요의 반응이 제한적이다. 다시 말하면, IS 곡선이 가파르다는 것은 이자율 변화가 발생해도 투자와 소비 같은 이자율 민감적 지출이 크게 변하지 않음을 의미한다. 즉, 금리가 하락해도 기업들이 투자나 생산을 늘리지 않고, 가계 역시 대출을 통해 소비를 크게 증가시키지 않는다. 이는 기업과 가계의 투자 및 소비 결정을 이자율보다 다른 요인(예 미래 경제 불확실성, 소득 수준 등)에 더 의존하는 경제 상황을 반영한다. 이는 재정정책이 경제 전반에 미치는 영향이 상대적으로 적음을 의미한다. 정부가 지출을 늘려 총수요를 증가시키려 해도, IS 곡선이 가파르면 총수요 증가가 이자율을 빠르게 상승시키는 결과를 낳고, 이자율이 급격히 상승하면 민간부문의 투자와 소비가 위축되어 정부 지출의 효과가 상쇄된다. 이로 인해 재정정책이 경제 전반에 미치는 영향이 제한적이 되며, 정부의 재정 지출이 민간부문의 경제 활동을 대체하거나 억제하는 구축 효과가 더 강하게 나타날 수 있다.

가파른 IS 곡선은 보통 저축이 고정적이거나 투자 결정이 비탄력적인 경제에서 나타난다. 이러한 환경에서는 정부 지출이 추가적인 경제 활동을 촉진하기보다 기존의 민간 활동을 대체하는 결과를 초래할 수 있다. 이 때문에 인플레이션 압력이 높은 경제에서는 정부의 확장적 재정정책이 이자율 상승을 가속화하고, 이는 민간부문의 투자와 소비를 위축시킬 수 있다. 정책 설계자는 이러한 조건에서 재정정책의 부작용을 최소화하기 위해 조세 정책이나 통화정책과의 조화를 고려해야 한다. 특히 가파른 IS 곡선 환경에서는 정부 지출의 효과가 제한적이므로, 세율 조정을 통한 간접적인 수요 관리가 더 효과적일 수 있다.

완만한 IS 곡선과 가파른 IS 곡선의 차이는 다양한 경제 사례에서 명확히 드러난다. 확연한 한 예로, 2008년 글로벌 금융위기 당시 미국과 유럽의 재정정책 효과를 비교해 보면, 미국은 상대적으로 완만한 IS 곡선을 가지고 있어 정부 지출 확대가 빠른 경제 회복을 가져왔던 반면, 유럽의 경우 재정적자 문제와 높은 이자율로 인해 IS 곡선이 가파르게 나타나 정부 지출의 효과가 제한되었다. 또한 일본의 잃어버린 10년 동안의 사례는 가파른 IS 곡선과 유동성 함정이 재정정책의 효과를 얼마나 제한할 수 있는지를 잘 보여준다. 일본은 장기적인 경기 침체와 투자 민감도가 낮은 환경에서 정부 지출을 확대했으나, 초저금리에도 불구하고 기업과 가계가 투자와 소비를 늘리지 않아 기대했던 경제성장 효과를 달성하지 못했다. 이는 금리를 낮추는 전통적인 통화정책이 실효성을 잃고, 정부의 재정지출 확대 역시 총수요 증가로 이어지지 않는 유동성 함정의 대표적인 사례로 평가된다. 이러한 일례는 재정정책의 성공 여부가 경제 구조와 정책 실행 환경에 크게 좌우된다는 점을 강조한다.

한편, 완만한 IS 곡선의 긍정적인 사례는 한국의 1997년 외환위기 이후 경제 회복 과정(1998년 하반기~2001년 사이)에서도 관찰할 수 있다. 당시 정부는 대규모 경기부양책을 시행했으며, 낮은 이자율과 높은 민간 투자 민감도 덕분에 빠른 경제성장을 이끌어냈다. 이는 재정정책이 성공하려면 경제적 여건과 정책 도구 간의 적절한 조화가 필요하다는 점을 시사한다.

토의자료 11-1 [다산 칼럼] 재정정책과 통화정책의 엇박자

코로나19 4차 대유행으로 인해 방역 4단계가 발동되니 어두운 경제 전망이 다시 고개를 든다. 얼마 전만 해도 거리두기 제한이 풀리리라는 희망이 있었는데 이제는 경제 전반에 대한 거시정책의 방향을 가늠하기 어려운 상황이다. 그동안 기대되던 경기 회복이 지속될지 확실하지 않은데 부동산시장과 자산시장의 과열은 정부 대응을 요구하고 있다. 이 와중에 정부의 재정정책과 통화정책 간 엇박자 이야기가 나오고 있다.

재정정책과 통화정책은 작동 구조가 다르다. 재정정책은 정부가 돈을 써서 재화에 대한 수요를 직접적으로 만들어내는 정책이고, 통화정책은 자본의 사용료인 금리를 조정해 간접적으로 경제를 움직이는 정책이다. 흔히 재정정책은 막대기로 벽돌을 미는 것이고 통화정책은 고무줄로 벽돌을 당기는 것으로 비유하기도 한다.

재정정책은 정부가 지출을 통해 직접 재화에 대한 수요를 만들어내고 그에 따라 추가로 투자 수요가 증가하는 경로를 생각한다. 경기가 안 좋으면 수요가 줄어드는데 이때 정부가 민간 대신 수요를 만들어 기업이 생산을 증가시키도록 밀어주는 것이다. 여기서 정부의 수요 증가가 소득 증가를 통해 추가적 수요 증가를 만들고 투자 증가로까지 연결돼야 재정 지출이 경기회복에 도움을 주는데, 그렇지 않고 일회성 소비 증가만을 가져온다면 그것은 현재의 소비를 위해 미래의 고통을 예약하는 셈이니 피해야 할 일이다. 또 재정 지출을 줄여서 과열된 민간의 수요를 식히는 방법은 없으니 경기가 과열됐을 때 이를 냉각시키려 사용하기에는 적당하지 않다. 이는 마치 막대기로 벽돌을 밀 수는 있지만 끌어당기기 어려운 것과 비슷한 원리다.

이에 비해 통화정책은 가격변화를 통해 간접적으로 경제 활동에 변화를 주는 구조로 돼 있다. 자본의 사용료인 금리를 올리면 기업의 금융비용이 커지므로, 기업들이 자본 사용을 꺼려 투자를 줄이게 되면 과열된 경기를 냉각시킬 수 있다. 반대로 경기가 안 좋을 때 금리를 낮추면 금융비용이 줄어들기는 하지만 워낙 기업 활동이 위축된 상황에서 비용을 줄여주는 것은 경기부양 효과가 별로 없다. 물건이 안 팔려 이미 생산 활동을 안 하고 있는데 금융비용을 줄여주는 것이 무슨 소용인가?

또 경기 과열을 막기 위해 금리를 올릴 때 금리를 조금 올리면 기업이 별로 반응을 안 보일 수 있는데, 그래서 찔끔찔끔 여러 번 올려 많이 오르게 되면 갑자기 경기가 급랭할 수도 있다. 이런 이유로 통화정책을 고무줄로 벽돌을 당기는 것에 비유한다. 고무줄이 팽팽해질 때까지는 벽돌이 안 움직이지만 너무 팽팽해지면 갑자기 벽돌이 얼굴로 날아온다.

금리를 변화시킬 때 금융시장에서 어떻게 그를 해석하느냐에 따라 정책당국이 원치 않는 결과가 나올 수 있다. 예를 들어, 경기부양을 위해 금리를 낮췄는데 기업이 경기가 많이 안 좋다는 신호로 받아들여 생산 활동을 줄이면 경기는 더욱 얼어붙을 수 있다. 따라서 통화당국은 금리 변화에 앞서 시장과 충분히 소통해 그의 의도를 시장에 알리려는 시도를 한다.

위의 설명을 보면 재정정책은 경기부양에 보다 적합하고, 통화정책은 과열을 식히는 데 보다 유용하다. 그렇다면 왜 최근 경제정책 당국이 엇박자를 내는지를 이해하기 쉽다. 코로나 사태로 인해 아직 경기가 충분히 회복이 안 돼 재정 지출을 통해 경기부양을 하고 싶은 생각은 있는데 자산시장의 과열을 식히기 위해서는 금리 인상이 필요하다, 두 가지 생각이 한꺼번에 표현되다 보니 정책의 엇박자가 생길 수밖에 없다.

최근 중앙은행의 금리 인상 경고는 실제 금리 인상을 하지 않고 자산시장을 안정시키기 위한 소통 과정일 가능성이 크다. 지금 금리를 올려 경기 회복을 막는 것은 부담이 크다. 그러나 부동산 시장과 주식시장 등 자산시장의 버블을 끄기 위해 금리 인상은 필요하다. 만일 금리 인상 경고를 듣고 자산시장 참여자들이 진정될 수 있다면 경기 회복을 막는 금리 인상 없이 가장 좋은 결과를 얻는 것이 된다. 투자자들이 통화당국이 경기 위축 효과를 염려해 금리 인상을 미루리라는 생각에 계속 투기적 행위를 한다면 나중에 커다란 자산 가격 하락이 생길 경우 큰 손해가 발생하니 당국의 경고에 귀를 기울이는 것이 현명한 판단일 것이다.

Q 질문

1. 재정정책과 통화정책이 엇박자를 보일 경우 경제에 부정적인 영향을 미칠 수 있다. 두 정책 간의 조화를 이루기 위해 정부와 중앙은행은 어떤 접근법을 채택해야 하는가?
2. 확장적 재정정책(정부 지출 증가)이 시행되는 동안 긴축적 통화정책(금리 인상)이 병행될 경우, 이러한 조합이 경제성장과 물가 안정에 미치는 영향은 무엇인가? 이런 상충을 완화하기 위한 대안은 무엇인가?
3. 재정정책과 통화정책은 그 효과가 나타나는 시점이 다르다. 이 시차가 경제 회복 과정에서 어떤 문제를 초래할 수 있으며, 이를 해결하기 위해 어떤 조정이 필요한가?

〈출처: 한국경제신문, 2021년 7월 16일자〉

제 2 절 통화정책

1. 통화정책의 기본 개념

통화정책은 중앙은행이 통화량과 이자율을 조정하여 경제 활동에 영향을 미치는 거시 경제 정책이다. 이러한 정책의 핵심 목표는 물가 안정, 완전고용, 경제성장, 그리고 금융 안정성을 유지하는 데 있다. 통화정책은 재정정책과 달리 시장에서 직접적으로 자금의 흐름과 비용을 통제할 수 있는 수단으로 작동한다. 예를 들어, 물가가 과도하게 상승할 경우 중앙은행은 금리를 인상하거나 통화량을 축소하여 수요를 억제하고 인플레이션을 완화하려고 노력한다. 반대로 경기 침체 시에는 금리 인하와 통화량 확대를 통해 소비와 투자를 촉진하여 경제성장을 유도한다.

중앙은행은 통화정책을 통해 경제 전반에 중요한 신호를 전달하며, 민간부문의 기대를 조정하는 역할도 수행하는바, 금리 정책의 변경은 가계와 기업의 소비 및 투자 결정을 크게 좌우할 수 있다. 뿐만 아니라, 통화정책은 단기적으로는 총수요를 조정하는 데 중점을 두지만, 장기적으로는 물가 수준과 자산시장의 안정을 유지하는 데 기여한다. 이처럼 통화정책은 경제의 안정성과 지속가능성을 유지하기 위한 핵심 정책 도구로 작동한다.

통화정책은 중앙은행이 사용하는 다양한 도구를 통해 수행된다. 주요 수단으로는 공개시장조작, 지급준비율 조정, 기준금리 변경 등을 들 수 있다. **공개시장조작**은 중앙은행이 국채를 매입하거나 매도하여 통화량을 조절하는 방식으로, 가장 일반적으로 사용되는 통화정책 도구이다. 한 예로, 중앙은행이 국채를 매입하면 시중에 유동성이 증가하고, 이는 금리를 낮추어 경제 활동을 활성화한다. 반대로 국채를 매도하면 통화량이 축소되고 금리가 상승하여 과열된 경기를 안정시킬 수 있다.

지급준비율 조정은 은행이 중앙은행에 예치해야 하는 법정 준비금을 조정하여 신용 창출 능력을 변화시키는 방법을 말한다. 지급준비율을 낮추면 은행은 더 많은 자금을 대출할 수 있게 되어 통화량이 증가하고, 반대로 지급준비율을 높이면 대출 여력이 줄어들어 통화량이 감소한다. 지급준비율 조정은 통화 승수와 밀접한 관계를 가진다. **통화 승수**란 중앙은행이 발행한 본원 통화가 실제 경제에서 몇 배의 통화량으로 확대되는

지를 나타내는 지표로, 다음과 같은 공식으로 정의된다.

$$\text{통화 승수(M)} = \frac{1}{(\text{현금 비율} + \text{지급준비율})}$$

여기서 현금 비율은 민간이 보유하는 현금[5]의 예금 대비 비율을 의미하며, 지급준비율은 은행이 중앙은행에 예치해야 하는 예금 대비 비율을 나타낸다. 통화 승수는 지급준비율과 현금 비율에 따라 변동하고, 지급준비율이 낮아질수록 통화 승수는 확대되어 더 많은 대출과 통화량 증가를 유발한다. 반대로 지급준비율이 높아지면 통화 승수는 감소하여 대출 여력이 줄어들고 통화량 증가가 제한된다.

마지막으로, **기준금리 정책**은 중앙은행이 설정하는 단기 이자율로, 이는 전체 금융시장의 금리에 영향을 미친다. 기준금리 인하는 소비와 투자를 촉진하며, 금리 인상은 과도한 수요를 억제하고 물가 상승 압력을 완화한다. 이러한 주요 수단들은 중앙은행이 경제 상황에 맞춰 유연하게 통화정책을 조정할 수 있도록 돕는다.

금융시스템의 안정성을 유지하는 데 있어 통화 승수는 중요한 역할을 한다. 통화 승수가 낮아지면 금융시스템 내 신뢰가 부족하다는 것을 의미하는데, 이는 대출 축소와 경제 활동 위축으로 이어질 수 있다. 반대로 통화 승수가 과도하게 높아지면 자산시장 과열과 버블 형성의 위험이 증가한다. 그러므로 중앙은행은 지급준비율 조정과 같은 정책 도구를 통해 통화 승수를 관리함으로써 금융 안정성과 경제 활력을 유지할 수 있다.

2. LM 곡선의 유도 및 의미

화폐시장의 균형은 통화의 공급량과 수요량이 일치하는 상태를 의미한다. 이는 경제의 안정성을 유지하고 통화정책의 효과를 분석하는 기초가 된다. 화폐 수요는 경제 주체들이 현금을 보유하려는 이유에 따라 거래적 수요와 투기적 수요로 나뉜다. **거래적 수요**는 국민소득 수준에 따라 증가하며, 일상적인 거래를 위한 자금 보유를 나타낸다. 가령, 국민소득이 증가하면 가계와 기업의 거래 활동이 활발해지고, 이에 따라 거래적 화폐 수요도 비례적으로 늘어난다. 반면, **투기적 수요**는 이자율과 반비례하며, 금융자산

5) 민간이 보유하는 현금의 규모는 중앙은행이 발표하는 통화지표를 통해 파악할 수 있다.

의 대체재로서 현금을 보유하려는 욕구에서 비롯된다. 이자율이 낮아지면 채권의 매력도가 감소하고, 그 결과 현금 보유가 증가하게 된다.

화폐시장 균형은 $\frac{M}{P} = L(Y, i)$라는 방정식으로 표현된다. 여기서 M은 명목 통화 공급을, P는 물가 수준을, $L(Y, i)$는 국민소득과 이자율에 의해 결정되는 실질 화폐 수요를 의미한다. 실질 화폐 수요는 소득이 증가함에 따라 거래를 위해 더 많은 자금을 필요로 하고, 이자율이 상승할수록 화폐 보유의 기회비용이 증가해 감소하는 특징을 가진다. 예컨대, 경제가 호황을 맞아 국민소득이 크게 증가하면 화폐 수요가 확대되지만, 동시에 이자율이 상승하면 투기적 수요는 줄어들 수 있다. 이러한 상호작용을 파악함으로써 화폐시장의 균형을 이해할 수 있다.

화폐시장 균형의 중요성은 통화정책의 유효성을 평가하는 데 있다. 중앙은행이 통화량을 늘리면, 실질 화폐 공급이 증가하여 화폐시장 균형이 깨지고, 이에 따라 이자율이 하락한다. 이러한 변화는 투자와 소비를 촉진하여 경제성장에 기여한다. 반대로, 통화량 감소는 실질 화폐 공급을 축소하고, 이자율 상승으로 이어져 경기 과열을 억제하는 효과를 발휘한다. 따라서 화폐시장 균형 조건은 통화정책이 경제 전반에 미치는 영향을 분석하는 핵심 도구로 활용된다.

한편 앞 절에서도 잠시 언급했던 LM 곡선은 화폐시장의 균형 조건을 기반으로 이자율과 국민소득 간의 관계를 나타낸 곡선을 가리킨다. 이는 화폐시장의 균형 조건인 $\frac{M}{P} = L(Y, i)$ 방정식에서 도출된다. 국민소득 Y가 증가하면 거래적 화폐 수요가 확대되는데, 동일한 통화 공급 수준에서는 이 수요를 충족시키기 위해 이자율 i가 상승하게 된다. 이는 국민소득 증가가 금융시장 내 자금 부족을 초래하여 차입 비용을 높이기 때문이며, 이러한 과정은 LM 곡선이 우상향하는 특징을 가지게 되는 이유를 잘 설명해준다.

LM 곡선의 기울기는 화폐 수요와 이자율 민감도의 크기에 따라 달라진다. 예를 들어, 화폐 수요가 이자율 변화에 민감하다면, 통화 공급의 변화가 이자율에 미치는 영향은 상대적으로 작아지고 LM 곡선은 완만해진다. 반대로, 화폐 수요가 이자율에 비탄력적이라면, LM 곡선은 가파르게 나타난다. 이는 통화정책의 효과를 평가할 때 중요한 의미를 갖는데, 완만한 LM 곡선은 통화정책이 효과적으로 작동할 수 있는 환경을 제공하는 반면, 가파른 LM 곡선은 통화정책의 효과를 제한할 수 있다.

LM 곡선의 도출 과정은 그래프로 시각화하면 더 명확하게 이해할 수 있다. x축에 국민소득 Y, y축에 이자율 i를 두고, 주어진 통화 공급하에서 화폐시장 균형이 이루어

| 그림 11-3 | LM 곡선의 이동

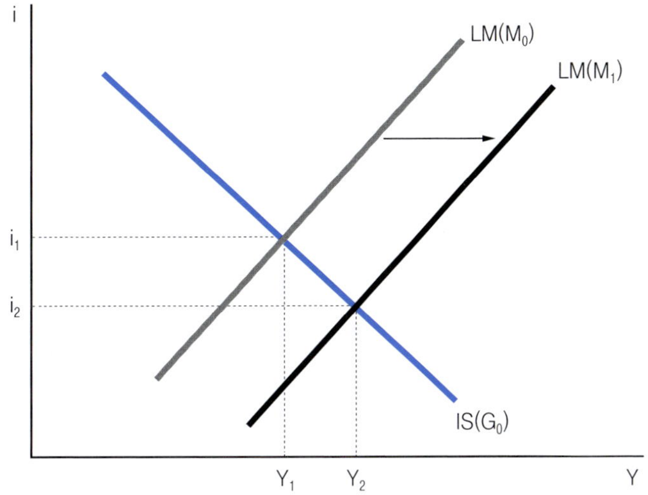

지는 각 점을 연결하면 LM 곡선이 형성된다. 중앙은행이 통화량을 확대하면 LM 곡선은 우측으로 이동하고, 이자율이 하락하며 국민소득이 증가한다. 반대로 통화량이 축소되면 LM 곡선은 좌측으로 이동하고, 이자율 상승과 국민소득 감소를 초래한다. 이러한 LM 곡선의 이동은 통화정책이 경제 활동에 미치는 영향을 분석하는 데 중요한 도구로 작용한다.

LM 곡선의 경제적 의미는 화폐시장 균형의 변화가 실물 경제와 금융시장에 미치는 영향을 이해하는 데 있다. 예를 들어, 통화정책을 통해 중앙은행이 통화량을 늘리면, 화폐시장에서 이자율이 낮아지고, 이는 기업의 투자와 가계의 소비를 증가시킨다. 반대로, 인플레이션 압력이 높아 통화량을 줄이면, 이자율 상승으로 인해 투자와 소비가 위축되며 경기 과열을 억제한다. 이러한 분석은 LM 곡선이 경제 안정화와 성장 촉진에서 중요한 역할을 한다는 점을 여실히 보여준다.

3. 통화량 변화와 LM 곡선 이동

통화량 변화는 LM 곡선의 위치를 직접적으로 결정하는 중요한 요인이다. 반복해서 설명하지만, 중앙은행이 통화 공급을 증가시키면, 화폐시장에 더 많은 자금이 유입되며 실질 통화 공급이 늘어난다. 이로 인해 동일한 국민소득 수준에서 자금 수요를 충족하기 위한 이자율이 낮아지고, LM 곡선이 오른쪽으로 이동하게 된다([그림 11-3] 참조). 예를 들어, 중앙은행이 경기 침체를 완화하기 위해 통화량을 확대하면, 금리가 하락하면서 투자와 소비가 증가하고 경제 활동이 활성화된다. 이와 반대로 통화 공급을 축소하면 실질 통화 공급이 줄어들어 동일한 국민소득 수준에서도 이자율이 상승하고, LM 곡선이 왼쪽으로 이동한다. 이러한 조정은 경기 과열을 억제하거나 물가 안정성을 유지하는 데 도움을 준다.

LM 곡선 이동의 원리를 좀 더 구체적으로 살펴보면, 통화 공급 증가로 인해 이자율이 하락하면 채권 가격이 상승하여 금융자산 보유의 매력이 커진다. 이로 인해 금융시장은 안정성을 확보하며, 자금 조달 비용이 낮아진 기업들은 투자 확대를 고려하게 되고, 가계 역시 대출 이자 부담이 줄어들어 소비를 증가시킬 가능성이 커진다. 이러한 변화는 총수요를 확대하고, 국민소득 증가로 이어지는 선순환을 형성한다. 하지만 이와 같은 효과는 경제 상황에 따라 달라질 수 있는바, 유동성 함정 상황에서는 이자율이 이미 매우 낮아 추가적인 통화량 확대가 투자와 소비를 크게 증가시키지 못할 수 있다. 이는 통화정책의 한계점으로 간주된다.

그래프를 활용하면 LM 곡선 이동의 과정을 보다 명확히 이해할 수 있다. 통화량 증가로 LM 곡선이 오른쪽으로 이동할 경우, 특정 이자율에서 균형 국민소득이 높아지고 이는 경제성장으로 이어지지만, 거꾸로 통화량 감소로 LM 곡선이 왼쪽으로 이동하면, 같은 이자율에서 국민소득이 감소하며 경제 활동이 둔화된다. 이러한 이동은 통화정책이 경제 안정화와 경기 조절에서 핵심적인 역할을 한다는 점을 강조한다. 하지만 언급한 효과는 통화정책의 실행 속도와 민간부문의 반응에 따라 달라질 수 있으므로 정책 설계에 세심한 주의가 필요하다.

통화량 변화가 LM 곡선 이동에 미치는 영향은 단기적 경제 활동뿐만 아니라 장기적 경제 구조에도 영향을 줄 수 있다. 통화량 확대는 단기적으로 경기부양에 기여하지만, 장기적으로는 물가 상승 압력을 유발할 수 있다. 이에 따라 중앙은행은 통화정책을 설계할 때 단기적 목표와 장기적 안정성 사이의 균형을 신중히 고려해야 한다. 자주 예시로 드는 2008년 글로벌 금융위기 당시 미국 연방준비제도(Fed)는 대규모 통화량 확대와 금리 인하를 통해 경제 회복을 도모했다는 것을 이미 설명한 바 있다. 하지만 이는 단기적으로 경제를 부양하는 데는 성공했지만, 장기적으로는 인플레이션 상승 가능성과 자산시장 과열에 대한 우려를 불러일으켰다. 이러한 사례는 통화량 변화와 LM 곡선

이동의 중요성을 실증적으로 우리에게 알려준다.

4. 통화정책의 효과와 한계

통화정책은 단기적으로 경제 활동에 강력한 영향을 미치는 도구로, 중앙은행의 정책 결정은 경제 전반에 빠르게 파급되는 경향이 있다. 통화량이 증가하거나 기준금리가 인하되면, 금융시장에 유동성이 확대되어 이자율이 하락한다. 이로 인해 기업의 자금 조달 비용이 줄어들어 투자가 촉진되고, 가계의 소비 여력 또한 증가하게 된다. 가령, 금리가 낮아지면 주택담보대출이나 자동차 할부금리가 줄어들어 가계 소비가 활발해질 수 있다. 이러한 변화는 총수요를 증가시키고, 국민소득과 고용이 확대되는 결과를 가져온다. 단기적으로는 이러한 조치가 경기 침체를 완화하고 경제 활동을 활성화시키는 데 효과적이다.

통화정책의 단기적 효과는 경제 주체들의 기대와 밀접하게 연관되어 있는데, 금리가 인하되면 기업은 미래의 경기 회복 가능성을 기대하고 투자를 증가시킨다. 가계 역시 저축보다는 소비를 선택하여 경제성장을 지원하게 된다. 더욱이 중앙은행의 신뢰도가 높을 경우 통화정책은 시장 심리에 긍정적인 영향을 미치며, 정책 효과가 더욱 증폭된다. 단기적으로 통화정책은 재정정책보다 더 빠르게 작동하며, 정책 실행 후 결과를 확인하는 데 필요한 시간이 상대적으로 짧다는 장점을 가진다(정책 실행 및 시장 반응이 빠름).

반면, 통화정책의 장기적 효과는 여러 가지 제약에 직면할 수 있다. 우선, 장기적으로 통화량 증가가 물가 상승을 초래할 위험이 있다. 즉, 통화량이 과도하게 확대되면, 총수요가 경제의 생산 가능성을 초과하여 인플레이션 압력을 가중시킬 수 있다. 이는 장기적으로 경제 안정성을 훼손하고, 중앙은행의 신뢰도를 약화시킬 수 있다. 또한 금리가 이미 매우 낮은 수준에 도달한 상황, 즉 유동성 함정에서는 추가적인 금리 인하가 경제 활성화에 효과적이지 않을 수 있어, 이와 같은 상황에서는 통화정책의 효율성이 크게 약화된다.

통화정책의 또 다른 한계는 정책의 지연 효과이다. 통화정책이 시행된 후 그 효과가 경제에 반영되기까지는 시간이 걸린다[정책이 최종적으로 실물 경제(생산, 고용, 물가 등)에 미치는 효과가 완전히 나타나는 데 시간이 걸림]. 이로 인해 정책의 타이밍이 부적절할 경우, 의도와 다른 결과를 가져올 위험이 있다. 예컨대, 정책이 너무 늦게 실행되면 이미 회복세에 접어든 경제를 과열시킬 수 있으며, 반대로 너무 빨리 시행되면 효과가 약화될 수 있다. 더불어 글로벌 경제와의 상호 연결성이 강화됨에 따라, 한 국가의 통화정책이 다른 국가에 미치는 영향이 커졌다. 가령, 미국의 금리 인상은 다른 국가로 자본이 유출되는 결과를 초래하여 해당 국가의 경제를 약화시킬 수 있다.

사례 11-2 금리 내리면 환율 뛸라 … 통화정책 발목잡는 '트릴레마'

내리느냐, 올리느냐, 동결하느냐, 그것이 문제로다. 한국은행 기준금리 얘기다. 이창용 한은 총재가 최근 "통화정책의 전제가 모두 바뀌었다"고 말했다. 미국 중앙은행(Fed)의 기준금리 인하 가능성이 낮아지고, 한국 경제성장률이 의외로 높게 나오는 등 국내외 경제 상황이 예상과 크게 달라졌다는 것이다. 한은이 Fed에 앞서 기준금리를 내렸다가는 물가와 환율이 더 튀어 오를 수 있고, 현재 금리 수준을 유지하자니 가계부채 부담이 만만치 않다. 이런 고민의 바탕엔 통화정책의 근본적인 어려움, 셋 중 하나는 포기해야 하는 '트릴레마'가 있다.

다 가질 순 없는 세 가지

트릴레마란 자유로운 자본 이동, 독립적인 통화정책, 환율 안정(고정환율제) 등 세 가지를 동시에 달성하는 것은 불가능하다는 이론이다. '불가능한 삼위일체'라고도 한다. 자유로운 자본 이동과 독립적 통화정책을 선택하는 경우부터 보자. 한국이 그런 나라다. 미국은 경기가 너무 좋아 기준금리를 올렸고, 한국은 경기가 나빠 기준금리를 내렸다고 가정해보자. 미국 기준금리는 연 5%, 한국 기준금리는 연 2%가 됐다.

여기서 문제가 생긴다. 투자자들은 금리가 낮은 원화를 팔고 금리가 높은 달러를 살 것이다. 그 때문에 원화 가치가 하락, 즉 원·달러 환율이 상승한다. 한국 기준금리가 미국과 반대로 갔으니 통화정책의 독립성은 확보했고, 투자자들이 원화를 팔아 달러를 샀으니 자본 이동도 자유롭다. 하지만 원·달러 환율이 치솟는 것은 막을 수 없다. 환율 안정은 포기해야 하는 것이다.

이때 한은이 외환시장에 개입해 달러를 팔고 원화를 사면 환율 안정도 가능한 것 아닐까. 그러나 외환보유액은 무한하지 않다. 독립적인 통화정책을 유지하면서 자본시장을 열어놓고 환율까지 지키려다 외환보유액이 고갈돼 닥친 것이 1990년대 후반 외환위기였다. 결국 통화정책의 독립성을 확보하면서 환율까지 안정시키려면 자본 이동을 제한해야 한다는 결론에 이른다. 중국이 그런 사례다.

한국은 하는데 홍콩은 못 하는 것

자유로운 자본 이동과 환율 안정을 선택하는 경우도 생각해볼 수 있다. 홍콩이 이런 사례에 해당한다. 근래 위상이 약해지기는 했지만 홍콩은 아시아의 금융 허브다. 자본 이동이 자유롭다는 얘기다. 한편 홍콩은 환율을 미국 달러당 7.75~7.85 홍콩달러 범위에 묶어놓는 고정환율제(달러 페그제)를 운용한다.

이렇게 되면 통화정책의 독립성은 포기해야 한다. 만약 미국이 기준금리를 올렸는데 홍콩이 기준금리를 내린다면 홍콩에서 미국으로 달러가 빠져나가 고정환율을 유지하기 어려워진다. 그래서 홍콩은 미국이 기준금리를 올리면 함께 올리고, 미국이 기준금리를 내리면 따라 내린다.

걸핏하면 널뛰는 환율 때문에 고충을 겪는 한국으로서는 홍콩의 고정환율제가 좋아 보일 수도 있다. 환율을 안정시킬 수 있다면 통화정책의 독립성 정도는 포기해도 되는 것 아닐까? 그러나 그 대가는 작지 않다. 최근 홍콩 부동산시장은 극심한 침체를 겪고 있다. 미국 금리에 연동해 홍콩도 금리가 가파르게 상승한 탓이다. 시장을 살리려면 금리를 내려야 하지만, 홍콩은 고정환율제를 포기하지 않는 한 그럴 수 없다. 유로화를 쓰는 나라도 홍콩과 상황이 비슷하다. 유로화 사용국 간에는 환율 변동 위험이 없지만, 이 나라들은 자국 경제 여건에 맞게 금리를 올리거나 내릴 수 없다.

한은이 Fed를 쳐다보는 이유

트릴레마를 알면 주요국 통화정책의 배경을 보다 잘 이해할 수 있다. 일본 중앙은행은 미국이 기준금리를 빠르게 올리는 중에도 마이너스 금리를 장기간 유지했다. 디플레이션에서 벗어나기 위해 엔저를 감수하고 독자적 통화정책을 편 것이다. 중국은 오히려 기준금리를 내렸다. 중국은 자본 이동을 제한한 상태에서 관리변동환율제를 운용하며 미국과 다른 방향으로 통화정책을 펼치고 있다.

자본시장을 개방한 상태에서는 환율 변동을 용인해도 독자적인 통화정책이 어렵다는 주장도 있다. 예를 들어, 한은이 물가를 잡기 위해 기준금리를 올렸는데, 높아진 금리를 보고 외국 자본이 밀려들어 온다면 물가 상승 압력이 높아진다. 자본 이동만 자유로울 뿐 환율 안정은 물론이고 통화정책의 독립성도 달성되지 않는 것이다. 이런 사정을 두고 과거 이 총재가 한 말이 있다. "한은은 정부에는 독립적이지만, Fed로부터는 그렇지 않다."

〈출처: 한국경제신문, 2024년 5월 21일자〉

제 3 절 정책의 상호작용과 효과성 논쟁

1. IS–LM 균형: 두 시장의 동시 균형

IS–LM 모형은 재화시장과 화폐시장의 동시 균형을 분석하기 위한 거시경제학의 핵심 도구로, 두 시장의 상호작용을 체계적으로 설명한다. 재화시장에서는 총수요가 총공급과 일치할 때 균형이 이루어지며, 이 관계는 IS 곡선을 통해 나타난다. 이와 달리 화폐시장에서는 통화 공급과 수요가 동일할 때 균형이 형성되고, 이는 LM 곡선으로 표현된다. 두 곡선이 만나는 교점은 이자율과 국민소득이 동시에 결정되는 지점을 나타내는바, 이는 경제의 단기 균형을 설명하는 데 중요한 역할을 한다.

IS–LM 모형에서 균형은 한 시장의 변화가 다른 시장에 영향을 미치는 과정을 보여준다. 반복해서 전술했듯이, 정부가 재정지출을 확대하면 IS 곡선이 오른쪽으로 이동하여 국민소득이 증가하고, 이에 따라 화폐 수요가 증가하게 된다. 화폐시장에서는 이자율 상승을 통해 새로운 균형을 형성하며, 이는 민간 투자에 영향을 미칠 수 있다. 반대로, 중앙은행이 통화량을 늘리면 LM 곡선이 오른쪽으로 이동하여 이자율이 하락하고, 이는 재화시장에서 소비와 투자를 촉진하는 결과를 가져온다. 이러한 상호작용은 경제 충격이 발생했을 때 각 시장이 어떻게 조정되는지를 이해하는 데 유용하다.

IS–LM 균형의 중요성은 경제정책의 효과를 평가하는 데 있다. 다시 말하면, 경기 침체 상황에서는 정부의 재정정책과 중앙은행의 통화정책이 함께 실행될 경우, IS 곡선과 LM 곡선이 동시에 오른쪽으로 이동하여 이자율 하락과 국민소득 증가를 동시에 달성할 수 있다. 이러한 정책 조합은 각 정책의 단점을 보완하고, 경제 회복 속도를 가속화하는 데 기여한다. 그러나 이 과정에서 발생할 수 있는 인플레이션 압력이나 민간 투자의 구축 효과(crowding-out effect) 등 부작용도 함께 고려해야 한다.

IS－LM 모형은 단순한 이론적 도구를 넘어 실제 경제 상황을 분석하는 데 유용하게 활용된다. 예를 들어, 대공황 시기의 미국 경제는 정부의 재정정책 부재로 인해 IS 곡선이 좌측으로 이동하면서 심각한 경기 침체를 겪었던 반면, 2008년 금융위기 당시에는 대규모 통화정책과 재정정책이 동시에 실행되어 IS와 LM 곡선이 함께 이동하며 경제 회복이 이루어졌다. 이러한 사례는 두 시장의 동시 균형이 경제 안정성에 얼마나 중요한지를 확실히 알려준다.

따라서 IS－LM 모형은 정책의 상호작용을 분석하고 경제 충격에 대한 적절한 대응 방안을 설계하는 데 있어 필수적인 도구라고 할 수 있다. 특히 복잡한 경제 상황에서 각 정책이 미치는 영향을 통합적으로 이해할 수 있도록 돕는다는 점에서 그 활용 가치는 매우 높다고 할 수 있다. 중앙은행과 정부는 IS－LM 모형을 기반으로 경제의 현재 상태를 진단하고, 최적의 정책 조합을 설계함으로써 안정적이고 지속가능한 성장을 도모할 수 있다.

2. AD 곡선과의 연결: IS－LM 모형과 총수요 함수

IS－LM 모형과 AD 곡선의 연결은 거시경제학에서 중요한 관계를 형성하며, 두 개념은 서로를 보완하여 경제 활동을 종합적으로 설명한다. IS－LM 모형은 이자율과 국민소득 간의 균형을 설명하는 데 중점을 두는 것과 달리, AD 곡선은 가격 수준과 총수요의 관계를 나타낸다.[6] 이 둘은 밀접하게 연관되어 있어서, IS－LM 모형에서 균형이 변화하면 AD 곡선에도 영향을 준다. 가령, IS 곡선이 재정정책으로 인해 우측으로 이동하면, 국민소득이 증가하고, 이는 AD 곡선에서 총수요의 증가로 나타난다.

AD 곡선은 물가와 산출량 간의 반비례 관계를 보여준다(즉, 우하향하는 그래프). 가격

---

6) AD 곡선은 물가 수준에 대응하는 총수요량을 표시한 곡선이다.

| 그림 11-4 | IS-LM 곡선으로부터 AD 곡선 도출

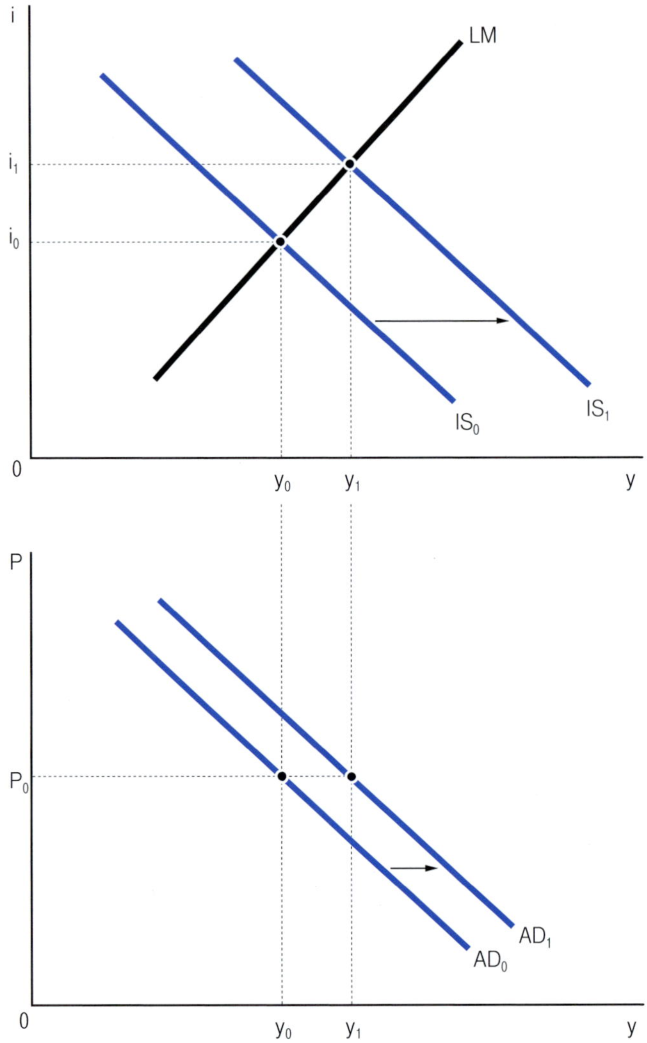

수준이 하락하면 실질 화폐 공급이 증가하고, 이는 LM 곡선을 통해 이자율을 하락시키며 투자와 소비를 촉진한다. 이와 같은 과정은 총수요를 증가시켜 국민소득을 확대하게 된다. 반대로, 가격 수준이 상승하면 실질 화폐 공급이 감소하여 이자율이 상승하고, 총수요가 축소된다. IS-LM 모형은 이러한 관계를 이론적으로 설명하며, AD 곡선의 도출을 가능하게 한다.

IS-LM 모형과 AD 곡선의 연결은 정책 분석에서도 중요한 역할을 한다. 예를 들어,

중앙은행이 통화정책을 통해 LM 곡선을 우(좌)측으로 이동시키면, 이는 단기적으로 AD 곡선의 이동을 통해 경기 활성화를 가능하게(어렵게) 한다. 더 나아가 정부가 재정정책을 활용해 IS 곡선을 우(좌)측으로 이동시키면, 국민소득이 증가(감소)하고 AD 곡선의 우(좌)측 이동을 촉진하게 된다. 이와 같은 변화는 단기적인 경제성장과 회복을 설명하는 데 유용하다.

역사적 사례로 1970년대 스태그플레이션은 IS－LM 모형과 AD 곡선의 연결성을 이해하는 데 중요한 교훈을 제공한다. 당시 공급 충격으로 인해 AD 곡선이 좌측으로 이동하면서 높은 물가 상승과 낮은 경제성장이 동시에 발생했다. 이는 IS－LM 모형이 단기적인 총수요 관리에 효과적일 수 있지만, 공급 측면의 문제를 해결하는 데 한계가 있을 수 있음을 시사한다. 반대로, 2008년 글로벌 금융위기 이후 대규모 통화 및 재정정책은 AD 곡선을 우측으로 이동시켜 경제를 빠르게 회복시킨 사례로 평가된다.

따라서 IS－LM 모형과 AD 곡선의 연결은 경제정책의 효과를 평가하고, 가격과 산출량 간의 관계를 이해하는 데 필수적인 도구로 작용한다. 중앙은행과 정부는 이 두 개념의 상호작용을 활용하여 경제 충격에 대응하고, 적절한 정책 조합을 설계함으로써 지속가능한 성장을 도모할 수 있다.

3. 재정정책과 통화정책의 상호작용

재정정책과 통화정책은 개별적으로도 강력한 경제 관리 도구이지만, 이들이 상호작용할 때 그 효과는 더욱 복잡하고 강력해질 수 있다. 두 정책이 동시에 실행될 경우, IS－LM 모형은 그 상호작용을 분석하는 유용한 틀을 제공하는데, 정부가 재정지출을 확대하여 IS 곡선을 우측으로 이동시키고, 중앙은행도 통화량을 늘려 LM 곡선을 우측으로 이동시킨다면, 국민소득은 더욱 크게 증가하게 된다. 이러한 정책 조합은 경기 침체를 빠르게 완화하고, 경제 회복을 촉진하는 데 유효한 방법으로 간주된다.

그러나 재정정책과 통화정책의 동시 실행은 항상 긍정적인 결과만을 초래하는 것은 아니다. 가령, 정부 지출 증가로 인한 자금 수요 증가는 이자율을 상승시켜 민간 투자를 위축시키는 구축 효과(crowding-out effect)를 초래할 수 있다. 이를 상쇄하기 위해 중앙은행이 금리를 인하하거나 통화량을 확대하는 조치를 취해야 하지만, 이러한 조치가 인플레이션 압력을 높이는 부작용을 유발할 수도 있다. 따라서 두 정책의 효과를 극대화하기 위해서는 경제 상황에 대한 정확한 진단과 정책 간의 조화가 필요하다.

역사적 사례를 보면, 1970년대 미국의 스태그플레이션 시기는 재정정책과 통화정책의 상호작용을 이해하는 데 중요한 교훈을 제공한다. 당시 석유 위기로 인해 인플레이션 압력이 높아졌고, 중앙은행은 금리를 인상하여 물가를 안정시키려고 했다. 동시에 정부는 경기 침체를 완화하기 위해 확장적 재정정책을 실행했지만, 이러한 정책 조합은 높은 이자율로 인해 민간 투자를 억제하고, 물가 안정 목표와 경기부양 목표 간의 충돌을 야기했다. 결국 두 정책이 조화를 이루지 못하면서 경제는 장기적으로 낮은 성장률과 높은 물가 상승을 겪게 되었다. 이 사례는 정책 간 조화의 중요성과, 단기적 목표와 장기적 안정성 간의 균형을 유지하는 것이 얼마나 중요한지를 잘 알려준다. 비슷한 관점에서, 일본의 잃어버린 10년 동안 재정정책과 통화정책이 충분히 조화를 이루지 못한 결과, 경제성장률이 정체되었으며 디플레이션 압력이 지속되었다.

그런데 재정정책과 통화정책의 상호작용은 경제 상황에 따라 매우 다르게 작용한다. 유동성 함정 상황에서는 통화정책의 효과가 제한되므로, 재정정책이 더 중요한 역할을 할 수 있는 것과 반대로, 인플레이션이 과도한 시기에는 통화정책이 더 효과적으로 작동할 수 있다. 이러한 점에서 두 정책의 상호작용을 분석하는 것은 단순히 이론적 논의에 그치지 않고, 실제 정책 설계에 직접적인 영향을 준다. IS－LM 모형은 이러한 상호작용을 체계적으로 분석할 수 있는 틀을 제공하고, 정책 결정자들이 최적의 선택을 내리는 데 필요한 정보를 제시한다.

4. 정책 효과 논쟁: 재정정책 vs. 통화정책

재정정책과 통화정책 중 어느 것이 더 효과적인지는 경제학에서 지속적으로 논의되는 주요 주제라고 할 수 있다. 두 정책은 모두 경제 안정과 성장을 목표로 하지만, 작동 방식과 영향을 미치는 경로에서 차이를 보인다. 재정정책은 주로 정부 지출과 세율 조정을 통해 총수요를 직접적으로 조정한다. 앞에서도 수차례 설명했듯이, 정부가 대규모 인프라 프로젝트를 시행하거나 세금을 인하하면 국민소득과 소비가 증가하여 경기를 부양할 수 있다. 이와 달리 통화정책은 중앙은행이 금리와 통화량을 조정하여 간접적으로 경제 활동을 관리하는 것인데, 금리 인하는 기업의 투자와 가계의 소비를 촉진하며, 통화량 확대는 금융시장의 유동성을 증가시켜 경제 활성화를 지원한다.

하지만 이 두 정책의 효과는 경제 상황에 따라 다르게 나타난다. 한 예를 들자면, 금리가 이미 매우 낮아 유동성 함정이 발생한 상황에서는 통화정책보다는 정부의 재정정책이 총수요를 직접적으로 증가시킬 수 있어 더 유효한 수단으로 간주된다. 반대로, 높은 인플레이션 시기에는 금리 인상과 통화량 축소를 통해 물가 상승 압력을 억제하고 경제를 안정화할 수 있기 때문에, 앞의 상황과는 거꾸로 통화정책이 더 효과적으로 작동할 수 있다. 따라서 각 정책의 적합성은 경제의 현재 상태와 구조적 요인에 크게 좌우된다.

두 정책의 상호작용도 중요한 논의 주제이다. 예를 들어, 정부가 재정지출을 확대하면 이자율이 상승하여 민간 투자를 감소시키는 구축 효과(crowding-out effect)가 발생할 수 있다고 이미 지적한 바 있다. 이때 중앙은행이 금리를 인하하거나 통화량을 확대하면 이러한 부작용을 상쇄할 수 있다. 이와는 반대로, 통화정책이 단독으로 실행될 경우 그 효과는 시간이 지남에 따라 감소할 수 있으며, 특히 경기 침체와 같은 극단적인 상황에서는 한계에 직면할 수 있다. 그러므로 재정정책과 통화정책의 조합은 정책 효과를 극대화하는 데 필수적인 요소로 간주된다.

역사적으로, 두 정책의 상대적 효과를 비교하는 데 있어서 중요한 사례로는 1930년대 대공황과 1970년대 스태그플레이션을 들 수 있다. 대공황 당시 미국은 초기에는 통화정책에 의존했으나, 그것만으로는 경기 회복에 충분하지 않았고, 결국 정부의 뉴딜 정책과 같은 대규모 재정지출이 경제 회복에 기여했다. 반면 스태그플레이션 시기에는 재정정책이 인플레이션 압력을 심화시키는 부작용을 초래했고, 중앙은행의 금리 인상이 물가 안정에 기여했다. 이러한 사례는 특정 경제 상황에서 각 정책의 효과가 어떻게 달라질 수 있는지를 여실히 보여준다.

한마디로 말하면, 재정정책과 통화정책은 상호 보완적인 관계에 있다. 경제 상황에 따라 한 정책이 더 효과적일 수 있지만, 대부분의 경우 두 정책을 적절히 결합하여 사용하는 것이 바람직하다. IS－LM 모형은 이러한 논쟁을 이론적으로 분석하고, 실제 경제에서 정책 설계와 실행의 기준을 제공하는 중요한 도구로 활용된다. 이를 통해 정책 결정자들은 단기적 목표와 장기적 안정성을 조화롭게 달성할 수 있는 방안을 모색할 수 있다.

5. 사례 중심의 정책 효과 분석

정책 효과를 분석하는 데 있어 실제로 있었던 역사적 사례는 중요한 통찰을 제공한다. 대표적인 예로 일본의 “잃어버린 10년” 기간을 예로 들 수 있다. 1990년대 일본은 버블 경제가 붕괴된 후 장기적인 디플레이션과 낮은 성장률에 직면했다. 이 시기 동안 일본 정부는 확장적 재정정책을 여러 차례 실행하며 대규모 인프라 투자와 경기부양을 시도했다. 그러나 높은 부채 수준과 낮은 민간 소비로 인해 재정정책의 효과는 제한적이었다. 중앙은행 역시 금리를 지속적으로 인하하고 양적완화를 도입했으나, 민간부문의 투자와 소비가 기대만큼 회복되지 않았다. 이는 유동성 함정과 같은 구조적 문제가 통화정책의 효과를 제한했음을 보여준다.

반면 2008년 글로벌 금융위기 당시 독일은 신중한 재정정책과 안정적인 통화정책을 조합하여 위기를 효과적으로 극복한 사례로 평가받는다. 독일 정부는 경기 침체 초기에 재정지출을 늘리되, 장기적으로 지속가능한 부양책에 초점을 맞췄다. 동시에 유럽중앙은행(ECB)은 금리를 인하하고 금융시장 안정화를 위해 적극적으로 개입했다. 이러한 조합은 단기적인 경제 회복과 장기적인 신뢰 구축을 동시에 이루는 데 기여했다.

또 다른 사례로 2020년 COVID-19 팬데믹 시기를 들 수 있다. 당시 전 세계 대부분의 국가들은 대규모 재정지출과 통화 완화를 동시에 실행했다. 미국은 CARES 법안을 통해 대규모 현금 지원과 실업급여 확대를 포함한 재정정책을 실행했으며, 연방준비제도는 금리를 제로 수준으로 낮추고 양적완화를 통해 유동성을 공급했다. 이러한 정책 조합은 초기의 급격한 경기 침체를 완화하고, 소비와 투자 회복을 촉진하는 데 중요한 역할을 했다. 그러나 장기적으로는 인플레이션 압력(부동산 가격 상승)과 부채 증가라는 도전 과제를 남겼음을 부인할 수 없다.

이러한 사례들은 정책 효과가 경제 구조와 상황에 따라 크게 달라질 수 있음을 시사한다. 재정정책과 통화정책은 단독으로 실행될 때보다 상호 보완적으로 운영될 때 더 강력한 결과를 낼 수 있다. 그러나 두 정책이 충돌하거나 부작용을 초래할 가능성도 항상 존재하므로, 정책 결정자는 신중한 분석과 조화를 기반으로 전략을 설계해야 한다. 이러한 점에서 IS－LM 모형은 다양한 정책 조합의 결과를 이해하고 평가하는 데 중요한 이론적 도구로 활용될 수 있다.

주요 용어

재정정책	조세 정책	지출정책	통화정책	IS-LM 모형
확장 재정	긴축 재정	구축 효과	조세 승수	승수효과
이자율	국민소득	총수요	중앙은행	통화량
공개시장조작	지급준비율 조정	기준금리 정책	물가	인플레이션
AD 곡선				

연습문제

01 정부가 10억 원 규모의 재정지출을 증가시켰을 때, 한계소비성향(MPC)이 0.8이라고 가정하자. 재정정책의 승수효과를 계산하고, 총산출(GDP) 증가 효과를 구하시오.

02 조세를 5억 원 인상할 경우, 한계소비성향(MPC)이 0.75라면 총산출(GDP)의 변화량을 계산하시오.

03 한계소비성향(MPC)이 0.8인 상황에서 정부가 재정지출을 10억 원 증가시키려 한다. 그러나 경제가 점점 완전고용에 가까워지면서 생산능력의 한계로 인해 재정정책 승수가 기대치보다 낮아질 가능성이 있다. 이 경우 재정정책 승수의 크기가 감소하는 주요 원인 두 가지를 설명하시오.

04 중앙은행이 공개시장조작을 통해 이자율을 4%에서 3%로 낮추었다고 가정하자. 이로 인해 LM 곡선이 오른쪽으로 이동하면서, 총산출(GDP)이 30억 원 증가하였다. 이 변화가 이루어진 과정에서 통화정책의 주요 기제를 서술하시오.

05 한 경제에서 다음의 IS－LM 모형이 주어졌다.

IS 곡선 : $Y = 150 - 200i$

LM 곡선 : $Y = 50 + 100i$

여기서 Y는 국민소득(단위 : 억 원), i는 이자율(%)이다. 정부가 경기부양을 위해 재정정책을 시행하여 IS 곡선이 $Y=170-200i$로 이동했다고 가정하자.

1) 정책 시행 전과 후의 IS－LM 모형의 균형 국민소득(Y)과 이자율(i)을 계산하시오.

2) 이 재정정책으로 인해 국민소득이 얼마나 증가했는지 계산하시오.

참고문헌

김경수, 박대근(2020), 거시경제학, 서울: 박영사.

김영덕, 조경엽(2008), 우리나라 재정정책의 경기조절 효과에 대한 실증분석, 한국경제연구, 23, 31-65.

시사경제신문, "정부, 경기 침체 대응 위해 확장 재정정책 펼쳐야", 2023년 1월 12일자.

이병락(2023), N. Gregory Mankiw의 거시경제학 번역서, 서울: 시그마프레스.

이항용, 조동철, 김장렬, 조성훈(2005), 통화정책의 실물경제 파급효과에 관한 연구, 정책연구시리즈, 한국개발연구원.

장동구(2002), 우리나라 통화정책의 파급효과 분석: 파급경로별 상대적 중요성을 중심으로, 금융연구, 16(1), 1-47.

최희갑(2023), Oliver Blanchard의 거시경제학 번역서, 서울: 시그마프레스.

한국경제신문, [다산 칼럼] 재정정책과 통화정책의 엇박자, 2021년 7월 16일자.

한국경제신문, 금리 내리면 환율 뛸라 … 통화정책 발목잡는 '트릴레마', 2024년 5월 21일자.

한국은행 편집부(2017), 한국의 통화정책, 서울: 한국은행.

홍승현, 류덕현, 전병목, 윤성주(2014), 경제성장과 재정정책, 서울: 한국조세재정연구원.

홍태희(2009), IS－LM 모형과 거시경제학에서의 역할－라카토슈의 '과학적 연구프로그램 방법론'을 중심으로, 경제학연구, 57(1), 185-213.

CHAPTER

12

국제화와 국제거시경제

학습목표

환율의 결정 요인, 환율제도, 외환시장의 작동 원리를 학습하고, 국제통화시스템의 변천과정을 알아본다. 또한 국제수지의 구성 요소(경상수지, 자본수지 등)를 다루고, 국제 무역과 자본 이동의 영향을 조명한다. 더불어 국제화의 경제적 효과, 무역협정, 경제통합의 장단점을 살펴보고, 마지막으로, 국제 금융위기의 원인과 결과를 분석하고, 위기관리 및 예방을 위한 정책을 논한다.

제 1 절 환율과 국제통화시스템의 변천

제 2 절 국제 무역과 국제수지

제 3 절 국제화와 지역경제통합

제 4 절 금융위기와 경제 안정

토의자료 12-1 **[매경시평] 2025년 위기의 원화가치와 한국 경제**

환율 상승이 지속되고 있다. 원·달러 환율이 지난 금요일에는 1,480원을 넘어 15년 만에 최고치를 기록했다. 환율이 이렇게 오른 적은 1997년 동아시아 금융위기와 2008년 글로벌 금융위기밖에 없었다.

환율 상승은 수입품 가격을 올려 인플레이션을 유발한다. 달러로 빌린 대외 부채 상환 부담을 증가시킨다. 반면 수출기업은 달러 표시 가격을 낮춰 수출을 늘릴 수 있고 원화 환산 수익이 늘어난다. 따라서 환율 상승이 모두에게 나쁜 것은 아니다.

그러나 환율의 급격한 상승은 대외 거래를 불안정하게 하고, 환율의 추가 상승 기대를 부추겨 외환 관리에 어려움을 초래할 수 있다. 투자자들이 환율 상승을 예상하면, 국내 자산보다는 해외 자산 투자 비중을 늘리고 달러 수요가 많아져서 환율이 더욱 상승한다. 투기 목적의 달러 수요도 증가한다. 이 상황에서 환율 안정을 위해 한국은행이 외환시장에 달러를 공급하면 외환 보유고가 줄어든다. 1997년에는 외환 보유고가 부족하고 단기 외화부채가 많아 외환위기를 겪었다. 현재는 외환 보유고가 충분하지만, 대내외 경제 상황의 불확실성은 매우 높다.

환율의 절대적 수준보다는 고환율에 반영된 한국 경제 상황이 문제다. 환율은 한국 경제의 펀더멘털을 반영한다. 환율 상승의 원인을 정확히 이해하고 대응해야 한다. 환율은 대외 요인과 대내 요인의 영향을 받는다. 원·달러 환율은 원화를 달러에 비교한 대외 가치의 척도다. 따라서 달러 가치를 변동시키는 대외 요인은 원·달러 환율을 직접 변화시킨다. 미국 연방준비제도가 기준금리를 다른 국가보다 높게 유지하고 미국 경제가 양호하면, 달러 자산으로 국제 자금이 몰리고 강달러가 지속된다. 12월에 연준이 금리 인하 속도 조절을 시사하면서 달러 강세가 이어졌고 세계 주요 통화가 모두 약세를 보였다.

그런데 지난 1개월 동안 원화 가치 하락폭은 5.5%로 대부분 통화보다 더 컸다. 즉, 국내 경제 요인이 환율 상승에 크게 작용했다. 한국 자산의 기대수익률이 낮으면 자본 유출이 발생해 환율이 오를 수밖에 없다. 경기가 침체하고 생산성 증가도 둔화되어 한국의 투자수익률은 낮다. 12·3 비상계엄과 탄핵 정국이 계속되면서 불확실성과 투자 위험이 커졌다. 만일 혼란이 더 심해지고 국가 신용등급이 낮아지면, 외국인 자금 이탈과 환율 상승은 가속화할 것이다.

대외·대내 요인이 복합적으로 작용하면서 원·달러 환율이 1,500원을 넘어 상승할 가능성을 배제할 수 없다. 한국 경제가 심각한 위기에 처했다. 또 한 번의 금융위기를 막는다는 비상한 각오로 대처해야 한다. 먼저, 정부가 우리 경제의 취약한 부문을 철저히 점검하고 외화유동성을 안정적으로 관리해야 한다. 외환시장 안정에 힘쓰고 시장 참가자의 환율에 대한 기대가 한쪽으로 쏠리지 않도록 하면서 특정한 환율 수준을 방어하려는 과도한 개입은 지양해야 한다. 가계, 기업, 금융기관도 유동성과 위험 관리에 주의를 기울여야 한다. 경기 회복, 물가 안정, 생산성 향상, 수출 경쟁력 제고에 힘써야 한다. 한국이 지금의 정치적 불안정을 잘 극복하고 경제 체질 개선에 주력하면 환율은 과거 수준으로 빠르게 돌아갈 수 있다.

2025년 한국 경제는 녹록지 않은 대내외 도전에 직면해 있다. 미국 트럼프 정부의 보호무역주의 강화, 중국 경제 침체, 내수 부진, 정치적 혼란 등으로 복합위기를 맞았다. 어려운 상황이지만, 한국은 과거 두 차례의 금융위기를 빠르게 극복하여 세계적 주목을 받았다. 이번에도 국민의 단결과 노력으로 정치적 혼란을 극복하여 더 나은 국가를 만들고 경제를 회복할 수 있을 것이라 믿는다.

Q 질문

1. 원화 환율 상승이 한국 경제에 미치는 긍정적 · 부정적 영향은 무엇이며, 이를 완화하기 위한 정책적 대응 방안에는 어떤 것이 있는가?
2. 국제통화시스템의 변천 과정에서 현재의 변동환율제가 이러한 환율 변동성에 어떻게 기여하고 있는지 논하시오.
3. 환율 변동성이 기업의 투자 결정과 소비자의 구매력에 미치는 영향은 무엇이며, 이를 안정화하기 위한 방안에는 어떤 것이 있는가?

〈출처: 매일경제신문, 2024년 12월 29일자〉

제 1 절 환율과 국제통화시스템의 변천

1. 환율의 결정 요인

환율은 한 국가의 화폐가 다른 국가의 화폐와 교환되는 비율로, 국제 경제와 무역의 중심 요소로 작용한다. 환율의 움직임은 수출입 가격, 투자 유치, 물가 안정성 등 경제 전반에 걸쳐 광범위한 영향을 미치며, 그 결정 요인은 단순하지 않고 다차원적이다. 환율은 기본적으로 외환시장에서 화폐에 대한 수요와 공급에 따라 결정되지만, 다양한 경제적, 정치적, 심리적 요인이 상호작용하면서 형성된다. 따라서 환율의 결정 요인을 이해하려면 경제 이론뿐만 아니라 국제 정치 및 시장 심리를 포괄적으로 고려해야 한다.

이러한 요인들은 단기적으로나 장기적으로 환율에 서로 다른 영향을 가져오며, 각 요인의 영향력은 시장 상황에 따라 변화한다.

환율 결정 요인의 첫 번째 주요 측면은 이론적 프레임워크에서 찾을 수 있다. **구매력 평가설**(purchasing power parity; PPP)은 동일한 상품이 전 세계 어디에서나 동일한 가격으로 거래되어야 한다는 가정에 기반을 둔다. 이 이론에 따르면, 환율은 두 국가의 물가 수준 차이에 따라 변동하며, 물가가 높은 국가는 화폐 가치가 하락하는 경향이 있다. 이와 달리 **이자율 평가설**(interest rate parity; IRP)은 자본 이동이 자유로운 상황에서 이자율 차이가 환율 변동에 영향을 미친다고 본다. 이 이론의 설명에 의하면, 이자율이 높은 국가는 투자 매력을 갖게 되고, 해당 국가의 통화에 대한 수요가 증가해 환율이 상승한다. 이러한 이론들은 장기적인 환율 변동의 기본적인 방향성을 제시하지만, 현실에서는 경제적 불균형, 정부 개입 등으로 인해 이러한 이론들이 항상 그대로 적용되지는 않는다.

환율에 영향을 미치는 두 번째 요인은 정부의 경제정책이다. 정부와 중앙은행은 외환시장에 개입하거나 정책 도구를 활용해 환율 변동성을 제어하려 한다. 예를 들어, 통화정책은 금리 조정을 통해 환율에 간접적인 영향을 미친다. 금리를 인상하면 해당 국가의 통화 가치가 상승하는 경향이 있으며, 이는 외국 자본의 유입을 촉진한다. 반대로 금리를 인하하면 통화 가치가 하락하면서 수출 경쟁력이 강화될 수 있다. 게다가 외환시장에서 중앙은행의 직접적인 개입도 중요한 역할을 한다. 가령, 외환 보유고를 활용해 특정 통화를 매수하거나 매도함으로써 환율을 안정화시키려는 노력이 이러한 개입에 해당한다. 이러한 개입은 특히 고정환율제 하에서 더 두드러지지만, 변동환율제에서도 심리적 신호를 통해 시장에 영향을 미칠 수 있다.

심리적 요인도 환율 결정에서 무시할 수 없는 중요한 요소이며, 투자자들의 기대와 시장 심리는 환율 변동성에 직접적인 영향을 준다. 특히 단기적으로는 특정 통화에 대한 시장의 신뢰도가 큰 영향을 미치는데, 이는 정치적 안정성, 경제성장 전망, 그리고 글로벌 이벤트와 같은 외부적 요인에 의해 좌우된다. 즉, 특정 국가의 경제 지표가 예상보다 긍정적일 경우, 해당 통화에 대한 신뢰가 증가하면서 가치가 상승하는 경향을 보이고, 반대로 정치적 불안정이나 자연재해와 같은 위기가 발생하면 해당 통화의 가치는 하락할 가능성이 높다. 심리적 요인은 이론적 근거나 정책적 개입만으로 설명하기 어려운 환율의 비합리적 변동성을 설명하는 데 유용하다.

장기적으로는 구조적 요인들이 환율 결정과 상관관계를 크게 갖는다. 경제의 생산성, 수출입 구조, 그리고 산업 경쟁력은 해당 국가 통화의 장기적 가치를 결정짓는 주요 요인으로 작용한다. 예컨대, 고도로 산업화된 경제는 높은 생산성을 기반으로 안정적인 외환 수입을 창출하며, 이는 통화 가치의 상승 요인이 된다. 이와 달리 수출의존도가 높은 국가에서는 수출품의 가격 변동성이 환율에 큰 영향을 미칠 수 있다. 그리고 자본 흐름의 구조도 장기적인 환율 변동에 중요한 영향을 주는 요소로 꼽힌다. 외국인직접투자(FDI)가 높은 국가는 해당 통화에 대한 수요가 증가할 가능성이 높으며, 이는 통화 가치를 장기적으로 상승시키는 요인이 된다.

마지막으로, 글로벌 경제 환경, 즉 세계적인 금융위기, 무역 분쟁, 원자재 가격 변동 등도 특정 국가의 환율에 직・간접적인 영향을 주는 것으로 고려된다. 예컨대, 2008년 글로벌 금융위기 당시 미국 달러는 안전 자산으로 간주되어 많은 국가의 화폐 가치가 하락하는 가운데에서도 강세를 보였다. 이러한 글로벌 요인들은 개별 국가의 경제정책이나 시장 심리로는 설명하기 어려운 환율 변동의 맥락을 제공한다. 따라서 환율을 결정짓는 요인은 다층적이며, 이를 이해하기 위해서는 경제적, 정책적, 심리적, 그리고 구조적 요인을 모두 통합적으로 분석해야 한다.

2. 환율제도

환율제도는 한 국가의 통화와 다른 국가의 통화 간 교환 비율을 결정하고 관리하는 방식을 말하며, 국제 경제와 무역의 핵심적인 역할을 담당한다. 이 제도는 국가 간의 거래와 투자 흐름을 조정하고 각국 경제의 안정성을 보장하는 데 있어 중요한 도구로 작용한다. 환율제도는 크게 고정환율제(fixed exchange rate)와 변동환율제(floating exchange rate), 그리고 관리변동환율제(managed floating exchange rate)로 나뉜다. 고정환율제는 다시 고정환율(fixed exchange rate)과 연동환율(pegged exchange rate)로 세분화되며, 이는 통화 가치 유지 방식에서 차이를 보인다. 변동환율제는 시장의 수요와 공급에 따라 환율이 자유롭게 결정되며, 관리변동환율제는 변동환율제를 기반으로 정부가 특정 상황에서 개입하는 형태이다. 이러한 환율제도는 각 국가의 경제정책 목표와 대외 전략에 따라 선택되고, 각 제도마다 경제에 미치는 영향이 다르다. 따라서 환율제도를 이해하려면 그 작동 원리와 특징, 그리고 국가 경제 및 국제 협력에 미치는 함의를 종합적으로 파악할 필요가 있다.

고정환율제(fixed exchange rate)는 한 국가의 통화를 특정 외국 통화나 금과 같은 기초 자산에 고정시키는 방식으로, 다시 **엄격한 고정환율**(fixed exchange rate)과 **연동환율**(pegged exchange rate)로 나뉜다. 엄격한 고정환율은 중앙은행이 자국 통화를 특정 기준에 절대적으로 고정시키는 방식으로, 환율 변동을 철저히 제한한다. 이와 대조적으로, 연동환율은 특정 통화나 통화 바스켓(currency basket)에 환율을 고정하되, 일정한 변동 폭을 허용하는 방식으로 운영된다. 예를 들어, 국가가 자국 통화를 미국 달러에 연동(pegged)하고 ±2% 변동 폭을 허용하는 경우, 통화 가치가 허용 범위를 초과할 경우 중앙은행이 외환시장에 개입해 조정한다.[1] 고정환율제의 장점으로는 국제 무역과 투자의 예측 가능성을 높이고, 물가 안정성을 유지할 수 있다는 점이 있다. 특히나 개발도상국은 환율 안정이 외국 자본 유치와 경제성장에 긍정적인 영향을 미친다. 그러나 단점으로는 외환 보유고가 충분하지 않으면 환율 유지가 어려우며, 경제적 충격이나 투기적 공격에 취약하다는 점을 들 수 있다. 고정환율제를 채택한 국가는 대체로 통화정책의 독립성을 제한받으며, 이를 통해 경제적 균형을 유지하기 위해 다른 정책 도구를 활용해야 한다.

변동환율제(floating exchange rate)는 외환시장에서 수요와 공급에 의해 환율이 자유롭게 결정되는 제도로, 정부의 개입이 최소화된 상태에서 운영된다. 이 제도의 주요 특징은 시장의 자율성과 유연성으로, 경제 상황에 따라 환율이 자연스럽게 조정되기 때문에 외부 충격을 흡수하는 데 유리하다는 점이다. 선진국에서는 자본 이동이 자유롭고 시장 메커니즘이 비교적 효율적으로 작동하기 때문에 변동환율제가 자주 채택된다. 이러한 제도의 장점은 경제적 불균형이 발생했을 때 환율이 자동으로 조정되므로 외환시장의 안정성을 유지할 수 있다는 것이다. 그러나 단점으로는 환율 변동성이 커질 가능성이 높아, 이는 수출입 기업과 외환 거래자들에게 불확실성을 증가시킨다. 더불어 환율의 급격한 변동은 물가 상승이나 경기 침체와 같은 경제적 불안정을 초래할 수 있다. 따라서 변동환율제를 채택한 국가들은 금융시장의 심리적 요인에 민감하게 반응하며, 이를

---

1) 고정환율과 연동환율의 차이는 다음과 같다: 고정환율은 한 국가의 통화 가치가 특정 기준(예 금, 다른 국가의 통화)에 고정되어 변동하지 않도록 정부나 중앙은행이 설정한 환율 체제이고(예 1달러=1,000원으로 고정), 연동환율(페그제)은 특정 통화(보통 달러, 유로 등)에 자국 통화의 가치를 연동하지만, 일정한 범위 내에서는 환율이 변동될 수 있으며, 중앙은행이 시장 개입을 통해 환율을 목표 수준으로 유지한다(예 홍콩 달러는 미 달러에 연동되어 있지만, 미세한 변동폭이 허용됨).

┃그림 12-1┃ 환율제도의 작동 방식과 주요 특성

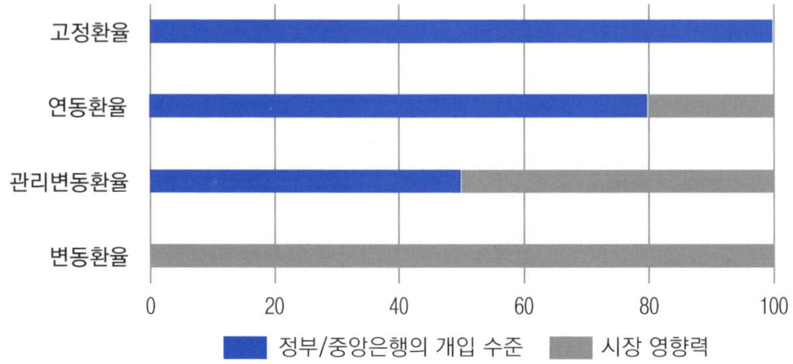

관리하기 위한 정책적 노력이 필요하다.

관리변동환율제(managed floating exchange rate)는 변동환율제와 고정환율제의 중간 형태로, 환율이 시장에서 자유롭게 결정되지만 필요시 정부와 중앙은행이 개입하여 안정성을 유지하는 시스템이다. 이 제도는 유연성과 안정성을 동시에 추구할 수 있다는 점에서 많은 국가가 채택하고 있다. 관리변동환율제는 경제적 상황에 따라 적절한 조치를 취할 수 있는 유연성을 제공하며, 환율 변동성이 심화될 경우 중앙은행의 개입으로 이를 완화할 수 있다. 이 제도의 장점은 시장의 자율성을 유지하면서도 외환 보유고를 효율적으로 활용해 위기에 대처할 수 있다는 것이다. 그러나 정부의 개입이 빈번할 경우 시장 참여자들의 신뢰를 저하시킬 수 있고, 이는 오히려 환율 안정성을 위협할 가능성을 야기한다. 그리고 중앙은행의 개입이 시장의 흐름과 충돌할 경우 경제적 비효율성이 발생할 수도 있다. 이러한 이유로 관리변동환율제를 효과적으로 운영하려면 적절한 개입과 시장 신호를 해석하는 능력이 필수적이다. 고정환율, 연동환율, 관리변동환율 간의 차이는 <표 12-1>에 요약 및 정리하였다.

┃표 12-1┃ 고정환율, 연동환율, 관리변동환율 간 비교

특 징	고정환율제	연동환율제	관리변동환율제
환율 변동	완전히 고정(변동 없음)	제한된 변동 허용(일정 범위 내에서 움직임 가능)	기본적으로 시장에서 자유롭게 변동(중앙은행의 개입으로 조정)
중앙은행 개입	지속적이고 강력한 개입 필요	필요할 때만 개입	시장 불안정 시 개입
시장 자율성	거의 없음	일부 허용	제한적 자유
운영 유연성	매우 낮음	상대적으로 높음	높음(시장 중심, 개입은 선택적)

환율제도는 선택된 방식에 따라 국가 경제정책과 국제 협력에 상이한 영향을 미친다. 고정환율제는 국제 무역과 투자에서 안정적인 환경을 제공하므로 다자간 무역협정이나 지역경제협력에서 중요한 역할을 한다. 이와 달리 변동환율제는 시장 자율성을 중시하며, 자본 이동이 자유로운 경제 체제에서 유리하게 작용한다. 관리변동환율제는 유연성과 안정성 간의 균형을 추구하며, 경제적 위기 상황에서 효과적인 수단으로 활용될 수 있다. 각국은 자국의 경제 구조와 정책 목표에 맞는 환율제도를 선택하며, 이는 통화정책, 무역정책, 그리고 국제 금융시장에서의 경쟁력과 밀접한 관련이 있다. 궁극적으로 환율제도는 국가 간 협력의 기반이 되는 동시에, 각국의 경제적 독립성과 안정성을 유지하는 데 핵심적인 역할을 수행한다.

3. 외환시장의 작동 원리

외환시장은 국가 간 통화가 교환되는 공간으로, 세계 경제에서 가장 규모가 크고 복잡한 금융시장 중 하나이다. 이 시장은 주로 국제 무역과 투자, 그리고 금융 거래의 원활한 진행을 위해 존재하며, 외환시장에서 형성된 환율은 경제의 다양한 영역에 영향을 준다. 외환시장은 현물시장과 선물시장으로 구분되는데, 각 시장은 거래의 목적과 시간적 특성에 따라 다르게 운영된다. 현물시장에서는 즉각적인 통화 교환이 이루어져, 단기적인 수요와 공급에 의해 환율이 결정된다. 이와 달리 선물시장은 미래의 특정 시점에 거래를 확정짓는 계약이 이루어지는 곳으로, 환율 변동에 대한 헤지나 투기적 거래가 이루어진다. 외환시장은 또한 24시간 운영되면서, 런던, 뉴욕, 도쿄와 같은 주요 금융허브에서 시간대에 따라 거래가 계속된다. 이러한 특징은 외환시장이 높은 유동성을 가지는 이유 중 하나로, 이는 거래 참여자들이 원하는 시점에 통화를 매매할 수 있도록 보장한다. 또한 외환시장은 비집중화된 시장으로서, 거래가 전 세계적으로 분산되어 이루어지기 때문에 특정 정부나 기관에 의해 통제되지 않는다. 이러한 비집중화는 외환시장의 투명성과 효율성을 높이는 한편, 급격한 변동성의 원인이 되기도 한다.

외환시장에서 환율은 통화에 대한 수요와 공급의 상호작용을 통해 결정된다. 통화의 수요는 해당 통화가 거래되는 국가의 경제적 안정성, 투자 매력, 그리고 교역 규모에 따라 달라진다. 예를 들어, 경제성장이 빠르고 안정적인 나라의 통화는 외국인 투자자들에게 매력적으로 다가와 높은 수요를 얻게 된다. 반면, 통화의 공급은 해당 국가 중앙은행의 통화정책, 외환 보유고 수준, 그리고 수출입 활동에 의해 영향을 받는다. 수출이 많은 국가의 경우, 해당 국가의 통화는 외환시장에서 높은 수요를 보이며 그 가치를 유지하거나 상승시킨다. 이러한 수요와 공급의 상호작용은 시장의 자율성을 기반으로 하지만, 때로는 정부나 중앙은행의 개입에 의해 조정되기도 한다. 가령, 특정 국가의 통화 가치가 과도하게 상승하면, 해당 국가는 자국 통화를 매도해 수출 경쟁력을 유지하려고 할 수 있다. 이러한 조치는 환율 안정성을 도모하기 위한 전략적 접근으로, 환율이 경제에 미치는 영향을 최소화하려는 목적을 가진다.

외환시장의 주요 참여자들은 중앙은행, 상업은행, 다국적기업, 헤지펀드, 그리고 개인 투자자로 구성된다. **중앙은행**은 통화정책을 집행하며 외환시장에서 중요한 역할을 한다. 이들은 외환시장에 개입해 환율을 조정하거나 외환 보유고를 관리함으로써 경제 안정성을 유지하려고 한다. 이에 반해 **상업은행**은 고객의 외환 거래를 중개하거나 자체적으로 통화 거래에 참여하며, 외환시장에서 가장 큰 거래량을 차지한다. **다국적기업**은 국제 거래와 관련된 외환 위험을 헤지하거나 외국 자산의 매입 및 매각을 위해 외환시장에 참여한다. 그리고 **헤지펀드**와 같은 금융기관은 환율 변동을 이용해 투기적 거래를 수행하며, 외환시장의 유동성과 변동성을 높이는 데 기여한다. 개인 투자자들도 소규모로 외환시장에 참여해 투자를 하거나 여행, 유학 등과 같은 개인적 목적으로 외환을 거래한다. 이러한 다양한 참여자들의 상호작용은 외환시장을 활발하게 유지하면서 환율이 끊임없이 변동하는 동력을 제공한다.

환율의 변동성은 외환시장의 작동에서 중요한 특징 중 하나로, 이는 다양한 경제적, 정치적, 그리고 심리적 요인에 의해 발생한다. 경제적 요인으로는 이자율 변화, 물가 수준, 그리고 경제성장률이 있으며, 이러한 요인은 외환시장에서 통화의 수요와 공급에 직접적인 영향을 미친다. 정치적 요인으로는 정부 정책, 국제 분쟁, 그리고 선거 결과와 같은 이벤트가 환율 변동성을 초래한다. 특히 정치적 불안정이 높은 경우, 외국인 투자자들은 해당 국가의 자산을 회피하기에 그 통화의 가치는 하락하게 된다. 심리적 요인으로는 투자자들의 기대와 시장 신뢰가 포함되며, 이는 때로는 경제적 근거보다 더 큰 영향을 가져오기도 한다. 투자자들은 글로벌 이벤트나 경제 지표에 대한 예상치를 기반으로 행동하고, 이는 환율의 급격한 변동성을 야기할 수 있다. 이러한 요인들이 복합적으로 작용하면서 외환시장은 매우 동적이고 예측 불가능한 특성을 띠게 된다.

외환시장의 유동성은 시장의 핵심적인 특성 중 하나로, 거래가 원활하게 이루어질 수 있도록 보장한다. 유동성이 높은 시장에서는 대량의 통화 거래가 빠르게 이루어질 수 있기에, 이는 가격 변동성을 줄이고 거래 비용을 낮추는 데 기여한다. 외환시장의 유동성은 주로 주요 통화(예 미국 달러, 유로, 일본 엔)에서 높게 나타나고, 이러한 통화들은 세계 경제에서 중요한 역할을 하기 때문에 수요와 공급이 꾸준히 유지된다. 그러나 유동성이 낮은 통화에서는 거래가 지연되거나 가격이 급변동하는 현상이 발생할 수 있다. 이는 특히 개발도상국의 통화에서 자주 관찰되는데, 이러한 모습은 해당 국가의 경제 안정성에도 영향을 미친다. 유동성은 외환시장의 효율성을 평가하는 중요한 지표로, 시장 참여자들이 필요할 때 통화를 거래할 수 있는 환경을 조성한다.

외환시장에서 사용되는 거래 방식은 다양한데, 이들은 거래의 목적과 특성에 따라 선택된다. **현물 거래**(spot trading)는 외환시장에서 가장 일반적인 형태로, 즉각적인 결제를 기반으로 하고, 이러한 거래는 주로 단기적인 통화 교환에 사용되는바, 환율은 거래 시점에서 결정된다. **선물 거래**(forward trading)는 미래의 특정 날짜에 통화 교환을 확정짓는 계약으로, 환율 변동 위험을 회피하려는 기업과 투자자들이 주로 활용한다. **스왑 거래**(swap trading)는 두 통화 간 일정 금액을 교환한 후, 나중에 같은 금액을 반대 방향으로 교환하는 형태로, 주로 은행 간 거래에서 사용된다. 이 외에도 **옵션 거래**(option trading)는 특정 통화를 미래의 특정 시점에 정해진 환율로 거래할 수 있는 권리를 제공하며, 이는 환율 변동에 따른 손실을 제한하려는 목적으로 사용된다. 이러한 다양한 거래 방식은 외환시장의 유연성과 복잡성을 반영하여, 시장 참여자들의 다양한 요구를 충족시킨다.

외환시장은 비집중화된 특성으로 인해 특정 정부나 기관에 의해 직접적으로 통제되지 않는다. 이는 거래가 전 세계적으로 분산되어 이루어진다는 점에서, 시장 참여자들이 다양한 시간대에서 거래할 수 있도록 한다. 그러나 이러한 비집중화는 시장의 투명성을 높이는 동시에 급격한 변동성을 초래하기도 한다. 더욱이 외환시장은 투기적 거래에 민감하여, 환율 변동성을 더욱 증폭시킬 수 있다. 또한 비집중화된 특성은 정부가 환율을 안정화하려는 노력을 복잡하게 만들며, 중앙은행의 개입이 제한적인 영향만을 미치는 원인이 될 수 있다. 따라서 비집중화는 외환시장의 독특한 특징이자 도전 과제라고 할 수 있다.

외환시장의 작동 원리를 이해하는 것은 경제 전반에서 환율이 어떤 역할을 하는지 파악하는 데 필수적이다. 이 시장은 단순히 통화를 교환하는 공간이 아니라 글로벌 경제의 역동성을 반영하는 메커니즘으로 작동한다. 외환시장은 국제 무역, 투자, 그리고

금융 안정성에 중요한 영향을 미치는바, 다양한 시장 참여자들의 상호작용과 여러 가지 요인들의 조합으로 복잡하게 형성된다. 이를 통해 외환시장은 경제의 신호등 역할을 수행하고, 세계 경제가 어떻게 변화하고 있는지를 나타내는 중요한 지표로 작용한다.

4. 국제통화시스템의 변천 역사

국제통화시스템은 국가 간 무역과 자본 이동을 위한 통화 교환의 기본 틀을 제공하며, 세계 경제의 안정성과 발전에 결정적인 역할을 해왔다. 이 시스템은 특정 시대의 경제적, 정치적 환경에 따라 변천을 거듭하여 현재에 이르고 있다. 국제통화시스템의 역사는 크게 금본위제, 브레튼우즈 체제, 킹스턴 체제, 그리고 현대의 변동환율 체제로 구분될 수 있다. 이러한 변천 과정은 글로벌 경제의 요구와 각국의 경제적 이해관계에 따라 발전되어 왔던바, 각 단계마다 특징적인 장단점을 보였다.

국제통화시스템은 단순히 통화 간 교환을 관리하는 체계를 넘어 세계 경제 질서의 기반을 구축했다. 이를 통해 경제적 협력과 갈등이 반복되었고, 오늘날까지도 통화시스템은 글로벌 경제의 복잡성을 반영하는 중요한 구조로 남아 있다. 이러한 맥락에서, 국제통화시스템의 주요 변천 과정을 이해하는 것은 현재의 국제 경제 체제를 파악하는 데 유용하다.

금본위제(Gold Standard)는 19세기 후반에서 20세기 초반까지 국제통화시스템의 핵심 역할을 했던 체제로, 각국의 통화가 금의 일정량으로 교환 가능하도록 고정된 환율을 유지했다. 금본위제는 환율 안정성을 제공하고 국제 무역을 촉진하는 데 기여했으며, 이를 통해 세계 경제는 초기의 글로벌화 단계를 경험할 수 있었다. 각국은 금 보유고를 기반으로 통화를 발행했기 때문에 물가 안정성이 높았고, 무역 불균형도 금의 물리적 이동을 통해 자동적으로 조정되는 메커니즘이 작동했다. 그러나 금본위제는 금 생산량의 제한성과 금 보유고에 의존하는 시스템의 특성상 경제성장의 유연성을 제한하는 한계를 드러냈다. 특히 대공황 시기와 같은 글로벌 경제위기 동안 금본위제는 유동성 공급을 제한해 경기 회복을 저해했기에, 이로 인해 금본위제는 점차 약화되었다. 결국 1930년대에 들어서면서 많은 국가가 금본위제를 포기하고 자국 통화의 유연성을 확보하는 방향으로 전환했다.

브레튼우즈 체제(Bretton Woods System)는 제2차 세계대전 이후 국제 경제 질서를 재정립하기 위해 1944년에 도입된 시스템으로, 미국 달러를 중심으로 한 고정환율제였다. 이 체제에서 미국 달러는 금과 고정된 가치를 유지했으며, 달러는 금과 태환할 수 있는 유일한 통화였다. 브레튼우즈 체제는 글로벌 경제 안정성을 회복하고, 전후 경제 재건을 지원하는 데 중요한 역할을 했다. 이 체제는 국제통화기금(IMF)과 세계은행(World Bank)의 설립으로 이어지면서, 글로벌 금융 협력을 강화하는 데 혁혁한 공을 세웠다. 그러나 브레튼우즈 체제는 미국 달러에 지나치게 의존하는 구조적 취약성을 가지고 있었다. 1960년대 후반, 미국의 무역적자와 재정적자가 확대되면서 달러 가치에 대한 신뢰가 약화되었고, 1971년 닉슨 대통령의 금-달러 태환 중단 선언으로 브레튼우즈 체제는 사실상 종료되었다. 이후 국제사회는 새로운 통화 질서를 구축하기 위해 논의와 협상을 이어갔다.

1976년 **킹스턴 체제**(Kingston System)는 자메이카에서 열린 IMF 회의를 통해 도입된 새로운 국제통화시스템으로, 변동환율제의 합법적 기반을 마련했다.[2] 킹스턴 체제는 각국이 자국의 환율제도를 자유롭게 선택할 수 있도록 허용하며, 고정환율제와 변동환

---

2) 킹스턴 체제(Kingston System)는 1976년 자메이카의 킹스턴에서 열린 IMF 이사회 회의를 통해 채택된 수정된 국제통화제도를 말한다. 이 회의에서 1944년 브레튼우즈 체제로부터 이어져 온 고정환율제의 완전한 종말이 공식화되었고, 선진국을 중심으로 각국이 변동환율제(floating exchange rate system)를 채택하는 것이 허용되었다.

율제, 그리고 혼합형 제도가 공존할 수 있는 환경을 조성했다. 이 체제는 달러와 금의 연결을 완전히 끊었으며, 금본위제에서 이어져 온 금의 역할을 국제통화시스템에서 배제했다. 킹스턴 체제는 시장 메커니즘에 기반한 환율 결정 방식을 강조하면서, 환율 변동성을 통해 경제적 불균형을 조정할 수 있는 유연성을 제공했다. 그러나 동시에 킹스턴 체제는 변동환율제의 단점인 시장 변동성과 투기적 거래의 증가를 초래하였고, 이는 특히 금융위기 상황에서 글로벌 경제의 불확실성을 가중시키는 요인으로 작용했다. 킹스턴 체제는 현대 국제통화시스템의 토대를 형성했으며, 이후 각국은 자국 경제 상황에 맞는 환율제도를 선택하게 되었다.

킹스턴 체제 이후 국제통화시스템은 현대의 변동환율 체제(Floating Exchange Rate System)로 전환되었다. 이 체제는 시장의 수요와 공급에 따라 환율이 결정되는 방식으로, 국가 간 통화 가치가 유연하게 변동하는 특징을 가진다. 변동환율 체제는 각국이 자국의 통화정책을 독립적으로 운영할 수 있는 유연성을 제공하며, 경제적 불균형이 발생했을 때 환율 조정을 통해 자연스럽게 해소될 수 있는 장점이 있다. 그러나 변동환율 체제는 시장의 변동성이 커질 가능성을 내포하고 있고, 무엇보다 글로벌 금융위기와 같은 상황에서 환율이 과도하게 변동하는 문제가 나타났다. 이를 해결하기 위해 일부 국가는 관리변동환율제(managed floating exchange rate)를 도입해 시장 메커니즘과 정부 개입 간의 균형을 추구하고 있다. 이러한 체제는 글로벌 경제의 복잡성을 반영하고 있는바, 국가 간 경제 협력을 강화하기 위한 다양한 노력이 병행되고 있다.

국제통화시스템의 변천 과정은 단순히 경제적 요구뿐만 아니라 정치적 요인에 의해서도 크게 영향을 받았다. 금본위제에서 브레튼우즈 체제로의 전환은 세계대전 이후 새로운 국제 질서를 구축하려는 정치적 의도와 맞물려 있었으며, 브레튼우즈 체제의 붕괴는 미국 경제의 구조적 변화와 달러화의 지위 약화와 관련이 깊다. 또한 킹스턴 체제의 도입은 금의 역할을 배제하고 시장 중심의 시스템으로 전환하려는 국제사회의 합의에 기반했다. 현대의 변동환율 체제는 국제 금융시장의 급격한 팽창과 글로벌 자본 이동의 자유화가 중요한 배경으로 작용했다. 이러한 역사적 맥락은 국제통화시스템이 경제적 안정성과 정치적 협력을 동시에 요구하는 복잡한 구조임을 보여준다.

오늘날 국제통화시스템은 다양한 통화 제도와 정책이 공존하는 복합적인 구조로 발전했다. 일부 국가는 변동환율제를 채택해 시장의 자율성을 강조하는 반면, 다른 국가들은 고정환율제나 연동환율제를 통해 경제 안정성을 우선시하고 있다. 그 외에 유로와 같은 공동 통화시스템은 지역경제통합의 새로운 모델로 부상하며, 국제통화시스템의 다원화를 촉진했다. 이러한 다원화는 글로벌 경제의 복잡성을 반영하는 동시에, 국제협력과 갈등의 새로운 형태를 만들어내고 있다. 따라서 현대의 국제통화시스템은 단순히 환율 관리 체제를 넘어, 글로벌 경제 질서를 재정립하고 지속가능한 발전을 도모하기 위한 핵심적인 프레임워크(framework)로 자리 잡고 있다.

토의자료 12-2 4월 경상수지, 1년 만에 적자 전환

상품수지 흑자가 줄어든 가운데 외국인 투자자에 대한 배당이 늘면서 지난 4월 경상수지가 1년 만에 적자로 돌아섰다. 한국은행이 11일 발표한 국제수지 잠정통계에 따르면 올해 4월 경상수지는 2억 9,000만 달러 적자로 집계됐다. 작년 5월 이후 올해 3월까지 열한 달째 이어진 흑자 행렬이 멈췄다.

항목별로는 본원소득수지가 3월 18억 3,000만 달러 흑자에서 4월 33억 7,000만 달러 적자로 돌아섰다. 국내 기업이 통상 4월 외국인에게 배당금을 지급하는 계절적 요인 때문이라고 한은은 설명했다. 4월 배당소득수지는 35억 8,000만 달러 적자로 2021년 4월(−44억 8,000만 달러) 후 3년 만에 적자 규모가 가장 컸다.

상품수지(51억 1,000만 달러)는 작년 4월 이후 13개월 연속 흑자 행진을 이어갔다. 흑자 규모는 한 달 전(80억 9,000만 달러)보다 30억 달러 가까이 줄었다. 수출은 581억 7,000만 달러로 작년 4월보다 18.0% 뛰었다. 일곱 달째 증가세다. 품목 중에서는 반도체(54.5%), 석유제품(18.7%), 정보통신기기(16.7%), 승용차(11.4%) 등이 늘었다. 철강제품(−4.9%) 등은 뒷걸음쳤다. 수입은 530억 6,000만 달러로 1년 전보다 9% 증가했다. 석유제품(23.3%), 가스(21.9%), 원유(17.8%) 등 원자재 수입이 5.5% 늘었다.

서비스수지는 16억 6,000만 달러 적자로 1년 전(−11억 7,000만 달러)보다 적자 폭이 커졌다. 한 달 전(−24억 3,000만 달러)보다는 8억 달러 가까이 줄었다. 여행수지 적자(8억 2,000만 달러)가 한 달 전(−10억 7,000만 달러)보다 감소한 영향으로 분석됐다.

송재창 한은 금융통계부장은 "5월은 통관 기준 무역수지가 전월 대비 크게 확대되고 4월 결산 배당 지급 영향도 사라지면서 경상수지가 상당폭 흑자로 돌아설 것"이라고 내다봤다.

Q 질문

1. 경상수지 적자 전환의 주요 원인과 그 경제적 함의는 무엇인가?

2. 경상수지 적자가 지속될 경우 한국 경제에 미치는 잠재적 영향은 무엇이며, 이를 완화하기 위한 정책적 대응 방안에는 어떤 것이 있는가?
3. 국제 무역 환경 변화가 한국의 경상수지에 미치는 영향과 이에 대한 기업 및 정부의 대응 전략을 제시하시오.

〈출처: 한국경제신문, 2024년 6월 12일자〉

제 2 절 국제 무역과 국제수지

1. 국제수지의 구성 요소

국제수지는 한 국가의 대외 경제 활동을 기록하는 종합적인 지표로, 특정 기간 동안 발생한 모든 대외 거래를 체계적으로 나타낸다. 즉, 한 국가의 국제수지 통계는 그 국가가 해외에 얼마나 수출하고 수입하는지, 그리고 이를 통해 얼마나 외화를 벌어들이고 사용하는지를 명확히 보여준다. 이는 경상수지, 자본수지, 금융계정 등 여러 하위 항목으로 구성되어 있으며, 각 항목은 국제 무역, 자본 이동, 투자 흐름 등을 포함한다. 국제수지는 단순히 경제 활동의 기록일 뿐만 아니라 국가 경제의 안정성과 글로벌 경쟁력을 평가하는 데 중요한 지표가 된다. 이를 통해 특정 국가의 대외 수지 상태를 파악할 수 있으며, 이 지표는 경상수지 적자가 지속되는 경우 자본 유치나 구조 조정을 위한 경제 정책 수립에 필요한 근거를 제공한다. 예를 들어, 미국은 지속적인 경상수지 적자를 금융계정을 통한 외국 자본 유입으로 보완해왔다. 그러나 경상수지 적자는 장기적으로 경제적 취약성을 초래할 가능성이 크기에, 국제수지는 단순한 경제 지표를 넘어 정책 결정의 핵심적인 정보로 활용된다.

경상수지는 국제수지의 가장 중요한 구성 요소 중 하나로, 상품 및 서비스 무역, 본원소득, 이전소득을 포함한다. 먼저, 상품 및 서비스 무역은 수출입 활동에서 발생한 수익과 비용을 나타낸다. 가령, 특정 국가가 자동차를 수출하여 얻은 수익은 경상수지의 흑자 요인이 되는 반면, 원유와 같은 필수 재화를 수입하면 경상수지 적자를 늘린다. 본원소득은 해외 투자로부터 발생한 이자, 배당금, 임금 등을 포함하며, 국제 금융시장에서 주요한 위치를 차지한다. 한 예로, 독일 기업들이 해외에 투자하여 얻은 배당금은 독일의 본원소득에 크게 기여한다. 마지막으로, 이전소득은 송금과 같은 일방적 이전을 포함하고, 개발도상국에서는 중요한 외화 유입원으로 작용한다. 경상수지는 국가 경제의 지속가능성을 평가하는 데 핵심적인 역할을 하는데, 이의 장기적인 불균형은 환율 변동과 외채 증가로 이어질 수 있다.

자본수지는 국가 간 자산의 이동과 관련된 거래를 다룬다. 이는 주로 국제 기부, 유산, 천연자원 권리 이전 등으로 구성된다. 이러한 자산 이동은 상대적으로 드물지만, 특정 상황에서는 경제적으로 중요한 의미를 가질 수 있다. 예컨대, 한 국가가 해외로부터 대규모의 기부금을 받거나, 자국의 자산을 외국에 매각할 경우 자본수지에 반영되는데, 그렇기에 만약 개발도상국이 국제 기부금을 받았다면, 이 기부금은 자본수지 항목에 포함되어 국가 간의 자산 이동으로 계산된다. 비록 자본수지는 경상수지와 금융계정에 비해 상대적으로 규모가 작지만, 이는 대외 거래의 완전한 기록을 제공하기 위해 필수적이어서 자본수지의 변동은 외환 보유고나 기타 금융 흐름과 연계되어 국가 경제의 균형을 평가하는 데 결정적인 단서가 된다.

금융계정은 국제수지에서 자본 이동과 관련된 가장 중요한 부분으로, 직접투자, 포트폴리오 투자, 기타 투자, 외환 보유고 변동을 포함한다. 직접투자는 한 기업이 다른 국가의 기업이나 자산에 실질적인 통제권을 확보하기 위해 투자하는 것을 의미한다. 포트폴리오 투자는 주식, 채권 등 금융자산에 대한 투자로, 단기적인 수익 창출을 목적으로 한다. 기타 투자는 차입, 예금, 무역 신용 등으로 구성되며, 금융시스템 내 유동성을 유지하는 데 크게 이바지한다. 이와 함께 외환 보유고는 국가가 대외 경제 활동에서 직면하는 변동성을 관리하고 환율 안정화를 도모하기 위한 핵심적인 수단이다. 중앙은행은 외환시장에 개입하여 환율을 안정시키는 과정에서 외환 보유고를 조정하게 되며, 이에 따라 외환 보유고의 변동이 발생한다. 이러한 금융계정의 동향은 글로벌 자본 흐름과 국제 금융시장의 상태를 반영하고, 국가 간 경제적 상호 의존도를 보여주는 지표로 활용된다.

국제수지의 구성 요소는 개별적으로 분리되어 있는 것이 아니라 상호 연계되어 작동하는데, 특히 경상수지와 금융계정은 밀접한 관계를 가진다. 경상수지 흑자는 보통 금융계정에서의 자산 축적을 의미하나, 반대로 경상수지 적자는 금융계정을 통해 외부로부터 자금을 조달해야 함을 나타낸다. 예를 들어, 중국은 경상수지 흑자를 바탕으로 외환 보유고를 축적해 왔으며, 이는 글로벌 금융 안정성을 유지하는 데 중추적인 역할을 하고 있다. 또 다른 예로 미국은 경상수지 적자를 금융계정을 통한 외국 자본 유입으로 보완한다. 이러한 상호작용은 국제 금융시장에서 자금의 흐름을 설명하며, 글로벌 경제의 안정성에 큰 영향을 미친다. 따라서 두 요소 간의 균형을 이해하는 것은 국제 경제를 분석하는 데 있어 매우 긴요하다.

국제수지는 환율 변동과 밀접한 연관이 있다. 경상수지 적자가 발생하면 해당 국가의 통화에 대한 수요가 감소하고, 이는 환율 상승(통화 가치 하락)으로 이어질 수 있다. 반대로 경상수지 흑자는 통화 강세를 유발할 가능성이 있다. 이러한 환율 변동은 국제 무역에 영향을 미쳐, 수출입 가격경쟁력을 조정하는 주요 요인으로 작용한다. 이에 대한 예시를 든다면, 가령 일본이 경상수지 흑자를 기록하면 엔화가 강세를 보일 가능성이 높아지고, 이는 일본 제품의 국제 경쟁력을 저하시킬 수 있다. 이처럼 국제수지와 환율의 관계를 이해하는 것은 경제정책 결정과 글로벌 경제 환경을 이해하는 데 반드시 필요하다.

더불어 국제수지 통계는 경제 분석과 정책 수립의 중요한 도구로 사용된다. 국제통화기금(IMF), 세계은행(World Bank) 등 국제기구는 국가별 국제수지 데이터를 제공하며, 이를 통해 글로벌 경제의 흐름을 분석할 수 있다. 이러한 통계를 토대로 경상수지와 금융계정 간의 상관관계를 분석하여 특정 국가의 경제 상태를 진단할 수 있다. 더욱이 국제수지 통계는 무역정책, 환율정책, 외환 보유고 관리 등 다양한 분야에서 활용된다. 정확한 자료 해석은 국가 경제의 강점과 약점을 파악하고, 경제적 불균형을 해결하기 위한 방안을 제시하는 데 대단히 유용하다.

국제수지는 국가 간 경제 활동을 체계적으로 기록하지만, 그럼에도 몇 가지 한계를 지닌다. 첫째, 비공식 거래나 불법 경제 활동은 국제수지에 반영되지 않아 전체적인 경제 활동을 과소평가할 가능성이 있다. 둘째, 각국 통계 기준의 차이로 인해 데이터의 비교 가능성이 제한될 수 있다. 셋째, 국제수지는 단기적인 경제 흐름을 보여줄 수 있지만, 구조적인 문제나 장기적인 추세를 설명하는 데는 한계가 있다. 이러한 한계를 보완하기 위해 국제기구와 국가들은 통계 기준을 표준화하고, 다양한 보완 지표를 개발하고 있다. 따라서 국제수지는 경제 분석의 강력한 도구이지만, 동시에 이를 해석할 때는 한계를 고려하는 것이 필요하다.

2. 국제수지의 불균형

국제수지 불균형은 한 국가의 경상수지, 자본수지, 또는 금융계정에서 발생하는 과도한 흑자나 적자를 뜻하며, 이러한 상태가 장기간 지속될 때 경제에 미치는 영향을 심도 있게 분석할 필요가 있다. 경상수지 적자는 일반적으로 한 국가가 수출보다 수입이 많거나, 해외로부터 얻는 소득보다 해외에 지불하는 소득이 더 많을 때 발생한다. 예를 들어, 석유를 수입하는 국가들은 원유 가격 상승 시 경상수지 적자를 경험할 가능성이 높다. 반대로 경상수지 흑자는 국가가 수출을 통해 벌어들인 외화가 수입에 지출한 금액을 초과할 때 나타난다. 일본과 독일은 경상수지 흑자를 지속적으로 기록하며, 글로벌 금융시장에서 주요 자금 공급자로 작용하고 있다. 이와 달리 미국은 지속적인 경상수지 적자를 기록하는데, 이는 높은 수입과 외국 자본에 대한 의존으로 연결된다. 미국은 경상수지 적자를 해결하기 위해 금융계정을 통한 외국 자본 유입에 의존하고 있으며, 이를 통해 대외 자금을 충당한다. 그러나 이러한 불균형은 전술한 바와 같이 장기적으로 외채 증가와 경제적 불안정을 초래할 수 있다.

국제수지 불균형의 원인은 여러 경제적, 구조적 요인에서 비롯된다. 첫째, 소비와 저축의 불균형이 주요 요인으로 작용한다. 높은 소비율과 낮은 저축률은 경상수지 적자를 유발할 가능성이 크다. 한 예시로, 미국은 소비 중심 경제 구조로 인해 지속적인 경상수지 적자를 기록하고 있다. 둘째, 환율정책의 영향도 크다. 중국은 자국 통화인 위안화 가치를 인위적으로 낮게 유지하여 수출 경쟁력을 높이고 경상수지 흑자를 달성해왔다. 셋째, 생산성과 경쟁력의 차이도 국제수지 불균형을 야기한다. 독일과 일본은 높은 생산성과 기술력으로 인해 지속적으로 경상수지 흑자를 유지하고 있다. 넷째, 자본 흐름의 불균형도 중요한 원인이다. 자본 유출이 많은 국가에서는 외환 보유고가 감소하고, 이는 금융계정 적자로 이어질 수 있다. 다섯째, 글로벌 금융시장의 변화는 자본수지와 경상수지의 상호작용에 영향을 미친다. 특정 국가로의 과도한 자본 유입은 환율 변동과 경제 불안을 야기할 수 있다. 마지막으로, 구조적 요인으로는 인구 고령화와 같은 장기적인 사회경제적 변화가 포함되며, 이는 노동시장과 생산성에 영향을 줘 국제수지 불균형을 심화시킬 수 있다. 이러한 요인들은 개별적으로 작용하기도 하지만, 서로 얽혀 복합적으로 불균형을 확대시키는 결과를 가져온다.

국제수지 불균형은 단기적 및 장기적으로 다양한 경제적 영향을 미친다. 단기적으로 경상수지 적자는 외국 자본 유입을 촉진하여 경제성장을 일시적으로 지원할 수 있다. 그러나 이러한 적자가 지속되면 외채가 증가하고, 이는 국가의 신용도를 저하시킬 뿐만 아니라, 신용도가 낮아지면 국제 금융시장에서 자금 조달 비용이 상승하여 경제 전반에 부담을 준다. 가령, 아르헨티나는 지속적인 경상수지 적자와 외채 증가로 인해 금융위기를 경험한 바 있다. 반대로, 경상수지 흑자가 지속될 경우 과도한 외환 보유고 축적이 발생할 수 있는데, 이는 국내 통화의 과대평가를 초래하여 수출 경쟁력을 감소시킬 위험이 있다. 일본의 경우, 과도한 경상수지 흑자가 엔화 강세로 이어져 일본 기업들의 국제 시장 경쟁력을 약화시킨 사례가 있다. 무엇보다 글로벌 불균형은 국가 간 무역 긴장을 심화시키고 보호무역주의를 촉진하여 세계 경제에 부정적인 파급 효과를 미칠 수 있다. 이러한 이유로 국제수지 불균형은 단순한 경제 지표를 넘어, 국가 경제의 안정성과 글로벌 경제 질서에 깊은 영향을 주는 주요 요인으로 간주된다.

환율 변동은 국제수지 불균형을 조정하는 핵심 메커니즘 중 하나로, 국제 무역과 자본 흐름을 크게 좌우한다. 경상수지 적자가 발생하는 국가는 일반적으로 통화 가치가 하락하는 경향을 보이는데, 이는 수출 상품의 가격경쟁력을 높이고 수입 상품의 비용을 증가시킴으로써 경상수지 적자를 완화하는 방향으로 작용한다. 1997년 아시아 금융위기 당시 태국 바트화의 급격한 평가절하는 태국의 수출 경쟁력을 단기적으로 회복시키는 데 기여했던바, 이 현상을 앞서 언급한 설명과 같은 맥락에서 이해할 수 있다. 반대로, 경상수지 흑자를 시현한 국가는 통화 가치가 상승하며, 이는 수출품의 가격경쟁력을 감소시키고 수입을 증가시키는 결과를 가져올 수 있다. 일본의 경우 엔화 강세가 수출 경쟁력을 약화시켜 경상수지 흑자를 조정하는 요인으로 작용했다.

그러나 환율 변동이 항상 균형 조정을 보장하는 것은 아니다. 글로벌 자본 이동이 활발한 상황에서는 투기적 자본 흐름이 환율 변동성을 증가시켜 경제 불확실성을 심화시킬 수 있고, 또한 국가 간 환율정책의 충돌은 무역 마찰을 일으킬 가능성이 있다. 따라서 환율과 국제수지의 관계를 이해하고 이를 활용한 정책 수립은 국제 경제 안정성 유지에 있어서 중요하다.

국제수지 불균형을 해결하기 위해 각국 정부와 국제기구는 다양한 정책 도구를 활용하고 있다. 재정정책은 경상수지 적자를 완화하기 위한 수단 중 하나로, 정부 지출의 효율적 배분과 세제 개혁을 통해 무역수지를 개선할 수 있다. 이러한 정책의 예시로, 특정 산업의 경쟁력을 높이기 위해 연구개발(R&D)에 대한 세금 감면이 제공될 수 있다.

통화정책 또한 불균형 완화에 기여한다. 중앙은행은 금리를 조정하거나 유동성을 공급함으로써 국내 경제 활동을 촉진하고 국제 경쟁력을 강화할 수 있다. 환율 조정은 불균형을 직접적으로 해결하기 위한 중추적 도구로, 경상수지 적자가 심각한 국가는 자국 통화의 가치를 낮추어 수출 경쟁력을 회복하는 데 활용한다. 따라서 많은 국가는 환율 안정화를 위해 중앙은행이 외환시장에 적극적으로 개입하기도 한다. 이와 함께 IMF와 같은 국제기구는 재정 지원 및 정책 권고를 통해 글로벌 불균형 문제를 해결하는 데 앞장선다. 즉, IMF는 구조조정 프로그램을 통해 개발도상국의 경제 안정화를 도모하며, 이를 통해 경상수지 적자 문제를 완화한다. 또한 다자간 무역협정은 무역 환경을 개선하여 글로벌 불균형을 감소시키는 데 일조한다. 이처럼 정책 대응은 단기적 조정뿐만 아니라 장기적 안정성을 목표로 하며, 각국 간 긴밀한 협력과 조정이 필요하다.

한편 글로벌 불균형은 국가 간 경제적 차이와 정책의 상호작용으로 인해 발생하며, 이는 세계 경제에 지대한 영향을 준다. 대표적으로, 미국과 중국 간의 무역 불균형은 글로벌 경제 불균형의 상징적인 사례로 자주 언급된다. 미국은 경상수지 적자를 지속적으로 기록하며 높은 소비와 수입 의존도를 보이는 반면, 중국은 대규모 경상수지 흑자를 축적함으로써 세계 최대의 외환 보유고를 보유하고 있다. 이러한 차이는 양국 간의 경제적 긴장을 고조시키고, 무역전쟁과 같은 갈등으로 이어지기도 한다. 이로 인해 2018년부터 본격화된 미중 무역전쟁은 관세 인상과 기술 제한 조치로 두 나라뿐만 아니라 글로벌 공급망에도 부정적인 영향을 끼쳤다. 유럽연합 내부에서도 독일의 경상수지 흑자가 회원국 간 경제적 불균형을 심화시키는 요인으로 지적되고 있다. 독일은 제조업과 수출 중심 경제 구조를 통해 지속적인 흑자를 시현했지만, 남유럽 국가들은 상대적으로 높은 경상수지 적자를 기록하면서 재정적 어려움을 겪었다. 이러한 불균형은 EU 내 통화정책과 재정정책 조율에 있어 갈등을 야기하기도 한다. 이처럼 글로벌 불균형은 국가 간 무역 및 자본 흐름의 불균형이 경제적 긴장과 정책 갈등으로 이어지는 복잡한 현상으로, 이에 대한 심도 있는 분석과 정책적 조율이 요구된다.

장기적으로 국제수지 불균형은 시장 조정을 통해 완화될 수 있는바, 경상수지 적자가 지속되는 국가는 통화 가치가 하락하여 수출 경쟁력을 높이고 수입을 억제함으로써 균형 회복을 도모할 수 있다. 이는 국제 무역에서 자동 안정화 메커니즘으로 작용하지만, 그 과정은 느리고 불확실할 수 있다. 반대로, 경상수지 흑자를 기록하는 국가는 통화 가치가 상승하면서 수출 경쟁력이 약화되고 수입이 증가하여 균형을 맞추는 경향이 있다. 본 장에서 자주 언급했던 바와 같이, 일본은 과거 엔화 강세를 통해 경상수지 흑자가 일부 조정된 사례를 보여준다. 하지만 이러한 시장 조정이 항상 효과적인 것은 아니다. 구조적 문제나 정책적 제약이 존재할 경우, 불균형이 장기화될 가능성이 높다. 예를 들어, 특정 국가가 과도하게 보호무역주의 정책을 시행하면 시장 조정 메커니즘이 왜곡될 수 있다. 따라서 정부와 중앙은행은 구조적 개혁과 정책적 개입을 병행해야 하고, 외환 보유고의 활용, 무역장벽 완화, 자본시장 개방 등의 전략은 이러한 장기적 조정을 지원하는 데 필수적이다. 더불어 다자간 협력의 중요성도 강조된다. 글로벌 불균형이 단순히 개별 국가의 문제를 넘어 세계 경제에 영향을 미치는 만큼, 국제기구와 협력하여 구조적 불균형을 완화하는 노력이 필요하다. 이렇게 시장과 정책이 조화를 이루는 방식으로만 장기적인 국제수지 불균형 문제를 효과적으로 해결할 수 있다.

앞서 언급한 국제기구의 역할과 관련하여, 국제통화기금(IMF), 세계은행(World Bank) 등은 국제수지 불균형 문제를 해결하고 글로벌 경제 안정성을 유지하는 데 중추적인 역할을 수행한다. IMF는 경상수지 적자가 심각한 국가에는 구조조정 프로그램을 제안하고, 이를 통해 해당 국가가 경제적 회복을 이룰 수 있도록 지원한다. 세계은행은 개발도상국의 지속가능한 경제성장을 촉진하기 위해 장기적인 구조 개혁 프로그램을 운영한다. 이 프로그램은 주요 산업에 대한 투자, 교육 및 기술 혁신을 통해 생산성을 향상시켜 경상수지 흑자를 도모하도록 설계된다. 아울러 국제기구는 다자간 무역협정을 통해 국가 간의 무역장벽을 완화하고, 무역 흐름을 원활하게 하는 걸 돕는다. 세계무역기구(WTO)는 공정한 무역 관행을 촉진하고 분쟁 해결 메커니즘을 통해 회원국 간의 무역 갈등을 완화한다. 이 외에도 G20과 같은 국제 협의체는 글로벌 경제 리더십을 제공하며, 국제수지 불균형 문제를 해결하기 위한 협력적인 논의의 장을 제공한다. 이러한 기구들은 각국의 경제정책을 조율하고 글로벌 금융시장의 안정을 유지하기 위해 노력하는데, 국제기구의 활동은 단기적인 조정에만 그치지 않고, 장기적인 구조적 균형 회복에도 기여하며, 이를 통해 국제 경제 체제가 보다 지속가능하도록 지원한다.

국제기구의 기여뿐만 아니라, 기술 혁신과 글로벌화의 가속화는 국제수지 불균형의 패턴에 새로운 변화를 가져올 가능성이 크다. 디지털 무역과 가상 자산은 전통적인 무역 방식과 금융 흐름을 대체하며, 새로운 형태의 불균형을 야기할 수 있다. 이러한 관점에서 전자상거래와 블록체인 기술은 무역의 디지털화를 촉진하여 국가 간 경상수지의 정의와 계산 방식에 변화를 가져올 수 있다. 더 나아가 탈글로벌화와 지역주의의 부상은 세계 경제의 통합 속도를 늦추면서 특정 지역 내 불균형을 심화시킬 가능성이 있다. 예를 들어, 일부 국가들은 보호무역주의 정책을 강화하여 자국 산업을 보호하는 동시에 무역 상대국과의 긴장을 초래하기도 한다. 한편, 지속가능한 경제성장과 기후변화 대응이라는 글로벌 목표는 국제수지 불균형의 조정 방식에도 영향을 미칠 전망이다. 한 예로, 재생에너지 기술과 관련된 글로벌 투자 증가는 자본수지의 변동성을 확대시킬 수 있다. 더불어 국제 금융시장에서의 투명성과 디지털 통화의 등장도 자본 이동의 새로운 패턴을 형성할 가능성이 높다. 이러한 변화들은 국가 간 경제적 협력의 중요성을 더욱 부각시켜, 국제기구와 협의체의 역할이 더욱 중요해질 것으로 보인다. 따라서 미래의 국제수지 분석은 기술, 정책, 글로벌 경제 변화 등 다양한 요인을 종합적으로 고려해야 한다.

3. 국제 무역의 경제적 효과

국제 무역은 경제성장의 가장 중요한 동력 중 하나로, 국가 간 자원배분의 효율성을 높이고 생산성을 증대시킨다. 무역은 각국이 비교우위를 활용해 전문화된 생산을 통해 경쟁력을 강화하도록 돕는다. 예컨대, 독일은 고급 자동차 제조업과 같은 기술집약적 산업에 집중하여 세계 시장에서 독보적인 위치를 확보하고 있다. 이러한 무역 활동은 단순히 경제성장에 기여하는 것뿐만 아니라, 국가 간 기술 이전과 혁신을 촉진한다. 즉, 한 국가가 선진국으로부터 기술을 수입해 자국 산업에 응용하면 생산성이 향상될 수 있고, 무역은 국내 시장의 한계를 극복하고 전 세계 소비자에게 접근할 수 있는 기회를 제공한다. 이는 수출 주도형 경제 구조를 가진 국가들이 경제를 확장하고 안정성을 확보하는 지름길로 작용한다. 역사적으로 영국은 산업혁명 이후 세계 최대 수출국으로 부상하며 무역을 통해 경제성장을 이루었다. 하지만 나아가 개발도상국이 농산물이나 원자재를 수출하여 얻은 수익은 인프라와 교육에 투자되어 지역 경제를 활성화시킨다는 점에서, 무역은 단순히 경제성장을 넘어서 소득 불평등 해소에도 기여할 수 있다. 이처럼 무역은 단순한 경제 활동이 아니라 국가의 장기적 성장전략의 핵심 요소로 기능한다.

수출이 증가하면 국내 생산 활동이 활성화되어 더 많은 일자리가 창출된다는 점에서, 국제 무역은 고용 창출에 있어서도 중요한 역할을 한다. 제조업 중심의 국가들은 무역을 통해 수백만 개의 일자리를 만들어 냈으며, 이는 국민소득 향상과 생활수준 개선으로 이어졌다. 한국의 경우 전자제품과 자동차 수출을 통해 대규모 고용을 창출하고 경제를 성장시켰는데, 이와 같은 한국의 사례는 전형적인 무역 순기능의 예시로 꼽힌다. 그러나 무역의 고용 효과는 긍정적인 측면만 있는 것은 아니다. 일부 산업에서는 경쟁력이 낮아져 일자리가 감소하기도 하고, 특히 값싼 수입품이 국내 시장에 유입되면 국내 생산자들이 경쟁에서 밀려나는 경우가 있다. 이러한 사례는 미국에서 제조업 일자리가 감소한 이유 중 하나로 지적되고 있다. 따라서 무역이 고용에 미치는 영향을 최대화하려면, 정부는 산업 전환을 지원하고 노동자 재교육 프로그램을 강화해야 한다. 이와 같은 정책은 노동시장의 유연성을 높이고, 무역으로 인해 발생할 수 있는 부정적인 영향을 완화할 수 있다.

무역은 국가 간뿐만 아니라 국가 내 소득 분배에도 큰 영향을 준다. 무역 확대는 자원을 효율적으로 활용하고, 더 낮은 비용으로 상품과 서비스를 제공함으로써 전체적인 후생을 증가시키나, 무역으로 인한 소득 분배 효과는 계층 간 불평등을 확대하거나 축소할 수도 있다. 세계화와 무역이 확대되면서 고급 기술을 보유한 노동자들은 더 높은 보상을 받는 것과 달리, 저숙련 노동자들은 경쟁 심화로 인해 임금이 정체되거나 하락할 수 있다. 예를 들어, 미국에서는 글로벌화가 진행되면서 제조업 노동자들이 상대적으로 불리한 상황에 처한 반면, 첨단 기술 산업에서는 고소득 일자리가 창출되었다. 이러한 불균형을 완화하기 위해 정부는 재분배 정책을 시행하고, 취약계층을 지원하기 위한 사회 안전망을 강화해야 한다. 또한 무역의 소득 분배 효과를 공정하게 만들기 위해 다자간 무역협정은 노동 기준과 환경 규제를 포함해야 한다.

무역은 기술 혁신을 촉진하는 중추적인 메커니즘으로 작용한다. 국가 간 경쟁은 기업들이 생산성을 높이고 혁신을 통해 시장 점유율을 확대하려는 동기를 부여하는데, 가령 IT 산업의 발전은 글로벌 시장에서 경쟁력을 확보하려는 국가 간 노력의 결과로 나타났다. 아울러 기술 이전과 협력을 통해 개발도상국은 선진국의 기술을 채택하고 응용함으로써 산업 발전을 성취할 수도 있다. 한편 다국적기업들은 생산 공정을 최적화하고 기술 혁신을 통해 전 세계적으로 표준을 설정하는 데 중요한 역할을 한다. 이를 통해 글로벌 공급망 내에서 효율성과 품질이 동시에 개선된다. 그러나 기술 혁신은 동시에 산업 간의 불균형을 초래할 가능성도 있어서, 일부 산업은 빠르게 발전하는 반면, 전통적인 산업은 경쟁력을 잃고 쇠퇴할 수 있다. 따라서 기술 혁신을 통한 무역 효과를 극대화하기 위해서는 국가 간 정책 조정과 협력이 요망된다.

국제 무역은 환경에 긍정적 또는 부정적 영향을 끼칠 수 있다. 무역은 자원의 효율적 활용을 가능하게 하여 지속가능한 경제성장을 지원할 수 있는바, 재생 가능 에너지 기술의 교역은 환경보호와 경제적 이익을 동시에 추구할 수 있는 좋은 사례이다. 그러나 무역의 확대는 이산화탄소 배출 증가와 자원 남용으로 이어질 가능성도 있다. 특히 개발도상국은 수출 경쟁력을 높이기 위해 환경 규제를 완화하거나 자원을 과도하게 사용하는 경우가 있는데, 이러한 문제를 해결하기 위해 국제 사회는 무역협정에 환경 규제를 포함하는 방향으로 나아가고 있다. 환경적으로 지속가능한 무역정책을 통해 경제성장과 환경보호를 동시에 달성할 수 있는 방안이 요구된다.

국제 무역은 국가 간 협력을 강화하는 데 긴밀한 역할을 한다. 무역을 통해 경제적 상호 의존성이 증가하면, 갈등을 줄이고 협력을 촉진할 가능성이 높아진다. 예컨대, EU는 회원국 간의 무역을 확대하여 정치적 안정과 경제적 번영을 동시에 추구해왔다. 무역협정은 단순히 관세를 낮추는 데 그치지 않고, 지적재산권 보호, 투자 규정, 노동 기준 등 다양한 분야에서 협력을 증진한다. 이러한 협력은 글로벌 경제의 규범을 설정하고 지속가능성을 제고하는 데 기여한다.

향후 국제 무역은 디지털 무역이 가속화될 가능성이 높은데, 이러한 디지털 무역은 전통적인 무역 방식을 변화시키며 새로운 경제적 기회를 창출하고 있다. 국제 전자상거래는 국경을 넘어 상품과 서비스를 빠르고 효율적으로 교환할 수 있도록 한다. 이 때문에 중소기업도 글로벌 시장에 쉽게 진입할 수 있게 되어 무역의 포괄성이 증가하고 있다. 블록체인 기술을 활용한 공급망 관리와 디지털 화폐는 무역 거래를 더욱 투명하고 안전하게 만들어 디지털 시대의 경제성장을 이끌고 있다.

4. 거시경제적 연계

국제수지는 한 국가의 경제성장과 밀접한 관계를 가지고 있다. 경상수지 흑자는 경제성장의 긍정적인 신호로 해석될 수 있으며, 이는 국가가 수출을 통해 외화를 벌어들이고 있다는 점에서 경제적 활력을 보여준다. 흑자를 통해 축적된 외환 보유고는 경제 충격에 대한 완충 장치로 작용하고 투자 여력을 강화한다. 일본의 예에서 보듯, 지속적인 경상수지 흑자는 막대한 외환 보유고 축적과 경제 안정성을 확보하게 한다. 반대로,

경상수지 적자는 생산성과 경쟁력 부족을 의미할 수 있으며, 장기적으로 외채 증가와 경제적 불안을 초래할 위험이 있다. 미국은 지속적인 경상수지 적자를 시현하며 글로벌 금융시장에서 외국 자본에 대한 의존도가 높아졌다. 이는 미국 경제가 글로벌화의 혜택을 누리는 동시에 구조적 도전을 마주하고 있음을 보여준다. 따라서 국제수지는 국가의 경제 성과와 안정성을 평가하는 데 지대한 역할을 한다. 국가 간의 경제성장이 상호 연결되어 있음을 보여주는 국제수지는 거시경제적 분석에서 필수적인 요소로 간주된다.

환율 변동은 물가 수준에 직접적인 영향을 미치며, 국제수지를 조정하는 주요 메커니즘 중 하나로 작용한다. 환율이 상승하면 수입품의 가격이 상승하여 국내 물가 상승을 야기할 수 있다. 하지만 동시에 이는 수출품의 경쟁력을 강화시켜 경상수지를 개선할 가능성을 높인다. 브라질은 환율 변동성이 높은 국가 중 하나로, 통화가 약세일 때 수출이 증가하지만 동시에 수입품 가격이 상승하여 인플레이션이 발생하기도 했다. 이처럼 환율과 물가는 큰 상관관계를 가지며, 따라서 중앙은행의 통화정책 수립에도 많은 영향을 미치는바, 통화 가치의 변동이 물가에 미치는 영향을 정확히 파악하는 것은 거시경제적 안정성을 유지하는 데 매우 중요하다. 이와 함께 환율과 물가 사이의 관계는 글로벌 경제에서 국가 간 경쟁력을 조정하는 주요 요인으로 작용하며, 이를 통해 국제 무역과 투자 흐름이 조정된다. 이러한 관계는 국가 경제의 건강 상태를 나타내는 지표로서, 정책 입안자들에게 요긴한 정보를 제공한다.

그리고 경상수지는 국가의 고용 상황에 직접적으로 영향을 미친다. 수출이 증가하면 생산 활동이 활발해지고, 이는 일자리 창출로 이어진다. 무엇보다도 제조업 중심 국가에서는 수출 주도형 성장전략이 고용 확대의 핵심 역할을 한다. 한국은 자동차와 전자제품 수출을 통해 대규모 고용을 창출하며 경제성장을 이루었다. 반대로, 경상수지 적자는 국내 산업의 경쟁력 저하와 연관될 수 있으며, 이는 고용 감소로 이어질 위험이 있다. 값싼 수입품이 국내 시장에 유입되면 국내 생산자들이 경쟁에서 밀려나는 경우가 많고, 이러한 상황은 미국에서 제조업 일자리가 감소한 주요 원인 중 하나로 지적된다. 따라서 경상수지와 고용 간의 관계를 이해하고, 이를 바탕으로 산업정책과 노동시장 정책을 조정하는 것이 요망되며, 이는 국가의 경제적 안정성과 지속가능성을 확보하는데 기여할 수 있다.

한편 **쌍둥이 적자**(twin deficit)는 경상수지 적자와 재정 적자가 동시에 발생하는 상황을 의미한다. 이 두 적자는 상호 연결되어 있어서, 한쪽의 적자가 다른 쪽 적자를 심화시킬 가능성이 높다. 미국은 쌍둥이 적자의 대표적인 사례로, 대규모 재정 적자가 경상수지 적자를 확대하는 경향을 보였다. 즉, 정부 지출 증가가 수입 수요를 촉진하여 무역 적자를 악화시키는 결과를 초래했다. 쌍둥이 적자는 국가의 신용도와 환율 안정성에 부정적인 영향을 미칠 수 있으며, 이는 금융시장에서의 불확실성을 증가시킨다. 더불어 쌍둥이 적자가 장기적으로 지속될 경우, 이는 외채 증가와 경제위기로 이어질 위험이 있다. 이러한 현상을 완화하기 위해서는 재정정책과 통화정책 간의 긴밀한 조정이 필요한바, 쌍둥이 적자 현상을 분석하고 이를 해결하기 위한 정책 방안을 마련하는 것은 거시경제적 안정성을 확보하는 것과 직결된다.

국제 자본 흐름은 금융시장 안정성과 국가 경제에 큰 영향을 미친다. 자본 유입이 활발하면 국내 금융시장이 활성화되고, 이는 투자와 경제성장을 견인할 수 있다. 하지만 단기적인 투기 자본의 유입은 금융시장의 변동성을 증가시킬 위험이 있어서, 아시아 금융위기 당시 많은 국가들이 단기 외채 의존도가 높아져 경제적 충격을 크게 받았다. 이러한 경험은 자본 흐름의 지속가능성과 안정성을 확보하는 것이 얼마나 중요한지를 보여준다. 장기적인 자본 유입은 인프라 투자와 생산성 향상으로 이어질 수 있으며, 이는 경제 전반의 경쟁력을 강화시킨다.

이 외에도 국제 무역은 지역 경제의 발전에도 큰 영향을 미친다. 무역 활동을 통해 특정 지역은 산업 클러스터를 형성하고, 이를 통해 경제적 번영을 누릴 수 있다. 예를 들어, 독일의 바덴뷔르템베르크 지역은 자동차 산업과 기계공학 분야에서 강력한 클러스터를 구축하여 경제적 성과를 달성했다. 이러한 지역적 성공은 글로벌 무역의 혜택을 활용한 사례로 평가받고 있으나, 무역의 혜택이 지역 간에 고르게 분배되지 않을 경우 지역 간 경제적 불균형이 심화될 위험이 있다. 이를 방지하기 위해 정부는 지역 경제정책을 강화하고, 취약 지역의 산업 기반을 육성해야 한다.

이렇듯 거시 경제 정책은 국제수지와 국내 경제 간의 상호작용을 관리하는 데 있어 매우 중요하다. 재정정책, 통화정책, 무역정책은 서로 긴밀하게 연결되어 있으며, 하나의 정책 변화가 다른 정책에 연쇄적으로 영향을 줄 수 있다. 예컨대, 정부 지출 확대는 국내 경제를 활성화하지만, 동시에 수입 수요를 증가시켜 경상수지 적자를 심화시킬 수 있다. 중앙은행의 금리 인상은 자본 유입을 촉진할 수 있으나, 이는 동시에 수출 경쟁력을 약화시키는 결과를 초래할 수 있다. 이러한 상호작용을 이해하고 조율하는 것은 경제정책의 효과를 극대화하는 데 필수적이다.

토의자료 12-3 제5차 한 · 중앙아 경제협의체 회의… 미래 산업 협력 강화 모색

한국무역협회는 5일 서울 강남구 트레이드타워에서 중앙아시아 5개국 상공회의소 및 한국국제교류재단과 공동으로 '제5차 한 · 중앙아 경제협의체 연례회의'를 개최했다고 밝혔다.

한 · 중앙아 경제협의체는 무역협회와 카자흐스탄, 키르기스스탄, 타지키스탄, 투르크메니스탄, 우즈베키스탄 등 5개국 경제단체가 교류를 통한 경제협력 증진을 위해 2020년 설립한 회의체로, 매년 외교장관급 다자 협의체인 한 · 중앙아 협력 포럼과 연계해 회의를 열고 있다.

이날 회의에는 한국 측에서 김기현 무역협회 국제협력 본부장과 이종국 한국국제교류재단 한 · 중앙아 협력 포럼 사무국장을 비롯한 중앙아시아 진출 기업 관계자 등이 참석했다. 중앙아시아 5개국에서는 각국 상공회의소 대표 및 에너지 · 인프라 관련 정부 관계자가 온라인으로 참여했다.

이번 회의는 지난 6월 정부가 발표한 '한 · 중앙아 K－실크로드 협력 구상' 기조에 따라 중앙아시아와의 경협을 구체화하고 실질적 협력 방안을 모색하는 자리로 마련됐다.

김기현 본부장은 "한국과 중앙아시아의 교역과 투자는 돈독한 신뢰 관계를 바탕으로 지난 5년간 빠르게 확대돼 왔다"며 "경제협의체 회의가 인프라, 에너지, 교통, 물류 등 분야의 협력 성과를 넘어 미래 협력을 강화하는 계기가 되길 기대한다"고 말했다.

Q 질문

1. 기사에서 언급한 이러한 협력이 한국과 중앙아시아 국가들에게 어떤 경제적 이익을 가져올 수 있으리라 여겨지는가?
2. 중앙아시아 지역은 자원 부국으로 알려져 있다. 한국이 이 지역과의 경제협력을 강화하기 위해 어떤 전략을 취해야 한다고 보는가?
3. 한 · 중앙아시아 경제협의체와 같은 지역경제협의체가 국제화와 지역경제통합에 어떻게 기여할 수 있을 것이라 생각하는가?

〈출처: KITA 한국무역협회, 2024년 11월 6일자 무역뉴스〉

제3절 국제화와 지역경제통합

1. 세계화의 경제적 효과

세계화는 국가 간 경계가 약화되고 경제, 문화, 정치적 상호작용이 심화되는 현상을 의미하며, 경제적 관점에서 상품, 서비스, 자본, 노동, 그리고 기술의 국경 간 이동이 촉진되는 것을 포함한다. 이 현상은 20세기 중반 이후 무역장벽 완화, 기술 혁신, 통신과 운송비용의 급격한 하락 등으로 인해 가속화되었다. 특히 세계무역기구(WTO)와 같은 국제기구의 등장과 다자간 무역협정의 확대는 글로벌 경제를 통합하는 데 커다란 역할을 했다. 세계화의 본질은 단순히 경제적 연결성을 넘어 전 세계 시장의 융합을 가능하게 하는 데 있다. 이로 인해 전통적으로 자급자족형 경제를 운영하던 국가들도 점차 세계 시장에 통합되기 시작했다. 그러나 세계화가 모든 국가에 동일한 혜택을 제공하는 것은 아니다. 선진국과 개발도상국 간의 접근성과 경쟁력 차이는 세계화의 이점을 불균형적으로 분배하게 만들었다. 예를 들어, 미국과 유럽은 세계화를 통해 큰 경제적 성과를 얻었지만, 일부 개발도상국은 시장 개방으로 인해 국내 산업이 약화되는 부작용을 경험했다. 이러한 맥락에서 세계화의 긍정적·부정적 효과를 균형 있게 평가할 필요성이 제기되고 있다.

우선 긍정적인 측면을 조명하면, 세계화는 경제성장과 생산성 증가를 견인하는 데 크게 공헌했으며, 이를 통한 글로벌 시장의 확장은 기업들이 규모의 경제를 실현할 수 있는 기회를 제공했다. 대규모 시장에서 기업들은 생산 단가를 낮추고, 보다 경쟁력 있는 가격으로 상품과 서비스를 제공할 수 있게 되었다. 더불어 국제 무역과 자본 이동은 기술 이전을 활성화하고 혁신을 가속화하는 중요한 매개체로 작용했다. 다국적기업은 자본과 기술을 국경을 넘어 공유하며, 개발도상국의 산업 기반을 강화하는 데 일조했다. 예컨대, 동남아시아 국가들은 세계화 과정을 통해 제조업을 발전시키고 글로벌 공급망에 통합되었다. 그중에서도 중국과 인도는 세계화로 인해 급격한 경제성장을 이루며 글로벌 경제의 중심으로 부상하게 되었다. 그러나 이러한 성장은 모든 국가에서 동일하게 나타나지 않았던바, 일부 저개발 국가는 기술 격차와 인프라 부족으로 인해 세계화의 혜택을 충분히 누리지 못했다. 따라서 세계화는 경제성장의 원동력이 될 수 있지만, 그 효과는 각국의 준비 상태와 경제적 구조에 따라 다르게 나타난다.

부정적인 관점에서, 세계화는 소득 불평등 문제를 심화시킨 주요 요인 중 하나로 지목되고 있다. 글로벌 무역과 자본 이동은 노동시장에서 숙련 노동자와 비숙련 노동자 간의 임금 격차를 확대시켰다. 선진국에서는 저숙련 노동자들이 저임금 국가로 제조업 일자리를 잃으면서 실질소득이 감소하는 현상이 나타났다. 반면, 고숙련 노동자들은 기술 혁신과 글로벌화의 수혜를 입어 높은 임금을 받을 수 있었다. 개발도상국에서도 소득 분배는 불평등하게 진행되었는데, 특히 다국적기업과 협력하는 일부 엘리트 계층은 세계화의 혜택을 누리지만, 농업 중심의 지역사회는 경쟁력 부족으로 인해 경제적 어려움을 겪는다. 한 예로, 브라질과 같은 신흥 경제국은 세계화로 인해 도시와 농촌 간의 소득 격차가 확대되는 문제에 직면했으며, 또한 세계화로 인해 발생한 금융위기는 불평등을 더욱 심화시켰다. 금융위기의 파장은 전 세계적으로 확산되어 취약한 국가일수록 그 충격이 더 컸다. 이처럼 세계화는 경제성장과 함께 소득 불평등이라는 도전 과제를 동반한다.

그럼에도 세계화는 국제 무역을 크게 확대시켰으며, 국가 간 상호 의존성을 증가시켰다. 무역장벽의 감소와 물류 기술의 발전은 기업들이 전 세계로 시장을 확장할 수 있는 환경을 조성했고, 이는 특히 글로벌 가치사슬(GVC)의 발전을 통해 구체화되었다. 제품 생산이 여러 국가에 걸쳐 이루어지면서 각국은 특정 산업 분야에서 경쟁력을 강화할 기회를 얻게 된바, 독일은 자동차 산업, 한국은 반도체 산업에서 세계 시장을 선도하고 있다. 그러나 이러한 의존성은 양날의 검으로 작용할 수 있다. 특정 국가에서 발생한 경제적 충격이나 공급망의 혼란이 전 세계로 확산될 위험이 존재한다. 가령, 2020년 코로나19 팬데믹은 글로벌 공급망의 취약성을 드러냈으며, 의료장비나 전자제품의 부품 공급이 중단되면서 세계 경제에 막대한 타격을 주었다. 따라서 국제 무역 확대는 기회와 함께 새로운 리스크를 수반한다.

세계화는 노동시장에도 중요한 변화를 가져왔다. 기업들은 저비용 노동력을 찾아 생산기지를 해외로 이전하면서 고용 구조가 재편되었다. 선진국에서는 제조업 일자리가 감소하고, 서비스업과 기술 중심의 산업이 증가하는 현상이 나타났다. 이와 대조적으로, 개발도상국은 다국적기업의 투자로 인해 제조업 고용이 확대되었다. 그러나 이러한 변화는 항상 긍정적이지 않다. 일부 개발도상국에서는 저임금과 열악한 노동 조건이 지속되는 문제가 발생했을 뿐만 아니라, 선진국에서는 일자리 감소로 인한 노동자들의 반발과 보호무역주의의 부상이 관찰되었다. 예를 들어, 미국에서는 세계화로 인해 실업률이 증가하자, 일부 산업에서 관세와 수입 제한 정책을 도입했다. 이처럼 세계화는 노동시장에 긍정적·부정적 영향을 동시에 가져오면서, 각국의 정책 대응이 중요해졌다.

세계화는 환경적 지속가능성에 있어 복잡한 딜레마를 초래했다. 경제 활동의 글로벌화는 에너지 소비와 탄소 배출을 증가시켜 기후변화 문제를 악화시켰다. 특히 글로벌 공급망을 따라 이루어지는 장거리 물류는 탄소 발자국을 증가시키는 요인이 된다. 아울러 일부 개발도상국은 산업화를 위해 환경 규제를 완화하면서 생태계 파괴가 가속화되었다. 다른 한편으로 세계화는 환경 문제에 대한 국제적 협력을 가능하게 하기도 했다. 교토의정서와 파리협정은 세계화된 경제 환경 속에서 국가 간 협력을 통해 지속가능성을 도모하려는 시도였던 동시에, 다국적기업들은 친환경 기술을 채택하며 지속가능 경영을 실천하려는 노력을 보여주고 있다. 그러나 이러한 노력에도 불구하고, 세계화와 환경적 지속가능성 간의 균형을 찾는 것은 여전히 어려운 과제로 남아 있다. 따라서 세계화는 경제적 이익과 환경적 지속가능성 사이에서 복합적인 문제를 해결해야 할 필요성을 제기한다.

2. 무역협정

무역협정은 국가 간 또는 지역 간의 상품과 서비스 교역을 증진하기 위해 체결되는 공식적인 합의를 뜻한다. 이러한 협정은 관세, 비관세 장벽, 무역 규제 등을 완화하거나 제거하여 경제적 협력을 강화하는 데 목적이 있다.

무역협정은 양자간(bilateral), 다자간(multilateral), 또는 지역 차원에서 체결될 수 있으며, 그 형태와 범위는 협정에 따라 다양하다. 가장 대표적인 예로 세계무역기구(WTO)가 주관하는 다자간 협정은 전 세계 무역 질서를 체계적으로 관리한다. 이를 통해 국가 간 경제적 상호 의존성이 높아지고, 무역장벽이 줄어들면서 글로벌 교역이 활발해졌다. 무역협정은 단순히 교역을 증대시키는 데 그치지 않고, 투자와 기술 이전을 견인하는 데도 순기능을 한다. 예를 들어, 자유무역협정(free trade agreement; FTA)은 관세 철폐뿐만 아니라 투자보호 조항을 포함하여 경제 전반의 통합을 도모한다. 그러나 모든 무역협정이 무조건적으로 긍정적인 결과를 가져오는 것은 아니다. 교역 확대로 인해 특정 산업이 경쟁력을 잃거나, 노동자들이 일자리를 잃는 경우도 흔히 발생한다. 그러므로 무역협정은 각국의 경제 구조와 상황을 고려하여 신중하게 체결되어야 한다.

세계무역기구(WTO)는 다자간 무역협정의 중심 역할을 담당하며, 국제 무역의 규칙과 절차를 조율한다. WTO는 1995년 출범 이후 국가 간 교역의 투명성을 높이고, 무역 분쟁을 해결하는 중재자로 자리 잡았다. WTO의 주요 목표는 관세 및 비관세 장벽을 낮추고 공정한 경쟁 조건을 보장하는 것인데, 이를 위해 GATT(관세 및 무역에 관한 일반 협정)를 기반으로 한 다양한 다자간 협정을 운영하고 있다. 예컨대, WTO 회원국들은 상품과 서비스 교역 외에도 지적재산권 보호와 농업 보조금 규제 등 광범위한 분야에서 협력한다. 이러한 다자간 협정은 특히 개발도상국이 글로벌 시장에 접근할 기회를 확대하고, 그 가능성을 열어주었다. 그럼에도 WTO는 최근 몇 년간 회원국 간의 이해관계 충돌과 협상 지연으로 비판을 받아왔던바, 미국과 중국 간의 최근 무역 갈등이나 보호무역주의의 부상은 다자간 무역 체제의 약점을 드러내는 사례로 꼽힌다. 그럼에도 불구하고, WTO는 글로벌 교역의 규범과 질서를 유지하는 데 있어 여전히 중요한 기구로 평가받고 있다. 다자간 무역협정은 전 세계적으로 통일된 규칙을 제공하고, 이는 개별 국가 간의 협정보다 더 큰 효과를 발휘할 수 있다.

지역무역협정(regional trade agreement; RTA)은 지리적으로 가까운 국가들 간 체결하는 무역협정으로, 회원국 간 경제적 협력을 강화하는 데 초점을 맞추고, 흔히 **지역경제통합**(regional economic integration)이라고 불린다. 이러한 협정의 가장 초기 단계가 자유무역지대(free trade area; FTA)이며, 이는 회원국 간 자유로운 교역을 저해하는 각종 관세와 무역 제한을 철폐하는 데 중점을 둔다. 예를 들어, 북미자유무역협정(NAFTA)과 이를 계승한 미국-멕시코-캐나다협정(USMCA)은 북미 지역의 경제통합을 심화시킨 사례로 들 수 있다. 이 협정을 통해 회원국들은 무역을 촉진하고 투자 환경을 개선할 수 있었다. 이와 함께 ASEAN 자유무역지대(AFTA)는 동남아시아 국가 간 교역을 활성화하고, 역내 경제 협력을 강화했다. 한편, 지역무역협정은 WTO의 다자간 체제와는 달리 특정 지역이나 국가 간의 협력에 초점을 맞추기 때문에, 글로벌 무역 체계에 혼란을 초래할 가능성도 있다. 예를 들어, 서로 상충되는 규정이나 복잡한 원산지 규정은 기업들에게 추가적인 부담을 줄 수 있다. 따라서 지역무역협정은 회원국 간의 경제적 이익을 극대화하기 위해 체결되지만, 글로벌 무역 체계와의 조화를 고려해야 한다. 이러한 협정은 단기적으로는 경제적 혜택을 가져오지만, 장기적으로는 지역 내 경쟁력을 강화하는 데 기여한다.

무역협정은 국가 간 교역을 확대하고 경제성장을 견인하는 데 중추적인 역할을 한다. 관세 인하와 비관세 장벽 완화는 교역 비용을 줄이고, 기업들이 보다 쉽게 해외 시장에 접근할 수 있도록 돕는다. 이는 특히 소규모 경제나 개발도상국이 글로벌 시장에서 경쟁력을 확보하는 데 중요한 기회를 제공한다. 가령, 한－EU 자유무역협정은 한국 기업들의 유럽 시장 내 경쟁력 강화를 크게 증진했다. 더불어 무역협정은 소비자들에게 더 다양한 상품과 서비스를 더 낮은 가격에 제공할 수 있는 환경을 조성한다. 하지만 무역협정은 특정 산업이나 지역에 부정적인 영향을 미칠 수도 있다. 경쟁이 심화되면서 국내 산업이 쇠퇴하거나, 일자리가 줄어드는 경우가 발생하고, 이러한 경제적 비용은 무역협정의 혜택을 일부 상쇄할 수 있다. 따라서 무역협정의 경제적 효과는 전체적인 관점에서 평가되어야 하며, 정책적 조치가 필요할 때도 있는데, 실업 문제를 완화하기 위한 재교육 프로그램이나 산업 구조 조정이 이러한 부작용을 줄이는 데 도움을 줄 수 있다.

무역협정은 글로벌 경제통합을 가속화하는 데 있어 핵심적인 수단이지만, 여러 가지 도전 과제와 한계를 안고 있다. 첫째, 보호무역주의의 부상은 무역협정의 효과를 약화시키는 주요 요인이다. 일부 국가들은 자국 산업을 보호하기 위해 관세와 수입 제한 조치를 도입하면서, 협정 이행에 어려움을 겪고 있다. 둘째, 무역협정의 복잡성과 규제 상충 문제도 해결해야 할 과제이다. 더욱이 중복되는 협정들은 기업들이 국제 무역을 관리하는 데 혼란을 겪게 할 수 있다. 셋째, 디지털 경제와 전자상거래의 급격한 확산은 새로운 형태의 무역 규정을 요구하고 있다. 기존의 무역협정이 물리적 상품에 초점을 맞추고 있다면, 이제는 데이터 흐름, 지적재산권 보호 등 디지털 무역의 규제도 포함해야 한다. 마지막으로, 무역협정은 단순히 경제적 이익을 넘어, 지속가능성과 환경보호 같은 글로벌 문제를 반영해야 한다는 요구가 높아지고 있다. 이러한 배경에서 미래의 무역협정은 기존 틀을 넘어 더 포괄적이고 유연한 접근 방식을 채택해야 할 것이다.

3. 주요 지역경제통합: USMCA와 EU

미국－멕시코－캐나다 협정(USMCA)은 북미자유무역협정(NAFTA)을 대체한 협정으로, 2020년 7월 1일에 발효되었다. NAFTA는 1994년에 체결된 역사적인 자유무역협정으로, 미국, 캐나다, 멕시코 간 무역장벽을 제거하고 북미 경제를 통합하는 데 중점을 두었다. NAFTA는 초기에는 회원국 간의 경제적 협력을 강화하면서 성공적으로 작동했지만, 시간이 지남에 따라 여러 한계와 논란에 직면했다. 특히나 미국 내 제조업 일자리의 감소와 멕시코로의 생산 이전은 미국 경제에 부정적이라는 목소리가 일부에서 터져 나왔고, 이 때문에 미국 내에서 NAFTA에 대한 강한 비판을 일으켰다. 이러한 배경에서 트럼프 행정부는 NAFTA를 대체할 새로운 협정을 추진했으며, 그 결과물이 바로 USMCA이다.

USMCA는 NAFTA의 기본 틀을 유지하면서도 새로운 조항을 추가하여 "미국 우선주의"라는 트럼프 행정부의 슬로건에 적합한 개정된 협정을 목표로 했다. 이로 인해 NAFTA에서 USMCA로의 전환은 미국의 이익에 반하는 기존 협정의 기준을 변경하려는 의도로 이루어졌다. 따라서 USMCA는 디지털 무역, 노동 규정, 환경보호 등 미국의 입장을 대변하는 새로운 요소들을 대거 포함하고 있다. 먼저, 자동차 산업과 관련하여 원산지 규정을 강화한 점이 특징적이다. USMCA는 자동차 생산에 사용되는 부품의 75%가 북미 지역에서 제조되어야 한다는 규정을 도입하여 미국 제조업의 보호와 국내 일자리 증가를 유도했다. 더불어 노동자 권리를 강화한다는 명분을 토대로 멕시코 노동법 개정을 요구했으며, 노동 규정을 위반할 경우 무역 제재를 가할 수 있는 메커니즘을 삽입했다. 이 조항은 멕시코의 저임금 노동력을 활용한 생산을 어렵게 만들고, 미국 내 제조업의 경쟁력을 상대적으로 높이는 효과를 가져왔다. 디지털 경제와 관련해서는 데이터의 자유로운 이동과 전자상거래 보호를 위한 조항이 새롭게 추가되었다. 이와 함께 농업 부문에서는 캐나다가 미국산 유제품의 시장 접근을 확대하도록 의무화하여, 미국 농업 생산자들에게 보다 유리한 환경을 조성했다. 이렇듯 USMCA는 단순한 NAFTA 개정이 아니라 미국의 경제적 이익을 보다 강화하는 방향으로 설계되었던바, 미국의 제조업을 보호하고 무역에서의 우위를 확보하기 위한 미국의 노력이 크게 반영되었다.

물론 USMCA는 북미 경제의 안정성과 통합을 유지하는 데 일정 부분 역할을 하긴 했으나, 직관적으로도 추측할 수 있듯이, 주로 역내 선진국, 특히 미국의 관점에서 여러 긍정적인 결과를 가져왔다. 우선 자동차 산업의 원산지 규정 강화는 미국 제조업의 경쟁력 고양, 미국 및 캐나다의 제조업 고용의 유지, 그리고 미국-멕시코 간 무역 불균형을 완화하는 데 일조했다. 디지털 무역 조항은 북미 지역에서 전자상거래를 확대시킨 동시에, 미국에게 보다 유리한 영역인 데이터 기반 산업의 성장을 촉진했다. 반면, 노동 규정 강화는 멕시코의 산업 생산비용을 증가시켜 미국 기업들에게 상대적 이점을 제공하는 효과를 가져왔다. 미국과 캐나다 농업 부문에서의 협력 증가는 미국 농업 생산자들의 캐나다 시장에 대한 접근성을 확대시켰다. 이 외에도 USMCA의 새로운 규정들은 일부 역외 기업들에게 추가적인 비용 부담을 초래했는데, 예를 들어 강화된 원산지 규정은 글로벌 공급망을 활용하는 기업들에게 도전 과제가 되었다. 전반적으로 USMCA는 NAFTA의 경제통합을 유지하면서도, 미국의 경제적 이익을 강화하고, 미국 내 산업을 보호하는 측면이 강하며, 무역 규칙을 조정함으로써 미국 기업과 노동자들에게 유리한 환경을 조성했다.

유럽연합(EU)은 1951년 체결된 유럽석탄철강공동체(ECSC)를 시작으로 점진적으로 발전한 경제통합체이다. ECSC는 프랑스와 독일 간의 경제 협력을 통해 전후 유럽의 평화와 번영을 도모하려는 목적으로 출범했다. 이후 1957년 로마 조약을 통해 유럽경제공동체(EEC)가 설립되면서 회원국 간 관세 장벽이 제거되고 단일 시장으로의 통합이 추진되었다. 1993년 마스트리흐트 조약을 통해 EU라는 명칭이 공식적으로 도입되었으며, 정치적 통합과 경제적 협력을 확대하는 데 중점을 두었다. EU는 단일 통화인 유로를 도입하여 유럽 통화 통합을 실현했고, 회원국 간의 경제 협력을 강화했다. 현재 EU는 27개 회원국으로 구성되어 있으며, 단일 시장, 공동 외교 정책, 환경 규제 등 다양한 분야에서 협력하고 있다. EU의 발전 과정은 경제통합을 통한 평화와 번영의 추구라는 유럽 통합의 기본 정신을 반영하고 있다.

EU는 단일 시장과 단일 통화라는 독특한 구조적 특징을 가진 세계 최대의 경제통합체이다. 단일 시장은 상품, 서비스, 자본, 노동의 자유로운 이동을 보장하며, 이는 회원국 간 무역과 투자 흐름을 크게 증진시켰다. 유로화 도입은 환율 변동성을 제거하고, 유럽 내 경제 활동의 예측 가능성을 높이는 데 공헌했다. 이 외에도 공동농업정책(CAP)은 회원국 간 농업 생산성을 조정하고, 식량 안보를 강화하는 데 도움을 주었다. EU는 환경 규제, 소비자 보호, 노동자 권리 등 사회적 기준을 통합하여 회원국 간 정책 조화를 이루었다. 그러나 EU는 다양한 도전 과제도 직면하고 있다. 예컨대, 2008년 금융위기와 이후의 유로존 위기는 회원국 간 경제적 격차를 드러냈고, 브렉시트는 EU의 통합 과정에서 정치적 도전과 회원국 간 갈등을 보여주는 사례로 평가받는다. 그럼에도 불구하고 EU는 세계 무역에서 중요한 위치를 차지하며, 경제적 번영과 지역적 안정성을 유지하는 데 이바지하고 있다.

USMCA와 EU는 모두 지역경제통합을 통해 회원국 간 경제적 협력을 증진하려는 공통된 목표를 가지고 있다. 한편 두 협정 모두 관세 장벽을 줄이고 무역을 촉진함으로써 지역 내 경제성장을 도모했으나, 구조적 특징과 운영 방식에서는 큰 차이를 보인다. USMCA는 무역과 투자 중심의 협정으로 회원국 간 자율성을 더 많이 보장하는 반면, EU는 단일 시장과 단일 통화 같은 심화된 경제적 통합을 추구한다. 더 나아가 EU는 환경 규제, 사회정책, 외교 협력 등 다양한 분야에서 포괄적인 협력을 도모하지만, USMCA는 주로 무역과 투자에 초점을 맞춘다. 정치적 통합의 측면에서도 EU는 초국가적 기구를 통해 강력한 통합을 이루고 있지만, USMCA는 정치적 통합보다는 경제적 협력에 국한된다. 이러한 차이는 두 협정의 역사적 배경과 각 지역의 경제적, 정치적 특성에서 기인한다. 결과적으로 USMCA와 EU는 각각의 목표와 필요에 따라 독특한 지역경제통합 모델을 제시하고 있다.

4. 경제통합의 장단점

경제통합을 통한 관세와 비관세 장벽의 철폐는 상품과 서비스의 가격경쟁력을 높이며 회원국 간 무역 흐름을 원활하게 한다. 기업들은 통합된 시장에서 더 많은 소비자에게 접근할 수 있으며, 이는 생산량 증가와 규모의 경제 실현으로 이어진다. 유럽연합(EU)의 경우를 보더라도 단일 시장은 회원국 간 무역 규모를 크게 확대했는데, 이를 바탕으로 전 세계적으로도 무역의 주요 중심지로 자리 잡게 되었다. 경제통합은 특히 소규모 경제에 더 큰 기회를 제공하는바, 작은 경제 규모를 가진 회원국은 통합을 통해 보다 큰 시장에 접근하여 경제적 경쟁력을 강화할 수 있다. 그리고 무역 증가로 인해 소비자들은 더 다양한 상품과 서비스를 보다 낮은 가격에 구매할 수 있는 혜택을 누릴 수 있고, 이는 경제 전반의 효율성을 높일 뿐만 아니라, 전반적인 생활수준을 향상시키는 결과로 이어진다. 따라서 시장 확대와 무역 증가는 경제통합의 핵심적인 장점 중 하나로 고려된다.

경제통합은 회원국 간 투자와 기술 이전을 용이하게 하는 효과가 있다. 통합된 경제 체제는 외국인직접투자(FDI)를 유치하기 위한 매력적인 환경을 조성하여, 기업들은 통합 지역 내에 투자를 확대한다. 특히 다국적기업들은 경제통합의 이점을 활용하여 생산기지를 최적화하고 공급망을 효율화하는데, 이 과정에서 기술 이전도 활발하게 이루어진다. 선진국에 소재한 기업들은 개발도상국의 기업과 협력하면서 새로운 기술과 노하우를 전수한다. 대표적인 예로, NAFTA(현재 USMCA)는 미국, 캐나다, 멕시코 간의 경제통합을 통해 멕시코로의 투자와 기술 이전을 견인했고, 이는 멕시코의 제조업 경쟁력을 크게 강화시켰다. 더불어 경제통합은 연구개발(R&D) 협력을 증대시키며 혁신 생태계를 활성화하는 데 도움을 준다. 회원국 간 기술 협력은 국가 간 불균형을 줄이고, 글로벌 시장에서 경쟁력을 높이는 데 중요하다는 점에서, 이러한 협력(즉, 투자와 기술 이전)은 경제통합이 지역 경제를 발전시키는 데 있어 강력한 동력이 된다.

경제통합은 회원국 간의 경제적 안정성을 증대시키고, 정치적 협력을 강화하는 데 이바지한다. 통합된 경제 체제는 회원국들이 공동으로 금융정책을 조정하거나, 위기 상황에서 상호 지원할 수 있는 메커니즘을 제공한다. 그 예시로, EU는 유로존 내 회원국 간의 긴밀한 협력을 통해 2008년 글로벌 금융위기 이후의 경제 회복 과정을 지원했다. 게다가 경제통합은 정치적 긴장을 완화하고 평화와 안정성을 증진하는 역할을 한다. 경제적 상호 의존성이 높아질수록 회원국 간 갈등의 가능성이 줄어들며, 이를 통해 안정된 지역 질서가 유지된다. 지역 내 협력을 통해 회원국들은 글로벌 무대에서 더욱 강력한 협상력을 가지게 된다. 이러한 경제적 안정성과 정치적 협력은 특히 신흥 시장에서 큰 가치를 가지는데, 가령, 아프리카대륙자유무역지대(AfCFTA)는 아프리카 국가 간의 무역과 협력을 통해 대륙 전체의 안정성과 성장을 도모하려는 시도로 이해된다. 따라서 경제통합은 단순한 경제적 이익을 넘어, 정치적 안정과 협력을 가능하게 한다.

하지만 경제통합은 회원국 간 경제적 불균형을 심화시키는 문제를 야기할 수 있다. 통합된 시장에서 경쟁력이 낮은 회원국은 선진국과의 경쟁에서 뒤처질 가능성이 높고, 이러한 현상은 경제통합이 지역 내 경제적 격차를 확대시키는 요인으로 작용한다. 예를 들어, EU에서는 독일과 같은 경제 강국이 통합의 주요 혜택을 누리는 반면, 그리스와 같은 약소국은 경제적 어려움을 겪는 사례가 나타났다. 경제적 불균형은 통합된 시장 내에서 일부 지역이 상대적으로 소외되는 문제를 가져오고, 강력한 경제력을 가진 국가들이 통합 내에서 지배적인 위치를 차지함으로써, 약소국의 경제적 자율성이 훼손될 수 있다. 문제는 이러한 상황이 정치적 갈등으로 이어질 수 있다는 점이다. 이러한 경제적 불균형은 통합의 지속가능성을 위협할 수 있는 치명적인 과제이기에, 경제통합은 지역 내 경제적 균형을 유지하기 위한 정책적 노력이 병행되어야 한다.

또 다른 단점으로, 경제통합은 회원국의 주권을 약화시키는 결과를 가져올 수 있다는 사실을 지적할 수 있다. 대표적으로, 통합된 시장 내에서 공통 규정을 준수해야 하는 요구는 개별 국가의 정책 결정권을 제한하는바, EU 회원국들은 공동 정책을 따라야 하기 때문에 독립적으로 통화정책을 결정할 수 없는 경우가 많다. 이는 국가별로 경제적 상황이 다를 때 문제를 초래할 수 있으며, 회원국 간 이해관계가 충돌할 경우 정책 조정이 어려워질 수 있다. 예를 들어, 유로존 위기 당시 긴축 재정정책을 둘러싼 회원국 간의 갈등은 이러한 문제를 잘 보여준다. 경제통합은 정책 조정 과정을 복잡하게 만들어, 각국의 국내 경제 상황에 맞는 적절한 대응을 어렵게 할 수 있다. 주권 약화와 정책 조정의 어려움은 경제통합의 주요 단점으로 평가되고, 이러한 문제를 해결하기 위해서는 회원국 간의 신뢰와 협력, 그리고 유연한 정책적 접근이 필요하다.

이렇듯 경제통합은 장점과 단점을 모두 가지고 있으며, 지속가능한 발전을 위해 여러 과제를 동반한다. 장기적인 관점에서 경제통합은 경제적 혜택을 극대화하면서도 부작용을 최소화하는 정책적 균형을 요구한다. 우선, 경제적 불균형을 완화하기 위해 약소국에 대한 재정적 지원과 역내 개발 정책이 필요하다. 아울러 회원국 간의 신뢰를 구축하고, 협력의 틀을 강화하기 위한 제도적 개혁도 중요하다. 환경 문제와 같은 글로벌 도전 과제를 통합적으로 해결하려는 노력이 필요하며, 이는 통합의 지속가능성을 향상시킬 것이다. 디지털 경제와 같은 새로운 경제 환경 변화에 맞추어 통합의 틀을 현대화하는 것도 필수적이다. 마지막으로, 경제통합의 성공 여부는 회원국 간의 협력 의지와 정치적 결속에 크게 의존한다. 그러므로 통합의 지속가능성을 확보하기 위해서는 경제적, 정치적, 사회적 차원에서 균형 잡힌 접근이 필요하다. 경제통합은 기회와 도전이 공존하는 복잡한 과정으로, 지속적인 조정과 개선이 요구된다.

토의자료 12-4 안정 찾는 금융시장… 계엄 태풍 속 긴박했던 'F4' 움직임

비상계엄 사태로 국내 금융시장이 크게 출렁였지만 이른바 'Finance4(F4)'로 불리는 경제금융 수장들이 발 빠르게 대처해 파국을 막았다는 평가가 나온다. 이른바 12・3 비상계엄 직전 국무회의에서 '반대'를 표명했던 최상목 경제부총리가 정국에 휘말리지 않고 중심을 잡으면서 경제팀이 신속하게 상황을 수습할 수 있었다는 것이다. 그 결과 급락했던 주가도 상당 부분 회복했고 환율도 진정세를 보이고 있다.

최상목・이창용・김병환・이복현 '매일 회의'

금융권에 따르면, 최 부총리와 이창용 한국은행 총재, 김병환 금융위원장, 이복현 금융감독원장 등 F4는 12월 3일 윤석열 대통령이 비상계엄을 선포한 이후 16일까지 매일 긴급 거시경제・금융 현안 간담회를 개최했다. 이 간담회는 통상적으로 공개 또는 비공개 형식으로 주 1회 열린다. 하지만 계엄 사태 이후 금융시장이 출렁이자 연일 머리를 맞댄 것이다.

최상목 경제부총리 겸 기획재정부 장관과 이창용 한국은행 총재, 김병환 금융위원장, 이복현 금융감독원장(오른쪽부터)이 11월 8일 거시경제금융회의에 참석하고 있다.

윤 대통령이 비상계엄을 선포한 12월 3일 밤 금융시장은 크게 요동쳤다. 서울외환시장 야간거래에서 원-달러 환율은 한때 1,440원 선을 넘어서며 불안한 모습을 보였다. 이날 주간거래에서 종가가 1,402.9원을 기록한 것과 비교하면 크게 오른 것이다. 또 오후 11시 30분 코스피200 야간선물옵션지수는 전 거래일보다 3.44% 급락했다. 이날 상승세를 보이던 지수는 밤 10시 30분 전후에 하락 전환해 급격하게 낙폭을 키웠다. 미국 뉴욕 증시에 상장된 한국 관련 종목도 일제히 하락했다.

최근의 분위기는 다르다. 긴박했던 그날의 상황과 달리 시장은 안정을 찾아가는 분위기다. 12월 18일 코스피 지수는 2,484.43으로 마감했다. 계엄 사태가 발생하기 직전인 12월 3일 2,500.10 대비 0.4% 소폭 하락한 수준이다. 코스피는 계엄 직후인 12월 4일부터 9일까지 4거래일 연속으로 하락했지만 이후 반등하면서 4일 연속 상승세를 탔다. 원-달러 환율도 당초 1,500원대에 진입할 것이란 우려까지 나왔지만 현재 1,430원 수준을 유지하고 있다.

경제팀은 계엄 사태가 터진 직후부터 시시각각 변하는 금융시장에 적극적으로 대응했다. 최 부총리의 역할이 컸다는 게 재정 당국의 분석이다. 이 총재에 따르면, 최 부총리는 계엄 선포 직전 열린 국무회의에서 윤 대통령의 결정에 반대해 자리를 박차고 나왔다. 이후 그는 곧바로 F4 회의를 긴급 개최했다. 당시 최 부총리는 사퇴를 고민했지만, 경제 사령탑이 존재해야 혼란을 수습할 수 있다는 이 총재의 만류로 자리를 지켰다.

최 부총리는 경제관료 사이에서 옳다고 생각하는 일은 끝까지 관철하는 강단 있는 인물로 평가받는다. 서울대 법과대학을 수석으로 졸업한 그는 거시경제·금융 분야 핵심 요직을 두루 거쳤다. 금융정책과장과 경제정책국장 둘 다 역임한 관료는 드물다. 서기관 시절부터 두각을 나타내며 미래의 장관감이라는 말을 들은 것으로 알려졌다.

그는 직에 연연하지 않고 경제 안정화에 집중하겠다는 입장이다. 12월 17일 오후 국회 기획재정위원회 전체회의 긴급현안질의에서 최 부총리는 "어떤 상황에서도 우리 경제를 최대한 안정적으로 관리한다는 책임을 마무리하는 대로 직을 내려놓겠다"면서 "결과적으로 지금과 같은 상황을 막지 못한 점에 대해 책임을 통감하고 있다"고 밝혔다.

"대외신인도 하락 막아라" 총력전

최 부총리가 자리를 지킨 점은 결과적으로 경제팀이 혼란을 수습하는 데 결정적인 계기가 됐다. 최 부총리가 계엄에 동조하지 않았단 소식이 전해지자 야당인 민주당도 경제팀에 대한 공세를 자제했다. 민주당은 비상계엄 선포를 심의했던 국무회의에 참여한 위원들도 책임이 있다고 보고 이들에 대한 비판 수위를 높였다. 하지만 우선 금융시장 혼란을 수습하는 것이 급선무라고 봤기에 민주당은 최 부총리에게 계엄에 대한 책임을 직접적으로 묻지 않은 것이다. 이에 경제팀은 시장 안정화에 집중할 수 있었다.

경제팀이 가장 우려한 점은 대외신인도 하락이다. 국제신용평가사들은 신용평가 시 해당 국가의 내란이나 정쟁에 대해선 엄격한 평가를 내린다. 국제신용평가사 무디스는 최근 정치적 불안정을 이유로 프랑스 국가신용등급을 'Aa2'에서 'Aa3'로 한 단계 낮춘 바 있다. 국가신용등급이 하락하면 정부와 공기업, 기업이 외국에서 돈을 빌릴 때 더 큰 비용을 치러야 하기에 실물과 금융 부문 모두 충격을 받는다.

실제로 무디스는 계엄 선포 3일 후인 12월 6일 보고서를 통해 "정치적 긴장이 고조돼 조업중단 등 경제 활동에 지장을 초래하는 상황이 장기화하면 신용에 부정적인 영향을 미칠 수 있다"며 "정치적 불확실성이 높아지면서 내수와 경제성장에 부담을 줄 수 있다"고 경고했다. 무디스는 한국의 신용등급을 2015년 12월 Aa3에서 Aa2로 높인 뒤 이를 10년째 유지하고 있다. 이와 함께 피치는

최상목 경제부총리 겸 기획재정부 장관이 12월 16일 한 포럼에서 크리슈나 스리니바산 국제통화기금(IMF) 아시아・태평양 국장과 악수하고 있다.

한국의 국가신용등급과 전망을 'AA-, 안정적'으로, 스탠더드앤드푸어스(S&P)는 'AA, 안정적'으로 부여하고 있다.

특히 경제관료들은 대외신인도 하락에 대한 '트라우마'가 깊다. 1997년 발생한 외환위기는 한국의 국가신용등급이 강등된 직후 해외투자자들이 돈을 대거 빼면서 발생했기 때문이다. 그해 한보철강이 부도나고 금융사의 해외 차입에 비상등이 켜졌지만 외국인 투자자들이 한국을 떠나지는 않았다. 하지만 무디스가 1997년 10월 단기국채 신용등급을 P-1에서 P-2로 한 단계 낮춘 날부터 외국인들은 급격히 투자금을 회수하기 시작했다. 무디스는 이어 11월 28일부터 12월 21일 사이 A1이던 한국의 장기국채 신용등급을 Ba1으로 여섯 단계 내렸다. 나머지 신용평가사들도 한국의 신용등급을 계속 낮췄고, 한국은 외환 보유고가 바닥나면서 국가 부도의 수렁으로 빠졌다.

유동성 투입・신평사 미팅 '긴급처방'

경제팀은 가장 먼저 시장에 무제한으로 유동성을 공급해 정치 불안이 자금 경색으로 이어지지 않도록 했다. 한국은행이 계엄 다음 날인 12월 4일 환매조건부증권(RP)을 무제한 매입해 시장에 자금을 공급하기로 결정한 것이다. RP 매입은 금융기관의 적격 채권을 환매를 조건으로 한국은행이 사주는 방식의 유동성 공급 도구다.

산업금융채권, 중소기업금융채권, 수출입금융채권, 9개 공공기관이 발행하는 특수채, 농업금융채권, 수산금융채권, 은행법에 따른 금융채까지 매입 대상을 확대했다. RP 매매대상 기관도 모든 은행, 증권사, 선물회사 등으로 넓혔다. 외화 RP도 필요시 매입해 외화자금을 투입하기로 했다. 이 같은 결정에 따라 한은은 12월 4일과 6일 각각 10조 8,000억 원, 3조 3,000억 원의 RP 매입을 시행했다.

이어 최 부총리는 국제신용평가사들과 적극적으로 소통했다. 12월 12일 정부서울청사에서 S&P,

무디스, 피치의 국가신용등급 담당 고위급 인사들과 화상 면담을 진행했다. 이 자리에서 최 부총리는 헌법, 시장경제, 위기관리 등 한국의 모든 국가 시스템은 종전과 다름없이 정상 운영되고 있다고 강조했다. 이에 신평사들은 일제히 한국의 국가신용등급은 여전히 안정적이란 의견으로 화답했다.

미국의 재닛 옐런 재무장관과도 12월 11일 화상으로 만났다. 국제사회의 우려를 차단하기 위한 것이다. 최 부총리 외에 김병환 위원장도 같은 날 크룩스 주(駐)한국 영국대사를 만나 "한국은 2016년 정치적 급변 상황에서도 금융시스템을 안정적으로 유지했던 경험을 토대로 지금은 더 견고한 시장 안정 장치들을 갖추고 있다"고 강조했다. 이복현 원장도 해외사무소장 등과의 간담회에서 해외투자자와의 소통과 현지 평가・반응 모니터링을 주문했다.

더불어 최 부총리는 다음 달 미국에서 한국경제설명회(IR)를 개최할 계획도 세웠다. 장소로는 굵직한 투자기관이 밀집한 미국 뉴욕이 유력한 것으로 전해진다. 해외투자자들을 직접 만나 한국경제에 대한 우려를 해소하겠단 의도다. 과거 박근혜 전 대통령 탄핵소추안이 가결된 이후인 2017년 1월에도 유일호 전 부총리가 뉴욕에서 한국경제 IR을 가진 바 있다.

이와 함께 경제팀은 연기금 등 기관투자가들이 주식 매입에 나서도록 유도했다. 코스피가 반등할 수 있었던 이유는 기관투자가들이 주식을 대거 사들였기 때문이다. 연기금은 계엄 직후인 12월 4일부터 16일까지 코스피 시장에서 총 1조 6,335억 원 규모의 주식을 순매수했다. 반면 같은 기간 외국인은 2조 2,213억 원, 개인은 1,789억 원어치 순매도했다. 이와 더불어 경제팀은 50조 원 규모의 증권・채권시장 안정화펀드를 언제든 가동할 수 있도록 준비해 놓았다.

한 금융권 관계자는 "우리나라는 외환위기의 아픔을 겪었기에 금융위기에 대한 대응체계는 잘 갖춰져 있다"면서 "또 경제수장들이 정치적 불안정에 휩쓸리지 않고 시장 안정화에 집중했기에 파국을 면할 수 있었다 본다"고 말했다.

Q 질문

1. 비상계엄 선포와 같은 정치적 사건이 금융시장에 미치는 영향은 무엇이며, 이러한 상황에서 정부와 금융 당국의 역할은 무엇인가?
2. 'F4'로 불리는 경제 수장들의 긴급회의와 같은 대응 조치가 금융시장 안정에 어떤 효과를 미칠 수 있는가?
3. 이러한 금융시장 불안 상황에서 투자자와 기업은 어떤 전략을 취해야 하는가?

〈출처: 시사저널, 2024년 12월 21일자〉

제4절 금융위기와 경제 안정

1. 국제 금융위기의 원인과 결과

국제 금융위기는 특정 국가나 지역에서 발생한 금융 문제가 국제적으로 확산되면서 경제적 불안정을 유발하는 현상으로 정의된다. 이러한 위기는 통상 금융시스템 내의 구조적 문제, 과도한 신용 증가, 규제 실패 등 다양한 요인이 복합적으로 작용하여 일어난다. 더욱이 글로벌화된 경제에서는 한 국가의 금융 문제가 다른 국가로 빠르게 전파될 수 있어 국제 금융위기는 지역적 위기에 비해 훨씬 더 광범위한 영향을 미친다. 역사적으로 1997년 아시아 금융위기와 2008년 글로벌 금융위기 등은 금융시장의 연결성으로 인해 전 세계적으로 심각한 결과를 촉발한 대표적인 사례로 꼽힌다. 이러한 위기를 이해하기 위해서는 근본적인 원인과 전개 과정을 체계적으로 분석할 필요가 있다.

국제 금융위기의 주요 원인 중 하나는 금융 규제와 감독의 실패이다. 많은 국가에서 금융시장의 자유화를 추진하면서 규제의 역할이 축소되었고, 이는 금융기관들이 과도한 리스크를 감수하게 하는 환경을 조성했다. 예를 들어, 2008년 금융위기 당시 미국의 서브프라임 모기지 문제는 금융기관들의 위험 관리 부재와 신용평가기관의 비효율성이 복합적으로 작용한 결과였다. 추가적으로, 금융 파생상품의 복잡성과 투명성 부족으로 인해 금융시장 참여자들이 실질적인 위험을 제대로 인식하지 못한 점도 규제 실패의 한 측면으로 볼 수 있다. 이러한 규제 부재는 금융시스템의 불안정을 심화시키고, 결국 위기로 이어지는 도화선이 되었다.

금융위기의 또 다른 주요 원인은 과도한 신용 증가와 자산 가격의 버블 형성이다. 경제 호황기에는 금융기관들이 대출을 과도하게 늘리고, 이에 따라 부동산이나 주식과 같은 자산의 가격이 비정상적으로 상승하는 현상이 나타난다. 이 과정에서 투자자들은 자산 가격 상승이 지속될 것이라고 기대하며 대출을 통해 추가 투자를 감행한다. 그러나 이러한 자산 가격은 실물 경제의 기초와 점차 괴리되면서, 결국 시장의 신뢰가 붕괴되면 급격한 가격 하락과 함께 대규모 금융 손실이 발생한다. 이는 금융시스템 전체에 불안정을 일으키고, 경제 전반으로 악영향을 미친다.

국제 금융위기는 글로벌 경제의 상호 연결성이 증대됨에 따라 더욱 심화되고 확산된다. 오늘날의 경제는 무역, 자본 이동, 금융시장의 통합을 통해 긴밀히 연결되어 있다.

이러한 상황에서 한 국가의 금융 불안정이 다른 국가로 빠르게 전염될 가능성이 높아진다. 2008년 글로벌 금융위기의 경우, 미국의 서브프라임 모기지 사태가 유럽과 아시아의 금융시장으로 빠르게 확산되어 전 세계적으로 경제 침체를 가져왔다. 이는 글로벌 경제가 단일 시장처럼 작동하는 특성 때문에 금융위기의 전염성이 매우 높아졌음을 보여준다. 따라서 국제 금융위기를 이해하려면 글로벌 경제의 네트워크 효과[3]를 반드시 고려해야 한다.

국제 금융위기는 단기적으로는 금융시장의 붕괴와 대규모 실업, 기업 도산이라는 결과를 가져오고, 장기적으로는 경제 구조의 왜곡과 불평등을 심화시키는 현상을 낳는다. 예컨대, 2008년 금융위기 이후 많은 국가에서는 정부의 구제금융이 필요했으며, 이는 재정 적자를 급격히 증가시켰다. 아울러 경제 불황으로 인해 실업률이 급증하고, 소비와 투자 감소로 이어졌다. 이러한 경제적 손실은 회복까지 오랜 시간이 걸리는데, 특히 취약한 경제 구조를 가진 개발도상국에서는 더욱 심각한 결과를 가져온다.

금융위기는 단순히 경제적 결과에 그치지 않고, 부정적인 사회적 및 정치적 결과를 야기한다. 경제적 불황과 실업 증가는 사회적 불안을 고조시키고, 이는 정치적 불안정으로 이어질 가능성이 높다. 많은 경우 금융위기는 소득 불평등을 심화시킴은 물론, 대중의 금융시스템과 정부에 대한 신뢰를 약화시킨다. 2008년 금융위기 이후 여러 국가에서 발생한 반세계화 운동과 정치적 극단주의의 부상은 금융위기가 사회적, 정치적 구조에 미친 영향을 잘 보여주는 사례이다. 이러한 결과는 위기의 영향을 단순히 경제적 측면에서만 논의할 수 없음을 시사한다.

국제 금융위기로부터 얻을 수 있는 중요한 교훈은 금융 규제와 감독의 중요성, 그리고 글로벌 협력의 필요성이다. 각국은 금융시스템의 투명성을 높이고, 리스크를 보다 효과적으로 관리하기 위한 제도를 마련해야 한다. 게다가 국제기구를 중심으로 한 협력과 공조가 강화되어야 금융위기의 전염성을 줄이고 위기 대응 능력을 향상시킬 수 있다. 나아가 금융위기가 반복되지 않도록 경제 주체들의 신중한 행위와 장기적인 안목이 요구된다. 이러한 교훈들은 국제 금융위기를 예방하고 안정적인 글로벌 경제를 유지하는 데 주요한 역할을 한다.

---

3) 경제 활동이 글로벌화될수록 기업, 국가, 개인 간 상호 연결성이 세계적으로 강화되면서 경제적 이익이 맞물려 있는 현상을 의미한다.

2. 금융시스템의 구조적 취약성

금융시스템에서 레버리지는 자본 대비 대출 비율을 증가시켜 금융기관이 더 큰 거래를 수행할 수 있도록 하는 방식이다. 하지만 지나치게 높은 레버리지는 금융기관이 경제적 충격에 취약해지는 결과를 가져온다. 금융위기 이전, 많은 투자은행은 자본 대비 30배 이상의 자산을 운용하며 수익을 극대화하려 했지만, 이는 자산가치 하락 시 회복 불가능한 손실로 이어졌다. 가장 두드러지게, 2008년 금융위기 당시 레버리지 비율이 높았던 금융기관들은 유동성 부족에 직면하며 도산 위기에 몰렸다. 금융시장 전체적으로 이러한 구조는 은행 간 대출 및 거래 시스템을 경직시키며 시스템적 리스크를 확산시킨다. 더불어 자산 가격 하락 시 투자자들의 신뢰 상실로 인해 대규모 인출 사태가 발생해 금융시스템의 안정성이 심각하게 위협받는다. 이러한 사례는 금융기관의 자산 운용 전략이 지나치게 공격적일 때 발생하는 리스크를 보여준다.

그림자 금융[4)]은 전통적인 은행시스템 외부에서 이루어지는 다양한 금융 활동으로 정의된다. 이는 헤지펀드, 자산유동화증권(ABS) 발행, 머니마켓펀드(MMF) 등 비은행 금융기관의 활동을 포함한다. 이러한 시스템은 자본 조달과 유동성 공급에서 중요한 비중을 담당하지만, 동시에 규제의 사각지대에 위치하며 금융시스템의 취약성을 높인다. 예를 들어, 그림자 금융 활동은 높은 수익을 추구하는 반면, 리스크 관리를 위한 안전장치가 부족한 경우가 많다. 2008년 위기 당시 파생상품시장의 붕괴로 인해 그림자 금융의 위험이 현실화되었고, 이는 글로벌 금융시스템의 위기로 이어졌다. 규제 당국이 금융 활동의 투명성을 확보하지 못할 경우, 그림자 금융은 또 다른 위기의 원인이 될 가능성이 높다.

파생상품은 투자 위험을 분산하거나 수익을 극대화하기 위해 만들어진 금융상품이지만, 그 복잡성은 시스템적 리스크를 증가시킨다. 특히나 신용부도스왑(CDS)과 같은 파생상품은 2008년 금융위기 당시 위기의 확산을 가속화한 주된 요인으로 평가된다. 이러한 상품은 금융기관 간의 상호 의존성을 심화시킴은 물론, 개별 기관의 실패가 전체 시스템에 치명적인 영향을 미치게 한다. 파생상품의 설계와 운영이 지나치게 복잡할 경우, 투자자와 규제 당국 모두 해당 리스크를 제대로 평가하지 못할 수 있다. 결국 파생

---

4) 일반적으로 은행과 유사한 기능을 하지만 은행 규제의 대상이 되지 않는 금융기관과 금융상품들을 일컫는다.

상품시장에서 발생한 불확실성은 금융시스템 전반에 불안정을 가중시킨다.

유동성은 금융기관이 단기적으로 필요 자금을 조달할 수 있는 능력을 의미한다. 하지만 위기 상황에서 금융기관들이 유동성 위기에 빠지는 경우가 빈번한데, 이는 은행 간 대출 시장의 경직성과 투자자들의 신뢰 상실에서 기인한다. 위기 당시 은행들은 자산 매각을 통해 유동성을 확보하려 했지만, 자산 가격의 급락으로 인해 손실만 가중되었다. 유동성 부족 문제는 중앙은행의 긴급 대출을 필요로 하며, 이는 궁극적으로 금융시스템의 안정성을 더욱 위태롭게 만든다.

금융시스템의 취약성은 종종 규제의 부재 또는 규제의 사각지대에서 비롯된다. 자유화된 금융시장에서는 금융기관이 높은 수익을 추구하는 과정에서 리스크 관리가 소홀해지는 경우가 많다. 주로 글로벌 금융시스템에서는 국가별 규제 차이로 인해 금융기관들이 상대적으로 규제가 느슨한 지역에서 활동을 집중하는 경향이 있다. 이러한 상황은 금융시스템의 투명성을 저하시킬 뿐만 아니라, 국제적으로 리스크가 전이되는 경로를 제공한다.

현대 금융시스템은 복잡성과 상호 연결성을 특징으로 한다. 이는 금융기관 간 거래가 증가하고 글로벌화가 심화되면서 시스템 전반의 안정성이 더욱 민감해졌음을 뜻한다. 한 금융기관의 실패는 도미노 효과를 일으켜 다른 금융기관과 전체 경제에 심대한 파급효과를 유발할 수 있다. 더욱이 시스템적으로 중요한 금융기관[5]의 경우, 이들의 실패는 글로벌 금융위기를 촉발할 위험을 가지고 있다. 따라서 금융시스템의 복잡성을 관리하고 상호 연결성을 이해하는 것이 금융 안정성을 유지하는 데 필수적이다.

3. 금융위기의 글로벌 전염성

금융 전염성은 특정 국가에서 발생한 금융위기가 다른 국가로 확산되는 과정을 의미하며, 현대 금융시스템의 상호 연결성으로 인해 점점 더 중요한 주제가 되고 있다. 이 현상은 금융시장, 무역, 자본 흐름 등이 글로벌화됨에 따라 더욱 두드러지게 나타난다. 예를 들어, 한 국가의 주요 금융기관이 유동성 위기를 겪을 경우, 해당 국가에 투자

5) 금융시스템에서 매우 큰 영향력을 가지며, 해당 기관이 파산하거나 심각한 재정적 위기를 겪을 경우 전체 금융시스템과 실물 경제에 심각한 충격을 줄 수 있는 금융기관.

한 해외 금융기관이나 투자자들은 자금을 급격히 철수할 가능성이 높다. 이로 인해 국제 자본시장에서 신뢰가 떨어지고, 연쇄적인 경제적 충격이 발생한다. 이러한 연결성은 세계 경제의 통합을 통해 긍정적 효과를 가져올 수 있지만, 위기 상황에서는 더 큰 파급 효과를 만들어 낼 위험을 내포하고 있다. 따라서 금융 전염성은 글로벌 경제 안정성을 유지하기 위한 주요 과제로 인식되고 있다.

금융 전염은 주로 금융 네트워크와 무역 경로를 통해 발생한다. 금융 네트워크 측면에서는 은행 간 대출, 파생상품 거래, 투자 포트폴리오의 다각화가 주요 역할을 한다. 가령, 한 국가의 금융기관이 대규모 부실채권을 보유하고 있다면, 해당 기관과 거래 관계를 맺고 있는 외국 은행들도 손실을 입을 가능성이 높아진다. 무역 경로는 금융 전염성과 밀접하게 연결되어 있다. 만약 특정 국가의 수입 수요가 감소하거나 환율이 급격히 변동한다면, 그 나라와 밀접한 경제 관계를 유지하는 국가들도 수출 감소와 같은 부정적 영향을 받을 수 있다. 이러한 경로들은 복잡하게 얽혀 있기에, 이를 파악하는 것은 전염성을 완화하기 위한 정책 설계의 중요한 사항이다.

경제의 글로벌화는 금융 전염성을 강화시키는 대표적인 요인 중 하나로 작용한다. 더욱이 국제 자본 이동의 자유화는 국가 간 투자와 대출의 증가를 가져왔으며, 이는 금융시스템의 상호 의존성을 심화시켰다. 글로벌 금융위기의 사례는 이러한 상호 연결성이 어떻게 위기를 증폭시키는지를 잘 보여준다. 2008년 서브프라임 모기지 사태는 미국에서 시작되었지만, 글로벌 은행들이 미국의 주택담보부증권(MBS)에 투자한 결과 유럽과 아시아로 위기가 확산되었다. 이러한 과정은 금융시장의 통합이 가진 양면성을 드러내며, 글로벌화가 금융위기 전염성을 가속화할 수 있음을 시사한다. 이와 같은 특성은 각국이 글로벌 금융 규제의 필요성을 재고하게 만들었다.

1997년 아시아 금융위기는 전염성이 금융위기의 확산에 어떻게 영향을 미치는지를 보여주는 또 다른 대표적인 사례이다. 태국의 바트화 위기에서 시작된 이 위기는 동남아시아 전체로 확산되었고, 나아가 러시아와 브라질 등으로 전이되었다. 금융 및 외환시장의 취약성이 이 과정을 가속화시켰던바, 결과적으로 글로벌 금융시장의 불안정을 가져왔다. 마찬가지로, 앞서 언급한 2008년 글로벌 금융위기는 미국의 서브프라임 위기가 유럽의 주요 은행들을 흔들며 유로존 채무 위기로 이어졌다. 이러한 사례들은 금융 전염성을 이해하고 이를 예방하기 위한 글로벌 정책의 필요성을 증명해준다.

금융 전염성을 완화하기 위해서는 국가 간 공조와 투명성을 강화하는 정책이 필수적이다. 무엇보다도 글로벌 금융 규제를 통해 금융시스템 내의 리스크를 평가하고 관리할 수 있는 메커니즘을 구축하는 것이 중요하다. 또한 국제기구는 위기 발생 시 적절한 유동성을 공급하며 전염성을 억제하는 데 중추적인 역할을 하는데, 예를 들어 국제통화기금(IMF)은 위기 상황에서 자금을 제공함으로써 글로벌 경제 안정에 기여하고 있다. 이러한 노력은 국가별 금융시스템의 독립성을 유지하면서도 상호 의존성을 효과적으로 관리할 수 있는 틀을 마련하는 데 초점을 맞춘다.

4. 위기 이후의 경제 회복과 구조적 변환

금융위기 이후의 경제 회복은 정부와 중앙은행의 신속한 정책적 대응에 의해 주도되었다. 정부는 대규모 재정 지출을 통해 경기부양에 나섰으며, 중앙은행은 금리를 낮추고 유동성을 공급하는 방식으로 경제 활동을 지원했다. 이러한 정책들은 실물 경제의 침체를 완화하고 금융시스템의 안정을 도모하는 데 이바지했다. 한 가지 사례로, 미국은 2008년 금융위기 당시 대규모 경기부양 패키지를 시행하여 실업률 감소와 투자 회복을 이끌었다. 유럽 중앙은행 또한 자산 매입 프로그램을 통해 금융시장에 필요한 유동성을 제공했다. 초기 회복 과정에서는 소비심리 회복과 기업 활동 정상화가 주요 목표로 설정되었다. 그러나 이러한 조치들은 단기적인 경제 회복에 기여했을 뿐만 아니라 재정 적자의 증가라는 부담을 동반하기도 했다. 결과적으로 초기 회복 과정은 경제를 안정시키는 동시에 장기적인 구조적 개선을 위한 기반을 마련하는 시기로 평가된다.

한편 위기 이후 금융시스템의 안정성을 확보하기 위해 규제 강화가 필수적이었다. 주요 국가들은 금융기관의 자본 비율을 상향 조정하고, 시스템적으로 중요한 금융기관에 대한 추가적인 감독을 도입했다. 이러한 규제는 금융시스템의 리스크를 줄이고 위기의 재발 가능성을 낮추는 데 공헌했다. 그중에서도 바젤 III 규제[6]는 금융기관의 유동성 관리와 자본 건전성을 강화하는 데 초점을 맞추었다. 더불어 각국은 그림자 금융과 같은 비은행권 금융 활동에 대한 규제를 확대하여 규제 사각지대를 줄이려는 노력을 기울였다. 이와 같은 조치들은 금융시스템의 투명성을 높이고 투자자 신뢰를 회복하는데 일

---

6) 2008년 글로벌 금융위기의 재발을 방지하고 금융시스템의 안정성을 강화하기 위해 국제결제은행(BIS)의 산하 기관인 바젤 은행감독위원회(BCBS)가 도입한 금융 규제 프레임워크.

조했다. 하지만 일부에서는 지나친 규제가 경제 활동을 위축시킬 수 있다는 우려도 제기되었다. 따라서 금융 규제 강화는 안정성과 효율성 간의 균형을 맞추는 데 중점을 두어야 한다.

경제 회복 과정에서 기술 혁신은 금융시스템의 변화를 가속화하는 주요 동력으로 작용했다. 디지털 기술의 발전은 금융 서비스의 효율성을 높이고 새로운 형태의 금융상품과 서비스를 가능하게 했다. 예컨대, 핀테크 기업들은 기존 금융기관과의 협력을 통해 디지털 결제 시스템과 온라인 대출 플랫폼을 활성화시켰고, 이러한 변화는 금융 접근성 확대와 비용 절감의 실현을 현실화시켰다. 그러나 디지털화 과정에서 사이버 보안 위협과 같은 새로운 리스크가 대두되었다. 이에 따라 규제 당국은 디지털 금융 서비스의 안전성과 신뢰성을 보장하기 위한 정책을 마련해야 했다. 왜냐하면 디지털화는 경제 회복뿐만 아니라 장기적인 경제 구조의 변화를 이끄는 중요한 요소로 자리 잡았기 때문이다.

지금까지 살펴본 다양한 위기 이후, 기업과 산업 구조는 효율성과 생산성을 중심으로 재편되었다. 많은 기업들은 위기 기간 동안 드러난 비효율적인 운영 방식을 개선하고 새로운 기술을 도입하여 경쟁력을 강화했다. 가령, 자동화와 인공지능(AI) 기술은 제조업과 서비스업 전반에 걸쳐 생산성을 크게 향상시켰다. 동시에 글로벌 공급망의 취약성을 극복하기 위해 지역화 전략이 채택되었으며, 이는 경제 활동의 분산화를 가져왔다. 이러한 변화는 단기적인 경제 회복을 넘어 지속가능한 성장 기반의 토대를 마련했다. 그러나 구조적 변화는 일부 산업이나 지역에서의 고용 감소와 같은 부작용을 동반하기도 했다. 따라서 이러한 문제를 완화하기 위한 사회적 안전망의 강화가 요망되었다.

사회적 안전망의 필요성과 관련하여, 금융위기 이후 소득 불평등과 같은 사회적 문제가 심화되었던바, 이는 경제 회복 과정에서 중요한 도전 과제로 부상했다. 따라서 정부는 복지정책과 재분배정책을 강화하여 사회적 갈등을 완화하고 경제적 안정성을 유지하려고 노력했다. 한 예로, 실업률 감소를 목표로 한 공공 일자리 프로그램이나 교육 및 재훈련 프로그램이 시행되었다. 이러한 노력은 노동시장에서의 취약계층을 지원하고 경제 회복의 효과를 보다 포괄적으로 확산시키는 데 일조했다. 더불어 금융위기가 남긴 사회적 상흔을 치유하고 신뢰를 회복하기 위해 시민사회와의 협력도 강조되었다. 이러한 사회적 변화는 경제 회복을 더욱 공고히 하는 데 중심적인 역할을 했다.

위기 이후의 경제 회복은 국가 간 협력과 글로벌 경제통합의 강화 없이 이루어질 수 없었다. 국제통화기금(IMF), 세계은행(World Bank)과 같은 국제기구는 금융위기 극복 과정에서 중추적인 임무를 담당했다. 이들은 위기 국가에 대한 금융지원과 기술적 조언을 제공하며 경제 안정화를 도왔고, 이 외에 주요 20개국(G20)은 글로벌 경제 거버넌스를 강화하기 위한 플랫폼으로 작동하며 금융 규제와 경제정책의 조율을 추진했다. 이러한 협력은 개별 국가의 한계를 극복하고 글로벌 차원의 경제 회복을 가속화하는 데 이바지했다. 글로벌 협력은 단기적인 위기 극복뿐만 아니라 장기적인 경제 안정과 지속가능성을 도모하는 데 있어 필수적인 요소로 자리 잡았다.

주요 용어

국제화	국제거시경제	환율	환율제도	외환시장
국제통화시스템	국제수지	경상수지	자본수지	금융계정
무역협정	경제통합	국제 금융	구매력 평가설	이자율 평가설
고정환율제	연동환율제	변동환율제	관리변동환율제	중앙은행
상업은행	다국적기업	헤지펀드	현물 거래	선물 거래
스왑 거래	옵션 거래	금본위제	브레튼우즈 체제	킹스턴 체제
국제통화기금(IMF)	세계은행	세계무역기구	G20	쌍둥이 적자
지역경제통합	세계화	지역무역협정	USMCA	EU
국제 금융위기	그림자 금융			

연습문제

01 다음은 국제통화시스템의 주요 변천 과정을 요약한 설명이다. 이에 따라 다음 문항에 답하시오.

1) 금본위제(Gold Standard)의 주요 특징은 무엇이며, 이 시스템이 붕괴하게 된 두 가지 주요 이유를 설명하시오.

2) 브레튼우즈 체제(Bretton Woods System)와 킹스턴 체제(Kingston System)의 차이점을 국제통화시스템의 변동성 측면에서 논하시오.

3) 변동환율제(Floating Exchange Rate)의 장점과 단점을 각각 두 가지씩 제시하고, 이를 해결하기 위한 관리변동환율제(Managed Floating Exchange Rate)의 특징을 설명하시오.

02 국제수지가 한 국가의 경제성장에 미치는 영향을 설명하고, 경상수지 흑자와 적자가 경제에 미치는 서로 다른 결과를 구체적으로 서술하시오.

03 세계화가 선진국과 개발도상국의 노동시장에 미친 긍정적·부정적 영향을 각각 논의하시오.

04 USMCA와 EU의 구조적 특징과 경제적 효과를 비교 · 분석하시오.

05 금융위기 이후 각국은 금융 규제 강화를 통해 금융시스템의 안정성을 높이고자 했다. 본문에서 언급된 금융 규제 강화의 주요 내용과 그 결과를 설명하고, 이러한 규제가 경제 활동에 미칠 수 있는 긍정적 효과와 부정적 영향을 논하시오.

참고문헌

KITA(2024), 제5차 한・중앙아 경제협의체 회의… 미래 산업 협력 강화 모색, 한국무역협회.

권윤정, 이재득(2015), 한국의 EU 및 주요 교역국에 대한 경제통합 효과 추정, 유럽연구, 33(3), 257-282.

글로벌 금융위기 극복백서 편찬위원회(2012), 글로벌 금융위기와 한국의 정책대응, 국회예산정책처.

김세직(2016), 한국경제: 성장 위기와 구조 개혁, 경제논집, 55(1), 1-27.

김중수(2013), 글로벌 금융위기 이후의 통화정책, 한국경제포럼, 6(1), 23-55.

매일경제신문, [매경시평] 2025년 위기의 원화가치와 한국경제, 2024년 12월 29일자.

시사저널, 안정 찾는 금융시장… 계엄 태풍 속 긴박했던 'F4' 움직임, 2024년 12월 21일자.

박대근, 박춘원, 이항용(2015), 글로벌 금융위기 이후 세계경제의 구조적 변화, 보험연구원.

이병윤(2024), 금융환경 변화와 금융산업의 미래 대응 전략: 은행 및 보험산업을 중심으로, 보험연구원.

최상목(2014), 한국경제의 구조적 문제와 정책과제, 한국경제포험, 7(1), 77-93.

한국개발연구원(1998), 경제위기극복과 구조조정을 위한 종합대책, 한국개발연구원.

한국경제신문, 4월 경상수지, 1년 만에 적자 전환, 2024년 6월 12일자.

홍범교, 오정현(2016), 글로벌 금융위기 이후 통화 재정정책의 변화와 향후 정책 방향, 연구보고서 16-07, 한국조세재정연구원.

| 저자소개 |

박병일

[약력]
한양대학교 영문과 졸업
영국 University of Leeds, MBA
영국 University of Bradford 대학원 국제경영학 박사
전) 한국국제경영관리학회 회장
현) 한국외국어대학교 경영학부 교수

[주요 저서]
<한국기업의 글로벌경영사례>, 오금식, 박병일 공저, 법문사(2019)[본서는 대한민국학술원이 수여하는 2020년 우수학술도서에 선정되었으며, "해외진출 실패에서 배우는 기업경영"이라는 제목으로 경문사(2021)에 의해 재출간되었음].
<글로벌경영사례 100>, 박병일, 노태우, 오금식 공저, 시대가치(2023).
<국제경영>, 박병일, 최지율 공역, McGraw Hill(2014).
<글로벌경영>, 서민교, 박병일 공저, 서울경제경영출판사(2020).

[주요 논문]
77 papers have been published in international journals, and the following are some of them.

- "Reverse knowledge transfer from the periphery to the core: Focusing on local market information," *European Management Journal*, 42, 698-720, 2024.
- "Knowledge transfer and protection in international joint ventures: An integrative review," *International Business Review*, 33, 102300, 2024.
- "MNCs' social innovation in emerging markets: A stakeholder perspective," *Management International Review*, 64, 633-670, 2024.
- "Corruptive practices, digitalization, and international business," *Journal of Business Research*, 181, 114748, 2024.
- "Reverse knowledge transfer from subsidiaries to headquarters: Chinese firms in Africa," *Journal of International Management*, 30(1), 101114, 2024.
- "MNEs' capabilities and their sustainable business in emerging markets," *Journal of International Management*, 30(1), 101097, 2024.
- "Protectionism and its impact on MNC subsidiaries' performance," *Management International Review*, 63, 731-757, 2023.
- "Double-edged sword of open innovation to business failure in the post-pandemic era: The moderating roles of industrial embeddedness and absorptive capacity," *Industrial Marketing Management*, 115, 378-394, 2023.
- "Returns to internationalization: Business group-affiliated firms vs standalone firms," *Management International Review*, 63, 603-639, 2023.
- "The impact of social media and digital platforms experience on SME international orientation: The moderating effects of Covid-19 pandemic," *Journal of International Management,* 28, 100950, 2022.
- "Doing good by combating bad in the digital world: Institutional pressures, anti-corruption practices, and competitive implications of MNE foreign subsidiaries," *Journal of Business Research*, 137,

194-205, 2021.

- “Knowledge centralization and international R&D team performance: Unpacking the moderating roles of team-specific characteristics,” *Journal of Business Research*, 128, 627-640, 2021.
- “International new product development performance, entrepreneurial capability, and network in high-tech ventures,” *Journal of Business Research*, 124, 38-46, 2021.
- “Interplay between dual dimensions of ambidextrous knowledge sharing within globalized chaebols: Moderating effects of organizational and global environmental munificence,” *International Business Review*, 29(6), 1016-1037, 2020.
- “International network searching, learning, and explorative capability: Small and medium-sized enterprises from China,” *Management International Review*, 60, 597-621, 2020.
- “Risk in international business and its mitigation,” *Journal of World Business*, 55, 1-6, 2020.
- “‘2R-based view’ on the internationalization of emerging economy service MNEs: Evidence from China,” *Management International Review*, 59, 643-673, 2019.
- “Post-entry performance of international new ventures: The mediating role of learning orientation,” *International Small Business Journal*, 36(7), 807-828, 2018.
- “Corporate social responsibility in international joint ventures,” *International Business Review*, 27(6), 1213-1228, 2018.
- “Bring institutions into FDI spillover research: Exploring the impact of ownership restructuring and institutional development in emerging economies,” *International Business Review*, 27(1), 289-308, 2018.
- “The impact of country-of-origin on context effects in choice,” *International Marketing Review*, 34(6), 706-734, 2017.
- “Institutional legitimacy and norms-based CSR marketing practices - Insights from MNCs operating in a developing economy,” *International Marketing Review*, 32(5), 463-491, 2015.
- “Cultural clashes in cross-border mergers and acquisitions: A case study between Sweden’s Volvo and Korea’s Samsung,” *International Business Review*, 24, 580-593, 2015.
- “Determinants influencing CSR practices in small and medium sized MNE subsidiaries: A stakeholder perspective,” *Journal of World Business*, 50, 192-204, 2015.
- “Control mechanisms of MNEs and absorption of foreign technological capabilities in cross-border acquisitions,” *International Business Review*, 23, 130-144, 2014.
- “Innovative knowledge transfer patterns of group-affiliated companies: The effects on foreign subsidiary performance,” *Journal of International Management*, 20(2), 107-123, 2014.
- “Corporate social responsibility: Stakeholders influence on MNEs’ activities,” *International Business Review*, 23, 966-980, 2014.
- “Environmentally responsible management of MNE subsidiaries: Stakeholder perspective,” *Multinational Business Review*, 22(1), 59-77, 2014.
- “Foreign direct investment spillover effects in China: Are they different across industries with different technological levels?” *China Economic Review*, 26, 105-117, 2013.
- “Does ownership structure matter for firm technological innovation performance? The case of Korean firms,” *Corporate Governance: an International Review*, 20(3), 267-288, 2012.
- “What changes the rules of the game in wholly owned subsidiaries? Determinants of knowledge acquisition from parent firms,” *International Business Review*, 21, 547-557, 2012.
- “The impacts of turbulent event on technology acquisition: Comparison of cross-border acquisitions formed before and after the crisis,” *Management International Review*, 52(2), 293-315, 2012.

- “Knowledge transfer capacity of multinational enterprises and technology acquisition in international joint ventures,” *International Business Review*, 20, 75-87, 2011.
- “Key factors affecting acquisition of technological capabilities from foreign acquiring firms in small and medium sized local firms,” *Journal of World Business*, 46, 116-125, 2011.
- “What matters to managerial knowledge acquisition in international joint ventures? High versus low knowledge acquirers,” *Asia Pacific Journal of Management*, 27(1), 55-79, 2010.

최용제

[약력]

서울대학교 경제학과 졸업
미국 University of Illinois at Urbana-Champaign 경제학 석사
미국 University of Illinois at Urbana-Champaign 경제학 박사
전) 정보통신정책연구원 연구위원
전) WTO 기본통신협상 한국대표단원
전) 한국외국어대학교 경상대학 학장
현) 한국외국어대학교 경제학부 교수

[주요 논문]

- “Do foreign direct investment and foreign aid accelerate economic growth in developing countries?” *International Journal of Development Issues*, 23(2), 348-357, Jun 21, 2024.
- “제4 이동통신사업자 선정을 통한 이동통신 요금 인하,” ≪정보통신정책연구≫, 제31권 제1호, 1-16, March, 2024.
- “A model of COVID-19 pandemic with vaccines and mutant viruses,” *PLOS ONE,* 17(10), October 24, 2022.
- “Spectrum auctions in a thin market: The Korean case,” *Telecommunications Policy*, Vol.46 Issue 8, September, 2022.
- “Effects of Trade Barriers and Cultural Distance on the Domestic Market Share in the Film Industry,” *World Trade Review*, 19(1), 61-74, 2020.
- “Retransmission Fees in Television Market: Social Optimum vs Market Equilibrium,” *Information Society & Media*, 18(2), 19-32, August, 2017.
- “Regulation of Program Licensing Fee in Korean CATV Industry: Is it Welfare-Improving?” *The Korean Economic Review*, 30(2), 369-384, 2014.12.
- “국가간 생산성 격차를 고려한 FTA의 부분균형분석: 한・중, 한・일 FTA에 대한 시사점,” ≪국제지역연구≫, 제18권 제2호, 89-108, 2014.7.30.
- “Does spectrum auctioning harm consumers? Lessons from 3G licensing,” *Information Economics and Policy*, 23(1), 118-126, March, 2011.

손에 잡히는 **경제학**

인　　쇄 2025년 7월 1일
발　　행 2025년 7월 7일

저　　자 박병일 · 최용제
펴 낸 이 김광범
펴 낸 곳 도서출판 시대가치

출판등록 2017년 3월 23일 제2018-000088호
주　　소 서울특별시 마포구 토정로 222, 422-1호(한국출판콘텐츠센터)
전　　화 02)3152-2620 / 팩스 02)6442-2621
이 메 일 timepub2017@gmail.com
홈페이지 시대가치.com

ISBN 979-11-89607-99-9　93320

가격 31,000원

해답집

손에 잡히는 경제학

박병일 최용제 공저

Economics

도서출판 시대가치

해답집

손에 잡히는 경제학

박병일 최용제 공저

Economics

도서출판 시대가치

CHAPTER 01

시장의 수요와 공급

01 영희가 고등학교를 마치고 대학으로의 진학 대신 취업을 선택했다고 가정할 때, 그녀가 지불해야 하는 기회비용에는 어떤 것들이 있는지 설명하시오. 반면 그 반대로 취업 대신 진학을 선택했을 때 지불해야 하는 기회비용에 대해서도 조명하시오.

풀이 영희가 대학에 진학하게 된다면 보다 전문적인 교육과 지적인 성장을 통해 좋은 직업을 가질 수 있는 가능성이 한층 높아지겠지만, 그 혜택에 따른 대가로 등록금, 식비, 교재 값, 용돈 등과 같은 현금 비용을 지불해야 할 것이다.

그런데 이 비용은 대학을 다니는 데 필요한 비용의 전부가 아니다. 대학에 다님으로 인해서 발생하는 비용 중 가장 큰 비용은 바로 시간비용이기 때문이다. 가령 예를 들어 영희가 대학을 다니게 되면 강의를 듣고 공부하고 리포트를 쓰는 데 많은 시간을 쏟아부을 텐데 이 시간 동안에는 다른 직업을 가질 수 없을 것이다. 또한 취업해서 소득을 벌어들이는 것도 불가능할 것이다.

그에 반해 만약 영희가 취업을 선택하게 된다면 학교를 다니는 대신 그 시간에 해당하는 임금소득을 벌 수 있겠지만 보다 좋은 직업을 가질 수 있는 가능성과 전문적인 교육 기회의 상실을 비용으로 감수해야 할 것이다. 그러므로 영희가 진로 선택을 할 때에는 단순히 직접비용(회계적 비용)뿐만 아니라 어떤 것을 선택하기 위해 포기한 다른 선택에서 얻을 수 있는 효용인 기회비용 또한 반드시 고려해야 할 것이다.

02 어떤 재화의 가격이 10% 상승했더니 소비자의 수요량이 20% 감소했다고 가정하자. 이 경우, 이 재화의 수요는 탄력적인가, 비탄력적인가? 이유를 설명하시오.

풀이

$$수요의\ 가격탄력성 = \frac{수요량의\ 변동률(\%)}{가격변동률(\%)}$$

이처럼 수요의 가격탄력성은 가격이 1% 변했을 때, 수요량이 얼마나 변했는지를 나타내주는 지표라고 볼 수 있으며, 따라서 이를 계산하면 2라는 값을 도출할 수 있다. 한편 가격탄력성이 1이면 '단위 탄력적'이라고 하고, 1보다 크면 탄력적, 1보다 작으면 비탄력적이라고 하기에, 문제에서 주어진 재화는 '탄력적'이라고 말할 수 있다.

03 수요곡선 D = 16 − 1P이고, 공급곡선 S = −4 + 1P일 때, 균형가격을 구하시오.

풀이 균형가격은 수요곡선과 공급곡선이 서로 만나는 점에서 형성되기에 16 − 1P = −4 + 1P로 설정하고 이를 계산한다. 이는 다시 2P = 20으로 정리 가능하기에, 균형가격은 10원이 된다.

04 여러분이 서울지하철공사의 사장이고, 요금 가격에 대한 정부의 시장개입이 없다고 가정하자. 또한 임금 인상 등으로 인해 공사가 올해 당기순손실을 시현했다고 할 때, 여러분은 가격을 올릴 것인가? 아니면, 현재의 가격을 유지할 것인가? 아니면, 오히려 가격을 내릴 것인가? 여러분의 의사결정의 이유를 제시하시오.

풀이 서울지하철공사와 같은 공기업들은 사회공헌 혹은 사회적 책임의 일환으로 다양한 사회적 기여 방안들을 고민해야 하겠지만, 그럼에도 공사(公社) 역시 기업이라는 점에서 공익과 이익이라는 두 마리 토끼를 추구해야 지속가능한 성장이 가능해질 것이다. 따라서 순손실을 만회하기 위한 자구책 마련과 조직효율화를 추구하는 동시에, 가격을 합리적인 수준으로 인상하여 시현한 손실을 보전하는 것이 타당할 것으로 판단된다.

05 문제 4번에서 말한 상황과 달리, 현실 속에서 정부는 소비자가 지급할 지하철 요금의 가격에 개입하여 규제한다. 그 이유는 무엇인가?

풀이 특히 소비자 물가가 크게 상승하여 물가불안에 대한 우려가 커지는 경우 정부는 흔히 일정 기간 공공요금 상한을 미리 설정하는 요금상한제를 도입하곤 한다. 정부가 이와 같은 규제를 행하는 이유는 공공요금 규제를 통해 사회적 후생의 극대화를 추구하기 때문이다.

CHAPTER 02

소비자 선택

01 어떤 소비자의 선호가 효용함수 $U(X, Y) = XY + Y$로 표현될 수 있다고 하자. 이 소비자의 선호는 단조성의 원칙에 부합하는가?

풀이 두 재화 가운데 어느 한 재화라도 소비가 증가하면 전체 효용이 증가한다는 가정을 단조성(單調性, monotonicity)이라고 하며, 이는 다다익선(多多益善, the more, the better)이라는 표현과도 일맥상통한다. 따라서 상기 문제에서 제시한 효용함수는 X재 혹은 Y재 중 하나라도 소비가 늘어나면 전체적인 효용도 증가한다는 점에서 단조성의 원칙에 부합한다.

02 효용함수 $U(X, Y) = X^2Y^2$일 때 MU_x, MU_y, MRS_{XY}를 구하시오.

풀이 $MU_x = 2XY^2$(즉, X로 미분함), $MU_y = 2X^2Y$(즉, Y로 미분함),

$$MRS_{XY} = \frac{MU_x}{MU_y} = \frac{Y}{X}$$

03 효용함수 $U(X, Y) = X^{1/2}Y^{1/2}$일 때 MU_x, MU_y, MRS_{XY}를 구하시오.

풀이 $MU_x = \frac{1}{2}X^{-1/2}Y^{1/2}$(즉, X로 미분함), $MU_y = \frac{1}{2}X^{1/2}Y^{-1/2}$(즉, Y로 미분함),

$$MRS_{XY} = \frac{MU_x}{MU_y} = \frac{Y}{X}$$

04 영수는 X재와 Y재가 완전 대체관계에 있다고 생각하고 있으며, X재를 Y재보다 세 배 더 좋아한다. 이때 영수의 효용함수를 수식으로 나타내고, X재 및 Y재의 한계효용을 구함은 물론, 영수의 MRS_{XY}를 구하시오.

풀이 완전대체재의 효용함수는 다음과 같이 쓸 수 있다.

$$U(X,\ Y) = aX + bY \quad (a,\ b>0)$$

그런데 문제에서 영수는 X재를 Y재보다 세 배 더 좋아한다고 했으므로, 효용함수는 다음과 같이 다시 고쳐 기술할 수 있다.

$$U(X,\ Y) = 3X + Y$$

따라서 한계효용과 한계대체율은 다음과 같이 구할 수 있다.

$$MU_x = 3,\ MU_y = 1,\ MRS_{XY} = \frac{MU_x}{MU_y} = 3$$

05 철이는 월 소득이 60만 원인데 이 소득으로 단위당 4만 원인 쌀과 단위당 5만 원인 옷을 구입한다고 할 때, 그의 예산선을 그려보시오.

풀이 쌀을 x축, 옷을 y축에 놓고 예산선을 그려보자. 60만 원인 철이의 월 소득으로 쌀만 구입한다고 가정하면 15단위를 살 수 있는 반면, 옷만 구입한다고 가정하면 12단위를 살 수 있다. 따라서 x축 15단위, y축 12단위를 각각 절편으로 하고, 이를 연결하는 직선을 그리면 철이의 예산선이 된다.

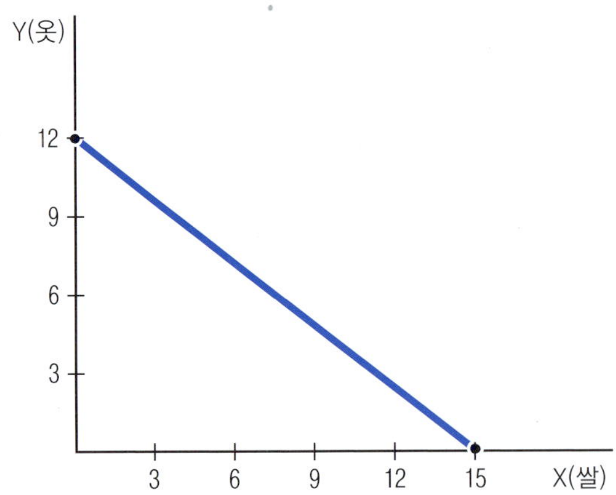

CHAPTER 03

소비자의 효용극대화

01 국내소비와 해외소비 간 관계에서 환율의 하락이 가져다주는 효과를 소득효과와 대체효과로 구분하여 분석하시오.

풀이 환율이 하락하게 되면, 국내소비의 가격이 해외소비의 가격보다 상대적으로 높아지게 된다. 따라서 국내소비는 줄어들게 되고, 해외소비가 증가하는 대체효과가 발생하게 된다. 환율의 하락은 소득효과 또한 가져오는데, 우리나라 화폐의 가치가 높아져 수입품을 싼 값에 구입할 수 있게 된다. 즉, 환율의 하락은 해외 재화의 가격을 낮추어 구매력을 높이며, 이는 실질적으로 소득이 증가하는 것과 동일한 효과가 있다. 이로 인해 소득효과가 유발되고, 따라서 이러한 소득효과로 인해 해외소비지출은 늘어난다.

02 지섭이의 효용함수 $U(X_1, X_2)=X_1+X_2$이고, 그의 예산이 10달러라고 가정하자. X_1재화는 2달러, X_2재화는 1달러의 가격에 각각 시장에서 거래되고 있을 때 지섭이의 보통수요함수의 최적해를 구하시오.

풀이 $\mathcal{L}=X_1+X_2+\lambda(10-2X_1-X_2)$

$$\frac{\partial \mathcal{L}}{\partial X_1}=1-2\lambda=0 \cdots\cdots ①식$$

$$\frac{\partial \mathcal{L}}{\partial X_2}=1-\lambda=0 \cdots\cdots ②식$$

그런데 ①식에서 $\lambda=1/2$인 반면, ②식으로부터는 $\lambda=1$을 얻을 수 있기에, 두 식에서 가리키는 λ값이 상이함을 알 수 있다. 이처럼 만족시켜주는 λ값이 없는 경우 내부해가 아닌 코너해를 의심해야 한다. 코너해의 경우의 수는 두 가지가 있는데, $MRS>\frac{P_1}{P_2}$(즉, $\frac{MU_1}{P_1}>\frac{MU_2}{P_2}$)면 소비자는 X_1재화만 소비해야 하고, 반대로 $MRS<\frac{P_1}{P_2}$(즉, $\frac{MU_1}{P_1}<\frac{MU_2}{P_2}$)라면 X_2재화만 소비해야 한다. 문제에서 주어진 경우는 $\frac{MU_1}{P_1}$이 $\frac{1}{2}$이고, $\frac{MU_2}{P_2}$가 $\frac{1}{1}$

이기에 후자에 해당한다. 따라서 지섭이의 최적해는 X_1^*는 0, X_2^*는 10이 된다.

03 영진이의 효용함수 $U(X_1, X_2) = -\frac{1}{x_1} - \frac{1}{x_2}$이고, 보통수요함수의 최적해가 $X_1^* = \frac{M}{P_1 + \sqrt{P_1 P_2}}$, $X_2^* = \frac{M}{P_2 + \sqrt{P_1 P_2}}$일 때 간접효용함수를 구하시오.

풀이 영진이의 최적해를 효용함수에 대입하면,

$$V(p,\ m) = -\frac{P_1 + \sqrt{P_1 P_2}}{M} - \frac{P_2 + \sqrt{P_1 P_2}}{M}$$
$$= -\frac{P_1 + P_2 + 2\sqrt{P_1 P_2}}{M}$$
$$= -\frac{(\sqrt{P_1} + \sqrt{P_2})^2}{M}$$

04 명수의 효용함수는 $\bar{U}(X, Y) = X^{0.5}Y^{0.5}$의 형태를 갖는 콥더글라스 함수이고, 그의 예산이 $P_xX + P_yY$라고 가정하자. 그의 보상수요함수의 최적해를 구하시오.

풀이 $\mathcal{L} = (P_xX + P_yY) + \lambda(\bar{U} - X^{0.5}Y^{0.5})$

$$\frac{\partial \mathcal{L}}{\partial X} = P_x - \frac{1}{2}\lambda Y^{0.5}X^{-0.5} = 0 \cdots\cdots ①식$$

$$\frac{\partial \mathcal{L}}{\partial Y} = P_y - \frac{1}{2}\lambda X^{0.5}Y^{-0.5} = 0 \cdots\cdots ②식$$

$$\frac{\partial \mathcal{L}}{\partial \lambda} = \bar{U} - X^{0.5}Y^{0.5} = 0 \cdots\cdots ③식$$

①식과 ②식을 정리하면 $\frac{P_x}{P_y} = \frac{Y}{X}$를 얻으므로, 이를 X와 Y로 각각 다시 정리하면,

$$X = \frac{P_y}{P_x}Y \cdots\cdots ④식$$

$$Y = \frac{P_x}{P_y}X \cdots\cdots ⑤식$$

이제 ④식의 X값과 ⑤식의 Y값을 ③식에 대입하면, $X_c^* = (\bar{U}\frac{P_y}{P_x})^{0.5}$, $Y_c^* = (\bar{U}\frac{P_x}{P_y})^{0.5}$라는 최적해를 구할 수 있다.

05 상기 3번 문제의 연속선상에서 영진이의 지출함수를 구하시오.

풀이 U = V(p, e)라고 하면, 3번 답을 U = $-\frac{(\sqrt{P_1}+\sqrt{P_2})^2}{M}$라고 바꿀 수 있고, 이를 다시 M에 관하여 정리하여 지출함수 e(p, u) = $-\frac{(\sqrt{P_1}+\sqrt{P_2})^2}{U}$을 구할 수 있다.

CHAPTER 04

기업과 생산비용

01 정섭이는 빨래방을 운영하고 있는데 노동 L과 자본 K를 투입하는 생산요소로 사용하고 있다. 이 경우 정섭이의 생산함수는 $f(L, K)=\sqrt{L+K}$이다. 이 생산함수는 규모수익 불변, 체증, 체감 중 어디에 해당하는가?

풀이 만일 정섭이가 생산요소 투입을 L과 K에서 2L과 2K로 두 배 늘리면 생산은 다음과 같이 된다.

$$f(2L,\ 2K)\ =\sqrt{2L+2K}=\sqrt{2(L+K)}=\sqrt{2}\sqrt{L+K}=\sqrt{2}\,f(L,\ K).$$

이때 $\sqrt{2}$는 2보다 작으므로 규모수익체감에 해당한다.

02 광호는 가구를 생산하는 1인 기업을 설립하고 제품을 직접 혼자 만들기로 했다. 투입된 노동시간을 L이라고 할 때 광호의 생산함수는 $Q=f(L)=\sqrt{L}$이라고 한다. 임금은 1시간당 15달러이다. 그리고 광호는 300달러를 주고 생산설비를 빌려서 사용키로 했으며, 따라서 이는 고정비용이다. 가구 생산을 위한 단기비용함수는 무엇인가?

풀이 광호의 노동 투입과 가구의 산출량을 식으로 나타내면 $Q=\sqrt{L}$이고, 양변을 제곱하여 이를 투입노동량의 함수로 풀면 $L=Q^2$이다. 한편 제1장 제1절에서 공부한 바와 같이, 비용은 고정비용과 가변비용으로 구분된다. 앞서 구한 투입노동량의 함수에 임금을 곱하면 가변비용은 $15Q^2$이 되므로 여기에 고정비용을 합산하면 결국 비용함수는 $C(Q)=300+15Q^2$로 정리할 수 있다.

03 광수는 불고기를 너무 좋아해서 자신의 이름을 딴 '광수 불고기'라는 사업을 시작하기로 하였다. 매일 불고기를 만드는 데 소요되는 총비용은 $C(Q)=6Q+(Q^2/60)$이며 한계비용은 $MC=4+(Q/30)$이다. 이때 평균비용 수준은 얼마가 되는가? 만일 고정비용이 매일 300달러만큼 발생한다면 효율적인 생산규모와 최소 평균비용은 어떻게 되는가?

풀이 광수의 평균비용은 총비용 $C(Q) = 6Q + (Q^2/60)$을 생산량 Q로 나눈 것이 되고, 다음과 같다.

$$AC(Q) = \frac{6Q + (Q^2/60)}{Q} = 6 + \frac{Q}{60}$$

한편 우리는 한계비용과 평균비용이 일치하는 조건을 사용하여 효율적인 생산규모를 찾아야 한다. 그런데 문제에서 제시한 광수의 고정비용 300달러는 이미 총비용 함수(총고정비용 + 총가변비용)에 이미 반영되어 있으므로, 문제에 포함된 정보인 한계비용과 조금 전 도출한 평균비용을 등식으로 놓은 수식, 즉 $4 + \frac{Q}{30} = 6 + \frac{Q}{60}$를 Q에 대해서 풀면 된다. 따라서 $Q = 120$이며, 이때 불고기 1인분당 평균비용은 $6 + (120/60) = 8$달러가 된다.

04 어떤 기업이 총 4개의 제품을 생산하고자 할 때, 임금이 10달러이고, 자본의 가격 역시 10달러라고 하자. 또한 이 기업의 생산함수가 $Q = (L^{0.5} + K^{0.5})^2$라면, 이 경우 이 기업의 조건부 요소수요함수를 구하시오.

풀이 문제에서 주어진 이 기업의 총비용 $C = 10L + 10K$이다.

라그랑지 함수를 활용하여,

$$\mathcal{L} = \text{목적식} + \lambda(\text{제약식}) = 10L + 10K + \lambda[4 - (L^{0.5} + K^{0.5})^2]$$

$$\frac{\partial \mathcal{L}}{\partial L} = 10 - 2\lambda(L^{0.5} + K^{0.5})(0.5L^{-0.5}) = 0 \quad \cdots\cdots \text{①식}$$

$$\frac{\partial \mathcal{L}}{\partial K} = 10 - 2\lambda(L^{0.5} + K^{0.5})(0.5K^{-0.5}) = 0 \quad \cdots\cdots \text{②식}$$

$$\frac{\partial \mathcal{L}}{\partial \lambda} = 4 - (L^{0.5} + K^{0.5})^2 = 0 \quad \cdots\cdots \text{③식}$$

①식과 ②식을 정리하면,

$$10 - 2\lambda(L^{0.5} + K^{0.5})(0.5L^{-0.5}) = 10 - 2\lambda(L^{0.5} + K^{0.5})(0.5K^{-0.5})$$

$$2\lambda(L^{0.5} + K^{0.5})(0.5L^{-0.5}) = 2\lambda(L^{0.5} + K^{0.5})(0.5K^{-0.5})$$

$$(0.5L^{-0.5}) = (0.5K^{-0.5})$$

$L^{-0.5} = K^{-0.5}$이고, 이는 곧 $L = K$

이를 제약식 $4 = (L^{0.5} + K^{0.5})^2$에 대입하면,

$$4 = (L^{0.5} + L^{0.5})^2$$

$4 = (2L^{0.5})^2$

$4 = 4L \quad \therefore \quad L = K = 1$

05 임금이 20달러이고, 자본이 10달러인 상태에서, 어떤 기업의 생산함수가 $Q=(L^{0.5}+K^{0.5})^2$일 때, $\frac{MP_L}{MP_K} = \frac{w}{r}$을 활용하여 이 기업의 조건부 요소수요함수와 비용함수를 구하시오.

풀이 $MP_L = \frac{\partial Q}{\partial L} = 2(L^{0.5}+K^{0.5})0.5L^{-0.5} = (L^{0.5}+K^{0.5})L^{-0.5}$

반면, $MP_K = \frac{\partial Q}{\partial K} = 2(L^{0.5}+K^{0.5})0.5K^{-0.5} = (L^{0.5}+K^{0.5})K^{-0.5}$

$$\frac{MP_L}{MP_K} = \frac{w}{r}$$

$$\frac{MP_L}{w} = \frac{MP_K}{r}$$

$$\frac{(L^{0.5}+K^{0.5})L^{-0.5}}{20} = \frac{(L^{0.5}+K^{0.5})K^{-0.5}}{10}$$

$$(L^{0.5}+K^{0.5})L^{-0.5} = 2(L^{0.5}+K^{0.5})K^{-0.5}$$

$$L^{-0.5} = 2K^{-0.5}$$

$$\frac{1}{L^{0.5}} = \frac{2}{K^{0.5}}$$

$$K^{0.5} = 2L^{0.5}$$

$$K = 4L$$

이를 생산함수 $Q=(L^{0.5}+K^{0.5})^2$에 대입하면,

$$Q = [L^{0.5}+(4L)^{0.5}]^2$$

$$Q = (L^{0.5}+2L^{0.5})^2$$

$$Q = (3L^{0.5})^2$$

$$Q = 9L$$

$\therefore \; L = \frac{Q}{9}$, 그리고 이를 $K=4L$에 대입하면,

$K = \frac{4Q}{9}$ ⇦ 조건부 요소수요함수의 정답

이를 다시 목적식 $C = wL + rK$, 즉 $C = 20L + 10K$에 대입하면,

$$C = 20\frac{Q}{9} + 10\frac{4Q}{9}$$

$$C = \frac{20Q}{9} + \frac{40Q}{9}$$

$$\therefore\ C = \frac{60Q}{9} = \frac{20Q}{3}$$ ⇦ 비용함수의 정답

CHAPTER 05

기업의 이윤극대화

01 어떤 기업 A는 경쟁시장에서 재화 X를 판매하고 있다. X재의 수요함수는 $Q=120-P$이며, 총비용함수는 $C=100+40Q$이다. 이 기업 A의 이윤극대화 생산량을 구하시오.

풀이 기업은 $MR=MC$ ⇨ 가격$(P)=MC$에서 이윤을 극대화하기에 우선 수요곡선을 가격 P로 정리해보면 $P=120-Q$를 얻을 수 있다. 이후 총비용함수 $C=100+40Q$를 미분하여 MC를 구하면, 40임을 알 수 있다. 이제 가격$(P)=MC$로 놓으면 $120-Q=40$이므로 이윤을 극대화하는 생산량 Q는 80이다.

02 완전경쟁시장에서 한 기업의 총비용이 $TC=12{,}000+7{,}700Q-100Q^2+\frac{1}{3}Q^3$이라고 주어졌을 때, 이 기업의 조업중단가격(shut down price)은 얼마인가?

풀이 조업중단가격은 $MC=AVC$인 지점에서 발생하며, $MC=\frac{dTC}{dQ}=7{,}700-200Q+Q^2$이고, $AVC=\frac{VC}{Q}=\frac{7{,}700Q-100Q^2+1/3Q^3}{Q}=7{,}700-100Q+\frac{1}{3}Q^2$.

따라서 $7{,}700-200Q+Q^2=7{,}700-100Q+\frac{1}{3}Q^2$로 놓고 이를 풀면,

$$-200Q+Q^2=-100Q+\frac{1}{3}Q^2$$

$$\frac{2}{3}Q^2-100Q=0$$

$$2Q^2-300Q=0$$

$$2Q(Q-150)=0$$

$$\therefore\ Q=150$$

한편 $P>AVC$라면 $P=MC$에서 기업은 생산을 이어갈 것이기에 이 기업의 공급곡선 $P=MC$이다. 따라서 $P=7{,}700-200Q+Q^2$으로 놓은 뒤, 앞서 구한 Q값을 대입하면, $P=7{,}700-200(150)+150^2$이고, 이를 간단히 나타내면 $P=\$200$임을 구할 수 있다. 즉,

만약 상품가격이 200달러 아래로 내려가는 지점이 이 기업의 조업중단 시점이 된다.

03 총 1,000달러를 생산에 투입시킬 수 있는 어떤 기업이 생산량을 극대화하고자 한다. 이때 임금은 10달러이고, 자본의 가격은 2달러이며, 생산함수 $Q=(K^{0.5}+L^{0.5})^2$이라면 이 기업의 요소수요함수를 구하시오.

풀이 이 기업의 총비용함수는 $1,000=10L+2K$이다.

$$\mathcal{L}=(K^{0.5}+L^{0.5})^2+\lambda[1,000-10L-2K]$$

$$\frac{\partial \mathcal{L}}{\partial L}=2(K^{0.5}+L^{0.5})(0.5L^{-0.5})-10\lambda=0 \quad \cdots\cdots \text{①식}$$

$$\frac{\partial \mathcal{L}}{\partial K}=2(K^{0.5}+L^{0.5})(0.5K^{-0.5})-2\lambda=0 \quad \cdots\cdots \text{②식}$$

$$\frac{\partial \mathcal{L}}{\partial \lambda}=1,000-10L-2K=0 \quad \cdots\cdots \text{③식}$$

①식과 ②식을 λ에 대해 정리하면,

$$2(K^{0.5}+L^{0.5})(0.5L^{-0.5})=10\lambda$$

$$\lambda=\frac{1}{5}(K^{0.5}+L^{0.5})(0.5L^{-0.5}) \quad \cdots\cdots \text{④식}$$

$$2(K^{0.5}+L^{0.5})(0.5K^{-0.5})=2\lambda$$

$$\lambda=(K^{0.5}+L^{0.5})(0.5K^{-0.5}) \quad \cdots\cdots \text{⑤식}$$

이는 $\frac{1}{5}(K^{0.5}+L^{0.5})(0.5L^{-0.5})=(K^{0.5}+L^{0.5})(0.5K^{-0.5})$로 놓을 수 있고 따라서,

$$\frac{1}{5}(0.5L^{-0.5})=(0.5K^{-0.5})$$

$$L^{-0.5}=5(0.5K^{-0.5})$$

$$L=\frac{1}{25}K$$

이를 비용제한식에 대입하면,

$$1,000=10\frac{1}{25}K+2K$$

$$1,000=2.4K$$

$$\therefore\ K=416.67\text{단위}$$

$$L=\frac{1}{25}(416.67)=16.67\text{단위}$$

04 어떤 기업의 생산함수 $Q = L^{\alpha}$(단, $\alpha = \frac{1}{2}$)이라면 이 기업의 공급함수를 구하시오.

풀이 생산함수 $Q = L^{\alpha}$을 L로 정리하면 $L = Q^{1/\alpha}$이 되고, $C = wL$에서 L대신 $L = Q^{1/\alpha}$을 대입하면, 이는 결국 $C = wQ^{1/\alpha}$로 바꿀 수 있다. 한편 이윤이 극대화되는 생산량은 $P = MC$이므로 우선 MC를 계산하면,

$$MC = \frac{dC}{dQ} = \frac{w}{a} Q^{\frac{1}{\alpha}-1} = \frac{w}{a} Q^{\frac{1-\alpha}{\alpha}}$$

앞서 언급했듯이, $P = MC$이므로 $P = \frac{w}{a} Q^{\frac{1-\alpha}{\alpha}}$, 이는

$$Q^{\frac{1-\alpha}{\alpha}} = \frac{ap}{w}$$

$$Q = \left(\frac{ap}{w}\right)^{\frac{\alpha}{1-\alpha}}$$

그런데 $\alpha = \frac{1}{2}$이기에 α 대신 $\frac{1}{2}$을 대입하면,

$$\therefore\ Q = \frac{p}{2w}$$

05 어떤 기업이 X라는 생산요소를 활용하여 q_1과 q_2라는 두 개의 상품을 생산하고 있으며, 생산관계가 $X = q_1^2 + q_2^2$이라고 주어져 있고, 생산요소 X의 단위당 가격이 0.5달러라고 가정하자. 그리고 이 기업의 고정비용은 200달러이다. 또한 이 기업은 상품 q_1을 개당 80달러에 팔고 있고, 반면 상품 q_2는 개당 100달러에 판매하고 있다. 이 경우 각 상품당 이윤을 극대화하는 생산량을 제시하시오. 더불어 이 기업은 생산요소 X를 얼마나 사용하고 있는지 구하시오.

풀이 이윤 π = 총이윤(TR) − 총비용(TC)이므로 $\pi = P_1q_1 + P_2q_2 - 0.5X - 200$으로 놓을 수 있다. 이는 다시 $\pi = 80q_1 + 100q_2 - 0.5(q_1^2 + q_2^2) - 200$으로 바꿀 수 있다.
q_1과 q_2에 대해 미분하면,

$$\frac{\partial \pi}{\partial q_1} = 80 - q_1 = 0 \quad \therefore\ q_1 = 80$$

$$\frac{\partial \pi}{\partial q_2} = 100 - q_2 = 0 \quad \therefore\ q_2 = 100$$

이를 $X = q_1^2 + q_2^2$에 대입하면, $X = 80^2 + 100^2 = 16{,}400$
∴ 즉, 16,400개의 생산요소 X가 필요하다.

CHAPTER **06**

일반균형이론

01 소비자1의 한계효용이 $MU_{X1}=Y_1$, $MU_{Y1}=X_1$이고, 그의 최초 부존량이 각각 $X_1=3$, $Y_1=2$라고 하자. 또한 소비자2의 한계효용이 $MU_{X2}=Y_2$, $MU_{Y2}=X_2$이며, 그의 최초 부존량은 각각 $X_2=1$, $Y_2=6$이라고 가정하자. 이 상황에서의 계약곡선을 도출해보시오.

풀이

$$\frac{MU_{X1}}{MU_{Y1}}=\frac{MU_{X2}}{MU_{Y2}}$$

$$\frac{Y_1}{X_1}=\frac{Y_2}{X_2} \quad \cdots\cdots\cdots\cdots ①식$$

한편 $Y_1=2$, $Y_2=6$이므로

$8=Y_1+Y_2$

$Y_2=Y_1-8$

그리고 $X_1=3$, $X_2=1$이므로

$4=X_1+X_2$

$X_2=X_1-4$

Y_2와 X_2를 ①식에 대입하면,

$$\frac{Y_1}{X_1}=\frac{Y_1-8}{X_1-4}$$

$Y_1(X_1-4)=X_1(Y_1-8)$

$X_1Y_1-4Y_1=X_1Y_1-8X_1$

∴ 따라서 계약곡선은 $Y_1=2X_1$

02 영수의 효용함수가 $U=X_AY_A$, 옥순의 효용함수가 $U=X_B^{0.8}Y_B^{0.8}$일 때, 계약곡선을 계산하시오. 단, 영수는 6개의 X재와 4개의 Y재를 가지고 있고, 옥순은 4개의 X재와 6개의 Y재를 가지고 있다.

풀이 $MRS = \frac{\text{상품 } X\text{의 한계효용}}{\text{상품 } Y\text{의 한계효용}}$

영수: $U = X_A Y_A$

$$MU_X = \frac{\partial U_A}{\partial X_A} = Y_A$$

$$MU_Y = \frac{\partial U_A}{\partial Y_A} = X_A$$

$$MRS_A = \frac{Y_A}{X_A}$$

옥순: $U = X_B^{0.8} Y_B^{0.8}$

$$MU_X = \frac{\partial U_B}{\partial X_B} = 0.8X_B^{-0.2} Y_B^{0.8}$$

$$MU_Y = \frac{\partial U_B}{\partial Y_B} = 0.8X_B^{0.8} Y_B^{-0.2}$$

$$MRS_B = \frac{0.8X_B^{-0.2} Y_B^{0.8}}{0.8X_B^{0.8} Y_B^{-0.2}}$$

$$MRS_B = \frac{Y_B}{X_B}$$

$$MRS_A = MRS_B$$

$$\frac{Y_A}{X_A} = \frac{Y_B}{X_B}$$

$Y_A X_B = Y_B X_A$ ………………………………………………………… ①식

$Y_B = 10 - Y_A$

$X_B = 10 - X_A$

이를 ①식에 대입,

$Y_A(10 - X_A) = (10 - Y_A)X_A$

이는 $10Y_A - X_A Y_A = 10X_A - X_A Y_A$

∴ 계약곡선은 $X_A = Y_A$

03 2번 문제의 연장선상에서, 영수는 X재를 구입하기 위해 소득의 절반을 사용하고, Y재를 소비하려고 소득의 나머지 절반을 지출한다. 한편 옥순의 지출패턴도 영수와 동일하다고

할 때, 균형가격을 구하시오.

풀이 영수의 효용함수 $U = X_A Y_A$

영수의 소득 $= 6P_X + 4P_Y$

영수가 X재를 구입할 수 있는 총수량은 $\dfrac{0.5(6P_x + 4P_{y})}{P_x} = \dfrac{3P_x + 2P_y}{P_x}$

Y재를 구입할 수 있는 총수량은 $\dfrac{0.5(6P_x + 4P_{y})}{P_y} = \dfrac{3P_x + 2P_y}{P_y}$

옥순의 효용함수 $U = X_B{}^{0.8} Y_B{}^{0.8}$

옥순의 소득 $= 4P_X + 6P_Y$

옥순이 X재를 구입할 수 있는 총수량은 $\dfrac{0.5(4P_x + 6P_{y})}{P_x} = \dfrac{2P_x + 3P_y}{P_x}$

Y재를 구입할 수 있는 총수량은 $\dfrac{0.5(4P_x + 6P_{y})}{P_y} = \dfrac{2P_x + 3P_y}{P_y}$

영수의 X재에 대한 수요는 $X_A = \dfrac{3P_x + 2P_y}{P_x}$

옥순의 X재에 대한 수요는 $X_B = \dfrac{2P_x + 3P_y}{P_x}$

$X_A + X_B = 10$

$\dfrac{3P_x + 2P_y}{P_x} = \dfrac{2P_x + 3P_y}{P_x} = 10$ [여기서 P_y를 1이라고 정규화(normalize)하기로 하자]

$\dfrac{3P_x + 2}{P_x} = \dfrac{2P_x + 3}{P_x} = 10$

$3P_x + 2 + 2P_x + 3 = 10P_x$

$5P_x = 5 \quad \therefore \quad P_x = 1$

이는 곧, $X_A = \dfrac{3(1) + 2(1)}{1} = 5$

$X_B = \dfrac{2(1) + 3(1)}{1} = 5$

$Y_A = \dfrac{3(1) + 2(1)}{1} = 5$

$Y_B = \dfrac{2(1) + 3(1)}{1} = 5$

영수의 효용함수 $U = X_A Y_A$이기에 교환 이전에 누릴 수 있는 효용은 (6)(4) = 24였으나, 교환을 통해 이제 (5)(5) = 25로 증가했음을 알 수 있다.
옥순 또한 $U = X_B^{0.8} Y_B^{0.8}$이기에 교환 이전에 누릴 수 있는 효용은 $4^{0.8}6^{0.8} = 12.71$였으나, 교환을 통해 이제 $5^{0.8}5^{0.8} = 13.13$으로 증가했음을 확인할 수 있다.
이제 영수와 옥순은 예전보다 더 높은 무차별곡선상에 놓이게 되었다.

04 소비자 A의 효용함수는 $U_A = X_A Y_A$이고, 그의 최초 부존량은 $X_A = 2$, $Y_A = 8$이다. 이와 달리 소비자 B의 효용함수는 $U_B = X_B Y_B$이고, 최초 부존량은 $X_B = 8$, $Y_B = 2$이다. 따라서 시장에 존재하는 X재화는 10개, Y재화도 10개이다.

1) 이 상황에서 $X_A = 3$, $Y_A = 8$, $X_B = 7$, $Y_B = 2$로 바뀐다면 파레토 개선이 이루어진 것인가?
2) 최초 부존량 대비, $X_A = 4$, $Y_A = 6$, $X_B = 6$, $Y_B = 4$로 자원배분이 변경된다면 이는 파레토 개선이 이루어진 것인가?
3) 다음의 배분은 파레토 최적(파레토 효율성)인가?: $X_A = 4$, $Y_A = 6$, $X_B = 6$, $Y_B = 4$

풀이

1) 교환 이전에 소비자 A의 효용은 $2 \times 8 = 16$이었던 것이 교환 이후 효용수준이 $3 \times 8 = 24$로 증가했기에 파레토 개선이 이루어졌다. 이와 달리, 교환 이전 소비자 B의 효용은 $8 \times 2 = 16$이었던 것이, 교환 이후 효용수준이 $7 \times 2 = 14$로 악화되었기에 파레토 개선이 이루어졌다고 할 수 없다.

2) 교환 이전에 소비자 A의 효용은 $2 \times 8 = 16$이었던 것이 교환 이후 효용수준이 $4 \times 6 = 24$로 증가했기에 '파레토 개선이 이루어졌다'라고 말할 수 있다. 소비자 B의 경우, 교환 이전 소비자 B의 효용은 $8 \times 2 = 16$이었던 것이, 교환 이후 효용수준이 $6 \times 4 = 24$로 증가했으므로 그 역시 파레토 개선이 이루어졌다고 할 수 있다.

3) 파레토 최적은 반드시 계약곡선 위에 위치해야 한다. 하지만 문제에서 주어진 배분 상태에서는 특정 소비자의 효용을 악화시키지 않으면서 동시에 여전히 다른 소비자의 효용을 증가시킬 수 있는 여지가 있기에, 최초 부존대비 효용은 증가했지만 파레토 최적이라고 할 수는 없다. 예컨대, $X_A = 5$, $Y_A = 5$, $X_B = 5$, $Y_B = 5$인 경우를 계산해 보면, 소비자 A와 B의 효용이 교환을 통해 공히 25로 증가할 수 있음을 확인 가능하고, 따라서 문제에서 제시한 배분은 파레토 최적이 아니다.

05 교환경제에서 소비자1의 효용함수가 $U=10\ln X_1+\ln Y_1$, 그의 최초 부존자원은 $X_1=55$, $Y_1=0$(단, 예산제약 $I_1=P_xX_1+P_yY_1$)이다. 반면 소비자2의 효용함수는 $U=\ln X_2+10\ln Y_2$, 최초 부존자원은 $X_2=0$, $Y_2=110$(단, 예산제약 $I_2=P_xX_2+P_yY_2$)이라고 하자. 이 상황에서의 균형가격을 계산하시오.

풀이 소비자1의 예산제약이 $I_1=P_xX_1+P_yY_1$이라는 것은 곧 소비자1의 최대 소득은 $55P_x=P_xX_1+P_yY_1$임을 의미한다. 이것의 좌변과 우변을 P_y로 나눠주면,

$$55\frac{P_x}{P_y}=\frac{P_x}{P_y}X_1+Y_1$$

식을 단순화하기 위해 $\frac{P_x}{P_y}$를 P라고 놓자. 그럼,

$55P=PX_1+Y_1$이 되고, 이것이 소비자1의 예산제약이다.

이제 동일한 과정을 소비자2에게도 적용하자.
$I_2=P_xX_2+P_yY_2$이므로 이는 소비자2의 최대 소득이 $110P_y=P_xX_2+P_yY_2$임을 뜻한다. 양변을 P_x로 나눠주면,

$$110\frac{P_y}{P_x}=X_2+\frac{P_y}{P_x}Y_2$$

앞에서 $\frac{P_x}{P_y}$를 P라고 놓기로 했기에,

$\frac{110}{P}=X_2+\frac{Y_2}{P}$이며, 이것이 소비자2의 예산제약이다.

이제 효용을 극대화하는 소비자1의 마샬리안 수요함수를 찾기로 하자.

$$\frac{\partial U}{\partial X_1}=\frac{10}{X_1}=MU_X \quad \cdots\cdots \text{①식}$$

$$\frac{\partial U}{\partial Y_1}=\frac{1}{Y_1}=MU_Y \quad \cdots\cdots \text{②식}$$

소비자1의 효용을 극대화하는 조건은,

$$\frac{MU_{X1}}{P_x}=\frac{MU_{Y1}}{P_y}$$

①식을 이에 대입하면,

$$\frac{10/X_1}{P_x} = \frac{1/Y_1}{P_y}$$

$$\frac{10}{P_x X_1} = \frac{1}{P_y Y_1}$$

$$10P_yY_1 = P_xX_1$$

양변을 P_y로 나눠주면,

$$10Y_1 = \frac{P_x}{P_y}X_1$$

$$Y_1 = \frac{P_x X_1}{10P_y}$$

$\frac{P_x}{P_y}$를 P라고 놓기로 했으므로, 이는,

$$Y_1 = \frac{PX_1}{10} \quad \cdots\cdots ③식$$

이 결과를 예산제약식 $55P = PX_1 + Y_1$에 대입하면,

$$55P = PX_1 + \frac{PX_1}{10}$$

$$55P = \frac{11PX_1}{10}$$

$$\frac{11}{10}X_1 = 55$$

$$X_1 = 55 \times \frac{10}{11} = 50$$

한편 두 명의 소비자가 소비할 수 있는 X재화는 $X_1 + X_2 = 55$이기에, 소비자2의 입장에서 $X_2 = 55 - X_1$이고, $X_2 = 55 - 50 = 5$이다.
$X_1 = 50$을 ③식에 대입하면,

$$Y_1 = \frac{50P}{10} = 5P$$

다음 단계로 효용을 극대화하는 소비자2의 마샬리안 수요함수를 찾기로 한다.

$$\frac{\partial U}{\partial X_2} = \frac{1}{X_2} = MU_X \quad \cdots\cdots ④식$$

$$\frac{\partial U}{\partial Y_2} = \frac{10}{Y_2} = MU_Y \quad \cdots\cdots ⑤식$$

소비자2의 효용을 극대화하는 조건은,

$$\frac{MU_{X2}}{P_x} = \frac{MU_{Y2}}{P_y}$$

④식을 이에 대입하면,

$$\frac{1/X_2}{P_x} = \frac{10/Y_2}{P_y}$$

$$\frac{1}{P_x X_2} = \frac{10}{P_y Y_2}$$

이를 X_2를 기준으로 풀면,

$$10X_2 = \frac{P_y Y_2}{P_x}$$

$$10X_2P_x = P_yY_2$$

$$X_2 = \frac{P_y Y_2}{10P_x}$$

$\frac{P_x}{P_y} = P$이므로

$$X_2 = \frac{Y_2}{10P} \quad \cdots\cdots ⑥식$$

그런데 예산제약식은 $110P_y = P_xX_2 + P_yY_2$이고, 이는 $\frac{110}{P} = X_2 + \frac{Y_2}{P}$로 간단히 쓸 수 있다.

앞서 구한 X_2를 이 예산제약식에 대입하면,

$$\frac{110}{P} = \frac{Y_2}{10P} + \frac{Y_2}{P}$$

$$\frac{110}{P} = \frac{11Y_2}{10P}$$

양변에 P를 곱해주면,

$$\frac{11}{10}Y_2 = 110$$

$$Y_2 = 110 \times \frac{10}{11} = 100$$

한편 두 명의 소비자가 소비할 수 있는 Y재화는 $Y_1 + Y_2 = 110$이기에,

소비자1의 입장에서 $Y_1 = 110 - Y_2$이고,

$Y_1 = 110 - 100 = 10$이다.

$Y_2 = 100$을 ⑥식에 대입하면,

$$X_2 = \frac{10}{P}$$

지금까지 찾은 결과를 요약하면,

$X_1 = 50$, $X_2 = 5$

$Y_1 = 10$, $Y_2 = 100$을 소비할 것임을 알았다.

또한 우리는 $Y_1 = 5P$, $X_2 = \frac{10}{P}$이라는 것을 찾았다.

$Y_1 + Y_2 = 110$이므로

$5P + 100 = 110$이고,

이는 $5P = 10 \quad \therefore \quad P = 2$

$X_1 + X_2 = 55$이므로

$50 + \frac{10}{P} = 55$이고,

이는 $\frac{10}{P} = 5 \quad \therefore \quad P = 2$

CHAPTER **07**

거시경제학의 이해

01 어떤 나라에서 다음과 같은 경제 활동이 이루어졌다:
농부가 4만 원짜리 감자 5단위를 생산하였다. 감자는 모두 국내 식당에서 사용되었고, 이 식당에서는 감자를 사용하여 12만 원짜리 요리 10개를 판매하였다. 외국인이 이 나라에서 생산된 요리를 구매하여 3개를 해외로 반출하였다.

이 경우 GDP를 최종 생산물의 가치 합계 기준과 생산 접근법(부가가치의 합계) 기준으로 각각 계산하시오.

풀이

① 최종 생산물의 가치 합계 기준:
최종 생산물은 요리 10개이며, 가격은 12만 원 × 10개 = 120만 원
GDP = 120만 원

② 생산 접근법 기준:
농부의 부가가치: 4만 원 × 5단위 = 20만 원
식당의 부가가치: 요리 판매액(120만 원) − 감자 원료비(20만 원) = 100만 원
GDP = 20만 원 + 100만 원 = 120만 원

※ 註: 외국인이 구매한 3개의 요리는 GDP 계산에 포함된다. 이는 GDP가 국내 생산된 재화와 서비스의 가치를 기준으로 하기 때문이며, 구매자가 외국인이든 국내인이든 구분하지 않는다. 따라서 최종 생산물의 가치 합계와 부가가치 접근법 모두에서 외국인의 구매는 GDP에 포함된다.

02 한 나라에서 다음과 같은 경제 활동이 이루어졌다:
국내 자동차 공장에서 자동차 50대를 생산하여 1대당 2천만 원에 판매하였다. 이 중 30대는 국내에 판매되었고, 20대는 수출되었다. 외국 기업이 이 나라에서 자동차 부품을 생산하여 1천만 원의 수익을 올렸고, 이 나라 국민이 해외에서 자동차 부품을 생산하여 5천만 원의 수익을 올렸다.

이때 ① GDP와 ② GNP를 각각 계산하시오.

풀이

① GDP :

국내에서 생산된 최종 생산물(자동차)의 총가치 = 50대 × 2천만 원 = 10억 원

GDP = 10억 원

② GNP :

GNP = GDP + 해외에서 벌어들인 국민소득 − 국내에서 외국인이 벌어들인 소득

GNP = 10억 원 + 0.5억 원 − 0.1억 원 = 10.4억 원

03 다음은 한 국가의 총소득을 구성하는 자료이다:

가계가 노동을 제공하여 받은 임금은 5억 원이다. 기업의 이윤은 2억 원이다. 정부가 토지 소유자에게 지대를 지급한 금액은 1억 원이다. 기업이 은행에 지급한 이자는 1억 원이다. 외국에서 벌어들인 국민소득은 2천만 원이다.

이를 활용하여 분배 측면에서 총소득을 계산하시오.

풀이 총소득 = 임금 + 이윤 + 지대 + 이자

총소득 = 5억 원 + 2억 원 + 1억 원 + 1억 원 = 9억 원

해외에서 벌어들인 소득은 총소득 계산에 포함되지 않음.

총소득 = 9억 원

04 한 국가의 경제 활동 자료는 다음과 같다:

- 국내총생산(GDP): 100억 원
- 소비(C): 60억 원
- 정부 지출(G): 20억 원
- 순수출(NX): 5억 원

이 상황에서 국민저축(S)을 계산하시오. (저축 공식: S = GDP − C − G)

풀이 국민저축(S) :

S = GDP − C − G

S = 100억 원 − 60억 원 − 20억 원 = 20억 원

국민저축 = 20억 원

05 한 나라에서 다음과 같은 생산 활동이 이루어졌다:
목재업자가 5만 원짜리 목재 6단위를 생산하였다. 제지 공장이 이 목재를 원료로 하여 15만 원짜리 종이 5단위를 생산하였다. 출판사가 이 종이를 사용하여 50만 원짜리 책 4권을 생산하였다.

이때 부가가치를 기준으로 GDP를 계산하시오.

풀이 부가가치 기준:
목재업자: 5만 원 × 6단위 = 30만 원
제지 공장: 종이(15만 원 × 5단위) − 목재 원료비(30만 원) = 45만 원
출판사: 책(50만 원 × 4권) − 종이 원료비(75만 원) = 125만 원
GDP = 30만 원 + 45만 원 + 125만 원 = 200만 원

CHAPTER 08 국민소득과 경제성장

01 어떤 국가의 2022년과 2023년의 경제 데이터를 아래와 같이 가정하자.

연도	재화 A의 수량	재화 A의 가격	재화 B의 수량	재화 B의 가격
2022	500	20	300	50
2023	550	25	350	60

1) 이 국가의 2022년과 2023년의 명목 GDP를 계산하시오.
2) 2023년의 실질 GDP를 2022년의 가격(기준 연도 가격)을 사용하여 계산하시오.
3) 2023년의 GDP 디플레이터를 구하시오.
4) 2022년에서 2023년 사이의 실질 GDP 성장률을 계산하시오.

풀이

1) 명목 GDP 계산

명목 GDP는 해당 연도의 가격과 수량을 사용하여 계산한다.

2022년 명목 GDP = (재화 A의 수량 × 재화 A의 가격) + (재화 B의 수량 × 재화 B의 가격) = (500×20) + (300×50) = 10,000 + 15,000 = 25,000

2023년 명목 GDP = (550×25) + (350×60) = 13,750 + 21,000 = 34,750

∴ 2022년 명목 GDP = 25,000
2023년 명목 GDP = 34,750

2) 실질 GDP 계산

실질 GDP는 기준 연도의 가격을 사용하여 계산한다. 여기서는 2022년 가격을 기준으로 2023년의 실질 GDP를 계산해야 함.

2023년 실질 GDP(2022년 가격 기준) = (재화 A의 수량 × 2022년 재화 A의 가격) + (재화 B의 수량 × 2022년 재화 B의 가격) = (550×20) + (350×50) = 11,000 + 17,500 = 28,500

∴ 2023년 실질 GDP(2022년 가격 기준) = 28,500

3) GDP 디플레이터 계산

GDP 디플레이터는 명목 GDP를 실질 GDP로 나눈 값에 100을 곱한 것이다.

$$\text{GDP 디플레이터} = \left(\frac{\text{명목 GDP}}{\text{실질 GDP}}\right) \times 100$$

$$\text{2023년 GDP 디플레이터} = \left(\frac{34{,}750}{28{,}500}\right) \times 100 = 1.2193 \times 100 = 121.93$$

∴ 2023년 GDP 디플레이터 = 121.93

4) 실질 GDP 성장률 계산

실질 GDP 성장률은 두 연도의 실질 GDP를 비교하여 계산한다.

2022년 실질 GDP(2022년 가격 기준) = (500×20) + (300×50) = 25,000

$$\text{실질 GDP 성장률} = \left(\frac{\text{2023년 실질 GDP} - \text{2022년 실질 GDP}}{\text{2022년 실질 GDP}}\right) \times 100$$

$$= \left(\frac{28{,}500 - 25{,}000}{25{,}000}\right) \times 100 = \left(\frac{3{,}500}{25{,}000}\right) \times 100 = 14.0\%$$

∴ 2022년에서 2023년 사이 실질 GDP 성장률 = 14.0%

■ 최종 정답 요약

∴ 2022년 명목 GDP = 25,000

∴ 2023년 명목 GDP = 34,750

∴ 2023년 실질 GDP(2022년 가격 기준) = 28,500

∴ 2023년 GDP 디플레이터 = 121.93

∴ 실질 GDP 성장률 = 14.0%

02 다음은 가상 국가의 2019년, 2020년, 2021년의 상품 A, 상품 B, 서비스 C에 대한 가격과 생산량 자료이다.

연도	상품/서비스	가격(원)	생산량
2019	상 품 A	5,000	1,000
	상 품 B	10,000	500
	서비스 C	15,000	200
2020	상 품 A	5,500	1,100
	상 품 B	11,000	550
	서비스 C	16,000	220
2021	상 품 A	6,000	1,150
	상 품 B	12,000	600
	서비스 C	17,000	240

1) 2019년부터 2021년까지 각 연도의 명목 GDP를 계산하시오.
2) 2019년을 기준 연도로 하여, 2019년부터 2021년까지 각 연도의 실질 GDP를 계산하시오.
3) 각 연도의 GDP 디플레이터를 계산하시오.
4) 2019년부터 2021년까지의 실질 GDP 성장률을 계산하시오.
5) 2019년부터 2021년까지의 물가상승률(인플레이션율)을 계산하시오.

풀이

1) 명목 GDP 계산
명목 GDP는 해당 연도의 가격과 생산량을 곱하여 계산한다.

2019년 명목 GDP :
- 상품 A : 5,000원 × 1,000개 = 5,000,000원
- 상품 B : 10,000원 × 500개 = 5,000,000원
- 서비스 C : 15,000원 × 200개 = 3,000,000원
- 합계 : 5,000,000 + 5,000,000 + 3,000,000 = 13,000,000원

2020년 명목 GDP :
- 상품 A : 5,500원 × 1,100개 = 6,050,000원
- 상품 B : 11,000원 × 550개 = 6,050,000원
- 서비스 C : 16,000원 × 220개 = 3,520,000원
- 합계 : 6,050,000 + 6,050,000 + 3,520,000 = 15,620,000원

2021년 명목 GDP :
- 상품 A : 6,000원 × 1,150개 = 6,900,000원
- 상품 B : 12,000원 × 600개 = 7,200,000원
- 서비스 C : 17,000원 × 240개 = 4,080,000원
- 합계 : 6,900,000 + 7,200,000 + 4,080,000 = 18,180,000원

2) 실질 GDP 계산(2019년을 기준 연도)
실질 GDP는 기준 연도(2019년)의 가격을 사용하여 계산한다.

2019년 실질 GDP :
- 상품 A : 5,000원 × 1,000개 = 5,000,000원
- 상품 B : 10,000원 × 500개 = 5,000,000원
- 서비스 C : 15,000원 × 200개 = 3,000,000원

• 합계 : 13,000,000원

2020년 실질 GDP :
• 상품 A : 5,000원 × 1,100개 = 5,500,000원
• 상품 B : 10,000원 × 550개 = 5,500,000원
• 서비스 C : 15,000원 × 220개 = 3,300,000원
• 합계 : 14,300,000원

2021년 실질 GDP :
• 상품 A : 5,000원 × 1,150개 = 5,750,000원
• 상품 B : 10,000원 × 600개 = 6,000,000원
• 서비스 C : 15,000원 × 240개 = 3,600,000원
• 합계 : 15,350,000원

3) GDP 디플레이터 계산
GDP 디플레이터는 명목 GDP를 실질 GDP로 나눈 후 100을 곱하여 계산한다.

2019년 GDP 디플레이터 :
• (명목 GDP / 실질 GDP) × 100
• (13,000,000 / 13,000,000) × 100 = 100

2020년 GDP 디플레이터 :
• (15,620,000 / 14,300,000) × 100
• ≈ 1.0923 × 100 = 109.23

2021년 GDP 디플레이터 :
• (18,180,000 / 15,350,000) × 100
• ≈ 1.1840 × 100 = 118.40

4) 실질 GDP 성장률 계산
실질 GDP 성장률은 전년 대비 실질 GDP의 증가율을 의미한다.

2019년 → 2020년 성장률 :
• (14,300,000 − 13,000,000) / 13,000,000) × 100
• (1,300,000 / 13,000,000) × 100 ≈ 10%

2020년 → 2021년 성장률 :
• (15,350,000 − 14,300,000) / 14,300,000) × 100

- (1,050,000 / 14,300,000) × 100 ≈ 7.34%

5) 물가상승률(인플레이션율) 계산

GDP 디플레이터를 사용하여 물가상승률을 계산한다.

2019년 → 2020년 인플레이션율:

- (109.23 − 100) / 100) × 100
- (9.23 / 100) × 100 = 9.23%

2020년 → 2021년 인플레이션율:

- (118.40 − 109.23) / 109.23) × 100
- (9.17 / 109.23) × 100 ≈ 8.39%

■ 최종 정답 요약

1) 명목 GDP:
   - 2019년: 13,000,000원
   - 2020년: 15,620,000원
   - 2021년: 18,180,000원
2) 실질 GDP(2019년 가격 기준):
   - 2019년: 13,000,000원
   - 2020년: 14,300,000원
   - 2021년: 15,350,000원
3) GDP 디플레이터:
   - 2019년: 100
   - 2020년: 109.23
   - 2021년: 118.40
4) 실질 GDP 성장률:
   - 2019년 → 2020년: 10%
   - 2020년 → 2021년: 7.34%
5) 물가상승률(인플레이션율):
   - 2019년 → 2020년: 9.23%
   - 2020년 → 2021년: 8.39%

03 가상의 경제에서 생산함수는 다음과 같다.

$$Y = K^{0.5}L^{0.5}$$

여기서 K는 자본, L은 노동, Y는 산출량이다.

- 저축률(s) : 20%
- 감가상각률(δ) : 10%
- 노동 증가율(n) : 2%
- 기술 진보율(g) : 1%

균제 상태의 1인당 자본량(k*)을 구하시오. k는 1인당 자본량으로 k = K/L이다.

풀이

균제 상태에서 1인당 자본량 변화율(Δk)은 0이므로, 아래 식이 성립한다.

$$sf(k) = (\delta + n + g)k$$

1) 생산함수 변환 : 1인당 기준으로 변환하면

$$y = k^{0.5}$$

2) 저축률 적용 : 1인당 저축은

$$sf(k) = 0.2k^{0.5}$$

3) 감가상각 적용 : 1인당 자본 감소는 $(\delta + n + g)k = 0.13k$

4) 균형식 설정 :

$$0.2k^{0.5} = 0.13k$$

5) 양변을 나누고 정리 :

$$k^{0.5} = \frac{0.13}{0.2}k$$

$$k^{0.5} = 0.65k$$

6) 양변에 $k^{-0.5}$를 곱하면 :

$$k = \left(\frac{1}{0.65}\right)^2$$

$$k = 2.37$$

∴ 균제 상태의 1인당 자본량은 $k^* = 2.37$

04 위 문제의 가정을 유지하고, 균제 상태의 1인당 산출량(y^*)과 경제의 장기 성장률을 구하시오.

풀이

1) 1인당 산출량 계산 :
생산함수는 $y = k^{0.5}$이므로,
$y^* = (2.37)^{0.5}$
$y^* = 1.54$

2) 장기 성장률 계산 :
균제 상태에서 1인당 산출량의 장기 성장률은 기술 진보율(g)과 동일하므로,
장기 성장률 = g = 1%

■ 장기 성장률에 대한 부연 설명

1. 솔로우 모형의 기본 가정

솔로우 성장모형에서 균제 상태의 1인당 산출량(y)은 자본량과 기술 수준에 의해 결정된다.

$$y = k^{\alpha}$$

여기서 k = K/L(1인당 자본량)
기술 A는 효율적인 노동(A · L)에 포함된다.

2. 장기 성장의 원천

솔로우 모형에서 1인당 자본량(k)은 감가상각(δ)과 인구 증가율(n)에 의해 균형을 이루므로, 균제 상태에서는 k가 고정된다. 기술 진보율 g는 경제의 장기 성장을 지속적으로 밀어주는 유일한 요인이 된다. 따라서 1인당 산출량(y)의 성장률은 기술 진보율 g와 동일하게 된다.

3. 장기 성장률 도출

1) 1인당 산출량 성장률 :
균제 상태에서 y의 장기 성장률은 g와 같기에 $g_y = g$

2) GDP의 성장률 :
전체 산출량 Y의 성장률은 기술 진보율 g와 노동 증가율 n의 합으로 나타난다.

$$gY = n + g$$

위 문제에서는 1인당 산출량의 성장률을 묻고 있으므로, 기술 진보율 g = 1%가 그대로 답이 된다.

05 내생적 성장이론에서 기술의 축적은 아래 식으로 표현된다.

$$\Delta A = \phi H_A A$$

여기서 A는 기술 수준, H_A는 R&D에 할당된 노동량, ϕ는 기술 진보의 효율성을 나타낸다. 그리고 다음을 가정하자.

- $A_0 = 100$ (초기 기술 수준)
- $H_A = 50$
- $\phi = 0.02$
- 기간은 5년

1) 5년 후의 기술 수준(A_5)을 구하시오.
2) 연평균 기술 증가율을 계산하시오.

풀이

1) 기술 수준 증가를 계산하면,

$$\Delta A = \phi H_A A$$

이는 기하급수적 증가로 나타나며, 다음 식으로 표현된다.

$$A_t = A_0 e^{\varnothing H_A t}$$

주어진 정보를 대입하여 계산하면,

$A_5 = 100 \cdot e^{0.02 \cdot 50 \cdot 5}$

$A_5 = 100 \cdot e^5$

$A_5 = 100 \cdot 148.41$

$A_5 = 14{,}841$

2) 연평균 기술 증가율을 계산하면,

기술 증가율은 다음과 같이 계산된다.

$$g = \frac{\ln(A_5/A_0)}{t}$$

주어진 정보를 대입하여 계산하면,

$$g = \frac{\ln(14{,}841/100)}{5} = \frac{\ln(148.41)}{5} = \frac{5}{5} = 1$$

즉, 연평균 기술 증가율은 100%이다.

CHAPTER 09

경기변동

01 경기변동의 다섯 가지 주요 단계를 설명하고, 각 단계에서 경제 활동 수준과 주요 특징을 기술하시오.

풀이 • 확장기 : 경제 성장, 실업률 감소, 소비 및 투자 증가, 물가 상승 가능성
• 정점기 : 경제 성장률 최고조, 낮은 실업률, 인플레이션 압력
• 수축기 : 경제 성장 둔화, 실업률 증가, 소비 및 투자 감소
• 침체기 : 경제 활동 최저점, 높은 실업률, 소비심리 위축
• 회복기 : 경제 회복 시작, 소비와 투자 증가, 실업률 감소

02 경기 수축기와 경기 침체기의 차이점을 주요 경제 지표(예 실업률, GDP 성장률, 소비)에 기반하여 설명하시오.

풀이 • 수축기 : GDP 성장률이 감소하지만 음수가 아닌 경우도 있음, 실업률 증가 시작, 소비 및 투자 둔화
• 침체기 : GDP 성장률 음수, 실업률 고점 도달, 소비와 투자 심리 급격히 위축

03 실물경기변동이론(Real Business Cycle Theory; RBC)의 주요 가정을 설명하고, 이 이론이 경기변동을 어떻게 설명하는지 서술하시오.

풀이 • 가정 : 경제는 항상 균형 상태, 외생적 충격(예 기술 변화)이 경기변동의 주요 원인, 시장은 완전경쟁
• 설명 : 기술 충격이 생산성을 변화시키고, 이에 따라 노동과 자본의 최적 배분이 변동하여 경제 활동 수준이 변화

04 케인즈학파와 신케인즈학파의 경기변동이론에서 가격 경직성의 역할을 비교하여 설명하시오.

풀이 • 케인즈학파 : 가격과 임금의 경직성이 단기적으로 수요 부족을 초래하며, 정부의 개입 필요성 강조

• 신케인즈학파 : 가격 조정 속도가 느려서 경기변동이 지속되며, 미시경제적 기반에서 이러한 경직성을 설명

05 경기 침체기에서 효과적인 재정정책과 통화정책을 각각 제시하고, 그 작동 원리를 설명하시오. 또한 경기 정점기에서 통화정책이 경기 안정화에 기여할 수 있는 방법을 논하시오.

풀이 • 경기 침체기 재정정책 : 정부 지출 확대(사회간접자본 투자), 세율 인하를 통해 총수요를 증가시킴.

• 경기 침체기 통화정책 : 금리 인하 및 양적완화(QE)로 금융시장에 유동성을 공급하여 투자와 소비를 촉진

• 경기 정점기 통화정책이 경기 안정화에 기여할 수 있는 방법 : 중앙은행은 금리를 인상하여 차입 비용을 증가시키고, 과도한 소비와 투자를 억제. 공개시장 조작을 통해 시중 유동성을 축소하여 인플레이션 압력을 완화

CHAPTER 10

실업과 인플레이션

01 한 경제에서 노동력의 총 규모는 10,000명이고, 그중 실업자는 800명이다. 실업률을 계산하시오.

풀이

1) 실업률 공식 : $u = \frac{U}{L} \times 100$

여기서 U = 실업자의 수 = 800명, L = 노동력 = 10,000명

2) 값을 대입하여 계산 :

$$u = \frac{800}{10000} \times 100 = 8\%$$

02 어느 국가의 마찰적 실업률(U_f)은 2%, 구조적 실업률(U_s)은 3%이다. 이 국가의 자연실업률(U^*)을 계산하시오.

풀이

1) 자연실업률 공식 : $U^* = U_f + U_s$

여기서 $U_f = 2\%$, $U_s = 3\%$.

2) 값을 대입하여 계산 :

$$U^* = 2\% + 3\% = 5\%$$

03 한 경제에서 명목 이자율이 6%이고 예상 인플레이션율이 4%일 때, 실질 이자율은 얼마인가? 피셔 방정식을 사용하여 계산하시오(피셔 방정식 : $r = i - \pi^e$). 여기서, r : 실질 이자율, i : 명목 이자율, π^e : 예상 인플레이션율.

풀이

1) 주어진 값을 피셔 방정식에 대입한다.
   - 명목 이자율(i) = 6% = 0.06
   - 예상 인플레이션율(π^e) = 4% = 0.04
   - 실질 이자율(r) = ?

2) 피셔 방정식 : $r = i - \pi^e = 0.06 - 0.04 = 0.02$

∴ r = 0.02(2%)

04 채권자와 채무자 간의 소득 재분배 효과를 분석해보자. 영수는 고정금리 5%로 100,000원을 영희에게 대출해주었다. 당시 예상 인플레이션율은 3%였지만, 실제 인플레이션율은 6%로 상승했다. 이 경우 실질 이자율은 얼마이며, 채권자(영수)와 채무자(영희) 중 누가 이익을 보고 손해를 보았는지 설명하시오.

풀이

1) 피셔 방정식 변형을 통해 실질 이자율 계산 : $r = i - \pi$
   즉, 명목 이자율(i) = 5% = 0.05, 실제 인플레이션율(π) = 6% = 0.06
   따라서 실질 이자율(r) = 0.05 − 0.06 = −0.01
   ∴ −1%

2) 해석 :
   실질 이자율이 −1%이므로, 대출자의 실질 수익이 감소하고 차입자의 실질 부담이 줄어든다.
   채권자(영수)는 예상보다 낮은 실질 이자율을 받으므로 손해.
   채무자(영희)는 실질적으로 낮은 이자율을 지불하므로 이익.

05 한 경제에서 단기 필립스 곡선이 다음과 같이 주어졌다.

$$\pi_t = \pi_{t-1} - \alpha(u_t - u^*)$$

여기서, π_t : 현재 인플레이션율, π_{t-1} : 이전 기간의 인플레이션율, u_t : 현재 실업률, u^* : 자연실업률(6%), α : 민감도 계수(0.8)

1) 현재 실업률(u_t)이 4%이고, 이전 기간의 인플레이션율(π_{t-1})이 2%라면 현재 인플레이션율(π_t)은 얼마인가?
2) 정부가 경기부양 정책으로 실업률을 3%로 낮추려 한다면, 인플레이션율은 어떻게 변하겠는가?

풀이

1) ① 주어진 공식 : $\pi_t = \pi_{t-1} - \alpha(u_t - u^*)$

한편 주어진 값들은,

$\pi_{t-1} = 0.02(2\%)$, $u_t = 0.04(4\%)$, $u^* = 0.06(6\%)$, $\alpha = 0.8$

② 주어진 공식에 이 값들을 대입하면,

$\pi_t = 0.02 - 0.8 \cdot (0.04 - 0.06) = 0.02 - 0.8 \cdot (-0.02) = 0.02 + 0.016 = 0.036$

∴ 현재 인플레이션율은 3.6%.

2) 주어진 동일한 공식 : $\pi_t = \pi_{t-1} - \alpha(u_t - u^*)$에 아래 주어진 값들을 대입하면,

$\pi_{t-1} = 0.02(2\%)$, $u_t = 0.03(3\%)$, $u^* = 0.06(6\%)$, $\alpha = 0.8$

$\pi_t = 0.02 - 0.8 \cdot (0.03 - 0.06) = 0.02 - 0.8 \cdot (-0.03) = 0.02 + 0.024 = 0.044$

∴ 실업률이 3%로 낮아지면, 인플레이션율은 4.4%로 상승한다.

CHAPTER **11**

재정 및 통화정책

01 정부가 10억 원 규모의 재정지출을 증가시켰을 때, 한계소비성향(MPC)이 0.8이라고 가정하자. 재정정책의 승수효과를 계산하고, 총산출(GDP) 증가 효과를 구하시오.

풀이

1) 재정정책 승수 공식 : $승수 = \frac{1}{1-MPC}$

2) MPC는 0.8이므로,

$$승수 = \frac{1}{1-0.8} = \frac{1}{0.2} = 5$$

3) 총산출 증가 효과는 $\Delta GDP = 승수 \times \Delta 지출$이기에, $\Delta GDP = 5 \times 10억 = 50억$ 원.

∴ 총산출(GDP)은 50억 원 증가한다.

02 조세를 5억 원 인상할 경우, 한계소비성향(MPC)이 0.75라면 총산출(GDP)의 변화량을 계산하시오.

풀이

1) 조세 승수 공식 : $조세\ 승수 = -\frac{MPC}{1-MPC}$

2) MPC는 0.75이므로,

$$조세\ 승수 = -\frac{0.75}{1-0.75} = -\frac{0.75}{0.25} = -3$$

3) GDP 변화량은 $\Delta GDP = 조세\ 승수 \times \Delta 조세$이기에, $\Delta GDP = -3 \times 5억 = -15억$ 원.

∴ 총산출(GDP)은 15억 원 감소한다.

03 한계소비성향(MPC)이 0.8인 상황에서 정부가 재정지출을 10억 원 증가시키려 한다. 그러나 경제가 점점 완전고용에 가까워지면서 생산능력의 한계로 인해 재정정책 승수가 기대치보다 낮아질 가능성이 있다. 이 경우 재정정책 승수의 크기가 감소하는 주요 원인 두

가지를 설명하시오.

풀이

1) 자원 제약 : 경제가 완전고용 상태에 가까워지면, 추가적인 수요가 초래하는 생산 증가가 제한된다. 이는 추가 지출이 GDP를 증가시키기보다 가격 상승(인플레이션)으로 이어질 가능성을 높인다.
2) 외부효과 : 재정지출 증가로 인한 수요 증가가 국내 기업의 생산 증가로만 이어지지 않고 수입 증가로 연결될 경우, 순수한 국내 GDP 상승효과는 제한된다. 이는 수입성향(MPM, 한계수입성향)이 승수를 감소시키는 요인이 된다. 즉, 증가한 수요의 일부가 수입으로 대체되어 국내 GDP 증가 효과가 감소할 수 있다.

04 중앙은행이 공개시장조작을 통해 이자율을 4%에서 3%로 낮추었다고 가정하자. 이로 인해 LM 곡선이 오른쪽으로 이동하면서, 총산출(GDP)이 30억 원 증가하였다. 이 변화가 이루어진 과정에서 통화정책의 주요 기제를 서술하시오.

풀이

1) 중앙은행의 공개시장조작은 국채를 매입함으로써 본원통화를 증가시킨다.
2) 본원통화의 증가는 시중 통화량을 증가시키고, 이자율을 하락시킨다.
3) 이자율 하락은 투자(I)와 소비(C)를 증가시키고, IS 곡선과 LM 곡선의 상호작용에 따라 총산출(GDP)이 증가한다.
4) LM 곡선이 오른쪽으로 이동한 것은 통화량 증가로 인해 더 낮은 이자율에서 경제 활동이 확장된 결과를 나타낸다.

05 한 경제에서 다음의 IS-LM 모형이 주어졌다.

$$\text{IS 곡선}: \ Y = 150 - 200i$$
$$\text{LM 곡선}: \ Y = 50 + 100i$$

여기서 Y는 국민소득(단위 : 억 원), i는 이자율(%)이다. 정부가 경기부양을 위해 재정정책을 시행하여 IS 곡선이 $Y = 170 - 200i$로 이동했다고 가정하자.

1) 정책 시행 전과 후의 IS-LM 모형의 균형 국민소득(Y)과 이자율(i)을 계산하시오.
2) 이 재정정책으로 인해 국민소득이 얼마나 증가했는지 계산하시오.

풀이

1) ① 정책 시행 전의 균형 계산:

IS 곡선: $Y=150-200i$

LM 곡선: $Y=50+100i$

두 곡선을 연립하여 이자율(i)을 계산한다:

$150-200i=50+100i$

$100=300i \Rightarrow i=100/300=0.333$ (약 0.33)

이를 다시 IS 곡선 또는 LM 곡선에 대입하여 국민소득(Y)을 구한다.

$Y=150-200(0.333)=150-66.6=83.4$

또는

$Y=50+100(0.333)=50+33.3=83.3$ (소수점 차이는 계산 오차로 간주)

따라서, 정책 시행 전의 균형은 $Y=83.4$, $i=0.33$

② 정책 시행 후의 균형 계산:

IS 곡선이 $Y=170-200i$로 이동하여 새로운 IS 곡선과 LM 곡선을 연립한다.

$170-200i=50+100i$

$120=300i \Rightarrow i=120/300=0.4$

이를 새로운 IS 곡선 또는 기존 LM 곡선에 대입하여 국민소득(Y)을 계산한다.

$Y=170-200(0.4)=170-80=90$

또는

$Y=50+100(0.4)=50+40=90$

따라서, 정책 시행 후의 균형은 $Y=90$, $i=0.4$

2) 국민소득 증가를 계산하면,

$\Delta Y=Y_{\text{after}}-Y_{\text{before}}$

$=90-83.4=6.6$억 원

CHAPTER 12

국제화와 국제거시경제

01 다음은 국제통화시스템의 주요 변천 과정을 요약한 설명이다. 이에 따라 다음 문항에 답하시오.

1) 금본위제(Gold Standard)의 주요 특징은 무엇이며, 이 시스템이 붕괴하게 된 두 가지 주요 이유를 설명하시오.
2) 브레튼우즈 체제(Bretton Woods System)와 킹스턴 체제(Kingston System)의 차이점을 국제통화시스템의 변동성 측면에서 논하시오.
3) 변동환율제(Floating Exchange Rate)의 장점과 단점을 각각 두 가지씩 제시하고, 이를 해결하기 위한 관리변동환율제(Managed Floating Exchange Rate)의 특징을 설명하시오.

풀이

1) 금본위제의 주요 특징과 붕괴 이유:
   (1) 특징: 금본위제는 각국 통화의 가치를 금의 일정량에 고정시키고, 통화를 금으로 교환할 수 있도록 보장한 국제통화시스템이다. 이를 통해 환율 안정성이 확보되며, 국제무역이 촉진되었다.
   (2) 붕괴 이유:
      ① 금 보유고의 한계: 세계 경제 규모가 커지면서 금 공급이 경제 성장 속도를 따라가지 못했다. 이는 통화 유동성을 제한해 경제 불황을 가중시켰다.
      ② 대공황의 영향: 1930년대 대공황 시기 금본위제는 유동성 공급을 제한해 경기 회복을 저해했으며, 이에 따라 많은 국가가 금본위제를 포기했다.

2) 브레튼우즈 체제와 킹스턴 체제의 차이점:
   브레튼우즈 체제는 미국 달러를 중심으로 한 고정환율제를 도입해 환율 변동성을 최소화하려 했다. 그러나 달러에 대한 과도한 의존과 미국 경제의 취약성으로 인해 체제 붕괴의 원인이 되었다.
   반면, 킹스턴 체제는 변동환율제를 합법화하고 각국이 환율 제도를 자유롭게 선택할 수 있도록 허용했다. 이는 시장 중심의 유연성을 강조한 반면, 변동환율제가 초래하는 변동성과 투기적 거래의 증가라는 문제를 동반했다.

3) 변동환율제의 장단점과 관리변동환율제의 특징 :

(1) 장점 :

① 경제 불균형을 환율 조정을 통해 자연스럽게 해소할 수 있다.

② 각국이 독립적인 통화정책을 운영할 수 있는 유연성을 제공한다.

(2) 단점 :

① 시장 변동성이 커질 가능성이 높아 경제 불확실성을 가중시킬 수 있다.

② 투기적 거래로 인해 환율이 비정상적으로 급등하거나 하락하는 위험이 존재한다.

(3) 관리변동환율제의 특징 : 변동환율제의 유연성을 유지하면서도 정부와 중앙은행이 필요 시 시장에 개입해 환율 변동성을 완화하고 경제 안정성을 도모한다. 이는 시장 메커니즘과 정책 개입 간의 균형을 강조하는 체제이다.

02 국제수지가 한 국가의 경제 성장에 미치는 영향을 설명하고, 경상수지 흑자와 적자가 경제에 미치는 서로 다른 결과를 구체적으로 서술하시오.

풀이 국제수지는 경제 성장과 밀접한 관계가 있다. 경상수지 흑자는 국가가 수출을 통해 외화를 벌어들이며, 이는 외환보유고 축적과 투자 여력 증대로 이어져 경제 안정성을 강화한다. 일본은 경상수지 흑자를 통해 안정적인 경제 기반을 유지한 사례라 할 수 있다. 반면, 경상수지 적자는 수입 의존도가 높아 생산성과 경쟁력이 부족함을 나타낼 수 있다. 이는 장기적으로 외채 증가와 경제 불안정성을 초래할 수 있으며, 미국은 지속적인 경상수지 적자로 외국 자본에 크게 의존하고 있다.

03 세계화가 선진국과 개발도상국의 노동시장에 미친 긍정적 · 부정적 영향을 각각 논의하시오.

풀이

① 긍정적 영향 : 선진국에서는 고숙련 노동자들에게 높은 임금을 제공하며, 개발도상국에서는 다국적기업의 투자로 인해 제조업 고용이 확대됨.

② 부정적 영향 : 선진국에서는 저숙련 노동자의 일자리 감소와 임금 하락, 개발도상국에서는 열악한 노동 환경과 임금 격차 심화를 들 수 있다.

04 USMCA와 EU의 구조적 특징과 경제적 효과를 비교 · 분석하시오.

풀이

① USMCA는 무역과 투자 중심, EU는 단일 시장과 단일 통화를 포함하는 더 심화된 통합.

② EU는 환경, 노동, 사회 정책까지 포괄하지만, USMCA는 경제적 협력에 초점.

③ EU는 초국가적 기구를 통해 정치적 협력을 추진하지만, USMCA는 정치적 통합을 포함하지 않음.

05 금융위기 이후 각국은 금융 규제 강화를 통해 금융시스템의 안정성을 높이고자 했다. 본문에서 언급된 금융 규제 강화의 주요 내용과 그 결과를 설명하고, 이러한 규제가 경제 활동에 미칠 수 있는 긍정적 효과와 부정적 영향을 논하시오.

풀이 금융위기 이후 금융시스템의 안정성을 확보하기 위해 각국은 규제를 강화했다. 주요 내용으로는 금융기관의 자본 비율 상향 조정, 시스템적으로 중요한 금융기관에 대한 추가적인 감독, 그리고 그림자 금융에 대한 규제 확대가 이에 포함된다. 이러한 조치는 금융시스템의 리스크를 줄이고, 투자자와 소비자의 신뢰를 회복하는 데 기여했다.

이러한 규제는 금융시스템의 투명성을 높이고 위기의 재발 가능성을 낮추는 데 긍정적인 역할을 했다. 특히, 금융기관의 자본 건전성이 강화되면서 금융위기와 같은 충격에 대응할 수 있는 복원력이 향상되었다. 그러나 지나친 규제는 금융기관의 대출 여력을 감소시키고, 경제 성장에 부정적인 영향을 미칠 수 있다는 비판도 존재한다. 예를 들어, 높은 자본 비율 요구는 중소기업과 같은 취약한 경제 주체에 대한 금융 접근성을 제한할 가능성이 있다.

결론적으로, 금융 규제 강화는 금융시스템의 안정성을 위한 필수적인 조치였으나, 규제의 설계와 적용 과정에서 경제적 균형을 유지하려는 노력이 필요하다.

Economics

해답집

손에 잡히는 경제학

도서출판
시대가치